普通高等学校公共体育新形态教材

现代大学体育与健康

（第三版）

雷艳云 徐雄 刘亚云 主编

中国教育出版传媒集团

高等教育出版社·北京

内容简介

　　本教材为普通高等学校公共体育新形态教材。本教材分为理论知识和运动实践两篇，共十三章。理论知识篇主要包括大学体育概述、体育锻炼与健康体能、大学生心理健康、体育锻炼与安全卫生保健等内容，运动实践篇主要包括田径运动、大球运动、小球运动、游泳运动、武术运动、国际格斗运动、时尚健身运动、休闲体育运动、户外拓展运动等内容。

图书在版编目（CIP）数据

现代大学体育与健康 ／ 雷艳云，徐雄，刘亚云主编.
3 版 . -- 北京 ：高等教育出版社， 2024. 9（2025.8 重印）.
ISBN 978-7-04-062823-4

Ⅰ. G807.4；G647.9

中国国家版本馆 CIP 数据核字第 2024W8U378 号

现代大学体育与健康（第三版）
Xiandai Daxue Tiyu yu Jiankang

策划编辑	易星辛	责任编辑 易星辛	封面设计 张 楠	版式设计	马 云
责任绘图	斐一丹	责任校对 马鑫蕊	责任印制 刁 毅		

出版发行	高等教育出版社		网　址	http://www.hep.edu.cn
社　址	北京市西城区德外大街 4 号			http://www.hep.com.cn
邮政编码	100120		网上订购	http://www.hepmall.com.cn
印　刷	中农印务有限公司			http://www.hepmall.com
开　本	787mm×1092mm 1/16			http://www.hepmall.cn
印　张	31.25		版　次	2016 年 8 月第 1 版
字　数	750 千字			2024 年 9 月第 3 版
购书热线	010-58581118		印　次	2025 年 8 月第 3 次印刷
咨询电话	400-810-0598		定　价	59.00 元

前　言

党的二十大报告指出"加强青少年体育工作"。学校体育是提升学生综合素质的基础性工程，是学校教育的重要内容，是加快推进教育现代化、建设教育强国的重要工作。

为了深入贯彻党的二十大精神、全国教育大会精神，以及《关于全面加强和改进新时代学校体育工作的意见》等文件精神，我们以《全国普通高等学校体育课程教学指导纲要》为编写依据，以服务学生全面发展、增强综合素质为目标，坚持健康第一的教育理念，组织修订了《现代大学体育与健康》这本教材。通过建设高质量教材，推动大学体育课程和学校体育工作的高质量发展，让大学生掌握健康知识和基本运动技能，在体育锻炼的过程中享受乐趣、增强体质、健全人格、锤炼意志，养成终身体育观，促进当代大学生成为社会主义合格建设者和可靠接班人。

本教材围绕大学体育课程目标和运动项目特点，精选教材内容，建设教学资源，修订工作主要体现在以下三个方面：第一，突出价值引领。此次修订注重体现党的二十大精神，充分挖掘大学体育课程中蕴含的思想政治教育资源，积极发挥以体育人的价值引领作用。比如，通过案例、体育故事、拓展知识等方式讲好中华体育精神、中国体育故事，通过展现运动项目精神让大学生真切感受体育的精神和魅力。第二，优化内容结构。此次修订进一步对标新时代学校体育工作的要求，对教材的结构和内容进行了调整和优化，以更加完善的内容适应大学体育课程的需求。第三，内容与时俱进。此次修订工作注重体育基本理论知识、运动项目技战术内容和竞赛规则的更新，使教材内容保持先进性和实用性。

在本教材编写过程中，参考和借鉴了相关专家、学者的研究成果，得到了高等教育出版社的大力支持，在此一并表示诚挚的谢意。

由于编者水平有限，本教材若有不妥之处，敬请专家、读者批评和指正。

编者

2024 年 5 月

目 录

理论知识篇

运动实践篇

理论知识篇

第一章
大学体育概述

 学习导言

> 　　体育是一个发展的概念，存在争议的主要原因是体育跨文化传播所带来的理解歧义以及概念自身的发展。体育具有健身、教育、娱乐、经济、政治等多种功能，因此与人类社会发展有着密不可分的关系。人类社会许多大的变迁都会在体育领域反映出来，各子系统的变化都会对体育产生或大或小的影响，所以说体育是人类社会的"缩影"。大学时期是人生的关键阶段，体育会对大学生及其生活产生积极影响，能够帮助大学生增强体质，树立自信心；学习规范，培养合作精神；组建体育社团，丰富校园文化生活；培养兴趣，培养终身体育意识。

第一节　体育的概念与功能

　　概念反映事物的本质属性，是人类进行思维的基本单位，对体育概念的梳理有助于加深对体育内涵的理解。体育的功能随着人们对体育认识的深入而不断发生变化。挖掘体育的功能，不仅是体育科学发展的需要，也是体育事业发展的需要。

一、体育的概念

　　体育已成为人们生活的一部分，体育一词在生活中的使用频率非常高，在学术界，这一词语仍存在较大的争议，尚没有一个统一的定义。造成这种结果的原因是体育跨文化传播所带来的理解歧义以及概念自身的发展。

　　世界上很多国家对体育的理解同样也存在差异。如从日本文部科学省的机构设置和机构名称上看，体育也是作为一个发展的大概念使用，文部科学省下的体育局设体育课、竞技体育课、学校保健课、学校给食课4个课。美国对体育一词的表述也并不统一，从各高校体育院系命名可以看出，差异很大，但在美国，PE与sports的使用还是有明显区别的，sports在实际应用中有范围扩大的趋势。

我国许多学者试图通过对体育进行明确的界定。胡晓认为，体育是一种寓教育于运动之中的社会现象，是通过运动促进人的全面发展并丰富人们文化生活的一种社会现象；刘湘溶认为体育运动是人类的特殊育化方式，是现代人的基本生活方式。从以上学者的观点可以看出，这些定义都是从体育的"育人功能"方面进行的探讨，共同之处是：一肯定了体育是一种培养人和促进人身心全面发展的有意识的活动或过程，二强调身体运动的媒介作用。

仅仅从体育的育人功能方面理解体育的概念显然与现实不同步，社会对体育的理解已经超越了育人的范围。因此学者对体育的概念进行了必要的扩展，如杨文轩等人从定义的基本法则出发，认为体育是以身体运动为基本手段促进身心发展的文化活动。杨文轩等学者的观点既道出了体育的本质属性，又契合体育概念的时代发展特点。

二、体育的功能

体育的功能是指体育以其自身特点作用于人和社会所产生的积极影响和良好效能。人们对体育功能的认识是一个与时俱进的过程，随着社会的发展，体育的功能日益显示出其独特效用，正是由于人们对体育功能的不断挖掘，社会对体育的重视程度也越来越高，体育在人们生活中所占的地位也越来越重要，人们的体育观念也不断更新。

体育作为社会大系统中的一个子系统，因其与各子系统之间联系紧密，其发挥着或隐或显的作用，因此对个人和社会产生的功能是多样化的。具体来说，体育具有以下几种功能：

（一）健身功能

体育作为一种社会文化现象，通过人体的运动来呈现，而最简单、原始的表现形式就是人类的基本活动能力，如走、跑、跳、负重、攀登、投掷。这些活动方式对人产生的积极效用就是体育的健身功能，也是体育最基本的功能。体育的健身功能对人的积极作用是全方位的，可以通过多种形式表现出来。

一是可以提高人体机能水平。经常性地进行身体锻炼，是提升身体机能水平的有效途径。通过体育锻炼，可以提高心脑血管系统机能水平，降低心脑血管病的发生概率。经常锻炼会对呼吸系统产生积极影响，如能使呼吸力量加强，胸廓扩大，呼吸深度增加，因而，体育有利于肺组织的生长发育和肺的扩张，有效增加肺活量。

二是可以促进心理健康水平。与"无病即健康"的传统健康观不同，现代人的健康观念是整体健康观，世界卫生组织提出"健康不仅仅是免于疾病或虚弱，而且是保持身体上、心理上和社会适应的完好状态"。因此，心理健康也是人类健康的重要指标，它是指个体具有较好的自控能力，能保持心理上的平衡，能自尊、自爱、自信，而且有自知之明。研究表明，中等强度的体育运动能有较好的心理健康效应，对改善情绪缓解焦虑、抑郁等状态大有帮助。因此，世界通行的体育人口统计标准都把中等以上强度作为体育锻炼参考依据。

三是有利于儿童生长发育。影响儿童生长发育的因素很多，如遗传、精神因素、营养、睡眠、体育锻炼、疾病。进行体育锻炼对增强儿童体质，提高发育水平和降低发病率有明显作用。经常参加体育锻炼不仅能提高骨骼的发育质量，而且可以提高骨骼发育的速度。因为通过体育锻炼的刺激，能改善骨骼的血液循环，增加骨细胞和营养供给。体育锻炼会使肌肉粗壮、有力、更有韧性。体育锻炼的时间越长，变化越显著。

四是可以延缓衰老、延年益寿。随着生产力提高、生活条件改善，人的平均寿命逐年提高，这也使得人口老龄化问题成为许多国家面临的难题。我国人口老龄化速度加快，人口质量问题与数量控制问题同样严重。老龄化社会的到来，给人力资源、医疗卫生、养老保险带来巨大的压力。提倡体育生活方式是改善人身体健康状况、缓解就业和医疗压力的好方法。选择合适的体育项目可以帮助人延缓衰老，使人延年益寿，散步、慢跑、登山、跳广场舞等是当前在老年人中较为流行的体育健身方式。

（二）教育功能

身体教育是教育的组成部分，体育运动在人的成长过程中所起的教化作用可以从多个方面体现出来。

（1）培养个体的基本生活能力。人从生物人成长为社会人并适应社会的过程叫社会化，在这一过程中，人首先要学习的就是基本生活能力，如走、跑、跳、投，它们也是走向社会的前提和基础。体育运动的基本手段是身体练习，这种练习是对人类生产技术、劳动技能和军事技术的提炼和综合，掌握这些技能对人的一生都会产生深刻影响。

（2）帮助个体学习社会规范。通过体育运动学习社会规范，有利于个体在成长过程中更快地融入社会。无论体育游戏还是体育项目都有规则，参与其中必须接受规则约束，违反规则将会受到相应处罚。参与体育活动可以培养个体遵守规则的意识，能够引导个体形成良好的行为规范。

（3）传授给个体文化知识。体育文化是人类在体育运动过程中所创造的一切物质文化和精神文化的总和，是人类文化宝库中的重要组成部分。通过体育运动学习体育文化知识，既是体育文化传承的需要，也是体育文化发展的需要。例如，向大学生传授体育和健康知识，让他们学习领悟体育运动的精神等内容，既可以提升他们的综合素质，也有利于他们形成终身体育观。

（三）娱乐功能

体育的娱乐功能主要通过直接参与和间接参与两种形式表现出来。参与体育游戏本身就是一个身心放松、自由享受的过程。参与竞争性较强的体育项目，通过身体对抗以及与对手斗智斗勇的体验，参与者获得一种强烈的感官刺激和情感体验，取胜后所获得的成就感令人精神振奋，这种自我价值的实现，能够增强参与者的自尊心、自信心和自豪感。间接参与是指通过观看比赛达到愉悦身心的目的，竞技类体育项目往往以其高难度的动作、艺术化的造型、多样化的形式、激烈的对抗和难以预料的比赛结果吸引观众，个体在观看优秀运动员精彩表演时，为自己喜爱的运动员呐喊，为精彩的动作喝彩，观看比赛时情绪的释放，对消除疲劳、调节心理也会起到积极的效果。

（四）经济功能

体育的经济功能是指通过体育所产生的影响直接或间接地推动经济发展。从人类早期的体育发展来看，体育与商品之间并没有太多联系，但在今天，体育与经济产生了千丝万缕的联系，体育对经济的推动作用已经成为社会发展中不可替代的力量。体育的经济功能主要表现在劳动者素质的提高、企业文化建设推动和体育产业发展上。

体育对经济的推动作用，间接表现在对劳动者素质提高上。在传统的农耕时代，体能与生产力之间形成直接关联，游牧部落对体能的要求更高。体育是促进社会生产力的积极因素，是劳动力再生产的重要手段。现代社会对劳动者素质的要求不仅体现在知识化、专业化方面，更要求具有健康的体魄。体力劳动在社会上所占的比重日益下降，脑力劳动的作用日益明显，知识力量和技能经验成为生产力的主要动力，但劳动者的健康水平仍对生产力产生决定性影响。因此，在现代社会，体育在保护劳动力、修复劳动力和降低劳动者生病率方面效果明显。

企业文化是现代企业的一个标志，越来越多的企业高度重视企业文化建设。体育锻炼不仅可以提高员工的健康水平，强化员工遵守纪律的意识，还可以利用广告宣传企业的形象。利用大型赛事的影响，许多企业走向世界。随着国内体育赛事商业化运作的不断成熟，一大批企业通过冠名、赞助或其他合作方式获得收益。

体育产业被认为是新兴的"朝阳产业"，随着人们体育健身欲望不断高涨，体育需求越来越强烈，体育产业规模不断壮大，并开始显示出新兴产业的扩张活力。《关于加快发展体育产业　促进体育消费的若干意见》提出，到2025年，基本建立布局合理、功能完善、门类齐全的体育产业体系，体育产品和服务更加丰富，市场机制不断完善，消费需求愈加旺盛，对其他产业带动作用明显提升，体育产业总规模超过5万亿元，成为推动经济社会持续发展的重要力量。

（五）政治功能

体育与政治的关系是客观存在的，这是因为体育一旦置身于社会大系统中，它就自然而然地具有政治功能。对于体育，人们既要承认体育要受政治的制约，同时也要看到体育能够为政治服务。

第二节　大学体育的价值与目标

大学生承担传播知识、传承文明、服务社会、创造历史的责任。大学生活处于人生中一个特殊的阶段，对每个学生的一生会产生深刻的影响。坚持体育锻炼，培养良好的意志品质及锻炼行为和习惯，促进终身体育观的形成。

《中共中央　国务院关于深化教育改革全面推进素质教育的决定》明确指出："健康体魄是青少年为祖国和人民服务的基本前提，是中华民族旺盛生命力的体现。学校教育要树立'健康第一'的指导思想，切实加强体育工作，使学生掌握基本的运动技能，养成坚持锻炼身体的良好习惯。"教育是立国之本，是提高整体国民素质的根本所在，大学体育作为高等教育的重要组成部分，在增进身心健康，提高整体素质方面具有不可替代的作用。因此，全面提高大学生身心健康水平是学校教育工作的基本内容，更是大学体育责无旁贷的历史使命和工作重心。

文明其精神，野蛮其体魄

习近平总书记高度重视青少年的健康发展，曾多次引用毛泽东关于"文明其精神，野蛮其体魄"的论述叮嘱青少年和当代大学生重视体育锻炼。体育是精神和物质层面的结合体，是一个国家强盛的重要元素之一，发展体育运动，增强人民体质，人民身体健康是全面建成小康社会的重要内涵。有健壮的体魄，才能有充沛的精力建设国家，才能实现壮美的中国梦。为此，习近平总书记提出要"充分认识体育对提高人民健康水平的积极意义，落实全民健身国家战略，普及全民健身运动，促进健康中国建设"。

一、大学体育的价值

（一）大学体育的文化价值

体育属于文化的范畴，是大众文化的一个有机组成部分。体育一词的英文之意就直白地表述为身体文化（physical culture），说明体育与文化的紧密联系，特别是欧美文化对体育格外重视。在意大利、英国、西班牙和德国，体育文化以无穷的活力与魅力融入人们的生活中，成为文化消费不可缺少的内容。同其他文化方式相比，体育文化具有覆盖范围大、渗透能力强、感染力与震撼作用大等特点，它还不受性别、年龄、文化程度、地域及语言等因素的限制。

体育是通过人们自身行为改变自己的自然属性和社会属性的一种有意识、有目的的活动。随着时代的发展，现代体育的内涵和外延发生了重大的变化，与人们的生活联系得更加紧密，成为一种十分显著而复杂的文化现象，对个体的身心成长、发展以及社会政治、经济、文化等方面产生了重大的影响。随着当今体育的发展以及其人文价值、教育和娱乐等多种社会功能的凸显，体育已成为人类社会共有的精神文化产品，改变着越来越多人的生活，并融入人们的日常活动之中。体育给人们带来的影响是独特且无可替代的，它所产生的心理与精神的效应是积极向上、正面深刻的。大学体育活动有助于提高大学生的精神追求和文化品位，丰富课余文化生活，调节精神，锤炼品格。大学体育的文化价值可概括为：体育文化的传承、体育情趣的熏陶、精神需求的满足和文明修养的塑造。

（二）大学体育的社会和心理价值

体育是一种复杂的社会现象，它集健身、健心于一体，是健康身心的塑造过程。大学体育是滋养身心的课堂，是历练品行的场所。著名体育教育家、清华大学教授马约翰先生曾指出"运动场是培养学生品格的极好场所，可以批评错误、鼓励高尚、陶冶性情、激励品质"，刻苦的锻炼可以"培养青年们勇敢的精神、坚强的意志、自信心、进取心和争取胜利的决心"，"而且这种运动场上表现出来的道德品质能够迁移"。

大学体育是以身体与智力活动为基本手段，根据人体生长发育、技能形成和提高的规律，通过体育教学、课外体育锻炼等形式，促进身心健康，提高运动能力，丰富和改善生活方式，调节心理，陶冶情操，完善个性品质，提高生活质量的一种有意识、有目的、有组织的社会活动。在人类发展史上，体育作为一种积极的人类行为和特殊的社会现象，一直伴随着社会、文明的发展而发展，并对人类的进化和社会的发展起到了巨大的促进作用。新时期，大学体育作为调节、培养心理品质，塑造健全的人格，形成文明健康生活方式的重要内容，对大学生的健康始终起着独特的作用，是维护学生身心健康有效、有益的方法之一，是学生调节情绪、历练品行、培养良好人格的有效途径之一。体育锻炼已经成为大学生用以调节精神生活、陶冶性情、改善心态的有效途径，成为拓宽生活空间、扩大信息来源和人际交往的重要渠道。学生自主地参加适合自己的体育锻炼，可以充分体验运动的乐趣和意义，进而培养对体育运动的爱好和兴趣。同时，大学生掌握从事终身体育活动所需的体育知识与技能，可以促进大学生提高自我锻炼的能力，形成终身体育的态度和习惯，从而奠定终身体育观的基础。

如今，人们日益重视在体育活动过程中心理变化的特点与过程，关心体育锻炼对人心理的作用与影响。人们普遍感觉到，在参加体育活动的过程中，人的情绪变化对机体的积极影响、对健康的作用要比生理指标重要得多，有许多研究把研究的方向瞄向体育锻炼的心理价值层面。在体育锻炼与心理健康方面，研究者主要把目光集中在体育锻炼对人的情绪改善、对自我概念的影响及与认知功能的关系等课题上，还涉及体育锻炼所产生的心理效益机制等领域。人们通过体育活动调节日常生活，扩大人际交往，缓解社会压力，调整失衡心态，体验幸福生活。

（三）大学体育的美学价值

运动竞赛是体育的重要组成部分，其竞争性、观赏性以及比赛结果的不确定性能够满足人们的审美需求。运动员或运动队在赛场上所表现出来的精湛技艺，让人赏心悦目，人们能从中得到极大的心灵震撼和美学享受。重大体育比赛能够极大地满足一个人乃至多个民族的社会需求和表现欲望，从精神、心境、情感、意志和思想等方面影响人们的生活与行为，使精神得到升华，情操得到陶冶，境界得到提高。体育是以民族文化的价值观、世界观、人生观为基础的，它负载着人的情感，包含人的智慧、信仰、艺术道德、风俗习惯等内容。大学体育具有奋斗进取、追求卓越、净化心灵、培养情趣的价值。

体育比赛在竞争中充满着合作，既有静态的雕塑美，也有运动的动态美，这些都带给人们深刻的心理体验。在体育比赛中，爱与恨、悲与喜、乐与忧、期望与失望、成功与失败等融为一体，带给人无限的遐想和无尽的回味。情感得到升华，心态得到平衡，这就是体育的独特与精彩之处，这就是体育文化的神奇与魅力所在。提高大学生的体育审美品位和在体育比赛中欣赏美、创造美的能力，也是大学体育的目标之一。

"健康第一"是在科学人文主义教育观的基础上提出的指导思想，是先进教育理念的体现，是顺应世界教育、体育发展潮流，符合新时代社会发展趋势和满足人们关心健康、追求可持续发展客观需求的。体育是通过人类自身行为，改变其自身的自然属性和社会属性的一种社会运动，标志着人类对自己身体发展的审美理想。大学体育就是对学生身心健康发展进行积极维护和美化教育的实践过程，大学体育知、情、意、行的高度统一以及实际身体活动中的习得性反馈、群体的互动与情境作用，除有助于提高学生的身体素质与技能水平之外，对培养学生的自尊自信、坚韧不拔、沉着果断、开拓进取等心理品质也具有特殊的功能。新时代，人们追求健康，使受教育者全面发展，达到享受乐趣、增强体质、健全人格、锤炼意志的目的，是实现当代教育理想目标不可缺少的重要内容，是人的价值和人文精神的核心，也是大学体育的真谛所在。

二、大学体育的目标

迈入新时代，我国大学体育的目标、内容和形式发生了深刻的变化。大学体育的目标从以往片面关注体质的生物性机能改善，发展为全面关注大学生身体健康、心理健康和社会适应能力的协调发展；从以往仅仅关注大学阶段的短期效益，发展为兼顾终身体育能力培养的长远效益。大学体育的内容呈现出个性化和多样化的倾向，大学体育内容的选择，比以往更加强调大学生的主体地位。大学体育的形式比以往更加灵活多样，有着良好的发展前景。

大学体育是培养全面发展人才的重要内容，是造就一代有竞争力、创造力、高素质的有用人才的有效渠道，是提高当代大学生身心素质，为祖国健康工作五十年奠定坚实良好的身心基础平台。

新时代学校体育工作要以习近平新时代中国特色社会主义思想为指导，全面贯彻党的教育方针，坚持社会主义办学方向，以立德树人为根本任务，以社会主义核心价值观为引领，以服务学生全面发展、增强综合素质为目标，坚持健康第一的教育理念，推动青少年文化学习和体育锻炼协调发展，帮助学生在体育锻炼中享受乐趣、增强体质、健全人格、锤炼意志，培养德智体美劳全面发展的社会主义建设者和接班人。体育课程作为学校体育工作中的重要内容，也要落实新时代学校体育工作目标。

这里所谈的大学体育是指各种各样的以增强体质、促进身心健康、丰富生活、调整心态、愉悦身心为目的的体育活动方式，包括体育教学、课余体育活动中进行的实际体育锻炼，是进行身体运动的最直接、最普遍的形式，充分反映了体育的本质特点与价值。大学体育是大学生日常生活的重要组成部分。通过参加体育活动，可以拓宽生活空间，不断提高身体素质；在增进健康的同时，不断完善自我，追求卓越，展示才华，挖掘潜能，实现理想。通过体育锻炼，还能调节心理状态，陶冶性情，磨炼意志，满足不断增长的身心发展的需要，增强自信心、自尊心，进而丰富生活内容，提高生活质量。体育锻炼是人们获得身心健康最容易、最经济、最有效和最受欢迎的方法与形式之一。

三、大学体育课程的目标

体育课程是大学生以身体练习为主要手段，通过合理的体育教育和科学的体育锻炼过程，达到享受乐趣、增强体质、健全人格、锤炼意志为主要目标的公共必修课程；是学校课程体系的重要组成部分；是高等学校体育工作的中心环节。大学体育的课程目标分为基本目标和发展目标。

（一）基本目标

基本目标是根据大多数学生的基本要求而确定的，分为5个领域。

运动参与目标：积极参与各种体育活动并基本形成自觉锻炼的习惯，基本形成终身体育的意识，能够编制可行的个人锻炼计划，具有一定的体育文化欣赏能力。

运动技能目标：熟练掌握两项以上健身运动的基本方法和技能；能科学地进行体育锻炼，提高自己的运动能力；掌握常见运动损伤的处置方法。

身体健康目标：能测试和评价体质健康状况，掌握有效提高身体素质、全面发展体能的知识与方法；能合理选择人体需要的健康营养食品；养成良好的行为习惯，形成健康的生活方式；具有健康的体魄。

心理健康目标：根据自己的能力设置体育学习目标；自觉通过体育活动改善心理状态、克服心理障碍，养成积极乐观的生活态度；运用适宜的方法调节自己的情绪；在运动中体验运动的乐趣和成功的感觉。

社会适应目标：表现出良好的体育道德和合作精神；正确处理竞争与合作的关系。

（二）发展目标

发展目标是针对部分学有所长和有余力的学生确定的，也可作为大多数学生的努力目标，也分为 5 个领域。

运动参与目标：形成良好的体育锻炼习惯；能独立制订适用于自身需要的健身运动处方；具有较高的体育文化素养和观赏水平。

运动技能目标：积极提高运动技术水平，发展自己的运动才能，在某个运动项目上达到或相当于国家等级运动员水平；能参加有挑战性的野外活动和运动竞赛。

身体健康目标：能选择良好的运动环境，全面发展体能，提高自身科学锻炼的能力，练就强健的体魄。

心理健康目标：在具有挑战性的运动环境中表现出勇敢顽强的意志品质。

社会适应目标：形成良好的行为习惯，主动关心、积极参加社区体育事务。

第三节　大学体育的组织形式

大学体育的组织形式是指为了实现大学体育课程的目标，根据体育课程内容的特点，学生的具体情况，体育实践教学环境而采用的合理的体育教学方式。一般认为，大学体育的组织形式包括体育课、课外体育活动、课余训练和体育竞赛等方面。

一、体育课

（一）体育课的性质

体育课是高等学校课程体系的重要组成部分，大学体育课教学是大学体育活动的基本组织形式，是实现大学体育目的、任务的主要途径，是实施素质教育的重要形式。

《学校体育工作条例》要求，学校应根据教育行政部门的规定，组织实施体育课教学活动。《中华人民共和国体育法》规定，学校必须开齐开足体育课。2002 年，教育部颁发的《全国普通高等学校体育课程教学指导纲要》指出，体育课程是大学生以身体练习为主要手段，通过合理的体育教育和科学的体育锻炼过程，达到增强体质、增进健康和提高体育素养为主要目标的公共必修课程；是学校课程体系的重要组成部分，是高等学校体育工作的中心环节。根据《学校体育工作条例》的规定，"普通高等院校各专业的一、二年级必须开设体育课""对三年级以上学生开设体育选修课"。"体育课是学生毕业、升学考试科目。"

（二）体育课教学的基本要求

体育课是教育过程中的重要组成部分，是完成学校体育目的任务的主要途径。体育课教学的目的是使学生正确认识体育的重要意义，掌握科学锻炼身体的手段和方法，不断增强体质，提高健康水平。体育教育配合德育、智育、美育、劳动教育，促进学生全面发展。体育课教学应遵循以下基本要求：

1. 按照教学大纲规范体育教学

体育教学大纲是教育行政部门编定的关于体育教学内容范围、结构、进度和要求的指导性文件，是对体育教学的规范化要求和考核、评价体育教学质量的依据。体育教学大纲直接制约着教学的质量。为了深化学校体育教学改革，提高体育课的教学质量，使学生掌握必要的体育基本知识和运动技能，养成良好的锻炼身体习惯，有效地增强体质，高校应依据《全国普通高等学校体育课教学指导纲要》制定教学大纲，大学体育教师应认真钻研和熟悉体育教学大纲，坚持素质和健康教育的标准，按照大纲进行大学体育课教学。

2. 遵循教学规律，从实际出发

体育课教学是通过师生的双边活动来完成的。在体育课教学过程中，教师必须根据学生的实际情况，遵循学生身心发展规律，符合学生年龄、性别特点和所在地区地理、气候条件，选择合理的教学内容、方法，安排适当的运动负荷。教师还要根据个体差异性因材施教，实施有的放矢的教学。

3. 教学方法个性化，教学形式多样化

进行大学体育课时，教学方法的选择应以激发学习兴趣为原则，努力倡导开放式、探究式教学，努力拓展体育课程的时间和空间。大学体育应以学生为本以及其任务、目标的多元性，决定了体育课教学形式的多样性；提倡师生之间、学生与学生之间的多边互助，努力提高学生参与的积极性，最大限度地发挥学生的创造性。因此，教师不仅要注重教法的研究，更要加强对学生学习方法和练习方法的指导，提高学生自学、自练的能力。

4. 创新评价体系，提高教学质量

体育教学评价是以体育教学目标为依据，运用有效和可操作的评价技术和手段，对体育教学活动的过程和结果进行测量、分析、比较并给予价值判断的过程。体育教学评价的范围是评价学生和教师两个主体。对学生学习效果的评价是教学评价的基础和根本，教师教学工作的质量是学生学习效果的重要反映。

二、课外体育活动

课外体育活动是指学生利用课余时间参与的，以锻炼身体、愉悦身心为目的的体育活动。课外体育活动是学校教育体系的组成部分。大学课外体育活动对于丰富大学生的文化生活、增长体育知识、促进健康和提高运动水平等有特殊的作用。

（一）课外体育活动的意义

课外体育活动是大学生课余生活的重要内容。课外体育活动既有利于学生身心健康的发展，又有益于学生个性的发展，同时还可以丰富课余生活。课外体育活动的意义主要体现在以下几个方面：

（1）有利于促进学生的生长发育，增进学生健康。

（2）有利于培养学生自主锻炼能力和独立人格，促进学生个性的全面发展。

（3）有利于创设一定的情境，培养学生群体意识、和睦友善的处世态度以及人际交往能力。

（4）有利于培养学生对待体育活动的积极态度，为形成终身体育观奠定基础。

（5）有利于培养社会体育健身指导人才、社会体育活动组织与管理骨干人才、高水平运动人才。

（二）课外体育活动的原则

《学校体育工作条例》明确规定："开展课外体育活动应当从实际情况出发，因地制宜，生动活泼。"这是学校开展课外体育活动中必须遵循的基本原则。具体而言，大学体育课外活动应遵循以下原则：

（1）群体性原则。课外体育活动应面向全体学生，应循序渐进进行，达到增强体质的目的。

（2）课内与课外相结合原则。课外体育活动是课堂教学的延续，是课堂讲授的体育知识、技能和技巧的实践应用。将二者有机结合能有效地激发学生参加体育活动的兴趣。

（3）项目安排科学性原则。科学安排项目是开展课外体育活动的关键。由于地区、经济、文化等方面的差异，我国各个学校的体育现状存在很大的不同，参加活动的学生在兴趣爱好、体育基础等方面的个体差异也非常明显。因此，开展课外体育活动必须从地区、学校和学生的实际情况出发，做到因地制宜、因人而异，科学合理地安排活动项目，尽可能做到内容丰富多彩，形式灵活多样。

（三）课外体育活动的特点

1. 参与自由

大学课外体育活动中，除了少数集体活动要求学生必须参加，如早操、课间操、班级组织的集体锻炼，其他大部分活动学生都有自由选择是否参与的权利。

2. 内容多样

课外体育活动的内容不受教学大纲的限制，凡是能用于身心锻炼与娱乐的体育方式，都可以作为课外体育活动的内容，如晨跑、健身走、广播操、太极拳、登山、越野跑、球类运动、游泳、健身操、健美、散打。体育教师还可以引导学生发挥自主能动性与创造性，调整运动项目的难度，创新规则及玩法，这样既可以调动学生的参与兴趣，又可以丰富课外体育活动的内容。

3. 形式灵活

课外体育活动的组织形式没有严格规定，可以是个人的，也可以是集体的；可以是班级的，也可以是年级的；可以是校级的，也可以是校际的；可以是校内的，也可以是校外的；可以是正式组织的，也可以是非正式组织的。

4. 空间广阔

课外体育活动场地选择更自由，空间范围更广阔。既可以在校园内，也可以在校园外；既可以在室外，也可以在室内；既可以在操场，也可以在教室；既可以在公共体育场所，也可以在大自然中。这种空间领域的广阔性，为学生提供了多样的活动环境和丰富的教育资源。

（四）课外体育活动的组织管理

1. 建立课外体育活动组织管理网络，提高管理效能

课外体育活动参与人员多、工作量大，仅靠体育教师的努力是很难做好的。因此，必须建立一个有校领导及有关部门人员共同参与管理的课外活动管理网络，以加强课外活动的管理效能。学校结合自身特色，可建立由负责学生管理工作的副校长主管，学工处负责

检查督促，体育院系及俱乐部组织实施，辅导员、班主任、体育社团配合管理的课外体育活动管理体系。

2. 建立课外体育活动质量评价体系，发挥导向激励效应

（1）确立课外活动管理目标。根据课外活动的目的、任务和管理评价的需要，建立一系列课外活动管理制度，如课外体育活动辅导制度、达标实施制度、运动竞赛制度。这些制度的贯彻实施，能激发学生积极参加课外锻炼。

（2）实施课外体育活动质量评价。根据课外活动的管理目标，对活动的过程和结果进行检查和考评，借以对活动进行调控，从而保证课外活动优质高效地开展。

（3）发挥表彰与奖励的激励效应。表彰与奖励对学生积极参加锻炼有较强的激励效应。因此，学校每年都可根据综合性评价的结果，评选出一系列先进集体与个人，并给予表彰、奖励。

3. 改善课外体育活动条件，促进活动有效开展

在开展课外体育活动中，器材的不足和场地条件的限制，是阻碍课外体育活动广泛开展的一个主要因素。积极改善活动条件，能有效满足并引导更多学生参加课外体育活动，从而进一步促进体育教学水平的提高和课外体育活动的开展。

三、课余体育训练和体育竞赛

课余体育训练和体育竞赛是大学体育活动的重要形式之一，是大学体育各种工作的有机组成部分。《中华人民共和国体育法》第二十七条规定："鼓励学校组建运动队、俱乐部等体育训练组织，开展多种形式的课余体育训练有条件的可组建高水平队，培养竞技体育后备人才"，第二十八条规定"学校应当每学年至少举办一次全校性的体育运动会"。《学校体育工作条例》第十二条规定："有条件的……普通高等学校经国家教育委员会批准，可以开展培养优秀体育后备人才的训练。"

（一）课余体育训练

课余体育训练是指利用课余时间，对在体育方面有天赋或有运动特长的学生，以运动队、代表队、俱乐部等形式对他们进行较为系统的训练，旨在全面发展体能，提高运动技术和水平，培养竞技体育后备人才。

1. 课余体育训练的任务

（1）发挥各高校传统项目优势，不断提高运动技术水平，培养德、智、体、美、劳全面发展的，运动技术水平较高的大学生运动员。

（2）培养学校体育活动骨干，促进学校体育工作的开展。

（3）以高水平运动员的影响带动全体大学生参加体育锻炼，培养大学生对体育运动的兴趣和爱好，提高大学生的身体素质、健康水平、观赏能力，进而促进大学生养成终身锻炼的习惯。

（4）通过课余体育训练，帮助学生树立良好的体育道德作风，培养顽强的意志与拼搏的精神，融思想教育、品德教育于体育运动之中。

（5）创造优异的运动成绩，为校、为国争光，并完成国家计划内的各项比赛任务。

2. 课余体育训练组织的基本形式

（1）学校运动队。这是目前我国大学课余体育训练最常见、最普遍的组织形式。学校运动队的组织是以教育体制中各种组织单元自然构成的。它包括班级代表队、年级代表队、学校代表队等。学校代表队是目前我国课余体育训练最富活力的训练组织之一，主要根据学校师资力量、场地设备条件建立。受训对象为在某运动项目有浓厚兴趣及潜力的学生。

（2）体育俱乐部。这是近年随着经济改革出现的新的训练形式。体育俱乐部一般有企业赞助，体育局或教育主管部门组织。将优秀的体育人才选送到俱乐部进行系统培训，然后以企业的名义参加比赛，既为企业经济利益服务，又可参加本单位的和校际的比赛活动。这种组织形式依托于经济实体，物质条件有充分的保障，是对企业和学校均有利的形式。

（3）体育特长班及其他形式。体育特长班是由教师或教练员在业余时间招收有体育特长的学生进行课余体育训练的组织形式。此组织方式的原则为自愿、业余、有偿。这种组织形式体现了学校、社会、家庭三者结合的特点。其他组织形式有民办公助的训练中心、体育协会、训练站点等，虽然其中有些属于群体组织，但在这些组织中训练的学生可能出现高水平的运动成绩。

3. 课余体育训练过程中管理的基本内容

（1）加强教学训练工作的计划性。应制订多年、年度和阶段教学训练计划，计划要严格实施，定期检查、修订。教练员要根据阶段计划认真制订课时计划。

（2）注意学习与训练相结合。应注重培养学生的意志品质，发展基本技术、身体素质，学习项目基本知识。要根据大学生的生理、心理特点，合理安排运动负荷，培养训练兴趣。

（3）密切关注文化学习。文化课是学生学习的重点，也是搞好训练的基础。文化学习不好不利于学生的成长，也会给训练带来困难或不利影响。所以在课余体育训练过程中，教练要关注受训练对象的文化学习。

（4）严格执行学籍管理制度、考勤制度和其他规章制度。课余体育训练运动队是一个教育训练实体，对学生要全面负责。对破坏纪律、违反规章制度或缺课过多的学生要严格管理。

（5）加强生活管理。要保证课余体育训练工作顺利进行，在有条件的情况下，要解决学生生活中的一些基本问题，如饮水、洗澡，还要做好医疗、卫生、服装、器材和场地使用的管理工作。建立健全各种制度，保证教学训练顺利进行。

（二）课余体育竞赛

体育竞赛是大学课外体育的另一组成部分，同样是实现大学体育目的的重要组成部分。大学开展体育竞赛，是检验体育教学、训练效果和交流经验、互相学习、促进运动技术水平提高的有效途径；是广泛吸引大学生参加体育活动，推动学校群众性体育活动的开展，增强体质和增长才智的主要方法；是丰富大学生课余文化生活，增强体育健身意识，培养勇敢顽强、奋发向上、团结友爱、遵纪守法等优良品质和集体主义精神，建设校园精神文明等方面不可缺少的内容。

《中华人民共和国体育法》第二十八条规定："国家定期举办全国学生（青年）运动

会。地方各级人民政府应结合实际，定期组织本地区学生（青年）运动会。学校应当每学年至少举办一次全校性的体育运动会。

大学体育竞赛有校内竞赛和校外竞赛，一般以校内竞赛为主。学校要经常开展校内群众性体育比赛，如组织各种球类运动、拔河、群众性的接力赛等喜闻乐见的体育比赛。这些比赛可由体育部领导、学生会或相关体育协会承办。

 ## 思考与练习

1. 体育具有哪些功能？
2. 简述大学体育的目标。
3. 简述体育对大学生的影响。
4. 简述大学体育教育与终身体育的关系。
5. 如何培养大学生的终身体育意识？
6. 什么是大学体育的组织形式？具体有哪些？

第二章
体育锻炼与健康体能

 学习导言

在当今社会，健康就是生产力，健康就是效益。那么，现代健康观是什么？健康的标准是什么？什么是亚健康？体能是指在应付日常工作之余，身体不会感到过度疲倦，还有余力去享受休闲及应付突发事件的能力。体能有助于降低发生健康问题的危险性，确保以最佳心境与和谐的人际关系去完成工作、学习，获得享受生活的乐趣。那么如何测定体能？怎样运用体育锻炼提高体能？本章将着重阐述这些问题。

第一节　健康与亚健康

一、健康

（一）健康的概念

世界卫生组织在宪章中对健康下的定义是："健康不仅仅是没有疾病或虚弱，而是保持身体上、心理上和社会适应的完好状态。"它包括躯体健康、心理健康、社会适应良好和道德健康等方面的内容。

（二）健康的标准

（1）精力充沛，能从容不迫地应付日常生活和工作的压力而不感到过分紧张。

（2）处事乐观，态度积极，乐于承担责任，事无巨细不挑剔。

（3）善于休息，睡眠良好。

（4）应变能力强，能适应环境的各种变化。

（5）能够抵抗一般性感冒和传染病。

（6）体重适当，身材均匀，站立时头、肩、臂位置协调。

（7）眼睛明亮，反应敏捷，眼睑不发炎。

（8）牙齿清洁，无空洞，无痛感；齿龈颜色正常，不出血。

（9）头发有光泽，无头屑。

（10）肌肉、皮肤富有弹性，走路轻松有力。

二、亚健康

（一）亚健康的概念

20世纪80年代中期，苏联学者 Berkman 研究提出，人体除健康状态和疾病状态之外，还存在着一种非健康非患病的中间状态，称为亚健康状态（sub-health status），简称亚健康，又称第三状态、灰色状态、病前状态、亚临床期、临床前期、潜病期等。

亚健康的表现错综复杂，根据症状的不同分为躯体亚健康，心理亚健康，人际交往亚健康，思想、行为和情感亚健康等。

>>> **知识窗** -

慢性疲劳综合征（CFS）的诊断标准：

（1）持续或反复出现原因不明的严重疲劳，个人生活及社会活动能力下降。

（2）记忆力、注意力下降，咽痛，肌肉疼痛，多发性关节痛，反复头痛，睡眠不佳，醒后不轻松，颈部僵直或腋窝淋巴结肿大等8项中至少具备4项。

- <<<

（二）亚健康的原因

（1）过度疲劳造成的精力、体力透支。由于竞争日趋激烈，人们用心、用脑过度，身体的主要器官长期处于非正常负荷状态。

（2）饮食不合理。当机体摄入热量过多或营养贫乏时，都可导致机体失调。过量吸烟、酗酒、睡眠不足、缺少运动、情绪低落、心理障碍以及大气污染、长期接触有毒物品，也会导致机体失调，引起饮食失衡。

（3）休息不足，特别是睡眠不足。起居无规律、作息不正常已经成为常见现象。青少年常常因游戏、短视频等原因熬夜，从而打乱生活规律。

（4）人体的自老化，体力不足、精力不济、社会适应能力降低，人体生物周期中的低潮时期。即使是健康人，也会在一个特定的时期内处于亚健康状态，如女性在月经来潮前表现出的烦躁、不安、情绪不稳、易激动等。

（5）过度紧张，压力太大。特别是白领人群，身体运动不足，体力透支。

（三）亚健康测试

对照下面的这些症状，测一测自己是否处于亚健康状态。如果你的累积总分超过50分，就需要坐下来，好好地反思你的生活状态，加强锻炼，调整饮食等；如果累积总分超过80分，赶紧去医院找医生，调整自己的心理，或是申请休假，好好地休息一段时间。

（1）早上起床时，常有较多的头发掉落。（5分）

（2）感到情绪有些抑郁，会对着窗外发呆。（3分）

（3）昨天想好的事，今天怎么也记不起来了，而且近些天经常出现这种情况。（10分）

（4）害怕走进办公室，觉得工作令人厌倦。（5分）

（5）不想面对同事和上司，有自闭的趋势。（5分）

（6）工作效率下降，上司已对你不满。（5分）

（7）工作一小时后，身体倦怠，胸闷气短。（10分）

（8）工作情绪始终无法高涨。最令人不解的是无名的火气很大，但又没有精力发作。（5分）

（9）一日三餐，进餐甚少，排除天气因素，即使口味非常适合自己的菜，也味同嚼蜡。（5分）

（10）盼望早早地逃离办公室，为的是能够回家躺在床上休息片刻。（5分）

（11）对城市的污染、噪声非常敏感，比一般人更渴望清幽、宁静的山水，休息身心。（5分）

（12）不再像以前那样热衷于朋友的聚会，有种强打精神、勉强应酬的感觉。（2分）

（13）晚上经常睡不着觉，即使睡着了，又老是在做梦的状态中，睡眠质量很糟糕。（10分）

（14）体重有明显的下降趋势，早上起来，发现眼眶深陷，下巴突出。（10分）

（15）感觉免疫力下降，春秋季流感一来，自己常首当其冲。（5分）

（16）性能力明显下降。（10分）

（四）亚健康的转化与预防措施

1. 亚健康的转化

健康、亚健康、慢性疲劳综合征三者之间是可以互相转化的，亚健康状态是在不断变化发展的，既可向健康状态转化，也可向疾病状态转化。究竟向哪个方向转化，取决于自我保健措施和自身的免疫水平。向疾病状态转化是亚健康状态的自发过程，而向健康状态转化则需要采取必要的防范措施，加强自我保健（图2-1-1）。

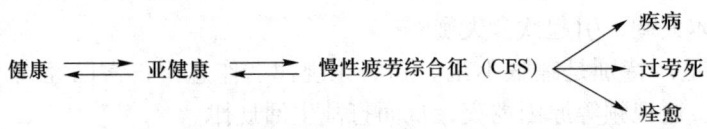

图2-1-1 健康—亚健康—慢性疲劳综合征的关系示意图

2. 预防亚健康的"十字"方针

（1）"平心"，即平衡心理、平静心态、平稳情绪。

（2）"减压"，即适时缓解过度紧张和压力。

（3）"顺钟"，即顺应好生物钟，调整好休息和睡眠。

（4）"增免"，通过有氧代谢运动等增强自身免疫力。

（5）"改良"，即通过改变不良生活方式和习惯，从源头上防止亚健康状态发生。

>>> **知识窗** -

健康四大基石

- 合理膳食
- 适量运动
- 戒烟戒酒
- 心理平衡

- <<<<

第二节　体能概述

体能（physical fitness）概念源于美国，1880—1900年美国就流行体格检查。1957年，美国健康、体育、休闲活动协会（AAHPER）推出了"青少年体能测试计划"，首次对青少年进行全国性测试，测试内容包括仰卧起坐、引体向上、立定跳远、垒球掷远、折返跑等。从那以后，体能的理念逐渐得到社会的重视。世界卫生组织对体能的定义是：在应付日常工作之余，身体不会感到过度疲倦，还有余力去享受休闲及应付突发事件的能力。体能有助于降低发生健康问题的危险，确保以其最佳心境与和谐的人际关系去完成工作后和获得尽情享受生活乐趣的感觉。

一、体能的分类

体能按其功能可分为健康体能、竞技体能、代谢体能三类。体能是三方面体能参数的综合表现。一个健康的人，三方面的体能参数达到适当水平，机体才能有良好的健康体能、竞技体能及代谢体能。不同的体能之间既有关联又有区别。一个拥有良好健康体能的人并不一定具有优秀的竞技体能，因为竞技体能需要一个练习的过程。但是要拥有优秀竞技体能的前提是机体要有良好的健康体能。

（一）健康体能

健康体能又称为健康素质，它反映人们在日常生活中表现出来的身体机能能力，是个体为了提高学习和工作效率、预防疾病及增进健康所需要的体能。健康体能主要包括心血管功能、身体成分、肌肉功能和柔韧。

（1）心血管功能（有氧适能）是指心脏、血管与呼吸系统协同工作的能力，提供给肌肉工作燃料。它们的功能直接影响肌肉利用燃料长时间工作的能力。

（2）身体成分是指肌肉、脂肪、骨骼及其他组成机体成分的相对百分比。其中体脂是评价身体成分的主要方面，理想的体能应有适当的体脂百分比。

（3）肌肉功能包括肌肉力量和肌肉耐力。肌肉力量是指肌肉抵抗外力或移动重物的能力，肌肉耐力是指肌肉长时间工作的能力。

（4）柔韧是人体各肌肉、关节、韧带等组织伸活动的能力和弹性的总称，其受肌肉长度、关节结构及其他因素的影响。良好的柔韧度可使关节全范围活动。

（二）竞技体能

竞技体能的相关参数有灵敏、平衡、协调、爆发力、反应时和速度。

灵敏是指在空间迅速、准确地改变整个身体运动方向的能力。

平衡是指稳定或运动中维持平衡的能力。

协调是指运用机体本体感觉在运动中流畅、准确、协调地完成动作的能力。

爆发力是指以最快的速度将能量转化成力量的能力。

反应时是指接受刺激与对刺激反应之间的时间。

速度是指短时间快速移动的能力。

（三）代谢体能

代谢体能是近年来提出的新的体能参数，主要包括血糖、血脂、血胰岛素、骨密度等。代谢体能反映的是一种机能状态，它同许多慢性疾病的发生或发展直接相关，而且与运动锻炼的效果直接相关。通过运动锻炼降低血脂水平、控制血糖、提高骨密度等都能增强机体代谢体能，可以减少因运动不足而引发的疾病。

二、体能商

体能商（physical fitness quotient，英文缩写为 PFQ）是近年来提出的体能定量评价的新概念，它是健康体能（HPFQ）与技能体能（SPFQ）的综合，是肌肉功能、柔韧、心肺功能和身体成分 4 项健康体能，以及灵敏、协调、平衡、速度、反应与爆发力 6 项运动员竞技体能的综合（图 2-2-1）。

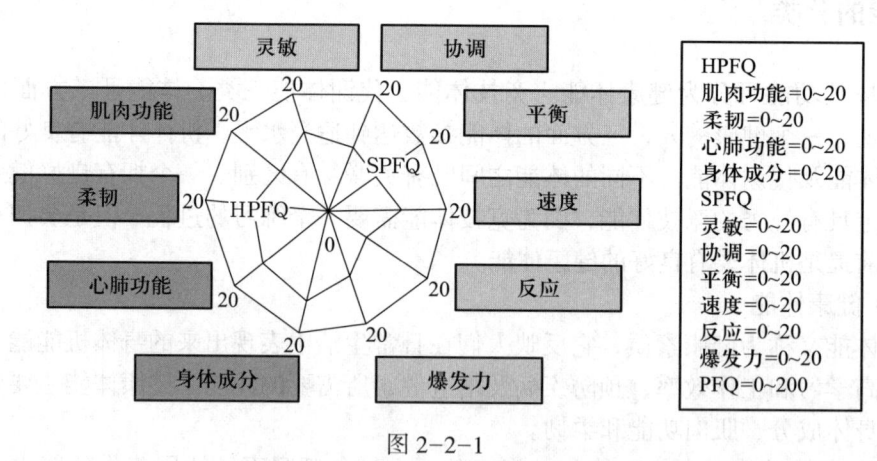

图 2-2-1

PFQ 的得分是以 HPFQ 和 SPFQ 各占 50% 的假设为计分依据的，也就是说，肌肉功能、柔韧、心肺功能及身体成分 4 项健康体能的总分为 50 分，每一分项的平均分为 12.5 分；灵敏、协调、平衡、速度、反应和爆发力速度 6 项运动体能的总分也是 50 分，每个分项的平均得分为 8.33 分。如果一个人的各项体能评量皆在平均值，那么 PFQ 即为 100 分。

第三节　健康体能测评

　　健康体能是为了促进健康、预防疾病并提高日常生活、工作和学习效率所追求的体能，健康体能的检测内容包括心肺功能、身体成分、肌肉功能、柔韧。

一、心肺功能的检测

　　心肺功能是指人体摄取、运输和利用氧的最大能力。这项能力主要取决于肺的通气能力、血液的载氧能力、心脏的泵血能力、动脉血管对血液的再分配能力及肌肉利用氧的能力等。对人体心肺功能的评定分为供氧能力和用氧能力两个方面，反映这两方面的生理指标也是不同的，反映供氧能力的是最大摄氧量（$\dot{V}O_2max$），反映用氧能力的是乳酸阈。

　　（一）最大摄氧量

　　最大摄氧量（$\dot{V}O_2max$）指人体在进行递增性的大肌肉群参加的力竭性运动中，当氧运输系统各个环节的贮备动员而达到本人最高水平时，人体在单位时间（通常以分钟为单位）内所能摄取的最大氧量。最大摄氧量与瘦体重、体重及身高等存在显著相关。因此，为了更确切地衡量最大摄氧量值的意义，应以相对值来表示，即每分钟每千克体重的最大摄氧量，以毫升为单位。

> **》》》知识窗**
>
> **最大摄氧量的自然增长规律**
>
> 男子：18～20岁时达到峰值，约为3.2升/分，此峰值将稳定地保持到30岁左右。
> 女子：14～16岁时达到峰值，其值比男性低25%左右，此值保持到25岁左右。
> 而后，最大摄氧量将随年龄的增长而递减。
>
> 《《《

　　正常健康男大学生（20～22岁）$\dot{V}O_2max$的绝对值为2.97～3.13升/分，相对值为52.76～55.60毫升/（千克·分），而同年龄女大学生$\dot{V}O_2max$的绝对值为2.03～2.11升/分，相对值为40.5～41.96毫升/（千克·分），女生值为男生值的70%～73%。

　　最大摄氧量的测评方法有直接和间接两种，常用间接法测评，如12分钟跑。12分钟跑是一个经典的次最大强度测验，受试者可以根据自身体能状态，采用"跑"或"跑走交替"的方式完成。该测试要求受试者在12分钟内尽量跑最远的距离。根据12分钟跑的距离就可推算出每千克体重的最大摄氧量并评定等级（表2-3-1）。

表 2-3-1　根据 12 分钟跑成绩评定最大摄氧量等级

距离 / 米	<30 岁	30~39 岁	40~49 岁	>50 岁	最大摄氧量等级
<1 610	25.0	25.0	25.0		非常差
1 610~1 990	25.0~33.7	25.0~30.0	25.0~26.4	25.0	差
2 000~2 390	33.8~42.5	30.2~39.1	26.5~35.4	25.0~33.7	普通
2 400~2 800	42.6~51.1	39.2~48.0	35.5~45.0	33.8~43.0	好
>2 810	51.6+	48.1+	45.1	43.1+	优秀

　　如有人难以完成 12 分钟跑，也可以改为 5 分钟跑，将跑的距离换算成 12 分钟跑，再推算出最大摄氧量（表 2-3-2）。

表 2-3-2　5 分钟跑距离和 12 分钟跑距离的换算表

5 分钟跑距离 / 米	12 分钟跑距离 / 米
500	980
600	1 200
700	1 430
800	1 650
900	1 870
1 000	2 100
1 100	2 300
1 200	2 540
1 300	2 750
1 400	2 980
1 500	3 200
1 600	3 430
1 700	3 650
1 800	3 870
1 900	4 100
2 000	4 300

（二）乳酸阈

　　乳酸阈是反映有氧能力的指标，通常以乳酸阈时的摄氧量占本人最大摄氧量的百分比来表示。一般说来，正常成年健康男子的乳酸阈值为最大摄氧量的 55%~65%。

　　韦尔特曼经研究提出，用 3 200 米跑的时间（分钟）来推算个人乳酸阈，再用这些值除以其 $\dot{V}O_2max$，便可得出用 $\dot{V}O_2max\%$ 表示的乳酸阈值。

　　男子：$\dot{V}O_2max = 112.0 - [5.31 \times$ 跑 3 200 米的时间$]$

　　女子：$\dot{V}O_2max = [-1.123 \times$ 跑 3 200 米的时间$] + 47.66$

　　最大摄氧量和乳酸阈都是评价有氧能力的指标，可以认为最大摄氧量表明运动强度方面的能力，乳酸阈表明耐力持续时间的能力。

二、身体成分的检测

身体成分常通过体脂百分比来体现。体脂百分比是指人体内所含脂肪占体重的百分比。它被认为是与健康相关的体质评价指标，可以监测营养状况、体温平衡状况和评价生长发育等，在运动员体重控制、减肥及健美等方面有指导意义。一般可根据体重、体重指数（BMI）等间接推算出体脂成分是否在正常范围，还可通过皮脂厚度、生物电阻抗法等测定体脂百分比。

（一）体重指数（BMI）

体重指数是一个评估身体成分的简便方法，是衡量是否肥胖和标准体重的重要指标。公式为：

$$BMI = 体重（千克）\div 身高的平方（米^2）$$

评价标准如表 2-3-3：

表 2-3-3　根据体重指数评价体重标准

分类	BMI 值 /（千克·米$^{-2}$）
体重正常	18.5～23.9
超重	24.0～27.9
肥胖	≥ 28

（二）体脂百分比的简易检测方法——皮褶厚度法

受试者自然站立，暴露身体的右侧测量部位。躯干测量部位包括肩胛下角、胸部、腹部和髂前上棘等，四肢测量部位包括肱三头肌和大腿等部位，如图 2-3-1 所示。

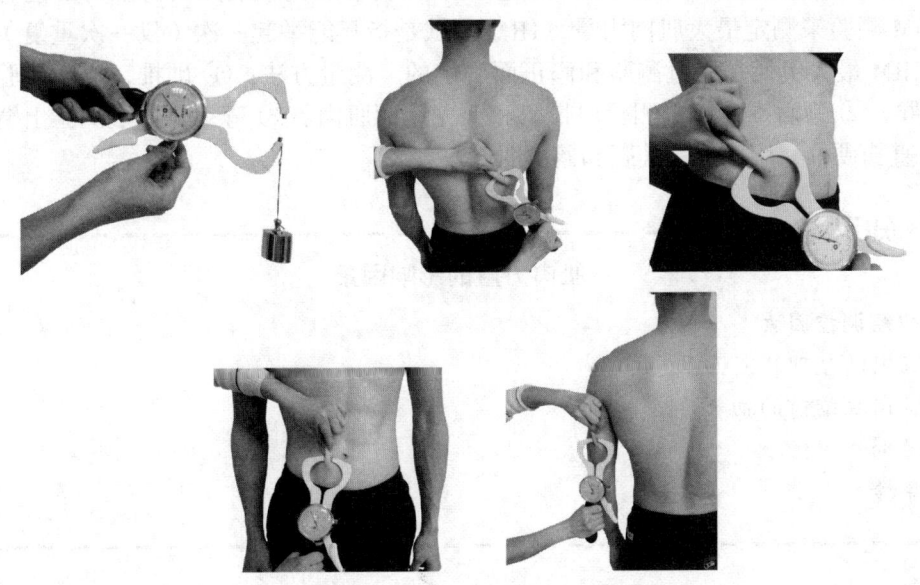

图 2-3-1　部分测量部位定位

1. 测量部位定位

（1）胸部：位于男性腋前线和乳头的斜向连线中点处。

（2）上臂部：上肢自然下垂，于肩峰与尺骨鹰嘴突连线中点处，垂直捏起皮褶。

（3）肩胛部：肩胛下角约 1 厘米处，皮褶走向与脊柱成 45°，方向斜下。

（4）腹部：脐旁 1 厘米处，垂直捏起皮。

（5）髋部：髂嵴上方其水平线与腋中线交界处，垂直捏起皮褶。

（6）大腿部：腹股沟中点与髌骨上缘中点连线的中点，皮褶方向与大腿纵轴平行。

2. 测量方法与计算方法

测量时，测试者选准测量点，用左手拇指和食指、中指将皮脂捏起，右手持皮脂厚度计，将卡钳张开，卡在捏起部位下方约 1 厘米处，待指针停稳，立即读数并做记录，测量 3 次取中间值或取均值，任两次测量误差不得超过 5%。以毫米为单位，取小数点后一位记录。最后将皮褶厚度（毫米）测量数据代入相应身体密度公式，计算身体密度值，再将身体密度值代入预测公式，计算体脂（%）。

$$身体密度（男）= 1.099\,1 - 0.000\,5 \times 腹部 - 0.000\,4 \times 肩胛下角 -$$
$$0.000\,5 \times 大腿 - 0.000\,3 \times 年龄$$

$$身体密度（女）= 1.083\,7 - 0.000\,4 \times 肱三头肌 - 0.000\,4 \times 腹部 -$$
$$0.000\,4 \times 大腿 - 0.000\,3 \times 年龄$$

$$体脂（\%）=（4.570 / 身体密度 - 4.142）\times 100$$

三、肌肉功能的检测

肌肉功能是指机体依靠肌肉收缩克服和对抗阻力维持身体运动的能力。肌肉力量按照表现形式和构成特点，可分为最大肌肉力量、爆发力和力量耐力三种形式。

1. 最大肌肉力量

最大肌肉力量是指肌肉进行最大随意收缩时表现的克服最大负荷阻力的能力。通常采用 1RM 测验来测定最大肌肉力量，1RM 测试是指只能举起一次（仅一次重复）的最大重量，1RM 最大负荷是通过测验和修正而确定的。测量方法：① 硬推，用于测验胸肌和上臂肌群。② 颈后推，用于测验肩带肌和上臂后面肌肉。③ 弯举，用于测验上臂前群肌肉。④ 直腿硬推，用于测验大腿和髂部肌肉。

▶▶▶ **知识窗** ------------------------------------

肌肉力量的影响因素

● 神经调控因素

● 肌肉的生理横断面积

● 肌肉收缩前的初长度

● 性别

● 年龄

2. 爆发力

爆发力是指肌肉在短时间内快速发挥力量的能力。通常通过立定跳远、纵跳摸高等方法来测试肌肉的爆发力。

3. 肌肉耐力

肌肉耐力是指肌肉在某一负荷下能长时间保持收缩的能力。通常通过仰卧起坐、俯卧撑等方法来测试肌肉的力量耐力。根据 1 分钟内能完成的次数来计分，1 分钟仰卧起坐、俯卧撑完成的标准如表 2-3-4 所示。

表 2-3-4　根据 1 分钟仰卧起坐和俯卧撑次数评定等级的标准

性别	等级	15~25 岁		26~35 岁		大于 35 岁	
		仰卧起坐 / 次	俯卧撑 / 次	仰卧起坐 / 次	俯卧撑 / 次	仰卧起坐 / 次	俯卧撑 / 次
男	差	10	8	8	7	5	3
	中	25	15	20	12	15	8
	良	50	25	40	20	30	15
	优秀	80	40	70	30	50	20
女	差	5	8	4	7	2	3
	中	15	15	10	12	5	8
	良	20	25	15	20	10	15
	优秀	30	40	20	30	15	20

四、柔韧的检测

柔韧是指决定单一关节或一组关节活动范围的骨骼肌肉系统特性。在健康体能中，柔韧最易被忽视。柔韧的测试方法有直接测定技术（莱顿弯曲测量仪、通用测角计和临床测角器）、间接测定技术等，常用的主要测试方法有关节活动量度器、伸屈试验、坐位体前屈等。在此主要介绍坐位体前屈测试方法。

坐位体前屈：受试者坐于地上，腿向前伸使膝平放在地上，足抵住一根带有刻度标尺的凳子，标尺刻度以厘米为单位，刻度的零点，恰好对准足与凳子的接触点，标尺上零点前方的刻度线依次用 +1，+2，+3…示，后方的刻度线依次用 -1，-2，-3…示。当足放置好后，受试者两手掌心向下，沿标尺尽量前伸，记录前伸的最大距离来测定柔韧性，标准见表 2-3-5。

表 2-3-5　坐位体前屈成绩与柔韧性级别的对照表

柔韧性级别	测验得分 / 厘米
差	-4 或以下
一般	-1~-3
中等	0~+4
良好	+5~+7
优秀	+8 或以上

第四节　体育锻炼与大学生体能 ○───────────────

通过体育锻炼可以提高大学生的体能。体育锻炼方法有很多，本节所提供的体育锻炼方法主要是从大学生的体育观和实际需要，以及体育锻炼对人体机能所产生的影响出发，便于推动大学生日常健身。

一、促进生长发育的健身运动

身高与遗传有关，但并非绝对。积极从事体育锻炼，使脑垂体分泌生长激素增多，从而促使人体长高。据报道，有一位运动员，立志要成为一位跳高冠军，但在 14 岁身高变化缓慢了，到 16 岁仍只有 1.64 米，但他坚持练习专门体操，三年内长高了 21 厘米，最终成为一名优秀的跳高选手。下面介绍一套专门体操：

（1）热身运动。活动四肢的各个关节，脊柱保持平直，身体前倾，双手伸直用力向后上方挥动。

（2）走。大幅度、有力向前走，可坚持 3 分钟。

（3）跳远。立定或助跑跳远均可，助跑跳时，踏板要有力，在空中挺膝展髋，两臂上伸，充分展体；落下时前脚掌着地，屈膝缓冲。根据体质情况，做 7~10 次，中间适当休息。

（4）跑。小步跑，同时双拳放在肩上，双臂屈肘向前旋转；快速跑跳 25~50 米。重复 4~6 次，每次练习之后稍休息。

（5）伸拉。双手向上，然后向各个方向伸拉，同时踮起脚后跟，重复 6~8 次。

（6）悬垂。在单杠上或在自制的家庭悬杠上练习，每天晨起和晚睡前各练习 1 次。悬垂 20 秒钟至 1 分钟，悬垂的同时身体向左右旋动，双脚并拢；身体向前后摆；顺时针或逆时针摆动；引体向上。每做 1 次，休息 1 分钟，可重复 2~3 次。

（7）跳高。一般跳高者，脚的落地点与起跳点的距离有 4 米，每次跳 10~15 次，中间稍休息，重复 2~3 次。

（8）跳跃。原地或助跑向上跳，膝髋充分挺直，立腰挺胸，两臂上伸用手去触摸吊在空中的物体，物体高度以尽力方可摸到为宜。左、右手各进行 5 次，休息 2 分钟再进行，可重复 3~5 次。或从蹲的状态跳起，做 30~60 个不同姿态的跳跃，双脚用力蹬地。

适当选择上述练习，按规定数量做动作，逐渐加大运动量。运动前充分做好准备活动，做完每节操后稍微休息，让呼吸平稳，活动四肢，使机体放松。做完一套操后，平躺在地板上，绷紧背部和臀部肌肉，微微挺腰。全套操每周做 3~4 次，每次 35~45 分钟。长期坚持，定有效果。

二、提高速度素质的健身运动

短跑训练主要是发展速度、耐力和力量素质，同时还可以提高中枢神经的反应能力、身体的灵活性和敏捷性。可采取以下方法提高速度素质：

（1）30米或60米冲刺。每次2~4组，每组6~8次，每周2~3次。

（2）百米快跑。每次2~3组，每组3~4次，每周3次。

（3）变速跑。200米快跑、500米慢跑、200米快跑为一组，每组跑5次，每次1~2组，每周2~3次。

（4）原地重力踏跳法。两脚互相交换在原地快速踏地，或单脚快速抬腿屈膝上举，尽量去靠胸部，或前脚掌快速向下用力踏地，当接触地面时好像踩着滚烫的铁板快速用力弹起，或借着踏跳向下用力的反作用力，双脚离地，身体顺势向上弹起。每周3~5次，每组10次，每次3组。

（5）快速高抬腿跑。自然站立，两眼前视，活动时一腿抬高，一腿支撑，两腿相互交换进行。抬高的大腿与躯干呈90°，踏地脚必须弹性用力，同时两臂前后摆的幅度要大。每周2~3次，每组1~2分钟，休息1分钟，每次2~3组。

（6）助跑摸高跳。向上跳，或助跑摸高跳。起跳时，两臂快速用力向上摆动，提肩拔腰，同时两腿迅速蹬伸髋、膝、踝关节，向上跳起。身体下落时，两腿用前脚掌着地，膝关节弯曲缓冲。每次3~4组，每组10~15次，每周3~5次。

（7）立定跳远。锻炼时，健身者两腿开立，与肩同宽，髋、膝、踝关节适度弯曲。将双臂摆至身后下方，随即用力蹬伸髋、膝、踝关节，双臂从后向前上方迅速摆动跳起，做挺胸、抬头、提肩、拔腰、展髋的腾空姿势，继而收腹举腿，小腿前伸，双臂自上而下向后摆动落地。当双脚落地后，屈膝缓冲成蹲位。每组10~15次，每次2~3组，每周2~3次。

三、提高耐力素质的健身运动

（1）12分钟跑。12分钟跑是常用的评价耐力素质的指标。一般来讲，30岁以下健康男子12分钟跑2 050~2 380米为及格，2 400~2 780米为良好，2 800米以上为优秀。每组跑12分钟，每次1~2组，每周3~5次。

（2）中长距离慢跑。中长距离慢跑是周期性耐力性运动，有1 000米、5 000米、10 000米、半程或全程马拉松等。它具有单次跑程长、持续时间长、能量消耗大等特点，是培养人体耐力的最好运动方式。一般每次45~120分钟，每周3~7次。初练者走跑交替进行，逐渐增大运动量。

（3）登山。登山需要体力，更需要坚韧不拔的毅力。登山可以提高身体耐力和腿部肌肉力量，有效地强化呼吸系统、心血管系统功能，调节身体疲劳。登山可采用计时的方法评价耐力素质。一般每次60~120分钟，每周1~2次，或隔周1~2次。登山应穿运动衣裤和跑鞋，保持自然呼吸，不要憋气，也不要大口喘气。下山切勿贸然奔跑，要注意安全。

（4）双臂举重锻炼法。此法可以提高练习者肌肉力量和耐力，采用轻负荷、多重复次数的方法进行负荷练习。动作方法：两手拿住重物，坐于椅子上。两手臂向上举起重物。伸直的两臂向两边侧平举。将手放于两肩旁，恢复原姿势。运动时调整呼吸，使呼吸与用力动作配合协调。

四、提高柔韧素质的健身运动

学习艺术体操、体操、跳水、花样滑冰、游泳等项目，可提高柔韧性。现介绍几种提高柔韧素质的锻炼方法：

1. 健身棒操。棒操可分为上肢运动、体前屈运动、体侧屈运动、下肢运动、腹背运动等。一般每次30~45分钟，每周3~4次。

2. 增强关节柔韧性的锻炼方法。

（1）身体靠墙，右手尽量在墙上摸最高点，允许踮脚。左右手各做5次。

（2）站立位，右上肢自后向前做回环运动5圈，再自前向后做回环5次。左上肢也依此法进行练习。

（3）右手自肩上摸左肩骨，左手顶右肘部使右手尽量下摸。左手也依此法进行，各5次。

（4）站立位，双膝伸直，做身体前屈后伸运动各5次，前屈时手指触地。

（5）直体站立，双膝伸直，身体左右侧屈各5次。

（6）站立位，双足略分开不动，膝关节伸直，左转体时，双眼从背后看右足跟，双手随之摆动。反之亦然。左右各旋转5次，运动幅度越大越好。

（7）双足并拢，做直立、全蹲动作，足跟不准离地，双手不能撑住膝盖，动作尽量缓慢，做10次。

3. 踢毽运动。左腿站立支撑，右腿屈膝外展，小腿向侧上方摆动，用脚的中间部位将毽子向上踢起。脚落地，等毽子下落到膝关节以下高度时，再抬脚将毽子向上踢起，依次进行。踢毽能够提高腰、髋、膝、踝的灵活性和柔韧性，还能够改善身体的平衡能力和人的判断能力。每次练习10~15分钟，每周3~4次。

五、提高灵敏素质的健身运动

（1）羽毛球运动。在羽毛球运动过程中主动地跑动，积极地救接球，眼明手快地扣杀等，这些都可以发展灵敏素质。健身者可以采取对空挥击、边跑边击、自由对练、简单比赛、正式对抗赛等方式进行羽毛球运动，每次练习30~60分钟，或每次1~3局，每周2~3次。

（2）乒乓球运动。健身者可以采取随意空击、对墙击球、自由对打、简单比赛、正式对抗赛等方式进行乒乓球运动。乒乓球基本技术有发球、接发球、推挡球、攻球、削球、弧旋球等，基本战术有发球抢攻、左推右攻、拉攻、削中反攻、双打技术等。由于球小速度快，对健身者反应能力、灵敏素质是一个很好的锻炼。

（3）滑冰运动。有条件者，可进行滑冰锻炼。滑冰不仅需要高超的技术，良好的平衡，也需要绝对的身体灵敏性。滑冰会突然变换体位，改变身体重心，这就要求练习者运用技巧，迅速、准确、协调地改变身体运动，使灵敏素质在滑冰运动中得到锻炼和提高。

六、提高有氧耐力的锻炼方法

有氧耐力是指肌肉长时间进行有氧供能的能力，在进行有氧锻炼中一般采用强度较低、持续时间较长的练习，持续时间最少应在 5 分钟以上，一般在 15~60 分钟，心率一般控制在 110~150 次 / 分之间。有氧锻炼中持续时间及强度可参照表 2-4-1。

表 2-4-1　有氧锻炼的持续时间及强度对照表

运动量	5 分钟	10 分钟	15 分钟	30 分钟	60 分钟
大	70%$\dot{V}O_2$max	65%$\dot{V}O_2$max	60%$\dot{V}O_2$max	50%$\dot{V}O_2$max	40%$\dot{V}O_2$max
中	80%$\dot{V}O_2$max	75%$\dot{V}O_2$max	70%$\dot{V}O_2$max	60%$\dot{V}O_2$max	50%$\dot{V}O_2$max
小	90%$\dot{V}O_2$max	85%$\dot{V}O_2$max	80%$\dot{V}O_2$max	70%$\dot{V}O_2$max	60%$\dot{V}O_2$max

此外，每周锻炼的次（天）数对锻炼效果也有明显影响。一般认为，每周锻炼 3~4 次为宜。常用的提高有氧耐力方法有以下几种：

（一）健身跑

目前，健身跑作为一种"心肺健康之路"而风行全球，它是提高人的体力和心肺功能良好的锻炼方法之一。

控制健身跑的运动负荷主要体现在运动强度上，可通过测量跑步 5~6 分钟时的心率来评定。对于每一个年龄段，其适宜的跑步运动强度有一个相应较佳的心率数区间来表示（表 2-4-2）。

表 2-4-2　健身跑心率控制对照表

年龄 / 岁	较佳心率区间 /（次·分$^{-1}$）	年龄 / 岁	较佳心率区间 /（次·分$^{-1}$）
20	140~170	45	123~149
25	130~165	50	119~145
30	133~162	55	116~140
35	130~157	65	112~135
40	126~152	70	105~128

（二）登楼梯

登楼梯是一项很好的室内健身锻炼。如能把登楼梯作为健身锻炼的方式，对身体是有裨益的。

登楼梯时，心脏负担超过平时走路的负担。研究表明，普通人登楼梯每分钟耗热量 14×4.18 千焦，卧床休息的人仅消耗 0.68×4.18 千焦。当登楼梯 10 分钟消耗热量为 2 000×4.18 千焦时，能带来较好的锻炼效果。

 **思考与练习**

1. 自测身体状况是处于健康还是亚健康状态？自评日常生活方式是否健康？

2. 在学习生活中，你认为是健康体能重要，还是竞技体能重要？在运动场上，我们需要哪些体能？

3. 简述影响健康、亚健康的因素有哪些，请作一个自我健康评价。

4. 简述检测体能的指标与方法。

5. 如何采取体育锻炼的方法提高肌肉功能？

6. 如何采取体育锻炼的方法提高心肺功能？

7. 如何采取体育锻炼的方法降低体脂百分比？

第三章
大学生心理健康

 学习导言

> 　　大学生心理健康问题已受到广泛关注，研究表明体育运动有益于保持、促进心理健康。通过本章的学习，了解心理健康的概念、大学生常见心理疾病与障碍及影响大学生心理健康的主要因素；掌握心理健康的判断方法、评价标准；了解体育锻炼对大学生心理健康的作用；掌握增强心理健康的方法。

第一节　心理健康概述

一、心理健康的概念

　　世界卫生组织提出健康包含躯体健康、心理健康、社会适应良好和道德健康等方面的内容。心理健康是健康的重要方面，人的身体再强健，若心理不健康，也不能称为现代意义上的健康人。

　　第三届国际心理卫生大会将心理健康定义为"在身体、智能及情感上与他人的心理健康不相矛盾的范围内，将个人心境发展成最佳状态"。从广义上讲，心理健康是指一种持续的高效而满意的心理状态。从狭义上讲，心理健康是指人的基本心理活动的过程内容完整、协调一致，即认知、情感、意志、行为、人格的完整和协调，能适应社会并与社会保持同步。

　　心理学研究表明，衡量和判断人的心理是否正常，必须满足三个条件：一为具有统计学上处于中间范围意义，二为不具有心理疾病的异常表现，三为行为符合社会规范。

　　大学时光是人的一生中非常特殊的一段时期，心理发展变化最激烈，有远大的抱负与美好的追求，但他们也承受着很大的心理压力，因而此阶段也容易出现心理问题。近年来，全国出现了许多大学生因为心理疾病、精神障碍等原因而伤害自己和他人的案例，给学生本人和家庭带来了极大的伤害，并引起了社会的广泛关注。

　　参照心理健康的一般标准，心理健康的大学生应具有如下特征：

（1）具有独立的生活能力。

（2）具有独立的思考、判断能力。

（3）能够从心理上接纳自己。

（4）勇于面对现实，并对学习、生活充满信心。

（5）具有较强的自我调控能力，能积极主动地适应新的环境，调节、平衡各方面的心理冲突。

（6）人际关系良好。

（7）学习方法得当。

（8）能应付一定的挫折，对困难有一定的承受能力。

二、大学生常见心理疾病与障碍

1. 神经衰弱症

神经衰弱症表现为脑兴奋和抑制功能失调，精神活动能力下降。常伴随睡眠障碍、心悸乏力、多梦、注意力分散、记忆减退、精神易疲劳以及身体各器官不适等症状。此症在大学生中发病率较高，轻者还能坚持学业，但学习效率受到不同程度影响；重者则会休学，甚至退学。

神经衰弱的产生原因有学习负担过重，人际关系失调，严重身体疾病和失忆引起的苦闷等。总而言之，长期紧张、缺乏休息、睡眠不足是引发神经衰弱的重要原因，而注意用脑卫生，保证足够的休息和睡眠，可以在一定程度上稳定病情。

2. 强迫性神经症

强迫性神经症是一种以强迫观念和强迫作为特征的神经功能症。患者主观上常感到有某种不可抗拒的、不能自行克制的观念意向和行为存在，如强迫性洗手行为，洗手半小时以上。患者深受其苦，但又不能自制，是一种典型的心理冲突疾病。有人认为发病原因来自以往因遭受挫折而产生的潜在压力，是在潜意识支配下企图摆脱内在焦虑的一种行为表现。

3. 癔症

癔症是由精神因素，如生活事件、内心冲突、暗示或自我暗示作用于易病个体引起的精神障碍。其临床表现有分离性和转换性两类。前者症状具有突发性，患者情绪爆发，大哭大闹、大声喊叫、捶胸顿足、阵阵换气、出汗、呼之不应、抽搐，甚至昏迷；后者表现为某器官功能障碍，如瘫痪、失明、耳聋、四肢感觉麻木和运动障碍。此症无器质性病变，治疗后可痊愈，多发生在有不良性格（如虚荣，争强好胜，夸耀自己，显示自己，愿意让自己成为人们注意的中心，易感情用事，易受他人行为影响）的人身上。

4. 恐怖症

恐怖症是指患者对某些事物或特殊的情境产生十分强烈的恐怖情绪体验，而引起恐怖情绪的事物或情境对主体不具有任何伤害或威胁的意义。它的产生往往具有条件反射的性质，即"谈虎色变"。由于恐怖对象很多，所以恐怖症的表现也是多种多样的，如物体恐怖（动物恐怖、水恐怖、利器恐怖），环境恐怖（黑夜恐怖、旷野恐怖、雷雨恐怖、高处恐怖），还有疾病恐怖、社交恐怖、男人恐怖、女人恐怖。

5. 情绪障碍

（1）焦虑。焦虑是个人应付环境无把握，并且对不可知的未来感到威胁时，由忧虑交织成的迷惘感受。焦虑常发生在新生入学、临近考试、毕业择业实习等阶段。患者无端感到慌惚不定、心烦意乱，有一种无名的烦恼和莫名的恐惧。过度焦虑还会引起失眠、多梦和食欲不振，同时常伴有心悸、头昏、恶心、便秘、多汗、手脚发冷等症状。

（2）抑郁。抑郁是由于严重的精神因素引起的，如亲人突然死亡、失意、被诬陷以及其他天灾人祸。当引起抑郁的处境改善后，患者仍不能够振作起来，悲观沮丧、情绪低沉、闷闷不乐、多愁善感，对人对事物都缺乏兴趣，且伴有自卑感和自罪感。有时还会感到身体不适，如头痛、食欲减退、失眠，严重时甚至产生轻生的念头。

6. 性格障碍

（1）狭隘与嫉妒。狭隘与嫉妒是影响大学生心理健康的主要性格障碍。具有狭隘性格的学生表现为心胸狭窄、感情脆弱、意志薄弱、做事呆板、谨小慎微、过分关心自己，对任何事看得都很重，斤斤计较，在学习和生活中不能受一点委屈、吃一点亏，否则便耿耿于怀，不能自解。狭隘与嫉妒是一对"孪生姐妹"，往往具有狭隘性格的人，也较易嫉妒别人。看见别人在某些方面优于自己，就感到难受、不舒服。严重时不仅会造成与同学之间关系紧张，而且对自身的身心健康也会产生不良影响，诱发疾病。

（2）猜疑与忧郁。猜疑与忧郁也属于不健康的性格，轻则可以认为是不良的性格特征，重则就是一种性格障碍了。猜疑表现为极度的神经过敏，对任何事都疑神疑鬼，如怀疑别人设圈套陷害自己，怀疑别人不信任自己，怀疑别人议论自己，甚至怀疑自己生了某种疾病。忧郁则表现为少言寡语、孤独寂寞、心情沉重、无精打采、郁郁寡欢、心灰意冷、对一切事物都缺乏兴趣、不愿参加集体活动、自我封闭、不与他人交往。

（3）怯懦与自卑。过度的怯懦与自卑，也是一种典型的性格障碍。怯懦与自卑是由于患者对于自己的能力和品质作出偏低的评价而产生的一种情感体验。几乎所有严重的怯懦者、自卑者都是性格内向的人。他们感情脆弱，多愁善感，常常自惭形秽，自愧无能，觉得处处不如别人。

7. 网络成瘾

网络成瘾，又称网络成瘾综合征（internet addiction disorder，简称 IAD），临床上是指由于患者对互联网络过度依赖而导致的一种心理异常症状以及伴随的一种生理性不适。网络成瘾是因个体反复过度使用网络导致的一种精神行为障碍，表现为对使用网络产生强烈欲望，突然停止或减少使用时出现的烦躁、注意力不集中、睡眠障碍等。网络成瘾不仅荒废学业，而且不利于身心健康。

三、影响大学生心理健康的主要因素

造成大学生不良心理现象、心理问题和心理障碍的原因是多方面的，主要有社会因素、学校因素、家庭环境、早期经历、个体生理心理等方面。

1. 社会因素

在现代社会中，急剧的社会变革和知识与技术的高速发展，对于现代人的生理、心理产生巨大的影响。现代社会中学生面临的挑战很多，心理上存在许多压力：① 来自社会责任的压力，社会对大学生要求过高，期望值较大。② 来自生活本身的压力，学生个人成材欲望较强烈，而学生自身的心理发展处于尚未成熟阶段，缺乏社会经验，心理比较脆弱，适应能力较差，情绪不稳定，常常发生心理失衡。③ 来自择业竞争的压力。④ 来自快速的社会生活和工作节奏所带来的压力，它迫使大学生要改变原有的生活方式，加快生活节奏。越是敏感、进取心强的大学生，这种压力感就越明显。如果这种压力感过于沉重，就会出现心理障碍。

2. 学校因素

学校是大学生生活、学习的主要场所，学校作为亚社会环境，学校对大学生心理健康的影响是直接而深刻的。学校对大学生心理健康不利的因素主要表现在以下几个方面：

（1）人际关系复杂化。大学生的人际关系问题主要是处理与同学、老师之间及与家庭、亲人、朋友之间的关系，主要是与同学的关系，特别是与异性同学的交往。处于这一时期的大学生本来就有一种闭锁性的心理特征，同时又渴望与人交往和沟通。然而，不少人缺乏与人交往的勇气和方法，缺乏与人交往和与人相处的经验，不知如何与异性相处，以及对人严、对己宽的心理特点，而且受社会上不良思想的影响，都会影响他们与同学相处。大学生的孤独感、寂寞感既有年龄的因素，又有人际交往不良的因素。

（2）学习的紧张化和业余生活的单调化。大学是各方面人才集聚的地方，学生进入大学以后，大部分学生会觉得失去原有的优势。激烈的竞争和社会就业压力会导致大学生学习生活紧张，因而产生过度的紧张与焦虑，而这种心理障碍直接影响大学生的成才和健康成长。

大学生活经常表现为"三点一线"，而大学阶段又是大学生增长知识、情感丰富热烈的时期。社会变革和发展所带来的高情感需求及对业余生活多样化的渴望，使得这一矛盾变得突出起来。单调的大学生活会使人感到压抑、烦躁，兴趣减低，缺乏生活乐趣。

3. 家庭环境与早期经历因素

家庭环境的影响主要表现为父母对子女的态度和教养方式。国内外许多研究表明，父母的教育方法不当是造成大学生心理障碍的主要因素。根据对患者父母教养方式的调查发现，神经症病人的父母对他们的教养方式可以分为冷漠型、严厉型、过分呵护型三种。这三种类型的教育方法分别有如下特征：他们对子女倾向拒绝，缺少情感和温暖；表现出严厉和过分干涉；表现出过度保护。这种教育方法导致子女无所适从，特别是对子女的过度保护削弱了子女独立和权利意识的发展，以致子女缺乏自信，过分自我约束，并逐渐萌生自卑感，这是心理障碍的重要诱因。此外，在这三种教养方式下成长的孩子，在人格特征和人际关系方面都存在较多的问题，当他们面对复杂的社会环境时，容易出现各种各样的适应性障碍，甚至出现神经症性的反应。

4. 个体生理心理因素

大学生心理健康的生理因素主要有两种：一是躯体疾病的影响，一个身体健康状况良好的人，能正确地感知和应付周围环境中某些信息的刺激；而身体有疾病的人则往往情绪低沉，敏感多疑，容易歪曲或误解信息刺激所反映的事实，不能有效地作出正确的反应，行为控制能力也会减弱，甚至可能导致心理障碍。二是遗传因素的影响，人的高级神经活动类型主要受制于生理组织，与先天因素关系密切。在这方面属于弱性的人，往往容易受到刺激而产生心理失衡。

第二节　大学生心理健康的测评 ◦────────────

一、如何判断心理是否健康

心理健康是指人的基本心理活动过程内容完整、协调一致，即认知、情感、意志、行为、人格完整和协调，能顺应社会，与社会保持同步。心理不健康是指人的基本活动过程不协调，具体表现为十大症状：① 记忆力减退；② 注意力不集中；③ 缺乏自信心；④ 过多的内疚和自责；⑤ 悲观厌世；⑥ 忧虑重重；⑦ 失眠；⑧ 烦闷不安；⑨ 逃避；⑩ 惧怕。

这十条症状并不等于心理疾病，心理正常的人偶尔也会出现这些症状。如果同时出现这些症状，且持续多日仍难以消除，就应引起重视。心理健康与不健康都存在一些特征，见表 3-2-1。

表 3-2-1　心理健康与心理不健康的特征对比

指标	心理健康	心理不健康
智力是否正常	1. 能适应生活环境 2. 能正常工作、学习、生活	1. 不能适应生活环境 2. 不能正常工作、学习、生活
情绪是否健康	1. 心情愉快，有幸福感 2. 情绪稳定，反应适度 3. 情绪与目标一致 4. 原因消去，情绪恢复	1. 情绪低落，灰心丧气 2. 烦躁不安，喜怒无常 3. 情绪与目标不一致，甚至相反 4. 原因消去，情绪仍不能恢复
意志是否健全	1. 行为有目的，深思熟虑 2. 当机立断，付诸行动 3. 善于控制言行 4. 坚持不懈，百折不挠	1. 行为盲目，轻信、武断 2. 优柔寡断，犹豫不决 3. 不能控制冲动 4. 遇难而退，见异思迁
行为是否协调	1. 思维清晰，符合逻辑 2. 行为有序，语言有条理 3. 言行相符，思维行动一致 4. 行为反应正常	1. 思维混乱，不符合逻辑 2. 行为无序，语无伦次 3. 言行不一，思维与行动矛盾 4. 行为反应过敏或迟钝
人格是否完整	1. 气质、性格、能力发展均衡 2. 有积极进取的人生观 3. 需要、愿望、目标、行为统一 4. 正直、热情、自信、勇敢	1. 气质、性格、能力发展不均衡 2. 人生观消极、悲观失望 3. 需要、愿望、目标、行为相互矛盾 4. 冷漠、自私、自卑、恐惧

二、心理健康的等级

相关研究认为，心理健康可分为 4 个等级：健康状态、不良状态、心理障碍和心理疾病。大学生可根据相应的特征判断自身心理所处状态，以便采取相应措施进行干预与治疗。

（一）健康状态

心理健康状态与非健康状态的区分标准，一直是心理学界争议的话题。不同的学者观点不一，大体可总结为以下几个特征：

（1）本人自我感觉不痛苦，一般指在一段时间内本人快乐的感觉大于痛苦的感觉，这并不是指长期没有痛苦。

（2）他人不感觉个体异常，即指个体心理活动与周围的人和环境相协调，不出现与周围人和环境不一致和不协调的行为现象。

（3）社会功能良好，即能胜任家庭和社会角色，能在一般社会环境下充分发挥自身能力，利用现有条件或创造条件实现自我价值。

（二）不良状态

不良状态又称第三状态，是介于健康状态与疾病状态之间的状态，是正常人群中常见的一种亚健康状态，是由于个人心理素质（如孤僻、敏感、强势）、生活事件（如工作或学习压力大、晋升失败、升学失败、被上司或老师批评指责、婚恋挫折）、身体不良状态等因素所引起的。其主要特征是：

（1）时间短暂。此状态持续时间较短，一般在一周内得以减缓甚至消失。

（2）损害轻微。此状态对其社会功能影响较小。处于此状态的人一般能进行正常的日常工作、学习和生活，只是略感痛苦，觉得"郁闷""纠结""没劲"等。

（3）能自我调适。处于此状态的人大部分可通过自我调适，如休息、聊天倾诉、运动、旅游、娱乐活动等方式来改善不良心理状态。

（三）心理障碍

心理障碍是指因为个人以及外界因素，造成心理状态的某一方面或几方面发展的超前、停滞、延缓、退缩或偏离。其主要特征是：

（1）针对性。处于心理障碍状态的人对障碍对象（如敏感的事、物及环境）有强烈的心理反应，而对非障碍对象则表现相对正常和平静。

（2）不协调。个体心理活动的外在表现与其生理年龄不相符，或反应方式与常人不同，如成人表现出幼稚状态（停滞、延迟、退缩），儿童出现成人行为，对外界刺激的反应方式偏离。

（3）损害大。此状态对个体的社会功能影响较大，具有心理障碍的大学生不能按照常人的标准完成学习和社交等一项或几项社会功能，如社交焦虑者（又名社交恐惧）不能完成社交活动，锐器恐惧者不敢参加实验课，心理障碍者难以与异性正常交谈和交往。

（4）需求助心理医生。处于心理障碍的人，大部分不能通过自我调整和朋友、家人等非专业人员的帮助而解决根本问题，因此必须在专业心理医生的指导下进行心理调节。

（四）心理疾病

心理疾病是由于个人及外界因素引起个体强烈的心理反应并伴有明显的躯体不适感，是大脑功能失调的外在表现。其主要症状有：

（1）强烈的心理反应。患者可能出现思维判断失误，记忆力下降，思维敏捷性下降，头脑有强烈的黏滞感、空白感，强烈自卑感及痛苦感，精力缺乏，情绪低落成忧郁，紧张焦虑等。

（2）明显的躯体不适感。中枢控制系统功能失调可引起所控制人体各个系统功能失调，如影响消化系统出现食欲不振、腹部胀满、便秘或腹泻等症状。影响心血管系统则可出现心慌、胸闷、头晕等症状。影响内分泌系统则可出现女性月经周期改变，男性性功能障碍等。

（3）损害大。此状态的患者不能或勉强能完成其社会功能，缺乏轻松、愉快的体验，痛苦感极为强烈，"哪里都不舒服""活着不如死了好"是他们真实的内心体验。

处于心理疾病状态的人一般不能通过自身调适和非心理医生的治疗而康复。心理医生对此类患者的治疗一般采用心理治疗和药物治疗相结合的综合治疗手段。在治疗早期通过情绪调节药物快速调整情绪，中后期结合心理治疗解除心理障碍并通过心理训练达到社会功能的恢复并提高其心理健康水平。

三、心理缺陷

在心理健康和心理疾病者之间有一类为数不少的心理缺陷者。心理缺陷是指无法保持正常人所具备的心理调节和适应等平衡能力，心理特点明显偏离心理健康标准，但尚未达到心理疾病的程度。心理缺陷的后果是社会适应不良，常见的心理缺陷是性格缺陷和情感缺陷。

（一）性格缺陷

（1）无力性格。这种人精力和体力不足，容易疲乏，表现为躯体不适，有疑病倾向。情绪常处于不愉快状态，缺乏克服困难精神。这种人对精神压力和心身矛盾，易产生心理过敏反应，由此诱发心理疾病。

（2）不适应性格。主要表现为社会适应不良。这种人的人际关系和社会环境的适应能力很差。判断和辨别能力不足。在不良的社会环境影响之下，容易发生不良行为。

（3）偏执性格。性格固执，敏感多疑，容易产生嫉妒心理。考虑问题常以自我为中心，遇事有责备他人的倾向。这种心理缺陷如不注意纠正，可以发展为偏执性精神病。

（4）分裂性格。性格内向，孤独怕羞，情感冷漠。社会适应和人际关系很差。喜欢独自活动。此种心理缺陷易发展为精神分裂症。

（5）爆发性格。平时性格黏滞，不灵活，遇到微小的刺激引起爆发性愤怒或激情。

（6）强迫性格。强迫追求自我安全感和躯体健康。可有程度不同的强迫观念和强迫行为。强迫性格的人，易发展为强迫症。

（7）癔症性格。心理发展不成熟，常以自我为中心。感情丰富而不深刻。热情有余，稳定不足。容易接受暗示，好表现自己。这种性格的人，容易发展为癔症。

（8）攻击性格。性格外向、好斗。情绪高度不稳定，容易兴奋、冲动。往往对人、对社会表现敌意和攻击行为。

（二）情感缺陷

（1）忧郁型情感缺陷。它表现为以悲伤的情绪占优势的一种症状，整天愁眉苦脸。

（2）高涨型情感缺陷。其与情感低落完全相反的一种精神状态，表现洋洋自得之貌、自感欣快。

（3）激怒型情感缺陷。它表现为突然的冲动、暴躁、愤怒以至自伤、行凶，不能自制，但持续时间短暂。

（4）焦虑型情感缺陷。它是一种忧郁、恐惧、紧张的合并状态。

（5）疑病型情感缺陷。它表现为对自己身体健康存在不符合实际情况的过分注意和担心，常常疑神疑鬼，有较强的不安全感，容易无故产生不舒服的感觉。

（6）淡漠型情感缺陷。它表现为对周围环境和人物失去感情，没有相应的情感反应。

（7）情感倒错。它表现为情感反应与病人内心体验不一致。

四、心理健康状况的评估方法

（一）会谈法

会谈法是指咨询者通过与来访者谈话来了解其心理健康状况，达到评估心理健康状况目的的一种方法。因此，这种会谈也称为诊断性会谈。众所周知，心理障碍的许多症状是以来访者的主观体验为主要表现的，如来访者的感知觉、思想活动、情感体验及对疾病的认识。只有通过谈话才能觉察到主观体验的存在并了解其内容。因此，会谈法是评估和诊断心理状态的一种重要方法。

（二）心理测验法

心理测验就是用一些经过选择、加以组织的可以反映人们一定心理活动特点的刺激，让受试者对此作出反应（如回答问题），并将这些反应情况量化，以确定一个人心理活动状况的心理学技术。这些刺激是测验材料，使受试者作出反应的过程便是进行测验，所采用的比较标准称为常模。心理测验的种类繁多，常用的也有 300 多种。我国目前较为常用的量表，大多是根据国外量表修订而成的。

（三）医学检查法

人的身心是相互作用的，有些心理障碍是大脑器质性改变和躯体障碍的结果，医学检查可以发现相应的异化变化，根据临床症状，体征和辅助检查结果（如脑电图、脑血流图、头部 X 线、CT 检查）可判断心理障碍的原因。常见的引起精神症状的躯体疾病有颅内感染、癫痫、脑血管病、阿尔采末氏病等。

第三节　体育锻炼与大学生心理健康

一、体育锻炼对大学生心理健康的影响

现代奥林匹克之父顾拜旦在《体育颂》中满腔热情地歌颂道："体育是'勇气'，是

'乐趣'，它能使人'内心充满欢喜''思路开阔''条理更加清晰'，它'可使忧伤的人散心解闷，可使快乐的人生活更加甜蜜'。"可见，体育锻炼对心理健康有着良好的促进作用。

（一）体育锻炼有助于良好品质的形成

在体育活动中，人的情感体验表现得鲜明强烈、丰富多彩、紧张多变，而且情绪的产生和变化直接影响身体各部分能力的发挥，从而影响运动成绩。个体在运动中体验到的轻松感、获得胜利的喜悦感不仅可以激发参与运动的强烈动机，而且有利于激发勇敢拼搏的意志，使运动技术得到充分发挥，从而取得良好的成绩。运动员如果心怀恐惧、情绪低落、缺乏信心，则往往影响技术的发挥。因此，在体育运动中，有意识地控制自己的情绪和冲动，克服主客观方面的困难，不仅可以集中注意力取得好的运动成绩，而且可以培养坚韧不拔的意志品质。

体育锻炼是培养良好品质的有效手段。例如，通过场上形势瞬息万变且需要默契配合的球类项目（如足球、篮球、排球、手球），可以培养果断、团结协作的意志品质；通过需要克服生理极限项目（如长距离跑、游泳），可以培养坚韧不拔的意志品质；通过需要腾空、跨越障碍的项目（如跳高、跨栏、体操、武术），可以培养勇敢的意志品质等。

因此，体育锻炼有助于磨炼人的意志，对培养吃苦耐劳、坚韧不拔、果断勇敢等良好的品质具有促进作用。

（二）体育锻炼有助于树立良好的自我概念

自我概念是个体主观上对自己的身体、思想和情感等方面的整体评价，是由许多的自我认识所组成，如我是什么人、我主张什么、我喜欢什么、我反对什么。自我概念包括身体表象、身体自尊等。

身体自尊主要包括个人对自己运动能力的评价，对自己外貌（吸引力）的评价，对自己身体的抵抗力和健康状况的评价。身体表象障碍在正常人群中普遍存在，数据表明54%的大学生对自己的体重不满。身体肥胖的个体更容易有身体表象和身体自尊的障碍。

在自我概念中，身体表象与身体自尊相互影响，相互作用，无论男性还是女性，对身体表象不满意都会使自尊心下降。

坚持体育锻炼，可使体格强健、精力充沛。因而体育锻炼对改善人的身体表象和身体自尊具有重要的影响。

（三）体育锻炼有助于调节情绪、消除心理障碍、治疗心理疾病

情绪状态是衡量体育锻炼对心理健康影响的主要指标之一。在竞争激烈的社会，人会产生压抑、紧张等情绪反应，体育锻炼则可以转移个体不愉快的情绪和行为，使人从烦恼中摆脱出来。大学生常常会因繁多的考试、激烈的竞争和对未来就业的担忧而产生焦虑。经常参加体育锻炼，会降低焦虑，身体锻炼后能产生满足、愉悦、舒畅的心理感受。心理学家认为，体育锻炼是使中枢神经系统得到适度激活并达到愉快水平的重要途径，适度负荷的体育锻炼能促使人体释放一种多肽物质——内啡肽，它能使人们在进行锻炼后直接感受到舒适、愉快。因此，参加体育锻炼，尤其是参加那些自己喜爱或擅长的体育活动，可以使人从中享受乐趣，振奋精神，陶冶情操，产生良好的情绪状态。

所以说，身体锻炼不仅能有效促进学生智力的发展和良好品质的形成，而且能够调节情绪、改善人际关系、消除心理障碍、治疗心理疾病，从而增进健康。

二、增强大学生心理健康的方法

保持和促进心理健康的方法各不相同，常见的增强大学生心理健康的方法有：

（一）培养良好的人格品质

良好的人格品质首先应该正确认识自我，培养悦纳自我的态度，扬长避短，不断完善自己。其次应该提高对挫折的承受能力，对挫折有正确的认识，采取理智的应付方法，化消极因素为积极因素。挫折承受能力与个人的思想境界、对挫折的主观判断、挫折体验等有关。提高挫折承受能力应努力提高自身的思想境界，树立科学的人生观，积极参加各类实践活动，丰富人生经验。

（二）养成健康的生活方式

生活方式对心理健康的影响已被科学研究所证明。健康的生活方式指生活有规律、劳逸结合、科学用脑、坚持体育锻炼、少饮酒、不吸烟、讲究卫生等。大学生的学习负担较重，心理压力较大，为了长期保持学习的效率，必须合理安排好每天的学习、锻炼、休息，使生活有规律。学会科学用脑就是要勤用脑、合理用脑、适时用脑，避免用脑过度引起神经衰弱，导致思维、记忆能力减退。

（三）加强自我心理调节

自我心理调节的内容包括调整认知结构、情绪状态，锤炼意志品质，改善适应能力等。为应对诸多的心理问题，大学生应学会自我心理调节，保持心理健康。常见的自我心理调节法有如下几种：

1. 心理自动调适法

人在面临挫折时，常常会调动自身的适应机制，这在心理学上称为心理防御机制。它能暂时缓解焦虑的情绪，维持心理平衡，是个体自我保护的心理自动机制。但这种方法不能彻底解决问题。

2. 认知调控法

认知调控法是指当个人出现不适度、不恰当的情绪反应时，理智地分析和评价所处的情境，理清思路，冷静地应对。如因恋人提出分手时，常会因为愤怒而做出过激行为。若此时能告诫自己冷静分析事情的原因，提醒采取过激行为的后果，寻找能更好地解决问题的方法，可使过激行为通过认知分析得到控制。

3. 意义寻觅法

意义寻觅法是一种自我寻找和发现生命的意义，树立明确的生活目标，以积极向上的态度来面对和驾驭生活的心理自助方法。心理学家弗兰克认为，"人是由生理、心理和精神三方面需求满足的交互作用统合而成的整体，生理需求的满足使人存在，心理需求的满足使人快乐，精神需求的满足使人有价值感。"意义寻觅法的核心是要学会寻找失落的生活目标和价值，建立起明确、坚定、乐观的人生态度。

4. 活动调适法

活动调适法是指通过从事有趣的活动，以达到调节情绪、促进身心健康的一种方法，包括参加琴棋书画、体育运动等活动，用活动的过程来充实生活，用活动中获得的愉悦来驱散不良情绪，这种方法可以广泛地应用于一般性的心理不平衡和轻微的心理障碍。丰富多彩的业余活动不仅丰富了大学生的生活，而且为大学生的健康发展提供了课堂以外的活动机会。大学生应培养多种兴趣，发展业余爱好，通过参加各种课余活动，发挥潜能，振奋精神，缓解紧张，维护身心健康。通过社会交往，实现思想交流和信息资料共享，可以不断地丰富和激活人们的内心世界，有利于心理保健。

5. 合理宣泄法

合理宣泄就是利用或创造某种条件、情境，以合理的方式把压抑的情绪倾诉和表达出来，以减轻心理压力，稳定情绪。宣泄是一种对心理愤怒、憎恨、忧愁、烦恼、焦虑、悲伤、痛苦等消极情绪的释放，通过宣泄可消除不良心理，得到精神解脱。宣泄是摆脱消极情绪的有效手段，其主要方式有倾诉、哭泣、运动、登上山顶大声吼叫等。

（四）心理咨询与治疗

心理咨询属于心理治疗，作为一种治疗方法和手段，心理治疗的对象主要是正常人和有轻度心理障碍的人。通过咨询者与求询者的交谈、指导，针对求询者的各种心理适应和提出的问题，帮助求询者正确地认识到自身心理问题的根本原因；引导求询者更为有效地面对现实，为求询者提供建立新型人际关系的机会；增加求询者的心理自由度，帮助求询者改变过去的心理异常，最终恢复健康的心理。心理咨询还有心理预防和心理治疗功能，通过心理咨询，为咨询对象创设一个良好的社会心理环境和条件，提高其精神生活质量和心理效能水平，以实现降低和减少心理障碍，防止精神疾病，保障心理健康的目的。

大学生心理健康问题涉及个人、家庭、学校、社会等诸多方面，在强调促进大学生心理健康措施的同时，也应注重各方面的通力协作。比如，学校开设各种形式的心理课程和专题讲座；加强校园文化建设，营造良好的校园文化环境；充分发挥学校心理咨询机构的作用等。家长对孩子的心理健康状况应有一定的认识和了解，并及时给予情感上的关怀与开导等。唯有各方面共同协作，才能在最大限度上保持和促进大学生的心理健康水平。

 **思考与练习**

1. 心理健康的概念与标准是什么？
2. 如何判断心理健康是否健康和处于哪一等级？
3. 体育锻炼对大学生心理健康有哪些影响？
4. 大学生应怎样增强心理健康？

第四章
体育锻炼与安全卫生保健

 学习导言

在体育锻炼中，因缺乏体育保健知识，违反运动生理规律或防护措施不当等原因，就易发生运动损伤以及其他运动性疾病，甚至造成猝死。为了保证体育锻炼科学且安全地进行，有必要对体育锻炼进行自我监督，运用所学到的医学知识，对可能发生的运动性疾病等进行正确的预防和处置。通过本章的学习，学生应正确认识运动中的生理反应，掌握常见运动生理反应的预防和处理方法；掌握常见运动损伤的急救、预防与处理方法；学习常见疾病的运动疗法。

第一节 运动医务监督

运动医务监督是指锻炼者在体育锻炼过程中，对自身生理机能、健康状况观察和评定的一种方法。及时了解自己在锻炼过程中生理机能的变化，有助于预防过度疲劳，有助于调整锻炼计划和运动量，同时也为医学体检提供参考，以达到维护和促进锻炼者身心健康和提高运动能力的目的。

一、自我监督

自我监督又称自我检查，是指在体育锻炼过程中，锻炼者采用自我观察和检查的方法，对自己健康状态、生理功能变化和运动成绩做连续观察，并定期记录于锻炼日记中，供本人、指导者和医师参考。经常性自我监督对于增进信心、坚持科学锻炼、防止运动过量或不足、提高锻炼效果和养成运动卫生习惯等都有重要意义。自我监督的内容包括主观感觉和客观检查两个方面。

1. 主观感觉

主观感觉也叫自我感觉，是指在体育锻炼时机体对运动的反应和感受。主观感觉的记录内容主要包括以下几个方面：

（1）一般感觉。一般感觉反映了整个机体的功能状态，尤其是中枢神经系统的状态。身体健康者表现为精力充沛、精神愉快。但患病或过度训练时就会有身体软弱无力、精神萎靡不振、易疲劳、易激动等不良感觉。在进行自我监督时，可根据自我感觉记录为良好、一般、不好等。

（2）运动心情。运动心情即运动欲望，是指对体育运动的兴趣程度。经常参加运动的人一般是愿意参加运动的；如果方法不对或过度疲劳，则对运动不感兴趣或产生厌烦。记录时可根据个人的心情记录为渴望锻炼、愿意锻炼、厌烦锻炼等。

（3）睡眠情况。经常运动的人其神经功能比较稳定，一般睡眠良好。良好的睡眠应该是入睡快、睡眠深而少梦，早晨起床精神焕发、精力充沛、全身有力。如果晚上失眠、易醒、多梦，早晨起来没有精神，说明训练方法不当或运动量过大。记录时应写睡眠的持续时间和睡眠状况是否良好。

（4）食欲情况。参加体育锻炼能量消耗大，所以食欲好、饭量也较大。如果运动后不想进食，食量减少，这就表示运动量安排不当或身体健康状态不良。此外，运动刚结束后马上进食，食欲也较差。记录时可写食欲良好、食欲一般、食欲减退、厌食等。

（5）不良感觉。参加剧烈运动后，由于身体过度疲劳，往往出现四肢无力、肌肉酸痛等情况，这是正常的生理现象，经过适当休息则可以恢复。训练水平越高，这些现象消失得越快。如果运动后出现头晕、恶心、心慌、气短、腹痛等，则表示运动方式不当、运动量过大或健康状况不良。记录时可写头晕、恶心、气短、心慌等。

（6）出汗量。运动时出汗的多少与气候、运动程度、衣着、饮水量、训练水平、身体素质和神经系统的状况等有关。如果突然大量出汗，特别是出现自汗和夜间盗汗现象时，说明身体极度疲劳或有其他疾病。记录时可写出汗适量、出汗增多、大量出汗、夜间盗汗等。

2. 客观检查

体育运动能引起机体的各种变化，但一般来说，中小运动量导致的疲劳24小时之内就可以消除，大运动量导致的疲劳，其消除时间为三天以内。要了解机体在锻炼中的反应状况，除自我感觉外，同时还可进行一些简易指标的检查。

（1）心率。心率是一个简便而非常有效的测试指标，每天可测量自己的晨脉。若运动量合适，身体健康时，个体每日晨脉变化每分钟不超过3~4次且节律整齐。如果脉搏持续上升或长期不能恢复到原来状态，那么就说明运动量过大。

（2）体重。体重是鉴定身体状况的又一指标，每周至少测量一次。运动量适宜，体重减少小于1千克。通常在一场比赛后，锻炼者的体重可暂时性下降1~3千克，经过1~2天即可恢复到原来水平，这属于正常现象。如果出现持续下降，可能是疲劳过度、营养不足或者有其他疾病的征兆。

（3）肺活量。肺活量的变化，在一定程度上可以说明呼吸功能的情况，肺功能良好时，肺活量增大或维持在较高水平上；肺功能不良时，肺活量可能持续下降。

（4）肌力。训练状态良好时，握力、背力均增加；若肌力持续下降，应引起注意。

（5）运动成绩。坚持合理锻炼，运动成绩会逐渐提高或保持在一定水平上。如果运动水平没有提高，甚至下降，可能是早期过度训练的状态，这时就需要找出原因，适当休息或调整运动负荷。

（6）血压、心电图。在有条件时，或对某些患有心脑血管疾病的锻炼者而言，定期检查十分必要，并做好运动前后的观察对比。

二、运动性疲劳的判断

体育锻炼后，体力和精神上感到疲劳，是一种正常的机体反应。但疲劳积累如不及时清除，则会导致机体机能紊乱和体力下降，从而影响健康。所以，在体育锻炼后要采取各种措施及时消除疲劳，保障身体健康。运动性疲劳可通过观察、生理测量、临床检查等方式进行判断。

1. 观察

观察是通过锻炼者的外在表现，评价疲劳状况的方法。例如，观察面色、排汗量、呼吸、动作的准确性、身体控制能力和情绪、注意力等来判断机体疲劳程度。如表 4-1-1 所示。

表 4-1-1　疲劳程度测试表

观察内容	疲劳程度		
	轻度	中度	重度
面色	稍红	较红	十分红或苍白、有时发紫红
排汗量	不多	较多	非常多
呼吸	稍快	显著加快	很快并表浅、节奏紊乱
动作	较准	不准确	明显不协调
控制能力	较强	不强	动作姿势失控、能力下降
注意力	较集中	不集中	很分散，反应迟钝

2. 生理测量

（1）呼吸肌耐力。连续测 5 次肺活量，每次间隔 30 秒，运动前后进行对比。疲劳时，肺活量一次比一次更低。

（2）背肌力与握力。可早晚各测 1 次，求出其数值差，如次日清晨已恢复，可判断为正常肌肉疲劳。

（3）心电图。心肌疲劳时，S-T 段向下偏移，T 波可能倒置。

（4）反应时。疲劳时，反应时延长。

（5）血压体位反射。卧姿、坐姿变化可能出现一时性的血压下降现象，疲劳时血压下降的恢复时间延长。

3. 临床检查

临床检查是通过对锻炼者前后的体征检查，评价疲劳程度的方法。

（1）心率。① 基础心率。清晨起床时的心率称为基础心率。基础心率平稳或下降，说明机体机能状况良好，运动负荷不大。在运动负荷加大时，机体会有一个逐渐适应的过程。如果持续上升，则视为机能不良或负荷安排不当。② 运动后即时心率。在完成某一运动后即刻测量 10 秒钟心率，再换算成次 / 分。即刻心率达 180 次 / 分以上为大强度运动，150 次 / 分左右为中等强度运动，120 次 / 分左右为小强度运动。③ 运动后恢复期心率。运动结束后心率逐渐恢复，心率恢复的快慢与运动负荷的大小、体质状态强弱成正比。一般大负荷锻炼后 5~10 分钟时的心率比锻炼前每 10 秒多 6~9 次；中等强度负荷锻炼后 5~10 分钟时的心率比锻炼前每 10 秒多 2~5 次；小负荷锻炼后 5~10 分钟时的心率即可恢复至锻炼前的心率。

（2）血压。训练期间如果早晨血压较平常时高 20% 或 140/90 毫米汞柱以上，则视为过度疲劳，应调整运动负荷。在身体机能良好的状态下，小负荷练习后收缩压上升 20~30 毫米汞柱，舒张压下降 5~10 毫米汞柱，多在练习后 3~5 分钟内恢复。中等负荷练习后收缩压可上升 20~40 毫米汞柱，舒张压下降 10~20 毫米汞柱，恢复时间为 20~30 分钟。大负荷练习后收缩压可上升 40~60 毫米汞柱，舒张压下降 20~40 毫米汞柱，一般在 24 小时左右恢复。若恢复期延长，表明机能下降；若练习后收缩压上升不明显，而舒张压上升或出现一些异常生理反应，则说明身体机能不良。

第二节　体育卫生保健

体育锻炼是促进健康、增强体质的主要手段。体育锻炼必须遵循人体运动的生理变化规律，并充分注意营养、休息和卫生等，才能达到预期的目的。不按科学规律进行锻炼，不注意运动卫生，反而会损害健康。

一、运动进食和饮水

（一）运动与进食

运动与进食应有一定的间隔时间。一般体育锻炼应在饭前半小时结束，饭后一小时左右才能开始。如果运动后立即吃饭或饭后立刻进行剧烈运动，都不符合生理卫生的要求，都会影响对食物的消化和吸收。运动时大脑的运动中枢和交感神经处于高度兴奋状态，这时大量血液流入肌肉，而胃肠等内脏器官获得的血液相对减少；同时副交感神经被抑制，消化系统的活动也处于抑制状态，表现为胃液分泌减少，消化能力减弱。因此，运动后不要立即吃饭，更不宜吃泡饭。因为吃泡饭会冲淡消化液，减少食物在口腔的咀嚼时间，影响唾液对淀粉的消化作用。

（二）运动中和运动后不可马上大量饮水

参加体育锻炼的人因出汗多，需水量比一般人要多，因此必须注意补充水分。水补充不足，会造成机体缺水，影响正常的生理机能活动，产生全身无力、口唇发干、精神不振和疲劳等现象。若在运动中饮水过多，会使胃部膨胀，妨碍膈肌活动，影响呼吸，也不利于运动，而且大量饮水后，因水分渗透到血液中，使血液浓度稀释，血量增多，从而增加心脏和肾脏的负担，有损健康。

运动后更不适宜马上大量饮水。这是因为运动时体内盐分随汗液大量排出，大量饮水而不补充盐，会使血液的渗透压降低，破坏体内水盐代谢平衡，影响机体的正常生理机能，甚至造成肌肉抽筋等现象。

二、运动环境卫生

运动环境是指人们进行体育活动时的外界条件，如空气、水、场地、设备。运动环境也是人类赖以生存的自然环境的一个部分，因此它也受自然环境的影响。在进行体育活动时，体内物质代谢增强，与环境的关系更加密切，受环境的影响也就更大。

（一）体育活动时应注意空气状况

进行体育活动时，体内代谢加强，肺通气量增加，在剧烈运动时吸入的空气可达100 L/min，比平时增加了十余倍。若空气中含有有害成分，运动时吸入体内的有害物质就比平时多得多，对身体的危害也更大。因此，应当选择空气清新没有空气污染的地方进行锻炼。若在有废气排出的工厂附近，则应在工厂的上风侧进行运动；在城市中心，则应避开上午和下午交通繁忙的时间，因为此时汽车排出的废气最多，空气中的氮氧化物含量最高。交通干道两旁20米内的空气都会受到较重的污染，不应在这些地方运动。

（二）气温、气湿的变化与体育锻炼

气温即空气的温度。当人体在进行体育活动时，不管外界气温如何，体内产热量都会大幅度增加，一般人安静时每分钟消耗热量比平时增加100倍以上。体内产生如此多的热量，在高温环境下是较难向外散发的，会蓄积在体内而使体温升高。

气温过低对人体同样会造成损害。低温可使肌肉僵硬，黏滞性提高，从而更易造成运动损伤。气温过低还会造成机体的局部冻伤或全身体温降低。人体的正常体温是37 ℃，最低体温耐受限度为35 ℃。当大脑温度下降时，可发生意识丧失甚至死亡。进行一般体育活动时的适宜气温为20 ℃左右，进行马拉松跑等大负荷运动时的适宜气温为10 ℃左右。

气湿是指空气的含水量，即空气的湿度。通常所指的空气湿度是指空气的相对湿度，它是空气绝对湿度（1米³空气中所含的水蒸气重量）与最大湿度（1米³空气中可含有的最大水蒸气重量）的比值，用百分数表示。过高的气湿还会形成雾，造成空气的污染。同样，过低的气湿对人体也是不利的，它使人体皮肤、黏膜干燥，抵抗力降低，易发生呼吸道疾病。

（三）太阳射线对人体的影响

太阳辐射到地球的射线可分为光线、紫外线和红外线三个部分。光线是许多生物存在的不可缺少的条件，对人类尤为重要。光线通过视觉器官改变机体全身紧张状态及觉醒状态，对体内物质代谢、心率、体温等影响很大。紫外线的生物作用极其明显，故其又称为生物射线。

室外运动时，要避免强烈日光的过度照射，防止紫外线和红外线对人体的损害。眼科专家发现眼睛白内障的发病率与眼睛所受到的紫外线照射量有直接关系，并认为眼睛接受的紫外线绝大多数来自反射光。因此，从事滑雪、滑冰等项目的运动员就更应加强保护，因为冰雪和水对紫外线有很大的反射作用，从反射率上看，草地约为1%，砂、混凝土和沥青为10%，冰雪则高达80%左右。

（四）运动场地卫生

体育活动的场地不能过于狭窄，球场或跑道周围应留有一定的余地。体育场馆的通风状况要好，保持恒温和空气新鲜。室外运动场地周围应无空气污染。室内或夜间的场地采光和照明要充足，光线要柔和、均匀、不炫目，照度为 50～100 勒克斯，有利于提高运动成绩，避免发生意外。

（五）运动服装与器材卫生

运动服装应符合运动项目要求，并具有透气性、吸湿性，既有利于身体活动，又能防止运动创伤，如自行车运动员应穿短袖上衣，较长短裤，戴护掌和头盔；冰球运动员要戴护具、头盔，穿特制服装等；越野跑及马拉松比赛时最好穿旧鞋及旧运动服，防止发生足部水泡和皮肤擦伤。在夏季，运动服装应通气、质轻、宽松和色淡；在冬季，室外运动服装既要保暖，又不妨碍动作的完成。运动后潮湿的运动服装应立即换掉，以免受凉感冒。

运动器械要坚固，安装得当，并注意检查维修，防止生锈及连接处脱落。器械放置应保持一定的距离，避免练习时发生冲撞而受伤。

三、女大学生体育锻炼与卫生

女性在身体解剖结构和生理特点上不同于男性，因此在参加体育活动时，除了要遵守一般体育锻炼的卫生要求，女性进行体育锻炼时应注意：

（1）女性循环系统和呼吸系统机能较差，因此在体育锻炼中要重视加强心肺功能的锻炼，增强心肺功能的有效方法是有氧运动锻炼，如慢跑、步行、游泳、有氧健身操、健身舞蹈。有氧运动锻炼不仅可以增强心肺功能，还可以消耗体内过多的脂肪。

（2）女性可多进行平衡性、柔韧性、节律性和静力性的练习；多进行发展腹肌、上肢带肌肉和骨盆肌的力量的练习，不要进行过多大负荷的练习，最好避免采用强烈震动和引起腹内压上升的身体练习。

（3）月经期进行适宜的体育锻炼是有益的，但必须注意以下几点：① 运动量要适宜。应避免从事剧烈或强度大的运动，如快跑、跳远；也不要做腹压过大的练习，如俯卧撑、倒立，以免造成经血过多或子宫位置改变。② 可以适当参加一些徒手操、游戏和舞蹈等运动负荷较小的项目。这些项目有利于改善盆腔的血液循环，加强腹肌和骨盆肌的收缩与放松，对子宫起着柔和按摩的作用，有助于经血的排除，并可调整大脑皮质兴奋和抑制过程，减轻全身的不适感觉。③ 对于身体虚弱或月经期有腰酸、背疼、全身不适、恶心、头疼、下腹有痉挛性疼痛、月经量过多或月经失调等反应者，应减少运动量、运动时间和运动强度，甚至停止参加体育活动。④ 经期一般不宜下水，以免细菌侵入子宫而造成感染。

第三节　运动性疾病

在进行体育锻炼时，人体会承受一定的运动负荷。适宜的负荷对于促进人体的健康有积极作用。在承受同一负荷时，由于个体差异，人体处于不同的生理状态，会引起机体产生不同的生理反应。锻炼者必须分清这些反应是正常的生理反应还是疾病，以便及时进行正确的处理或有效的防治，并相应地调整训练计划或运动负荷。

一、运动性腹痛

（一）原因

人体进入运动状态后下腔静脉压力上升，血液回流受阻，致使腹部内脏器官功能失调，引起腹疼；也有的因运动前吃得过饱，饮水过多，或腹部受凉等原因，引起胃肠痉挛而导致疼痛。运动性腹痛多发生在中长跑运动时。

（二）处理

出现上腹疼，如果没有器质性病变迹象，一般可采用减慢速度、加深呼吸、按摩疼痛部位或变速跑一段距离等方法处理，疼痛可减轻或消失。如疼痛不减轻，甚至加重，就应立刻停止运动。

（三）预防

合理安排运动时间，至少饭后 1 小时才能进行运动。做好准备活动，运动量要循序渐进，并注意呼吸节奏。

二、延迟性肌肉酸痛

不经常参加体育锻炼者，在进行较大活动量锻炼以后（如长跑、爬山）或者是隔了较长时间未锻炼，刚开始锻炼之后，常常会出现运动后的肌肉酸痛。这种酸痛，不是发生在运动之中或运动后即刻，而是发生在运动后 24~48 小时之后，这种酸痛也称为肌肉延迟性疼痛。

（一）原因

肌肉酸疼是由于肌肉一次活动量大时，或隔了较长时间未锻炼而刚恢复锻炼时，肌肉对运动负荷未完全适应，引起局部肌纤维及结缔组织的细微损伤，以及部分肌纤维产生痉挛所致。

（二）处理

当出现肌肉酸痛后，采取以下方法能使酸痛得以缓解或消除：

（1）热敷。可对酸痛的局部肌肉进行热敷，促进血液循环及代谢过程，此法有助于损伤组织修复及痉挛的缓解。

（2）按摩。按摩能使肌肉放松，促进肌肉血液循环，有助于损伤的修复及痉挛的缓解。

（3）口服维生素 C。维生素 C 有促进结缔组织的中肌元合成作用，口服维生素 C 有助于加速损伤的结缔组织修复，从而减轻和缓解酸痛。

（4）其他方法。针灸、电疗等方法对缓解酸痛也有一定的作用。

（三）预防

（1）根据锻炼者的体质和健康状况，科学地安排锻炼负荷。负荷不要过大，也不宜过快。

（2）锻炼时尽量注意长时间集中练习身体某一部位，以免局部肌肉负担过重。

（3）整理活动除进行一般性放松练习外，还应重视进行肌肉的伸展练习，这种伸展性练习有助于预防局部肌纤维痉挛，从而避免酸痛的发生。

三、肌肉痉挛

肌肉痉挛俗称抽筋，是肌肉不自主地突然性强直收缩，并变得异常坚硬。运动中最容易发生痉挛的肌肉是小腿腓肠肌，其次是足屈拇肌和屈趾肌等。

（一）原因

在剧烈运动中，由于肌肉快速连续性收缩，导致肌肉收缩与放松的协调交替破坏，特别在局部肌肉处于疲劳时更易发生肌肉痉挛。肌肉受到寒冷的刺激，情绪过于紧张、准备活动不够、肌肉猛力收缩或收缩与放松不协调时，都可导致痉挛。

（二）处理

痉挛发生后应立即对痉挛部位的肌肉进行牵引，如腓肠肌痉挛时，即伸直膝关节，并做足背伸动作；若拇长屈肌、屈趾痉挛时，则用力将足趾背伸直。在处理时最好有同伴协助，切忌施力过猛。配合按摩、揉捏、叩打以及点压委中穴、承山穴、涌泉穴等，可促使痉挛缓解或消失。

（三）预防

运动前做好准备活动，对容易发生痉挛的肌肉，可事先进行按摩。夏季进行长时间运动时，要注意补充盐分；冬季锻炼时，要注意保暖。游泳下水前，应先用冷水淋浴，游泳时间不宜过长。

四、运动性昏厥

（一）原因

运动中，由于脑部供血不足，氧债不断积累并达到一定程度时，即可发生一时性知觉丧失，这一现象称为运动性昏厥。它表现为全身无力，眼前一时发黑，面色苍白，失去知觉，突然昏倒，手足发凉，脉搏慢而弱，血压降低，呼吸缓慢等。

（二）处理

立即将患者平卧，足略高于头部，并进行向心方向按摩，同时指压人中穴、合谷穴等穴位。若出现呕吐，应将患者头偏向一侧，以利呼吸道畅通。若停止呼吸，应立即进行人工呼吸。轻度休克者，由同伴搀扶慢走，并进行深呼吸，即可消失症状。重症患者，经临场处理后遵医治疗。

（三）预防

不要在饥饿的情况下参加剧烈运动，疾跑后不要立即停下来，久蹲也不要突然起立，平时要加强体育锻炼。

五、运动性中暑

（一）原因

在高温环境中，长时间进行体育锻炼，易发生中暑，特别在温度高，通风不良，头部缺乏保护，被烈日直接照射的情况下进行体育锻炼，因体温调节功能障碍最容易发生运动性中暑。

中暑早期会有头晕、头痛、呕吐现象，逐步发展为体温升高，皮肤灼热干燥，严重者可出现精神失常、虚脱、痉挛、心律失常、血压下降，甚至昏迷危及生命等。

（二）处理

迅速将患者移至通风、阴凉处休息，同时采取降温消暑措施。解开衣领，额部冷敷以让头部降温，喝些清凉饮料或"十滴水"并补充生理盐水或葡萄糖生理盐水等，数小时后即可恢复正常。严重患者，经临时处理后，应迅速转送医院治疗。

（三）预防

在高温炎热季节锻炼时，应适当减少运动量和锻炼时间，避免在烈日下长时间锻炼。夏天在室外锻炼时，宜穿浅色运动服装，戴遮阳帽；在室内锻炼时，应保持良好通风并备低糖含盐的饮料。

>>> 知识窗 ----------

"极点"和"第二次呼吸"

1. "极点"

在剧烈运动中，特别在中长跑时，能量消耗大，下肢回流量减少，加剧了大脑氧债的积累。当积累达到一定程度时，就会出现呼吸急促，胸闷难忍，下肢沉重，动作不协调，甚至有恶心现象，在运动生理学上称为"极点"。

2. "第二次呼吸"

"极点"出现后，情绪要稳定，适当减慢运动速度，并注意加深呼吸，坚持一段时间，上述生理现象将会逐步缓解或消失。这是由于一方面氧供给逐步得到增加，另一方面机体的适应性增强，使机体功能重新得到改善，从而运动能力提高，动作重新变得协调和有力。这种现象则标志着"极点"已经有所克服，生理过程出现新的平衡，运动生理学上称之为"第二次呼吸"。第二次呼吸出现后，循环功能将稳定在新的较高的水平上。

---------- <<<

六、运动性低血糖症

（一）原因

低血糖症主要是由于长时间的剧烈运动使体内消耗掉大量的血糖；或体内肝糖原储备不足，而又没有及时补充糖的消耗；赛前补充糖分过多，精神紧张过度，赛后强烈的失望情绪或患病（如胰岛疾病，严重肝脏疾病）等，都可能使血糖含量降低，导致低血糖症。

当出现低血糖时，轻者有强烈的饥饿感，疲乏无力、心慌、头晕、皮肤苍白及出冷汗等。较重者神志模糊、语言不清或精神错乱、手足颤抖、步态不稳，最后甚至昏倒。

（二）处理

对轻度患者经平卧休息、口服糖水或少量含糖流质饮食的处理，症状短时间便可消除。重症或出现昏迷者应迅速静脉注射 40~100 毫升 50% 葡萄糖。这样处理后一般即可纠正低血糖并消除症状。若病情仍不缓解，可继续予以 5%~10% 葡萄糖静脉点滴，同时点掐人中穴、涌泉穴、合谷穴等穴位，配合下肢按摩，并迅速送医院处理。

（三）预防

对平时缺乏锻炼、患病未愈（或初愈）及饥饿者，应避免参加长时间的剧烈运动；可在运动前 2 小时按每千克体重进食 1 克糖（每小时不能超过 50 克）的标准补充糖分；运动中还要适量地补充含糖饮料。此外，应注重早餐质量，这对预防低血糖症也有一定作用。

第四节　常见运动损伤

个体在体育运动中发生的损伤统称为运动损伤。了解运动损伤发生的原因和发病规律，贯彻预防为主的方针，采取有效的安全措施，就能最大限度地减少或避免运动损伤，从而保证身体健康和运动锻炼的正常进行。

一、运动损伤的产生原因

（1）运动前准备活动不充分，特别是缺乏针对性的准备活动，人体机能未能达到运动状态，肌肉弹性差，韧带伸展不够，关节活动范围小，身体协调性差而易造成运动损伤。

（2）运动情绪不适宜。在情绪低下、畏难、恐惧、害羞、犹豫、过度兴奋、过分紧张时，运动有可能发生运动损伤。

（3）缺乏运动经验和自我保护能力。由于缺乏运动经验和自我保护能力而致伤，如摔倒时用肘部或直臂撑地，造成尺骨或肘关节损伤；由高处跳下时，用脚跟落地或者屈膝缓冲不够易造成腿部、腰部或内脏震伤。

（4）训练内容组合不科学，训练方法不合理，运动量安排过大。没有科学地安排好身体各部位的练习，会使局部负担过重而造成运动损伤。运动量过大，机体易疲劳，从而对动作控制能力降低而引起受伤。

（5）技术错误。如在排球教学中，传球技术不正确，手形错误，会导致手指挫伤。

（6）运动场地环境不好。运动场地高低不平，石块未及时清除，器械安装不坚固，又缺乏保护措施，服装不符合要求，空气污浊，噪声大，光线暗淡，气温过高或过低等，都可能造成运动损伤。

（7）身体状况欠佳。身体疲劳，睡眠、休息不好，带伤、带病或伤病初愈，在这种情况下运动，如不适当地降低练习的强度和量，则很容易受伤。

>>> 知识窗

止血的急救方法

① 冷敷法。冷敷止血法，常用于急性闭合性软组织损伤。最简便的方法是用冷水冲洗后用冷毛巾敷于伤处，有条件地使用氯乙烷喷射。

② 抬高伤肢法。抬高伤肢，可使伤处血压降低，血流量减少，以达到减少出血的目

的。如果采用加压包扎后，仍应注意抬高伤肢。

③ 直接指压法。即用指腹直接压迫出血部位。由于直接接触伤口，容易引起感染，所以最好敷上消毒纱巾后进行指压。

④ 间接指压法。即用指腹压迫在出血动脉近心端的血管处，如能压迫在相应的骨头上则更好，以阻断血液，达到止血的目的。

⑤ 止血带法。常用止血带有皮管、皮带、布条毛巾等。先将患者肢体抬高，在患处上方缚扎止血。缚扎时最好加垫，以防缚扎太紧，造成肢体坏死，一般止血带缚扎时间不超过3小时。

⑥ 包扎法。主要用绷带包扎，如环形包扎法、螺旋形包扎法、反折螺旋形包扎法、"8"字形包扎法。

二、常见运动损伤及其处理

（一）软组织损伤

软组织损伤可分为开放性和闭合性损伤，前者有擦伤、裂伤、刺伤等，后者有挫伤，如肌肉挫伤、肌腱腱鞘炎。

1. 擦伤

（1）原因与症状。因运动时皮肤受挫致伤，如跑步时摔倒，体操运动时身体摩擦器械受伤，擦伤后皮肤出血或组织液渗出。

（2）处理。小面积擦伤，可用红药水抹伤口即可；大面积擦伤，先用生理盐水洗净，后涂抹药水，再用消毒布覆盖，最后用纱布包扎。

2. 撕裂伤

（1）原因与症状。在剧烈、紧张的运动时，或突然受到强烈撞击，造成肌肉撕裂、跟腱撕裂等。开放伤顿时出血，周围肿胀；闭合伤触及时有凹陷感和剧烈疼痛感。

（2）处理。轻度开放伤，用红药水涂伤口即可；裂口大时，则需止血和缝合伤口，必要时注射破伤风抗毒血清，以防破伤风症；如果肌腱断裂，则需手术缝合。

3. 挫伤

（1）原因与症状。因撞击器械或练习者之间相互碰撞而造成挫伤。单纯挫伤在损伤处出现红肿，皮下出血，并有疼痛；内脏器官损伤时，则出现头晕、脸色苍白、心慌气短、出虚汗、四肢发凉、烦躁不安，甚至休克等。

（2）处理。24小时内冷敷或加压包扎，抬高患肢或外敷中药。24小时后，可采取按摩等理疗方式。进入恢复期可进行一些功能性锻炼。如果怀疑内脏损伤，则在做临时性处理后，及时送医院检查和治疗。

4. 肌肉拉伤

（1）原因与症状。通常在外力直接或间接作用下，使肌肉过度主动收缩或被拉长引起肌肉拉伤。特别是准备活动不充分、动作不协调及肌肉弹性、伸展性、肌力差者更易挫伤。损伤后伤处肿胀，压痛、肌肉痉挛，触诊时可摸到硬块。严重的肌肉拉伤则是肌肉撕裂。

（2）处理。轻者可采取即时冷敷，局部加压包扎，抬高患肢等方法。24 小时后可施行按摩或理疗。如果肌肉已大部分或完全断裂，在加压包扎急救后，立即送医院。

（二）关节、韧带扭伤

（1）原因与症状。常见的主要有肩关节、踝关节及腰部扭伤，一般因关节用力过猛及反复劳损所致，也有的因技术错误，违反解剖学原理而造成损伤。如肩关节损伤多发生于投掷项目、排球扣球和大力发球时；踝关节扭伤多发生于运动中跳起落地时失去平衡，使踝关节过度内翻或外翻致伤；腰部扭伤多发于挺身式跳远中，展体过大所致；举重上挺时，过分挺胸等情况。其症状有压痛、疼痛，急性期有肿胀，关节活动受限。

（2）处理。单纯韧带扭伤，可冷敷，加压包扎。24 小时后可采用理疗、按摩和针灸治疗。出现韧带断裂时，应立即送医院缝合和固定处理。当关节肿胀和疼痛减轻后，可适当施行功能性锻炼，但不宜过早活动，以防转入慢性损伤。急性腰扭伤处理后应卧硬板床或腰垫一枕头，使肌肉韧带处于放松状态。

（三）关节脱位

（1）原因与状态。因受外力作用，使关节面失去正常的连接关系，叫关节脱位，又称脱臼。关节脱位可分为完全脱位和半脱位（或称错位）两种。严重的关节脱位，伴有关节囊撕裂，甚至损伤神经。运动中发生的关节脱位，大都是间接外力撞击所致。如摔倒时，用手撑地，引起肘关节或肩关节脱位。

关节脱位后，常出现畸形，与健肢对比不对称，因软组织损伤而出现炎症反应。局部疼痛、压痛和关节肿胀，并失去正常活动功能，甚至发生肌肉痉挛现象。

（2）处理。用长度和宽度相称的夹板固定伤肢。如果没有夹板，可将伤肢固定在躯干或健肢上，防止震动，随后立即送医院。必须注意，如果没有把握处理时，切不可随意做手术，以免再度增加伤害。

（四）脑震荡

（1）原因与症状。脑震荡是指头部受到外力打击后，大脑管理平衡的膜半规管、椭圆囊、球囊等感受器功能失调，以致引起意识和功能的一时性障碍。在体育锻炼时，两人头部相撞或撞击硬物，或从高处跌下时头部撞地，都有可能造成脑震荡。

致伤时，神志昏迷，脉搏徐缓，肌肉松弛，瞳孔稍大但能对称，神经反射减弱或消失；清醒后，患者常有头痛、头晕、恶心呕吐感；平时情绪烦躁，并伴有注意力不易集中，耳鸣、心悸、多汗、失眠、记忆力减退等症状。

（2）处理。立即让患者平卧，头部冷敷。若有昏迷，指压人中穴、内关穴、合谷穴；若发生呼吸障碍，立即进行人工呼吸。上述处理后，出现反复昏迷或耳、鼻、口出血，两瞳孔放大且不对称时，表明病情严重，应立即护送医院治疗。在运送途中，要让患者平卧，头部固定，避免颠簸。在恢复过程中，可定期做脑震荡平衡试验，以检查病况进展。其方法是，闭目、单腿站立、两臂平举，如果能保持平衡，表明脑震荡已基本治愈。这时，可适当参加体育锻炼，但要避免滚翻和旋转性动作。

（五）运动骨折

（1）原因与症状。在运动中，身体某部受到直接或间接的暴力撞击时，造成骨折。如在踢足球时，小腿被踢，造成胫骨骨折；摔倒时手臂直接撑地引起尺骨或桡骨骨折；跪倒时造成髌骨骨折等。

骨折是比较严重的运动损伤，骨折分不完全性骨折和完全性骨折两种。

骨折发生后，患处立即出现肿胀，皮下淤血，有剧烈疼痛，肢体失去正常功能，肌肉产生痉挛，有时骨折部位发生变形，移动时可听到骨擦声。严重骨折时，伴有出血和神经损伤、发烧、口渴，直至休克等全身性症状。

（2）处理。出现休克应进行处理，即点按人中穴，并进行口对口人工呼吸或心脏胸外按摩；若伴有伤口出血，应同时实施止血和包扎。骨折后暂勿移动患肢，应用夹板或其他代用品固定伤肢，及时护送医院检查和治疗。

第五节　常见疾病的运动疗法

一、感冒

感冒是一种四季病，尤以春夏之交和秋冬之交最易发病。症状有鼻塞、流清鼻涕、嗓子痛、头痛发热、全身酸痛等，进一步发展可能出现咳嗽、高烧不退，严重时可引发肺炎或发生其他病变。

（一）运动疗法

（1）按摩法。坐姿或站立，全身放松，用中指贴鼻翼两侧向上搓擦至前额发际，然后两手掌由发际向下摩擦，如此反复按摩。随后按摩迎香穴，揉按风池穴，用力以酸胀感为度。

（2）起落呼吸操。全身放松，两脚齐肩宽站立，两臂自然下垂。吸气时屈肘，两小臂平行举至身前与胸平；呼气时两腿下蹲，两臂下落至髋前，同时发出"呜""哝""啊"等声音，如此反复进行。开始发音时间轻而短，以后逐步延长。此法是利用呼气时发音刺激、增强肺换气功能，这对治疗咳嗽、头痛、鼻塞等病症有较好的效果（图4-5-1）。

图4-5-1　起落呼吸操

（3）医疗步行。宜在清晨或傍晚进行，练习环境应空气新鲜、清静。锻炼时应定时定量锻炼。

（4）健身气功、太极拳锻炼。

（二）注意事项

（1）感冒常与气候变化有关，因此要注意增减衣服。

（2）宜经常参加体育锻炼，以增强对感冒病毒的抵抗力。

（3）养成四季用凉水洗脸和擦身的习惯，特别是用湿毛巾搓擦鼻翼两侧和风池穴，对预防感冒具有积极效果。

（4）进行运动疗法时（起落呼吸操、医疗步行等）要量力而行。做呼吸操时，注意用鼻吸气、口呼气，多练腹式呼吸。

二、神经衰弱

神经衰弱是一种常见的神经功能症，它是神经机能（尤其是大脑皮质机能）暂时性失调，不属于器质性疾病。其发病原因常与用脑过度、长期精神负担过重、生活制度无规律或过于疲劳有关，也与意志薄弱等因素有关，特别是受不良情绪刺激，导致大脑皮质神经中枢兴奋与抑制功能失调。其症状表现很复杂，有的患者情绪不易控制，易激动、烦躁、注意力不易集中、睡眠浅；有的则表现为衰竭症状，嗜睡、易疲劳、全身酸软乏力、食欲减退、孤僻、寡言、忧郁、情绪低下等。

（一）运动疗法

（1）对容易激动、情绪控制差的患者，宜采用柔和平静的体疗方法，如步行、气功、太极拳及柔轻松的保健操，运动量宜偏小，也可配合手法相宜的医疗按摩。

（2）对精神不振、孤僻寡言的忧郁患者，宜采用生动活泼的运动疗法，如参加游戏性、竞赛性的球类活动，野营、远足及观赏趣味性强、情绪激昂、节奏性强的操舞等。运动量宜适中，心率宜控制在 130～140 次/分之间。对体力尚好者，可进行游泳、划船、爬山等项目。

（3）在健康状况较好的情况下，可采用冷水浴锻炼或经常用冷水毛巾擦身、洗头，这对调节中枢神经系统的功能颇有益处。

（4）针对不同症状进行自我按摩。如头痛、失眠者，可揉按天柱穴、太阳穴（如图 4-5-2、图 4-5-3）。如头昏目眩者，可加练鸣天鼓，即掩住两耳，用指弹击玉枕穴（图 4-5-4、图 4-5-5）。如遇有心悸和情绪不稳定者，可加练搓擦涌泉穴、百会穴以及运转寿眉—推摩印堂穴等。

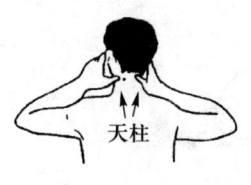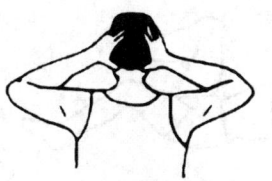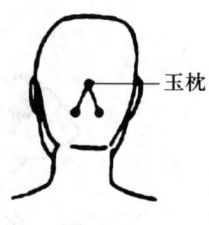

图 4-5-2　　　　　图 4-5-3　　　　　图 4-5-4　　　　　图 4-5-5
揉按天柱穴　　　　揉按太阳穴　　　　掩住双耳　　　　玉枕穴的位置

（二）注意事项

（1）根据不同类型的神经衰弱症状，注意须采用不同的内容和方法进行锻炼。

（2）遵循合理的生活制度，保持乐观情绪。

（3）运动疗法宜在空气新鲜、清静的环境中进行。

三、慢性胃肠病

慢性胃肠病种类多样，症状复杂，但各种胃肠病都与中枢神经系统的调节功能有密切关系。其症状多数有腹痛、暖气、消化不良等。慢性肠炎、结肠炎患者经常伴有腹泻，粪便可有脓黏液，甚至便血。其症状时好时坏，如果不积极治疗，可延至数年或数十年，致使患者精神痛苦，严重影响学习和工作。

（一）运动疗法

（1）健身气功。以放松功和内养功为主，在松静的基础上，逐步引入腹式呼吸。一般取卧位为宜。

（2）太极拳。常与健身气功配合，也可单独练习。

（3）按摩。取坐位或仰卧位均可。两手重叠于胃部或腹部，先顺时针方向后逆时针方向依次按摩，速度均匀、意念入深，每次按摩数百次（图4-5-6）。

（4）医疗体操。仰卧位腿部屈伸运动，仰卧举腿运动，仰卧位模仿踏自行车运动，屈膝、仰卧、挺腹等（图4-5-7~图4-5-10）。慢性习惯性腹泻患者，可加按摩肾穴和外劳宫穴，或用香烟温灸。对消化不良患者，可反复按摩肝区或用香烟温灸，均可达到理想的效果。

（5）医疗步行和健身跑练习，每次练习不少于15分钟。

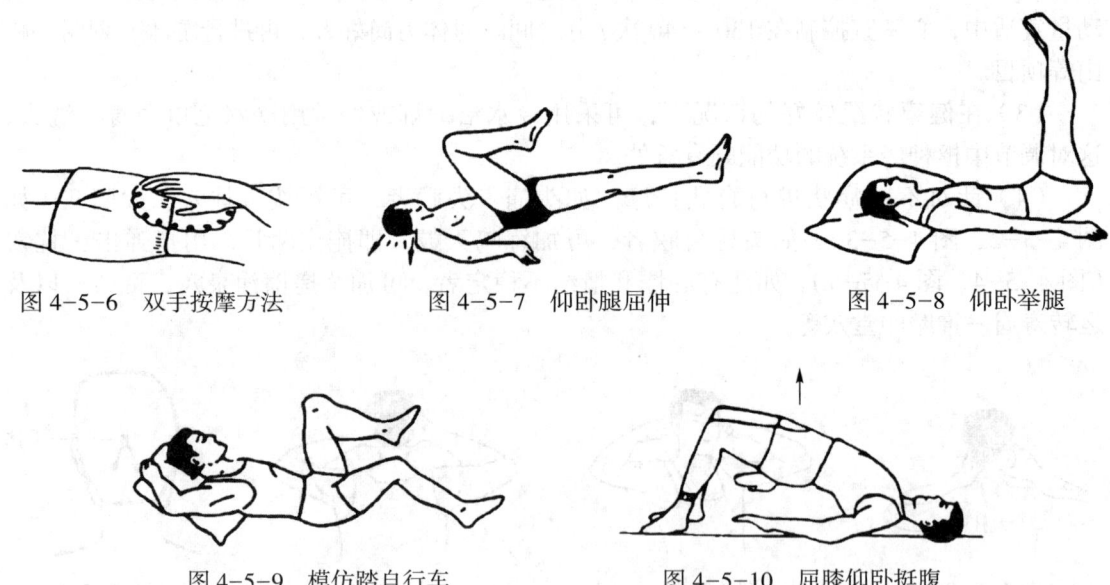

图4-5-6 双手按摩方法　　　　图4-5-7 仰卧腿屈伸　　　　图4-5-8 仰卧举腿

图4-5-9 模仿踏自行车　　　　图4-5-10 屈膝仰卧挺腹

（二）注意事项

（1）应以健身气功、太极拳、腹部按摩为主，如体力允许，可增加健身跑练习，并坚持长期锻炼。

（2）保持正常生活规律，保证睡眠时间，情绪乐观，必要时配合药物及理疗。

（3）少食高热量食物，食物应营养、丰富且易消化。

四、过敏性鼻炎

过敏性鼻炎是一种鼻黏膜的过敏反应，它常与缺少体育锻炼、体质虚弱有关。主要症状为鼻塞、头晕、流清水样鼻涕及长年鼻塞等，严重的也可导致耳鸣、中耳炎。

（一）过敏性鼻炎体育疗法

（1）慢跑。最好在清晨进行，每天一次，每次 15 分钟左右。如果健康状况允许，跑完后配合冷水洗脸和擦鼻效果更佳。

（2）气功。采用放松功练习，如果真正入静，可当即达到鼻腔通气的效果。

（3）揉按迎香穴，摩擦鼻两翼，以及用冷热毛巾交替擦鼻。有的患者坚持每天用鼻缓慢吸入冷水，然后从口中吐出。这一方法不仅可清理鼻腔，同时提高鼻黏膜和全身的抵抗能力，治疗效果显著。

（二）注意事项

（1）注意将冷水擦鼻、慢跑等活动有机结合，并长期坚持。

（2）冷水锻炼后，再用两手指摩擦鼻两翼直至发热，可达到更好的效果。

五、高血压

一般认为，成年人的收缩压达到或超过 140 毫米汞柱，或者舒张压达到或 90 毫米汞柱即为高血压。

高血压患者在体育锻炼时，必须循序渐进，选择适宜的运动量，运动项目不宜激烈，以柔和、慢节奏的有氧练习活动为好。最好在医生的指导下开展。

高血压患者可参加的体育康复锻炼项目有以下几种：

（1）步行和慢跑。通过这些活动有利于小血管扩张，使血管阻力降低，血压下降，减轻心脏负担。步行一般以每分钟 80~120 步为宜，不要太剧烈。若自我感觉不错还可以慢跑，最好步行、慢跑交替进行。走跑的速度可根据心率来掌握。心率的计算方法是，运动时的心率（次 / 分）＝（按年龄预计最高心率 − 安静时心率）× 60% ＋ 安静时心率。刚开始锻炼时，可将 60% 改为 ×40%，待适应后，逐渐过渡到 ×60%。

（2）太极拳。太极拳动作柔和，姿势自然，肌肉放松，能够反射性地引起血管舒张，促使血压下降。

（3）健身气功。练健身气功可以通过患者主观努力来放松肌肉，安定精神，控制呼吸，从而调节生理功能，降低血压，减轻病症。目前治疗高血压主要采用松静功，因为它要求人从大脑皮质到全身肌肉都放松，注重意念支配，控制呼吸，从头部逐渐向下放松到脚。

六、冠心病

冠心病全称为"冠状动脉粥样硬化性心脏病"，是因心脏的冠状动脉内膜发生粥样硬化，使血管狭窄或阻塞，从而导致心肌供血不足而引起的心脏病。因此也称"缺血性心脏病"。冠心病患者的体育康复锻炼主要以有氧运动为主，如步行、慢跑、骑自行车、游泳、太极拳、有氧操。

（1）步行。每日清晨或傍晚在平地上轻快地进行步行，每分钟 80～120 步，心率 100 次／分左右。每次步行 20～30 分钟，无异常感觉则可长期坚持。

（2）走跑交替。步行 1～2 分钟，然后慢跑 1 分钟，反复 10 遍，每周不少于三次。若感觉良好，可天天进行。

（3）慢跑。慢跑对循环系统和呼吸系统要求高，因此只适合病情轻者锻炼。一般慢跑时间在 10 分钟左右，如无不良感觉，也没有心绞痛，时间可延长到 20 分钟，距离为 1 000～2 000 米。

（4）太极拳。病情轻者，可做成套练习，一次反复几遍。病情稍重者，可选择部分动作，如"云手""野马分鬃""左右揽雀尾""倒卷肱"等，把这些轻松、自然的动作编成太极拳，反复做几十次，每日练习。

另外，健身气功对治疗冠心病也有一定疗效，但练习时必须减掉需要屏气的部分。

七、哮喘病

哮喘的发病原因很多，大多是由于吸入某种过敏性物质（如花粉）所致。哮喘发作时小气管痉挛，呼吸障碍，引起肺内空气滞留。长期反复发作可逐渐发展成肺气肿。

（一）运动疗法

哮喘病患者要学会控制呼吸的方法，减轻缺氧症状，发展呼吸机能，并通过锻炼，提高患者机体免疫能力，加强脱敏作用，减少哮喘发作次数。常见疗法有如下几种：

（1）呼吸练习。主要是呼气练习，鼻吸口呼，吸短呼长，增加平稳呼吸的深度。呼气时可发声，如"唯""啊"。每次持续 5～6 秒。呼吸练习需轻松自然，忌用憋气，逐渐养成腹式呼吸的习惯。

（2）放松练习。采用放松四肢和躯干的徒手操，如扩胸、耸肩、抖臂和腹背运动。

（3）健身气功。选择放松功、内养功，取坐位或卧位，每日练习 1～2 次。

（4）步行。在平地上步行，持续时间 15～20 分钟以上。

（二）注意事项

（1）运动量应适宜，不能过大。

（2）运动时严禁闭气、憋气。

八、肥胖症

一般认为，超过自身标准体重 10% 以内为正常体重，高于标准体重 10% 的为超重，超过标准体重 20% 的为肥胖症。

肥胖患者身体变得臃肿，容易引起疲劳、嗜睡、呼吸急促、胸闷等现象，也可导致血脂增高、血管壁粥样硬化、血压增高及其他心血管疾病。

（一）运动疗法

（1）耐力性运动。以中长跑、自行车、游泳和其他球类运动为主。也可配合一些医疗体操，如健美操、仰卧起坐、立卧撑等，强度中等，每次运动时间由 20 分钟逐步增加到 1 小时左右。

（2）饮食疗法。肥胖者要适当减少碳水化合物与脂肪的摄入量，并实行"三低"饮食，即低脂肪、低糖、低盐。特别要避免食用含饱和脂肪酸的动物脂肪（如肥肉等），避免食用胆固醇高的食物（如肝、脑、心等动物内脏），避免饭后立即睡眠等。

（3）其他疗法。常洗热水浴或冷热水交替浴，可促进体重减轻。

（二）注意事项

（1）进行运动疗法前应先体检，确定是外源性肥胖，还是内源性肥胖。如果是外源性肥胖，运动量可适当增大，运动疗法后，患者体重将会明显减轻，心血管系统功能会迅速改善。

（2）对伴随心血管疾病的人，要在医生指导下进行运动疗法，并严格控制运动量。

（3）体疗要与合理控制饮食相结合。

（4）临床观察表明，肥胖者在进行体疗 1~2 个月后，体重将明显减轻，以后将缓慢下降。因此要坚持经常锻炼，但并非运动量越大越好。

九、关节功能性障碍

关节功能性障碍种类很多，原因也不一样，主要由关节炎症引发而致，其中包括风湿性关节炎、创伤性关节炎、类风湿关节炎等。主要症状有关节疼痛、肿胀、肢体挛缩变形、关节活动受阻。

（一）运动疗法

（1）颈椎炎运动疗法。转动颈项（图 4-5-11）、搓擦颈部（图 4-5-12），以及增强全身肌力。

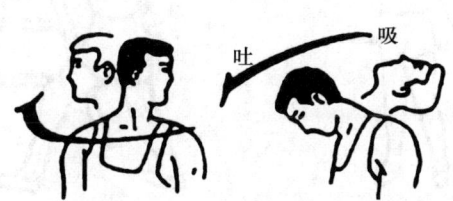
图 4-5-11　转颈法

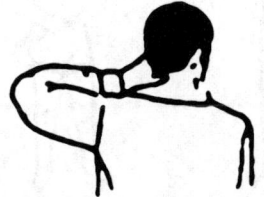
图 4-5-12　擦颈法

（2）肩周炎运动疗法。

① 扶墙（用肋木）练习（图 4-5-13）。

② 肩关节伸展法——内旋（图 4-5-14）。

③ 肩关节伸展法——上举（图 4-5-15）。

④ 肩臂背拉法（图 4-5-16）。

⑤ 肩关节运拉法（图 4-5-17）。

⑥ 持体操棒练习（图 4-5-18）。

⑦ 转木轮练习（图 4-5-19）。

⑧ 两臂侧向拉环练习（图 4-5-20）。

图 4-5-13　扶墙练习

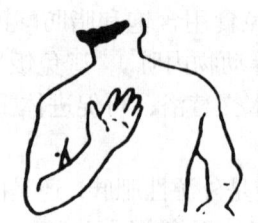
图 4-5-14　肩关节伸展法——内旋

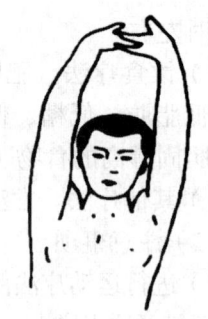
图 4-5-15　肩关节伸展法——上举

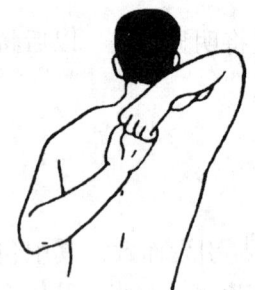
图 4-5-16　肩臂背拉法

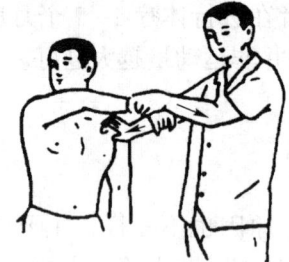
图 4-5-17　肩关节运拉法

图 4-5-18　持体操棒练习

图 4-5-19　转木轮练习

图 4-5-20　两臂侧向拉环练习

⑨ 两臂背向拉环练习（图 4-5-21）。

图 4-5-21　两臂背向拉环练习

（3）腰椎病（含腰背酸痛）运动疗法。按摩腰眼、腹背运动（图 4-5-22）、体侧运动（图 4-5-23）、体转运动（图 4-5-24）、体绕环运动（图 4-5-25）、双人体后屈运动（图 4-5-26）、背对肋木（两手握木）做挺身运动（图 4-5-27）。

图 4-5-22　腹背运动　　　　图 4-5-23　体侧运动　　图 4-5-24　体转运动

图 4-5-25　体绕环运动　　　图 4-5-26　双人体后屈运动　　图 4-5-27　挺身运动

（二）注意事项

（1）进行肢体功能锻炼时，运动量由小到大，逐步加大关节活动力度和幅度，切忌突然性施力。

（2）练习时肌肉尽量放松，即使是用力动作，做完后也应立即放松。

（3）治愈后一段时间内病情有可能复发，并对气候变化有预感，因此既要重视功能性锻炼，又要注意保养和劳逸结合。

十、痛经

女性在月经前后或行经期出现下腹严重胀痛或疼痛，称为痛经。痛经一般是由于精神过于紧张、恐惧焦虑引起子宫肌肉痉挛，导致子宫淤血、气血不畅、"不通则痛"而致；有的因子宫位置不正、发育不良导致经血下行不畅引起痛经；也有的因为分泌失调所致。

（一）运动疗法

1. 提肛缩肾法

站坐位或卧位，意念集中于肛门，做提肛缩肾收小腹动作（图4-5-28、图4-5-29）。提肛时吸气，放松时呼气，反复练习。做完此练习后，再进行顺（逆）时针方向的腹部按摩，交替进行，效果更佳。

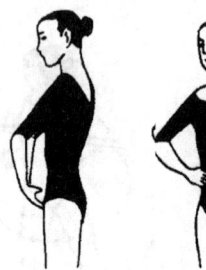

图 4-5-28　站位提肛缩肾

图 4-5-29　卧坐提肛缩肾

2. 增强腰、腹、背肌群力量练习

（1）仰卧单腿屈膝伸腿。

（2）仰卧双腿屈膝伸腿。

（3）屈膝半仰卧起。

（4）仰卧举腿，两腿交叉摆。

（5）仰卧模仿踏自行车。

（6）仰卧举腿经头上向后举（图4-5-30）后，稍停。

图 4-5-30　仰卧举腿经头上向后举

（7）仰卧挺腹。

3. 关节轴位练习

（1）坐位转体异侧肘膝相触（图4-5-31）。

（2）侧卧举腿。

（3）正、后压腿。

（4）扶器械向后踢腿。

（5）正、后、侧向踢腿。

图 4-5-31　坐位转体异侧肘膝相触

（6）分腿坐垫，上体左右压。

4. 纠正子宫后屈练习

（1）屈肘俯卧跪撑练习（图4-5-32）后，稍停。

（2）跪撑提臀（图4-5-33）。

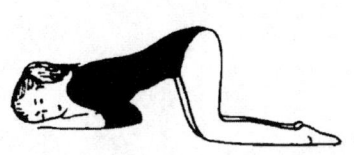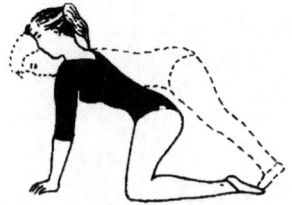

图4-5-32　屈肘俯卧跪撑　　　　　　　　　　图4-5-33　跪撑提臀

（二）注意事项

（1）女性痛经病情各异，上述练习大多在特殊体位下进行，因此力求做到动作协调、正确，练习后要做好腹部放松练习。

（2）子宫不正患者采用矫正体操效果显著，要多取俯卧匍匐位姿势，然后进行各种后踢腿、提臀等练习，减少腹腔器官对子宫的压力，从而有利于子宫恢复到正常位置。

 **思考与练习**

1. 请结合实际列举运动医务监督实施的方案。

2. 制定糖尿病、高血压及关节功能性障碍等常见疾病的运动治疗方案。

3. 运动损伤产生的原因主要有哪些？如何进行预防？

4. 常见的运动损伤有哪些？如何进行急救和治疗？

5. 运动性疾病产生的原因有哪些？如何进行预防与处理？

6. 请结合实际列举常见疾病的运动疗法，并说明实际运用中的体会。

运动实践篇

第五章

田径运动

 学习导言

> 田径是一项古老的体育运动项目，是古代奥林匹克运动会主要的竞技比赛项目，发展至今已成为奥运会第一金牌大户项目，得到了世界各国的重视。目前，田径运动已成为全球最为普及的体育运动项目之一，在学校体育和大众体育中开展广泛。田径运动包括竞走、赛跑、跳跃、投掷等项目。多年来，田径以其独有的特点保持着项目的特性，同时在发展中不断创新，赋以田径运动新生命力。

田径运动的精神

田径运动体现了公平公正、拼搏进取、超越自我和勇于创新的精神内涵。田径项目是在公开透明、公平公正的环境下开展的。参与田径运动，能够使人认识到要想提升运动成绩，要通过自身的刻苦努力，没有捷径可走；使人感受到体育竞技的公正、公平，学会用规则来约束个人行为；使人懂得只有努力拼搏和不断进取，才能取得胜利，不断超越自我。创新是田径运动发展的灵魂，在田径运动的发展历程中，创新精神体现在田径运动的各个方面，人们通过不断完善田径运动的环境及参与形式，如运动技术的创新、场地器械的创新、教学训练手段的创新等，让田径运动实现了根本性的变化和发展。而田径运动成绩每提高 0.1 秒或 1 厘米，都是人类创新精神最直接的表现。正是由于有了人类的创新精神，才使得田径运动如此绚丽多彩，同时，田径运动的发展又促进了人类创新精神的发展。作为新时代大学生，要将田径运动的创新精神贯穿于实践中，体现在行动上，努力把创新潜能转化为现实的创造力，努力实现自己的人生理想和价值，为实现中华民族伟大复兴的中国梦作出贡献。

第一节　竞走

竞走是两腿交互迈步前进，与地面保持不间断的接触，在任何时间都不得两脚同时离地的周期性运动。竞走时，眼睛可观察到单脚支撑和双脚支撑相交替，支撑腿在通过垂直瞬间膝关节伸直；要求两脚与地面保持接触，连续向前迈进，没有肉眼可见的腾空。在步频上，竞走是普通走的两倍，步长也要长。竞走项目对发展耐力素质、增强心肺功能、培养耐受能力都有积极意义。

竞走项目的比赛有公路项目和田径场项目两种。公路项目包括女子10千米、男子20千米和50千米；田径场项目设有女子5 000米、10 000米，男子10 000米、20 000米。

一、竞走技术

（一）下肢技术

竞走技术一个周期称为一个复步。一个复步是由两个单步组成，每一个双脚支撑形成一个单步，单步的步长是从一只脚尖至另一只脚脚尖的距离。双腿支撑瞬间（实际上眼睛观察不到腾空）是从一条腿的支撑过渡到另一条腿的支撑。为了便于技术分析，把竞走一个复步分成6个技术阶段，即后摆阶段、前摆阶段、前支撑阶段、后支撑阶段、双支撑阶段、垂直支撑阶段。

当重心移过垂直支撑阶段时，支撑腿进入后支撑阶段并开始后蹬。后蹬动作是从支撑腿快速有力的蹬地到脚尖蹬离地面，在即将蹬离地面的瞬间形成双支撑阶段。在后蹬过程中骨盆沿身体垂直轴转动，后蹬结束，后摆阶段开始，摆动腿迅速前摆，膝关节自然弯曲，大小腿之间角度大于90°，在支撑腿垂直支撑阶段，摆动腿膝关节角度大于120°±10°。

当身体重心移过垂直支撑阶段，摆动腿即进入前摆阶段。前摆时，小腿依靠大腿带动前摆，迅速打开膝关节，在脚掌即将着地时，膝关节应当伸直，用脚后跟先着地，形成双支撑姿势。从脚后跟着地至垂直支撑是前支撑阶段，这个阶段要求腿必须伸直。由于前支撑阶段产生的支撑反作用力，对速度起制动和阻力作用，因此，脚掌应迅速柔和地滚动到"趴"地动作。

竞走时身体重心的上下起伏和左右摇摆较小，身体重心运动的轨迹接近直线迁移。竞走速度越快，身体重心轨迹越容易接近直线。

（二）躯干和摆臂技术

竞走时躯干正直，两眼平视，颈部放松，躯干动作要与两臂的摆动和两腿的蹬摆相互配合。为维持身体平衡，保证身体重心运动轨迹接近直线前移，肩横轴应与骨盆横轴围绕身体垂直轴做反方向转动（图5-1-1）。

图5-1-1　竞走动作示意图

摆臂的主要任务是维持平衡。摆臂时半握拳，以肩为轴，屈肘约90°，自然有力地前后摆动。前摆时，拳不超过身体中线，不要高过下颚；后摆时，肘稍向外，摆至上臂与地面近乎平行。

逆时针弯道竞走时，身体稍向左倾斜，后蹬时右脚掌内侧、左脚掌外侧向后下方蹬地，右臂摆动的幅度和力量稍比左臂大；顺时针弯道竞走时相反。上坡竞走时，根据坡度大小，身体适当前倾，减小步幅，加快频率；下坡竞走时技术相反。向前倾或向后仰的程度应与坡度大小成正比。

竞走时的呼吸十分重要，要与腿、臂的摆动节奏相配合，用鼻或半张开的口进行呼吸，注意呼吸节奏，要自然而有深度。

二、竞走的练习方法

（1）原地绕髋练习。自然站立，重心放在左腿上，此时左腿垂直支撑，右腿携同侧髋向左膝前方屈膝。练习时，将身体重心轮流由左腿移至右腿，同侧髋下沉，异侧腿膝关节弯曲前伸。

（2）行进间绕髋练习。自然站立，将身体重心移至左腿时，右腿带动同侧髋向左膝前方屈膝、提脚踵；当重心过左腿支撑脚时，右脚脚后跟着地，形成双支撑；然后左脚前摆，重复下一次单步。

（3）腿部动作练习。先慢速直腿着地走，直腿着地状态保持到垂直瞬间，慢慢过渡到快速直腿着地走。

（4）手臂和肩部动作练习。原地摆臂模仿练习，体会手臂动作。在肩部动作练习时，采用手臂背后竞走和直臂走的方法。

（5）各类竞走练习。在弯道上、坡道上和公路上尝试不同速度、不同节奏的竞走。

第二节 跑

跑不仅是竞技项目，也是锻炼身体价值较大的健身项目。经常跑步，能促进人体神经兴奋和抑制过程迅速交替，提高神经过程的灵活性；改善物质代谢，提高人体运动器官和内脏器官的工作能力。因此，跑已成为我国各级各类学校体育教学大纲规定的教学内容和《国家体育锻炼标准》规定的锻炼、测验项目。

跑一般分为短距离跑（400米以下）、中长跑（800~10 000米）和超长距离跑（10 000以上）。

一、短距离跑

短跑的全程技术由4个部分组成，即起跑、起跑后的加速跑、途中跑和终点冲刺跑。全程跑的成绩取决于起跑的反应速度、起跑后的加速能力、保持最高速度跑进的距离以及各部分技术完成的质量等。短跑动作示意图如图5-2-1所示。

图 5-2-1　短跑动作示意图

（一）短跑的技术

1. 起跑（图 5-2-2）

起跑是短跑技术的重要环节。其任务是利用合理的技术动作，使身体迅速摆脱静止状态，并获得一定的前冲速度，为起跑后的加速跑创造有利条件。

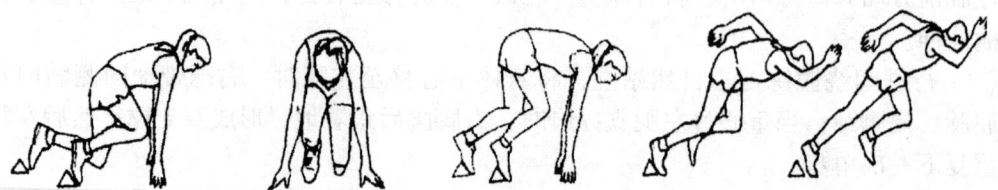

图 5-2-2　起跑姿势

起跑过程由三个部分组成，即"各就位""预备""鸣枪"。其技术要求如下：

（1）各就位。听到"各就位"口令后，先做2~3次深呼吸；然后，应轻快地走到起跑器前两手扶地，两脚依次蹬上起跑器（有力脚地前），后腿以膝跪地，两手撤回放于紧靠起跑线的边沿处，四指并拢与拇指呈八字形支撑，两臂伸直稍宽于肩；颈部放松，两眼视前下方，整个身体处于稳定状态，注意听"预备"口令。

（2）预备。当听到"预备"口令后，重心前移，提臀并稍高于肩，重心主要落在两手和前脚上，两手紧贴在起跑线，头颈自然放松，屏气听枪。

（3）鸣枪。当听到枪声时，两手迅速推离地面，两脚同时发力，后腿积极屈膝前摆，前腿充分蹬直，两臂快速前后用力摆动。

短距离起跑，必须采用蹲踞式起跑和使用起跑器。安装起跑器的方法主要有"拉长式"和"普通式"两种。

2. 起跑后的加速跑

起跑后的加速跑是从两脚蹬离起跑器开始，至转入途中跑为止的跑段。其任务是借助起跑所获得的前冲速度，顺势向前跑出，力争较短的距离内达到最高速度，为过渡到途中跑创造有利条件。该跑段的距离为25~30米，一般男子用15步、女子用15~17步完成此段。

后腿在蹬离抵足板并完成前摆动作后，积极下压着地，着地点应尽量靠近身体重心投影点，随后迅速转入后蹬。两臂沿跑进方向快速有力地摆动，前摆时肘关节角度小于90°，后摆时稍大于90°。起跑后步长逐渐加大，步频逐渐加快，上体逐渐抬起，两脚落点逐渐靠近一条直线，大腿前摆过程中膝关节折叠角度逐渐减小。加速跑的技术要求是在加强后蹬的前提下，逐渐加大步幅，上体逐渐抬起，两脚着地点逐渐合为一线。

3. 途中跑

途中跑是短跑全程中距离最长、速度最快的一个跑段。它的主要任务是继续发挥和保持最高跑速。其技术特点为高重心、协调、直线、向前和平稳。

（1）上肢技术。途中跑时，躯干保持正直或稍前倾，挺胸、收腹、拔腰，头部正直，颈部放松。摆臂动作以肩为轴，两手腕、手指自然伸直或半握拳，轻快有力地贴身前后摆动。前摆时，手的高度不超过下颚；后摆时，上臂摆至约与肩同高。肘关节角度在摆动过程中是有变化的，在垂直部位时，上臂与前臂的夹角为130°~150°；前摆结束时，夹角为60°~90°；后摆结束时，夹角约为90°。

（2）下肢技术。以髋为轴的高速摆动是途中跑技术的本质特征。在此将途中跑的动作结构分为后蹬与前摆、腾空剪绞、着地缓冲三个部分。

① 后蹬与前摆。当身体重心移过支撑点垂直面时，即进入了支撑腿的后蹬动作，而另一侧的摆动腿膝关节充分折叠并超越支撑腿，快速有力地向前上方摆动，带动同侧骨盆前送。同时，支撑腿在摆动腿前摆动作的配合下，快速有力地伸展髋、膝、踝关节，直至蹬离地面。支撑腿蹬离地面瞬间，摆动腿处于前摆的最高点，此时摆动腿大腿与水平面的夹角为15°~20°，膝关节放松，小腿自然下垂，支撑腿的支点与髋关节连线与地面的夹角为50°~60°，两腿的夹角为100°~110°。

② 腾空剪绞。支撑腿蹬离地面后，人体便进入腾空即无支撑状态。此时，由于支撑腿蹬后的惯性作用和大腿的摆动，小腿迅速向大腿靠拢，大、小腿边前摆边折叠时，摆动

腿积极下压，膝关节放松，小腿随大腿下压的惯性向前下方摆出，做积极的下落动作，着地前膝关节几乎伸直。两腿快速的"剪绞"动作，特别是前腿下压动作，将有利于完成落地后的后续动作。腾空时，不参与工作的肌肉应保持放松状态。

③着地缓冲。腾空即将结束时，摆动腿积极下落，用前脚掌富有弹性的着地，着地点距身体重心投影点 27~37 厘米，着地角度为 65°~68°。着地动作积极，有利于缩短前支撑时间，减小由此产生的阻力。缓冲主要是着地的支撑腿由于重力的作用而形成膝关节和踝关节的弯曲动作，这不仅有利于身体重心迅速迁移并通过支撑点上方，也预先拉长了下肢的伸肌群，为后蹬动作创造了有利条件。但应注意，缓冲时膝关节不应过分弯曲，否则会导致身体重心起伏过大。

>>> 知识窗

起 跑 方 法

最初的起跑是运动员出发时用一只手抓住绳子，站着起跑，并利用后蹬巨石的力量冲出起跑线。到 18 世纪末，运动员站在起跑点上，由裁判员喊一声"跑"，比赛就算开始；随后，出现了各种起跑方法，如"分手起跑法""双方同意起跑法""卧倒起跑法"。"蹲踞式"起跑是受袋鼠起跳的启发而发明的。袋鼠在起跳前总是后腿弯曲，身体低低地俯下去。

在支撑腿着地缓冲过程中，另一侧大、小腿折叠迅速向前摆动，当腿摆至接近垂直于地面时，大、小腿折叠达到最小限度，脚跟几乎贴近臀部。折叠越好，越能缩短摆动半径，加快前摆速度。

进入弯道时，身体应向左侧倾斜，以产生积极的向心力克服离心惯性力；左脚以前脚掌外侧、右脚以脚掌内侧着地，左臂摆动幅度相对减少，右臂摆动加大。跑出弯道时，身体应在对准直道时及时摆正。

4. 终点冲刺跑

终点冲刺跑是全程跑的最后一个跑段，距离为 15~20 米。其任务是保持途中跑的身体姿势和速度跑过终点。在抵达终点的最后两步时，前倾躯干，用胸或肩撞终点线，然后大步缓冲减速。

（二）短跑练习方法

1. 提高"步长"的练习方法

（1）后蹬跑。先做原地单腿交换跳，动作幅度逐渐加大，然后过渡到行进间跨跳步，再由跨跳步过渡到后蹬跑，然后蹬跑 30~40 米，最后过渡到途中跑，如此进行练习。

技术要点：上体稍前倾，支撑腿三关节充分蹬直，最后用脚尖蹬离地面；摆动腿以膝领先大腿用力带动髋部向前摆出，然后大腿积极下压用脚掌着地；两臂配合腿部动作做有力的前后摆。

练习要求：体会、改进和完善跑时支撑腿后蹬的技术，发展股后肌群的力量，起到增大"步幅"的作用。

（2）下坡跑。在 30~60 米长、10°~25° 坡度的路上，由上而下自然跑动，动作幅度逐渐加大，然后过渡到平坦的路面，采用途中跑 50～60 米跑的方法进行练习。

技术要点：上体稍前倾，支撑腿自然蹬伸，摆动腿以膝领先大腿用力带动髋部向前摆出，然后大腿积极下压，膝关节放松，利用坡度使小腿自然前伸并用前脚掌着地；两臂配合腿部动作积极摆动。

练习要求：体会、改进和完善跑时支撑腿后前摆的技术，提高大腿在快速下压过程中的小腿前伸技术；发展腿部分力量，起到增大"步幅"的作用。

2. 提高步频的练习方法

（1）小步跑。① 手扶肋木做原地小步跑。② 行进间做小步跑，先慢后快，逐渐加快频率，亦可采用小步跑 20～30 米，然后过渡到途中跑，如此进行练习（图 5-2-4）。

技术要点：做小步跑时，上体正直或稍前倾，身体重心保持较高部位，摆动腿稍抬起，膝关节放松，然后腿积极下压，小腿随大腿下压的惯性前伸，并快速以前脚掌积极着地；着地后膝关节伸直，踝关节弯曲缓冲；两臂与腿部动作配合做前后摆动。

练习要求：体会两脚快速"扒地"的技术，动作放松。

（2）高抬腿跑。① 手扶肋木做原地高抬腿跑练习。② 行进间做高抬腿跑练习，先慢后快，逐渐加快频率，可采用高抬腿跑 20～30 米，然后过渡到途中跑，如此进行练习。

技术要点：上体正直或稍前倾，身体重心保持较高部位；摆动腿前摆高抬，在腿下压的惯性下前伸，并快速度以前脚掌积极着地；着地后支撑腿髋、膝、踝三关节伸直，两臂与腿部动作配合做前后摆动。

练习要求：体会、改进和完善跑时摆动腿前摆高抬和快速下压的技术，发展抬腿肌肉群的力量和跑的步频。

3. 提高短跑能力的综合练习

（1）30～100 米直线、曲线、折线、后退跑、接力跑（迎面、往返、圆圈接力等）及各种跨越障碍跑等。

（2）计时跑，全程跑 100 米、200 米、400 米及 4×100 米接力等。

技术要点：基本同短跑技术要点，但不同形式的跑也有相应的技术要求。

练习要求：各种形式的跑，尽量要按照要求去完成，除后退跑外，其他练习均不能破坏短跑的技术结构；各种游戏性接力跑，其游戏方法和规则可自定。

>>> **知识窗** -

短跑练习提示

（1）在每次练习前做准备活动，以防止肌肉因快速收缩而撕裂和拉伤。练习前应从放松的慢跑和各种柔韧性练习开始，特别是天气寒冷和赛前准备活动应更加充分。

（2）力量训练是现代短跑运动员的一项重要训练，但过度的力量训练对短跑不利，容易引起肌肉的僵硬和缩短。

（3）在青少年训练过程中，跑道应空旷且距离足够长，避免相互踩踏和碰撞，要教会他们使用和维护钉鞋。

（4）严格管理发令枪和弹药，不乱放装弹的发令枪。

- <<<

二、接力跑

接力跑是田径运动中的集体项目。它源于人们生活中的接力游戏。在群众性体育活动中，有许多不同形式的接力比赛，如穿梭接力、团体接力、异程接力。在正式的田径比赛项目中，一般为4×100米接力和4×400米接力。

（一）4×100米接力技术

接力跑的特点是在快速跑进中完成传接棒，对传接棒技术要求高。学习接力跑主要是学习4×100米接力技术。

>>> 知识窗 ------------------------------

接 力 跑

奥运会比赛项目分男子、女子4×100米接力跑和4×400米接力跑。1908年，第4届奥运会首次设立接力项目，但4名运动员所跑距离不等。1912年，第5届奥运会正式设男子4×100米接力跑和男子4×400米接力跑。女子4×100米接力跑和女子4×400米接力跑分别于1928年、1972年列入奥运会比赛项目。接力跑运动员必须持棒跑完各自规定的距离，并且必须在30米的接力区内完成传接棒。

------------------------------ <<<

1. 起跑

（1）持棒起跑。第一棒运动员采用蹲踞式起跑，通常右手持棒，其基本技术类同短跑起跑，但接力棒不得触及起跑线及起跑线前面的地面。持棒的方法一般用中指、无名指和小指握住棒的末端，用拇指和食指分开撑地。

（2）接棒人起跑。第二、三、四棒多采用站立或半蹲式起跑。第二、四棒选手一般站在跑道外侧，第三棒选手一般站在跑道内侧。接棒运动员起跑姿势的选择，主要取决于能否快速起跑和进入加速跑，并能清晰地看到传棒选手及设定的起动标志。

2. 传、接棒方法

（1）预跑。因为传接棒是在高速度跑中进行的，所以接棒运动员必须在接棒之前就发挥出较高甚至是最高的速度。这一段落的跑进即为预跑。开始预跑的时机，应以接棒一方20米的起跑速度和传棒一方最后的20米跑进速度的情况而定。一般在交接区做一个交接棒位置的标志，通过反复练习校正，确定准确的距离和交接棒时机。

（2）传、接棒手法。①上挑式：传棒人手握棒的后端，由下而上地将棒送入手中；接棒人的手掌心向后、虎口向下，臂自然向后伸出。②下压式：接棒人的手臂自然向后伸直，掌心向上，虎口朝后；传棒人将棒的前端由上而下地放入接棒人手中。③混合式：即以上两种手法的结合，第一、三棒运动员在传棒时用上挑式，第二棒运动员在传棒时用下压式（图5-2-3）。

图 5-2-3　传、接棒示意图

（二）接力跑的练习方法

（1）学练传、接棒方法。① 原地摆臂做传、接棒的手法练习。② 慢跑行进中做传、接棒的手法练习。

（2）学练传、接棒的配合。① 两人一组，适当拉开距离（20 米左右），跑进中做传接练习。② 接棒一方划出起动标志线，按传棒人的信号进行起跑和传接棒练习。③ 4 人一组，在 100 米内，间距 25 米进行传接棒练习。练习时可以计时，也可以几组选手一起比赛。

三、中长距离跑

通常把中距离和长距离统称为中长跑。在正式比赛中，把 800 米、1 500 米和 3 000 米定为中跑，把 5 000 米和 10 000 米定为长跑。马拉松（42.195 千米）比赛为超长距离跑。从生理学角度分析，中跑是无氧和有氧的混合代谢过程，长跑是典型的有氧代谢过程。经常进行中长跑锻炼，可以有效地提高人的心肺功能，发展耐力素质，还能培养坚毅顽强的意志品质。

（一）中长跑技术

中长跑技术与短跑技术基本相同，只是距离的长短和跑速不同，而在跑的技术细节上则存在不同程度的差异。

1. 起跑

中跑多采用半蹲式或站立式起跑，而长跑一般都采用站立式起跑。

中长跑的起跑只有两个口令，即"各就位""鸣枪"。比赛时，运动员应站在起跑线后 3 米的集合线上，"各就位"口令发出后，迅速走到起跑线后，身体稳定下来直至听到枪声跑出。起跑的方法有以下两种·

（1）半蹲式起跑。两脚前后开立，一手虎口向前呈"八"字撑于起跑线后，另一手臂置于体侧后方。体重主要落在前脚和支撑手上。鸣枪后，前脚积极蹬地，两臂前后摆动，后脚迅速向前摆出。

（2）站立式起跑。两脚前后站立，上体前倾，体重落于前脚，后脚用前脚掌着地，两臂前后张开。鸣枪后，前脚蹬地，后腿积极前摆，两臂协调用力摆动，顺势向前跑出。

2. 起跑后的加速跑

利用起跑获得的前冲力，积极迅速地向前跑出，力争在较短的时间内较快地发挥出最快速度。加速跑的距离应根据项目、个人特点和战术需要而定。为能很好地跑完全程，应在起跑时就注意有节奏地呼吸。

3. 途中跑

途中跑是中长跑的主要部分，其技术结构与短跑基本相同。所不同的是，两腿与两臂的动作幅度明显小于短跑。据测定，中长跑的脚蹬地角度在 55° 左右，膝关节不完全伸直，一般为 160°～170°，蹬伸结束后应快速向前摆腿。手臂弯曲，两肩放松，以肩为轴前后自然摆动。摆动幅度随跑速变化而适当变化。动作轻松、自然、平稳、富有节奏。呼吸要有明显的节奏，如两步或三步一呼、两步或三步一吸。为充分保证呼吸深度，嘴可半张以辅助呼吸。

4. 终点跑

终点跑是将近终点的一段加速冲刺，其距离应根据个人的体力和对手的情况来确定。现代中长跑比赛的终点跑有显著加长的趋势。一般 800 米比赛可在最后 200 米左右开始加速；1 500 米可在 300 米左右加速；3 000 米以上的比赛可在最后一圈时加速。有些世界优秀选手在 10 000 米的比赛中，最后 400 米的时间为 51 秒钟左右。

在参赛运动员训练水平比较接近的情况下，终点跑对取得比赛的最后胜利起着决定性作用。因此，随着训练水平的提高，应重视和加强终点冲刺能力的训练。

（二）中长跑练习方法

1. 耐力素质练习

耐力素质特别是有氧耐力对于中长跑运动尤为重要。发展有氧耐力素质主要是发展有氧代谢的能力，最终目的是提高最大摄氧量，有氧耐力训练的主要方法有持续负荷法和间歇负荷法两种，而在接近无氧阈速度下进行的有氧训练是最佳练习强度，对提高有氧耐力效果最好。

>>> **知识窗** -

乳 酸 阈

在渐增负荷运动中，血乳酸浓度随着运动负荷的递增而增加，当运动强度达到某一负荷时，血乳酸出现急剧增加的那一点（乳酸拐点）称为"乳酸阈"，这一点对应的强度称为乳酸阈强度。它反映机体内功能方式由有氧代谢为主过渡到无氧代谢为主的临界点或转折点。

乳酸阈强度是用来指导耐力训练最有效的指标之一。

- <<<

2. 速度素质练习

速度素质是达到高水平运动水平的关键因素之一，世界级优秀运动员都具有较高的速度水平。

在发展中长跑速度素质练习中，第一，重视移动速度；第二，相比加速能力和保持速度能力，更加重视保持速度能力，在加速能力上重点发展途中跑能力和最后加速能力（冲刺能力）；第三，在发展自然步长的情况下着重发展步频。

常用提高速度素质的方法有：

（1）行进间跑 30~60 米，3 次，每次 3 组，用 95%~100% 的强度来完成。

（2）反复跑 30~60 米，4~5 次，每次 2~3 组。

（3）上坡跑、下坡跑 60~80 米。

（4）让距追逐跑 60~100 米。

发展速度素质的练习方法还有：20 米加速跑之后惯性跑 30~60 米；下缓坡或顺风放松高频率跑；胶带牵引跑 60~80 米；越野途中加速 30~60 米，10 次；快速摆臂和快速原地高抬腿跑的速度练习。

一般中跑常以行进间 100 米和 400 米作为衡量速度的标准，而长跑一般以 1 500 米来衡量速度的标准；马拉松则以 5 000 米来衡量速度的标准。

3. 力量素质训练

（1）采用较长时间的跳跃，如 100~200 米单足跳、跨步跳、后蹬跑、轻跳；也可以采用立定跳、多级跳、蛙跳、跳远、跳高、各种跳跃游戏。

（2）俯卧撑、立卧撑、俯卧屈伸腿、轻器械练习（如实心球、哑铃、沙衣、沙袋）。

（3）利用地形条件（如山坡、沙滩、草地、松软土地和雪地）进行跑跳的练习。

（4）器械体操（如单杠、双杠、跳马）。

（5）其他负重练习（如杠铃）。发展力量练习时还需考虑到上下肢、腰肌、腹肌的协调发展，长跑运动员更应突出耐力和力量耐力为主的身体训练。

中长跑运动员还可以通过各种球类、体操、武术、游泳、滑冰、自行车、跨栏及其他田径项目进行全面的身体训练。

（三）长跑练习注意事项

（1）在长跑练习中，一般容易出现胸闷、气促、乏力，似乎不能再跑下去的感觉，这种现象在运动训练中称为"极点"。它是正常的生理反应。当"极点"出现时，应稍放慢跑速，注意调整呼吸，以顽强的毅力坚持跑下去，这种感觉会较快地消失。

（2）中长跑练习的全过程都应注意呼吸节奏。

（3）应不断改进跑的技术，身体重心的起伏不应过大，同时防止身体左右摇摆。

（4）应定期检查身体，掌握自我医务监督方法。参加长跑比赛者，应事先进行身体检查。

第三节　跳跃项目

田径运动中的跳跃项目包括跳高、跳远、三级跳远和撑竿跳高。其中，三级跳远和撑竿跳高曾一直是男子的比赛项目，自 20 世纪 80 年代初，这两个项目也在女子运动项目中开展。经常参加跳跃项目的练习和比赛，不仅能有效地发展速度、力量、灵敏等身体素质，而且可以提高弹跳和跳越障碍的能力，还能培养勇敢、果断的意志品质和勇于攀高的精神。

一、跳高

（一）背越式跳高技术

背越式跳高技术由四部分组成，即助跑、起跳、过杆和落地。背越式跳高技术的主要优点就在于能通过合理的身体姿势，最大限度地利用腾空高度，越过横杆。

>>> **知识窗** --

跳高比赛的起源

最早的跳高比赛大约在公元 1700 年，当时跳高是体操跳跃项目。比赛时，没有沙坑，也没有跳高架，只是在两根桩间拴紧一条绳子，绳子前面放一块木板，运动员从正面助跑，单脚蹬踏木板起跳，然后两腿屈膝成蹲立姿势越过绳子。比赛只判定胜负，不丈量高度。这种姿势延续了 100 多年。

-- <<<

1. 助跑

背越式跳高的助跑一般分为两部分：一是面向横杆，直线跑 3~5 步。二是沿弧线跑 4 步。直线跑时身体要正直，步幅应自然、开阔；弧线跑时身体要向内侧倾斜（倾向圆心），而且，跑速越快，倾斜度应越大。整个助跑的速度，应呈明显加速的节奏，以利于快而有力的起跳。当助跑结束的瞬间身体应侧对横杆，用远离横杆的脚起跳。

助跑距离的丈量，通常采用走步丈量法。具体做法为：先确定起跳点，其位置一般是在助跑一侧离跳高架 1 米、离横杆垂直面 50~80 厘米处。然后由起跳点沿横杆的平行方向走 5 步（为自然行进步），再向右（以左脚起跳为例）呈直角走 6 步做一标志，再走 7 步画出起跑点。由标志向起跳点画一弧线连接（半径约 5 米），此弧线即为弧线助跑段落。这条弧线跑为 4 步，直段跑也是 4 步，全程共 8 步。这种丈量方法比较简便、实用，但要使步点准确，必须反复调整和修正（图 5-3-1）。

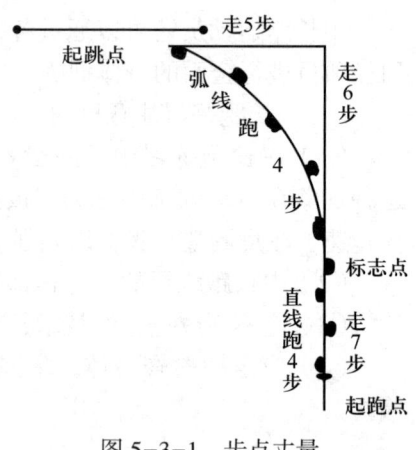

图 5-3-1　步点丈量

2. 起跳

起跳任务是使运动员获得适宜的身体重心腾起角，在起跳瞬间使运动员获得最高的身体重心高度，并获得较快的起跳垂直速度，以便获得最高的身体重心腾起高度。起跳动作结构为：

（1）起跳脚着地瞬间动作结构。背越式跳高倒数第二步摆动腿采用"硬撑式"的快速摆动，膝关节弯曲度小，以摆动腿前脚掌内侧着地，后蹬角度较大，有利于起跳腿的快速踏跳动作。

（2）起跳腿垂直支撑瞬间动作结构。背越式起跳在垂直支撑瞬间起跳腿的膝关节角度为 140°～148°，摆动腿弯曲大，上体稍在起跳腿的内侧，髋关节夹角为 130°～140°，摆动侧髋仍领先并高于起跳侧髋，摆动侧肩仍领先并高于起跳侧肩，身体重心基本在支撑点上面稍偏内，整个身体内倾。

（3）摆动。背越式跳高采用屈腿或折叠式的摆动方法。直腿摆动的惯性力占体重的 137%～148%，屈腿摆动的惯性力占体重的 70.6%。两臂的摆动方法有交叉双臂摆动和交叉单臂摆动两种。

3. 过杆和落地

由于起跳时侧向横杆，摆动腿屈膝内扣摆动，所以身体在沿助跑弧线的切线方向向横杆飞去的同时，逐渐转向背对横杆。此时，摆动腿放松下放，肩向后伸展，头肩先越过横杆，髋部充分展开，身体成背弓姿势，背部与横杆呈正交叉状态。当臀部越过横杆后，两臂向体前平伸，两腿上举，大腿和小腿依次越过横杆，用背部落于海绵棉垫上（图 5-3-2、图 5-3-3）。

图 5-3-2　背越式跳高完整动作

图 5-3-3　原地背越式跳高

（二）背越式跳高的练习方法

1. 学习和掌握杆上动作

（1）仰卧垫上，两肩和两脚撑地，向上抬臂、挺髋。

（2）背向垫子站立，然后向后倒体，同时向上挺髋，以肩着垫子成"桥"姿势。

（3）背向垫，原地向后上方跳起，同时倒肩、挺髋、展体成背弓姿势，然后以肩背落垫。

（4）按照（3）的动作要求，做原地背向过低横杆或过橡皮筋练习。

2. 学习和掌握起跳动作

（1）原地站立，摆动腿屈向异侧肩方向提摆，两臂提肩上摆。

（2）上一步，按照（1）向上跳起，顺势转体90°落地。

（3）沿半径为5米的圆弧跑4步，做起跳动作。

3. 学习和掌握助跑与起跳结合技术

（1）4步弧线助跑，接起跳练习。

（2）丈量出6~8步助跑距离并画线，沿线做助跑起跳练习。

4. 学练完整技术

（1）4步或6步助跑跳上高垫练习（仰卧于高垫上）。

（2）4步弧线助跑，跳越低横杆。

（3）全程距离助跑背越式跳高练习。

（4）参加技术考评、测验或比赛。

>>> **知识窗** -

跳远的决定因素

速度是跳远距离的决定因素，对跳远成绩的贡献率最大，大部分优秀的跳远运动员同时也是优秀的短跑运动员，男子优秀跳远运动员助跑上板速度一般为10.50~11.0米／秒。著名跳远运动员刘易斯创造了8.91米成绩时助跑速度为11.06米／秒，起跳水平速度为9.72米／秒，垂直速度为3.22米／秒，腾起角为18.3°。世界跳远纪录保持者鲍威尔创造8.95米成绩时，其助跑速度为11米／秒，起跳水平速度为9.09米／秒，垂直速度为3.79米／秒，腾起角度为23.1°。

- -

二、跳远

跳远是一项速度与弹跳力相结合的项目。经常进行跳远练习，既可以发展速度、灵敏、协调等身体素质及弹跳能力，又能培养坚毅、勇敢的意志品质。

（一）跳远的技术

跳远的完整技术包括助跑、起跳、腾空和落地四个部分，这里着重介绍前三个部分。

1. 助跑

助跑的目的是获得较快的水平速度，以利于起跳动作的完成。助跑速度直接关系到跳远的成绩。

跳远的助跑距离应根据个人情况而定。一般，男子的助跑距离为30~40米，跑18~22步；女子为25~35米，跑16~30步。确定助跑步数之后，需反复校正，并可在起跑点和最后6~8步处做上标志。

助跑一般是从静止姿势开始，用"站立式"或"半蹲式"起跑转入加速跑，也可以从行进中（先走几步）踏上起点线后开始加速助跑。可从助跑的开始就积极加速跑出，也可逐渐加快速度。助跑应平衡、轻松而有弹性，有稳定的节奏，并保证发挥出所能控制的最高速度。从助跑的动作过程看，开始时上体前倾，充分后蹬，大腿积极前摆，两臂用力摆动；助跑的中段，上体逐渐抬起，上、下肢摆动幅度增大，最后 6~8 步达到最大步长，并在起跳前达到最高步频，上体与地面呈垂直状态。助跑的最后一步步幅应适当缩短。

2. 起跳

起跳动作应以最小水平速度的耗失而获得必要的垂直速度，使身体向前上方跃起。据测定，优秀运动员的腾空初速度可达 9.2~9.6 米／秒，身体重心的腾起角度为 18°~24°，高度可达 50~70 厘米。起跳动作可分为起跳脚着地、缓冲和蹬伸三个部分。

（1）起跳脚着地。助跑至最后一步时，随着摆动腿的积极蹬地，起跳腿的大腿积极下压，起跳脚的脚跟触及踏跳板后即迅速滚动转为全脚掌支撑。此时，上体正直或稍后仰，摆动腿积极折叠并迅速前摆。

（2）缓冲。助跑的惯性力和身体重力，使起跳脚在着地的一刹那产生很大的压力。此时，起跳腿各关节和脊柱应有适应性缓冲，同时随着脚掌的迅速滚动，身体前移。缓冲引起腿部肌肉被动牵拉，在一定程度上有利于起跳腿的蹬伸发力。如果腿部肌肉力量差，缓冲幅度太大，则会延长支撑时间，从而过多地耗失水平速度。

（3）起跳腿蹬伸跳起。当身体重心前移至起跳腿支点的垂直部位时，即迅速伸髋、膝、踝三个关节，上体挺起，摆动腿大腿积极向前上方摆至水平位置，小腿自然下垂，与此同时提腰、提肩，两臂积极上摆至肩关节水平位置突停，以增大起跳效果。

3. 腾空

随着起跳腿踝关节的最后蹬直，身体便进入腾空阶段。此时，应使身体完成"腾空"动作。

依据腾空后身体姿势，跳远分为蹲踞式、挺身式和走步式。在此主要介绍蹲踞式和挺身式。

（1）蹲踞式。起跳成腾空步后，摆动腿大腿继续抬高，两臂向前挥摆，起跳腿开始向前上方提举，并逐渐与摆动腿靠拢，形成空中"蹲踞姿势"。随后两腿向上收膝，上体前倾，将要落地时两臂由前向下、向后摆动，同时小腿前伸落地（图 5-3-4）。

图 5-3-4　蹲踞式技术

（2）挺身式。起跳完成腾空步后，摆动腿大腿放松下放，小腿先向前、向下，再向后摆动，并与留在后面的起跳腿靠拢，同时挺胸、展胸，两臂向下，再向上摆动，使身体充分拉开成展体挺身姿势向前飞行。落地前，两臂由后上方先向前、向下，再向后摆动，两腿向前摆，继而收腹，提腿屈膝，前倾躯干，两小腿前伸落地（图 5-3-5）。

图 5-3-5　挺身式技术

（二）跳远的练习方法

1. 学习助跑与起跳结合技术

（1）原地做起跳动作的模仿练习。

（2）上一步做起跳练习。

（3）跑 3 步接起跳练习，可在跑道上连续重复完成。

（4）6~8 步助跑后起跳接腾空步练习，或 6~8 步助跑后起跳越过低矮障碍落入沙坑。

2. 学习蹲踞式跳远技术

（1）立定三级跳或多级跳练习。

（2）8~10 步助跑后起跳，保持"腾空步"至落地。

（3）蹲踞式完整技术练习。

3. 学习挺身式跳远技术

（1）原地挺身式模仿练习。要求摆动腿下放的同时积极向前送髋、展体，两臂与摆动腿协调配合。

（2）原地起跳在空中做"立正"姿势。

（3）6~8 步助跑后起跳成腾空步后做"立正"姿势落地。

（4）8~10 步助跑后起跳成腾空步后，摆动腿下落沙坑，顺势向前跑出。

（5）10~12 步助跑或全程助跑后反复练习挺身式完整技术。

（三）练习跳远的注意事项

（1）助跑和起跳是跳远技术的关键，练习中应加强速度和下肢力量练习，并反复按照"嗒、嗒、嗒、嗒"的节奏，练好助跑与起跳的结合技术。

（2）助跑时，步幅应相对稳定，加速的节奏及达到最高速度的步数也应稳定，以确保步点的准确性。

（3）起跳时起跳腿应充分蹬直。

（4）起跳时不能低头，身体不能过于前倾，避免身体前旋而失去平衡。

（5）学练挺身式跳远时，应注意摆腿下放和胸肩领先，防止以挺腹代替挺身。

（6）落地时身体不要过早前倾，以免阻碍前伸小腿，影响落地能争取到的远度。

第四节　投掷项目

投掷是较为典型的力量性运动，其需凭借人的力量，通过合理的发力技术和相应的身体姿势，将一定重量的器械掷出尽可能远的距离。经常从事投掷项目的练习，对增强体质，发展躯干和上下肢的素质，特别是爆发力量有显著作用。正式投掷比赛项目有铅球、铁饼、标枪和链球。下面介绍在高校开展较为普遍的投掷项目——铅球、标枪。

一、推铅球技术

从 19 世纪开始，铅球就是田径运动的正式比赛项目。第 1 届奥运会，铅球列入男子比赛项目。第 2 届奥运会女子铅球列为比赛项目。随着铅球项目的广泛开展，其技术也在不断改进和完善，成绩有了大幅提高。铅球的投掷方法从上步推铅球、侧向滑步推铅球，发展为背向滑步推铅球（图 5-4-1）和旋转推铅球。

图 5-4-1　背向滑步推铅球技术

（一）推铅球技术分析

推掷铅球的技术由 4 个步骤组成，即握球和持球、预备姿势、滑步和最后用力。

1. 握球和持球

投掷手五指自然分开，将球置于食指、中指和无名指根部，大拇指和小指扶在球的两侧，然后把球放于肩上锁骨窝处并贴紧颈部，肘关节自然下垂，手腕稍外转，掌心向前（图 5-4-2）。

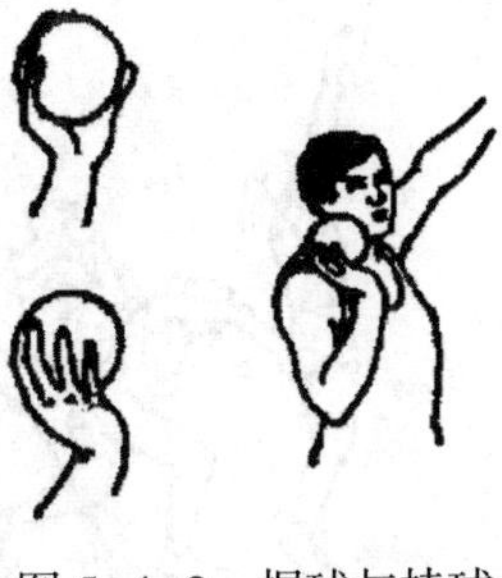

2. 预备姿势

预备姿势是平稳、协调地进行滑步的准备动作。按姿势分为"高姿""低姿"两种。通常，多数人采用高姿。其动作方法是：持球后，背对投掷方向（以背向滑步为例），若采用侧向滑步应侧对投掷方向；两脚前后分开，立于投掷圈内靠后沿处，身体重心落于持球臂同侧脚上；另一脚自然弯曲，前脚掌着地，不持球的手臂自然向上伸起。

图 5-4-2　握球与持球

3. 滑步

滑步的目的是于铅球被推出之前，预先获得一定水平速度，从而为最后用力创造有利条件。

（1）背向滑步动作（以右手投掷为例）。预备姿势之后左腿做一两次预摆，随即向后摆出，随着臀部后移，右腿（支撑腿）弯曲并迅速而有力的蹬伸，蹬直的瞬间，脚尖内转，并拉收至投掷圈的圆心附近，与投掷方向成90°。与此同时，左腿（摆动腿）迅速下落，以前脚掌内侧抵于投掷圆靠抵趾板处。两脚落地的间隔时间力求短促，以保证动作连贯且加速过渡到最后用力。

（2）侧向滑步动作。基本同背向滑步。因侧对投掷方向，摆动腿的摆动方向为侧前方，支持腿蹬伸后，脚尖无内转动作，仍按原方位落地。

4. 最后用力

滑步结束的瞬间，右腿积极蹬转，推动髋部向投掷方向转动，上体边转边抬。当髋、腰转至投掷方向的同时，两腿充分蹬伸，挺胸推手，将球推向前上方，随即手腕内转，手指快而有力地拨球，使球沿着38°~42°的出手角度飞出。

（二）掷铅球的练习方法

1. 学练最后用力技术

（1）徒手或用实心球做原地正向和侧向铅球的模仿练习。

（2）原地正向铅球练习。两脚左右开立，稍屈膝，然后迅速蹬地推球。

（3）原地侧向推铅球练习。侧对投掷方向，两腿分立，两脚稍宽于肩。屈右腿（右手持球），然后迅速跟伸、转髋、挺胸、推球，手指最后掷球（图5-4-3）。

2. 学练滑步技术

（1）摆腿跳练习。右腿单脚支撑，左腿后摆，同时右脚顺势向后跳跃，多次连续练习。

（2）徒手滑步模仿练习。

（3）连续做右腿蹬地接收拉动作。一人拖拉练习者的双手，练习者背对滑步方向滑动（图5-4-4）。

图5-4-3 原地推铅球技术

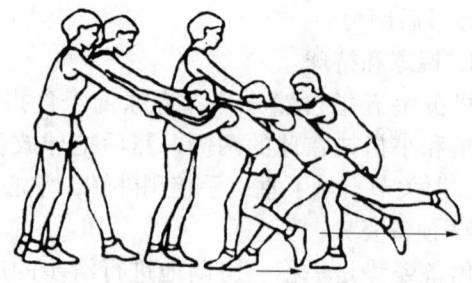

图5-4-4 双人滑步练习

（4）持球做背向滑步练习。

3. 学练掷铅球完整技术

（1）徒手或用轻器械完整技术模仿练习。

（2）在投掷圈内做完整技术的掷铅球练习。

（3）进行测验和比赛。

二、掷标枪

标枪的演化

最初运动员使用的木制标枪前后一样粗，20世纪50年代初，美国标枪运动员赫尔德研究出两端细、中间粗的木制标枪，延长了标枪在空中飞行的时间，因而被称为"滑翔标枪"。20世纪60年代，铝合金标枪问世，它比木制标枪硬度大，减少了颤动，标枪的外形有利于飞行。现代标枪的规格为男子标枪重800克，长260~270厘米；女子标枪重600克，长220~230厘米。

掷标枪是一项历史悠久的运动项目，现代标枪运动是从19世纪末、20世纪初发展起来的。1908年第4届奥运会，男子标枪列入正式比赛项目。1932年，第10届奥运会，女子标枪列为比赛项目。掷标枪技术的发展也经历了一个漫长的历程，开始运动员掷标枪时并无固定的姿势，握枪和持枪方法、助跑方式和最后用力动作都有较大差异。后来国际田联制定的比赛规则也对掷标枪技术做了严格的规定。

（一）掷标枪技术

掷标枪的完整技术是一个连续的过程，为了便于分析，将标枪技术分为握枪和持枪、助跑、最后用力和维持身体平衡4个部分（图5-4-5）。下文以右手掷标枪为例进行分析。

图 5-4-5　标枪技术的完整动作

1. 握枪和持枪

（1）握枪。常用的标枪握法分为普通式、现代式和中指握法（图5-4-6a）三种，这里主要介绍现代式握法和普通式握法。

现代式握法（拇指和中指握法）：将标枪斜放在右手掌心上，拇指和中指握在缠绳把手末端边沿，食指自然弯曲斜放在枪身上，无名指和小指自然地握在缠绳把手上（图5-4-6b）。

普通式握法（拇指和食指握法）：拇指、食指握在缠绳把手末端边沿，其余手指顺着食指方向握在缠绳把手上面（图5-4-6c）。

目前，标枪运动员多数采用现代式握法。其优点是中指长而

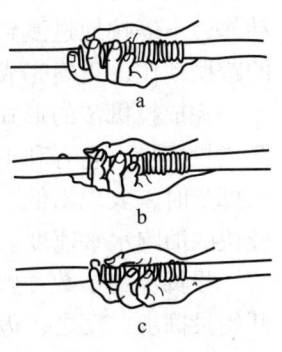

图 5-4-6　标枪握法

有力，有利于增加最后用力的工作距离，发挥更大的力量，便于掷标枪时的"鞭打"动作和出手瞬间使标枪产生绕纵轴的旋转。

（2）持枪。常见的持枪方法有肩上持枪和肩下持枪两种。目前多数优秀运动员采用肩上持枪法，因为它动作简单，也有利于控制标枪。

肩上持枪：运动员在预备姿势和预跑时，右手持枪于右肩上方，持枪手在头侧耳朵附近，枪尖稍低于枪尾或枪身，并与地面平行。

肩下持枪：运动员在预备姿势和预跑的前半段，右手持枪，枪尾向前，右臂自然下垂，随跑的动作两臂前后自然摆动，在跑动过程中，右臂举起成肩上持枪姿势。

2. 助跑

助跑的目的是使人体和标枪获得一定的预先速度，在投掷步阶段完成引枪和超越器械动作，为最后用力创造良好的条件。

掷标枪的助跑形式为直线。助跑的距离虽然不受比赛规则的限制，但一般助跑距离为22～30米（女子会更短一些）。

在较快的助跑速度下，为了与最后用力紧密衔接，不仅要求整个助跑过程动作自然、流畅、节奏鲜明，而且需要有很好的控制标枪的能力，使标枪在整个运行过程中保持平稳。

通常将助跑分为预跑和投掷步两个阶段。

（1）预跑阶段。预跑阶段的主要任务是使人体和标枪获得一定速度，为进入投掷步做好准备。预跑阶段是从第一标志线至第二标志线的距离。开始助跑时，通常是左脚踏在第一标志线上，迈右脚开始助跑，跑至第二标志线预跑结束，进入投掷步阶段。预跑阶段跑的动作属于周期性动作，预跑的距离一般为12～20米，通常用8～14步完成。力量型运动员通常助跑速度稍慢，预跑的距离较短，而速度较好的运动员预跑距离较长，以便更好地发挥速度。

助跑速度与运动员的技术熟练程度和身体素质水平适应。随着技术的改进和训练水平的提高，运动员应逐渐提高助跑的速度。

预跑阶段的动作应放松自然，上体保持与地面垂直的姿势，下肢动作基本上同平跑，但跑的动作要求富有弹性和节奏，注意逐渐加速和保持助跑的直线性，跑时两眼平视前方。

（2）投掷步阶段。投掷步阶段通常是从左脚踏上第二标志线迈右腿开始，至最后一步左脚落地时止。在这一阶段，要求在较高的助跑速度下完成引枪、交叉步和超越器械等动作，不停顿地过渡到最后用力。投掷步的主要任务是尽量保持已获得的速度，加快两腿的蹬摆动作，正确完成引枪和超越器械动作，为最后用力创造良好条件。

完成投掷步的形式有跳跃式和跑步式投掷步两种。现代标枪运动员通常采用较平的跳跃式投掷步，它有利于两腿充分地蹬摆，完成引枪和超越器械。近年来，优秀运动员完成投掷步时，表现出低、平、快的特点，即身体重心的腾起高度较低，运动轨迹较平，发挥较快的助跑水平速度。

投掷步的步数一般是4步或6步，也有采用5步或7步的。当采用偶数步时，迈右脚开始投掷步；反之，迈左脚开始。下面介绍四步投掷步的技术。

第一步：左脚踏上第二标志线后，右脚前摆，同时上体向右转，持枪臂向后引枪，左臂在胸前自然摆动，眼睛注视前方，髋部正对投掷方向。

第二步：右脚落地后积极蹬地，左脚前摆开始投掷步的第二步。此时上体继续向右转动，形成侧对投掷方向的姿势。持枪臂继续后引，在左脚落地时右臂伸直完成引枪动作。引枪结束时，右手与右肩同高，枪头靠近右眉，标枪纵轴与髋轴和肩轴平行。在完成前两步动作中，躯干应基于地面保持垂直，以避免人体过早减速。

第三步（又称交叉步）：从左脚落地后右腿积极前摆开始。左脚落地后，积极蹬伸，右腿以大腿带动小腿积极有力地向前方摆出，使下肢加速向前形成良好的超越器械姿势。右脚落地时，左腿应位于右脚的前方，以加快左脚落地的时间，这时身体的后倾角为20°~25°。

第四步：从助跑过渡到最后用力的衔接步。完成动作正确与否将直接影响最后用力的效果。右脚落地后，右腿被动屈膝缓冲，当身体重心越过右脚支撑点上方时，右腿积极用力蹬地，推动髋部向前运动。左脚落地瞬间，应保持躯干后倾。

>>> 知识窗

标　枪

标枪是人类历史上有据可考的最早的远程兵器之一。从原始社会开始，它就被用作重要的狩猎工具。标枪一般由镖头和枪杆组成，有些装有起平衡作用的尾翼。镖头由金属打制而成，一般有锥形和长水滴形等形式，套装在枪杆上。枪杆通常用硬木、竹竿或金属制成的。在战场上，标枪常常与盾牌配合使用，以弥补近身武器的不足。弓弩的出现，标枪的使用开始减少。到13世纪，标枪仍然是世界许多国家军队的制式装备。

<<<

优秀男子运动员投掷步四步的步长一般是：第一步大，可达到2米，以便完成引枪动作；第二步较大，通常为1.8~2.0米，为过渡到后两步打下良好的基础；第三步最大，男子运动员可达到2~2.2米，以便有时间做出适宜的超越器械动作，为最后用力做好准备；第四步最小，通常为1.4~1.6米，以利于助跑和最后用力的衔接，做好左侧支撑动作。世界优秀运动员最后一步的时间通常为0.18~0.2秒。

投掷步阶段应尽量保持预跑段获得的速度，各步跑的节奏也有所不同，通常第一、二步较快，第三步稍慢，第四步最快。

世界水平男子标枪运动员在投掷步阶段平均速度可达到6~8米/秒，女子运动员平均速度可达到5~6米/秒。由于助跑使人体和器械获得一定的预先速度，因而助跑投可比原地投成绩提高20~30米。

3. 最后用力

投掷步的第三步右脚着地后，右腿被动屈膝缓冲，身体继续向前运动，在身体重心越过了右脚支撑点上方时，右腿积极蹬伸用力。左脚着地时，左腿做出有力的制动动作，可加快上体向前的运动速度。右腿继续蹬地，推动右髋加速向投掷方向运动，使髋轴超过肩轴，并带动肩轴向投掷方向转动。在肩轴向投掷方向转动的同时，投掷臂快速向上翻转，使上体转为面对投掷方向，形成"满弓"姿势。此时，投掷臂处于身后，与肩同高，与躯干几乎呈直角。

形成"满弓"姿势后，胸部继续向前，将投掷臂最大限度地留在身后，右肩部肌肉最大限度地伸展。由于向前惯性的作用，左腿被迫屈膝，但随即做迅速有力的充分蹬伸，同时以胸部和右肩带动投掷臂向前做爆发性"鞭打"动作，并使用力的方向通过标枪纵轴。

在最后用力时，合理的用力顺序是取得最大出手速度的关键。从右腿落地后的及时发力至右臂的快速"鞭打"和标枪出手，人体各环节形成一个完整的运动链。在最后用力时，身体左侧的支撑和用力动作对于投掷成绩起着至关重要的作用。

4. 标枪出手后的身体平衡

标枪出手后，保持身体平衡是全过程的结束动作，能够有效地防止人体越过投掷弧而造成犯规。标枪出手后，右腿应及时向前跨出一大步，降低身体重心，以保持平衡。为了保证最后用力时运动员可以大胆向前做动作而又不犯规，最后一步左脚落地点至投掷弧的距离应在 2 米以上。

（二）掷标枪的练习方法

1. 最后用力技术

（1）学习、掌握掷标枪的各种诱导练习和专门练习。

（2）学习握枪与持枪方法。

（3）原地正面插枪。面对投掷方向，两脚前后开立，左脚在前，身体呈"弓形"姿势，投掷臂伸直持枪于右肩后上方，枪尖低于枪尾，左臂微屈于体前。然后两腿蹬地，以胸带臂，沿枪尖指向掷出标枪。

2. 正面上一步插枪

面对投掷方向，两脚前后开立，右脚在前，右臂伸直持枪于右肩后上方。然后左腿前迈，体重移向右腿，随左脚落地右腿用力蹬地、送髋，上体和右胸积极向前，带动右臂向前下方插枪。

3. 原地侧向掷标枪

侧面投掷方向，两脚左右开立，体重落在弯曲的右腿上，上体向右倾斜，投掷臂伸直持枪于肩轴延长线上，枪尖约与眼同高，指向约为30°的前上方，左臂微屈于左肩前，目视投掷方向。然后右腿蹬转，送髋转体，转肩翻肘，在左腿的支撑、蹬伸配合下，以胸带臂"鞭打"掷出标枪（图5-4-7）。在练习中注意形成"满弓"身体姿势。

图5-4-7 原地侧向掷标枪

4. 侧向上一步掷标枪

准备姿势同原地侧向掷标枪，但左腿靠近右腿，左脚尖在右脚跟处着地。在右腿蹬转、送髋的同时，左腿前迈下插着地，并连贯完成后续动作掷出标枪。

5. 投掷步第三四步的练习

侧对投掷方向，两脚左右开立，投掷臂后引伸直。然后右腿屈膝积极前摆，左腿配合蹬伸，经低腾空右脚着地，右腿弯曲，左脚下插着地，上体右倾形成最后用力准备姿势。

（1）徒手、扶同伴两肩或扶支撑物做右腿屈膝前摆与左脚交叉的练习。要求两腿协调配合，避免踢右小腿动作。

（2）徒手、持标枪做交叉步结合左脚着地的练习。要求右脚着地瞬间，左腿摆至右腿前。

（3）徒手、持标枪或软树枝连续向前交叉步和交叉步跑。要求两腿蹬摆协调配合，上体右倾，投掷臂保持稳定。

（4）侧向上两步成"满弓"练习。随着交叉步右脚着地屈膝缓冲，右腿蹬地用力，左脚下插着地，转肩翻肘形成"满弓"姿势。

（5）侧向上两步掷标枪练习。开始动作同（4），"满弓"后连贯用力"鞭打"掷出标枪。要求交叉步后形成超越器械姿势，上步与最后用力结合，最后用力顺序正确。

6. 引枪练习

原地正面两脚前后开立，左脚在前，右臂弯曲肩上持枪；然后按投掷步第一、二步的技术要领完成引枪动作。

7. 全程助跑掷标枪练习

（1）持枪助跑练习。面对投掷方向两脚前后开立，左脚在前，右臂弯曲肩上持枪。然后右腿前迈开始做持枪助跑练习，助跑速度由慢到快，距离20~30米。

（2）丈量全程助跑步点。以走步或跑步的方法确定全程助跑距离和第二标志点，通过反复练习达到基本稳定。

（3）8~10步助跑掷标枪练习。预跑速度不要太快，引枪动作连贯，控制好标枪，投掷步结束形成超越器械姿势，并迅速进入最后用力阶段，最后用力顺序正确。

 **思考与练习**

1. 竞走在练习过程中有哪些注意事项？

2. 提高短跑速度的练习方法有哪些？

3. 如何在接力跑交棒过程中做到又快又稳？

4. 跳远的起跳技术由哪几个环节组成？

5. 标枪有哪几种握枪方法？

第六章

大球运动

 学习导言

大球一般是指篮球、排球和足球。本章主要介绍篮球运动、排球运动和足球运动的概述、基本技术、战术、比赛规则。掌握三大球基本技战术，有助于大学生提高运动水平，培养团结协作精神，达到强健体魄的目的。

第一节　篮球运动

一、篮球运动概述

（一）篮球运动简介

1891 年，美国体育教师詹姆斯·奈史密斯先生发明了篮球运动。1940 年以前，篮球运动伴随着美国的文化、宗教等的扩张，通过基督教青年会、教师、留学生之间的交往向世界各地传播推广。1894 年，篮球运动传入我国天津。1936 年，第 11 届奥运会将男子篮球列入正式比赛项目。1950 年和 1953 年分别举行了第 1 届世界男子、女子篮球锦标赛。1976 年，第 21 届奥运会将女子篮球列入正式比赛项目。

现代篮球运动技术的发展趋势主要包括：① 高强度对抗已成为现代篮球运动发展的趋势之一。高强度对抗不仅指身体的对抗，还包括队员意志品质、力量、速度、技战术等方面的对抗。② 更加注重快速移动。快攻的运用越来越广泛，在断球反击形成的一对一或多对一的情况下，快攻促成得分的成效显著。③ 更加注重攻守平衡。当前篮球进攻战术的发展趋势是向快速、准确、多变、立体化、实用化方向发展；防守战术的发展趋势是向攻击性、破坏性和综合多变的方向发展。④ 心理调节能力作用更加突出。篮球比赛场上的主客场因素、观众观赏球的热烈程度、比赛的重要程度等都会引发运动员的比赛焦虑。因此，只有加强心理训练才能保证运动员在临场比赛时发挥出正常水平。

现代篮球运动内容丰富，技战术变化多端，其特点包括：① 集体对抗性强。比赛中双方始终在有限的场地上进行着高速度、大强度的攻守争夺。有利于培养大学生勇敢顽强的意志品质和拼搏精神。② 技术、战术复杂多变性，在临场比赛中，每个队要根据双方队员的技术特点，采用合理的战术，打出自己的风格和水平。③ 全方位立体对抗。

经常参加篮球运动，可以促进人的力量、速度、耐力、灵敏性等身体素质的全面发展和提高内脏器官的功能，达到健身的目的。还可以促进青少年身心正常生长发育。篮球运动是在团体间对抗和变化条件下进行的，对提高锻炼者神经系统的灵活性、应变能力，培养团结合作精神具有良好的作用。

（二）篮球运动主要赛事简介

1. 中国篮球赛事简介

（1）中国男子篮球职业联赛（英文缩写为 CBA）。它是跨年度主客场制篮球联赛，为中国最高等级的篮球比赛。中国男子篮球职业联赛于 1995—1996 年开始，原名为男子篮球联赛，2005 年正式更名为中国男子篮球职业联赛。中国男子篮球职业联赛自每年的 10 月或 11 月开始，次年的 4 月左右结束。

（2）中国大学生篮球联赛（英文缩写为 CUBA）。1997 年 11 月，中国大学生篮球联赛组委会正式成立。中国大学生篮球联赛拥有自己的会徽、会歌和吉祥物。中国大学生篮球联赛组委会在参赛资格方面做出以下规定：一是除体育院校、民办高校之外的普通高校均能组队参赛；二是不允许在篮协注册过的运动员参加，保证大学篮球的纯正性。中国大学生篮球联赛从学校体育功能出发，提出培养"五种篮球人才"的目标，即高水平的运动员、教练员、裁判员、从事与篮球相关工作的人员和高素质球迷。经过多年的创新发展，中国大学生篮球联赛的影响力已覆盖全国。

2. 国外篮球赛事简介

（1）奥林匹克运动会篮球赛每四年举行一次，包括男篮和女篮比赛。在奥运会上，中国女篮最好成绩是在第 25 届奥运会上取得亚军；中国男篮获得最好成绩是在第 26 届、第 28 届和第 29 届奥运会上取得第 8 名。

（2）美国全国篮球协会举办的美国职业篮球联赛（National Basketball Association），是世界公认水平最高、商业运作最成功、最受欢迎的篮球联赛，现有 30 支参赛队伍参与角逐。

担当精神

2020 年东京奥运会资格赛期间，面对西班牙女篮在最后 5 分钟掀起的反击狂潮，中国女篮顶住巨大压力，最后以两分的优势拿下比赛，提前一轮获得东京奥运会入场券。这场胜利也为国人带来了振奋人心的力量。女篮团队的热血演说同样振奋人心："当需要一个人站出来时，那叫勇敢；当一个团队挺身而出时，那叫担当；当一个国家身处逆境、呼唤一种精神时，那比赛就是使命，就是信念，就是一往无前。今天不仅仅是一场比赛，更是一场跨越时空的能量传递。我们要打出中国女篮的精气神，敢打硬仗，遇强则更强。"她们正是靠这样坚定的信念取得了胜利。

二、篮球运动技术

（一）移动技术及练习方法

1. 移动技术

移动是篮球运动中队员为了改变位置、方向、速度和争取高度、空间所采用的各种脚步技术的总称。移动技术包括准备姿势、起动、跑、跳、急停、转身、步法（图6-1-1）。

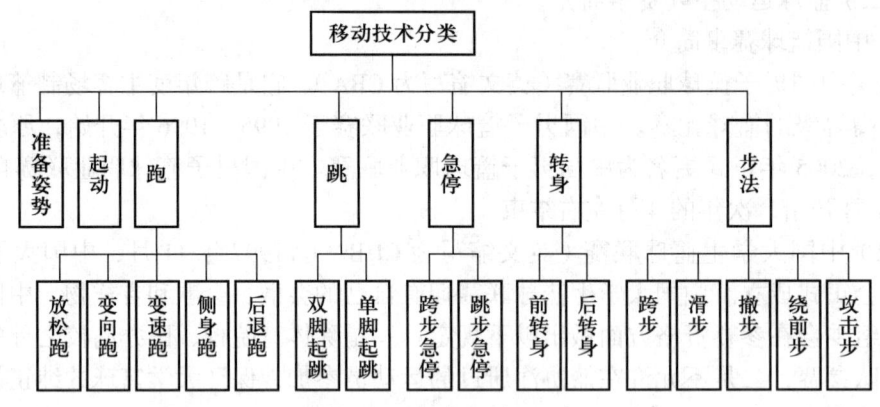

图 6-1-1 移动技术分类

（1）起动。起动是队员在球场上由静止状态变为运动状态的一种动作，是获得位移速度的方法。进攻时，突然快速起动是摆脱防守的有效手段之一。防守时，突然快速起动可以抢占有利位置，看住对手。

技术要领：从基本站立姿势开始，向前起动时以后脚前脚掌、向侧起动时以异侧脚前脚掌短促有力地蹬地，同时上体迅速前倾或侧转向跑的方向移动重心，手臂协调地摇动，充分利用蹬地的反作用力，迅速向跑动的方向迈出。

（2）跑。跑是为了完成攻守任务而争取时间的脚步动作。比赛中经常运用的跑有变向跑和侧身跑：

① 变向跑。变向跑是队员在跑动中利用突然改变方向完成攻守任务的一种方法。

技术要领：从右向左变向时，最后一步用右脚前脚掌内侧用力蹬地，同时脚尖稍内扣，迅速屈膝，腰部随之左转，上体向左前倾，移重心，左脚向左前方跨出，然后加速前进。

② 侧身跑。侧身跑是指队员在跑动中为了抢位、摆脱防守接侧向或侧后方传来的球而采用的一种跑动方法。

技术要领：在跑动时，头部和上体转向侧面或有球的一侧，脚尖朝着跑动方向。跑动时，既要保持奔跑速度，又要保持身体平衡，双手自然放在腰侧，密切注意观察场上情况。

（3）急停。急停是指队员在快速移动中突然制动的一种方法，是各种脚步动作衔接和变化的过渡动作。比赛中急停多与其他技术结合在一起运用。急停分为跨步和跳步急停两种。

① 跨步急停。急停时先向前跨出一大步，脚跟先着地并迅速过渡到全脚抵住地面，降低重心，身体稍后仰。第二步落地的同时，两膝深屈并内扣，身体稍侧转，两脚尖自然转向前方向，前脚掌内侧用力抵住地面制动向前的冲力，上体稍后仰，两臂屈肘自然张开，

然后上体迅速自然前倾帮助控制身体平衡（图6-1-2）。

②跳步急停。跑动中用单脚或双脚起跳，使双脚稍有腾空。上体稍后仰，两脚平行或前后落地（略宽于肩）形成进攻基本站立姿势（图6-1-3）。

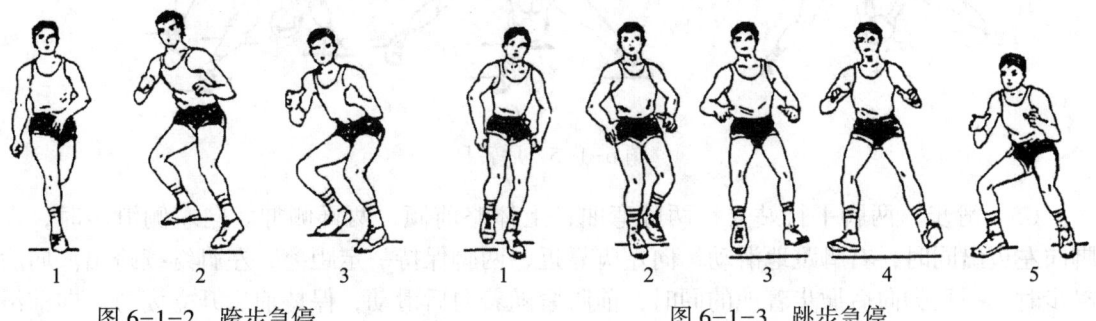

1　　2　　3　　　　1　　2　　3　　4　　5

图6-1-2　跨步急停　　　　　　　图6-1-3　跳步急停

（4）转身。转身是指队员以一脚做中枢脚进行旋转，另一脚蹬地向前、后跨出，改变原来身体方向的一种技术。它可与急停、跨步、持球突破结合运用，有效地摆脱防守以创造传球、投篮机会。转身分为前转身和后转身。

①前转身。移动脚向中枢脚脚尖方向跨出改变身体方向为前转身。

技术要领：转身时，中枢脚前掌用力蹍地，移动脚蹬地并迅速跨步，同时转腰、转肩并保持身体平衡（图6-1-4）。

1　　　　　2　　　　　3

图6-1-4　前转身

②后转身。移动脚向中枢脚脚跟方向跨出改变身体方向为后转身。

技术要领：转身时，中枢脚蹍地旋转，移动脚蹬地并向自己身后撤步，同时腰胯主动用力旋转，身体重心随着转移，保持身体平衡。后转身可在原地或行进间运用（图6-1-5）。

1　　　　　2　　　　　3　　　　　4

图 6-1-5 后转身

（5）滑步。两脚平行站立，两膝弯曲，上体略前倾，两臂侧伸。向左侧滑步时，左脚向左迈出同时，右脚蹬地滑动，向左脚靠近，两脚保持一定距离，左脚继续跨出。向后滑步时，一只脚向后撤步着地的同时，前脚紧随着向后滑动，保持前后开立姿势。向前滑步时，前脚向前迈出一步，着地同时，后脚紧随着向前滑动，保持前后开立姿势。注意屈膝降低重心（图 6-1-6）。

图 6-1-6 滑步

（6）撤步。撤步是前脚向后撤的一种移动方法。

技术要领：做撤步时，前脚脚前掌内侧蹬地，同时腰部用力向后转动，后脚碾蹬地面，前脚快速后撤，紧接滑步调整防守位置（图 6-1-7）。

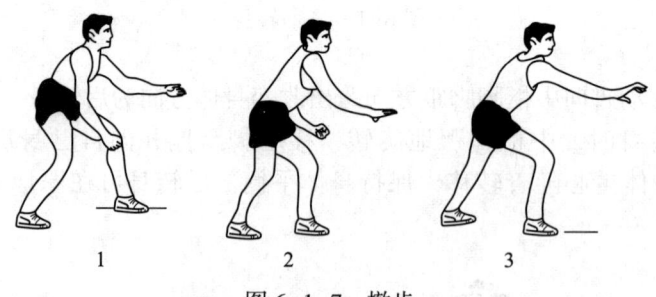

图 6-1-7 撤步

（7）跳。跳是指队员在场上争取高度及远度的一种技术。篮球比赛中很多技术需要队员在空中完成。队员必须能单脚或双脚起跳，会在原地或跑动中、对抗条件下向不同方向跳或连续跳等。要求起跳快，跳得高，滞空时间长，以更好地在空中完成各种攻守动作。跳有双脚起跳和单脚起跳两种。

①双脚起跳。起跳时，两膝弯曲降低重心，两脚用力蹬地，同时提腰、摆臂向上起跳，跳在空中时，身体自然伸展控制平衡。落地时，前脚掌先落地，屈膝缓冲重力，注意保持身体平衡，以便衔接下一个动作。双脚起跳多在原地运用，也可在上步、并步、跳球或助跑情况下运用。

②单脚起跳。起跳时，踏跳脚脚跟先着地，迅速过渡到脚前掌用力蹬地，同时提腰、摆臂，另一腿快速屈膝上提，当身体达到最高点时，摆动腿自然伸直与起跳腿合并。落地时，双脚要稍分开，注意屈膝缓冲，以便衔接其他动作。单脚起跳多在助跑情况下运用。

2.移动的练习方法

（1）跑类技术动作练习。

①原地放松跑、高抬腿、小步跑、后踢腿跑。

②加速跑。

③由原地放松跑、高抬腿、小步跑、后踢腿跑转为加速跑。

（2）起动快跑。

①听信号或看信号向不同方向跑。

②自己或别人抛球，球离手后起动，球未落地前快跑，将球接住。

③原地运球，听信号或看信号向不同方向跑动运球。

（3）球场上各种跑的练习。

①听信号或看信号向不同方向做侧身跑、变速跑、变向跑、后退跑。

②做直线跑、曲线跑、折线跑、折回跑。

③连续交替做各种变向跑，如直线—折线、弧线—直线、变向—弧线等。

（4）急停练习。

①慢跑中跨步、跳步急停。

②中速跑中跨步、跳步急停。

③快跑中听信号或看信号急停。

④快跑中听信号或看信号急停后折线跑。

（5）转身练习。

①原地做两脚交替转移重心、跨步、后撤步、转身等练习。

②原地接球后做跨步、后撤步、转身等练习。

（6）跳的练习。

①原地向上、前上方、侧上方、后上方做双脚起跳。

②原地向前、侧、后跨一步做双脚起跳。

③助跑两三步，双脚或单脚起跳。

（7）防守步法的练习。

①看手势或其他信号做向前、后、左、右方向的滑步。

②先快跑，接着后退跑，再做侧滑步。

（8）移动技术综合练习。

①由攻转守综合性脚步练习（图6-1-8）。

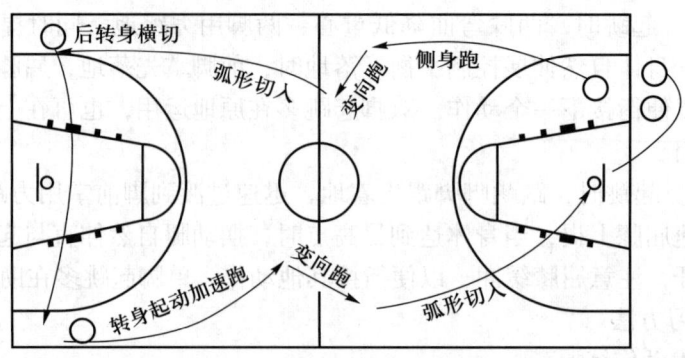

图 6-1-8　由攻转守综合性脚步练习

② 进攻跑动及换位综合性移动练习（图 6-1-9）。

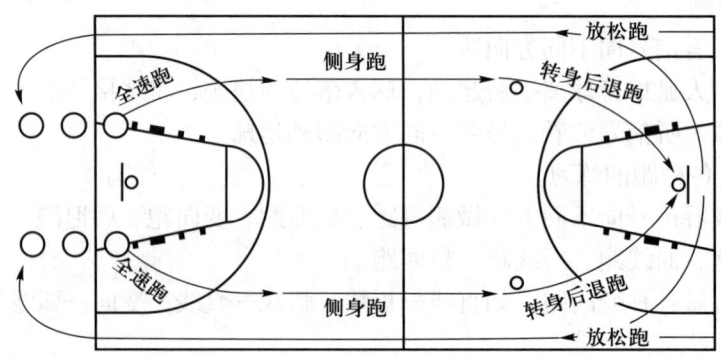

图 6-1-9　进攻跑动及换位综合性移动练习

（二）传球、接球及练习方法

传球与接球是篮球比赛中进攻队员之间有目的地转移球的方法，是场上队员之间相互联系和组织进攻的纽带，是实现战术配合的具体手段。

双手胸前传接球

1. 传球技术

（1）双手胸前传球。

动作方法：双手持球于胸前（两臂不要外张），手指自然分开，握在球两侧偏后，两腿屈膝前后（左右）开立。传球时两腿蹬地，重心前移，两臂前伸，手腕向上翻转，利用拇指下压，中指、食指拨球协调传出（图 6-1-10）。

1　　　2

图 6-1-10　双手胸前传球

（2）双手头上传球。

动作方法：双手举球于头上，两肘向前，近距离传球时，前臂前摆，手腕前扣并外翻，同时拇指、食指、中指用力向前拨球。传球距离较远时，用蹬地和腰腹力带动上臂发力。前臂前挥、抖腕、拨指将球传出（图6-1-11）。

图 6-1-11　双手头上传球

（3）单手肩上传球（右手为例）。

动作方法：右手传球时，左脚向前迈出，身体右转，重心后移，同时把球引至右肩侧上方，手指分开，手腕后仰托球后下部。传球时右脚蹬地转体，右臂前挥，手腕前屈，用拨指力量将球传出（图6-1-12）。

单手肩上
传球

图 6-1-12　单手肩上传球

（4）反弹传球。

动作方法：将球向斜前方地面传出，球击地点在离接球人 1/3 处，球弹起高度在接球人的腹部位置（图6-1-13）。

图 6-1-13　反弹传球

双手接中部
位的球

2. 接球技术

（1）双手接球。

动作方法：目视来球，两臂迎球伸出，手指自然张开，两手大拇指相对呈"八"字形，其他手指向前上方，两手呈半圆形。当手指触球时，两臂顺势后引缓冲来球力量，两手持球于胸腹前（图6-1-14）。

双手接高部
位的球

图6-1-14　双手接球

（2）单手接球。

动作方法：原地单手接球时，接球手向来球方向伸出，五指自然分开，掌心正对来球，腕、指放松。当手指触球时，顺球的来势迅速收臂置球于身前或体侧，另一手迅速扶球，保持身体平衡，做好下一次进攻的准备姿势（图6-1-15）。

双手接低部
位的球

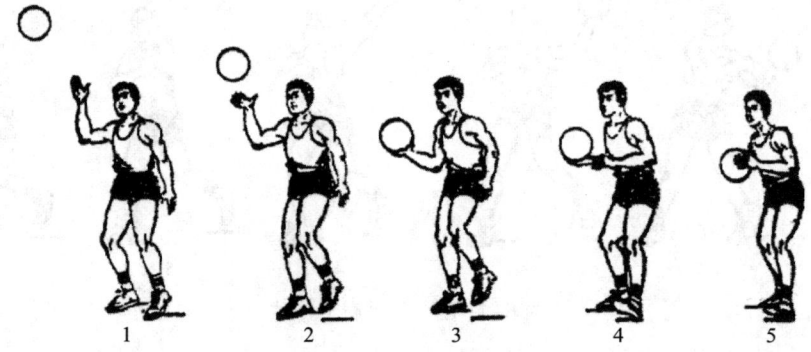

图6-1-15　单手接球

3. 传、接球的练习方法

（1）原地传、接球练习。

① 两人一组一球，面对面站立做传、接球练习。

② 三人一组一球，呈三角形站立做传、接球练习。

（2）行进间传、接球练习。

① 两人一组一球，迎面移动中做传、接球练习。

② 两人一组一球，全场直线跑动做传、接球练习。

③ 三人一组一球，直线跑动做传、接球练习。

（三）运球技术及练习方法

1. 运球技术

（1）高运球。

动作方法：抬头，目视前方，上体稍前倾，以肘关节为轴，用手按拍球的后侧方，2~3步按拍一次球，球的落点在身体侧前方，球反弹的高度在腰、胸之间（图6-1-16）。

高运球

图6-1-16 高运球

（2）低运球。

动作方法：抬头，目视前方，两腿迅速弯曲，降低重心，上体前倾，用手短促地按拍球，控制球从地面反弹的高度在膝部高度（图6-1-17）。

低运球

图6-1-17 低运球

（3）运球急起、急停。

动作方法：在快速运球中，急停时，快速按拍球的前上方，同时两脚做跨步急停，并转入低运球。急起时，后脚用力蹬地，同时按拍球的后侧上方，向前运球（图6-1-18）。

图6-1-18 运球急起、急停

（4）体前换手变向运球。

体前换手变
向运球

动作方法：运球队员从防守队员右侧突破时，先向对手左侧快速运球，当防守队员向左侧转移身体重心并准备堵截时，运球队员突然变换运球方向。运球队员用右手按拍球的右侧上方，并靠近身体向左侧按拍球，使球的落点靠近左脚，同时右脚向左前方跨步，上体左转侧肩，换左手按拍球左侧上方，从对手右侧运球突破（图6-1-19）。

图 6-1-19　体前换手变向运球

2. 运球的练习方法

（1）原地高、低运球。

（2）换手变向运球。

① 弧线运球。沿罚球圈、中圈做弧线运球到对面的端线，再沿边线直线运球返回。

② 圆圈运球。沿罚球圈、中圈做圆周运球到对面的端线，再沿边线直线运球返回。

（3）行进间运球。

① 直线运球。每组一个球，第一人运球至端线后，返回时换手运球至终点，然后交给下一个队员练习。

② 换手变向运球。场内设三个"之"字形的障碍物，在障碍物前变向运球。

（4）运球急起急停。

① 练习者排一路纵队于端线外，听到信号后，运球急起到中线时急停，再急起到端线时急停。随后采用同样的方法返回。

② 在场内设标志线，听信号后，运球急起到标志线时急停。重复练习。

（四）投篮技术及练习方法

1. 投篮技术

（1）原地双手胸前投篮。

原地双手胸
前投篮

动作方法：投篮前将球置于胸前，目视球篮，两肘自然下垂。两脚前后或左右开立，两膝微屈，重心落在两脚掌上。投篮时，两脚蹬地，腰腹伸展，两臂向前上方伸出，两手腕同时外翻，拇指稍用力压球，使球通过拇指、食指、中指指端投出。投球出手后，脚跟提起，腿、腰、臂随出球方向自然伸展。该方法主要用于远距离投篮（图6-1-20）。

图6-1-20　原地双手胸前投篮

（2）原地单手肩上投篮（以右手投篮为例）。

动作方法：右脚在前，左脚稍后，两膝微屈。右手五指自然分开，用指根以上部位托球后下部位，左手扶在球的侧下面，将球举到头部右侧上方位置，目视球篮，上臂与肩关节平行。前臂与上臂约呈90°投篮时，由下肢蹬腿发力，身体随之向前上方伸展，同时抬肘向投篮方向伸臂，用手腕前屈和手指拨球动作，使球柔和地从食指、中指指端投出。球离手时，手臂要自然跟随脚跟提起。原地单手肩上投篮是最基本的单手投篮方法，其他各种单手投篮方法大部分是由它演变而来的（图6-1-21）。

原地单手肩
上投篮

图6-1-21　原地单手肩上投篮

（3）行进间单脚起跳单手低手投篮（以右手投篮为例）。

动作方法：右脚跨大步接球，第二步较小，并向前上方跳起，持球于胸前。投篮时，右手要充分向球篮举球，用手腕上挑动作，使球从拇指、食指和中指指端出手前旋入篮。行进间单脚起跳单手低手投篮主要在快速移动中，超越对手并接近篮下时运用（图6-1-22）。

（4）行进间单手肩上高手投篮（以右手投篮为例）。

动作方法：右脚向前跨出时接球，然后迅速上左脚起跳，右腿屈膝上抬，同时举球至

行进间单手
肩上高手投篮

头右侧。腾空后，上体稍后仰。当身体跳到最高点时，右手臂伸直，用手腕前屈和手指力量将球投出。行进间单手肩上投篮是比赛中广泛运用的一种投篮方法（图 6-1-23）。

图 6-1-22　行进间单脚起跳单手低手投篮

图 6-1-23　行进间单手肩上高手投篮

2. 投篮的练习方法

（1）原地投篮。

① 徒手投篮模仿练习。听信号持球、举球、投篮出手。

② 持球模仿练习。两人一组一球，相距一定距离，由近至远做投篮练习。

③ 正面定点投篮练习。一纵队近距离投篮，投篮后抢篮板球，将球传给后边的人继续投篮。

（2）行进间投篮。

① 行进间投篮的基本脚步动作练习。两人一组一球，一人托球，另一人在走动或慢跑中跨右脚同时拿球，然后跨左脚并起跳，做右手肩上投篮练习。

② 一纵队在与球篮呈 45° 的位置运球投篮。

（3）跳起投篮。

① 原地跳起投篮模仿练习。两人一组一球，相距一定距离，做原地跳起投篮练习。

② 运球急停跳起投篮练习。半场运球，到限制区附近，急停跳起投篮。

③ 移动接球急停跳投练习。两人一组，一人传球，一人做两点移动接球急停跳投。

（五）持球突破技术及练习方法

持球突破由蹬跨、转体探肩、放球、加速几个技术环节所组成。持球突破有同侧步持球突破和交叉步持球突破。

1. 持球突破技术

（1）持球顺步突破（以向右突破为例）。

动作方法：接球急停后，以左脚为中枢脚，用前脚掌向内侧蹬地，右脚向右前方跨出一步。上体左转，左肩前压，重心前移。在右脚落地前，右手在右脚侧前运球。右脚落地后，接着左脚向前跨出一步超越对手（图6-1-24）。向左突破动作相同，方向相反。

持球顺步突破

图6-1-24 持球顺步突破

（2）持球交叉步突破（以向右突破为例）。

动作方法：以右脚为轴，用左脚前脚掌内侧蹬地，向右移重心，左脚向右方跨一大步贴近对手。上体右转，左肩前压。右手在右前方运球，然后右脚蹬地，快速上前超越对手（图6-1-25）。向左突破动作相同，方向相反。

持球交叉步突破

图6-1-25 持球交叉步突破

2. 持球突破的练习方法

（1）无球的情况下练习突破。

① 徒手模仿突破的各种脚步动作。

② 原地持球前转身或后转身突破练习。

（2）有球的情况下持球突破。

① 原地持球突破。两人一球，相距1米左右相对站立，做原地同侧步或交叉步持球突破练习。

② 突破急停跳投练习。分成两组，分别在两个半场进行练习，将球传给站在罚球线上的队员，立即快速跑动上前接球急停后，做突破上篮练习。

（六）个人防守技术及练习方法

个人防守是全队防守的基础。个人防守有防守持球队员和防守无球队员两种。防守持球队员的方法有防传球、防运球、防投篮、抢球、打球、断球六种；防无球队员有防接球、防摆脱和防切入。

1. 个人防守技术

（1）防守持球队员。

① 防传球。首先，要选择正确的位置，判断好持球队员的意图，挥臂干扰，重点是不让对手把球传向内线区域；其次，当球成为死球时，应立刻逼近封其出手的路线；最后，当对手传球出手后，切忌看球不看人，要防止其摆脱切入。

② 防运球。防守持球队员的重点是防突破。一般采用双脚左右开立，两手向左右伸出摆动、屈膝、重心下降的方法，与持球人保持一步半距离，根据对手脚步移动采用左右滑步或后撤步堵截突破。

③ 防投篮。防守队员一般采用斜步防守贴近对手，约一臂距离，并举臂挥动，干扰进攻队员投篮，同时另一臂伸向侧方，防对手运突或传球。防投篮的关键是在对手投出手的瞬间，用手臂及时干扰或封盖。

④ 抢球。抢球首先要接近持球队员，在持球队员注意力分散、转身、由空中获球下落、运球停止的瞬间，看准持球的空隙部分，然后双手突然抓住球用力拉、转或拖从而将球抢到手中。动作要快、准、狠。

⑤ 打球。打球首先要接近持球队员，根据持球队员持球部位的高低和走势、运球时反弹的方向和速度、投篮举球到出手前的过程，分别由下向上或从侧面快速伸出前臂用腕、指的力量拍击球。动作要快而短促。

⑥ 断球。断球有横断球、纵断球和封断球三种。断球的关键是准确判断传球队员出手的意图，步伐合理、快速有力，手臂拦截动作迅速，用身体将接球对手挡在后面。获球后要注意维持好身体的平衡，迅速反守为攻。

（2）防守无球队员。

① 防接球。防守无球队员接球应站在对手和球之间并偏向有球一侧，同时伸出同侧手臂挡传向自己的球，另一只手臂要伸向对手可能切入的方向。

② 防摆脱。防摆脱有防进攻队员在后场的摆脱和防阵地摆脱。防进攻队员在后场的摆脱，要积极追防、注意传向自己对手的球，在近球侧的路线上准备堵截。在阵地防守进攻队员时，要及时运用各种步伐抢前防守，用手臂干扰其接球。

③ 防切入。防切入遵循"防人为主，人球兼顾"的原则。如果对手迎球方向切入，则主动堵前防守；对手背对球方向，则防其后。

2. 个人防守技术的练习方法

（1）选择防守位置练习。进攻队员在外围传球，可做摆脱接球动作，但不能穿插、掩护。防守队员根据球的位置做相应选位，积极防守摆脱接球。反复练习数次后，攻守交换。

（2）防守纵切练习。进攻队员传球后进行空切，防守队员及时向球侧调整防守位置，进行堵截。反复练习数次后，攻守交换。

（七）抢篮板球技术及练习方法

1. 抢篮板球技术

在篮球比赛中，抢到篮板球是获得控球权的重要手段。抢篮板球是由判断与抢位、起跳、空中抢球和获球后动作组成。进攻队员和防守队员抢篮板球要求不同。进攻队员要突出的是摆脱防守"冲"抢篮板球；防守队员突出的是将进攻队员"挡"在外侧。

2. 抢篮板球的练习方法

（1）前后转身抢位练习。两人一组，相距一步面对立。听到教练员的信号后，转身抢位。

（2）单、双人空中托球练习。个人或两人持球位于篮下站立，向篮板抛球或互抛球后跳起，用单手或双手托球碰篮板。

（3）一对一抢篮板球练习。两人一组一球，一人传球给对方，对方投篮后，两人抢篮板球。

三、篮球运动基本战术

（一）篮球战术位置及职责

篮球比赛战术位置通常分为中锋、前锋和后卫，又可细分为 5 种战术位置。

（1）控球后卫。主要负责将球从后场安全地带到前场，组织进攻。在得分能力方面，外线和切入是他的强项。

（2）得分后卫。得分是他的主要职责，主要通过找机会投外线得分。

（3）小前锋。小前锋通常能得分，而且通过投中远距离篮得分。

（4）大前锋。主要职责是抢篮板、防守、卡位。

（5）中锋。主要职责是抢篮板、防守、卡位、投篮、得分。

（二）进攻战术

进攻战术分为基础战术和全队进攻战术。

1. 基础进攻战术

基础进攻战术通常为两三人配合战术，常用的基础战术有以下四种：

（1）传切配合。传切配合是指利用传球和切入所组成的简单配合，它包括一传一切和空切两种。

（2）掩护配合。根据掩护时站位不同，掩护配合分为前掩护、侧掩护、后掩护三种。根据掩护者移动路线、方法和变化，有反掩护、假掩护、运球掩护、定位掩护、行进间掩护和连续掩护等。

（3）策应配合。策应配合在高大中锋运用较多。进攻队员背对或侧对球篮接球后，以他为枢纽，通过多种传球方式与外线队员的空切、绕切相结合，借以摆脱防守，创造各种进攻机会。

（4）突分配合。突分配合是指持球队员突破对手后，遇到对方的补防和协防时，及时将球传给进攻时机最佳的同伴进行进攻的方法。

2. 全队进攻战术

（1）快攻。在抢到后场篮板球、断球、掷界外球和跳球时，迅速短传或长传给前场同伴，赢得以多打少的局面。

（2）阵地进攻。根据半场人盯人防守战术的特点，合理运用各种传切、突分、掩护、策应等基础配合所组成的全队进攻战术。

（三）防守战术

1. 基本战术

基本防守通常为一人和两人配合防守战术，常用的基础防守战术有以下四种：

（1）盯人与交换盯人。在防守对手时，紧盯住对手；在对方掩护时，为破坏对方掩护而互换对手盯人。

（2）协防与夹击。主要用于对付篮下有威胁的高大对手，一般是附近的外线同伴缩回，形成二防一。

（3）一防二。防守队员站在两个进攻者之间，向持球队员做抢、截球假动作，逼对方失误；如已接近球篮时，防守队员要果断封锁投篮路线。

（4）围守中锋。围守中锋配合是指外围防守队员协同内线防守队员，共同围守对方中锋的配合方法。

2. 全队防守战术

常用的基本防守战术有半场人盯人和区域联防。

（1）半场人盯人。防守队员在半场区域内，各自负责盯住一个进攻队员的防守战术。它是由攻转守的重要防守战术。这种战术防守严密，但消耗的体能大。

（2）区域联防。每个队员分工负责协同配合防守一定的区域，随着球的转移而积极地调整自己的位置，形成一定的阵型，把每个防区的同伴有机地结合在一起所组成的全队防守战术。

四、篮球运动竞赛规则简介

（一）比赛场地与设备

1. 比赛场地

国际篮联举办的正式比赛球场长 28 米、宽 15 米，球场的丈量从界线内沿量起。

2. 设备

篮板横宽 1.80 米，竖高 1.05 米，篮板下沿距地面 2.90 米，篮圈水平面距地面 3.05 米。篮球的圆周不得小于 0.749 米，不得大于 0.78 米，重量在 567~650 克之间。

（二）比赛、暂停、替换

（1）每场篮球比赛由两支队伍参加，每队出场 5 名队员。比赛应由 4 节组成，每节 10 分钟，在第 1 节和第 2 节之间、第 3 节和第 4 节之间以及每一决胜期之前应有 2 分钟休息时间；半场的休息时间为 15 分钟。第 4 节时间终了时，如两队得分相等，则延续 5 分钟进行决胜期比赛，得分仍相等，再延续 5 分钟，直至分出胜负。

比赛中，除在 3 分投篮区投球中篮得 3 分外，其他位置投篮得 2 分，罚球中篮得 1 分。在比赛时间内，得分多的队获胜。

（2）暂停。上半时 2 次暂停，下半时 3 次暂停，第四节比赛计时钟显示 2：00 分钟或更少时，最多 2 次暂停。每次 1 分钟，每一决胜期准许暂停 1 次。

（3）替换。替补队员进场前应向记录员报告，并立即做好比赛的准备。

请求替换的时机：① 球成死球并停止比赛计时，以及裁判已结束与记录台联系时。② 最后一次罚球成功后，球成为死球时。③ 在第四节或每一次决胜期的比赛计时钟显示

2：00分钟或更少，投中篮得分时（对于非得分队）。

（三）违例及罚则

比赛中常见的违反规则有：带球走、非法运球、3秒违例、5秒违例、8秒违例、24秒违例、球回后场违例、干扰球等。出现违例时，均由对方掷界外球。

（四）犯规及罚则

（1）侵人犯规。侵人犯规是在球进入比赛状态、活球或死球时的队员犯规，含有对方队员的接触。

（2）队员技术犯规。技术犯规是没有身体接触的犯规。

（3）双方犯规。双方互为对方队员大约且同时相互发生同等级的情况。

（4）队员5次犯规。一个队员不论侵人犯规或技术犯规共达5次时，裁判员应通知其本人，他/她必须立即离开比赛，并且必须在30秒内被替换。

（5）全队4次犯规。比赛的每一节，一个队的队员侵人犯规、技术犯规、违反体育运动精神的犯规或取消比赛资格的罚规。已达4次时，该队处于全队犯规处罚状态。

（五）决胜期

下半时终了得分相等时，应延长5分钟作为决胜期继续比赛。必要时可延长数个同样的5分钟，直到分出胜负为止。在所有的决胜期中，球队应朝向第4节中相同的球篮继续比赛。每次决胜期前，给予2分钟休息时间和1次暂停机会。每次决胜期开始时，球权交替拥有，继续比赛，若第4节某队全队犯规已满4次并再出现犯规，则由对方执行两次罚球，该权力一直延续到决胜期。

>>> **知识窗** -

篮球运动的安全提示

（1）接球时，手指易挫伤。所以，接球动作要正确，并顺势收至腰腹前，避免手指挫伤。

（2）踝关节易扭伤。为防止扭伤，一要选择平整的场地打篮球；二是起跳后下落要有意识地维持身体平衡，避免踝关节扭伤。

（3）腰部易受伤。为防止腰部受伤，一要做好充分的准备活动；二要量力而行，运动时间不宜太长，运动强度不宜太大。

- <<<

第二节 排球运动   ⊙━━━━━━━━━━━━━━━━━━━━━━━━━

一、排球运动概述

（一）排球运动简介

1895年，威廉·摩根发明了排球运动。最初的排球运动人们称为"米诺奈特"即小网子运动。最初"米诺奈特"运动使用的是篮球内胆，经过反复试验后制成了与现代排球相似的用球。在哈尔斯戴特博士的建议下，将米诺奈特取名为"volleyball"（排球），并沿用至今。

排球运动伴随着美国的传教士、驻外军队传播到世界各地。由于排球运动传入世界各地时间不同，规则和参加人数也各不相同，呈现出世界排球运动多样化的局面。1905年，排球传入中国，经历了16人制、12人制、9人制、6人制的演变过程。

1947年，国际排球联合会成立。在1964年东京奥运会上，排球正式成为比赛项目。1965年和1973年又分别举办了男子、女子排球世界杯的比赛。1981—1986年，中国女排以全攻全守、快速反击的独特打法，连续五次获得世界冠军，极大地鼓舞了人们参与排球运动的热情。

排球运动以隔网对抗、组织形式多样等魅力吸引了各个年龄阶段的人，已经成为广大群众喜爱并积极参与的健身娱乐项目之一。而且，排球运动职业化对全世界高水平运动员具有强烈的吸引力，使排球的竞技化水平不断提高。

现代排球技战术体系及水平已达到了一个新的高度，形成了各种各样的技战术方法。现代排球运动具有以下特点：一是形式多样性和群众基础广泛性；二是集体对抗性强和安全性高；三是技术全面性和攻守平衡性。

排球运动具有很强的健身价值：① 排球运动的跳发球、扣球和拦网等技术动作多，可以提高弹跳能力。② 通过快速移动实现接发球、传球、扣球、拦网等技术动作，可提高速度素质。③ 30分钟以上的排球练习和比赛，可提高耐力素质。④ 通过前、后、左、右等不同方位的快速而准确的移动，可以提高灵敏素质。

女排精神

习近平总书记在会见获得2019年女排世界杯冠军的中国女排队员、教练员代表时指出："广大人民群众对中国女排的喜爱，不仅是因为你们夺得了冠军，更重要的是你们在赛场上展现了祖国至上、团结协作、顽强拼搏、永不言败的精神面貌。女排精神代表着一个时代的精神，喊出了为中华崛起而拼搏的时代最强音。""祖国至上、团结协作、顽强拼搏、永不严败"的女排精神不仅是中国体育精神的高度凝练，更是中华民族精神和时代精神的集中体现，是推动民族复兴的强大精神力量。

（二）国内外排球主要赛事简介

1. 国内排球赛事

国内排球赛事主要包括全国男子、女子排球联赛，全国男子、女子排球大奖赛，这两项赛事促进了排球运动在我国的发展。

（1）全国男子、女子排球联赛。

中国排球联赛如今是职业化比赛。1996年4月，原国家体委在天津召开了全国排球竞赛工作会议，中国排球协会推出了主客场制和跨年度的双循环赛制改革。我国排球联赛于1998—1999年赛季开始采用了"每球得分制"，这在当时属于首创，因此受到了国际的赞赏和关注，促进了1999年世界男排锦标赛采用"每球得分制"。

（2）全国男子、女子排球大奖赛。2004年，中国排球协会首次推出了全国男子排球大奖赛和全国女子排球大奖赛，比赛的冠军、亚军、季军将分别获得 20 万元、10 万元和 8 万元奖金。只有在上个赛季获得全国联赛前八名的排球队才拥有参赛资格。各参赛队转会将不受人数、时间和国籍的限制。

2. 国际排球赛事

国际排联的主要赛事有世界排球锦标赛和奥运会排球赛。

（1）世界排球锦标赛。世界排球锦标赛是由国际排球联合会主办的国际排球比赛，是最早的、规模最大的世界性排球比赛，每 4 年举行一届，原与奥运会同年举行，1962 年起改在奥运会后第 2 年举行（第 5 届世界女子排球锦标赛除外）。冠军获得者可直接参加下届奥运会。第一届世界排球锦标赛始于 1949 年，最初只有男子比赛，女子比赛始于 1952 年。比赛并无参赛队伍数量的限制，从 1986 年开始，国际排联规定只允许 16 支队伍参加世锦赛。具体参赛资格为上一届比赛获得第 1 名到第 7 名的 7 支球队，举办国 1 支队，五大洲锦标赛 5 个冠军队，最后资格预定赛（巡回优胜杯）的前 3 支队伍，共 16 支参赛队伍。

（2）奥运会排球比赛。1964 年，在日本东京第 18 届奥运会上，排球正式成为奥运会比赛项目。自 1964 年东京奥运会至 2008 年第 29 届北京奥运会，奥运会排球比赛共举行了 12 次。1984 年，袁伟民率领中国女排首次参加美国洛杉矶奥运会。中国女排姑娘在小组赛里 1 : 3 不敌东道主美国队，在决赛中回敬对方一个 3 : 0，获得第一个奥运会排球冠军。2004 年，陈忠和率领中国女排赢得第二个奥运会排球冠军。

>>> **知识窗** -

排球的种类

除了硬式排球、沙滩排球、软式排球外，还有 7 种排球，它们分别是适合于中青年妈妈打的妈妈排球，适合小学生打的小排球，利用墙的反弹打的墙排球，雪地排球，专为双下肢残疾的人设计的坐式排球，专为单下肢残疾的人设计的站式排球，球中装有响铃的盲人排球。

- <<<

二、排球基本技术

排球技术是运动员在比赛中，运用符合排球规则规定的移动及攻防动作的总称。排球基本技术可分为无球技术和有球技术两大类。无球技术包括准备姿势、移动、起跳、倒地及各种掩护动作。有球技术包括垫球、传球、发球、扣球、拦网。

（一）无球技术及练习方法

1. 准备姿势

准备姿势分为稍蹲准备姿势、半蹲准备姿势、低蹲准备姿势，这三种准备姿势的技术要领相似，主要区别在于身体重心的高低，依次为身体重心高、中、低。稍蹲准备姿势一般用于对方正在组织进攻和我方运动员助跑扣球时；半蹲准备姿势一般用于接发球、拦网和传球；低蹲准备姿势用于防守和保护动作。

动作方法：两脚左右或前后开立比肩稍宽；屈膝，脚尖朝前或稍内扣，身体重心落在前脚掌上；两臂自然弯曲于腹前；全身适当放松，处于灵活的平衡状态。

2. 移动

常用的移动步法有并步、滑步、交叉步、跑步、跨步和跨跳步等。

并步、滑步：移动时，脚向移动方跨出一步，另一脚迅速蹬地并上成准备姿势为并步。当球距身体一步左右时采用并步移动。当来球稍远，可重复连续并步。连续并步称为滑步，主要用于左右移动。

交叉步：采用向右侧交叉步时，上体稍右倾，左脚从右脚前面交叉迈出一步，然后右脚向右跨出一大步，同时身体转向来球方向，保持击球前的姿势。当来球在体侧 3 米左右时，可采用交叉步移动。

跑步：采用跑步时，两臂要配合摆动。球离身体较远时采用跑步。

跨步：采用跨步移动时，如向前移动，则后脚用力蹬地，前脚向前跨出一大步，身体重心移至前脚上。当来球较低，离身体 2 米左右时，可以采用跨步移动。

后退步：当击球者预判来球将会落在离自己的后方、侧后方两三步时，两脚依次迅速后退，重心后移，采用后退步。

3. 准备姿势和移动的练习方法

（1）根据教师或同伴手势，向前、后、左、右等各方位做各种移动步法徒手练习。

（2）在排球场，徒手做五米三向折回跑。

（3）两人一组并结合球，分别做并步、滑步、交叉步、跑步、跨步、后退步的练习。

（二）有球技术及练习方法

1. 垫球技术及练习方法

（1）垫球技术。

① 垫球手形。垫球常用手型有包拳法和叠指法两种。包拳法是两手抱拳互握，两拇指平行朝前（图 6-2-1）；叠指法是两手手指上下相叠，掌根紧靠，合掌互握，两拇指朝前（图 6-2-2）。

 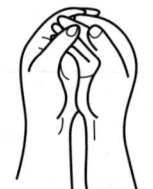

图 6-2-1　包拳法　　　　图 6-2-2　叠指法

② 正面双手垫球。

动作方法：总结为三个字，即插、夹、提。插要两臂前伸，插到球下；夹要两臂夹紧，前臂击球，同时压腕；提要蹬腿提肩抬臂，重心跟球上前（图 6-2-3）。

正面双手
垫球

图 6-2-3　正面双手垫球

③ 体侧垫球。

动作方法：以左侧来球为例，左脚向左跨出一步，同时两臂夹紧向左侧伸出，击球瞬间向右蹬地转腰（图6-2-4）。

图 6-2-4　体侧垫球

④ 单手垫球。

动作方法：以右手垫球为例，当球飞向右侧远处时，迅速跑步接近球；最后右脚跨出一大步，伸右臂，用右手虎口或掌根击球（图6-2-5）。

图 6-2-5　单手垫球

（2）垫球的练习方法。

① 两人一组，一人持球，一人做垫击固定球练习。

② 两人一组，一人抛球，一人垫击抛来的球。

③ 对墙连续自垫球练习，离墙距离由近到远。

④ 两人一组对垫球。

2. 传球技术及练习方法

传球技术有正面双手传球、侧面双手传球、背传、侧传、跳传和单手传球等。

（1）传球技术。

① 传球手形。

动作方法：双手手指自然弯曲呈瓢状，两手的拇指、食指组呈"△"形（图6-2-6）。传球时用拇指的内侧，食指的全部，中指的第二、三指节触球（图6-2-7），无名指或小指在球的两侧辅助控制球的方向。两肘适当分开，以保证正确的手形。

图 6-2-6　传球手形Ⅰ　　　　　图 6-2-7　传球手形Ⅱ

② 正面双手传球。

动作方法：两脚左右开立，两手置于脸前，十指张开呈半球形。当来球接近额前时，蹬地、伸膝、伸臂，两手微张，向前上方迎球（图6-2-8）。击球点保持在额前上方约一球距离处，击球部位一般在球的后下方；依靠伸臂、蹬地的力量将球传出。

图 6-2-8　正面双手传球

③ 侧面双手传球。

动作方法：身体侧对传球目标，传球时依靠身体及手臂向侧方用力将球传出，其中异侧臂伸展、用力幅度更大。

④ 背向传球。

动作方法：背对传球目标，上体稍后仰；在额前上方触球，手腕后仰，击球点在球的底部；用蹬腿、展腹、抬臂的力量将球传出（图 6-2-9）。

图 6-2-9　背向传球

（2）传球的练习方法。

① 连续自传，传球高度不低于 50 厘米。

② 距墙 50 厘米，对墙连续传球。

③ 两人一组，相距 3~4 米，传对方抛到额前的球。

④ 两人一组，相距 3~4 米，对传。

⑤ 在 3 号位向 4 号位、2 号位传顺网球。

3. 发球技术及练习方法

（1）发球技术。

① 正面下手发球（以右手发球为例）。

动作方法：面对球网，两脚开立；左手抛球，同时右臂后摆；右臂伸直，以肩为轴，向前摆到腹前以虎口、掌根或手掌击球的后下部（图 6-2-10）。这个方法适合初学者。

图 6-2-10　正面下手发球

② 侧面下手发球（以右手发球为例）。

动作方法：侧对球网，两脚开立；左手将球抛起，距身体约一臂；右臂伸直由后向前摆到腹前以虎口、掌根或手掌击球的后下部（图 6-2-11）。这个方法适合力量较小的女生。

图 6-2-11　侧面下手发球

侧面下手
发球

③ 正面上手发球（以右手发球为例）。

动作方法：面对球网，两脚前后开立；左手抛球至右肩上方；右臂屈肘后引，上体稍向右转，身体重心移至右脚；迅速挥右臂，用全掌击球的下中部（图 6-2-12）。

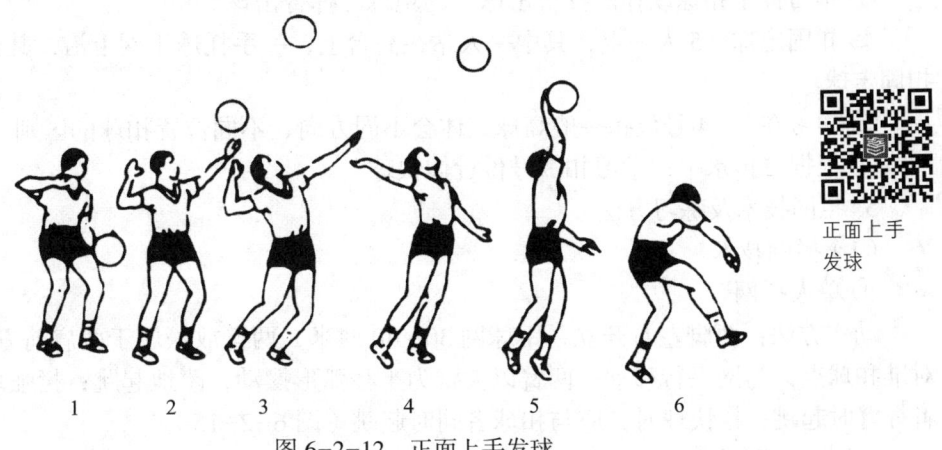

图 6-2-12　正面上手发球

正面上手
发球

（2）发球的练习方法。

① 击固定球。注意选择好站立位置和击球点。

② 对墙发球。

③ 距离球网 3~4 米发球。

④ 发球区发球。

4. 扣球技术及练习方法

（1）扣球技术。

① 正面扣球（以右手为例）。

动作方法：两步或三步助跑；双脚起跳；挺胸展腹，身体呈反弓形；右臂以肩带肘、腕成鞭甩动作，向前上方挥动并迅速转体；击球时，以全掌包满球，击球的后中部；击球点在右肩的前上方；落地时，以前脚掌先着地过渡到全脚掌（图 6-2-13）。

正面扣球

图 6-2-13　正面扣球

② 近体快球。

动作方法：扣球队员随一传的球同时助跑到网前；二传队员将球传至体前或体侧约 50 厘米处，扣球队员助跑的角度与网呈 45° 左右；当二传队员传球时，扣球队员在二传队员体前近网处迅速起跳、快速挥臂，将刚传出网口的球扣过网（图 6-2-14）。

（2）扣球的练习方法。

① 学习徒手扣球动作。挥臂击球，助跑练习挥臂击球。

② 扣固定球。5 人一组，其中一人站在高台上，一手托球于网上沿，其他人助跑起跳扣固定球。

③ 学习在 2、4 号位扣一般高球，体会不同方向、不同位置扣球的区别。

④ 根据二传水平，学习扣 3 号位近体快球。

5. 拦网技术及练习方法

（1）拦网技术。

① 单人拦网。

动作方法：两脚左右开立，距球网 30~40 厘米，两臂放松屈于两肩前方，眼注视球；对准扣球点，与网平行移动；两臂以大臂为半径弧形摆动，蹬地起跳；拦强攻时，在扣球者挥臂时起跳；拦快球时，应与扣球者同时起跳（图 6-2-15）。

拦网时，两手距离以不漏球为宜；当手触球时，五指张开并紧张，手腕用力下压，盖住球的前上方（图6-2-16）。落地时屈膝缓冲，并做好连接下一个动作的准备姿势。

图6-2-14　近体快球扣球

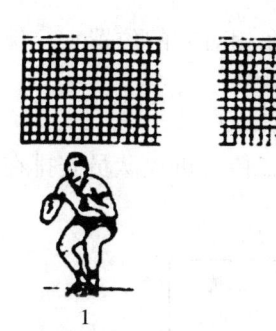

图6-2-15　单人拦网起跳动作

图6-2-16　单人拦网网上动作

② 集体拦网。

双人拦网：双人拦网以2、3号位队员或3、4号位队员组成。拦网以离攻手最近的拦网队员为主。如果球集中在3号位附近，则3号位为主拦网，其他2号位（或4号位）队员配合拦网（图6-2-17）。

三人拦网：以3号位队员为主，两边队员主动配合拦网。多在对方进行高点强攻的情况下运用（图6-2-18）。

（2）拦网的练习方法。

① 做原地拦网的徒手练习。

② 做原地起跳的徒手练习。

③ 一人向网口抛球，一人拦网，掌握起跳时间。

④ 完整拦网技术练习。

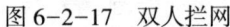

图 6-2-17　双人拦网　　　　　　　图 6-2-18　三人拦网

⑤ 双人拦网的配合。

⑥ 三人拦网的配合。

三、排球运动基本战术

排球运动战术是指运动员在比赛中根据临场情况的变化和发展灵活运用合理技术，并按照一定的形式，组织的有目的的、有针对性的集体配合行动。

（一）阵容配备

1."四二"配备

将四名进攻队员（两名主攻和两名副攻）、两名二传队员安排在相对应的位置上，保证每一个轮次都有一名二传、一名主攻和一名副攻（图 6-2-19）。

2."五一"配备

由五名进攻队员和一名二传组成的上场阵容，二传与担任接应二传的进攻队员安排在对角位置（图 6-2-20）。

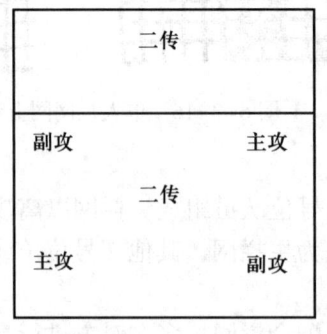
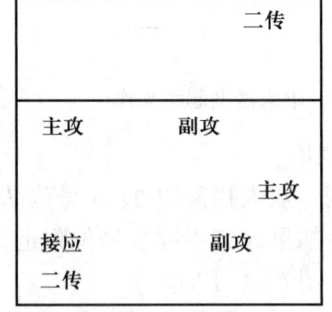

图 6-2-19　"四二"配备　　　　　　图 6-2-20　"五一"配备

（二）进攻战术

1."中一二"进攻战术

"中一二"进攻战术的基本配合方法是由前排 3 号位队员担任二传，其他五名队员都将球传（垫）给 3 号位队员，再由 3 号位队员传给 2 或 4 号位队员进攻，这种进攻配合方法称为"中一二"进攻战术。它是进攻战术中最基础、最简单的一种进攻战术形式。

2．"边一二"进攻战术

"边一二"进攻战术的基本配合方法是：由前排 2 或 4 号位队员担任二传，其他五名队员都将球传（垫）给 2 或 4 号位队员，再由 2 或 4 号位队员传给 3、4（2）号位队员进攻，这种进攻配合方法称为"边一二"进攻战术。这种进攻战术具有变化多、应用广的特点，快球、掩护、拉开球都可以采用。

3．"后排插上"进攻战术

"后排插上"进攻战术是由后排任一队员插上担任二传，前排三名队员都参与进攻的战术。这种进攻战术具有进攻性强、打法快速多变的特点。

（三）防守战术

1．接发球阵型

（1）五人接发球阵型。

①"W"站位阵型，也称"一三二"站位。五名队员分布均衡，前排三名队员接前场区的球，后排两名队员接后场区的球。

②"M"站位阵型，也称"一二一二"站位，前面两名队员接前区球，中间队员负责接中区球，后面队员负责接后区球。

（2）四人接发球阵型。

①"浅盆"型站位阵型。"浅盆"型站位阵型，主要是接对方落在靠后或速度平快的发球。

②"深盆"型站位阵型。"深盆"型站位阵型，主要是接对方下沉飘球及长距离飘球。

2．接扣球防守阵型

（1）单人拦网时的防守阵型。

① 与对方扣球队员相对应位置队员拦网的防守阵型。

② 固定 3 号位队员拦网的防守阵型。

（2）双人拦网时的防守阵型及其变化。

①"边跟进"防守阵型。在对方进攻能力比较强、战术变化多、吊球少时采用该阵型，主要由后排的 1、5 号位队员跟进。

②"心跟进"防守阵型，也称为"6 号位跟进"防守。当对方经常运用打吊结合，而本方拦网能力较强时可采用 6 号位队员跟进的防吊球及接应落入中场的球。

（四）排球战术练习方法

1．排球进攻战术练习方法

（1）"中一二"进攻阵型练习。教师在 6 号位抛球，3 号位队员将来球分别传给 2、4 号位队员进攻。

（2）"边一二"进攻阵型练习。教师在 6 号位抛球，二传在 2 或 4 号位分别将来球传给 3、4 或 2 号位队员进攻。

（3）"后排插上"进攻阵型练习。教师在 2 号位抛球，二传在 5 或 6 号位分别将来球传给 2、3、4 号位队员进攻。

（4）结合接发球进行"中一二""边一二"和"后排插上"的进攻战术练习。

（5）结合比赛进行"中一二""边一二"和"后排插上"的进攻战术练习。

2. 排球防守战术练习方法

（1）接发球防守及其阵型的练习方法。教师抛球，结合五人或四人接发球阵型练习；教师于发球区发球，结合五人或四人接发球阵型练习。

（2）接扣球防守阵型的练习方法。

① 单人拦网练习。教师站在高台上隔网扣球，其中一名前排队员上前拦网。

② 双人拦网练习。教师站在高台上隔网扣球，其中两名离教练员最近的前排队员上前拦网。

四、排球比赛基本规则

（一）排球比赛场地与器材

1. 比赛场地

排球比赛场地包括比赛场区和无障碍区。比赛场区为长 18 米、宽 9 米的长方形，其四周至少有 3 米宽呈长方形对称的无障碍区，从地面量起至少有 7 米的无障碍空间。国际比赛的场区边线外的障碍区至少有 5 米，端线后至少有 9 米，上空的无障碍空间至少有 12.5 米，端线外的无障碍区的宽度应为 6.5 米。

2. 比赛场地的区域

（1）比赛场区。由中线的中心线分为长 9 米、宽 9 米的两个相等的场区。每个场区各划一条距离中线中心线 3 米的进攻线（其宽度包括在内）。中心线与进攻线之间为前场区。

（2）换人区。两条进攻线的延长线之间，记录台一侧边线外的范围为换人区。

（3）发球区。在两边的端线外，两条边线的延长线上，各划两条长 15 厘米，垂直并距离端线 20 厘米的短线，两条短线之间为发球区。发球区的深度延至无障碍区的终端。

3. 比赛场地的要求

（1）地面。场地的地面必须是平坦、水平的，不得有任何可能伤害队员的隐患，不得用任何坚硬的物体作为场地的界线，不得在粗糙、湿滑的场地上进行比赛。世界性比赛的场地地面只能是木质或合成材料的。

（2）界线。场地所有的界线宽均为 5 厘米，其宽度包括在各个场区内。

（3）球网和球柱。成年男子网高 2.43 米，女子网高 2.24 米；少年比赛男子网高 2.35 米，女子网高 2.15 米。网柱为两根高 2.55 米的光滑圆柱，固定在边线外 0.5~1 米处，周围的一切障碍物及危险设施必须清除。

（4）标志杆。两根有韧性的杆子，长 1.8 米，直径 10 毫米，分别设在标志带外沿球网的两侧，高出球网 80 厘米，高出部分每隔 10 厘米涂有明显对比的颜色，最好为红白相间。标志杆被认为是球网的一部分，并视为过网区的边界。

4. 球

比赛用球的颜色可为一色的浅色或国际排联批准的多色球，球周长 65~67 厘米，重量为 260~280 克，气压为 0.30~0.325 千克 / 厘米^2。

（二）非技术性规定

1. 队员的替换

每一局每队最多可替换六人次，一名队员离开比赛场地，而由另一名队员上场占据他的位置为一人次替换。在一次换人中可以同时替换一人或多人。

2. 比赛间断

正常的比赛间断为暂停和换人。在比赛成死球时，裁判员鸣哨发球前，教练员或场上队长用相应的手势请求间断。一次暂停的时间为 30 秒，但在世界比赛中，采用技术暂停的方法，即比赛中，当比分至 5 分和 10 分时，便为技术暂停，时间为 1 分钟。在一局中，球队还有一次暂停的机会，时间为 30 秒。

（三）技术性规定

1. 发球犯规与判罚

（1）发球击球时的犯规。

① 发球次序错误：某队未按照记分表上所登记的发球次序发球为发球次序错误。

② 发球区外发球：队员发球击球时或跳起发球起跳时，踏及场区或发球区外地面为发球区外发球犯规。

③ 发球击球时，球未抛起或持球手未撤离。

④ 发球 8 秒：第一裁判员鸣哨发球后 8 秒之内，发球队员未将球击出，为发球 8 秒犯规。

（2）发球击球后的犯规。

① 发出的球触及发球队队员和未能通过球网垂直面。由第一裁判员判定，判犯规队失一分。

② 界外球：球的落点完全在场区界线以外的地面上；球触及场外物体、天花板或非比赛成员等；球触及标志杆、网绳、网柱或球网标志杆以外部分；发球时，球的整体或部分从过网区以外过网。以上四种情况判定为界外球。

③ 发球掩护：任何一名或两名发球队的队员，以挥臂、跳跃或左右晃动等动作妨碍对方接发球，而且发出的球从他们的上空飞过，则构成发球掩护。

（3）位置错误。发球击球瞬间，双方任何一名队员不在规则规定的位置上，则构成位置错误犯规，判断位置错误必须明确以下几点：

① 位置错误犯规只在发球击球瞬间才有可能造成，发球击球前、后两队队员可在本场区任意移动或交换位置，不受任何限制。

② 队员的场上位置应根据脚的着地部位来确定。

（4）击球时的犯规。

① 连击：一名队员连续击球两次或球连续触及身体的不同部位为连击犯规（拦网一次除外）。

② 持球：没有将球击出，而造成接住或抛出球，则判为持球犯规。

③ 四次击球：一个队连续触球四次（拦网一次除外）为四次击球犯规。

④ 借助击球：队员在比赛场地以内借助同伴或任何物体的支持进行击球，为借助击球犯规。

2. 队员在球网附近的犯规

（1）过网击球。对方进行进攻性击球前或击球时，在对方空间触及球或对方队员为过网击球犯规。判断过网击球犯规的依据是击球点是否在对方场区空间。

（2）过中线。比赛进行中，队员整个脚、整个手或身体其他任何部分越过中线并接触对方场区时，为过中线犯规。判断时必须注意区分以下情况：如果队员一只或两只脚、一只手或双手越过中线触及对方场区的同时，其余部分还接触中线或置于中线上空是允许的，不判定为犯规。

（3）触网。比赛进行中，进攻队员触网带视为犯规。在不妨碍对方队员进攻情况下，触网不算犯规。

3. 拦网犯规

（1）过网拦网。在对方进攻性击球前或击球时，在对方空间拦网触球为过网拦网犯规。

（2）后排队员拦网。后排队员靠近球网，将手伸向高于球网处阻拦对方来球并触及球，为后排队员拦网犯规。判断后排队员拦网犯规必须同时具备以下三个条件：第一，后排队员在靠近球网处；第二，手在高于球网上沿处阻拦对方来球；第三，手触及球。

（3）拦发球。拦住对方发过来的球为拦发球犯规。不论拦起、拦死，只要触球即为犯规。

（4）从标志杆外伸入对方空间拦网并触球为犯规。

4. 进攻性击球犯规

（1）后排队员进攻性击球犯规。后排队员在前场区内，或踏及进攻线或其延长线，触碰整体高于球网上沿水平面的球，并使球的整体由过网区通过球网垂直面或触及对方拦网队员，则为后排队员进攻性击球犯规。

（2）在前场区对发过来的且整体高于球网的球，完成进攻性击球（如扣发球、吊发球等）为犯规。但在后场区起跳，击球后仍在后场区落地不犯规。

5. 暂停与换人犯规处理

（1）超过规定次数请求自由暂停。规则规定，第1~4局，每局有两次技术暂停，各为1分钟，每当领先队达到8分或16分时自动执行。每个比赛队每局还有一次机会请求30秒的普通暂停。第五局中各队有两次请求30秒的普通暂停。如超过规定次数请求普通暂停属不符合规定的请求间断，应给予拒绝。若同一局中再次提出不符合规定的暂停请求，要给予"延误警告"的判罚，第一裁判员出示黄牌。同一场比赛中若某队再次延误比赛，则给予"延误判罚"，第一裁判员出示红牌，判犯规队失一分。

（2）超过规定次数请求换人。每局比赛中，每队最多允许请求6人次换人。一名队员上场、一名队员下场为一人次换人。某队超过规定次数请求七人次换人属不符合规定的请求间断，应予拒绝，再犯给予"延误警告"。

（3）不合法换人。每局比赛中，主力队员可以换下场或再次上场，但再上场时只能换原来替换他的替补队员；替补队员只可以替换主力队员上场比赛一次，再由该主力队员替换他下场。凡不符合上述规定的替换为不合法替换。某队请求不合法替换应给予"延误警告"。

（4）换人延误时间和拖延暂停时间。判该队延误时间，给予"延误警告"，再犯给予"延误判罚"，并判犯规队失一分。

6. 胜一分、胜一局和胜一场

（1）比赛采用每球得分制，胜一球即胜一分。

（2）比赛前四局以先得25分，并超出对方两分为胜一局。当比分为24∶24时，比赛继续进行，直至某队领先2分为胜一局，如26∶24或27∶25。决胜局以先得15分，并超出对方两分为胜。

（3）正式比赛采用五局三胜制，最多比赛五局，先胜三局为胜一场。

>>> **知识窗** -
排球运动的安全提示

（1）防止手指挫伤。要做好充分的准备活动，拉伸手指的韧带；传球技术动作正确，大拇指不要朝前，避免手指挫伤。

（2）防止脚或腰易扭伤。要做好充分的准备活动，拉伸踝关节、腰背部周围的韧带；扣球过程中，脚下无球，避免脚和腰扭伤。

（3）防止腿拉伤。要做好充分的准备活动，拉伸腿部的韧带，避免拉伤。

- <<<

第三节　足球运动

一、足球运动概述

（一）足球运动的起源与发展概况

足球起源于中国，我国早在战国时代就有古代足球运动，古代称之为"蹴鞠"或"踏鞠"，"蹴鞠"运动至唐宋时期最盛。现代足球起源于英国，1863年10月26日，英国人在伦敦成立了世界上第一个足球运动组织——英格兰足球协会，并统一了足球规则。

1900年，足球被正式列为奥运会的比赛项目。1904年5月21日，在巴黎成立了国际足球联合会（FIFA）。截至目前，足球会员国和地区已达200多个，成为世界上最大的单项体育组织。

现代足球运动是在19世纪中期传入我国并逐渐发展起来的。1955年，中国足球协会成立，举办了全国足球甲乙级联赛，足球运动技术水平得到迅速提高。1994年起开始实行以俱乐部为主的全国甲级A组联赛，并确立新赛制。2001年10月7日，通过全体足球工作者的共同努力，终于取得了2002年韩日世界杯的参赛资格，实现了几代人的夙愿。我国足球在发展过程中几经波折，运动水平还比较落后，但我国也在不断向前摸索足球的发展之路。

铿锵玫瑰——中国女子足球队

有着"铿锵玫瑰"美誉的中国女子足球队，曾在20世纪90年代创造过辉煌。她们在奥运会和世界杯上都打进过决赛，创造了一个属于中国女足的时代。中国女足一路走来充满坎坷和艰辛，但她们用自己的实际行动完美诠释了"铿锵玫瑰"的精神。在中国女足身上，我们看到了中国足球人的精神，这是一种永不言败、无私奉献、团结协作、敢于拼搏的精神。中国女足的这种精神，也是"为国争光、无私奉献、科学求实、遵纪守法、团结协作、顽强拼搏"中华体育精神的最好诠释，更是中华民族精神和时代精神的集中体现。

（二）足球运动的特点及锻炼价值

1. 足球运动的特点

（1）比赛人数多，场地大，时间长，体力消耗大，一场比赛能量消耗很大，体重下降 3~4 千克。

（2）技战术复杂多样，拼抢凶狠，对抗激烈。足球比赛是在不停地快速奔跑中来完成复杂的技术动作和战术配合，而且为了把球踢入对方球门，双方力争控球权，在规则允许的范围内，进行激烈而合理的拼抢和身体对抗。

（3）设备简单，易于开展，参与的适应性很强。除正规比赛外，参与者只需有一块空场和球便可以进行颠球、传球、抢球或者足球比赛，活动量可大可小，并且对身体条件没有特殊要求，男女均可参加活动。

（4）足球比赛具有较高的观赏性。一场高水平的比赛，胜负难料，变化莫测，对抗激烈，因此极具观赏性。不同国家和地区的队员，他们的比赛风格也有所不同。

2. 足球运动的锻炼价值

（1）增强体质，增进健康。足球运动能促进人体的骨骼和肌肉组织发育，有效提高人体各系统的功能，增强人体抵抗疾病和适应外界环境的能力，从而提高学习和工作效率。

（2）培养品德，陶冶情操。足球比赛是一个集体项目，因此要求每个队员不仅具有团结合作、顾全大局、尊重裁判、胜不骄败不馁的良好思想品德，而且还要有勇敢、顽强、拼搏的敬业精神。

（3）振奋精神，增进友谊。足球运动能激发人们的爱国热情，振奋民族精神，培养社会公德；增进人与人之间、队员与观众之间的感情交流，以及不同国家、不同民族之间的友谊；激励参与者的荣誉感、责任心、集体观念、民族意识和奋发向上的进取精神。

（三）国内外足球主要赛事简介

1. 国内赛事简介

（1）中国足球超级联赛。中国足球协会超级联赛（Chinese Super League，英文缩写为 CSL）是由中国足球协会组织的，中国最优秀的职业足球俱乐部参加的全国最高水平的足球职业联赛，仿照英格兰足球超级联赛，简称中超联赛。该联赛开始于 2004 年，前身为中国足球甲级 A 组联赛。第一届有 12 支球队参加，前两届暂停降级制度，2006 年恢复升降级制度。

（2）中国足球甲级联赛。中国足球甲级联赛是由中国足球协会组织的，由国内职业足球俱乐部参加的全国次高水平的足球职业联赛，简称中甲联赛。该联赛开始于 2004 年，前身为原中国足球甲级 B 组联赛。第一届有 17 支球队参加，原则上实行升 2 降 2 的升降级制度。

2. 国外足球赛事简介

（1）世界杯足球赛。1904 年，国际足联成立。国际足联第三任主席米尔·里梅是世界杯足球赛的创始人。1930 年，在乌拉圭举办了第一届世界杯足球赛，以后每四年举行一届。世界杯赛程分为预选赛阶段和决赛阶段两个阶段。世界杯预选赛阶段分别在欧洲、南美洲、亚洲、非洲、北美洲和大洋洲 6 个赛区进行。世界杯决赛阶段的名额目前是 32 个，决赛阶段主办国可以直接获得决赛阶段名额。决赛阶段 32 支球队通过抽签被分成 8 个小组，每个小组 4 支球队，进行分组积分赛。各个小组的前两名共 16 支球队将获得出线资格，然后进行单淘汰赛，直至决出冠军。

（2）奥运会足球赛。奥运会足球比赛始于 1900 年法国巴黎奥运会。1908 年，在英国伦敦奥运会上成为正式比赛项目。国际足联为了对职业足球运动员参加奥运会进行一些限制，1984 年开始规定欧洲和南美洲参加过世界杯决赛的球员不得参加奥运会足球赛；1988 年国际足联在此基础上又做了调整：奥运会足球运动员年龄限制在 23 岁以下，每队允许有 3 名超龄球员参加。

（3）世界女子足球锦标赛。1988 年 6 月，国际足联在中国广州市举办了一届试验性国际女子足球锦标赛。中国队在 12 支参赛队中列第四。1991 年 11 月，第一届世界女子足球锦标赛在中国广东举行，共有 12 支队参赛。美国队、挪威队、瑞典队分别获得前三名，中国队获得第五名。世界女子足球锦标赛同男子比赛一样，每四年举行一次，进入决赛的 16 支队伍必须从各大洲预选赛中产生。

二、足球技术

（一）踢球技术及练习方法

1. 踢球技术

踢球主要用于传球和射门。踢球动作按脚击球的部位可分为脚内侧、脚背正面、脚背内侧、脚背外侧、脚尖和脚跟踢球等几种方法。

（1）脚内侧踢球。

动作方法：踢定位球时，直线助跑；支撑脚在球侧后方 10~15 厘米处，支撑脚脚尖正对击球方向；踢球腿以髋关节为轴，由后向前摆动，脚踝外展，脚尖稍翘；脚内侧部位对准来球（图 6-3-1）。脚内侧踢球是短距离传球和射门常用的脚法。

脚内侧踢球

图 6-3-1　脚内侧踢球

（2）脚背正面踢球。

动作方法：踢定位球时，直线助跑；支撑脚在球侧后方 25 厘米左右处，脚尖正对出球方向；踢球脚背绷直，击球的后下部。踢地滚球时，脚趾对准出球方向（图 6-3-2）。脚背面踢球适用于远距离的传球或大力射门。

（3）脚背内侧踢球。

动作方法：踢定位球时，斜线助跑，助跑方向和出球方向约成 45°；支撑脚在球侧后方 25 厘米左右，脚尖正对出球方向；用脚背内侧踢球的后下方。踢球时脚背要绷直，脚趾紧扣，脚尖指向斜下方（图 6-3-3）。踢地滚球时，助跑最后一步略带跨跳动作；支撑

图 6-3-2　脚背正面踢球

脚背内侧
踢球

图 6-3-3　脚背内侧踢球

脚的脚趾和膝关节尽可能转向出球方向；击球点应在球的侧前部，并利用腰的扭转协助完成摆踢动作。脚背内侧踢球是中远距离射门或传球常用的脚法。

2. 踢球练习方法

（1）脚背内侧踢球。

① 两人一组相距 5~10 米，面对面踢球。

② 对墙踢球。开始时距墙 5~10 米，踢球力量小些，然后逐渐加长距离，加大踢球力量。

（2）脚内侧踢球。

① 向前跨一步，做踢球模仿练习。

② 两人一组，一人脚踩球，另一人做向前跨一步、慢速助跑踢球练习。

③ 两人相距 15 米，面对面做踢准练习。

3. 脚背正面踢球练习方法

① 双手将球抛起，球落至脚背上方时，用脚背将球向上踢起，体会脚背击球动作。

② 两人一组，一人自抛球后，用正脚背将球踢给对方，对方接球后用同样的方法将球踢回。

脚内侧接球

（二）接球技术及练习方法

接球常用的方法有脚内侧接球、脚底接球、胸部接球、脚背外侧接球、脚背正面接球、腹部接球和大腿接球等。

1. 接球技术

（1）脚内侧接球。

动作方法：停地滚球时，接球腿屈膝外转并前迎，脚尖稍翘起；在脚与球接触前的一刹那后撤并用脚内侧接触球，缓冲来球力量，把球控制在衔接下一个动作所需要的位置上（图 6-3-4）。

图 6-3-4　脚内侧接球

停反弹球时，支撑脚踏在球落点的侧前方；接球腿提起，踝关节放松，脚内侧对准来球的反弹路线；当球落地反弹刚离地面时，用脚内侧接球的中上部（图6-3-5）。

停空中球时，接球脚抬起前迎，脚内侧对准来球路线，在脚与球接触前的刹那后撤。在后撤过程中用脚内侧触球，缓冲来球力量，把球控制在下一个动作所需的位置上。（图6-3-6）脚内侧接球技术多用来停地滚球、反弹球和空中球。

图6-3-5　停反弹球

图6-3-6　停空中球

（2）脚掌接球。

动作方法：停地滚球时，支撑脚站在球的侧后方；接球脚提起，脚尖翘起高过脚跟；用前脚掌触球的中上部。停反弹球时，支撑脚踏在球落点的侧后方；在球着地的一刹那，用前脚掌对准球的反弹路线，触球的后上部（图6-3-7）。

脚掌接球

（3）胸部接球。

动作方法：面对来球，两脚开立，两臂自然张开，下巴内收；接球时，蹬地挺胸，上体后仰；将球向前上方弹起并落于体前；如果来球比较低平，则收腹含胸，将球向下挡压（图6-3-8）。胸部接球技术多用于停高球和平直球。

胸部接球

图6-3-7　脚掌接球

图6-3-8　胸部接球

2. 接球练习方法

（1）脚内侧及脚掌接球练习方法。

① 两人一组，有球队员向对方抛高低不同的球，另一方进行接球练习，然后双方交换练习。

② 对墙踢各种不同力量、弧线的球，用以上方法接反弹回来的球。

③ 两人一组，相距 15 米，进行传接球练习。

（2）胸部接球练习方法。

① 双手将球抛起，练习胸部接球。

② 两人一组，一人向对方抛不同高度的球，对方练习胸部接球，接球后将球抛回。

（三）运球技术及练习方法

运球常用的方法有脚背外侧、脚背内侧、脚背正面、脚内侧运球等。

1. 运球技术

（1）脚背外侧运球。

脚背外侧
运球

动作方法：直线运球时，运球腿屈膝提起前摆至球体上方时，用脚背外侧推拨球的后中部，重心随球跟进（图 6-3-9）。变向运球时，及时调整支撑脚的位置、触球部位及运球脚的用力方向，以保证蹬摆用力与推拨球动作协调一致。

（2）脚背内侧运球。

脚背内侧
运球

动作方法：上体稍前倾并向球侧稍转，运球腿屈膝提起，脚尖稍外转，前摆用脚背内侧部位将球向侧前推拨（图 6-3-10）。

图 6-3-9　脚背外侧运球　　　　　　　　图 6-3-10　脚背内侧运球

（3）脚背正面运球。

脚背正面
运球

动作方法：运球腿屈膝提起前摆，脚背绷紧，脚跟提起，脚趾下指，用脚背正面推拨球后自然落步（图 6-3-11）。

（4）脚内侧运球。

动作方法：支撑脚落在球的侧前方，上体稍前倾侧向球，随重心前移，运球腿膝关节外转，用脚内侧部位推运球前进（图 6-3-12）。

图 6-3-11　脚背正面运球　　　　　　　　图 6-3-12　脚内侧运球

2. 运球练习方法

（1）在步行或慢跑中进行各种运球练习，体会运球时的推拨动作。

（2）沿足球场中圈进行各种运球练习。

（四）头顶球技术及练习方法

1. 头顶球技术

头顶球技术按顶球部位可分为前额正面顶球和前额侧面顶球。

（1）额正面顶球。

额正面顶球

动作方法：原地顶球时，正对来球，两腿自然开立，上体稍后仰；当球运行到头前上方时，蹬地收腹，颈部垂直，用额正面顶球的后中部（图6-3-13）。

（2）额侧面顶球。

动作方法：原地顶球时，两脚前后开立重心落在后腰上，两臂自然张开，眼睛注视来球；顶球时，后脚向出球方向猛力蹬伸，身体随之向出球方向转动侧摆，同时颈部侧甩发力，用额侧部将球击出（图6-3-14）。

图6-3-13　额正面顶球　　　　　图6-3-14　额侧面顶球

2. 头顶球练习方法

（1）两人一组，一人双手将球向斜上方托起，另一人站在球的下方，用前额正面顶球。

（2）进行自抛自顶练习。

（3）三人一组，呈三角形站立，一人抛球，一人顶球，一人接球，练习10次后再轮换。

（五）抢截球技术及练习方法

抢截球技术包括正面抢球、侧面抢球和侧后抢球等。

1. 抢截球技术

（1）正面抢球。

动作方法：在控球队员触球的刹那，支撑脚前跨，将球控住。如果双方对脚触球，则应顺势向上做提拉动作，将球从对方脚背上带出（图6-3-15）。正面抢球技术适用于抢截从正面运球前进的对手的球。

（2）侧面抢球和侧后抢球。

动作方法：在对手近侧脚离地刹那，用肩以下、肘以上的部位猛力冲撞对手的相应部位，使其重心失去控制，趁机伸脚将球控在脚下（图 6-3-16）。侧后抢球多是在对手突破情境下进行的回追反抢。

正面（跨步）
抢球

图 6-3-15　正面抢球

侧面（合理
冲撞）抢球

图 6-3-16　侧面抢球和侧后抢球

2. 抢截球练习方法

（1）正面抢球练习方法。

① 两人一球，做拼抢球的模仿练习；一人做脚内侧运球，另一个人做正面跨步抢球。

② 两人一球相对站立，距离 3~4 米，将球放在中间，听到哨音后，两人立即上前进行正面跨步抢球。不许从正面冲撞，注意安全。

③ 两人一球，相距 6~8 米，运球人先慢速向前运球，待抢球人抢球动作掌握后积极运球过人。

（2）侧面抢球练习方法。

① 两人一组，一人正常走动配合另一人体会合理冲撞的正确动作和时机。返回时，交换角色进行练习。

② 两队分别站在老师两侧。每组两人，当老师将球踢出时迅速启动，运用合理冲撞的技术将球抢下。

（六）守门员技术及练习方法

守门员技术包括位置选择、准备姿势、移动、接球、扑球、拳击球、托球、手掷球和踢球等。

1. 守门员技术

动作方法：两腿微屈左右开立，两臂在体前自然弯曲，两眼注视来球；移动主要采用滑步、交叉步和跪步等步法，根据来球的不同情况，将球接住。

接球如图 6-3-17 所示，接球有原地接球（图 6-3-18）、守门员跳起接球（图 6-3-19）及倒地侧扑接球（图 6-3-20）。

图 6-3-17　传统接球手形

图 6-3-18　原地接球

图 6-3-19　跳起接球

图 6-3-20　倒地侧扑接球

2. 练习方法

（1）两人一组，一人用手抛地滚球、半高球或高球，另一人练接球。

（2）侧扑固定球。

（3）结合射门，进行接球手型及快速移动练习。

三、足球运动战术

足球运动战术是指在足球比赛中为了战胜对手，根据主观情况所采取的个人和集体配合的组织方式和组织形式。

（一）比赛阵型

比赛阵型是指比赛场上队员的位置排列、攻守力量搭配和职责分工的形式。足球阵型的序列一般是从后卫排向前锋。守门员的人数、职责固定，一般不予计算。

常用阵型有 "4-3-3" "4-4-2" "3-4-3" "3-5-2"。其中，"4-3-3" "3-4-3" "3-5-2" 为进攻阵型；"4-4-2" 为防守阵型。

例如，"4-3-3" 阵型从后至前分为 3 条线，后卫线 4 名队员，前卫线 3 名队员，前锋线 3 名队员。比赛阵型在比赛中不是一成不变的，它只是队员在场上活动的大体安排。场上每个队员都应在明确自己基本位置和职责的前提下，根据临场情况不断变化，进行创造性的活动。现代足球比赛规则的变化，及运动员技术、战术、身体素质等因素的不断提高，促进了比赛阵型的演变与发展。

（二）比赛队形

比赛队形是阵型在不同比赛场区（前、中、后场）更具体、更严谨、更灵活的运用，它是根据赛事随机变化协调而有序的人员组合。良好的队形使攻防各线纵深层次分明，左右横向联系紧密，全队整体衔接紧凑而有序。这不仅使局部与整体攻防力量的搭配更趋合理，而且也有利于根据场上比赛形式的变化及时调动攻防力量，保持攻守的动态平衡或在局部区域尽快形成以多打少、以多防少的局面，从而有利于进攻时创造和利用时间和空间；防守时控制时间、封锁空间，最大限度地保证本队战术顺利实现。

（三）进攻战术

1. 个人进攻战术

个人进攻战术是指在比赛中为了战胜对手而采取的符合整体进攻目的的个人行为。个人进攻战术是构成局部和整体进攻战术的环节。个人进攻战术行动水平的高低直接影响着局部和整体进攻战术的质量。个人进攻战术包括传球、射门、运球突破和摆脱跑位等。

2. 局部进攻战术

局部战术是指场地范围不大、参与人数不多的攻防配合行动，是两个或两个以上队员的战术配合行动，它可以丰富和完善全队的进攻战术，是整体攻防战术的基础。其基本配合形式有传切配合、交叉掩护配合和二过一配合。

（1）传切配合。指控球队员将球传给切入的进攻队员的配合方法，是局部进攻战术中运用最多的方法。传切配合的形式有局部传切和转移长传切入。

（2）交叉掩护配合。指在局部地区两名进攻队员在运球交叉换位时，以自己的身体掩护同伴越过防守队员的配合方法。

（3）二过一配合。

① 斜传直插二过一。如甲队员运球过对方乙队员后，横传给丙队员，丙队员向前斜传，甲队员直线插入接球。

② 直传斜插二过一。这种配合是在对方基本站好位置的情况下采取的渗透性传球。如甲队员接乙队员横传球，向前直传空当，乙队员斜线插入接球。

③ 踢墙式二过一。踢墙式二过一是两名进攻队员通过两次传球越过一名防守队员的配合方法。甲队员传球给乙队员，乙队员直接出球，球好像碰在墙上一样，反弹到防守队员丙背后的空当，甲快速切入接球。

3. 整体进攻战术

整体进攻战术是指为了完成进攻战术任务所采用的全局性的配合方法。整体进攻战术涉及人员较多，有全队协调一致的行动，体现了一个人的进攻实力和配合能力。根据进攻的区域，整体进攻战术可分为边路进攻、中路进攻和转移进攻，可分为快速反击、层次进攻和破密集防守进攻。

（1）边路进攻。边路进攻是指进攻的最后阶段发生在前场罚球区域以外靠近边线区域的进攻。边路进攻的发起、推进通道有两种渠道：一是进攻过程始终沿边路而行；二是通过中路转移至边路。边路进攻打法的主要目的在于充分利用"宽度"原则，拉开防守面，削弱中路防守力量，创造中路破门得分的有利战机。

（2）中路进攻。中路进攻是指进攻最后阶段发生在前场中间区域的配合。中路进攻一般也来自中路直线推进和边中转移两种形式。中路进攻比边路进攻更具有威胁性和直接性。由于中路防守人员密集，所以进攻的难度更大，但一旦成功，则威胁性很大。

（3）转移进攻。转移进攻是指由一个区域转向另一个区域的进攻配合。一般有中路进攻受阻时转移到边路组织进攻，或边路进攻受阻时转移到中路组织进攻，或一侧边路转移到另一侧边路的进攻。转移进攻的特点是充分利用场地的空间和足球比赛进攻没有时间和传球次数限制的规则，及时转移攻击点，迫使对方防线横向扯动，出现空当，从而成功地突破防线。

（4）快速反击。快速反击是指防守方在获得球权后，在对方尚未形成稳固防守态势时，快速攻击对方，从而创造射门得分机会的进攻方式。

（5）层次进攻。层次进攻是指有组织、有步骤、层层推进的一种进攻方式。它一般发生在对方已组织好防守的情况下。层次进攻是一种比快速反击更谨慎的进攻打法。如果速度和冒险是快速反击的基础，那么，准确和稳妥用以描述层次进攻则更为合适。层次进攻对进攻方运用宽度、渗透的原则和控制比赛节奏的意识和能力及跑位和传球配合要求更高。

4. 破密集防守的进攻

密集防守的进攻是针对对方全队收缩在后场，防守人员密集情况下的进攻配合。破密集防守的进攻方法有拉开进攻的宽度、传切配合、运球突破、二过一配合、外围吊中、插上远射和任意球配合射门。

（四）防守战术

防守战术是指比赛中为了阻止对方进攻和重新获得球权所采取的个人和集体配合方法。进攻与防守是矛盾的两个方面，二者相互制约，相互促进。没有稳固的防守，再锐利的进攻也不能获得比赛的胜利，而只守不攻亦不能胜利。

1. 个人防守战术

个人防守战术是指为了控制对手所采用的个人战术行动。个人战术行动体现着整体战术的特征。个人战术行动是整体战术的基础，它包括选位与盯人、断球、抢球等。

（1）选位与盯人。选位时防守队员一般应处于球门与对手之间的直线上。盯人时应采用"有球紧，无球松"和"远松近紧"的方法。

（2）断球。断球是指将对方的传球从途中截下来或破坏掉的战术行动。断球是转守为攻最主要、最有效的战术行动，能在对方来不及反抢的状态下进行快速反击。

（3）抢球。抢球是指将对方控运的球抢过来或破坏掉的战术行动。抢球是重要的个人战术，是个人防守能力的重要标志。

2. 局部防守战术

局部防守战术指两名或两名以上防守队员之间的配合方法，它是集体防守战术的基础，其基本配合形式有保护与补位、围抢。

（1）保护与补位。保护是补位的前提，没有保护就不可能有效地补位，队员之间适当的斜线站位是保护的选位要求和后卫防守站位的基本原则。补位方式一般有两种：一种是队员去补空当。如后卫插上助攻时，就由另一队员暂时补他的位置。另一种是队员间的相互补位，即交换防守。

（2）围抢。围抢是指两名以上防守队员从多方位夹击对方的控球队员，把球抢夺回来或破坏掉的战术配合。

3. 整体防守战术

整体防守战术是指全队所采取的防守配合。整体防守战术形式分为人盯人防守、区域盯人防守和混合盯人防守；按打法分为向前逼压式打法、层次回撤式打法和快速密集式打法。

（1）人盯人防守。人盯人防守是一种除自由人以外，其他每名队员都有固定盯人对象的防守形式。这种打法突出的特点是，在全场攻守的每一个时间和空间，两两对垒的情况总是使每一个进攻队员始终处于压力之中。

（2）区域盯人防守。每名防守队员占据一定的活动区域。当进攻者进入该防区时，区域防守队员实施严密盯人，以控制进攻者在此区域的一切有效行动。区域盯人打法规定了每一名防守者的明确任务，但同伴之间仍需有必要的协作。当某一区域盯人防守失败时邻近队员应及时补位，被突破防守队员应及时与他换位，以求整体防守的有效性。区域盯人防守要特别注意各区域间交界处的防守。因为这些交界处常常由于防守职责不明确而给进攻者带来可乘之机。

（3）混合盯人防守。混合盯人防守是指人盯人防守与区域盯人防守两种形式交织在一起的防守打法。它最大的特点是能根据对手情况，灵活地将人盯人防守和区域盯人防守的优点充分运用，以提高全队防守的效果。

（4）向前逼压式打法。向前逼压式打法是指丢失控球权后，不是消极防守，而是立即对球、对空间进行逼压，降低对方的进攻速度迫使对手犯错误，将球破坏或夺回来。

（5）层次回撤式打法。层次回撤式打法既不同于消极回撤防守，又不同于向前逼压式打法，而是分层次、有步骤、有组织的防守打法。

（6）快速密集式打法。快速密集式打法是一种缩小防守区域、集中主要防守力量于门前危险地带，仅留下一名队员于中场附近的防守形式。其主要特点是防守人数多，可乘空隙小，使对方渗透性进攻配合较难奏效。

（五）定位球战术

定位球战术是指比赛成死球时所采用的攻守战术方法，包括球门球、中圈开球、界外球、角球、任意球、点球的配合方法。定位球在比赛中的地位极为重要，它已成为决定比赛胜负的重要组成部分，尤其在势均力敌的比赛中，关键性进球常常来自定位球。此外，定位球有其特定的优势：在规定的9.15米范围内没有对手阻碍，可投入较多队员在预定的位置上进攻；定位球战术在开球前有充分的准备时间，进攻队员可以根据对手情况随意灵活地选位和商量进攻对策。

四、足球比赛基本规则

（一）比赛场地

1. 场地面积

比赛场地应为长方形，其长度不得多于120米或少于90米，宽度不得多于90米或少于45米（国际比赛的场地长度不得多于110米或少于100米，宽度不得多于75米或少于64米）。在任何情况下，长度必须超过宽度。

2. 画线

比赛场地应按照平面图画出清晰的线条，线宽不得超过 12 厘米。不得做成"V"形凹槽，较长的两条线叫边线，较短的线叫球门线。场地中间横穿球场的线叫中线。场地中央应有一个明显的标记，并以此点为圆心，以 9.15 米为半径，画一个圆圈叫中圈。场地每个角上应各插一面不低于 1.50 米高的平顶旗杆，上系小旗一面。相似的旗和旗杆可以各插一面在场地两侧正对中线的边线外至少 1 米处。

3. 球门区

在比赛场地两端距球门柱内侧 5.50 米处的球门线上，向场地内各画一条长 5.50 米与球门线垂直的线，一端与球门线相接，另一端画一条连接线与球门线平行，这三条线与球门线范围内的地区叫球门区。

4. 罚球区

在比赛场地两端距球门柱内侧 16.50 米处的球门线上，向场内各画一条长 16.50 米与球门线垂直的线，一端与球门线相接，另一端画一条线与球门线平行，这三条线与球门线范围内的地区叫罚球区，在两球门线中点垂直向场内量 11 米，并在该处各做一个清晰的标记，为罚球点。以罚球点为圆心，以 9.15 米为半径，在罚球区外画一段弧线，为罚球弧。

5. 角球区

以边线和球门线的交叉点为圆心，以 1 米为半径，向场内各画一段四分之一的圆弧，这个弧内区域叫角球区。

6. 球门

球门应设在球门线的中央，由两根相距 7.32 米、与角旗点相等距离的直立门柱及一根下沿离地面 2.44 米的水平横木连接组成，为确保安全，无论是固定球门还是可移动球门，都必须固定在场地上。门柱及横木的宽度与厚度均应对称相等。

（二）球

比赛用球应为球形，其外壳应用皮革或其他许可的材料制成，不得使用可能伤害运动员的材料。

球的圆周为 68～70 厘米，重 410～450 克。充气后的压力应相为 0.6～1.1 个大气压（海平面上）。在比赛中，未经裁判员许可，不得更换比赛用球。国际比赛用球还有特殊的"标志"要求。

（三）队员

（1）每队上场队员不得超过 11 人，其中必须有 1 人为守门员。当一个队不足 7 人时比赛中止。

（2）更换守门员必须经裁判员同意。

（3）替补队员须在死球时，经裁判员同意方可上场，被换下的队员不得重新上场，正式比赛（除规程另有规定外）每队最多可以使用 5 名替补队员。

（4）教练员可以在比赛中向队员传达战术指示，但必须在指定的技术区域内进行。

（四）装备

（1）运动员必须穿运动上衣、短裤（如果穿紧身内裤，必须与短裤的主色一致）、护袜、足球鞋。

（2）同队队员服装颜色必须一致，守门员服装颜色必须有别于其他队员、裁判员和助理裁判员。

（3）队员要带护腿板，必须由护袜全部包住。

（4）队员不得穿戴有可能伤害他人及自己的物件。

（五）比赛时间

上下半场各 45 分钟，中场休息不得超过 15 分钟。因故损失的时间应予以补足。

（六）比赛开始及重新开始

（1）通过投币，猜中的队决定进攻方向，另一队开球。

（2）开球可以直接进球得分。

（3）当球被踢出并向前移动时比赛即为进行。

（七）比赛进行及死球

（1）比赛进行：球从门柱、横梁或角旗弹回场内；球从裁判员或助理裁判员身上弹回场内。

（2）死球：当球从地面或空中全部越过球门或边线时；当比赛被裁判员停止时。

（八）计胜方法

球的整体从球门门柱间及横梁下越过球门线，而此前未违反规则，即为进球得分。进球多的队为胜队，进球数相等或均未进球则为平局。

若比赛结束为平局，须按规则的规定采用决胜期（加时赛）或其他步骤决定胜者。

（九）越位

1. 判罚越位的必备条件

头、躯干或脚的任何部分在对方半场（不包含中线），且头、躯干或脚的任何部分较球和对方倒数第二名队员更接近对方球门线。

2. 不判罚越位

与对方倒数第二名队员齐平或与对方最后两名队员齐平。

（十）犯规与不正当行为

1. 直接任意球

下列犯规将被判罚直接任意球：

（1）冲撞。

（2）跳向。

（3）踢或企图踢。

（4）推搡。

（5）打或企图打（包括用头顶撞）。

（6）用脚或其他部位抢截。

（7）绊或企图绊。

（8）手球犯规（守门员在本方罚球区内除外）。

（9）对在比赛名单上的人员或比赛官员实施咬人或吐口水。

（10）向球、对方队员或比赛官员扔掷物品，或用手中的物品触及球。

2. 间接任意球

下列犯规将被判罚间接任意球：

（1）以危险方式进行比赛。

（2）在没有身体接触的情况下阻碍对方行进。

（3）以语言表示不满，使用攻击性、侮辱性或辱骂性的语言和 / 或行为，或其他口头的违规行为。

（4）在守门员发球过程中，阻止守门员从手中发球、踢或准备踢球。

（5）故意实施诡计用头、胸、膝等部位将球传递给守门员以逃避规则相关条款处罚的行为（包括在踢任意球或球门球时），无论守门员是否用手触球。

（6）守门员在发出球前，用手 / 臂部控制球超过 6 秒。

（7）守门员在发出球后、其他场上队员触球前，用手 / 臂部触球。

（8）同队队员故意将球踢给守门员。

（9）接同队队员直接掷来的界外球。

3. 警告

下列犯规将被警告：

（1）延误比赛恢复。

（2）以语言或行动表示不满。

（3）未经裁判员许可进入、重新进入或故意离开比赛场地。

（4）当比赛以坠球、角球、任意球或掷界外球恢复时，未退出规定距离。

（5）持续违反规则。

（6）非体育行为。

（7）进入裁判员回看分析区域。

（8）过分地做出要求回看分析（比划电视屏幕）的信号。

（9）进入裁判员回看分析区域。

（10）过分地做出要求回看分析（比划电视屏幕）的信号。

4. 罚令出场

下列犯规将被罚令出场：

（1）通过手球犯规破坏对方球队进球或明显的进球得分机会（守门员在本方罚球区内除外）。

（2）通过可判罚任意球的犯规，破坏对方的进球或总体上朝犯规方球门方向移动的明显的进球得分机会。

（3）严重犯规。

（4）咬人或向任何人吐口水。

（5）暴力行为。

（6）使用攻击性、侮辱性或辱骂性的语言和 / 或行为。

（7）在同一场比赛中得到第二次警告。

（8）进入视频操作室。

（十一）任意球

（1）直接任意球可直接踢入对方球门得分。

（2）间接任意球不可直接踢入对方球门得分，除非球在进球门之前球触及场上其他队员。

（3）罚任意球时对方队员必须退出 9.15 米。

（4）球被踢并移动时比赛即为进行。在对方球门区内踢间接任意球，应在距犯规发生地最近的、与球门线平行的球门区线上执行。

（十二）罚点球

在比赛进行中，一个队在本方罚球区内由于违反了可判为直接任意球的 10 种犯规之一而被判罚的任意球，应执行罚点球。罚点球时除主罚队员和防守方守门员外，其他队员都应在比赛场内、罚球区外、罚球点后及罚球弧外。

（十三）掷界外球

球出边线都由最后触球队员的对方在出界地点掷界外球，不得违例，不得直接得分，不得连踢。

（十四）球门球

（1）球门球可以直接射入对方球门得分。

（2）攻方队员将球踢出对方的球门线（不是进球），则由守方踢球门球。

（十五）角球

（1）角球可以直接射入对方球门得分。

（2）守方队员将球踢出本方球门线（不是门柱间），则由对方踢角球。

>>> 知识窗 -

足球运动的安全提示

（1）守门队员扑球时，手臂支撑要保持手指向前，避免反关节支撑而造成手腕、肘关节损伤。

（2）在踢球的过程中，在合理冲撞的同时避免被踢伤。

- **<<<**

 **思考与练习**

1. 篮球传球应注意什么？

2. 篮球持球突破技术的运用有哪些？

3. 简述排球传球的要领。

4. 简述排球运动中"中一二"进攻战术的站位。

5. 在足球比赛中，什么情况下会被判罚直接任意球？

6. 如何把握足球射门时机？

第七章

小球运动

学习导言

　　小球项目一般包括乒乓球、羽毛球和网球等。本章主要介绍乒乓球、羽毛球和网球运动的概况，以及基本技术、战术、比赛规则。大学生掌握小球基本技战术，有助于提高运动水平，培养团结协作精神，达到强健体魄的目的。

第一节　乒乓球运动

一、乒乓球运动概述

（一）乒乓球的起源和发展概况

　　乒乓球最早起源于英格兰，是由网球运动派生出来的。19世纪后期，英国一些大学生以酒瓶软木塞为球在桌上推来挡去。大约在1890年，詹姆斯·吉布（James Gibb）用赛璐珞制作了空心弹力跳球。人们用这种球代替了软木塞。由于击打这种球时会发出乒乓的声音，因此将其命名为乒乓球。

　　乒乓球运动诞生后，逐渐被人们所熟悉和喜爱。1926年12月，国际乒乓球联合会在英国伦敦正式成立。1988年，被国际奥委会列为正式比赛项目，引起了世界各国的极大重视。

　　在1959年第25届世界乒乓球锦标赛中，容国团夺得了我国第一个乒乓球世界男子单打冠军。20世纪80年代后，中国在世界乒乓球项目上一直保持优势，并且在乒乓球世界大赛上多次囊括冠军。

乒乓球运动精神

　　乒乓球被誉为中国的"国球"，是中国体育的特殊名片。中国乒乓球运动员在国际赛场上有着辉煌的战绩，还成就了一段"小球转动大球"的外交佳话。几十年来，中国乒乓球在艰苦摸索中谱写出"乒乓精神"，即"胸怀祖国、放眼世界、为国争光的精神；发奋图强、自力更生、艰苦奋斗的实干精神；不屈不挠、勤学苦练、不断钻研、不断创新的精神；同心同德、团结战斗的集体主义精神；胜不骄、败不馁的革命乐观主义和革命英雄主义精神"。"乒乓精神"是一代代中国乒乓人集体智慧的结晶，它反映着乒乓人的价值理想和价值追求，是中国乒乓球长盛不衰的制胜法宝，一直激励着乒乓健儿刻苦训练，不断创新，勇攀高峰。

（二）乒乓球运动的特点与锻炼价值

1. 乒乓球运动的特点

乒乓球运动具有球体积小、速度快、旋转性强、变化多的特点。乒乓球运动在室内外都可以进行，运动量可大可小，不同年龄、不同性别、不同身体条件的人均可参加此项活动。它可由两人组成单打比赛，四人组成双打比赛，也可由不同性别组成男女混合双打比赛。乒乓球运动是我国广大人民群众和少年儿童所喜爱的体育项目，具有广泛的群众性。

2. 乒乓球运动的锻炼价值

（1）提高中枢神经系统的反应能力及机体的协调性和灵敏性。打乒乓球时，球在空中的飞行速度很快，这就要求运动员根据来球的方向、速度、旋转、落点迅速做出判断和对策。为了适应各种复杂的变化，运动员必须注意力集中，视觉神经要处于良好的兴奋状态。因此，经常参加乒乓球运动，能有效地提高中枢神经系统的反应能力以及机体协调性和灵敏性。

（2）增强体质，改善心血管系统。在乒乓球比赛或训练中，运动员一天挥拍击球可达上万次，两腿移动距离可达千米左右。因此经常参加乒乓球运动，不仅可以增强练习者的上肢、下肢、腰部、腹部等肌肉群的力量，还可以增强耐久力，改善内脏器官和心血管的功能，促进身体的全面发展。

（3）培养机智果断、沉着冷静、勇敢顽强的优良品质及互相配合、互相帮助、团结友爱的集体主义精神。

（三）乒乓球主要赛事简介

1. 世界乒乓球锦标赛

1926年，在英国伦敦举行第一届世界乒乓球锦标赛（简称"世乒赛"）。第一届世乒赛只有男子团体、男子单打、女子单打、男子双打、混合双打和男子安慰赛6个项目。1928年第二届世锦赛增设女子双打比赛，1933年第8届世锦赛又增设了女子团体比赛。1928—1939年、1947—1957年，世锦赛每年举行一次。从1959年第25届世锦赛开始改为每两年举行一次。

2. 奥运会乒乓球比赛

1988年汉城奥运会，乒乓球成为正式比赛项目，当时设有男子单打、男子双打、女子单打、女子双打共四个项目。从2008年北京奥运会开始，乒乓球比赛取消了男子双打和女子双打项目，改为男子团体和女子团体。2020年东京奥运会，乒乓球比赛新增混合双打。

二、乒乓球基本技术

乒乓球基本技术是初学者必须掌握的入门技术，也是练习乒乓球的基本功。

（一）握拍法

乒乓球的握拍方法主要分为两种，即直拍握拍法和横拍握拍法。

1. 直拍握拍法（以右手握拍为例）

（1）直拍快攻式握拍法（图7-1-1）。握拍时，虎口向下卡住拍柄。在拍的正面以拇指第一指节和食指第二指节扣住球拍两肩，拇指与食指之间的距离约2厘米，其余三指自然弯曲重叠，以中指第一指节偏左侧部抵于拍背。击球时，五指应随击球动作的需要适当改变，以保证击球的方向、旋转以及力度等。

（2）直拍弧圈球式握拍法（图7-1-2）。握拍时虎口向下，以拇指紧贴球拍的左侧，食指从拍柄右侧扣住拍柄，形成一个小环，紧握拍柄和球拍背面，其余三指自然伸直，以中指末节抵住拍背约1/3处。

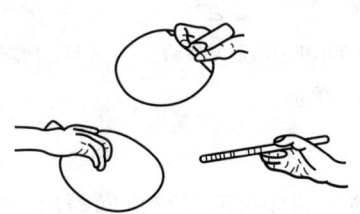

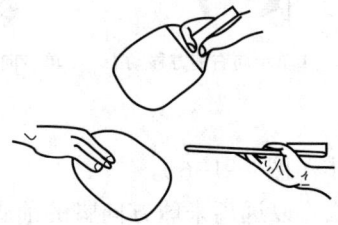

图7-1-1 直拍快攻式握拍法　　　　图7-1-2 直拍弧圈球式握拍法

（3）直拍削球式握拍法（图7-1-3）。握拍时，将大拇指弯曲紧贴在正面拍柄的左侧，用力下压，其余四指自然分开成扇形，托住球拍背面。正、反手削球时以手臂、手指的变化调节拍形。

2. 横拍握拍法（以右手为例）

横拍的握拍方法是以中指、无名指、小指自然地握住拍柄，虎口压在球拍的右侧肩部，大拇指轻贴在球拍正面中指下方，食指自然伸直斜贴在球拍的背面（图7-1-4）。正、反手攻球时，手指随击球动作的需要做适当变化。

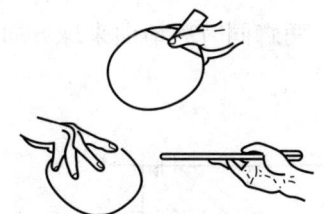

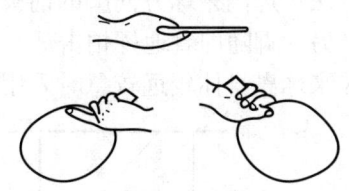

图7-1-3 直拍削球式握拍法　　　　图7-1-4 横拍握拍法

>>> 知识窗 -

乒乓球拍的保养

乒乓球拍的保养要做到"三防"。一防底板受潮，二防胶皮老化，三防摔拍。平时要注意球拍使用后用干毛巾拭去拍子上的汗渍，胶皮用拧干的湿毛巾擦净皮面上的脏物，反胶趁皮面未完全干透前覆上涤纶纸，正胶须待皮面干燥后收藏。球拍应置于通风干燥处，远离热源，避免阳光暴晒，更不能在球拍上堆压重物。

- <<<

（二）基本步法及练习方法

1. 基本步法

（1）单步（图7-1-5）。

动作方法：以一脚为轴稍转动，另一脚向来球方向移动一步，身体重心随之落到移动脚上，挥拍击球。

当来球离身体较近、角度不大时采用上述步法。

单步

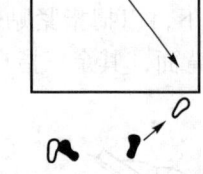 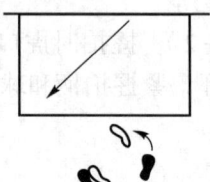 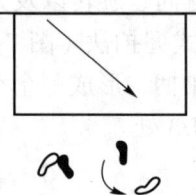 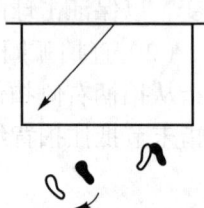

1 单步向右前方移动　2 单步向左前方移动　3 单步向右后方移动　4 单步向左后方移动

图 7-1-5　单步

（2）跨步（图7-1-6）。

动作方法：以远离来球方向脚的前脚掌起动蹬地，同侧脚向来球方向跨出一大步，身体重心随即移到同侧脚，异侧脚迅速跟上。

当来球离身体较远，采用单步不能取得合适的击球位置时使用，适于借力还击。

跨步

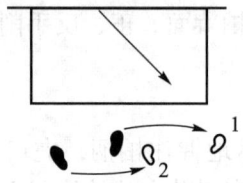 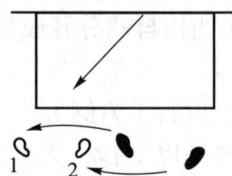

图 7-1-6　跨步

（3）跳步（图7-1-7）。

动作方法：远离来球方向脚的前脚掌用力蹬地，两脚同时离地向来球方向移动，异侧脚先落地，另一脚随即着地挥拍击球。

一般在来球离身体较远较急时采用跳步。

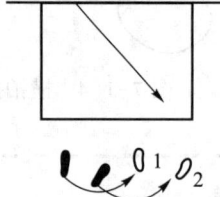 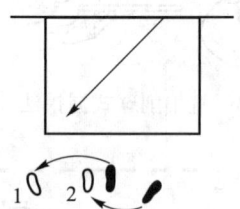

图 7-1-7　跳步

（4）交叉步（图7-1-8）。

动作方法：以来球方向的同侧脚发力蹬地，异侧脚迅速由身后向来球方向跨出一大步，两脚交叉，然后同侧脚迅速跟上还原成准备姿势，挥拍击球。

一般在来球距身体较远时采用交叉步。

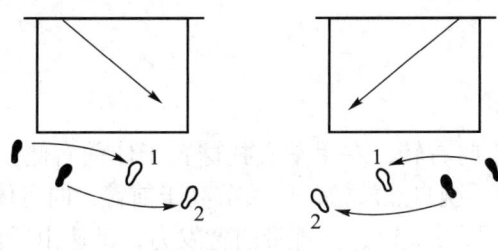

交叉步

图 7-1-8　交叉步

2. 基本步法的练习方法

（1）听口令做单个步法和组合步法的徒手模仿练习。

（2）看手势，在球台端线附近做前、后、左、右的移动练习。

（3）站在台后看信号，结合击球动作进行各种步法的练习。

（4）采用多球练习，逐渐增加击球的难度，调动练习者进行各种步法的练习。

（三）发球技术及练习方法

1. 发球技术

（1）平击发球。

① 正手发平击球（图 7-1-9）。

击球前：左脚稍前，身体略向右转，左掌心托球置于身体右侧前方，右手持拍于身体右侧。向上抛球的同时，右臂内旋，使拍面角度前倾成半横状，并向右侧后上方引拍。

击球时：当球下落时，身体重心移到左脚，由腰带动上臂，上臂带动前臂向前挥动；在球的下降期挥拍轻击球的中部偏上，球击出后第一落点在球台中间。

击球后：还原成准备姿势。

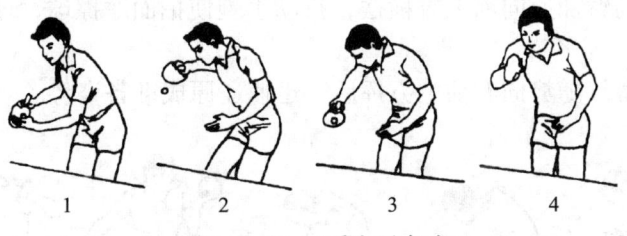

图 7-1-9　正手发平击球

② 反手发平击球（图 7-1-10）。

击球前：右脚稍前，身体略向左转，左手掌心托球置于身体左侧前方，膝关节微屈，左手将球向上抛起，同时右臂外旋，并向身体左侧后上方成半横状引拍。

击球时：当球下落时，持拍手臂从身体左侧后方向右前方挥动。以腰腹带动手臂击球，击球点在中上部并向右前方发力。球击出后的第一落点在球台中央。

图 7-1-10　反手发平击球

击球后：还原成准备姿势。

（2）正、反手发急球。

① 正手发急球（图7-1-11）。

击球前：左脚稍前，身体略向右转，左手掌心托球置于体前右侧，将球向上抛起时，右臂内旋使拍面成半横状，持拍手腕自然放松，肘关节高于前臂，向身体右侧后上方引拍。

击球时：在球的下落期，以腰带上臂、上臂带前臂发力，迅速由后向左前方挥动。击球的右侧中部并向中上方摩擦击球，击球瞬间，拇指扣拍。球击出后第一落点在本方球台的端线附近。

击球后：还原成准备姿势。

图7-1-11 正手发急球

② 反手发急球（图7-1-12）。

击球前：右脚稍前，身体略向左转，左手掌心托球置于身前左侧，将球向上抛起时，持拍右臂外旋，拍面呈半横状，向身体左后方引拍。

击球时：球下落时，腰部带动持拍手臂并以肘关节为轴心，使前臂向前横摆，击球左侧中上部，触球时前臂加速向前上方横摆，抖动手腕使拍面摩擦球，球第一落点在本方球台的端线附近。

击球后：手臂继续随势向右前上方挥后，迅速还原成准备姿势。

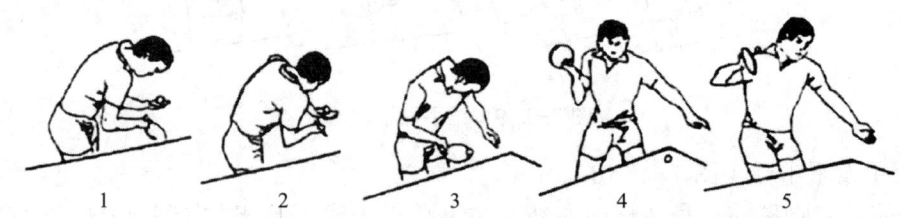

图7-1-12 反手发急球

（3）正手发转与不转球。

① 正手发转球（图7-1-13）。

击球前：左脚稍前，身体略向右转，左手掌心托球置于身体右前方，向上抛球时，右臂持拍向身体右上后方引拍。

击球时：球下落时，腰部带动右臂，从身体右后上方向前下方挥摆；当球落至约与网同高时，前臂加速向前下方作切击动作发力，同时持拍手以拇指压拍，用球拍的左侧偏下部位摩擦击球。

击球后：手臂继续向前下方顺势挥动后迅速还原成准备姿势。

正手发转球

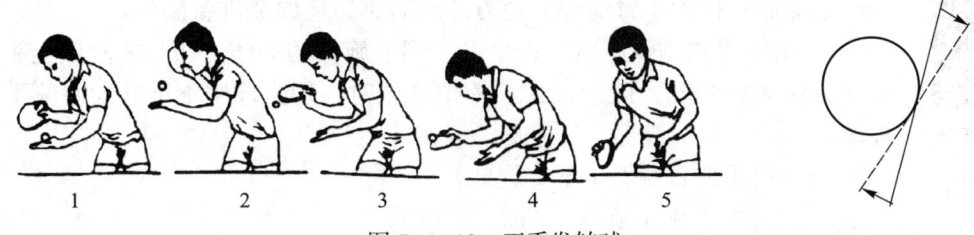

图 7-1-13　正手发转球

② 正手发不转球（图 7-1-14）。

正手发不转球的动作方法与发转球基本相同，主要区别在于：第一，击球部位不同。发不转球时，应击球的中部或中上部，否则会产生旋转。第二，发力方法不同。发不转球时，应让球拍以近似摩擦球的动作去撞击球，使球旋转弱。

正手发不转球

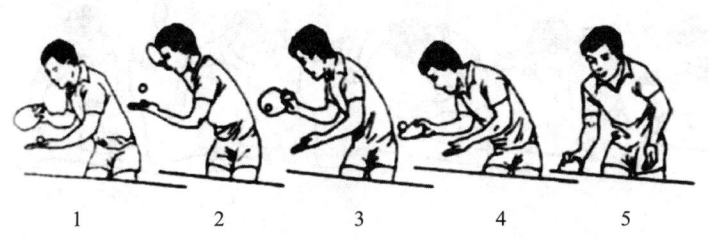

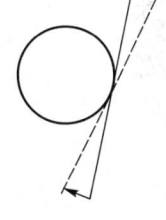

图 7-1-14　正手发不转球

（4）正手发左侧上（下）旋球。

① 正手发左侧上旋球（图 7-1-15）。

击球前：站位在左半台，左脚稍前，身体略向右转，左手掌心托球于身体右前方，向上抛球时，右臂外旋并向身体右侧后上方引拍。

击球时：球下落时，持拍手从右后上方向左前下方挥拍，当球落至网高时，持拍手臂加速挥摆，切击球的中部并向左侧上方摩擦。触球瞬间，以前臂发力为主，配合手腕动作增强球的旋转。

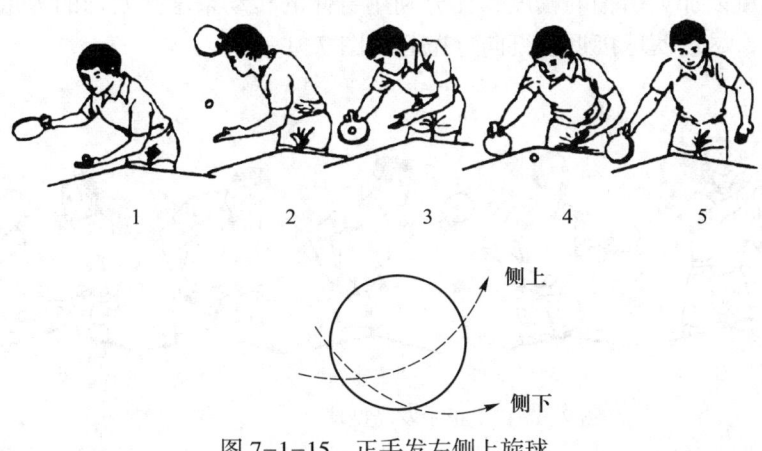

正手发左侧上旋球

图 7-1-15　正手发左侧上旋球

正手发左侧
下旋球

击球后：持拍手臂随势向左方挥动后迅速还原成准备姿势。

② 正手发左侧下旋球。正手发左侧下旋球的动作方法与发左侧上旋球的动作方法大致相同，区别仅在于挥拍击球时，切击球中下部并向左侧下方摩擦球。

（5）反手发右侧上（下）旋球。

① 反手发右侧上旋球（图7-1-16）。

击球前：站位在左半台，右脚稍前或平站，身体略向左转，左手掌心托球于身体左前方，向上抛球时，持拍手向左后上方引拍。

击球时：球下落时，手臂内旋，从身体左后上方向右前下方挥拍，当球落至与网同高时，转体配合前臂和手腕同时发力挥拍击球，击球点在球右中部略偏下位置，在触球瞬间手腕快速向右上方摩擦击球。根据发长球或短球来调整第一落点的远近。

击球后：持拍手臂随势向右上方挥动后迅速还原成准备姿势。

反手发右侧
上旋球

反手发右侧
下旋球

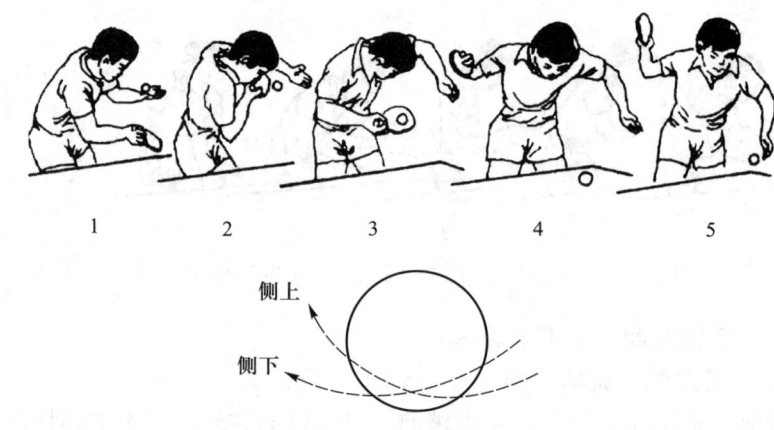

图 7-1-16　反手发右侧上旋球

② 反手发右侧下旋球。它与右侧上旋球的发球方法相似，区别仅在于挥拍击球时，手腕向右下方转动，切击球的中下部并向右侧下方摩擦球。

（6）正、反手发高抛球。它与低抛发球的动作方法基本相同，区别仅在于高抛球下落的时间较长，因此可以加大引拍的幅度，充分利用身体的转动来增强发球的力量。发高抛球时注意抛球要稳，尽量使球接近垂直向上抛起（图7-1-17）。

图 7-1-17　正手发高抛球

2. 发球的练习方法

（1）模仿练习。持拍模仿抛球、引拍与挥拍击球动作。

（2）两人一组在台上进行单一发球练习。

（3）进行先斜线后直线、先不定点后定点的发球练习。

（4）单一旋转性能的发球练习。

（5）不同旋转性能的发球练习。

（四）接发球技术及练习方法

1. 接发球技术

接发球的基本方法由点、拨、带、拉、攻、推、搓、削、摆短等技术综合组成。

（1）接左侧上（下）旋球。左侧上旋球是左侧旋与上旋结合的旋转球，接这种球一般采用推、攻为宜。回接时，拍面角度要稍前倾，拍面向左偏斜以抵消球的侧旋力，触球的中上部，适当下压，防止球触拍时向自己右上方反弹。在拍触球时，要利用手腕、手指来调节用力方向。

左侧下旋球是左侧旋与下旋结合的旋转球，接这种球一般采用搓、削为宜。回接时，拍面角度要稍后仰，拍面所朝方向向左偏斜以抵消来球的侧旋力，触球时应以手腕发力为主，向前下方发力摩擦球。若采用攻球方法回接，拍触球时应向上、向前摩擦球。

（2）接右侧上（下）旋球。右侧上旋球是右侧旋与上（下）旋结合的旋转球。接右侧上旋球一般采用推、搓、攻为宜。回接时，拍面角度要稍前倾，拍面向右偏斜以抵消来球的侧旋，触球的中上部，适当下压，防止球触拍时向自己右上方反弹。如用搓、削回接，除注意拍面角度和所朝方向外，还要加大向下摩擦的力量。

右侧下旋球是右侧旋与下旋结合的旋转球，接这种球一般采用搓、削为宜，回接时，拍面角度要稍向后仰，拍面向右偏斜以抵消来球的侧旋力，触球时应以手腕发力为主，向前下方发力摩擦球。若采用攻球方法回接，拍触球时应向上向前摩擦球。

（3）接短球。由于对方发来的球是台内近网短球，回接时重要的是移动及时，以获得最适合的击球位置。同时要控制好身体的重心，接发球后要迅速还原，准备下一拍击球。无论采用搓、削、挑等哪一种方法回接短球，都应特别注意来球的位置，充分依靠前臂和手腕发力，同时根据来球的旋转性能调节拍面角度、击球部位、击球时间和用力方向。

2. 接发球的练习方法

（1）回接对方平击发球练习。

（2）练习接对方用近似手法发出的两种不同旋转的来球，以提高适应能力。

（3）逐步掌握用不同的技术方法回接对方发来的旋转球，以提高适应能力。

（4）先进行定点、定性能的接发球练习，然后过渡到不定点、不定性能的接发球练习。

（5）多球接发练习。

（五）推挡球技术及练习方法

1. 推挡球技术

推挡球可分为挡球、减力挡、快推、加力推、推挤和推下旋等技术动作。

（1）挡球（图7-1-18）。

击球前：两脚平行或左脚稍前站位，两膝微屈，身体靠近球台，球拍置于腹前，略高于台面呈半横状，拍面近乎垂直。

击球时：上臂带动前臂沿台面向前移动，调整好拍形，在来球上升前期触球中部或中上部，借来球的反弹力将球挡回。

击球后：迅速还原，准备下次击球。

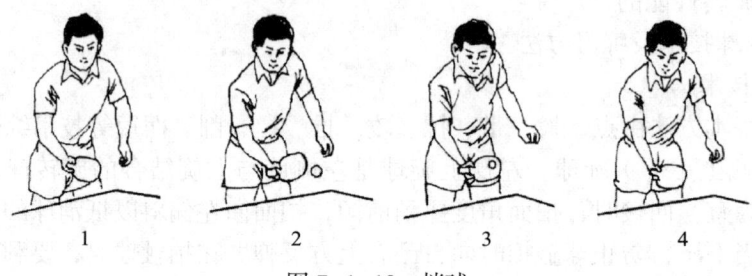

图 7-1-18　挡球

（2）减力挡（图 7-1-19）。

击球前：站位与挡球大致相同。

击球时：在触球的瞬间手臂、手腕稍微回收，以缓冲来球的反弹力。

击球后：迅速还原，准备下次击球。

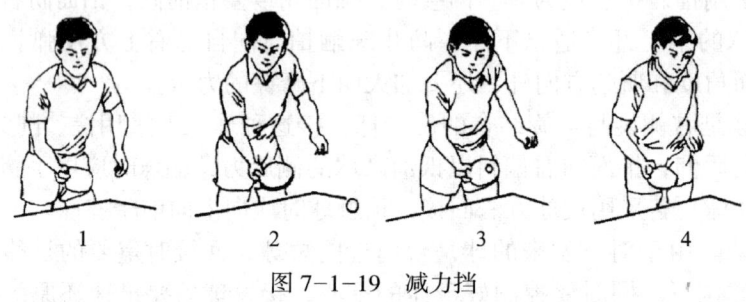

图 7-1-19　减力挡

（3）快推（图 7-1-20）。

击球前：站位近台偏左，两脚平行或右脚稍后站立，上臂和肘关节靠近身体右侧旁，前臂稍向后引。

击球时：上臂带动前臂向前推出，同时配合手臂外旋动作，使拍面前倾，在来球的上升前期击球的中上部。

击球后：手臂顺势前送，迅速还原。

快推

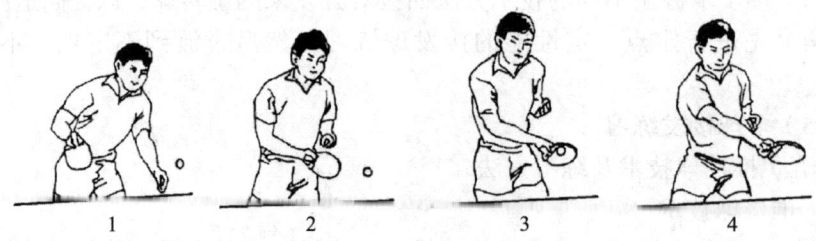

图 7-1-20　快推

（4）加力推（图 7-1-21）。

击球前：手臂向后上方引拍，球拍位置高于击球点，拍面稍前倾。

击球时：配合转髋的动作，执拍手由后向前发力推压，在来球上升后期或最高点时击球中上部。

击球后：手臂随势前进，迅速还原。

图 7-1-21　加力推

2. 推挡球的练习方法

（1）熟悉球性，先做球拍颠球和对墙击球的练习。

（2）挥拍模仿推挡练习，体会击球的动作要领。

（3）挡平击发球练习。

（4）对推练习。

（5）各种推挡球方法的结合练习。

（六）攻球技术及练习方法

攻球技术主要包括正手攻球、反手攻球与侧身攻球。

1. 攻球技术

（1）正手近台快攻（图 7-1-22）。

击球前：右脚稍后，站位近台偏左，身体离台 40~50 厘米，两膝微屈，上体略前倾，两眼注视来球。

击球时：手臂向后引拍，引至身体右侧稍后上方，手臂自然弯曲并做内旋，拍形稍前倾成半横状，在来球上升期，持拍手迅速向左前方挥拍，手腕内收，拍形稍前倾，击球的中上部。

直拍正手近台快攻

击球后：球拍随势挥至额前左侧，身体重心转移至左脚，然后快速还原成准备姿势。

横拍正手近台快攻

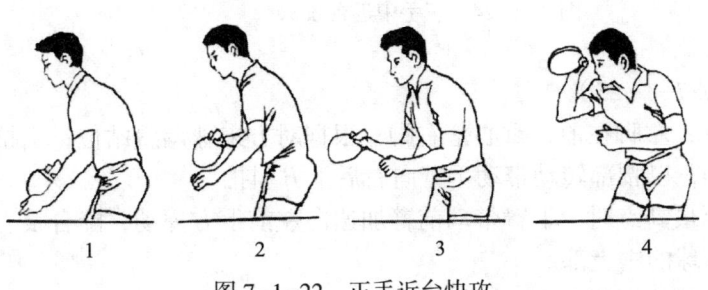

图 7-1-22　正手近台快攻

（2）正手拉攻（图7-1-23）。

击球前：站位和准备姿势与正手快攻相同。引拍时，身体重心转移至右脚，前臂随腰、腿右转向右后方引拍，拍形稍前倾。

击球时：前臂由右后上方向左前上方挥拍迎球，在来球下降前期，上臂带动前臂向左前上方快速挥动，以前臂发力为主，结合手腕力量，摩擦球的中下部或中部。

击球后：球拍随势挥至额前，身体重心移到左脚后迅速还原成准备姿势。

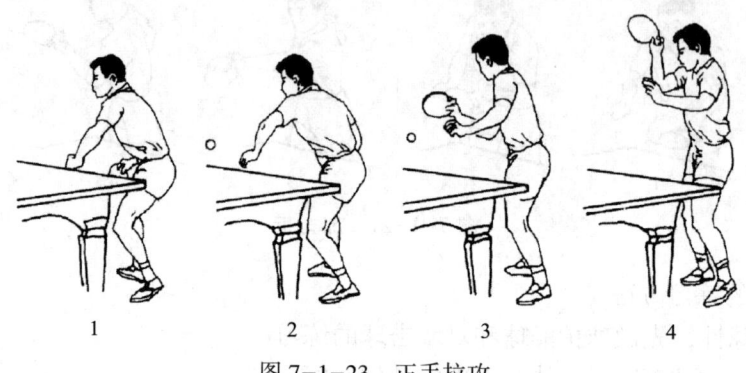

图7-1-23 正手拉攻

（3）正手中远台攻球（图7-1-24）。

击球前：准备姿势与正手拉攻基本相同，左脚稍前，身体离台约1米；引拍时，手臂自然弯曲，拍形稍前倾，随腰、腿右转，手臂动作大幅度向后移动，将球拍引至身体右后方。

击球时：上臂带动前臂向左前上方挥拍发力，协调腰、腿转动的力量，在来球至下降前期或后期击球的中部或中上部。

击球后：手臂放松前移，重心亦移至左脚，然后迅速还原成准备姿势。

图7-1-24 正手中远台攻球

（4）正手扣杀（图7-1-25）。

击球前：两脚开立，左脚在前，重心落右脚，根据对方来球调整站位；引拍时，手臂弯曲并内旋使拍形前倾，以腰部转动带动手臂向右后上方引拍。

击球时：当球升至最高点时，上臂带动前臂加速向左前下方挥动，配合腰、腿同时发力，拍面稍前倾，击打球的中上部。

击球后：手臂放松随势挥至左肩前，然后迅速还原成准备姿势。

图 7-1-25　正手扣杀

（5）反手拉攻（图 7-1-26）。

击球前：准备姿势与反手快攻基本相同；引拍时，手臂自然弯曲并内旋使拍面稍后仰，手臂配合转体动作略向左转，前臂平行于台面，手腕弯曲内收将球拍引至身体左侧下方。

击球时：腰、髋向右转，手臂、手腕放松，主动向前迎球，当球从高点下降时，肘关节内收，上臂带动前臂向前、向上加速挥动并利用手腕外旋摩擦球的中部或中下部。

击球后：球拍随势前送至身体右上方，身体重心移至右脚，然后迅速还原成准备姿势。

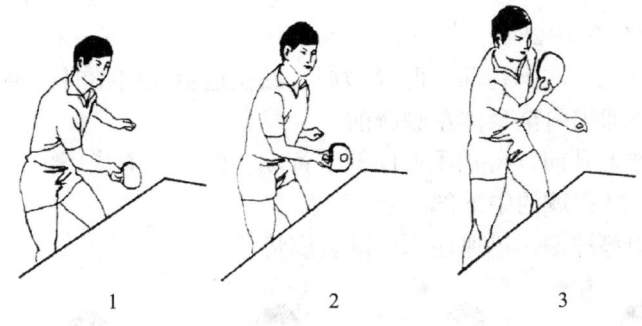

图 7-1-26　反手拉攻

2. 攻球技术的练习方法

（1）徒手模仿练习。练习者体会击球时的动作要点及身体各部位的协调配合。

（2）攻一板练习。规定一人发球一人练习攻球，攻一球后再重新发球。

（3）在原地做徒手模仿动作的基础上，结合步法做台下徒手练习。

（4）一推一攻练习。

（5）对攻练习。

（6）左推和右攻定点练习。陪练者快推斜线和直线至对方左、右两点，练习者采用反手快推左方斜线、正手快攻右方直线至对方左半台的一点练习。

（7）发球抢攻练习。发球员在对方接发球后伺机抢攻，提高前三板的进攻能力。

（8）接发球抢攻练习。陪练者先发固定落点、单一性能的球，逐渐增加发球的难度，练习者进行接发球抢攻。

（9）拉攻练习。

（七）搓球技术及练习方法

搓球技术按搓球速度可分为快搓、慢搓。

1. 搓球技术

（1）快搓。

① 正手快搓（图 7-1-27）。

击球前：两脚开立，左脚稍前，两膝微屈，站位近台；引拍时手臂外旋使拍形稍后仰，前臂向右后上方移动，将球拍引至身体右侧上方。

击球时：在来球上升期，持拍手臂由上向前下方挥动。此时，手腕、手指配合使拍形稍后仰，击球瞬间向前发力摩擦球的中下部。

击球后：手臂顺势挥摆，迅速还原成准备姿势。

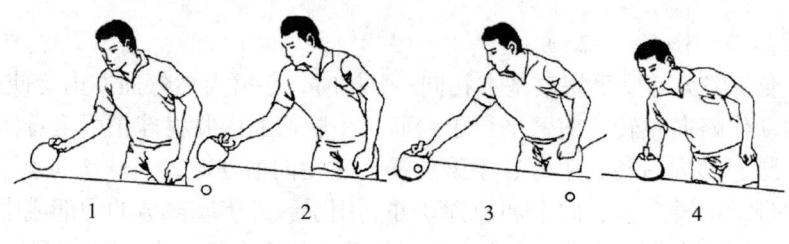

图 7-1-27　正手快搓

② 反手快搓（图 7-1-28）。

击球前：两脚开立，右脚稍前，两膝微屈，站位近台；引拍时，手臂自然弯曲，拍形稍后仰，前臂内收将球拍引至身体左侧胸前。

击球时：在来球上升期，持拍手臂向前下挥动。此时，拇指压拍，拍形稍后仰，利用手腕外旋动作切击，摩擦球的中下部。

击球后：手臂顺势挥摆，迅速还原成准备姿势。

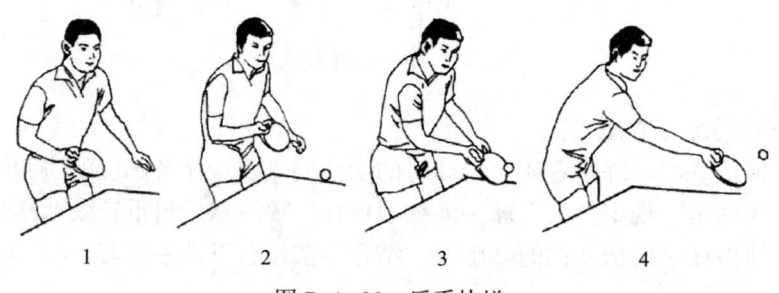

图 7-1-28　反手快搓

（2）慢搓。

① 正手慢搓（图 7-1-29）。

击球前：两脚开立，右脚稍后，两膝微屈，站位近台；引拍时，手臂外旋使拍形稍后仰，前臂向右上方移动，将拍引至身体右侧上方。

击球时：在来球下降前期，上臂带动前臂快速向左前下方挥摆，手腕、手指配合用力，摩擦球的中下部。

击球后：前臂顺势挥摆后，迅速还原成准备姿势。

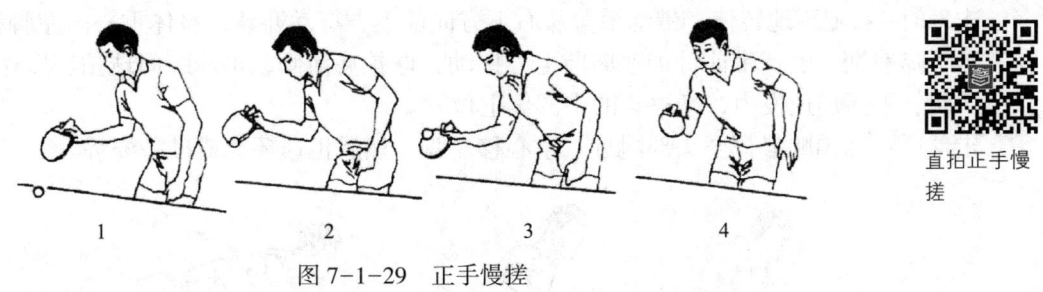

直拍正手慢搓

图 7-1-29 正手慢搓

② 反手慢搓（图 7-1-30）。

击球前：两脚开立，右脚稍前，两膝微屈，站位近台；引拍时，手臂自然弯曲，食指扣拍，使拍形稍后仰，前臂向左上方抬起，手腕内收，将球拍引至左胸前上方。

击球时：在来球下降前期，前臂以肘关节为轴，快速向前下方用力挥摆，手腕、手指配合用力，摩擦球的中下部。

击球后：手臂顺势向前挥摆，然后迅速还原成准备姿势。

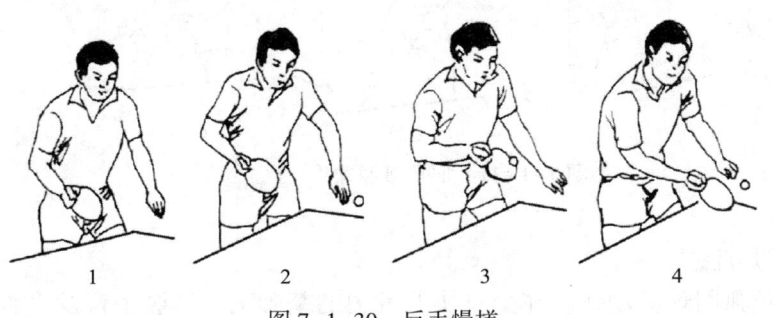

直拍反手慢搓

图 7-1-30 反手慢搓

2. 搓球的练习方法

（1）徒手模仿搓球动作，建立搓球动作的正确概念。

（2）自己向球台抛球，并将球搓回对方球台。

（3）一人发下旋球，一人搓球练习。发球员逐渐增大发球的旋转强度，提高练习者搓球的稳定性。

（4）不定点的发下旋球与搓球练习。

（5）对搓练习。先固定路线，后不定点的无规律练习。

（6）两点搓一点和一点搓多点。

（7）慢搓与快搓相结合的练习。

（八）弧圈球技术及练习方法

1. 弧圈球技术

弧圈球技术可分为加转弧圈球、前冲弧圈球、侧旋弧圈球和反手拉弧圈球等，这里主要介绍加转弧圈球（图 7-1-31）。

击球前：两脚左右开立比肩稍宽，左脚稍前，身体离台稍远，两膝微屈；引拍时，向右侧转体，重心转移至右腿，手臂稍内旋使拍形稍前倾，前臂自然下垂，将球拍引至身体右侧后下方。

击球时：右腿蹬地转体，带动手臂从右下方向前上方挥动迎球，身体重心向左脚移动；在来球下降前期，上臂带前臂加速向前上方挥动，球拍略前倾，击球瞬间球拍速度达到最快，手腕、手指加速发力，摩擦球的中部偏上位置。

击球后：球拍顺势挥至头部附近，重心移左脚，然后迅速还原成准备姿势。

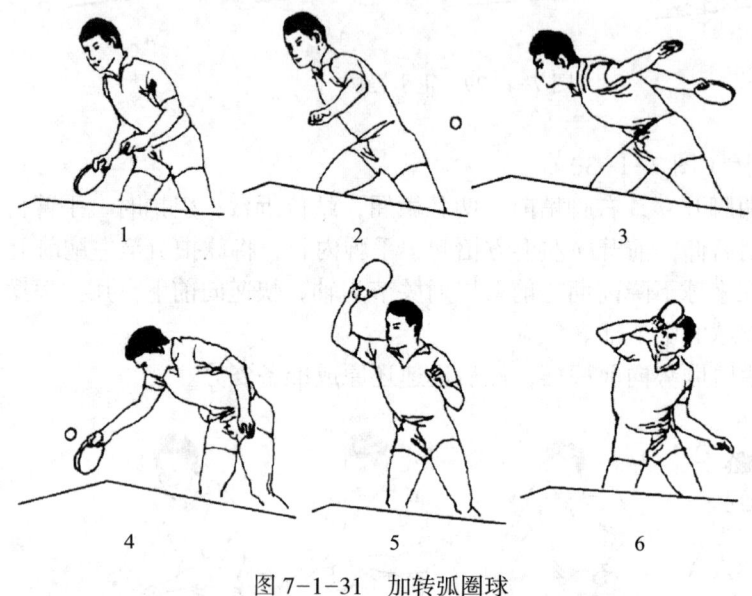

图7-1-31　加转弧圈球

2. 弧圈球的练习方法

（1）徒手模仿拉弧圈球的动作。在全身协调发力的基础上，体会手臂及手腕的发力动作。

（2）对墙自抛自拉进行练习，体会拉弧圈球的动作要点。

（3）一人推挡，另一人连续拉弧圈球。先定点后不定点的练习，在移动中完成动作。

（4）两人对搓，固定一人搓中转拉。

（5）一人发定点下旋球，另一人练习拉弧圈球。

（6）两人对拉弧圈球练习。

（九）削球技术及练习方法

1. 削球技术

（1）近台削球。

① 正手近台削球（图7-1-32）。

击球前：两脚开立略平行，身体离台约60厘米，两膝微屈，重心偏左脚；引拍时，持拍手臂略微外展使拍面角度稍后仰，前臂上提使球拍位置约与肩同高，肘关节自然弯曲，将拍引至身体右侧上方。

击球时：当来球至最高点时，随着身体向左转动，重心向右脚转移，持拍手臂略外旋向左前下方快速发力迎球，手腕随前臂前伸摩擦球的右侧中下部。

击球后：持拍手臂顺势向左前下方挥动，然后迅速还原成准备姿势。

图 7-1-32 正手近台削球

② 反手近台削球（图 7-1-33）。

击球前：右脚稍前，身体离台约 60 厘米，两膝微屈，重心偏左脚；引拍时，持拍手臂略微外展使拍形角度稍后仰，前臂上提使球拍约与肩同高，肘关节自然弯曲，将拍引至身体左侧上方。

击球时：当来球至最高点时，身体向右转动，重心向左脚转移，持拍手臂略内旋向左前下方快速发力迎球，手腕随前臂前伸摩擦球的左侧中下部。

击球后：持拍手臂顺势挥动，然后迅速还原成准备姿势。

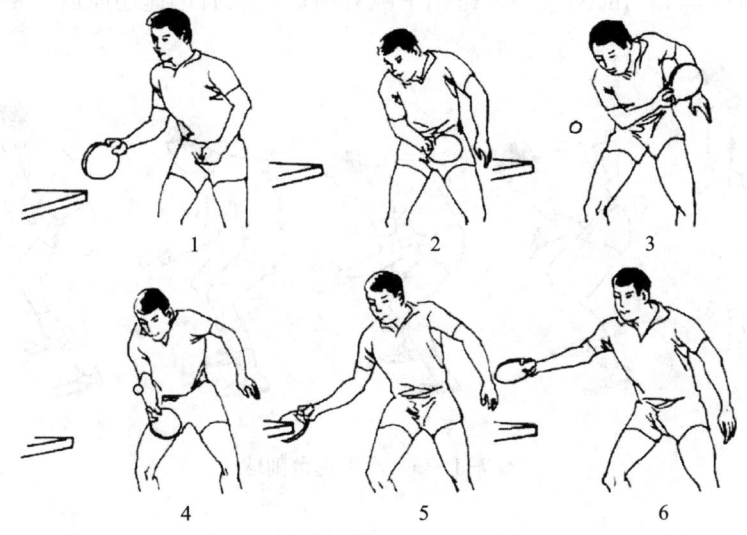

图 7-1-33 反手近台削球

（2）远台削球。

① 正手远台削球（图 7-1-34）。

击球前：左脚在前，身体离台 1 米以外，两膝微屈，收腹，重心置于两脚之间偏右；引拍时，肘关节自然弯曲，手臂上提使球拍置于身体右侧上方，拍形稍后仰。

击球时：当来球处于下降后期，身体向左转，重心转移至左脚，手臂向左前下方迅速发力并外旋，带动手腕前送摩擦球的中下部。

击球后：持拍手顺势前送，然后迅速还原成准备姿势。

图 7-1-34　正手远台削球

② 反手远台削球（图 7-1-35）。

击球前：右脚在前，身体离台 1 米以外，两膝微屈，收腹，重心置于两脚之间偏左；引拍时，肘关节自然弯曲，手臂上提手腕内旋使球拍置于身体左侧上方，拍形稍后仰。

击球时：当来球处于下降后期，持拍手向右前下方挥拍，随之身体向右转，上臂带前臂发力，直握拍手腕作伸，横握拍手腕内收，拍面后仰切击球的后中下部。击球时要加大力量并向前送。

击球后：身体重心向前向右移，持拍手随势前送，然后迅速还原成准备姿势。

图 7-1-35　反手远台削球

2. 削球的练习方法

（1）模仿挥拍练习。

（2）用正、反手削对方发球的练习。

（3）用正、反手连续削对方回球的练习。

（4）削斜线与直线练习。

（5）削、攻结合练习。

三、乒乓球战术

（一）发球抢攻

发球抢攻是快攻类打法力争主动，先发制人的一项主要战术，是比赛的重要得分手段。

（1）侧身用正手（高抛或低抛）发左侧上（下）旋长球到对方左角底线，角度要大，配合近网轻球和直线长球后侧身抢攻。

（2）反手发右侧上（下）旋球到对方正手近网处，配合发反手底线长球，侧身抢攻（两面攻选手运用较多）。

（3）反手发急球、急下旋长球到对方反手或中路，配合近网轻球，迫使对方打对攻或后退削球（擅长推挡的选手运用较多）。

（4）正手发右侧上旋急球（"奔球"）、急下旋长球到对方中路或正手，配合近网轻球，迫使对方打对攻或后退削球。

（5）正手发转与不转短球，配合发长球伺机抢攻。

（二）对攻

对攻是进攻类打法在相互对抗时，力争主动的一种重要手段。主要是发挥其快速多变的特点来调动对方。

（1）紧压反手、结合变线、伺机抢攻，这是具有左半台技术特长的快攻运动员常用的对攻战术。

（2）调右压左，这是对付对方具有推攻（反手攻）和侧身攻特长的一种战术。

（3）加、减力推压中路及两角，伺机抢攻，这是对付两面拉弧圈打法的主要对攻战术。

（4）连压中路或正手，伺机抢攻，这是对付两面攻或横拍反手球较强时所采用的一种战术。

（5）被动防御和"打回头"。在被动时，可采用正、反手远台对攻，宜打相反球路，还可采用放高球战术来防守，并准备随时打回头，变被动为主动。

（三）拉攻

拉攻是对付削球打法的主要战术。

（1）拉反手后侧身突击斜线，然后扣杀中路或两角。这是拉攻的常用战术。侧身斜线是直拍快攻类打法的特长。

（2）拉不同落点突击中路或直线，然后扣杀两大角。中路防守是削球选手的普遍弱点，因为直线线路短，削球手较难还击。

（3）拉对方中路，伺机突击两角再杀空档，这是对付以逼角为主或控制落点较好的削球手所采用的战术。

（4）拉对方正手找机会突击中路后连续扣杀两角。当对方反手削球控制较好或自己不太适应时，可用此战术。

（5）长短球和拉搓相结合伺机扣杀，这是对付稳削打法及一般站位较远时常用此战术。

（6）攻中防御。在拉攻时，遇到对方的反攻，必须加强积极的防御，随时做好对攻的准备。

（四）搓攻

搓攻是快攻类打法对付攻球和削球打法的辅助战术，主要利用搓球的旋转和落点变化，为进攻创造机会。在对付弧圈球时，搓球还要加上速度才能控制对方，使自己抢先拉起或突击；若对方抢先拉起，就会造成被动。

（1）快搓加转短球为主，结合快搓转与不转长球至对方反手或突然搓正手大角，伺机突击或抢先拉起，这是对付攻球打法的搓攻战术。

（2）快搓转与不转至不同落点，伺机突击中路或两角，这是对付削球打法的搓攻战术。

（五）双打战术

双打战术的运用应当根据双打配对的特点来确定，尽量做到各施所长，而且要通过两人的共同合作来实现。常用的双打战术有：

（1）发球抢攻。发球时，根据同伴抢攻的需要和对方接发球的能力，可用手势暗示自己发球的意图，使同伴预先作好准备，争取发球抢攻战术成功。

（2）交叉攻两角或长短结合。让对方在左右或前后移动中击球，伺机突击空档。

（3）紧盯一角突击另一角。把对方两人挤在一边后，再杀相反方向。

此外，根据双打的击球次序规定和双方的技术特点，选准主攻对象，确定谁先接发球，是双打比赛中的一种战略性安排。最好能做到控制较强者，主攻较弱者。

四、乒乓球比赛基本规则

（一）场地与器材

1. 球台

（1）球台的上层表面叫作比赛台面，应为与水平面平行的长方形，长 2.74 米，宽 1.525 米，高 0.76 米。

（2）比赛台面不包括球台台面的垂直侧面。

（3）比赛台面可用任何材料制成，应弹性一致，即当标准球从离台面 30 厘米高处落至台面时，弹起高度应约为 23 厘米。

（4）比赛台面应呈均匀的暗色，无光泽，沿每个 2.74 米的比赛台面边缘各有一条 2 厘米宽的白色边线，沿每个 1.525 米的比赛台面边缘各有一条 2 厘米宽的白色端线。

（5）比赛台面由一个与端线平行的垂直的球网划分为两个相等的台区，各台区的整个面积应是一个整体。

（6）双打时，各台区应由一条 3 毫米宽的白色中线，划分为两个相等的"半区"。中线与边线平行，并应视为右半区的一部分。

2. 球网装置

（1）球网装置包括球网、悬网绳、网柱及将它们固定在球台上的夹钳部分。

（2）球网应悬挂在一根绳子上，绳子两端系在高 15.25 厘米的直立网柱上，网柱外缘离开边线外缘的距离为 15.25 厘米。

（3）整个球网的顶端距离比赛台面 15.25 厘米。

（4）整个球网的底边应尽量贴近比赛台面，其两端应整体与网柱完全相连。

3. 球

（1）球应为圆球体，直径为 40 毫米。

（2）球重 2.7 克。

（3）球用新型塑料材料制成，呈白色、黄色或橙色，且无光泽。

4. 球拍

（1）球拍的大小、形状和重量不限，但底板应平整、坚硬。

（2）底板厚度至少应有 85% 的天然木料，加强底板的黏合层可用如碳纤维、玻璃纤维或压缩纸等纤维材料，每层黏合层不超过底板总厚度的 7.5% 或 0.35 毫米。

（3）用来击球的拍面应用一层颗粒向外的普通颗粒胶覆盖，连同黏合剂厚度不超过 2 毫米；或用颗粒向内或向外的海绵胶覆盖，连同黏合剂厚度不超过 4 毫米。

① "普通颗粒胶" 是一层无泡沫的天然橡胶或合成橡胶，其颗粒必须以每平方厘米不少于 10 颗、不多于 30 颗的平均密度分布于整个表面。

② "海绵胶" 是在一层泡沫橡胶上覆盖一层普通颗粒胶，普遍颗粒胶的厚度不超过 2 毫米。

（4）覆盖物应覆盖整个拍面，但不得超过其边缘。靠近拍柄部分以及手指执握部分可不予以覆盖，也可用任何材料覆盖。

（5）底板、底板中的任何夹层，用来击球一面的任何覆盖物以及黏合层均应为厚度均匀的一个整体。

（6）球拍两面不论是否有覆盖物，必须无光泽，且一面为鲜红色，另一面为黑色。拍身边缘上的包边应无光泽，不得呈白色。

（7）由于意外的损坏、磨损或褪色，造成拍面的整体性和颜色上的一致性出现轻微的差异，只要未明显改变拍面的性能，就可以允许使用。

（8）比赛开始前及比赛过程中运动员需要更换球拍时，必须向对方和裁判员展示他将要使用的球拍，并允许他们检查。

（二）合法发球

（1）发球开始时，球自然地置于不持拍手的手掌上，手掌张开，保持静止。

（2）发球员须用手将球几乎垂直地向上抛起，不得使球旋转，并使球在离开不执拍手的手掌之后上升不少于 16 厘米，球下降到被击出前不能碰到任何物体。

（3）当球从抛起的最高点下降时，发球员方可击球，使球首先触及本方台区，然后越过或绕过球网装置，再触及接发球员的台区。在双打中，球应先后触及发球员和接发球员的右半区。

（4）从发球开始，到球被击出，球要始终在比赛台面的水平面以上和发球员的端线以外；而且不能被发球员或其双打同伴的身体或衣服的任何部分挡住。球一旦被抛起，发球员的不执拍手及其手臂应立即从发球员的身体和球网之间的区域移开。

（5）运动员发球时，应让裁判员或副裁判员看清他是否按照合法发球的规定发球，且裁判员或副裁判员均可判定发球违例。

（6）如果裁判员或副裁判员对发球的合法性不确定，在一场比赛中第一次出现时，可以中断比赛并警告发球方。但此后如该运动员或其双打同伴的发球不是明显合法，将被判发球违例。

（7）无论是否第一次或任何时候，只要发球员明显没有按照合法发球的规定发球，无须警告，应判接发球方得一分。

（8）运动员因身体伤病而不能严格遵守合法发球的某些规定时，可由裁判员作出决定免于执行。

（三）合法还击

对方发球或还击后，本方运动员必须击球，使球直接越过或绕过球网装置，或触及球网装置后，再触及对方台区。

（四）比赛次序

（1）在单打中，首先由发球员合法发球，再由接发球员合法还击，然后两者交替合法还击。

（2）在双打中，首先由发球员合法发球，再由接发球员合法还击，然后由发球员的同伴合法还击，再由接发球员的同伴合法还击。此后，运动员按此次序轮流合法还击。

（五）重发球

（1）回合中出现下列情况应判重发球：

① 如果发球员发出的球，在越过或绕过球网装置时触及球网装置，此后成为合法。

② 发球被接发球员或其同伴阻挡。

③ 如果接发球员或接发球方未准备好时，球已发出，而且接发球员或接发球方没有企图击球。

④ 由于发生了运动员无法控制的干扰，而使运动员未能合法发球、合法还击或遵守规则；裁判员或副裁判员暂停比赛。

⑤ 在双打时，运动员错发、错接。

（2）可以在下列情况下暂停比赛：

① 由于要纠正发球、接发球次序或方位错误。

② 由于要实行轮换发球法。

③ 由于警告或处罚运动员或指导者。

④ 由于比赛环境受到干扰，以致该回合结果有可能受到影响的。

（六）一分

除被判重发球的回合，出现下列情况运动员得一分。

（1）对方运动员未能合法发球。

（2）对方运动员未能合法还击。

（3）运动员在合法发球或合法还击后，对方运动员在击球前，球触及除球网装置以外的任何东西。

（4）对方击球后，该球没有触及本方台区而越过本方端线。

（5）对方阻挡。

（6）对方故意连续两次击球。

（7）对方用不符合条款的拍面击球。

（8）对方运动员或其穿戴的任何东西使球台移动。

（9）对方运动员或其穿戴的任何东西触及球网装置。

（10）对方运动员不执拍手触及比赛台面。

（11）双打时，对方运动员击球次序错误。

（12）执行轮换发球法时，接发球方完成了13次合法还击。

（七）一局比赛

在一局比赛中，先得11分的一方为胜方。10平后，先多得2分的一方为胜方。

（八）一场比赛

（1）一场比赛由奇数局组成。采用三局两胜制或五局三胜制或七局四胜制。

（2）一场比赛应连续进行，但在局与局之间，任何一名运动员都有权要求不超过一分钟的休息时间。

（九）发球、接发球次序和方位

（1）选择发球、接发球和方位的权力应由抽签来决定。中签者可以选择先发球或先接发球，或先在某一方位。

（2）当一方运动员选择了先发球或先接发球或先在某一方位后，另一方运动员必须有另一个选择。

（3）在获得每2分之后，接发球方即成为发球方，以此类推，直至该局比赛结束，或者直至双方比分都达到10分或实行轮换发球法，这时，发球和接发球次序仍然不变，但每人只轮发一分球。

（4）在双打第一局比赛中，先发球方确定第一发球员，再由先接发球方确定第一接发球员。在以后的各局比赛中，第一发球员确定后，第一接发球员应是前一局发球给他的运动员。

（5）在双打中，每次换发球时，前面的接发球员应成为发球员，前面的发球员的同伴应成为接发球员。

（6）一局中首先发球的一方，在该场下一局应首先接发球。在双打决胜局中，当一方先得5分时，接发球方应交换接发球次序。

（7）在一局中，在某一方位比赛的一方，在该场下一局应换到另一方位。在决胜局中，一方先得5分时，双方应交换方位。

（十）轮换发球法

如果一局比赛进行到10分钟仍未结束，双方都已获得至少9分时除外，或者在此之前任何时间应双方运动员要求，应实行轮换发球法。

（1）如果一局比赛比分已达到18分，将不实行轮换发球。

（2）当时限到且须实行轮换发球时，球处于比赛状态，裁判员应立即暂停比赛，由被暂停回合的发球员发球，继续比赛；如果实行轮换发球时，球未处于比赛状态，应由前一回合的接发球员发球，继续比赛。

（3）每位运动员都轮发一分球，直至该局结束。如果接发球方进行了13次合法还击，则判接发球方得一分。

（4）轮换发球一经实行，该场比赛的剩余部分必须继续实行，直至该场比赛结束。

（十一）次序和方位错误

（1）裁判员一旦发现发球、接发球次序错误，应立即暂停比赛，并按该场比赛开始时确立的次序，按场上比分由应该发球或接发球的运动员发球或接发球；在双打中，则按发现错误时那一局中首先有发球权的一方所确立的次序进行纠正，继续比赛。

（2）裁判员一旦发现运动员应交换方位而未交换时，应立即暂停比赛，并按该场比赛开始时确立的次序按场上比分运动员应站的正确方位进行纠正，再继续比赛。

（3）在任何情况下，发现错误之前的所有得分均有效。

（十二）间歇

（1）在局与局之间，有不超过 1 分钟的休息。

（2）在一场比赛中，双方各有一次不超过 1 分钟的暂停。

（3）每局比赛中，每得 6 分球后，或决胜局交换方位时，有短暂的时间擦汗。

>>> 知识窗

乒乓球运动的安全提示

（1）肩关节易受伤。训练时应采取各种技术穿插训练的方法，注意不要太长时间重复一个动作，预防肩关节受伤。

（2）腰部、膝关节、踝关节、肘关节、腕关节、指关节易受伤。应加强体能训练，尤其是腰腹、上下肢的小肌肉群力量练习；运动后及时放松，能预防对这些关节的伤害。

第二节　羽毛球运动

一、羽毛球运动概述

（一）羽毛球运动的起源和发展概况

现代羽毛球运动起源于英国。1873 年，在英国格拉斯哥附近的伯明顿庄园里举办了一次游园活动。由于下雨，大家只好聚在室内。当时有位退役的军官将"浦那游戏"介绍给了大家，由于这项游戏的趣味性强，参与者个个尽兴而归，于是这项游戏活动便逐渐风行起来，并以"伯明顿"命名。英语中的羽毛球运动名称"badminton"便由此而得。

1875 年，世界上第一部羽毛球规则在印度拟定，但由于世界各地的人们对这项运动的见解不一，因此各地所制定的规则和场地也不一样。1878 年，英国人制定了渐趋完善和统一的比赛规则。1899 年，英国羽毛球协会举办了首届全英羽毛球锦标赛。此后，每年 3 月在伦敦举办一次，一直沿袭至今。

20 世纪 20 年代初，羽毛球运动传入我国。新中国成立前，只在上海、广州、北京、天津等城市的教会学校开展过羽毛球运动。1954 年，新中国组建了国家羽毛球队。1959 年 9 月，在第一届全运会上，羽毛球被列为正式比赛项目。

在羽毛球健儿们的共同努力下，我国的羽毛球运动取得了令人瞩目的成绩。在 1978 年第八届亚运会上，获得了男子团体第二名和女子团体冠军。1979 年，在杭州举办的第一届世界杯羽毛球比赛和第二届世界羽毛球锦标赛，我国运动员取得了男、女团体，男、女单打和男子双打共五项冠军。

　　此后，我国羽毛球队在国际团体、单项赛上取得优异的成绩，展示了中国羽毛球队的实力，充分证明了我国羽毛球运动已进入世界强者的行列。

王文教：新中国羽毛球事业的"拓荒者"

　　20世纪50年代初，我国的羽毛球水平处于起步阶段。当时的印度尼西亚华侨王文教已是印度尼西亚家喻户晓的羽毛球明星。1953年，王文教随印度尼西亚体育观摩团参加了在天津举办的全国四项球类运动会，正是这次比赛，让他意识到中国羽毛球与世界顶尖水平的差距，他下定决心要回国执教，这意味着他不仅要放弃优越的生活条件和已经取得的荣誉地位，而且要与生活在印度尼西亚的亲人分别。

　　1954年，王文教与搭档陈福寿等华侨青年一起，踏上了归国的旅程。为此，他们让中国羽毛球迎来了加速发展的春天。执教20余载，王文教培养出杨阳、赵剑华、李永波、田秉毅等一大批羽毛球人才，可谓桃李满天下。在他执教期内，中国羽毛球队一共获得56个单打世界冠军和9个团体世界冠军，他的爱国情怀、为国争光的精神，激励着中国羽毛球队年轻一代，向着中国体育新的辉煌前进。

　　（二）羽毛球运动的特点与锻炼价值

　　1. 羽毛球运动的特点

　　羽毛球运动具有球轻、速度快、变化多的特点。羽毛球运动在室内外都可以进行，运动量可大可小，不同年龄、不同性别、不同身体条件的人均可参加此项活动。它可由两人组成单打比赛，四人组成双打比赛，也可由不同性别组成男女混合双打比赛。羽毛球运动是我国广大人民群众和少年儿童所喜爱的体育项目之一，它具有广泛的群众性。

　　2. 羽毛球运动的锻炼价值

　　（1）提高身体素质。

　　参加羽毛球比赛或训练，要在场地上不停地移动、跳跃、转体、挥拍，合理地运用各种击球技术和步法在场上对击。因此，有助于发展上肢、下肢和腰部肌肉的力量，提高耐力、协调性和灵敏性等身体素质。

　　（2）提高身体机能，增强体质。

　　羽毛球运动的运动量可根据个人的年龄、体质、运动水平及场地环境来调节。青少年参加羽毛球运动，可作为促进生长发育、提高身体机能的手段，运动量宜为中强度，活动时间以40~50分钟为宜。老年人和体弱者运动量宜适度减小，活动时间以20~30分钟为宜，达到增强心血管和神经系统的功能目的，以增强体质。

　　（三）羽毛球主要赛事简介

　　1. 汤姆斯杯

　　在1939年国际羽联理事会上，决定举行世界男子羽毛球团体比赛。时任国际羽联主席的乔治·汤姆斯向赛事委员会捐赠一只奖杯，因此此项比赛被命名为"汤姆斯杯"。从1984年起，此赛事改为每两年举行一次，比赛分为预赛、半决赛和决赛三个阶段。

　　汤姆斯杯比赛曾经采用九场五胜制，即五场单打、四场双打，分两天进行。1984年后比赛改为五场三胜制，即三场单打，两场双打。

2. 尤伯杯

尤伯全名为贝蒂·尤伯，是英国 20 世纪 30 年代著名女子羽毛球选手。在 1956 年国际羽联理事会上，她正式向国际羽联捐赠纪念杯，即现在的尤伯杯。尤伯杯赛又称为"世界女子羽毛球团体锦标赛"。尤伯杯赛制同汤姆斯杯赛一样，1982 年以前是每三年举行一次，比赛采用七场四胜制。自 1984 年开始，改为每两年举行一次，比赛采用五场三制。

1981 年，国际羽联和世界羽联合并为世界羽毛球联合会（以下简称"世界羽联"）时，决定将尤伯杯赛与汤姆斯杯赛在同时同地举行，并相应改为每两年举行一届。

3. 世界羽毛球锦标赛

世界羽毛球锦标赛是世界羽联在继汤姆斯杯、尤伯杯赛后，为了适应世界羽毛球运动日益发展的需要而设立的个人单项赛事。此项赛事只进行 5 个单项的比赛，即男子单打、女子单打、男子双打、女子双打和混合双打项目冠军获得金牌，亚军获得银牌，半决赛的负者获得铜牌。

1988 年，世界羽联决定世界羽毛球单项锦标赛与新设立的苏迪曼杯赛同时同地举行。国际羽联根据当时的世界排名，邀请每个项目中的前 16 名（对）运动员直接参加比赛。

4. 苏迪曼杯

苏迪曼杯是印度尼西亚羽毛球协会代表本国人民向世界羽联捐赠的一座奖杯。1986 年，在世界羽联理事会上第一次提出了举行混合团体赛的建议。1988 年，世界羽联接受并指定了混合团体赛与单项锦标赛同时举行的事宜，并决定将苏迪曼杯作为混合团体赛的冠军奖杯。1989 年，在印度尼西亚同时举行了第一届苏迪曼杯赛和第六届世界羽毛球单项锦标赛，同时规定此项比赛每两年举行一届，逢双数年进行汤姆斯杯、尤伯杯赛，逢单数年进行苏迪曼杯赛。

>>> 知识窗

如何检验羽毛球质量

站在端线外，用低手向前上方全力击球，球的飞行方向须与边线平行。一个具有正常速度的球，应落在离对方端线 530～990 毫米的区域内。

二、羽毛球技术

（一）握拍法（均以右手握拍为例）

羽毛球拍的握拍方法有正手握拍法和反手握拍法两种。

1. 正手握拍法

正手握拍法又称"握手"式握拍法。握拍时先用左手拿住球拍杆，使拍面与地面垂直，再张开右手，使虎口对着球拍拍框的内侧，手掌小鱼际肌靠在球拍柄端，小指、无名指、中指自然并拢，食指和中指稍分开，大拇指的内侧和食指贴在拍柄的两个宽面，将球拍柄握住。握拍时掌心不要贴紧拍柄，要使掌心与拍柄保持一定的空隙（图 7-2-1）。

正手发球、身体右侧的放网前球、击肩下球和肩上球及头顶击球等一般都采用正手握拍法。

2. 反手握拍法

反手握拍法是在正手握拍的基础上，将大拇指伸直用其第一指节内侧顶点贴在拍柄内侧的宽面上，食指收回，与拇指同高（或略高），用大拇指和食指将球拍稍向外转，中指、无名指、小指紧握拍柄，拍柄端靠近小指根部。握拍手心与拍柄之间留有空隙，以便能充分利用手腕力量和大拇指的内侧压力击球（图7-2-2）。

图 7-2-1　正手握拍法

图 7-2-2　反手握拍法

（二）发球技术及练习方法

1. 发球技术

羽毛球运动的发球技术，按动作分为正手发球和反手发球。按球在空中飞行的弧线可分为发高远球、发平高球、发平快球和发网前短球（图7-2-3）。按比赛项目则分为单打发球和双打发球。这里主要介绍正手发高远球、发平高球和发平快球。

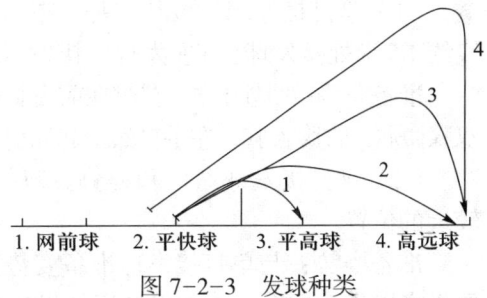

图 7-2-3　发球种类

（1）正手发高远球。发高远球主要是把球发得又高又远，使球飞行到对方底线上空时，几乎垂直下落，球的落点在对方场内端线附近。

动作方法：站位与准备姿势见上所述。发球时，重心由后脚前移至前脚，持球手松开使球自然下落，紧接着持拍手臂前臂由后上方经下方、侧下方，向前上方挥拍。球拍触球前刹那，小臂带动手腕向前上方"闪动"，手紧握拍柄，利用手腕、手指爆发力使拍面的前半部击球。击球瞬间，拍面正对出球方向，击球点在发球员的右前下方。球拍击球后随惯性向左侧上方继续挥摆。出球飞行弧度与地面仰角一般大于45°（图7-2-4）。

正手发高远球

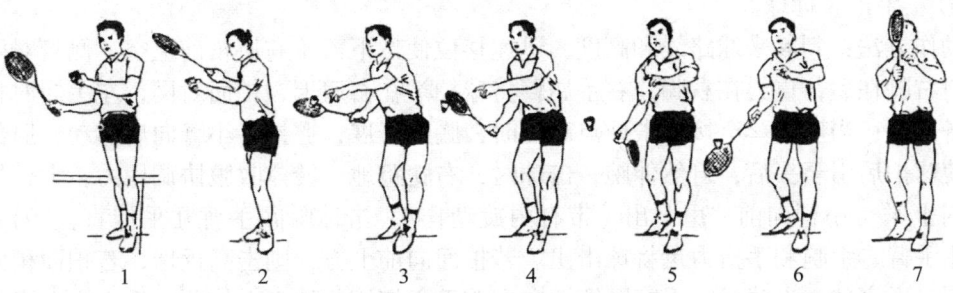

图 7-2-4　正手发高远球

（2）正手发平高球。

动作方法：站位与准备姿势同发高远球。挥拍击球时不要紧握拍柄，利用小臂挥动力量带动手腕、手指向前上方击球。拍面稍向前倾，使出球仰角小于45°，球运行到制高点后逐渐下落至对方场内端线附近。

（3）正手发平快球。

动作方法：准备姿势同发高远球，站位稍靠后些。击球瞬间紧握球拍柄，利用小臂挥动力量带动手腕、手指力量快速向前击球，拍面仰角小于30°，使球越网而过直插后场，向对方反手部位或空当飞行。

2. 发球练习方法

（1）徒手模仿发球动作。

（2）两人一组，正手发高远球练习。

（3）两人一组，正手发平高球练习。

（4）两人一组，正手发平快球练习。

（三）接发球技术及练习方法

1. 接发球技术

（1）单打接发球站位和姿势。在右发球区接发球时，运动员应站在靠中线、离前发球线约1.5米处接发球；在左发球区接发球时，运动员则应站在该发球区内的中间位置接发球。

准备姿势：两脚开立，左脚在前右脚在后；身体侧身对网，重心在前脚，后脚脚跟稍离地，双膝微屈，收腹含胸，左手自然抬起屈肘，右手持拍于右身前，思想集中，两眼注视对方。

（2）双打接发球站位和姿势。双打比赛接发球员接发球可在接发球区内离前发球线较近的位置。

准备姿势：与单打接发球准备姿势基本相同，身体重心可随意放在任何一脚上，球拍要举高以争取主动。在右发球区接发球时要注意防备发球员采用发平快球突袭反手部位。

2. 接发球练习方法

（1）两人一组，一人发高远球，另一人用平高球、吊球或杀球还击。

（2）两人一组，一人发网前球，另一人用平高球、高远球、发网前球或平推球还击。

（3）两人一组，一人发正手发平快球，另一人用推球、平高球还击。

（四）击球技术及练习方法

1. 击高远球技术及练习方法

（1）击高远球技术。

① 正手击高远球。

动作方法：判断来球路线和高度，迅速移位使球下落于右肩稍前上空，侧身对网，左脚在前右脚在后，重心在右脚；右手屈臂将球拍举在右肩上，拍面对网，左手屈肘自然举起准备击球；当球下落至接近击球点高度时，胸部舒展，握拍手小臂向后移动，肘部自然抬起使球拍后引至头后，自然伸腕；击球时，右腿蹬地，转体收腹协调用力，大臂带动小臂送肘上举，小臂向前"甩"出（带有内旋动作），击球瞬间手臂几乎伸直，"闪"动手腕，用手臂、手腕和手指力量将球击出。若拍面向前上方，则击高远球、若拍面稍向前上方，则击平高球。击球后，手臂顺惯性向右前下方挥摆收拍于上体前，重心由右脚移至左脚（图7-2-5）。

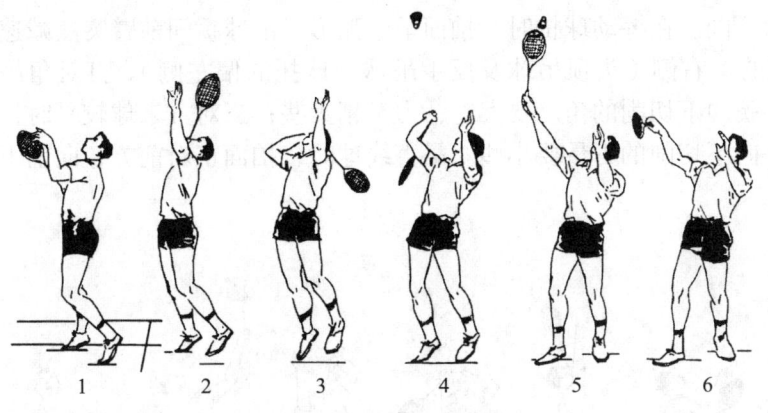

图 7-2-5　正手击高远球

② 反手击高远球。

动作方法：判断来球路线和高度，迅速移位，最后一步右脚前交叉向左侧底线跨出，背部向网，重心在右脚，举拍于左胸前，双膝微屈准备击球；击球时，下肢由屈到伸用力，持拍手肘关节举高用大臂支撑，当球在右侧上空下落时，大臂带动小臂把肘关节上举与肩同高，以肘关节为轴，小臂伸直并外旋，以小臂带动手腕、手指力量"闪"动，在右侧上方向后击球。击球后迅速转体面向网（图 7-2-6）。

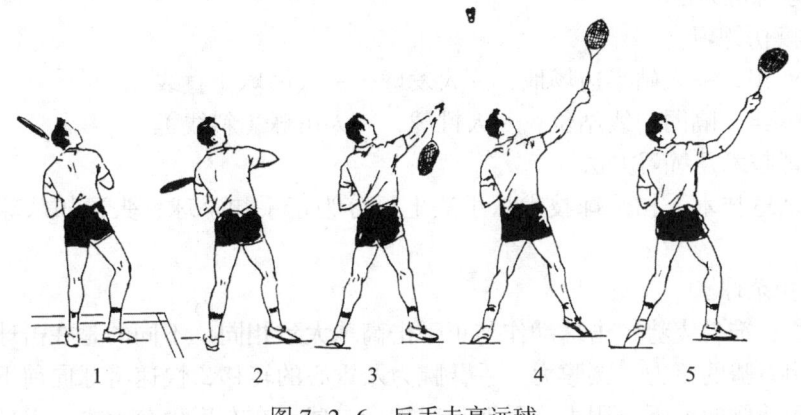

图 7-2-6　反手击高远球

（2）击高球练习方法。

① 徒手模仿练习。

② 结合球与球拍进行尝试性练习。

③ 两人一组，半场练习。一人发高远球，一人击高远球。

2. 吊球技术及练习方法

（1）吊球技术。根据来球的不同路线和高度，吊球可采用正手或反手、高手或低手来打。高手吊球按球的飞行弧线和击球动作的不同可分为劈吊、轻吊和拦截吊三种（图 7-2-7）。

动作方法：准备姿势与击高球、扣杀球相

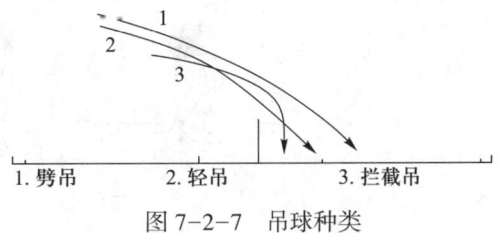

图 7-2-7　吊球种类

似，只是击球时用力不同。在挥动球拍时，拍面呈半弧形，击球瞬间前臂突然减速，快速"闪"动手腕击球托的偏右侧（头顶吊球及反手吊球击球托的偏左侧）。打对角吊球，当对方来球较高时，手腕向下切削的角度要大些，力量稍大些；当对方来球较平时，手腕向前推的动作要大些，向下切削的力量要小些。吊直线球时，拍面正对前方，向前下压（图7-2-8）。

正手吊球（后场）

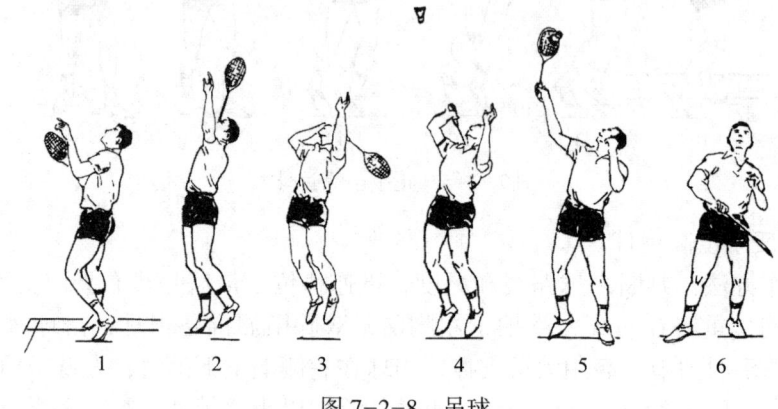

图 7-2-8 吊球

（2）吊球练习方法。

① 徒手模仿练习。

② 两人一组，一人站半边场地，一人发球，一人吊球（直线）。

③ 两人一组，隔网斜线站位，一人挑球，一人吊球（斜线）。

3. 扣杀球技术及练习方法

（1）扣杀球技术。扣杀球技术从手法上可分为正手扣杀球、头顶扣杀球和反手扣杀球三种。

① 正手扣杀球。

动作方法：准备姿势、击球动作与正手击高球大致相同，不同的是在击球瞬间须用全力，充分利用右腿的蹬力、腰腹力、手臂腕力及重心的转移，快速将球向前下方击出。球拍触球时拍面前倾向前下方用力，手握紧球拍，击球点在右肩稍前上方。击球后，球拍随惯性向左下方摆动，身体重心由右脚移至左脚（图7-2-9）。

正手扣杀球
（后场）

图 7-2-9　正手扣杀球

② 头顶扣杀球。

动作方法：准备姿势、击球动作与头顶击高球相似。当球恰好落在头顶上空或左肩上空适当高度时，持拍手臂向上举拍并绕头由左肩上突然加快小臂、手腕的"闪"动并下压，同时右脚向左后方蹬地跳起，左脚后撤，身体成背弓形，利用腰腹力和手部力量协调地向前下方用力将球击出。左脚着地时，要快速蹬地起步回位，准备回击下一个来球。

③ 反手扣杀球。

动作方法：准确判断对方来球，迅速移动步法到合适的击球位置，最后一步右脚向左后侧跨出，背对球网，反手握拍，持拍手屈臂将球拍举至左肩上方准备击球。当球落到右肩上方适当高度时，肘关节向上举高，以肘关节为轴，用左脚蹬地，展腰收腹，肩带动大臂、小臂、手腕、手指的力量，快速向后击球。击球瞬间握紧球拍，手腕快速用力向前下方扣压。

（2）扣杀球练习方法。

① 手持羽毛球站在半场内区，模仿扣球的方法向对方场区下压掷球。

② 练习者站在半场区，陪练者发半场高球，练习者做扣球练习。

③ 一防一攻。如果陪练者有较强的挑球能力，可进行"挑—扣—挑"的连续练习，也可按"扣球——般挡球—回击高远球—扣球"的顺序进行练习。

4. 网前击球及练习方法

网前击球技术包括搓球、推球、钩球、扑球和被动放网前球等。

（1）网前击球技术。

① 网前搓球。

a. 正手搓球。

动作方法：左脚蹬地，右脚向网前跨成弓箭步，侧身对网，重心在右脚。持拍手臂向前伸出，出手要快，握拍手腕、手指自然放松。击球时，前臂稍外旋，拍面与球网成斜面向前。用手指控制好拍面并发力，使搓出的球尽可能贴网而过（图 7-2-10）。

挥拍时，腕部由展腕至收腕闪动，带动手指向前"切削"，搓击球托侧底部，球呈下旋翻滚过网；或腕部由收腕至展腕闪动，带动手指离网"提拉"，搓击球托侧底部，球呈上旋翻滚过网。

正手搓球

图 7-2-10 正手搓球

反手搓球

b. 反手搓球。

动作方法：上网步法要快，左脚蹬地，右脚向网前跨成弓箭步，侧身背对网，重心在右脚，握拍手臂向前伸出，出手要快，手腕、手指自然放松，前臂稍上举，手腕前屈，握拍手部高于拍面，反拍迎球。击球时，主要靠前臂的前伸外旋和手腕由内收至展腕的合力，带动手指离网"提拉"；搓击球托的侧底部，使球呈上旋翻滚过网。

在进行搓球时要注意用手指控制拍面，用手指发力，击球点要高且近网，搓出的球要尽可能贴近球网，旋转翻滚性能越强，对方回击就越困难。

② 网前推球。网前推球技术有正手推球和反手推球两种。

a. 正手推球。

动作方法：准备姿势与网前搓球相似。击球前，肘关节微屈回收，小臂稍外旋。手腕后伸，球拍向后摆。此时，小指和无名指稍松开，使拍柄稍离鱼际肌。击球时，身体稍前移，小臂前伸并带内旋，手腕、手指控制拍面角度，手腕由后伸直闪动，食指前压，小指、无名指突然握紧拍柄。球拍急速推击球，球沿边线飞向对方后场底角。击球瞬间，拍面几乎与球网平行（图 7-2-11）。

b. 反手推球。

动作方法：准备姿势与反手网前搓球相似。准备击球时，小臂向左胸前收引，屈肘屈腕。击球时，小臂前伸略带外旋，手腕由屈到伸闪动，中指、无名指和小指突然握紧拍柄，大拇指顶压，向前挥拍，推击球托侧底部，将球推击到对方后场底线。

③ 网前扑球。网前扑球有正手扑球、反手扑球，扑球路线有直线、斜线和扑追身球三种。

a. 正手扑球。

动作方法：准确判断来球路线和高度，快速蹬步上网，身体右侧扑向网，球拍随手臂向右前伸斜上举，正拍朝前。准备击球时，小臂外旋，手腕关节后伸，小指、无名指稍松开，使拍柄离开鱼际肌。击球时，手腕由后伸到屈腕闪动，利用小臂、手腕和手指力量向

图 7-2-11　网前正手推球

前下方"闪"击球，球拍触球后立即收回；或靠手腕由右前向左前"滑动"式挥拍扑球，以免球拍触网违例。扑球后，球拍随手臂向右侧前下方回收（图 7-2-12）。

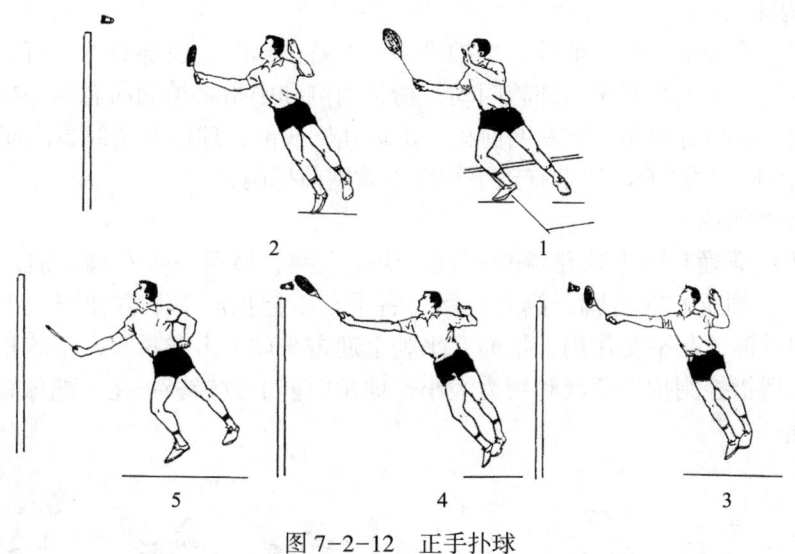

图 7-2-12　正手扑球

b. 反手扑球。

动作方法：反手握拍于左侧前，当身体向左侧前方跃起时，持拍手小臂前伸上举，手腕外展，拍面正对来球。击球时，手臂伸直，手腕由外展到内收闪动，手握紧拍柄，拇指顶压，加速挥拍扑击球。击球后即刻屈肘，球拍回收。

④ 网前钩球。钩球有正手钩球、反手钩球两种。

a. 正手钩球。

动作方法：看准来球快速上网，侧身对网，重心落在右脚上。握拍小臂前伸稍有外旋，手腕稍后伸，手腕、手指自然放松。拍柄稍向外捻动，拇指贴在拍柄宽面，食指第二指节贴在拍柄背面宽面，拍柄不触掌心。击球时，小臂稍内旋，手腕由稍后伸至内收闪腕，肘部略回收，拍面朝对方右网前拨击球托侧底部，球沿网的对角线飞越过网（图 7-2-13）。

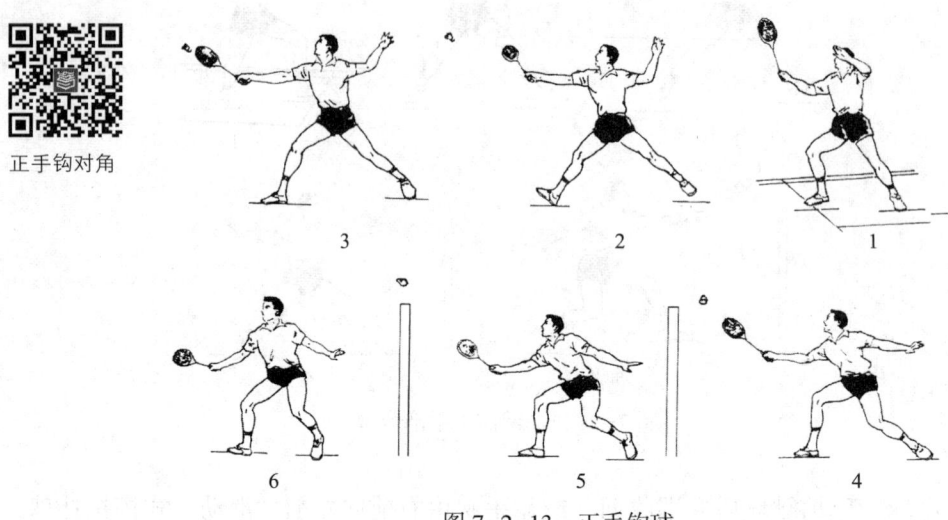

正手钩对角

3　　　2　　　1

6　　　5　　　4

图 7-2-13　正手钩球

b. 反手钩球。

动作方法：看准来球手臂前伸，球拍平举。准备击球时，肘部突然下沉，同时小臂略外旋。击球瞬间，手腕由屈腕到伸腕闪动，拇指内侧和中指将拍柄向右侧一拉，其余手指突然握紧拍柄，球拍背面朝对方左网前拨，击球托侧底部，球沿对角线越网而过。

⑤ 放网前球。放网前球技术有正手和反手放网前球两种。

a. 正手放网前球。

动作方法：准确判断来球路线和落点，快速上网，最后一步右脚在前，左脚在后成弓箭步，上体前倾重心在右脚，侧身对网。右手正手握拍向前下方伸臂，小臂外旋，展腕，左臂自然后伸，起平衡作用，拍面几乎朝上迎击来球。击球瞬间，手腕稍内屈轻轻闪动，食指和大拇指控制拍面角度和用力大小，球拍向前上方轻轻一托，把球轻击送过球网（图 7-2-14）。

正手放网前
球

4　　　3　　　2　　　1

图 7-2-14　正手放网前球

b. 反手放网前球。

动作方法：准确判断来球路线和落点，快速向左前侧上网，最后一步右脚在前，左脚在后成弓箭步，侧背对网，上体前倾重心在右脚。右手反手握拍向前下方伸臂，小臂内旋，展腕，左臂自然后伸，从维持平衡，拍面几乎朝上迎击来球。击球瞬间，腕部伸腕轻闪动，食指和拇指控制拍面角度和用力大小，球拍向前上方轻轻一托，把球轻击送过球网。

放网前球时，如遇对方上网封堵网前，则可改放对角线网前球，避开对方的扑杀。

（2）网前击球练习方法。

① 徒手模仿动作练习。

② 两人一组，一人抛球，一人上网进行搓球、推球、扑球、钩球、放网前球练习。

③ 水平较高的同学，可两人站网前进行连续搓球练习。

④ 原地一人掷多球，一人练习网前推球、扑球、钩球、放网前球技术。

⑤ 在原地挑球水平提高的同时，采用一对一掷多球进行移动中各种网前球练习。

5. 基本步法

（1）垫步。当左（右）脚向前（后）迈出一步后，紧接着以同一脚向同一方向再迈一步，为垫步。垫步一般用来调整步距。

（2）交叉步。左右脚交替向前、向侧或向后移动为交叉步。

（3）小碎步。较碎、较小的步子为小碎步。由于步幅小、步频快，一般在起动或回动起始时用。

（4）并步。右脚向前（或向后）移动一步时，左脚即刻向右脚跟并一步，紧接着右脚再向前（向后）移一步，称为并步。

（5）蹬转步。以一脚为轴，另一脚做向后或向前蹬转迈步。

（6）蹬跨步。在移动的最后一步，左脚用力向后蹬的同时，右脚向球的方向跨出一大步，称为蹬跨步。它多用于上网击球，在向后场底线两角移动做抽球时也常采用。

（7）腾跳步。起跳腾空击球的步法为腾跳步。它可分为两种，一种是在上网扑球或向两侧移动突击杀球时，以领先的脚（或双脚）起跳，做扑球或突击杀球。另一种是对方击来高远球时，用右脚（或双脚）起跳到最高点时杀球。

三、羽毛球战术

（一）单打基本战术

1. 发球战术

根据对方的站位、反击能力、接发球路线和思想状态等因素，有意识、有目的地采用多变的发球战术，争取由发球开始就掌握场上的主动权，为自己创造进攻的机会。这种战术用于对付经验不足和防守能力较差的选手比较有效。

2. 接发球战术

接发球要力争不让对方有直接进攻的机会，把球回击到远离对方所站的位置的落点上；或者回击到对方移动的方向相反的位置上；或者回击到对方技术薄弱的环节上，迫使对方被动回球。发球抢攻战术一般以发网前球结合发平快球、平高球开始，如果对方接发球质量较差时，第一拍就主动进攻。

3. 压后场战术

对后场还击能力较差的对手，可以攻对方后场底线两角（尤其是反手场区），待回球质量差时发起进攻，或乘对方注意力只顾及后场时突然吊网前球。

4. 攻前场战术

对网前技术较差的对手，可以攻对方后场底线两角（尤其是反手场区），待回球质量差时发起进攻，或对方勉强回击成高球时进攻其后场。

5. 四方球结合突击战术

如果对手步法较慢，体力较差，技术又欠全面，可以平高球压对方后场底线两角和吊对方网前两角调动对方，当对方回球质量差或站位不当时发动进攻。

（二）双打的战术

1. 发球与接发球战术

双打发球应以发 1、2 号区的低球为主，以避免接发球下压进攻；发一些 3、4 号区的平高球，平高球应突然发向接球员接球能力最薄弱的部位。接发球时，如果对方发网前球弧线较高，最好能快速上网扑杀；不能扑杀的则争取以搓、推技术回击，迫使对方向上挑球，为后场进攻创造机会。

2. 发球抢攻战术

应以发网前球为主，结合运用平快球、平高球，抓住对方接发球的习惯性球路和弱点，抓住战机，突击或封网扑杀。

3. 攻中路战术

当对方采用左右并列站位时，中间的位置是同伴双方容易出现矛盾的地方，可攻其中路，乱其阵脚，伺机制胜。

4. 避强打弱战术

如果对方二人的技术水平悬殊，可重点进攻弱者。如果强者争打来球，场上必将会出现较大的空档，可乘虚击之。

四、羽毛球比赛基本规则

（一）比赛场地与器材

1. 场地

球场长 13.4 米，宽 6.1 米（双打）、5.18 米（单打），用宽 40 毫米的线画出。网柱高 1.55 米。场地中间的网高 1.524 米，网宽 0.76 米。参加比赛的双方运动员分别站在各自的场区。不论进行的是双打比赛还是单打比赛，网柱及其支撑物不得伸入场内。

2. 羽毛球

羽毛球可由天然材料、人造材料或用它们混合制成。羽毛长 62~70 毫米。但每一个球的羽毛从托面到羽毛尖的长度应一致。羽毛顶端围成圆形，直径为 58~68 毫米。羽毛应用线或其他适宜材料扎牢。球托直径 25~28 毫米，底部为球形。羽毛球重 4.74~5.50 克。

3. 球拍

球拍由拍柄、排弦面、拍头、拍杆、连接喉组成整个框架。球拍总长不超过 68 厘米，宽不超过 230 毫米。一个好的球拍连接拍头和拍杆的 T 字区并不明显。高档的连体羽毛球拍上的 T 字区包含在拍框中。

（二）竞赛规则

1. 掷挑边器

（1）比赛前，双方应掷挑边器。赢的一方将在先发球或先接发球和场区之间进行选择。

（2）输方在余下的一项中作出选择。

2. 计分

（1）一场比赛以三局两胜定胜负。

（2）采用每球得分制。

（3）每局比赛先得 21 分者获胜，当比分出现 20 平时，先胜两球者获胜，但比分为 29 平时，先满 30 分者获胜。

3. 交换场区

以下情况运动员应交换场区：第一局结束；第三局开始前；第三局中或只进行一局的比赛中，当领先的一方得分为 11 分时。

4. 发球

（1）合法发球。

① 发球时任何一方都不允许非法延误发球。

② 发球员和接发球员都必须站在斜对角发球区内发球和接发球，脚不能触及发球区的界线；两脚必须都有一部分与地面接触，不得移动，直至将球发出。

③ 发球员的球拍必须先击中球托，与此同时整个球要低于发球员的腰部。否则为过腰违例。

④ 击球瞬间，球拍杆应指向下方。

⑤ 发球开始后，发球员的球拍必须连续向前挥动，直至将球发出。

⑥ 发出的球必须向上飞行过网，如果不受拦截，应落入接发球员的发球区内。

（2）一旦双方运动员站好位置，发球员的球拍头第一次向前挥动即为发球开始。

（3）发球员须在接发球员准备好后才能发球，如果接发球员已试图接发球则被视为已做好准备。

（4）一旦发球开始，球被发球员的球拍触及或落地即为发球结束。

（5）双打比赛，发球员或接发球员的同伴应在各自的场区内，但不得阻挡对方发球员或接发球员的视线。

5. 单打

（1）发球员的分数为 0 或双数时，双方运动员均应在各自的右发球区发球或接发球。

（2）发球员的分数为单数时，双方运动员均应在各自的左发球区发球或接发球。

（3）球发出后，由发球员和接发球员交替对击直至"违例"或"死球"。

（4）接发球员违例或因球触及接发球员场区内的地面而成死球，发球员就得一分。随后，发球员再从另一发球区发球；发球员违例或因球触及发球员场区内的地面而成死球，发球员即失去发球权。随后，接发球员成了发球员，双方均不得分。

6. 双打

（1）一局比赛开始首先发球的一方，都应从右发球区发球。

（2）只有接发球员才能接发球。如果他的同伴去接球或被球触及，发球方得一分。

① 自发球被回击后，由发球方的任何一人击球，然后由接发球方的任何一人击球，

如此往返直至"死球"。

②接发球方违例或因球触及接发球方场区内的地面而成"死球"，发球方得一分，原发球员继续发球。发球方违例或应球触及发球方场区内的地面而成死球，对方得一分并发球。

（3）比赛采用一次球权制，双方在每轮次发球中都只有一次球权。

（4）发球必须从两个发球区交替发出。发球方得分换位，接发球方不动。

（5）运动员不得有发球顺序错误和接发球顺序错误，或在同一局比赛中连续二次接发球。

（6）一局胜方中的任一运动员可在下一局先发球，负方中的任一运动员可先接发球。

7. 发球区错误

（1）发球或接发球顺序错误。

（2）从错误的发球区发球。

（3）在错误的发球区准备接发球，且球已发出。

发球区错误的处理：

（1）如果因发球区错误而"重发球"，则该回合无效，纠正错误并重发球。

（2）如果发球区错误未被纠正，比赛也应继续进行，并且不改变运动员的新发球区和新发球顺序。

8. 重发球

遇下列情况之一者，该球无效，由原发球员在原发球区重新发球。

（1）在发球过程中，发球员和接发球员都被判违例。

（2）发球员在接发球员未做好准备时发球，应重发球。

（3）球过网后挂在网上或停在网顶，应重发球。

（4）发球时，发球员和接发球员同时违例，应重发球。

（5）比赛进行中，球托与球的其他部分完全分离，应重发球。

（6）司线员未看清，裁判员也不能作出决定时，应重发球。

（7）比赛进行时，遇有意外事故，如外场球侵入球场影响比赛、灯光熄灭等，应重发球。

（8）裁判员认为比赛被干扰或教练员干扰了运动员比赛。

9. 死球

下列情况被认定为死球：

（1）球触及地面。

（2）球撞网或网柱后开始在击球者这一方落向地面。

（3）球触及地面。

（4）"违例"或"重发球"已被宣报。

10. 违例

（1）发球不合法。

（2）发球员发球时未击中球。

（3）发球时，球过网后挂在网上或停在网顶；接发球员的同伴接到球或被球触及。

（4）比赛时，球落在球场界线外（即未落在界线上或界线内）；球从网孔或网下穿过；球不过网；球碰屋顶、天花板或四周墙壁；球触及运动员的身体或衣服；球触及场外其他人或物体（由于建筑物的结构问题，必要时地方羽毛球组织可以指定羽毛球触及建筑物的临时规定，但其国家组织有否决权）。

（5）比赛时，从网上侵入对方场区（击球时，球拍与球的最初接触点在击球者这一方，而后球拍随球过网的情况除外）。

（6）比赛进行中，运动员球拍、身体或衣服触及网或网的支撑物；运动员的球拍或身体从网下侵入对方场区，妨碍对方或使对方分散注意力；妨碍对方，如阻挡对方紧靠球网的合法击球。

（7）比赛时，运动员故意分散对方注意力的举动，如喊叫、故作姿态。

（8）击球时，球夹在和停滞在拍上紧接着又被拖带；同一运动员两次挥拍连续击中球两次；同方两名运动员连续各击中球一次；球触及运动员球拍后继续向其后场飞行。

11. 比赛连续性

（1）比赛从第一次发球起至比赛结束应是连续的。

（2）每局比赛，当一方先得 11 分时，允许有不超过 60 秒的休息时间。所有比赛中，每局之间只许有不超过 120 秒的间歇。

> **>>> 知识窗**

羽毛球运动安全提示

（1）要防止摔倒，因羽毛球运动易造成膝关节擦伤。移动步法要正确，穿羽毛球鞋。地面湿滑时，不要进行运动。

（2）防止踝关节、腰部扭伤。要加强关节周围有关肌群的力量与韧带的柔韧性练习，技术动作正确熟练，以防范局部扭伤。

（3）要防止拉伤，充分拉伸韧带。

第三节　网球运动

一、网球运动概述

（一）网球运动的起源和发展概况

近代网球起源于英国。1873 年，英国少校沃尔特·克洛普顿·温菲尔德在羽毛球运动的启示下，把古式网球和羽毛球结合起来，设计出一种适于户外开展的草地网球，并取得有关场地、规则和器材的专利权。为此，温菲尔德获得了英国女王维多利亚勋章，他的半身雕像矗立在伦敦草地网球协会的走廊里。

近代网球运动诞生后，迅速传至世界各地。19 世纪后期，英、美、法等国的商人、传教士和士兵将网球运动传入中国。最初，网球运动只是在一些教会和教会学校中开展，后来逐渐推广到我国上海、广州、北京等城市。

1913 年，国际网球联合会（以下简称"国际网联"）在法国巴黎正式成立。从 1896 年到 1924 年，网球成为奥运会的比赛项目。此后，国际网联因运动员参赛资格问题而与国际奥委会发生冲突，网球不再作为奥运会项目，直到 1988 年网球才重新进入奥运会。

国际网联为维护网球运动员的利益，促进和鼓励网球的开展，在国际赛事制定和规则制定等方面不断作出改革，为网球运动的发展开辟了广阔的前景。

（二）现代网球运动的特点与锻炼价值

1. 现代网球运动的特点

现代网球运动特点如下：一是普及率高。在国际网联注册的协会组织已经达到210个。二是比赛水平高。赛制不断完善，比赛竞争激烈，比赛成绩充满不确定性。三是向速度、力量型方向发展。随着器材的改革，尤其是球拍的研制，现在球速越来越快、击球的力量也越来越大。四是职业化、商业化程度高。大赛奖金丰厚，赛事转播技术不断发展，网球的职业化、商业化程度越来越高。

2. 网球运动的锻炼价值

（1）提高呼吸系统功能。网球运动是以有氧运动为主，有氧、无氧运动相交替的一项运动。网球运动员的肺活量一般可达 5 000~6 000 毫升，比普通人多 2 000 毫升。可见，网球运动是一项能有效提高呼吸系统功能的运动。

（2）发展身体素质。网球运动对力量素质的要求很高。网球拍较重，在发球和接球时，需要用更大的力量去挥动。网球运动对柔韧素质要求也颇高，如在发球时的背弓动作，对运动员的肩关节和腰部的柔韧性要求很高；再如救一些大角度的来球或上网截击时，也要求选手要有良好的柔韧性。在比赛中，选手们在底线打对攻战，或在底线两侧来回奔跑，或跑到网前放小球，因此网球运动对耐力素质、速度素质要求很高。参加网球运动，有助于全面发展身体素质。

（3）有利于形成健美的形体。打网球是一种全身运动，在击球过程中，肩、胸、背、腰、腿各部位的大小肌群都参与工作，使人的颈、肩、脊柱、髋、踝各关节得到锻炼，而且有利于矫正和改善身体姿势，使人体协调地发展，形成健美的形体。

（4）有利于提高人的决策能力，磨炼人的意志。在网球比赛中，根据对手的弱点和自己的技术优势，选择合适的战术，扬长避短，可以提高人的决策能力。有时运动员面临着被对手破发的危险，或比赛打到抢七局，这时如果球员心理足够坚强，就有可能取得胜利。因此，经常参加网球比赛，有助于磨炼意志，培养自信和临危不惧等良好的心理品质。

（5）有利于加强社会交往和减压。在球场上，可以通过沟通、切磋球艺来结交朋友。在网球场上，人们通过快速奔跑，强有力的击打，大声地怒吼，可以消解紧张、压力，消除不良情绪。

网球比赛中的"信任制"

对于多数运动项目而言，没有裁判员执裁的比赛不能算正式比赛。但对于网球来说，采用无裁判员执裁的信任制是一种比较常见的形式。信任制是指在网球比赛中，不设置裁判员这一席位，每位选手要根据准确判断，来负责自己半场上的所有呼报。信任制已经成为未来网球比赛的发展趋势。

网球运动承载的不仅仅是竞技体育本身，更多的是要向大众传播网球文化和网球素养。"信任制"比赛是培养大学生诚信品质的有效载体，它引导学生如何在规则的约束下取得胜利，也教会学生体面而有尊严地面对失败、接受失败，有助于培养学生诚实守信、谦虚自信、文明友好、尊重他人的良好品质。

（三）网球主要赛事简介

1. 温布尔顿网球公开赛

首届温布尔顿网球公开赛于 1877 年举行，是现代网球史上最早的网球比赛。比赛时间安排在每年的 6~7 月举行。

第一届温布尔顿网球公开赛只设男子单打，1879 年增加了男子双打，1884 年增加了女子单打，1889 年增加了女子双打和混合双打。1901 年开始接受外国选手参赛，1905 年正式允许世界各国网球选手报名参赛，成为名副其实的国际性赛事。2006 年，我国选手郑洁和晏紫夺得温布尔顿网球公开赛双打冠军。

2. 法国网球公开赛

第一届法国网球公开赛于 1891 年在巴黎罗兰·加洛斯的体育场内举行。法国网球公开赛是国际上享有盛名的传统网球比赛，比赛时安排在每年的 5~6 月。1925 年，法国网球公开赛正式对外开放，成为国际性公开赛。在 2011 年法网女单决赛中，中国选手李娜以 2 比 0 战胜意大利选手斯齐亚沃尼，夺得冠军。她是亚洲第一位大满贯赛事女子单打冠军。

3. 美国网球公开赛

第一届美国网球公开赛于 1881 年在美国罗德岛新港举行，每年举办一次。1968 年被列为四大网球公开赛之一。由于美国网球水平较高，美网比赛奖金数额远远高于其他比赛，因此吸引了世界上众多顶尖选手参加。

4. 澳大利亚网球公开赛

澳大利亚网球公开赛创办于 1905 年，比赛地点在墨尔本，在每年的 1—2 月举行。比赛日期安排在年初，正是当地夏季，因此澳大利亚网球公开赛成为全球较有影响力的网球赛事。

在澳大利亚网球公开赛比赛中，我国选手取得了不错的成绩：2006 年，郑洁和晏紫拿下女子双打冠军；2008 年，孙甜甜和泽蒙季奇问鼎混双冠军；2011 年，我国选手李娜荣获女单亚军。

二、网球运动技术及练习方法

（一）握拍法（以右手为例）

1. 东方式握拍法

东方式握拍法分为正手握拍法和反手握拍法。

（1）正手握拍法。

动作方法：左手持拍，使拍面与地面垂直，然后右手的虎口对准拍柄右上方侧棱，手掌根与拍柄右上斜面贴紧，拇指握住拍柄的左垂直面，食指稍离中指，以第三指节压住拍柄右垂直面，五指紧握拍柄（图 7-3-1）。

（2）反手握拍法。在正手握拍法的基础上把手向左转动，使持拍手虎口对正拍柄左侧棱面。用掌根压住拍柄的左上斜面，拇指握住拍柄的左垂直面上，食指第三指节压住右上斜面。

2. 大陆式握拍法

动作方法：持拍手虎口对准拍柄上棱面。掌根抵住拍柄上部的平面，拇指握住拍柄的左垂直面，食指第三指节紧贴拍柄右上斜面，小指、无名指和中指都紧贴拍柄（图7-3-2）。

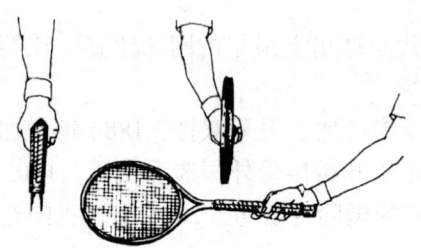

图 7-3-1　正手握拍法

图 7-3-2　大陆式握拍法

3. 西方式握拍法

西方式握拍法分为正手握拍和反手握拍两种握拍方式（图7-3-3）。

（1）正手握拍法。

动作方法：拍面与地面平行，持拍手掌心朝下抓住拍柄，掌根大部分贴着拍柄右下斜面，拇指和食指都不前伸，拇指第二指节贴着拍柄的右下斜面。

（2）反手握拍法。

动作方法：在正手握拍的基础上，手腕顺时针转动，使食指第三指节压住拍柄上侧面，掌根贴着左上斜面。

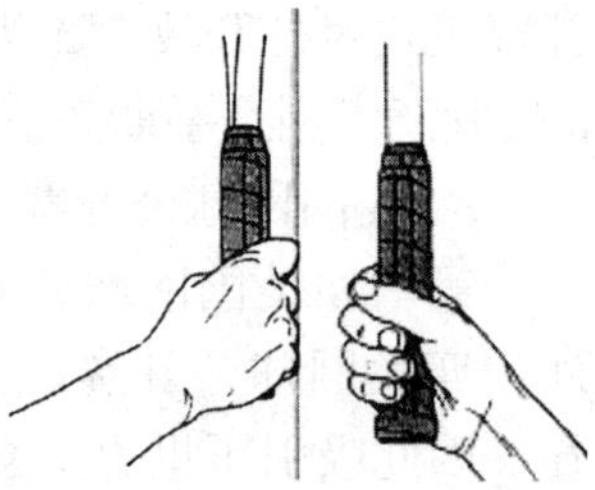

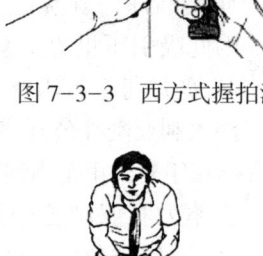

图 7-3-3　西方式握拍法

（二）击球技术及练习方法

1. 准备姿势（以右手持拍为例）

动作方法：面对球网，双脚左右开立略比肩宽，两膝微屈，上体稍前倾，重心落在前脚掌。右手轻握拍柄，左手托住球拍，将球拍置于腰腹与胸部之间，双手肘关节放于腰侧，目光注视来球方向（图7-3-4）。

2. 抽击球技术及练习方法

（1）抽击球技术。

① 正手抽击球（图7-3-5）。

图 7-3-4　准备姿势

准备姿势：面对球网，双脚向前自然开立，与肩同宽，双膝微屈，身体稍前倾，重心落在双脚的前脚掌上。右手握拍，左手轻托拍颈，双肘自然弯曲，将球拍置于身体前方，拍面垂直地面，拍头指向对方，两眼注视对方来球方向，做好回球准备。

后摆引拍：判断来球朝正拍方向击来后，应立即转动双脚，左脚向右斜前方跨一小步，同时向后转肩、转髋，带动右手向后成弧形摆动引拍，引拍时肘关节自然弯曲并稍抬起。左手前伸以保持身体平衡，后摆引拍时身体重心向右脚转移，以左肩对网。

挥拍击球：从后摆进入向前挥动时紧握球拍，配合蹬地转体动作，以上臂带动前臂向前上方挥拍，击球点位于身体重心脚的前侧方，击球时的挥拍速度达到最快，球打在拍面的中心，击球挥拍时拍面略向上摩擦，使球稍带上旋。

图 7-3-5　正手抽击球

随挥跟进动作：击球后，球拍沿着球飞行方向继续向前上方挥动，重心前移至左脚，身体由侧身转向正对球网，挥拍动作在左肩上方结束，然后迅速还原成准备姿势。

②　反手抽击球（图 7-3-6）。

准备姿势：面对球网，两脚左右开立与肩同宽，两膝弯曲，上体略前倾，用非持拍手轻托拍颈，拍头与下颌齐平，双肘自然弯曲，重心落在双脚上，两眼注视对方来球方向，做好回球准备。当判断对方来球在反手位时，轻握拍颈的左手应迅速带动正手变换为反手握拍姿势。

反手抽击球
（单反）

后摆引拍：向左转肩、转体并带动右手向左后方摆动，同时右脚朝左前方跨步，以右肩侧对球网，左手轻托拍颈帮助右手向左后方挥摆，握拍手臂靠近身体并保持适当弯曲，重心移到左脚上。

挥拍击球：向前挥拍时应紧握球拍，手腕固定，转动双肩、躯干向球挥拍。击球时，球拍与右脚应在一条直线上，击球点在右脚的侧前方。击球瞬间，拍面垂直地面，挥动快速，肘关节稍外展弯曲，使球拍由下向前上方挥出。随着球拍前挥身体重心向前移动。

反手抽击球
（双反）

图 7-3-6　反手抽击球

随挥动作：球击出后，球拍沿着球飞行的方向前送，球拍和手臂充分伸展。重心前移，身体顺势转向球网，挥拍在右肩上方结束，迅速还原成准备姿势，准备下一次击球。

（2）抽击球练习方法。

① 持拍挥拍练习。

② 对墙练习，掌握正手、反手抽击球。

③ 两人一组，在底线进行正反手抽击球练习。

④ 两人一组，结合发球进行抽击球练习。

3. 截击球技术及练习方法

（1）截击球技术（图7-3-7）。

握拍方法：握拍法普遍采用大陆式握拍法。

准备姿势：与抽击球相似，两眼注视来球，及时判断出对方击球的方向及高度，调整自己的身体位置，快速移动。

正手截击

击球动作：对于高球，不管正手还是反手，都应侧对球网，两腿微屈，击球前重心放在后脚上，拍头高于球，击球点在体前或稍侧前方，固定手腕，用手臂和球拍把球压过网，要举拍快打，身体协调快速发力，力争一拍制胜。

截击低球时，屈膝降低重心。后腿弯曲，用抖手腕方式击球，使球带旋转。

（2）截击球练习方法。

① 持拍挥拍练习。

② 一人抛球，一人正手截击球练习。

③ 一人抛球，一人反手截击球练习。

反手截击

4. 高压球技术及练习方法

（1）高压球技术（图7-3-8）。

握拍方法：高压球的挥拍方法与发球一样，适宜使用大陆式握拍方法。这种握拍法既可以击出杀伤力很强的高压球，攻击对方直接得分，又可以在网前灵活地进行正拍、反拍的截击。

准备姿势：球拍应向前上方举起，对着对方挑来的高球，身体向右侧转动，左脚在前，右脚在后，约与肩同宽，重心在后脚，左肩对网，在用短促的垫步迅速调整位置的同时，左手（非持拍手）上举指向来球方向，持拍的右手直接举起，右肘抬起略比肩高，拍头指向上方，眼睛注意高空来球。

后摆动作：引拍从前方开始，从前下向后上方摆起，同时右腿后退一步，做屈膝、转体、展肩的动作，右肘由外向后展略比肩高。球从空中落下的速度很快，因此高压球只能是直接从前下方经前方向上举起球拍，缩短挥臂时间。

高压球

击球动作：击球点在身体前上方。用收腹、转体、转肩动作，由上臂带动前臂向前下方挥击。击球瞬间，手腕抖动用爆发力击球，重心移至左脚。果断挥拍猛击球的后上方。距网近，击球点稍前，击球的部位稍高些；距网远，需要迅速移动，后脚跳起高压，击球点稍后。

随挥跟进：保持连续、完整的向前上方伸展的随挥动作，挥拍直至身体的左下方，身体转向球网保持平衡，击完球要迅速调整位置，准备接对方回球。

图 7-3-7　截击球技术

图 7-3-8　高压球技术

（2）高压球的练习方法。

① 无球持拍挥拍练习。

② 对墙练习掌握正手的高压球练习。

③ 两人一组，一人抛球，另一人进行站定高压球练习。

④ 两人一组，一人抛球，另一人进行跳起高压球练习。

⑤ 两人一组，一人抛球，另一人进行后退高压球练习。

5. 挑高球技术及练习方法

（1）挑高球技术（图 7-3-9）。

握拍方法：挑高球技术是回击落地球的一种方法，所以它的握拍法与正手、反手击球相同，即正手挑高球可使用正手握拍法，反手挑高球可使用反手握拍法。

准备姿势：与正手、反手击球的准备姿势基本相同。注意力应高度集中，注视来球，紧握球拍。

后摆动作：与正手、反手抽球相似。判断好来球方向，以转髋带动右手向后下方成弧形摆动引拍，引拍时肘关节自然弯曲并稍抬起，手腕外展，重心转移至后腿。

击球动作：由后下方向前上方挥动，击球点在身体的侧前方，重心在右脚上。击球时，身体转动，带动手臂向前上方挥出，拍头微低于手腕，位于球后。击球瞬间，利用手腕的回拨和前臂的回旋动作，使球拍从球的后下方向前上方做弧形擦击球。击球点在前脚的稍后处，整个击球动作应舒展放松。

随挥跟进：挑高球的随挥动作应尽量远伸，球拍向击球的方向充分送出，直至放松地挥到身体左侧。动作结束后，身体转向球网保持平衡，击完球要迅速调整位置，准备接对方回球。

图 7-3-9　挑高球技术

（2）挑高球的练习方法。

① 无球持拍挥拍练习。

② 两人一组，平击挑高球练习。

③ 两人一组，上旋挑高球练习。

④ 两人一组，下旋挑高球练习。

⑤ 进行"击球—放轻球—上网—挑高球"练习。

6. 放短球技术及练习方法

（1）放短球技术（图 7-3-10、图 7-3-11）。

握拍方法：采用与正手、反手抽击球相同的握拍法。

准备姿势：与正手、反手抽击球时的准备姿势一样。

后摆动作：短球的后摆拉拍动作与正拍、反手抽球相似，侧身转体带动手臂后摆引拍。

击球动作：侧身还击来球。击球时，手腕紧张，使拍面稍后仰，击球点仍在身体前方，球拍接触球时，从球的侧下方削击球，使之产生下旋，并适当地前推或托击球，使球沿弧线落在对方球场近网处。

随挥动作：球拍向击球的方向跟进，用放松、协调的动作来完成跟随动作。

图 7-3-10　反手放短球

图 7-3-11 正手放短球

（2）放短球练习方法。

① 无球持拍挥拍练习。

② 自己抛球，放短球练习。

③ 两人一组，一人抛球，一人放短球练习。

7. 反弹球技术及练习方法

（1）反弹球技术（图 7-3-12）。

握拍方法：弹球的握拍法一般是采用东方式或大陆式握拍法。

准备姿势：判断好对方来球后，身体迅速屈膝下蹲，重心下降；手腕用力握住球拍，拍面对准来球方向迅速向下，准备做跨步迎击的动作。

后摆动作：后摆动作要小，以正手为例，转肩后摆引拍，拍头略高于手腕，左手指向来球，左肩侧对网，随着左脚向前跨出，身体重心随之下降。对底线深区的反弹球后摆动作幅度要大很多，因距网较远，更需要加力抽击。

击球动作：场地近网的反弹球都采用交叉跨步的步法，以保持侧身对网和下蹲降低重心保持身体平衡，击球点在前脚的侧前方，球拍尽量与地面平行，拍头与手腕同高，由下向上挥动击球。

随挥动作：随挥动作不宜过长，只要送球方向清晰，即可结束动作，迅速还原。

图 7-3-12 反弹球技术

（2）反弹球练习方法。

① 无球持拍挥拍练习。

② 对墙进行正手、反手反弹球练习。

③ 两人一组，轻击反弹球练习。

④ 两人一组，推击反弹球练习。

⑤ 两人一组，抽击反弹球练习。

8. 发球技术及练习方法

发球一般分为侧旋发球、平击发球、上旋发球三种。

发球

（1）发球技术。

① 侧旋发球。侧旋发球也叫削击发球。这种发球实用且易掌握，是初学者最适宜的发球方法。它是一种以右侧旋转（稍带上旋）为主的发球法。它的优点是球速快、威胁大、命中率高。发球时，将球抛向右侧前上方，转体带动手臂由上方向左下方切削击球，击球点在球的中部偏右侧，使球产生右侧旋转。

② 平击发球。平击发球的优点是力量大、球速快、威胁大。发球时，把握好击球点，用球拍面中心对准抛出的球，在球达到最高点时，充分向上向前伸展身体和手臂，然后以手臂带手腕鞭打，抽击球的后中上部。

③ 上旋发球。上旋发球的作用是通过摩擦球体使球产生上旋为主、侧旋为辅的旋转性能。由于它的上旋强烈，球做明显的从上向下的抛物线运动。球落地反弹后会向左侧飘移，可迫使对手离位接球，从而使自己赢得主动。

（2）发球练习方法。

① 抛球练习，提高发球质量。

② 模拟发球，用一杆挑起固定球做发球练习。

③ 在发球区做发球练习。

④ 在发球区发不同落点球的练习。

三、网球运动战术

（一）单打战术

1. 发球战术

（1）发球的站位。单打发球一般站在距中点较近的位置，但也可以根据自身的特点和对手的站位有所改变。例如，右区选手向边线一侧站位，有利于发出角度更大的外角球，可以充分将对手拉出场地左区、靠近边线，更有利于下一板球的正手进攻。

（2）发球落点。发球落点通常取决于球的旋转类型和飞行路线，因为球拍的角度决定球的旋转和方向。在右区，发球时通常用平击球发对手的内角，用侧旋发球发对手的外角，用稳健的上旋发球发对手的中路追身；在左区，发球时通常采用平击球发对手的外角，用侧旋发球发对手的内角，用上旋发球发对手的中路追身或外角。

（3）发球上网。发球上网通常抛球要靠前一些，并尽量向前上方跳起，然后向网前冲去；在对方击球时，应该立刻跳步停住，以便判断来球的方向，然后再对着球，向前去做网前第一次截击。至于移动到什么地方击球，则取决于发球的落点和接球员回球的角度。要注意的是：不要希望在第一次截击时就得分，除非对方回球又高又软，否则应当力图把球打深，并尽量击向对手的弱处，使对手留在端线，迫使其回球质量不高，同时使自己可以来到网前，站在更具有威胁性的位置上，再通过第二板击垮对手。大部分专业运动员都会利用第一发球的成功，立即上网截击。

2. 接发球战术

接发球与比赛一开始完全掌握主动权的发球技术相比，属于被动的技术。为了控制比赛的主动权，接好发球，除了要判断出对手所擅长的发球类型，还要根据对手的不同打法采取有效的接发球策略。

（1）接平击球的战术。对于没有横向变化的快速平击球，可站在稍靠后的位置上接球。接发球时，首先要考虑设法将对手逼到底线附近，而不是一心想打出力量大、速度快的球。

（2）接侧旋球的战术。对于接落地弹起后向右拐弯的切削球，站位的方法是：当对方从一区（右区）发来球时，防守应靠向边线；当对方在二区（左区）发球时，应稍靠中线站位。最理想的击球路线是打对角线球，只有打大斜角才能有时间调整身体的姿势。

（3）接上旋球的战术。对于落地后弹得又高又远的旋转球，在球弹起时如果不能及时接球，给对方造成攻击机会的可能性较高。接旋转球的对策是稍稍站在靠前的位置上，注意在球弹起前踏进击球点。接球时身体姿势的平衡容易遭到破坏，应抓住高点击球。

3. 底线战术

单打与双打不同，双打以网前积极进攻的打法为主，而单打上网的机会相对少些，以底线打法为基础。底线打法所取基本位置是底线中心位置。因为处于中心位置对于去追赶正手球和反手球都是最短的距离。

（1）针对底线型选手。作为一名底线型选手，在面临同样是底线型选手的时候，不要企图一板将对方置于死地，要在对拉过程中寻求得分的机会。这就要先于对手找到突破口，创造机会球。"三球攻击战术"是寻找突破口、创造机会的方法之一。"三球攻击战术"是指底线型选手在比赛中处于持续对拉的情况下，由三次击球组成的战术。其主要有以下几种：

①"I"攻击战术。

要领：对手为了防守自己的空当必定要跑回中点处，这时可以趁其向中心处返回时，再向其反方向攻击（图7-3-13）。

方法：将对方来球打向压底线的直线球；对方返回一个压底线的直线球；将对方返回的直线球再打回直线（此时对方正处于向中心线返回途中）。

②"N"攻击战术。

要领：充分调动对手，让对手从场地的一端跑到另一端追赶着击球，最终迫使对手出现击球失误。

方法：将对方来球打向压底线的直线球；对方击回一个大对角线球；再将来球打出压底线的直线球（即向对方空场处击球）。

③"X"攻击战术。

要领：让对手从场地的一端跑到另一端，最终迫使对方击球失误（图7-3-14）。

方法：将对方来球打向大对角；对方击回直线球；再把这个直线球向大对角打去。

图 7-3-13 "I" 攻击战术

图 7-3-14 "X" 攻击战术

④ "E" 攻击战术。

要领：当对方为防守场地空当向中心处返回的时候，突然向其反方向攻击。

方法：将对方来球打向大对角；对方击回一个大对角；把回球再打向大对角。

⑤ "V" 攻击战术。

要领：让对手在场地两端来回奔跑，即使第三个球被对方接回，对手也是处于向边线跑动中，下一个球将是自己进攻的机会（图 7-3-15）。

方法：将对方来球打向直线；对方击回一个直线球；再把击回来的球向斜对角（空当）打去。

（2）针对平击球选手。平击类型的击球，由于几乎没有旋转，球擦网而过，直线飞来，落地之后，反弹很低，快速向前冲，但由于球速快，接这种球非常不容易。接球时，需把握好拍面，避免挥拍过迟。

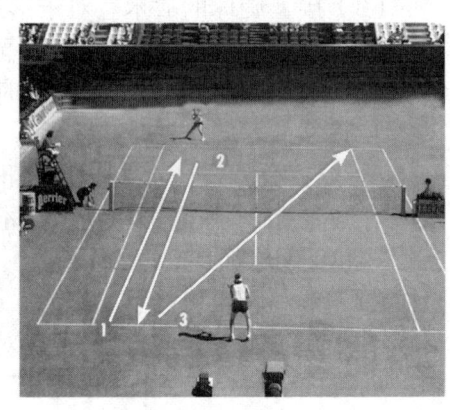

图 7-3-15 "V" 攻击战术

① 形成相持。遇到对方打平击球时，首先要能连续接起对方来球。由于平击球大多数是从网上约 30 厘米处通过，且球速很快，所以稍有一点疏忽就会导致失误。因此，关键是要比对方更有韧性，拖住对手，形成相持。

② 打对角线。如果对手是平击球选手，当他击来平击球时，一般回对角线比较好。如果能迫使对手到场外追球，则可以造成对方的失误或为自己创造进攻的机会。

（3）针对削球型选手。对手来球是削球时，一般情况下，以削球对付较稳妥。削球运行轨迹很低，球手必须在低位击球，要想打出有威力的上旋球很困难。对付削球要求以较低的身体姿势进行击球，同时还要具备较强的韧性。削球大部分是在两种情况下使用：一是当身体姿势被破坏时，为了使姿势恢复平衡，在打过渡拍的情况下使用；二是处理前场低浅球时使用，主要用于攻击对方的反手。

如对方为削球类型选手时，由于削球比平时击球的速度慢，因此，无论将球打到哪个区域，对方一般都有足够的时间应付。对付削球的原则就是朝对手的反手侧击球，当遇到机会时，坚决以正手抽球予以攻击。

（4）针对上旋型选手。上旋球因为是沿弧形线路飞行的，所以一般很少下网，也很少出界，可以说是准确性较高的击球方式。由于可以通过调节挥臂、旋转度的方法打出不同线路、不同旋转的上旋球，使球落地后弹得又高又远，故上旋球是非常有效的一种击球手段。然而，上旋球也并非无懈可击。对付上旋球，可采用如下对策：

① 破坏对方击球姿势。打上旋球的选手，为了加大球的旋转度，必须做到挥拍动作充分，使用全身的力量击球。因此，应尽量让对方左右不停地奔跑，迫使其不能从容击球，导致其无法完成高质量的回球，从而找到突破口。

② 迫使对方改变打法。一般来说，旋转打法的选手，因其握拍方法的关系，大多数不擅长截击球。因此，碰到这样的选手，可以打近网低球，把对手调动到网前来，使其打并不擅长的网前球，迫使对方改变打法。

③ 截击之后立即上网。在双方对拉的持久战中，当对方掌握着主动权而频频向自己反手一侧攻击，或对方得分领先而自己处于非常被动的状况时，若来球的轨迹稍高，可果断地迎上去截击，随后快速上网。

（二）双打战术

1. 发球战术

双打的发球以旋转和落点为主，相对于单打比赛，每个人需要控制的面积缩小，不容易接发球抢攻直接得分，所以不必死拼发球。发球前要让同伴了解自己发球的落点，以便同伴有备于抢网。在双打比赛中，发球技术好的球员应作为每队的第一发球员，注重一发成功率，落点以内角和中路居多，以使对手无法击出大角度的回球，有利于同伴抢网得分。

2. 接球战术

（1）协同防守。如果同伴出现十分被动的局面，同组队员要给予支持和援助。当同伴被迫挑高球时，自己要立刻后退，使自己一方处于被动的防守地位。退回底线虽然被动了，若一旦出现浅球，两人可马上一块上网，回到网前。

如果同伴被拉出边线，自己要立即向同伴靠近，给同伴以支援。否则，在自己与同伴之间会留下很大的空当，使对手很容易打出破网球，同时根据被动的局面，适当后退，等待机会。

（2）抢网战术。

① 抢网是指网前者横向或向斜前方移动，拦截对方打过来的斜线球。它要求网前者有敏捷的思维、准确的判断及快速的步法。是否抢网两人要事先商定。一些双打配对队员喜欢用暗号，如网前人把手放在背后，用握拳或张开手告诉发球员抢不抢网，但最好要有口头上的交流。

② 防守空当区域。当网前者抢网时，很容易造成他的那半块场地空出，无人防守，所以本方底线者发球之后，不应直接向前冲，而应向前跑几步，然后向同伴留下的那半场跑去，并继续向网前移动。抢网的球员在拦截之后要进入同伴的场区，两人交叉换位，防守对方可能回击的直线球及抢网人第一次截击没能得分后的回击球。

③ 抢网时机。抢网时，需要在对方球员击球的一瞬间起动，而不要在接球员击球之前移动，这样将自己的行动意图暴露给对方，对方则易改变击球线路而很有可能得分；同时也不能起动得过晚，否则便抢不到球。

④ 抢网击球路线。抢网最佳的击球路线是对方网前者的脚下，因为这样的球使对方

接起来十分难受，经常能直接置对方于死地，至少可使对手无法发动进攻。如果抢网的同时，对方仍有一人在底线，那么对方网前球员的背后就是他们的"死穴"。对于手感很好的网前者也可截击至靠近对方底线者一面的小斜线；如果对方底线者上网很快，那么对方的中路则是最薄弱的地方，是本方的攻击重点。

（3）扣杀高压球。无论对方是进攻性挑高球还是防守性挑高球，网前者都要尽力不让球落地，在空中将球扣杀过网。因为双打有两人进行防守，所以经常出现一两板高压球也不能得分的状况，这时不能着急，要紧紧地把握住网前优势。高压球的战术与打落地球不同，要尽量压斜线球才有威胁，但不要像打落地球那样攻击对手中路。

3. 双打战术的要点

① 提高一发的成功率，旋转落点要有变化。

② 接发球要求低而斜地打在发球员的脚下。

③ 与同伴一起向前、一起后退，一起左、右移动守住球场。

④ 尽力控制网前。

⑤ 迫使对方后退。

四、网球竞赛基本规则

（一）场地

1. 球场

网球场地是一个平整的长方形地面，长 23.77 米，宽 8.23 米，球网中央高 0.914 米，两端高 1.07 米。

2. 球场线

球场两端的界线叫底线，两边的界线叫边线。在两条单打线之间画两条距球网 6.4 米并且与球网平行的线，即为发球线。球网与每一边的发球线和球网之间的区域，被一条发球中线分为两个相等的区域，为发球区。

（二）竞赛规则

1. 发球

（1）发球前的规定。发球员在发球前应先站在端线后、中点和边线的假定延长线之间的区域里，用手将球向空中任何方向抛起，在球接触地面以前，用球拍击球（仅能用一只手的运动员，可用球拍将球抛起）。在球拍击到球或没有击球的那一刻，整个发球动作即被认为已经完成。

（2）发球时的规定。发球员在整个发球动作中，不得通过行走或跑动改变原站的位置，两脚只准站在规定位置，不得触及其他区域。

（3）发球员的位置。

① 每局开始，先从右区端线后发球，得或失一分后，应换到左区发球。

② 发出的球应从网上越过，落到对角的对方发球区内，或其周围的线上。

（4）发球失误。下列情况为发球失误：发球员违反了发球的程序、脚误的条款；发球员试图击球时未能击中；发出的球在触地前碰到了永久固定物、单打支柱或网柱；发出的球触到了发球员或发球员的同伴，或发球员和发球员同伴所穿戴的或携带的任何物品。发球员第一次发球失误后，应在原发位置上进行第二次发球。

（5）发球无效。以下情况为发球无效：发球触网后，仍然落到对方发球区内；接球员未作好接球准备。均应重发球。

（6）交换发球。第一局比赛结束，接发球员变为发球员，发球员变为接发球员。以此类推，直至比赛结束。

2. 交换场地

双方应在每盘第 1、3、5 等单数局结束后，以及每盘结束双方局数之和为单数时，交换场地。

3. 胜一分

遇到下列情况时，判对方胜 1 分。

（1）发球员连续两次发球失误或脚误。

（2）接球员在发来的球没有着地前用球拍击球，或球触及自己的身体和所穿戴的衣物时。

（3）在球第二次落地前未能还击过网时。

（4）还击球触及对方场区界线以外的地面、固定物或其他物件时。

（5）还击空中球失败时。

（6）在比赛中，击球员故意用球拍拖带或接住球，或故意用球拍触球超过一次时。

（7）"活球"期间运动员的身体、球拍或穿戴的其他物件触及球网、网柱、单打支柱、绳或钢丝绳、中心带、网边白布或对方场区以内的场地地面。

（8）还击尚未过网的空中球。

（9）除握在手中的球拍外，运动员的身体或穿戴的物体触球。

（10）抛拍击球。

（11）比赛进行中，运动员故意改变其球拍形状。

（12）双打比赛中，在一次回击球时，同队的两名运动员都触到了球。

4. 压线球

落在线上的球都算界内球。

5. 双打

（1）双打发球次序。每盘第一局开始时，由发球方决定由何人首先发球，对方则同样地在第 2 局开始时，决定由何人首先发球。第 3 局由第 1 局发球方的另一名球员发球。第 4 局由第 2 局发球方的另一名球员发球。以下各局均按此次序发球。

（2）双打接球次序。先接球的一方，应在第 1 局开始时，决定何人先接发球，并在这盘单数局，继续先接发球。对方同样应在第 2 局开始时，决定何人接发球，并在这盘双数局继续先接发球。本队同伴应在每局中轮流接发球。

（3）双打还击。接发球后，双方应轮流由其中任何一名队员还击。如运动员在其同队队员击球后，再以球拍触球，则判对方得分。

6. 计分方法

网球比赛大多数采用五盘三胜制或三盘两胜制。

（1）胜一局。

① 每胜一球得一分，先胜 4 分者胜一局。

② 双方各得三分时为"平分"，平分后，净胜两分为胜一局。

- 0分：呼报"love"。
- 1分：呼报"fifteen"（15）。
- 2分：呼报"thirty"（30）。
- 3分：呼报"forty"（40）。

（2）胜一盘。

① 一方先胜6局为胜一盘。

② 双方各胜5局时，一方净胜两局为胜一盘。

（3）决胜局计分制。在每盘的局数为6∶6时，有长盘制、短盘制（抢七）两种计分制。

① 长盘制：一方净胜两局为胜一盘。长盘制计分方法如下：

在这种计分制下，选手必须净胜对方两局才能赢得该盘。这意味着如果双方打成6∶6，比赛将继续进行，直到一方净胜两局为止。

② 短盘制（抢七）：决胜盘除外，除非赛前另有规定，一般应按以下办法执行。短盘制计分方法如下：

- 第1个球（0∶0），发球员A发第1分球，第1分球之后换发球。
- 第2、3个球（报1∶0或0∶1，不报15∶0或0∶15），由B发球，B连发两分球后换发球，先从左区发球。
- 第4、5个球（报3∶0或1∶2，2∶1，不报40∶0或15∶30，30∶15），由A发球，A连发两球后换发球后换发球，先从左区发球。
- 第6、7个球（报3∶3或2∶4，4∶2或1∶5，5∶1或6∶0，0∶6），由B发1分球之后交换场地，若比赛未结束，B继续发第7个球。
- 比分打到5∶5，6∶6，7∶7，8∶8…时，需净胜两分才能决定谁为胜方。但在记分表上则统一写为7∶6。
- 决胜局打完之后，双方队员交换场地。

▷▷▷ 知识窗

网球运动损伤的预防与处理方法

1. 网球肘

病因：击球时技术不正确，网球拍大小不合适或拍线张力不合适。

预防：初学者可以佩戴护肘；运动前做好热身，尤其要牵拉前臂肌肉；学会正确的技术动作，加强腕部伸肌肉力量的训练；使用合适的球拍。

处理方法：① 用毛巾包裹冰块敷肘外侧1周，1天4次，每次15～20分钟。② 在前臂使用加压抗力护具，可以限制前臂肌肉产生的力量。③ 在准备活动之前热疗。④ 当急性疼痛消失后即按医嘱开始轻柔牵拉肘部和腕部，不要产生疼痛，保持牵拉状态10秒，重复6次。

2. 肩关节疼

预防：加强肩部肌肉的训练；训练前或赛前做好准备活动；规范发球、击球、高压球技术。

处理方法：短时间先固定肩关节；采用超声波疗法、消炎药物等。

3. 膝关节损伤

预防：加强膝关节力量练习；规范运动技术；选择鞋底稍厚、弹性较好的运动鞋。

处理方法：如果是轻微损伤，冷敷后加压包扎，24 小时后可进行按摩。如果是严重的损伤，应到医院治疗。

4. 大腿内收肌、腰背肌、腹直肌、小腿三头肌、上臂肌拉伤

预防：加强易拉伤部位肌肉的力量和柔韧性练习，合理安排运动量，做好准备活动。

处理方法：冷敷后加压包扎。固定休息 24 小时后可进行按摩、痛点药物注射、理疗等。

 **思考与练习**

1. 乒乓球运动常用的握拍方法有哪几种？

2. 乒乓球正手近台快攻和正手拉攻的技术有何区别？

3. 羽毛球比赛中应如何接发球？

4. 试述羽毛球击球技术的分类及各项击球技术的动作要领。

5. 网球的抽击球、截击球、高压球、放短球这几种击球技术有何主要区别？

6. 打网球时，如何接好发球？

第八章
游泳运动

 学习导言

> 游泳运动是人凭借自身肢体动作和水的相互作用力，在水中活动，或在水上漂浮前进而进行的一种有意识的技能活动。游泳一直与人类的生存、生产、生活紧密相联，是人类在同大自然斗争中为生存而产生，随着人类社会的发展而发展，并逐渐成为体育运动的重要项目。游泳运动具有极高的锻炼价值，能增强心血管系统、呼吸系统、神经系统和消化系统的功能，促进人体正常生长发育。本章主要论述游泳运动的理论知识、技术、练习方法、比赛裁规以及水上救生等内容。

第一节　游泳运动概述

一、熟悉水性

熟悉水性是学习各种游泳姿势的前提，其目的是使初学者通过身体感知水的浮力、压力和阻力等，逐步适应水的特性和环境，消除对水的恐惧，并掌握水中行走、呼吸、漂浮、滑行等一些游泳的基本动作，为今后学习和掌握各种游泳技术打下良好的基础。呼吸和滑行是熟悉水性练习中最为重要的两个方面。

（一）水中行走、跳跃

1. 练习目的

体会水的阻力、压力和浮力，学会水中行走、跳跃是维持平衡的方法，消除怕水心理。

2. 练习方法

（1）扶边跳跃和行走。两手扶池边，两脚蹬池底，向上跳起和两腿高抬腿行走。

（2）徒手跳跃和行走。水中站立，两臂平放水中，两手臂向下压水，两脚蹬池底，向上跳起和两脚高抬腿行走。

（3）扶边行走。手扶池边，向前、后、两侧行走。

（4）划水行走。两手掌与水面垂直，做划水、推水动作，双腿自然前后行走。

3. 注意事项

水中行走、跳跃时，身体应保持直立，以防身体向侧或向后倾倒；练习时水深齐腰、齐胸即可，不宜过深；如池底较滑时，最好是集体拉手或扶手线，在池边行走、跳跃。

（二）呼吸

1. 练习目的

掌握正确的游泳呼吸技术，防止喝水、呛水现象的出现，克服怕水心理。

2. 练习方法

（1）闭气练习。手扶池边或拉同伴的手，在水面上用口深呼吸后闭气，下蹲并将脸没入水中，停留片刻后，脸部出水。再在水面上深吸气（图8-1-1），水中闭气时间应逐渐增长，没水部位由脸部逐步过渡至整个头部。

（2）呼气练习。同上练习，头部没水稍闭气后用口鼻同时缓慢、均匀地呼气，呼气的后段应边呼边抬头，当口部将出水面时，应用力将气呼完。在水中不要急于将气呼完，当脸部离开水面前才将气呼完。练习时，可拉同伴的手进行双人练习（图8-1-2），或扶池边，后徒手进行练习（图8-1-3）。

（3）连续呼吸练习。同上练习，练习次数逐渐增加，吸气要快而深，呼气要慢而均匀。要明显看到吐出水泡（吸气用2秒，呼气用3~5秒）。呼吸的节奏是：快吸气—稍闭气—慢吐气—猛吐气（图8-1-4）。

3. 注意事项

呼吸练习贯穿于整个学习的始终，强调用口吸气。快速用力呼气与紧接的快而深的吸气，是游泳呼吸练习的关键。

图8-1-1　闭气练习

图8-1-2　呼气练习1

图8-1-3　呼气练习2

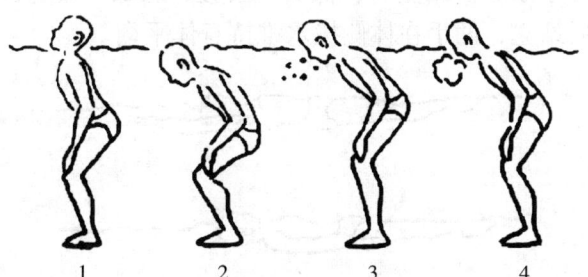

1　　　　2　　　　3　　　　4

图8-1-4　连续呼气练习

（三）浮体与站立

1. 练习目的

体会水的浮力，初步掌握在水中浮起、维持身体平衡及由浮体至站立的方法，增强学习游泳的信心，进一步消除怕水心里。

2. 练习方法

（1）抱膝浮体。并腿站立，深吸气后，低头含胸，同时两脚轻蹬池底，提收腹、团身、抱腿，呈抱膝姿势自然漂于水中。站立时，两手松开，两臂前伸，手掌向下并抬头，同时两脚下伸，脚触池底后站立。两臂在体侧拨水维持身体平衡（图8-1-5）。

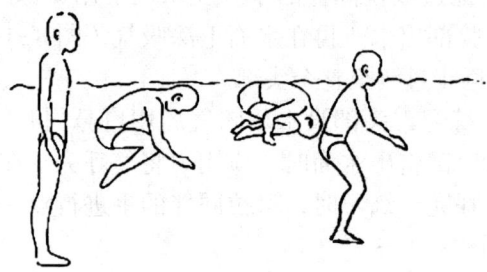

图8-1-5 抱膝浮体

（2）展体浮体。两脚开立，两臂放松前伸。深吸气后，身体前倾并低头，屈膝下蹲，两脚轻蹬池底，两腿放松上浮成俯卧展体姿势漂浮于水中（图8-1-6）。收腹、屈膝、收腿，两臂向下压水并抬头，同时两腿下伸，脚触底后站立。

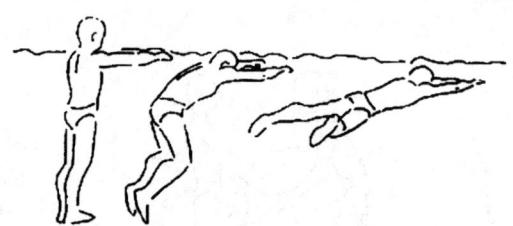

图8-1-6 展体浮体

（3）展体仰浮。并腿站立，深吸气后，头和上体后仰，并慢慢后倒于水中，同时两脚轻蹬池底两腿放松上浮，两手前伸或平放于体侧（图8-1-7），也可在体侧轻轻拨水，呈展体仰卧姿势，仰浮于水中。站立时，低头、收腹、屈膝、收腿，两臂向下压水，同时两腿下伸，脚触池底后站立，两手在体侧拨水维持身体平衡。

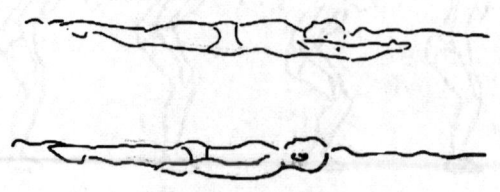

图8-1-7 展体仰浮

（四）滑行

1. 练习目的

体会和掌握游泳时身体的水平位置和流线型姿势，为各种泳式腿部动作的学习打好基础。

2. 练习方法

（1）蹬底滑行。两脚前后开立，两臂前伸，两手并拢。深吸气后上体前倾并屈膝，当头和肩没入水中时前脚掌用力向后下蹬离池底，随后两腿并拢，使身体呈俯卧、流线型姿势在水面下向前滑行（图8-1-8）。

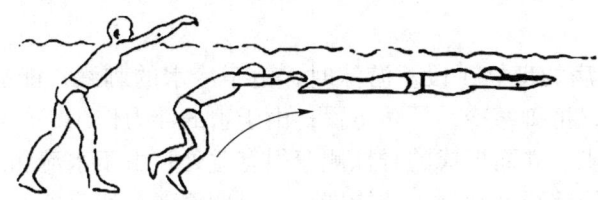

图 8-1-8　蹬底滑行

（2）蹬臂滑行。背对池壁，一手拉池边，一臂前伸，同时一脚站立，一脚紧贴池壁。深吸气后低头，上体前倾，提臀，向上收支撑腿，两脚紧贴池壁，臀部后移，两臂前伸、并拢、头夹手两臂之间，两脚用力蹬壁，使身体呈俯卧、流线型姿势在水面下向前滑行（图8-1-9）。

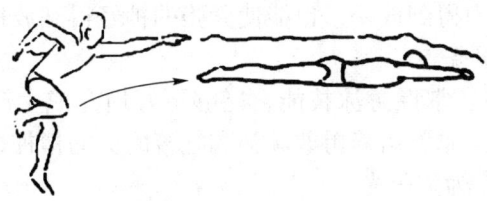

图 8-1-9　蹬臂滑行

3. 注意事项

滑行练习是学习各种泳式和出发、转身技术的基础。练习滑行时，应强调身体的水平位置和流线型姿势：滑行时身体应保持适度的紧张，并在水面下滑行，尽量延长滑行距离。

二、游泳运动的意义

游泳是在水环境中进行的运动项目，是水浴、空气浴、阳光浴三者集合，对人体十分有益。游泳也是生活、生产、军事活动中十分有价值的一种技能。学会游泳并经常进行游泳锻炼具有重要意义。

（一）保障生命安全

地球上布满江、河、湖、海，人类在生活中不可避免地要与水打交道。意外落水的情况时有发生，如果不会游泳，自身的生命安全就会受到威胁。有时候，游泳会成为保证生存的重要技能和手段之一。

（二）强身健体

游泳时，由于水的压力、阻力、浮力和较低水温的作用，使人体的各部分器官都得到锻炼。经常进行游泳锻炼，能够改善体温调节的能力，以便适应外界气温变化的需要；人体肌肉活动消耗热量，使得人体必须尽快地补充热量，可以加强体内新陈代谢；可以增强呼吸系统机能，扩大胸部活动幅度，从而增大肺的容量；也能刺激血液中运输氧气的血红蛋白的增加，从而提高人体摄氧能力；人体在水中活动，为了克服水的阻力，能够提高肌肉力量、速度、耐力和关节的灵活性；长时间游泳能够消耗大量脂肪，也是一种很好的减肥方法。

（三）预防疾病

游泳也是预防疾病的良好手段。游泳时，由于冷水的刺激，能够提高人的机能适应外界环境变化的能力，抵御寒冷，预防感冒；由于水的浮力作用，能够使人体脊柱充分伸展，对预防较长时间坐、立而形成的脊柱侧弯很有益处；由于水流和波浪对身体体表产生特殊按摩功效，游泳能够帮助和促进功能恢复，对瘫痪者和残疾人的康复很有帮助。在很多康复中心，都将水中运动作为治疗慢性病和身体恢复的重要方法和手段。

（四）锻炼意志品质，培养勇敢顽强拼搏精神

游泳的学习、训练以及身体锻炼可以锻炼人的意志，培养勇敢顽强、吃苦耐劳、不畏困难的品质和拼搏的精神。

（五）休闲娱乐，促进身心健康

大众游泳活动，不拘于形式和内容，不受年龄、性别限制，是休闲的好方式。在水中嬉戏和玩耍，不但能使肌肉得到放松，也能使紧张的神经得到放松，使心情舒畅。

（六）为生产、国防服务

在许多水上作业方面，掌握游泳技能，能够更好地完成生产建设任务；在国防建设上，游泳能够锻炼军人的意志，培养勇敢顽强和吃苦耐劳的精神，有利于为国防服务。

（七）创造优异成绩，为国争光

在综合性运动会中，素有"得田径、游泳者得天下"的说法。在奥运会游泳比赛中设有 32 个项目（男女各 16 个），金牌仅次于田径比赛。在游泳训练及比赛中，运动员奋勇拼搏，取得优异成绩，可以为国争光，促进我国从体育大国走向体育强国。

中国游泳：实现突破，再创辉煌

1953 年 8 月 9 日，在罗马尼亚举行的国际青年友谊运动会上，中国游泳运动员吴传玉获得男子 100 米仰泳冠军，这是新中国成立后中国运动员在重大国际比赛中获得的第一块金牌。在 2020 年东京奥运会女子 200 米蝶泳比赛中，张雨霏在决赛中以 2 分 03 秒 86 夺冠，并创造了新的奥运会纪录。几十分钟后，在女子 4×200 米自由泳接力决赛中，张雨霏和队友杨浚瑄、汤慕涵、李冰洁，以 7 分 40 秒 33 获得金牌并创造了新的世界纪录。在男子 200 米个人混合泳决赛中，汪顺为中国队再夺一金。这些优秀运动员在国际赛场上顽强拼搏、奋勇争先不断挑战自我、突破极限，鼓舞着中国体育事业的后来者，也向全世界人民充分展示了中国力量、中国速度和中国精神！

第二节　蛙泳

蛙泳的划水与蹬腿动作酷似青蛙在水中游进姿势。它是最古老的泳姿之一，也是现代竞技游泳四种泳姿中的一种。蛙泳由于身体俯卧在水面上，上下肢对称地交替划水和蹬水，身体姿势比较平稳，水的支撑面积大，动作省力，呼吸方便，能持久负重，适合长时间、远距离游泳。蛙泳具有很高的实用价值。

一、身体姿势

蛙泳的身体姿势要求俯卧在水中，微抬头，稍挺胸，使身体的纵轴与水平面呈 5°～10°（图 8-2-1）。当抬头吸气时，头部和肩部应处于水面的最高点上。吸气时应伸颈抬头，吸气后屈颈低头，头部可以全部没入水中。头部上下动作的幅度要适度，过高抬头或没入水中过深，都会使肩部起伏过大，增加身体前进的阻力，影响游泳的速度。

图 8-2-1　蛙泳的身体姿势

蛙泳身体姿势

二、基本技术

（一）手臂技术

蛙泳手臂技术动作的全过程是：抱水—划水—收手—前伸 4 个部分。

（1）抱水。当身体滑行的速度开始下降时，两臂向前下方伸出。当两手前伸离水面深约 20 厘米时，两臂内旋，两手掌外翻，并屈腕，在体前形成一个抱水的支撑面。

（2）划水。当抱水形成时，掌心向外、双臂向下斜方划水。当两手划水相距约 30 厘米时，开始逐渐屈臂提肘，同时用力加速沿弧线做屈肘划水动作，形成高肘，随即向内划水。

（3）收手。当高肘划水完成后，随着两臂屈肘，不停顿地向内划水，即开始做收手动作。这一动作称为收手（图 8-2-2）。这是由划水至向前伸臂的过渡动作，同时也是蛙泳技术动作的难点之一。

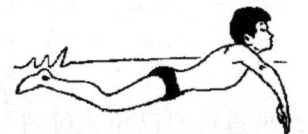

图 8-2-2　臂部收手动作

蛙泳手臂技术

收手的动作要领是：当划水结束时，前臂和手向内，双肘逐渐向内、向下靠（靠近身体），双手手掌倾斜相对，以减少阻力。

（4）前伸。当两手臂收手到下颌前时，手臂迅速前伸，同时掌心转向下，两臂自然靠拢、前伸，肩部和身体尽量伸展、放松，向前滑行，并积极准备下一次划水动作。

（二）腿部技术

整个腿部技术动作可归纳为四句话：边收边分慢收腿，翻好脚掌对准水，向后用力蹬夹腿，双腿并拢漂一会儿（图8-2-3）。

（1）收腿。当身体滑行后，两腿逐渐边分边收，屈膝和屈脚慢收腿，收腿完成后，两膝之间的距离约与肩同宽，两脚跟尽量靠近臀部。收腿速度要慢，以减少收腿所产生的阻力。

（2）翻脚。当收腿后的两脚跟靠近臀部时，随即两脚掌外翻，同时大腿内旋，两膝稍向内，脚掌和大腿、小腿内侧之间形成一个最有利的蹬水支撑面，达到蹬水最佳的效果。

蛙泳腿部技术

（3）蹬夹水。当翻脚掌完成后，立即以大腿发力，通过伸髋和伸膝，不停顿地做向外、向后和向内的鞭状蹬夹水动作，完成蹬水。

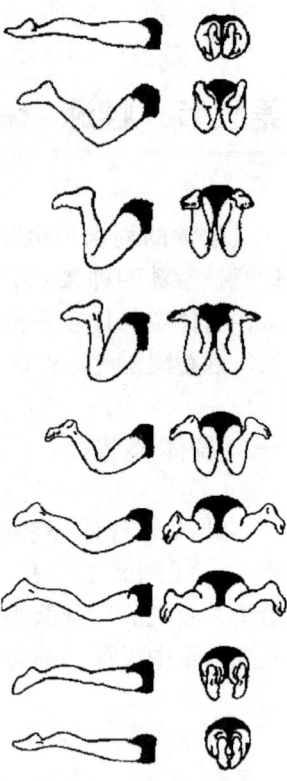

图 8-2-3　腿部动作

（4）并拢滑行。当两腿鞭状蹬水后，随着蹬水动作的惯性，两腿并拢伸直，做滑行运动。

>>> **知识窗** -

蛙泳臂、腿动作配合口诀

划手腿不动，收手又收腿，

先伸臂后蹬腿，臂腿并拢漂一会儿。

- <<<

（三）臂、腿和呼吸的配合技术

蛙泳技术多采用臂划水一次、腿蹬夹水一次、呼吸一次的配合技术。划水将要结束时即开始在水下用口和鼻同时平缓呼气，抬头将嘴露出水面，继续用力完成呼气动作，并立即用嘴进行强而深的快速吸气功能。收手和伸臂时将头放平，稍闭气后，用鼻和口慢慢吐气，直至下次再进行呼吸，以此为循环做上述动作。

三、蛙泳练习方法

（一）腿部练习

（1）陆上模仿练习。开始时可有人帮助进行，再进行自己单人练习。腿部动作的要领：收腿—翻脚—蹬夹腿—并拢滑行（图8-2-4）。先分解练习，再过渡到连贯动作的练习。陆上模仿练习时，要特别强调翻脚掌动作。

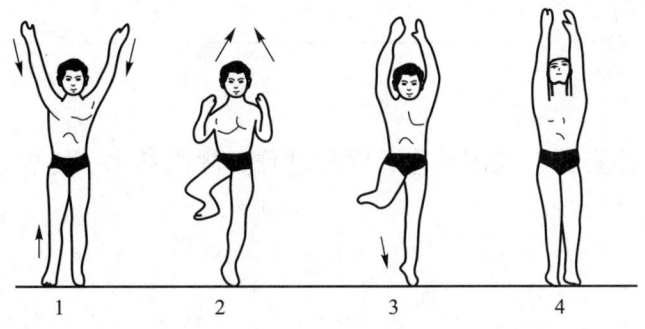

图 8-2-4 陆上模仿动作

（2）水中扶池壁蹬腿动作练习。先有人帮助进行练习，后自己单独练习（图 8-2-5）。

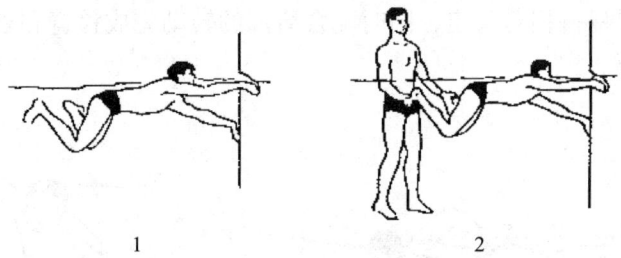

图 8-2-5 水中扶池壁蹬腿动作

（3）两臂前伸，进行蹬腿练习。体会收腿和用脚掌蹬水的方法。

（4）两臂放在体侧，收腿后的脚跟碰到手后再蹬水的练习，体会小腿贴近大腿的感觉。

（5）两臂放在胸旁，两手掌伸展，掌根贴近大腿，收腿至大腿碰到手指后再蹬水，体会收腿后大腿与身体的合理角度。

（6）踩水蹬腿。两手扶竹竿等物进行踩水练习，体会收腿、翻脚掌用脚底蹬水的感觉。

（7）扶扳蹬腿。体会腿部动作的全过程和蹬腿的实效性。

（二）臂部练习

（1）陆上模仿练习。

（2）站在浅水区进行划臂动作练习。

（3）臂腿配合动作练习。先做陆上模仿练习，再做慢节奏的分解动作配合游。

（4）呼吸练习。先进行小臂划水早呼吸的练习，逐渐过渡到晚呼吸的练习。

四、注意事项

两臂伸展时，蹬腿，稍憋气，呼气。蹬腿结束时，两臂向两侧稍分开，屈肘向后划水，抬头吸气。划臂的全过程应在肩前小幅度完成。

第三节　爬泳

爬泳姿势由身体姿势、腿部动作、臂部动作、呼吸技术、完整动作配合5个部分组成。

一、身体姿势

爬泳时身体自然伸展，几乎水平地俯卧在水面，稍收腹，含胸，臀部接近水面，双腿自然伸直，脚稍向内扣，脚面绷直，身体纵轴线与水面成3°~5°（图8-3-1）。在游进时，身体要不停地绕纵轴线转动，在35°~45°之间（图8-3-2），并以腰部转动为主。在整个转动过程中，头部要保持相对稳定，同时配合肩部的转动完成移臂和划水过程，转体技术是掌握自由泳的关键。

爬泳身体姿势

图8-3-1　身体姿势1

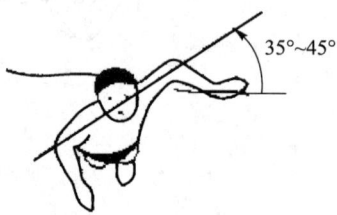

图8-3-2　身体姿势2

二、基本技术

（一）腿部技术

两腿自然伸直，脚稍向内扣。打水时，身体要以髋、膝、踝三个支点为轴，利用杠杆原理，做复杂的鞭水动作。整个过程分为向下打水和向上打水。

（1）向下打水过程。以髋关节—大腿—小腿—踝—脚尖依次发力，即以髋部先发力，利用鞭打动作将动力传递至大腿、小腿、踝，最后将全部力量集中于脚尖、向后下方踢出，整个过程称为"下鞭动作"。

爬泳腿部技术

（2）向上打水过程。当向下打水过程结束，利用向下打水时产生的反作用力，由大腿带动小腿、踝自然地向上抬起至水面。当脚升至水面，完成向上打水过程。在整个过程中，由于腿上抬受到水的阻力，产生一定的下沉力。因此，在向上打水时，力量要小，速度较慢。

（3）双腿交替打水动作。当一条腿向下打水时，另一条腿自然向上打水。向上打水要自然，相对放松，为向下打水做准备。向下打水腿要绷、直、紧，要加速，用爆发力做"下鞭动作"。

（二）手臂技术

爬泳的划臂是推进身体前进的主要动力，在游进时，双臂轮流交替进行划水，划水截面主要是依靠手掌、小臂内侧，协同上臂和肩部，共同形成一个划水的支撑面。手臂技术可分为入水、抱水、划水、出水、空中移臂5个部分（图8-3-3）。

爬泳手臂技术

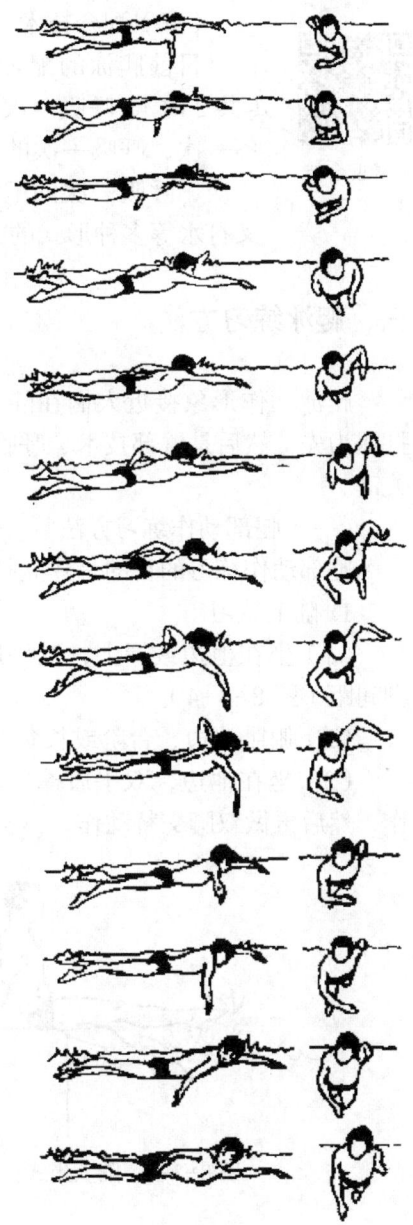

（1）入水。臂入水时，要求肘关节高于手，手指自然并拢伸直，手指向斜下方切拨入水（掌心稍向外侧）。按手—前臂—上臂—肩依次自然切入水中，避免溅起大的水花。

（2）抱水。臂入水后，应积极插向前下方，并逐渐转肩、屈肘、屈腕，肘关节屈至150°左右，整个臂、手像抱一个大圆球一样，抱水技术直接影响划水的效果。

（3）划水。划水是获得推进力的主要阶段。这个阶段分为两部分：从整个臂部划至肩下方与水平面垂直之前，称拉水；过垂直面后，称为推水。整个划水动作，手的轨迹为向下—向后—向上。俯视划水路线呈"S"形。

（4）出水。在划水结束后，由于惯性的作用，臂会很快地接近水面。出水时，肩部和上臂几乎同时出水，但肩部稍微早一些，掌心朝后上方。手臂出水动作必须迅速而不停顿，前臂和手掌应尽量放松。

（5）空中移臂。移臂时，动作应放松自如，尽量不破坏身体的流线型，并和另一臂的划水动作协调一致，在手臂提出水面前移的前半部分，前臂和手的动作较慢，落后于前移的肘关节。移臂完成一半时，肘部继续弯曲。臂移至肩部时，手和前臂赶上肘部，并逐渐向前伸出。掌心也从后上方转向前下方，接着做入水准备动作。在整个移臂过程中，肘部应始终保持比肩部高的位置。在自由泳划臂的整个周期中，动作有节奏且不停顿。

图8-3-3　手臂技术

（三）两臂配合技术

自由泳中两臂的正确配合，是保持前进速度均匀的重要的条件之一。划水时，依照双臂所处位置的不同，两臂配合技术可以分为前交叉配台、中交叉配台、后交叉配合三种交叉形式。

（四）呼吸技术

呼吸频率取决于动作频率，一般在两臂交叉各划一次过程，完成一次呼吸动作，即呼气、吸气和短暂地闭气过程。

（五）配合技术

目前爬泳的配合动作中有两腿各打水三次（共6次）、两臂划水各一次（共2次）、呼吸一次的配合技术，简称"621"；两腿各打水两次，两臂划水各一次，呼吸一次的配合技术，简称"421"；两腿各打水一次、两臂各划水一次、呼吸一次的配合技术，简称"221"。另外，还有采用不规则打水、交叉打水等多种形式的配合技术。

爬泳配合技术

三、爬泳练习方法

爬泳动作形象接近人们在陆上的行走动作，臂、腿动作简单易学。学习方法一般以打腿为先，然后是臂部技术、呼吸及配合技术。其中打腿是基础，臂划水是重点，呼吸是关键。

（一）腿部动作练习方法

腿部动作练习的目的是建立打腿的概念，体会鞭状打腿的感觉和动作过程。

1. 陆上练习

（1）坐在池边或岸上，双手后撑，做绷直腿的打水练习，体会上下打水的感觉和双脚间距（图8-3-4）。

（2）俯卧池边、台阶或长凳上做大腿带小腿的打水练习（图8-3-5）。

（3）坐在池边，双手后撑，双脚插入水中，做向前踢水的动作，先做单脚的踢水动作，然后再做双脚交替动作，体会用脚尖踢水的感觉（向下鞭打动作）。

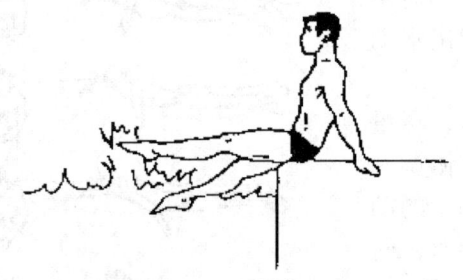
图 8-3-4　陆上坐式打水

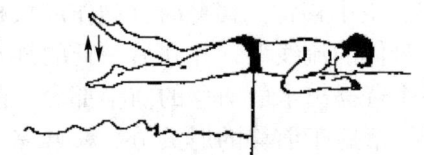
图 8-3-5　陆上俯卧打水

2. 水中练习

（1）手推池槽，身体呈俯卧水平姿势，做直腿打水练习。要求脚面绷直，双腿勿弯曲，上下打水间距不要过大。如不能漂浮者，可由另一人托腹部辅助练习。

（2）反手握池槽，身体呈仰卧在水中，先做直腿打水，再做鞭打状动作的向上踢水动作，体会脚尖踢水的感觉（类似颠球的感觉）。要求将水花向后踢，双腿间距不宜过大。

（3）滑行打腿练习。身体俯卧水面，双臂前伸，头夹在两臂中间，进行打水练习，体会打水的推进作用。

（4）扶板打水练习。双臂伸直放松，双手扶板或平贴在打水板面上，肘不要超过板的末端，身体平卧，双肩在水面下，脸向前，目视前方，做打水练习。可以进行头入水闭气打腿，也可以配合转头呼吸练习。

（二）手臂动作练习方法

手臂动作和手臂与呼吸配合动作的教学目的是使个体学习体会动作，建立划水（抱水、拉水、推水）臂的正确概念。

1. 陆上模仿练习

（1）两脚原地开立，上体前倾做模仿直臂划水练习。重点体会空中移臂动作和手臂入水动作，先单臂练习，后两臂交替练习。

（2）同上练习，但要求屈臂划水，着重体会划水路线。除划水阶段用力外，其他动作放松。移臂时肘高于手。

（3）呼吸练习。两脚开立，上体前倾两手扶膝，做向侧转头吸气练习。

2. 水中练习

（1）站立浅水中，做手臂练习。向侧转头吸气时，头不要抬高。

（2）同上练习，原地过渡到走动练习。要求划水适当用力，手掌对水，推水时掌心向后。

（3）蹬边滑行。做两臂配合的划水动作可下肢夹板，帮助身体平衡。先闭气，然后逐步增加呼吸次数。

（三）完整配合动作练习

配合动作练习可以使个体学习、体会完整配合的节奏、时机及要求。

1. 陆上模仿练习

（1）俯卧凳上做臂、腿配合模仿练习。

（2）同上练习，加呼吸动作配合。

2. 水中练习

（1）滑行打腿，一臂前伸，另一臂划水。

（2）滑行打腿，配合两臂分解划水练习。

（3）滑行打腿，两臂用前交叉或中交叉配合轮流划水练习。

（4）同上练习，由划臂数次、呼吸一次，逐渐过渡到两臂各划一次、呼吸一次以逐渐加长游距，并在练习中改进动作。

四、注意事项

不要弯着手腕入水，抱水时肘部不要垂落，呼吸时脸部转到嘴边靠近水面的地方进行，不要抬头，踢腿时不要过深。

第四节　仰泳 ●───────────────────

仰泳是人体仰卧在水中进行游泳的一种姿势。仰泳时，身体仰卧水中，脸部露出水面，呼吸自然方便，动作简单省力。

一、身体姿势

游仰泳时，身体要自然伸展，仰卧在水面，头和肩部稍高，腰部和腹部保持水平，身体纵轴在水平面上构成的仰角约为 10°，腰部和两腿均处在水面下（图 8-4-1）。

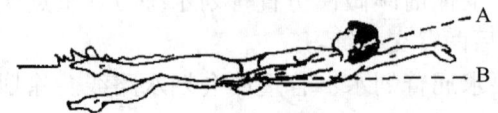

图 8-4-1　仰泳身体姿势

在仰泳时，头部应保持相对稳定，不要上下左右晃动；腰部应该保持适当的紧张；身体应随划水和打腿动作绕纵轴自然转动。

二、基本技术

（一）腿部技术

仰泳的腿部技术动作不仅有助于使腿部保持较高的位置，维持身体平衡，减小身体的侧向摆动，形成良好的流线型以减小水阻力，还可以产生较大的推进力，发挥一定的推进作用。

整个动作是以髋关节为轴，形成用脚背对水，有节奏地向后上方以鞭打状踢水。腿部动作主要有下压水和上踢水两个配合过程。

下压水是由腿伸直与水面平行时开始的，当臀部肌肉收缩时由大腿带动小腿和脚向下运动，下压到占整个移动路线的 2/3 时，大腿停止下压准备上踢；后 1/3 路线由小腿和脚利用继续下压的惯性并通过屈膝来完成。完整技术图解见图 8-4-2。

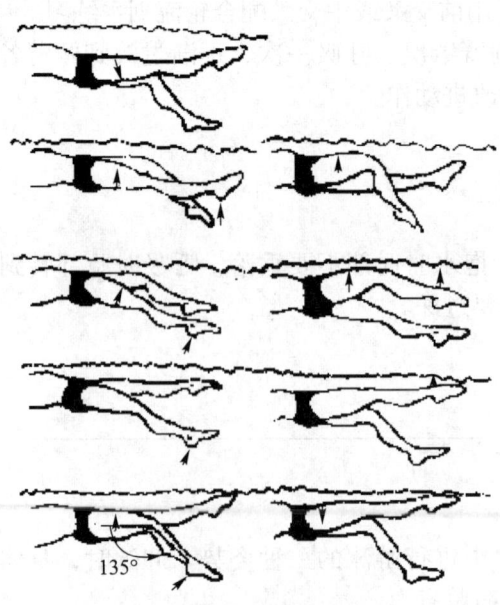

图 8-4-2　仰泳腿部动作

（二）手臂技术

仰泳手臂部划水动作是产生推动身体前进的主要因素，一个完整的手臂动作分为入水、抱水、划水、出水和空中移臂 5 个阶段（图8-4-3）。

（1）入水。臂入水时应保持直臂，肘部不要弯曲，入水时小指向下，拇指向上，掌心向侧后方。

（2）抱水。臂入水后要利用移臂时所产生的动量积极下滑到一定的深度，手掌向下、向侧移动，通过伸肩、屈肘、上臂内旋和屈腕的动作，配合身体滚动，使手掌和前臂对准水并有压力的感觉。当完成抱水动作时，肘部微屈成150°～160°，手掌距水面30~40厘米，肩保持较高的位置。

（3）划水。整个动作是由屈臂抱水开始，以肩为中心，划至大腿外侧下方为止。划水动作包括拉水和推水两个阶段。拉水开始时前臂内旋，手掌上移，肘部下降，使屈肘程度加大并逐渐靠近腰部，以手臂和前臂对准水划，当手臂划过肩关节垂直面时，即开始推水。

（4）出水。推水结束后，借助手掌压水的反弹力迅速提臂出水，出水时手臂自然、放松、迅速，并且要先压水后提肩，肩部露出水面后，由肩带动大臂、小臂和手依次出水。

（5）空中移臂。提臂出水后，手应迅速从大腿外侧垂直于水面移至肩前。当手臂移至肩上方时，手掌要内旋，使掌心向外翻转。空中移臂对，必须伸直放松，移臂的后阶段要注意肩关节充分伸展，为入水和划水做好准备。

（三）配合技术

1. 两臂配合

仰泳两臂的配合是"连接式"的，即当一臂划水结束时，另一臂已入水并开始划水；一臂处于划水的中部，另一臂正处于移臂的中部。在整个臂部动作过程中，两臂几乎都处在完全相反的位置。

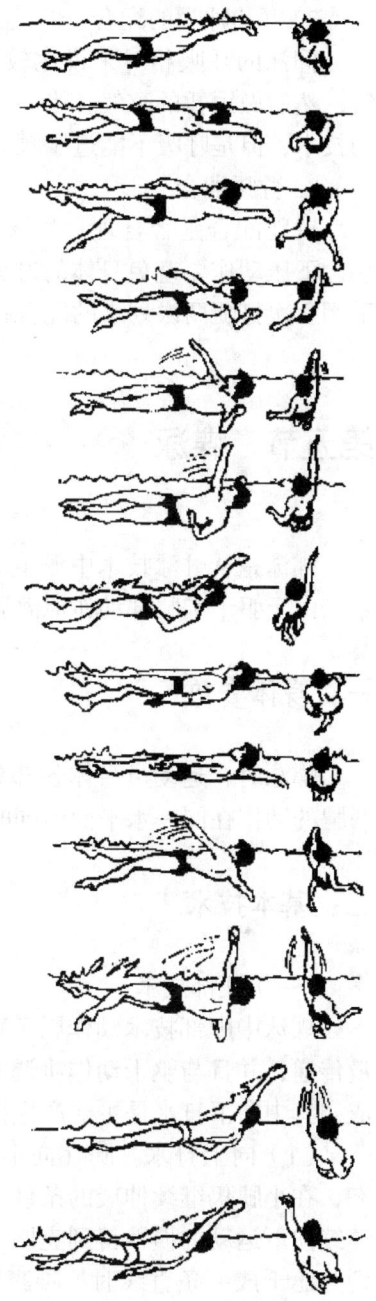

图 8-4-3　仰泳臂部动作

>>> **知识窗** -

练习仰泳的注意事项

（1）仰泳中，头部过分后仰易使鼻子呛水；收下颌过度易导致髋关节弯曲，身体下沉。

（2）打腿时，要强调用脚面向上踢水，打腿的幅度不可过大。

（3）划臂时，对划水动作不要强调过细，应重点强调手掌对准水加速向后划。

2. 臂和呼吸的配合

仰泳的呼吸相对来说比较简单，一般是两次划水，一次呼吸，即一臂移臂时开始吸气，然后做短暂的憋气，当另一臂移臂时进行呼气。在高速游进时也有一次划水一次呼吸的技术，但是呼吸不能过于频繁，否则会引起呼吸不充分，造成动作紊乱。

3. 臂腿配合

臂腿配合是否合理，将影响整个动作的平衡和协调自然。臂在划水过程中，腿的上踢、下压动作要避免身体的过分转动，以保持身体的平衡、协调。现代仰泳技术中一般都采用六次打腿两次划水的配合技术，也有少数人采用四次打腿的技术。

第五节 蝶泳

蝶泳是从蛙泳技术中派生而来的。蝶泳手臂动作似蝴蝶，腿部动作采用海豚式打水技术，由于躯干和腿部动作似海豚在水中游泳，所以又被称为海豚泳。

一、身体姿势

蝶泳时，运动员身体各部分由于波浪动作而上下起伏，没有固定的身体位置，两臂和两腿的动作在同一水平面内同时进行。

二、基本技术

（一）腿部技术

蝶泳中腿部技术动作属于鞭打状打水动作，是由躯干发力，经过髋、膝、踝关节的动量传递，并且与躯干动作协调配合完成的。蝶泳腿部动作由向下打水和向上打水两部分组成，其中向下打水是主要产生推进力的阶段，应用较快的速度完成。

（1）向上打水。腿在向上打水开始时，因为上一次的打水腿在水下呈完全伸直的状态，在小腿仍继续伸展的条件下伸髋，使大腿上移。大腿的上移动作类似鞭打动作，使腿继续向下运动的惯性得到克服。向上打水时，腿应该自然伸直，踝关节放松，当大腿上升到与躯干成一条直线时，腰腹和臀部开始下沉，大腿也随着下压，但小腿和脚继续上移，使膝关节弯曲，弯曲的角度随着大腿继续下移和脚继续上移而逐渐增大，直到脚上升到最高点，即水面下 4~5 厘米处时，小腿开始在髋关节和大腿的带动下快速向下打水。此时膝关节弯曲的程度最大达 110°～130°。

（2）向下打水。与自由泳和仰泳打水一样，蝶泳中腿在打水时，大腿和小腿的方向并不是任何时候都一致的。当脚上移到与身体平行、小腿和脚还在继续上移时，腰腹部已经开始用力收缩，屈髋带动大腿下压。当屈髋程度达到最大时，躯干与大腿形成 150°～160°，脚基本上升到了最高点，此时开始伸膝，小腿和脚加速下打。在小腿和脚向下打水还没有结束时，大腿已开始向上打水，这样才能保证脚的鞭打状打水动作。当小腿和脚继续向下打水到膝关节完全伸直、脚处于最低点时，小腿和脚在大腿的带动下开始向上打水，又进入下一个周期的打水动作。向下打水时，屈踝且内旋。踝关节的灵活性对打水的效果起着关键的作用。由于屈膝和屈踝，小腿向下打水的方向是向下和向后的，伸踝关节的动作更像向后推水。

（二）手臂部技术

蝶泳手臂划水动作所产生的推进力是推动身体前进的主要因素。蝶泳的臂部动作与自由泳类似，不同的是蝶泳两臂同时对称地划水，而自由泳则两臂交替划水。蝶泳的臂部动作由入水、划水、出水和空中移臂四部分组成。

（1）入水。正确的入水位置应该是在两肩的延长线上，略宽于肩的延长线。入水应以大拇指领先，斜插入水，然后前臂和上臂依次入水。入水时手掌心朝向外下方，手掌与水平面约成45°。

（2）划水。根据手臂主要运动方向的变换，可把蝶泳划水分为三个阶段。

① 沿螺旋曲线外划及抓水。手臂入水后，肘和肩关节前伸，两手立即内旋并外分，手掌对准外后方沿螺旋曲线划水。当两手外分至超过肩宽时，屈腕，使手掌由向外、向后变为向外、向下和向后，从而抓住水。同时屈肘，手臂向下后方沿螺旋曲线加速划动，直到手位于水下最低点为止。

② 沿螺旋曲线内划。两手抓水后，继续屈肘，并保持高肘姿势，手臂继续向外旋转，手的运动方向从向下、向外、向后转为向内、向上和向后沿螺旋曲线划水。随着内划的继续，屈肘程度逐渐加大，手臂划到肩下时，肘关节屈至90°～100°。继续向内划水到两手之间距离最近时，内划结束。内划时手掌朝向内、向上和向后方，推进力以阻力位主，水流从拇指流向小拇指。

③ 沿螺旋曲线上划。当两手之间距离达到最近时，手掌内旋，从原来的向内、向上、向后转为向外、向上、向后沿螺旋曲线划水。在上划过程中还要逐渐伸肘、伸腕，使前臂和手尽量对准后面。这个动作很关键，直接影响到划水的效果。如果没有伸肘、伸腕，前臂和手用力的方向主要是向上，其结果是身体下沉，身体的平衡遭到破坏，前进速度下降。

（3）出水。手划到大腿两侧时应从旋内转为旋外，使掌心向内，朝向大腿外侧，以便减小出水的阻力。在手划水尚未结束时，肘已经开始离开水面。手划水结束时，利用划水的惯性，肘和肩带动手臂提拉出水。出水时注意应小拇指领先。

（4）空中移臂。手臂出水后，在肩的带动下迅速从空中前移到头前，准备入水和做下一个周期的动作。由于蝶泳是两臂同时向前移臂，故一般采用低平的直臂姿势从两侧前移，以使手臂放松自然而又不会破坏身体平衡。移臂过程中手臂要放松，大拇指朝下，手前伸至接近入水时肘微屈，以便入水后及时抓水。空中移臂的时间约是划水周期的1/3。

（三）配合技术

（1）手臂配合。在手臂划水的任何阶段都需要全身各个环节的协调配合，采用双"S"划水。

（2）臂和呼吸配合。手臂内划结束时，头部开始露出水面，手臂上划及移臂的前半段完成呼吸动作，手臂前移过肩后前伸时低头入水。低头一定要在手入水前完成，或在入水同时完成，否则会使手臂和肩部难以伸展，影响入水的远度，导致有效划水路线缩短。

>>> **知识窗** ---

练习蝶泳的注意事项

（1）呼吸时，抬头不要太高，否则容易使背部肌肉紧张，并导致腿部下沉。

（2）蝶泳打水时，两脚应自然并拢，两脚稍内扣，两腿的动作应同时进行，否则即为犯规。

--- <<<

（3）臂腿部的配合。臂腿的配合方式是每划水一次，打水两次。手入水时开始第一次下打，抓水过程中结束下打。在继续抓水和内划时上打，上划时第二次下打。空中移臂时腿再次上打。

（4）完整配合。完整的配合方式有采用两次打水、一次划水、一次呼吸（2：1：1）的；也有四次打水、两次划水、一次呼吸的。

第六节　游泳比赛基本规则

目前，竞技游泳分为游泳池比赛和公开水域比赛两大类别。游泳池比赛包括自由泳、仰泳、蛙泳、蝶泳四种泳姿和由这四种泳姿所组成的个人混合泳以及接力比赛。按国际泳联规定，50米池比赛共设41项，奥运会游泳比赛共设33项；25米池比赛，国际泳联承认的比赛项目共46项（表8-6-1）。

表 8-6-1　游泳比赛项目表

泳姿	比赛距离		备注
	50 米池	25 米池	
自由泳	50 米、100 米、200 米、400 米、800 米、1 500 米	50 米、100 米、200 米、400 米、800 米、1 500 米	1. 男女项目相同 2. 奥运会游泳比赛在 50 米池进行，男子不设 800 米自由泳，女子不设 1 500 米自由泳。男女都不设 50 米仰泳、蛙泳、蝶泳项目，不设 4×100 米男女混合接力
仰泳	50 米、100 米、200 米	50 米、100 米、200 米	
蛙泳	50 米、100 米、200 米	50 米、100 米、200 米	
蝶泳	50 米、100 米、200 米	50 米、100 米、200 米	
个人混合泳	200 米、400 米	100 米、200 米、400 米	
自由泳接力	4×100 米、4×200 米	4×50 米、4×100 米、4×200 米	
混合泳接力	4×100 米	4×50 米、4×100 米	
男女混合接力	4×100 米		

一、出发

（1）自由泳、蛙泳、蝶泳及个人混合泳的各项比赛必须从出发台起跳出发，当发令员发出"各就位"的口令后，运动员应至少有一只脚立即在出发台的前缘做好出发准备，手臂位置不限。当所有的运动员都处在静止状态时，发令员发出"出发信号"。

（2）仰泳、混合泳接力项目的出发在水下开始，当听到总裁判发出长哨声信号后，运动员应立即下水。在总裁判发出第二声长哨时，运动员应迅速游回池端，当所有运动员做好出发准备时，发令员发出"各就位"口令，所有运动员都处在静止状态时，发出"出发信号"。

（3）任何运动员在"出发信号"发出之前出发都将被取消比赛资格。

二、转身

在转身的时候，自由泳和仰泳允许运动员使用身体的任何部分触及池壁，这就允许运动员可以在水下转身后，用脚去蹬池壁。但在个人混合泳当中，当运动员从仰泳转换泳姿到蛙泳的时候，必须保持仰泳的姿势直到触及池壁。

>>> **知识窗** -

不宜游泳的人

（1）顽固性高血压患者。药物不能控制的顽固性高血压患者，游泳就不适宜了。

（2）某种心脏病患者。心脏病患者并非都不能游泳，但发绀型先天性心脏病、严重冠心病、风湿性心瓣膜病、较严重的心动过速和心律不齐（心律失常）等患者，不适宜游泳。

（3）中耳炎患者。水进入发炎的中耳，可使炎症加重、扩散，使病情加重。

（4）急性结膜炎患者。该病俗称"红眼病"，不宜在游泳池内游泳。

（5）皮肤病患者。游泳使某些皮肤病加重，一些有传染性的皮肤病不宜游泳。

- <<<

三、开始和结束

奥运会游泳比赛上，任何一个运动员在出发时如果有错误都会被取消比赛资格。在当今奥运会游泳比赛上，所有游泳运动员的比赛时间和地点都是由一个电子系统自动决定的。运动员出发时，出发台上的压力板将记录数据。每条泳道两边的墙上都有触摸板，当运动员触壁时也会被记录。由于触摸板和出发台是互连的，因此赛会的官员可以判断参加接力比赛的运动员是否是在他的队友触壁以后才入水的。接力比赛当中，如果任何一个运动员在他的队友触壁前 0.03 秒之前离开出发台的话，这个队将被自动取消比赛资格，除非犯规队员回到起点重新开始。自由泳和仰泳中，到达终点的时候运动员可以只用一只手触壁，而在蛙泳和蝶泳中，必须使用双手触壁。

四、预赛分组和排位

每一项比赛中，最快的 24 名运动员，根据他们的报名成绩，分成三组参加预赛，每组 8 名运动员。在游泳比赛中，最快的运动员被安排在最后一场预赛的第 4 道，第二名被排在第二场预赛，第三名被排在第一场预赛，第四名又被排在最后一场预赛，以此类推。如果在一项比赛中有超过 24 名运动员通过了报名资格，剩下的运动员将被安排参加附加赛。

在 400 米或者更长的接力和个人项目中，最快的 8 名运动员将直接进入决赛。而对于 200 米以及更短的所有项目，预赛中成绩最好的 16 名运动员将参加两场半决赛。排位将决定半决赛的形式。预赛中成绩最好的运动员在半决赛中排在第 4 泳道，第二名排在第 5 泳道，他们被安排在泳池的中间两道，第三名在第 3 泳道，第四名在第 6 泳道，以此类推。

第七节　水上救生

水上救生主要包括自我救护、间接救护和直接救护三种形式。

一、自我救护

游泳者在水中常会发生抽筋现象，发生的部位主要是小腿和大腿。有时手指、脚趾甚至上腹部也会发生抽筋。如果在水中发生了抽筋，不要慌张，要保持镇静，要在设法自行解脱的同时进行呼救。下面介绍几种水中自我消除抽筋的处置方法：

1. 牵引法

通过屈伸关节，抽筋的肌肉拉长，如小腿或脚趾抽筋，先吸一口气，仰浮在水面，用抽筋腿对侧的手，握住抽筋腿的脚趾，同时，用另一手掌压在抽筋腿的膝盖上，使小腿伸直，并用力向身体方向拉，使抽筋解脱。

2. 点穴法

用指端掐皮肤之下的穴位，进行按揉。点中穴位时，会有麻木的感觉，这种方法有镇静止痛的作用。如手指抽筋，可用另一手指尖端垂直地掐内关穴（掌后横纹上 2 寸两筋间）、外关穴（腕上 2 寸两骨间，与内关穴相对）或掐合谷穴（第二骨缘中点，拇指侧），即可解除。如上腹部肌肉抽筋，可掐中脘穴（脐上 4 寸），配掐足三里（外膝眼下 3 寸，胫骨外沿约一横指），即可解除。

二、间接救护

救护者设法用绳子系住救生圈掷向溺水者，但要注意绳子是否够长。掷时不应将绳、圈一起掷出，要用脚踩住绳尾后才掷出。可先将绳尾用左脚踩住，右手持圈，从身后向前摆动，由上而下地向溺水者抛出。当溺水者抓住救生圈后，救护者利用绳子把溺水者拉至船边或岸边。救生用的器材，要充分利用木板、竹竿、救生衣等，以起到良好的效果。

三、直接救护

在没有任何救生器具的情况下，救护者应直接入水救护。

1. 入水

救护者入水前要迅速观察周围环境、水的流向，选择入水点，脱去有碍施救衣着。入水要快，并且始终注意溺水者。入水的方法可采用两腿前后分开，两臂向两侧张开。入水时，两手向前下方压水，同时两腿做剪水动作，使救护者的头部露出水面，而不失去溺水者目标。如在船体、船台离水面太高时，可采用脚先入水的方法。注意一手捏鼻，一手护腹。若穿救生衣，两手肘部紧压救生衣。入水后及时上浮，找到溺水者。

2. 接近

救护者入水后，应采用自由泳以最快速度接近溺水者。当游离溺水者 3 米左右时，深吸一口气潜入水中，由背后接近溺水者或者潜到溺水者身前用两手扶住其髋部，然后两手一推一拉扭转溺水者，使其背对自己，随即进行拖带（图 8-7-1）。

图 8-7-1　接近和拖带溺水者

3. 解脱

神志不清、神经过度紧张的溺水者，往往抓住东西就不会轻易放手。救护者必须头脑清醒，在不失掉目标的情况下，采取措施，防止被溺水者抓住。万一被抓住，必须进行解脱。解脱主要是利用反关节和杠杆原理，要求动作合理迅速，方能奏效。

（1）手臂被抓解脱法。利用向溺水者拇指方向旋转的方法。双手被抓，如在下面则由下向上外转；反之亦然。单手被双手抓，可利用另一臂加力解脱（图 8-7-2 之 1）。

（2）后颈部被抱解脱法。握住溺水者靠近自己胸前的一只手腕，另一手从下向上拉溺水者同侧臂的肘关节，同时低头从溺水者腋下钻出来，乘势将溺水者拉至背向自己，另一手夹胸进行拖带（图 8-7-2 之 2~3）。

（3）前颈部被抱解脱法。用左（右）手推溺水者的右（左）肘关节，同时右（左）手握住溺水者的同一手腕并向下拉，然后头从溺水者腋下钻出来。

（4）拦腰被抱解脱法。正面被抱，一手按住溺水者后脑部，另一手托住其下颌向外扭转其头。背向被抱，则用两手抓住溺水者各一手指头，用力向两侧拉开，然后放开溺水者一只手，另一手拉转溺水者使其背向自己。若在后面连同两臂被抱，则两腿用力蹬夹水使溺水者升至水面，深吸一口气，突然下沉，同时两臂向外撑展，向下滑脱（图 8-7-2 之 4~7）。

图 8-7-2　救护者解脱法

（5）上体被抱解脱法。一手紧抱溺水者腰部，另一手托其下颌用力推即能解脱。如果溺水者体力超过救护者，不能及时解脱，救护者切不可慌张、死拼，而应冷静沉着，利用同时下沉，再升至水面及时换气，再下沉的办法，待溺水者体力消耗或自行脱手再突然解脱。

4. 拖带

拖带可运用夹胸拖带法。救护者以一手越过溺水者的肩胸部，扶夹对侧腋下，肋部顶住其腰部，使之仰卧成水平位置便于拖带。溺水者口、鼻必须露出水面，以利呼吸。救护者用单手侧游前进（图 8-7-3）。

图 8-7-3　夹胸拖带单手侧游

>>> 知识窗

直接救护的注意事项

（1）救护者必须脱掉鞋和笨重的衣物，使自己处于灵活状态。

（2）不要使自己处于危险之中。

（3）救护者尽量做到不被溺水者抓住或抱住。

四、岸上救护

把溺水者拖带上岸后，首先应立即清除溺水者鼻子和嘴里的泥沙、水草等杂物，设法使呼吸道和食道畅通，然后用膝上压背法将水排出（图 8-7-4）。这时，假如溺水者的呼吸已停止而脉搏仍在跳动，应立即进行人工呼吸。一般采用俯卧压背式人工呼吸法。实行人工呼吸时，先将溺水者俯卧在地上，头偏侧，用弯曲的一臂垫着。救护者跨过他的臀部跪着，用两手掌按溺水者的背肋下部，大拇指向里靠近脊椎骨，其余四指微微弯曲，用稳定不变的压力俯身向前下推压。然后双手放松，恢复原来的姿势。如此循环，每分钟约16次，直到溺水者呼吸恢复正常为止。

进行人工呼吸一般时间较长，救护者可轮换交替进行，交替时要衔接好，不能停顿。溺水者已有轻度呼吸时，千万不能就此停止人工呼吸，因为这种微弱的呼吸非常脆弱，若放弃人工呼吸就会导致呼吸停止，导致救护失败。

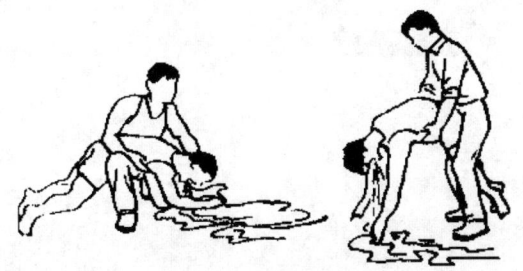

图 8-7-4　压背排水

　　整个抢救过程最好在医务人员指导下进行，这样才能取得最佳的抢救效果，并防止产生不必要的事故。

 **思考与练习**

　　1. 学生在游泳健身锻炼后，可进行及时性评价和阶段性评价。
　　2. 简述游泳运动的意义。
　　3. 简述水上救护的方法。
　　4. 简述各种竞技游泳的基本技术。

第九章

武术运动

 学习导言

> 武术是我国的国粹，蕴含着优秀的传统文化。通过本章的学习，可以了解武术运动的发展和内容，掌握武术基础套路和武术散打基本技击技术。

第一节　武术运动概述

武术是一种以技击动作为主要内容，以套路和格斗为运动形式，注重内外兼修的传统体育项目。它具有悠久的历史和广泛的群众基础，是中华民族在长期的社会生活实践中逐步积累和丰富起来的一项宝贵的文化遗产。

一、武术的起源与发展

武术是人们在适应大自然的过程中逐步产生的。远古时期，原始先民过着茹毛饮血的生活。在弱肉强食的险恶环境中，他们逐渐积累起自卫搏杀的经验，并在祭祀仪式和狩猎收获的庆祝活动中，通过集群跳舞的方式，有节奏有秩序地将搏杀动作表现出来，即是原始武术的萌芽。

殷周时期，武术形成了"呼以多方小子小臣"（《殷契粹编》）来殷习武的局面，武术具有吸引八方来客的魅力。在周代叫作"庠""序"的学校里，将"射、御"作为教育的内容之一。武王所制的"成童舞象"（《礼记》）是当时武术的少儿教育活动，表明我国"蚤喻教"思想对武术有相当大的影响，武术文化教育的气象由此萌生，这昭示着武术开始成为中国古文明的一部分。

春秋战国时期，庄子首开哲学解释拳理之先河，将中国阴阳哲学思维方式浸透于武术理论之中，由此武术逐渐摆脱野蛮的迹象。

秦汉三国时期的大量刻画是继殷周的象形字、文字画之后的一种文化发展，奠定了诞生武术图谱的基石。

两晋南北朝时期，武术理论的发展表现在三方面：一是产生了"武术"名称；二是出现了"谱"；三是形成了"击有术，舞有套，套有谱"的武术体系的雏形。同时，武术技术也发生了一些显著的变化。

入唐以后，武术兼容并包艺术美学的倾向更显突出，尤以剑术为盛。至宋代，武术理论上的总结多以系统的拳谱为代表。继两宋之后，明、清武术再次呈现大发展的势态。太极拳、八卦掌、形意拳就是这个时期武术套路的典型代表作。

20世纪初，西方体育传入，体操对武术产生了较大的影响。马良组织了一些武术名家编辑推广"中华新武术"，它借鉴西方体操的锻炼形式，将传统武术动作按口令节拍编组成套。这是中西合璧的产物，预示着中国武术开始突破传统，步入新的发展阶段。这时期民间出现了许多拳术社、武士会、体育会等武术组织。中国武术队还进行学术研究工作，出版了不少国术图书，这对武术的传播和发展起到积极作用。然而，由于中国处在半殖民地半封建的社会时期，政治、经济、文化、教育都受到帝国主义和封建主义的影响，这一时期的武术发展较为缓慢。

新中国成立后，武术运动成为社会主义文化和人民体育事业的一个组成部分，得到了蓬勃发展。在原国家体委和中国武术协会的领导下，群众性武术活动开展广泛。同时，武术在各级各类学校也成为体育教育的内容之一。中国武术还经常进行国际交流，并影响重大。

二、武术的分类和内容

按运动形式，武术可分为武术套路、武术格斗和武术功法三大类。

武术套路是以功防技击动作为内容，按照攻守进退、动静疾徐、刚柔虚实等矛盾变化的规律编成的整套练习形式。按是否持有器械，武术套路分为拳术套路和器械套路。其中，拳术包括长拳、太极拳、南拳、形意拳、八卦掌、通背拳、劈挂掌、八极掌、翻子拳、少林拳、象形拳等。器械是指短器械、长器械、双器械和软器械四种套路运动。短器械包括刀术、剑术、匕首等；长器械包括棍术、枪术、大刀等；双器械包括双刀、双剑、双钩、双枪、双边等；软器械包括三节棍、九节鞭、绳标、流星锤等。按人数及演练形式，武术套路又可分为单练、对练和集体表演三种类型。单练是单人进行武术套路演练的练习形式，也是武术套路的主要表现形式。对练是两人或两人以上按照预定的程序进行的假设性实战演练，包括徒手对练、器械对练、徒手与器械对练。集体表演是6人或6人以上进行的徒手、器械或徒手与器械的套路演练。

武术格斗是两人按照一定的规则，徒手或手持器械进行实战对抗的一种武术运动形式。它包括徒手格斗与器械格斗。徒手格斗主要包括散打和太极推手，器械格斗目前开展的运动项目是短兵。

武术功法是根据武术运动实践的需要，以提高身体某一运动素质或锻炼某一特殊技能为目的的练功方法。

三、武术运动的特点和作用

武术在长期的历史演变中，逐渐形成了自己的运动规律，它以独特的技术风格和各种社会功能享誉于世。

（一）武术的特点

（1）寓技击于体育之中。"技击"一词原意是"以勇力击斩敌者"，其性质是实战搏杀，目的在于克敌制胜。因此，技击是可以采取各种技击术，快速、有效地打击对手的要害部位，使对手失去对抗的能力。武术在历史的演变中始终保持着技击的特点。

（2）内外合一、形神兼备。中国人很早就对"内外兼修，心身交益""形持神立，神须形存"有了洞见底蕴的认识，无论在武术的理论还是技术实践中，都体现着这种内与外、形与神和谐一致的整体意识。

（3）广泛的适应性。中国武术在其历史衍生和发展中形成了流派众多、内容丰富多彩的格局。不同流派的武术与内容可供不同年龄和性别的人因地因条件选择练习。

（二）武术的作用

（1）锻炼身心，增强体质。武术素以身心双修为大要。外练可以利关节、便手足、强筋骨、壮体魄；内修可以理脏腑、通筋脉、调精神、出智慧，使习武者身心得到全面锻炼的良好效果。

（2）磨炼意志，培养道德品质。武术历来将"夏练三伏，冬练三九"视为座右铭，激励习武者躬行实践。持之以恒的锻炼能培养习武者坚韧不拔的精神毅力，磨炼其吃苦耐劳的意志品质。为武之道，以德为本。通过习武崇德的教育，可以培养尊师重道、讲礼仪、守信用等道德品质，有益于社会主义精神文明建设。

（3）掌握技击，提高防身技能。武术具有技击的特点，通过习武，可以掌握各种技击方法。坚持练功，能增劲力、抗摔打，多方面的身体素质和专项技术技能可得到发展，从而提高克敌制胜、防身自卫的能力。

（4）娱乐观赏、丰富文化生活。武术具有观赏的价值。武术运动竞赛场上势均力敌的斗智较技及各种精彩的套路演练，都会给观众带来乐趣，给人以健与美的享受，丰富人的文化生活。

尚武精神

天行健，君子以自强不息；地势坤，君子以厚德载物。尚武精神是天行健最好的注释。尚武精神是意志力与智慧的高度辩证统一，体现了自强不息、积极向上的精神，是一种绝不忍受压迫、敢于反抗不公的精神。习武之人，在长年坚持不懈的磨炼下，练就强健的体魄、过人的胆识、超强的意志力，面对外来挑衅，不忧不惧，敢于直面担当。孙中山先生曾提出，武术就是国术，是强国强种之术。武以载道，身心俱修。尚武、爱国是炎黄子孙血脉中流淌着的民族精神，是每个中国人的精神脊梁。在建设中国特色社会主义和谐社会的过程中，习武者更应发扬忠、义、礼、侠、勇、仁的尚武精神，创造自我内在的和谐，促动人和人之间、人与自然之间的和谐，为构建和谐社会作出积极贡献。

第二节 武术套路

一、初级剑术

（一）动作名称

1. 预备式

2. 第一段

（1）弓步直刺 （2）回身后劈 （3）弓步平抹 （4）弓步左撩

（5）提膝平斩 （6）回身下刺 （7）挂剑直刺 （8）虚步架剑

3. 第二段

（1）虚步平劈 （2）弓步下劈 （3）带剑前点 （4）提膝下截

（5）提膝直刺 （6）回身平崩 （7）歇步下劈 （8）提膝下点

4. 第三段

（1）并步直刺 （2）弓步上挑 （3）歇步下劈 （4）右截腕

（5）左截腕 （6）跃步上挑 （7）仆步下压 （8）提膝直刺

5. 第四段

（1）弓步平劈 （2）回身后撩 （3）歇步上崩 （4）弓步斜削

（5）进步左撩 （6）进步右撩 （7）坐盘反撩 （8）转身云剑

6. 收势

（二）动作说明

1. 预备式

身体正直，并步站立。左手持剑，即以拇指为一侧，中指、无名指和小指为另一侧，分握护手盘与剑柄的分界处，掌心贴在护手盘下部，手背朝前，食指贴于剑柄，剑身贴于前臂（即小臂）后侧。右手握成剑指，即食指和中指伸直并拢，无名指和小指屈向手心，拇指压在无名指的指甲上，手腕反屈，手背朝上，食指、中指内扣指向下侧。两臂在体侧下垂，两肘微上提。目向左平视（图9-2-1）。

图9-2-1 预备式

要点：持剑时，前臂与剑身要紧贴并垂直于地面。两肩松沉，上身挺胸、收腹，两膝挺直。

（1）第一步。

① 上身半面向右转。右脚向右上一步，屈膝；左脚前脚掌踮地，脚后跟外展，膝关节挺直成右弓步。同时，右手剑指从身体右侧经胸前屈肘上举至左肩后向右前方平伸指出，拇指一侧在上。目视剑指（图9-2-2）。

② 上身右转。左手持剑由左侧直臂上举，经头部前上方向右侧划弧至身前时，拇指一侧朝下做反臂平举；同时，右手剑指屈肘收于右腰侧，手心朝上（图9-2-3）。

③ 左脚向右脚并步。右手持剑随之下落，垂于身体左侧；同时，右手剑指向右侧平

伸指出，拇指一侧在上。目视剑指（图9-2-4）。

  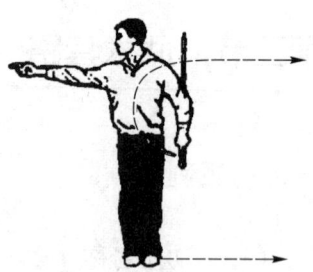

图9-2-2　预备式第一步1　　　图9-2-3　预备式第一步2　　　图9-2-4　预备式第一步3

要点：上步剑指平伸、转体持剑向右侧划弧和并步剑指平伸三个动作必须连贯；在动作过程中，两肩放松；持剑转体向右侧划弧时，左臂直臂上举，腰向右拧转，两脚不可移动；左臂向右侧划弧至与肩同高时，肘略屈，使右手剑指从左手背上穿出成立指，左手持剑继而下落于身体左侧，剑身垂直于地面。

（2）第二步。

① 左脚向左上一步，屈膝，右脚前脚掌蹍地使脚后跟外展，膝关节挺直成左弓步。上身随之向左转。同时，左手持剑屈肘经胸前向上、向前弧形绕环，平举于身体左侧，拇指一侧在下（图9-2-5）。

② 左腿伸直站立，右脚向前并步。左手持剑随之从身前下落，垂于身体左侧；同时，右手剑指屈肘沿右耳侧向前平伸指出，拇指一侧在上。目视剑指（图9-2-6）。

要点：右手剑指向前指出时，肘要伸直，剑指尖稍高过肩。

图9-2-5　预备式第二步1　　　图9-2-6　预备式第二步2

（3）第三步。

① 左手持剑由右手剑指上面向前平伸穿出，拇指一侧在下；右手剑指顺左臂下面屈肘收于左肩前，并且屈腕使手指朝上。上身右转，右脚向右侧跨步，屈膝；左脚尖随之里扣，膝关节挺直成右弓步。目向左平视（图9-2-7）。

② 上身右转，右手剑指经身前向右侧平伸指出，拇指一侧在上。目视剑指（图9-2-8）。

图 9-2-7　预备式第三步 1

图 9-2-8　预备式第三步 2

要点：成右弓步时，左腿要挺直，两脚全脚掌均着地。上身略向前倾，挺胸，塌腰。左手持剑伸平，左肩放松。

（4）第四步。右脚前脚掌里扣，上身左转，重心落于右腿；左腿随之移回半步，屈膝，并以前脚掌虚点地成左虚步。在左脚移步的同时，左手持剑向胸前屈肘，手心朝外；右手剑指也向胸前屈肘，手心朝里，准备接握左手之剑，目视剑尖（图 9-2-9）。

要点：做左虚步时，右脚实左脚虚要分明，右脚要全脚掌着地。上身要挺胸、塌腰、稍前倾。两肘要平，剑尖稍高于左肘。

图 9-2-9　预备式第四步

2. 第一段

（1）弓步直刺。右手接握左手之剑，左手握成剑指。左脚向前上半步，屈膝；右脚前掌蹬地，脚跟外展，膝关节挺直成左弓步。同时，上身左转，右手持剑向身前平伸直刺，拇指一侧在上；左手剑指随之身后平举，拇指一侧在上。目视剑尖（图 9-2-10）。

要点：做弓步时，前腿屈膝蹲平，两脚全脚掌全部着地。上身稍向前倾，腰、膝向左拧转，下塌，臀部不要凸起。两肩松沉，右肩前顺，左肩后引。剑尖稍高于肩。

（2）回身后劈。左脚不动，膝部伸直；右脚向前上一步，膝略屈，上身右转。同时，右手持剑经上向后劈，剑高与肩平，拇指一侧在上；左手剑指随之由下向前上弧形绕环，在头顶上方屈肘侧举，拇指一侧在下。目视剑尖（图 9-2-11）。

要点：上步、转身、平劈和剑指向上侧举必须协调一致。转身后，腰要向右拧转，左脚不要移动，剑身和持剑臂必须成直线。

图 9-2-10　弓步直刺

图 9-2-11　回身后劈

（3）弓步平抹。左脚向左前方上一步，屈膝；右腿在后，膝关节挺直，脚尖里扣成左弓步。同时，左手剑指由胸前下降，经左下向上弧形绕环，在头顶上方屈肘侧举，拇指一侧在下；右手持剑（手心转向上）随之向前平抹，剑尖稍向右斜。目视前方（图9-2-12）。

图9-2-12　弓步平抹

要点：抹剑时，手腕用力需柔和。

（4）弓步左撩。

① 上身左转，右腿屈膝在身前提起，脚尖下垂，脚背绷直。同时，右手持剑臂外旋，使剑由前向上、向后划弧至后方时，屈肘，使手腕、前臂贴靠腹部（手心朝里）。目视剑身（图9-2-13）。

② 右腿向右前方落步，左腿蹬直，脚尖里扣成右弓步。同时，右手持剑由后向下，向前反手撩起，小指一侧在上；左手剑指随右手运动，仍附于右手腕处。目视剑尖（图9-2-14）。

图9-2-13　弓步左撩1

图9-2-14　弓步左撩2

要点：剑由前向后和由后向前撩起时，必须与提膝和向前落步的动作协调一致，握剑不可太紧。形成弓步后，上身略前倾，直背，收臀，剑尖稍低于剑指。

（5）提膝平斩。左脚向前上一步，右手腕向左上翻转，屈肘，使剑向左平绕至头部前上方，右腿随之由后前屈膝提起。右手继续翻转手腕，使剑向右平绕至右方后（手心朝上），再用力向前平斩；左手剑指由下向左、向上弧形绕环，屈肘横举于头部左上方。目视前方（图9-2-15）。

要点：剑从左向后平绕时，上身必须后仰，使剑从脸部上方平绕而过，不可从头顶绕行。提膝时，左腿必须挺膝伸直站稳，右腿屈膝尽量上提，右脚贴护裆前，上身稍向前倾，挺胸、收腹。

（6）回身下刺。右脚向前落步，脚尖外撇，膝略屈，上身右转。同时，右手持剑手腕反屈，使剑尖下垂，随之向后下方直刺，剑尖低于膝，拇指一侧在上；左手剑指先向身前的右手靠拢，然后在刺剑的同时，向前上方伸出，拇指一侧在上。目视剑尖（图9-2-16）。

要点：右手持剑要先屈肘于身前，在后脚向前落步和上身右转的同时，使剑用力刺出。左腿伸直，右腿稍屈，腰向右拧转，剑指、两臂和剑身呈一直线。

图 9-2-15　提膝平斩　　　　　　　　图 9-2-16　回身下刺

（7）挂剑直刺。

① 左脚向前上一步，屈膝略蹲，右臂内旋，先使拇指一侧朝下成反手，然后翘、摆臂，使剑尖向左、向上抄挂。当持剑抄至左肩时，再屈肘使剑平落于胸前，手心朝里，此时左腿伸直站立，右腿随之在身前屈膝提起，左手剑指屈肘于右腕处（图 9-2-17）。

② 接着，以左脚前脚掌蹍地，上身右转，右手持剑使剑向下插，左手剑指依附于右手腕处。目视剑尖（图 9-2-18）。

③ 上动不停，仍以左脚前脚掌为轴蹍地，右脚向身后退一大步，屈膝，上身从向后转；左腿在后蹬直，脚尖里扣成右弓步。同时，右手持剑向前直刺，剑尖与肩同高，拇指一侧在上；左手剑指随之向后平伸，拇指一侧在上。目视剑尖（图 9-2-19）。

要点：挂剑、下插、直刺三个动作必须连贯，它们与跨步、提膝、转身、弓步要协调一致。弓步直刺后，两脚全脚掌均着地，上身稍向前倾，挺胸，塌腰。

图 9-2-17　挂剑直刺 1　　　　图 9-2-18　挂剑直刺 2　　　　图 9-2-19　挂剑直刺 3

（8）虚步架剑。

① 右手持剑先将剑尖由左向右搅一小圈儿，臂内旋，使持剑手的拇指一侧朝下。同时，以右脚跟和左脚前脚掌为轴蹍地，右脚尖外撇，上身从右向后转，左脚向前收拢半步，两膝均略屈成交叉步。在转身的同时，右手持剑反手向后上方屈肘上架，左手剑指屈肘经左肩前附于右腕处。目向左平视（图 9-2-20）。

② 右腿屈膝不动，左脚向前进一步，膝稍屈，前脚掌虚点地，重心落于右腿成左虚步。右手持剑略向后牵引的同时，左手剑指向前平伸指出，手心朝下。目视剑指（图 9-2-21）。

要点：虚步必须虚实分明，右肘略出，使剑身横架于额上方，左臂伸直，剑指稍高过肩。

图 9-2-20 虚步架剑 1   图 9-2-21 虚步架剑 2

3. 第二段

（1）虚步平劈。左脚跟外展，上身右转，重心移于左腿，右脚跟随之离地上步成右虚步。同时，右手持剑向下平劈，拇指一侧在上；左手剑指向上屈肘，手心向左上方。目视剑尖（图 9-2-22）。

要点：虚步必须虚实分明，劈剑时手腕要挺直。

（2）弓步下劈。右脚踏实，身体重心前移，左手剑指向右腋下，右手持剑臂内旋，使手心朝下。左脚随即向左前方上步，屈膝；右腿在后蹬直，脚尖里扣成左弓步。同时，右手持剑屈腕向左平绕，划一小圈后向前下方劈剑，剑尖高与膝平；左手剑指随之由腋下面向左、向上绕环，在头顶上方屈肘侧举，上身略前俯。目视剑尖（图 9-2-23）。

要点：劈剑时，右肩前顺，左肩后引，剑尖与手、肩成一直线。

图 9-2-22 虚步平劈   图 9-2-23 弓步下劈

（3）带剑前点。

① 右脚向左脚靠拢，以前脚掌虚点地，两腿均屈膝略蹲。右手持剑向上屈腕，使剑向右耳际带回，肘微屈，左手剑指随之由前下落，附于右腕处。目向右前方平视（图 9-2-24）。

② 上动不停，右脚向右前方跃一步，落地后即屈膝半蹲，全脚着地；左脚随之跟进，向右脚并步屈膝，脚尖点地成丁步。同时，右手持剑向前点击，拇指一侧在上；左手剑指即屈肘向头顶上方侧举，手心朝上。目视剑头（图 9-2-25）。

要点：向前点击时，右臂前伸、屈腕，力点在剑尖，手腕稍高于肩，剑尖略比手低。成丁步后，右腿大腿尽量蹲平，左脚背绷直，脚尖点在右足弓处，两腿必须并拢。上身稍前倾，挺胸，直背，塌腰。

图 9-2-24　带剑前点 1　　　　　　　　　图 9-2-25　带剑前点 2

（4）提膝下截。

① 右腿伸直，左脚退步后屈膝，上身后仰。右臂外旋手心朝上，使剑向右、向后上方弧形绕环；左手剑指不动（图 9-2-26）。

② 上动不停，右臂内旋使手心朝下，继续使剑向左、向前下方划弧下截，同时上身向前探倾，左腿屈膝提起。目视剑尖（图 9-2-27）。

要点：剑从右向左的圆形划弧下截是一个完整动作，必须连贯起来做。左膝尽量高提，脚背绷直，右腿膝部挺直，站立要稳，右臂和剑身呈一直线，剑身斜向下。

图 9-2-26　提膝下截 1　　　　　　　　　图 9-2-27　提膝下截 2

（5）提膝直刺。

① 右腿略屈膝，左脚向前落步，脚尖外撇。右臂外旋使手心朝上，并在左脚落步的同时向上屈肘，将剑柄收抱于胸前，手心朝里，剑尖高与肩平，左手剑指随之下落，屈肘按于剑柄上。此时，两腿呈交叉步。目视剑尖（图 9-2-28）。

② 右腿向身前屈膝提起，左腿伸直站立。右手持剑向前平直刺出，拇指一侧在上；同时，左手剑指向后平伸指出，手心朝下。目视剑尖（图 9-2-29）。

图 9-2-28　提膝直刺 1　　　　　　　　　图 9-2-29　提膝直刺 2

要点：抱剑与落步、直刺与提膝必须协调一致。

（6）回身平崩。

① 右脚向前落步，脚尖外撇；左脚前脚掌踮地使脚跟外转，屈膝略蹲，同时上身向右后转成交叉步。右手持剑臂外旋使手心朝上，屈肘向胸前收回，剑身与右前臂成水平直线；左手剑指随之屈臂上举，经左耳侧屈肘前落，附于右手心上面。目视剑尖（图9-2-30）。

② 上身稍向右转，左腿挺膝伸直，右腿略屈膝。同时，右手持剑使剑的前端用力向右平崩，手心仍朝上；左手剑指屈肘向额部左上方侧举。目视剑尖（图9-2-31）。

要点：收剑和平崩两个动作必须连贯起来做。平崩时，用力点在剑的前端；平崩后，上身向右拧转，但左脚不得移动。

图9-2-30　回身平崩1　　　　　　　　　图9-2-31　回身平崩2

（7）歇步下劈。右脚蹬地起跳，左脚向左跃步横跨一步，落地后，右腿立即向左腿后侧插步，继而两腿屈膝全蹲成歇步。在跃步的同时，右手持剑向上举起，并在形成歇步时向左下劈，拇指一侧在上，剑尖与踝关节同高，左手剑指随着下劈动作，下按于右腕上。目视剑身（图9-2-32）。

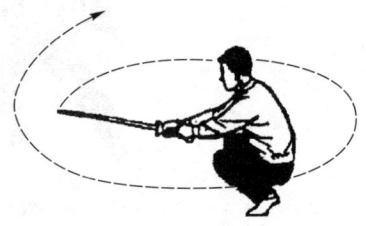

图9-2-32　歇步下劈

要点：成歇步时，左大腿盖压在右大腿上面，左脚全掌着地，右脚跟离地，臀部坐在右小腿上。劈剑时，右臂尽量向前下方伸直，剑身与地面平行。劈剑与跃步成歇步动作需同时完成。

（8）提膝下点。

① 右手持剑先使手心朝下成平剑，然后以两脚前脚掌踮地，上身经右向后转动，两腿边转边站立起来，右手持剑平绕一周。当剑绕至上身右侧时，上身稍向左后仰，同时剑身继续向外、向上弧形绕环，剑尖接近右耳侧。此时，左手剑指离开右手腕向上屈肘侧举。目视前下方（图9-2-33）。

② 上动不停，右腿伸直站立，左腿屈膝提起，上身向右侧下探俯，同时右手持剑向前下点击，拇指一侧在上。目视剑尖（图9-2-34）。

要点：仰身外绕剑与提膝下点两个动作必须连贯并需同时完成。右腿独立时，膝部要挺直，左膝尽量上提。点剑时，右腕要下屈，剑身、右臂、左臂呈一直线。

图 9-2-33　提膝下点 1　　　　　　　　　　图 9-2-34　提膝下点 2

4. 第三段

（1）并步直刺。

① 以右脚前脚掌为轴蹍地，使上身向左后转。同时，右臂内旋，并向拇指一侧屈腕，使剑尖指向转身后的身前；左手剑指随之由上经右肩前、腹前绕环，向正前方指出，手心朝下。目视剑指（图 9-2-35）。

② 左脚向前落步，右脚随之跟进并步，两腿均屈膝半蹲。同时，右手持剑向前平伸直刺，拇指一侧在上；左手剑指顺势附于右腕处。目视剑尖（图 9-2-36）。

要点：两腿半蹲时大腿要蹲平，两膝、两脚均须紧靠并拢。上身前倾，直背，落臀。两臂伸直，剑尖与肩平。

图 9-2-35　并步直刺 1　　　　　　　　　　图 9-2-36　并步直刺 2

（2）弓步上挑。右脚上步屈膝，同时左脚跟稍内转，左腿挺膝伸直成右弓步。右手持剑直臂向上挑举，剑尖向上，手心朝左；左手剑指仍向前平伸指出，手心朝下。上身稍微前倾，目视剑指（图 9-2-37）。

要点：左臂伸直，左肩前倾，剑指略高过肩，右臂上举，剑刃朝前后，上身挺胸、直背、塌腰。

（3）歇步下劈。右腿伸直，左脚向前上步，脚尖外撇，随之两腿交叉屈膝成歇步。同时，右手持剑向前下劈，拇指一侧在上，剑尖与踝关节同高；左手剑指屈肘附于右腕里侧。上身稍前俯。目视剑身（图 9-2-38）

要点：同第二段歇步下劈。

图 9-2-37　弓步上挑

图 9-2-38　歇步下劈

（4）右截腕。两脚前脚掌蹍地，并且两腿稍伸直立起，使上身右转，右腿屈膝半蹲，左腿稍屈膝，左脚前脚掌虚点地成左虚步。右臂内旋使拇指一侧朝下，用剑的前端下刃向前上方划弧翻转，随着上身起立成左虚步。右手持剑再向右后上方托起，左手剑指仍附于右腕，两肘均微屈。目视剑的前端（图 9-2-39）。

要点：两腿虚实必须分明，上身稍前倾，剑身平横于右额前上方，剑尖稍高于剑柄。

（5）左截腕。左脚向前上半步，并仍前脚掌蹍地使上身向左后转，右脚随之向前上一步，前脚掌着地，两腿均屈膝成右虚步。在右脚进步的同时，右臂外旋，使剑身前端向左前上方划弧翻转，手心朝上，剑身与地面平行。左手剑指随之离开右手腕，屈肘向上侧举。目视剑的前端（图 9-2-40）。

要点：同右截腕。

图 9-2-39　右截腕

图 9-2-40　左截腕

（6）跃步上挑。

①左脚经身前向前上一步，右脚随之在身后离地，小腿后弯。同时，右臂外旋手心朝里，使剑至右向上、向左屈肘划弧。剑至上身左侧、右手靠近左胯时，拇指一侧在上并向上屈腕；左手剑指在右手向左下落时随附于右腕上。目视剑尖（图 9-2-41）。

②左脚蹬地，右脚向左侧跃步，落地后屈膝略蹲，左脚随之离地，屈膝，从身后伸向右侧方，形成望月式平衡。上身由左侧倾俯。在右脚跃步的同时，右手持剑由左胯旁向下、向左划弧，当剑到达右侧方时，臂外旋并向拇指一侧屈腕，使剑向上挑击，左手剑指立即向左上方屈肘横举，拇指一侧在下。目视右侧方（图 9-2-42）。

图 9-2-41　跃步上挑 1

图 9-2-42　跃步上挑 2

要点：跃步和上挑动作必须协调一致，迅速进行。挑剑时，腕部要猛然用力上屈。形成平衡动作后，右腿略屈膝站稳，左小腿尽量向上抬起。上身向右拧转，剑身斜举于右侧上方，持剑手略松，便于手腕上屈。

（7）仆步下压。

① 右手持剑使剑尖从头上经过，继而向身后、向右弧形平绕。当剑绕到右侧时，立即屈肘将剑柄收抱于胸部前下方，手心朝上。同时，右膝伸直，上身立起，左腿屈膝提于身前，左手剑指仍横于左额前上方（图 9-2-43）。

② 上动不停，左手剑指经身前下落，按在右腕上。左脚随之向左侧落步，屈膝全蹲；右腿在右侧平铺伸直，脚尖里扣成右仆步。同时，右手持剑用剑身平面向下压，剑尖斜向右上方。上身前探。目向右平视（图 9-2-44）。

要点：做仆步时，左腿要全蹲，臀部紧靠脚跟，不要凸起，两脚全脚掌均着地。上身前探时要挺胸，两肘略屈环抱于身前。

图 9-2-43　仆步下压 1

图 9-2-44　仆步下压 2

（8）提膝直刺。两腿直立站起，左腿屈膝提于身前，右腿挺直站立。同时，右手持剑向身前平伸直刺，拇指一侧在上。左手剑指屈肘在左侧上举，拇指一侧在下。目视剑尖（图 9-2-45）。

要点：右腿独立须挺膝站稳，左膝尽量上提，脚背绷直，脚尖下垂。上身稍右倾，右肩、右臂和剑身要成直线，左臂屈成圆形。

5. 第四段

（1）弓步平劈。右臂外旋，先使手心朝向背

图 9-2-45　提膝直刺

后，剑的下刃转翻向上，继而上身左转，同时左脚向左后侧撤一大步，屈膝；右脚以前脚掌为轴蹍地，脚跟稍外转，右腿挺膝伸直成左弓步。左手剑指随着持剑臂的运行而向右、向下、向左、向上圆形绕环，仍屈肘举于头部左侧上方。同时，右手持剑向身前平劈，拇指一侧在上，臂要伸直，剑尖略高于肩。目视剑尖（图9-2-46）。

要点：向前劈剑和剑指绕环这两个动作必须协调，动作同时完成，两肩要放松。

（2）回身后撩。右脚向前上一步，膝微屈；左脚随之离地，小腿向上弯曲，上身前俯，腰向右拧转。右手持剑随右脚上步而向后反撩，剑尖斜向下方，拇指一侧在下。左手剑指前伸成侧上举，拇指一侧在下。目视剑尖（图9-2-47）。

要点：右脚站立要稳，左脚背绷直，上身挺胸，两肩放松。

图9-2-46　弓步平劈

图9-2-47　回身后撩

（3）歇步上崩。

① 右脚蹬地，左脚向前跃步，上身随之向右后转；左脚落地，脚尖稍外撇，右腿摆向身后。在上身转动的同时，右臂外旋，使拇指一侧朝上；左手剑指在身后平伸，手心朝下。目视剑尖（图9-2-48）。

② 上动不停，右脚在身后落步，两腿均屈膝全蹲成歇步。同时，右手持剑直臂下压，手腕向拇指一侧上屈，使剑尖上崩；左手剑指随之屈肘在头部左上方侧举，拇指一侧在下。目视剑身（图9-2-49）。

要点：向前跃步、歇步和剑尖上崩三个动作要连贯协调。跃步要远，落地要轻（前脚掌先着地）。上崩时，腕部要猛然用力上屈，剑尖高与眉平。歇步时，上身前俯，胸须内含。

图9-2-48　歇步上崩1

图9-2-49　歇步上崩2

（4）弓步斜削。

① 左脚尖里扣，上身右转，右脚随之向前上步，屈膝，左腿在身后挺膝伸直成右弓步。右手持剑臂外旋使手心朝上，在转身的同时，屈肘收于左肋前；右手剑指随之从身前

下落，按在剑柄上，上身向右前倾。目视前方（图9-2-50）。

② 上动不停，右手持剑由后向前上方斜面弧形上削，手心斜向上方，手腕稍向掌心一侧弯曲。同时，左手剑指伸向后方，拇指一侧在上。目视剑尖（图9-2-51）。

要点：斜削时，右臂稍低于肩，剑尖斜向脸前右上方，略高于头；左臂在身后侧平举，剑指指尖略高于肩部。

图9-2-50 弓步斜削1　　　　　　　　　　　　图9-2-51 弓步斜削2

（5）进步左撩。

① 右腿伸直，上身向左转，左腿稍屈膝。同时，右手持剑使手心朝里，经脸前，边转身边向左划弧。剑至体前时，左手剑指附于右手腕里侧。目视剑尖（图9-2-52）。

② 以右脚跟为轴蹍地，脚尖外撇，上身向右后转；左脚随之向前上步，以前脚掌虚点地。同时，右手持剑反手向下、向前、向上继续划弧撩起。剑至前上方时，肘部略屈，拇指一侧在下，剑尖高与肩平；左手剑指随右手动作，仍附于右腕上。目视剑尖（图9-2-53）。

要点：上述左右运剑的划弧动作，必须连贯成一个完整的绕环动作。撩剑后，右腿微屈，左腿伸直，身体重心落于右腿，剑尖稍微朝下。

图9-2-52 进步左撩1　　　　　　　　　　　　图9-2-53 进步左撩2

（6）进步右撩。

① 右手持剑直臂向上、向右后方划弧，左手剑指随势收于右肩前，手心朝左。目视剑尖（图9-2-54）。

② 左脚踏实后以脚跟为轴蹍地，脚尖外撇，右脚随之向左脚前上一步，前脚掌虚点地。同时，右手持剑由右向下、向前划弧抢臂撩起。剑至前方时，肘微屈，手心朝上，剑尖高与头平；左手剑指屈肘举于头部左上方。目视剑尖（图9-2-55）。

要点：同进步左撩，唯左右相反。

图 9-2-54　进步右撩 1

图 9-2-55　进步右撩 2

（7）坐盘反撩。右脚踏实后向前上一小步，随即左脚从右腿后向右侧插一步，两腿屈膝下坐成坐盘式。在左脚插步的同时，右手持剑向上、向左、向下，再向右上方反手绕环斜上撩，剑尖高过头顶。左手剑指随之经体前向下、向后上方划弧屈肘横举于左耳侧，拇指一侧在下。上身向左前倾俯。目视剑尖（图 9-2-56）。

图 9-2-56　坐盘反撩

要点：坐盘必须与反撩剑动作协调进行。坐盘时，左腿盘坐地面，左脚背外侧着地；右腿盘落于左腿上，全脚掌着地，脚尖朝身前。上身倾俯时胸要内含，剑尖与右臂、左肘、左肩呈一直线。

（8）转身云剑。

① 右脚蹬地，两腿伸直站起，并以两脚前脚掌碾地，使上身向左后转；转身之后，右腿屈膝略蹲，右脚踏实，左膝微屈，前脚掌虚点地，重心落于右腿。同时，右手持剑随身体转动一周后屈肘使剑平举，拇指一侧在下。此时，左手剑指附于右手腕处。目视剑尖（图 9-2-57）。

② 上动不停，上身后仰，右手持剑向左、向后、向右、向前圆形云绕一周，剑至身前时，右手手心朝上、松把，使剑尖下垂；左手剑指放开，拇指一侧朝上，准备接握右手之剑。此时，重心前移，左脚踏实，右腿伸直，上身前倾。目视左手（图 9-2-58）。

要点：转身和云剑动作必须连贯，云剑要平、要快，腕关节放松，使之灵活。

图 9-2-57　转身云剑 1

图 9-2-58　转身云剑 2

6. 收势

（1）第一步。右手将剑柄交于左手后立即握成剑指，左手接剑后反握住剑柄向身体左侧下垂。此时，右脚向右前方上步，脚尖里扣，屈膝略蹲，上身随之左转；左脚随之向前移步，以前脚掌虚着地面，膝微屈；在上身左转的同时，右手剑指随之由身后向上屈肘，侧举于头部右上方，手心朝上。目向左平视（图9-2-59）。

要点：重心落于右腿，上身前倾，挺胸，塌腰，两肩松沉，左肘略上提，剑身紧贴前臂后侧，并与地面垂直。

（2）第二步。右腿伸直，右脚向左脚靠拢，并步站立。右手剑指下落于身体右侧，恢复成预备式。目向正前方平视（图9-2-60）。

要点：同预备式。

图9-2-59　收势第一步　　　　　　图9-2-60　收势第二步

二、青年长拳

（一）动作名称

1. 起势

（1）提膝亮掌　　　　（2）并步抱拳

2. 第一段

（1）按手弓步右冲拳　　（2）按手弓步左冲拳

（3）弹腿右冲拳　　　　（4）弹腿左冲拳

（5）马步左架打　　　　（6）马步右架打

（7）勾手侧踹　　　　　（8）弓步架打

3. 第二段

（1）提膝穿掌　　　　　（2）仆步穿掌提膝挑掌

（3）虚步右格拳　　　　（4）弓马步连环冲拳

（5）虚步左格拳　　　　（6）弓马步连环冲拳

（7）勾手勾踢　　　　　（8）小缠震脚马步冲拳

4. 第三段

（1）弓步右击掌　　　　（2）弓步左击掌

（3）马步右格勾　　　　（4）马步左格勾

（5）弓步右冲拳　　　　（6）勾手退步砍掌

（7）勾手提膝亮掌　　（8）弓步冲拳虚步挑掌

5. 第四段

（1）托掌震脚双推掌　　（2）双勾弹踢

（3）跃步箭弹　　　　　（4）歇步亮掌

（5）转身正踢腿　　　　（6）左右斜拍脚

（7）腾空飞脚　　　　　（8）弓步击掌

6. 收势

（1）前点步格拳　　　　（2）并步对掌

（二）动作说明

1. 起势

（1）提膝亮掌。

① 直立，两脚并拢，两臂垂于体侧，微挺胸，收腹，头部正直，目视前方（图9-2-61）。

② 掌由体侧上穿，掌心向左；左掌提至腰间，掌心向上（图9-2-62之1）。

③ 掌继续向左、向下、向右上绕至上举亮掌，左掌在右掌内向上穿掌后，向后下勾；同时，提起左膝，转头，眼向左看（图9-2-62之2）。

要点：两臂依次绕环做立圆，以肩为轴，幅度要大，动作自然协调。支撑腿直立站稳。提膝腿尽量高抬，小腿扣紧，脚面绷直。亮掌时身体挺拔，整个姿势要舒展大方。提膝、亮掌、勾手、转头要同进完成。

易犯错误：肩轴绕环变成肘绕环，动作幅度小；站立不稳，提膝松散，动作脱节，造型不美。

图9-2-61　提膝亮掌1

图9-2-62　提膝亮掌2

（2）并步抱拳。

① 左脚上一步，重心前移，右脚跟离地；同时，右掌经后下划弧至胸前与左掌（左勾变掌）交叉，右掌在内，两掌心向外（图9-2-63之1）。

② 右脚上一步，重心前移，左脚跟离地，两掌向上绕环至斜上举（图9-2-63之2）。

③ 左脚向右脚并拢直立。同时，两臂经两侧下落，两掌握拳收抱于腰间，转头，眼向左看（图9-2-63之3）。

要点：臂的动作与上前两步要协调一致，绕环幅度要大，并步、抱拳、向左看要同步完成。

图 9-2-63 并步抱拳

易犯错误：绕环僵硬，幅度不大；上前两步步幅过小；直立抱拳姿势松散，精神不足，没有转头向左看。

2. 第一段

（1）按手弓步右冲拳。

① 向左转身 90°，左脚上步，同时左拳变掌向左按手（图 9-2-64 之 1）。

② 右腿蹬直成左弓步，左手握拳收抱于腰间，拳心朝上。同时，右拳从腰间向前冲击，拳与肩平，拳心向下。眼看前方（图 9-2-64 之 2）。

要点：弓步要前弓后蹬，前膝不过脚尖，后腿充分蹬直，脚跟不离地。按手要轻巧、敏捷，按手动作与落步要协调一致；冲拳时，上体略向前倾，头正、挺胸、沉髋、拧腰、顺肩。

易犯错误：低头、耸肩、含胸、出拳无力、臂肌僵硬；弓步时前腿不弓，后腿弯曲，脚跟离地。

图 9-2-64 按手弓步右冲拳

（2）按手弓步左冲拳。

① 以左脚跟为轴，脚尖向外转约 45°，右脚前进一步，右拳变掌向右按（图 9-2-65 之 1）。

② 左腿蹬直成右弓步，右手握拳收抱于腰间；同时，左拳从腰间向前冲出，拳与肩平，拳心向下。眼向前看（图 9-2-65 之 2）。

要点、易犯错误：同按手弓步右冲拳，唯一区别是左右相反。

233

（3）弹腿右冲拳。右腿直立，左腿屈膝提起，脚面绷直，猛力向前弹踢。同时，右拳从腰间向前冲出，拳与肩平，拳心向下；左拳收抱于腰间。眼看前方（图9-2-66）。

图 9-2-65　按手弓步左冲拳　　　　　　　　图 9-2-66　弹腿右冲拳

要点：弹踢时，支撑腿微屈站稳，弹踢腿由后向前突然用力，力点贯于脚尖。冲拳与弹踢动作协调一致。

易犯错误：弹踢无力，关节松垮；弹踢时重心不稳，支撑腿太弯，脚跟移动，拱背弯腰，冲拳不平。

（4）弹腿左冲拳。左脚前落，微屈，右腿弹踢，脚与胯平。同时，左拳从腰间向前冲出，拳与肩平，拳心向下；右拳收抱于腰间，拳心向上。眼看前方（图9-2-67）。

要点、易犯错误同弹腿右冲拳，但左右相反。

（5）马步左架打。右脚落地，向左转身90°，脚尖内扣成马步。同时，左拳变掌架于头上方，右掌从腰间向右侧冲拳，拳与肩平，拳心向下。眼看右前方（图9-2-68）。

要点：马步下蹲时大腿约与地面平行，两脚尖朝向正前方，挺胸、直背、塌腰，两膝投影线过脚尖；两脚间隔约三脚长；架掌、冲拳要协调一致。

易犯错误：含胸，拱背，两脚间距太小，两膝未内扣，脚尖外展，弯腰跪膝；架掌松散，出拳无力。

图 9-2-67　弹腿左冲拳　　　　　　　图 9-2-68　马步左架打

（6）马步右架打。

① 以右脚跟为轴向右转身90°，两腿叉步。同时，右拳变掌架在额右前上方，左掌握拳收抱于腰间，拳心向上（图9-2-69之1）。

② 身体继续向右转身90°，左脚上步成马步，左拳向左侧冲出，拳与肩平，拳心向下。眼看左方（图9-2-69之2）。

要点、易犯错误：同马步左架打，但左右相反。

（7）勾手侧踹。

① 向左转身90°，以左脚跟为轴，脚尖外撇约45°，右手弧形向下落至左腕上，勾手向右后拉开；同时，左拳变掌向左拉开架于左额前上方。眼向右看（图9-2-70之1）。

② 左腿稍屈站稳，同时右脚向右侧踹，脚略高于胯，脚掌横平，上体略向左侧斜倾成侧踹亮掌姿势，眼向右看（图9-2-70之2）。

要点：勾手、亮掌、转体要一致；支撑腿微屈，侧踹腿高度不得低于腰部，大腿内旋，脚掌横平，力点贯于脚跟或脚掌外侧。

易犯错误：踹、蹬不分，高度不够；支撑腿站立不稳，两臂松垮，眼未向右看。

图9-2-69 马步右架打　　　　　图9-2-70 勾手侧踹

（8）弓步架打。右脚落地成弓步，右勾手变掌向右前上方横架；同时，左掌握拳经腰间猛力向前冲出，拳与肩平，拳心向下。眼向前看（图9-2-71）。

要点：上步、架掌、冲拳要协调一致。

易犯错误：架掌不远不高；冲拳无力；冲拳未顺肩，弓步步幅小。

图9-2-71 弓步架打

3. 第二段

（1）提膝穿掌。

① 右掌向前下方横盖，掌与肩平，掌心向下，同时左拳收抱于腰间，拳心向上（图9-2-72之1）。

② 左拳变掌，由左经上向前下方横盖，掌与肩平，掌心向下，同时右掌握拳收抱于腰间，拳心向上（图9-1-72之2）。

③ 右脚尖内扣，向左转身90°；同时，右拳变掌经左腕上穿出，掌指与头平，掌心向上；左掌收至右腋下，掌心向下；左膝提起，小腿扣紧，脚面绷直，右腿直立站稳。眼

看右掌（图9-2-72之3）。

要点：右盖掌、左盖掌和穿掌要连贯协调，提膝和穿掌要快速一致。

易犯错误：盖掌动作节奏感不强，动作僵硬；支撑腿弯曲，提膝不高，勾脚尖，含胸，拱背。

图9-2-72　提膝穿掌

（2）仆步穿掌提膝挑掌。

① 右腿全蹲，左腿向左伸直成仆步，同时左掌经左腿前向下穿出脚面，右臂保持不动，掌心略转向前；上体随左穿掌略向左前倾。眼看左掌（图9-2-73之1）。

② 屈左腿成左弓步，右掌握拳收抱于腰间，左腿蹬地提膝，小腿内扣，脚面绷直；右腿挺膝直立，同时左掌从左下向上挑掌，掌与肩平。眼看左掌（图9-2-73之2~3）。

要点：仆步时，右脚跟不得离地，左腿伸直，脚尖内扣，脚掌紧紧扣地。

易犯错误：仆步姿势高，提膝不高，脚尖未内扣，脚面未绷平。

图9-2-73　仆步穿掌提膝挑掌

（3）虚步右格拳。

① 左脚落地，脚尖外撇，左掌按手（图9-2-74之1）。

② 上动不停，向左转身90°，左掌握拳收抱于腰间，拳心向上。同时，右脚向前半步，脚尖点地成右虚步，右臂屈肘向左格挡，拳与鼻齐，拳心向内。眼看右拳（图9-2-74之2）。

要点：落步、上步、格拳动作要轻快、协调；虚步要前虚后实，虚实分明；要挺胸、直背、塌腰；格拳动作要小。

图 9-2-74 虚步右格拳

易犯错误：格拳动作幅度太大，用力过猛，臂未外旋，小臂偏左，虚步重心偏前，虚实不分，上步与格拳动作脱节。

（4）弓马步连环冲拳。

① 右脚向前半步成右弓步，右拳收抱于腰间，拳心向上，同时左拳向前冲出，拳与肩平，拳心向下（图 9-2-75 之 1）。

② 右脚内扣，左脚掌碾地向左转身 90° 成马步，立即向右冲右拳，拳与肩平，拳心向下；同时，左拳收抱于腰间，拳心向上。眼看右拳（图 9-2-75 之 2）。

要点：弓步变马步和左、右冲拳要快速、有力、协调。

易犯错误：左冲拳、右冲拳脱节无力，弓马步不分，冲拳时未拧腰顺肩；上体不挺拔，弯腰拱背。

图 9-2-75 弓马步连环冲拳

（5）虚步左格拳。以右脚跟为轴，脚尖外撇，向右转身 90°；右拳收抱于腰间，拳心向上。左脚向前半步，脚尖点地成左虚步，同时左臂屈肘向右格挡，拳与鼻齐，拳心向内。眼看左拳（图 9-2-76）。

要点、易犯错误：同虚步右格拳，但左右相反。

（6）弓马步连环冲拳。

① 左脚向前半步成左弓步，同时，向前冲右拳，拳与肩平，拳心向下，左拳收抱于腰间，拳心向上。眼看右拳（图 9-2-77 之 1）。

图 9-2-76 虚步左格拳

② 左脚跟、右脚掌碾地，向右转身90°成马步，立即向左侧冲拳，拳与肩平，拳心向下，右拳收抱于腰间，拳心向上。眼看左拳（图9-2-77之2）。

要点、易犯错误：同本段第4动，唯左右相反。

（7）勾手勾踢。向左转身180°（以左脚跟、右脚掌为轴），同时，右拳变掌由后经上向前、向后拉成勾手；左拳变掌同时向上、向左至左额上方，亮掌。左腿微屈站立，然后脚跟虚点地面、右脚跟擦地向左前勾踢（脚高不过膝）。眼向右看（图9-2-78）。

要点：勾手、亮掌、脚尖外展、向左转体、勾踢动作要协调一致。

易犯错误：勾手、亮掌、勾踢动作不协调，重心不稳。

图9-2-77 弓马步连环冲拳　　　　　　图9-2-78 勾手勾踢

（8）小缠震脚马步冲拳。

① 左手搭扣于右腕上，右勾手变掌，两臂于胸前微屈肘，右脚收回至左脚前（图9-2-79之1）。

② 上动不停，向右转体90°，右手做小缠动作（右手立掌向外旋至掌心翻转向上，握拳），立即收抱于腰间，左手仍扣紧右腕，拳心向上。右脚全脚掌落地震踏；左脚提起，脚背附右小腿后（图9-2-79之2）。

③ 上动不停，双手变拳，右拳收于右腰间，左脚向前迈出；随身体右拧，左拳向左前方冲出（图9-2-79之3）。

要点：缠腕时，左手扣紧右腕做"拉、卷、翻、压"的缠腕动作。震脚的腿要微屈膝，全脚掌用力震踏，身体不得起伏。

易犯错误：搭扣手腕抓得不紧，右掌无明显缠腕动作，未收抱腰间；震脚时身体起伏，前跳或直膝用脚跟震踏。

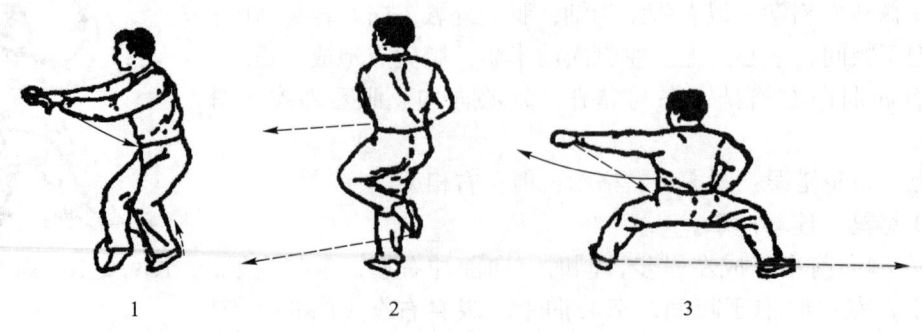

图9-2-79 小缠震脚马步冲拳

4. 第三段

（1）弓步右击掌。左脚后撤一步，向左转身90°成右弓步，左拳收抱于腰间；同时，右拳变掌在左臂下向前击掌，掌与肩平。眼看右掌（图9-2-80）。

要点：收拳、击掌、退步动作要协调一致；退步时，右脚以前脚掌为轴，脚跟外拧；左脚后撤步幅要大，与右脚在一条线上；身体不要起伏。在对练时击掌为格掌，以防对方来拳。

易犯错误：退步、击掌脱节；右拳未从左臂下穿出，力点不清。

（2）弓步左击掌。右脚后退一步成左弓步向右转身90°，右掌变拳收抱于腰间，同时，左拳变掌在左臂下向前击掌，掌与肩平。眼看左掌（图9-2-81）。

要点、易犯错误：同本段弓步右击掌，唯左右相反。

图9-2-80　弓步右击掌　　　　　　　　图9-2-81　弓步左击掌

（3）马步右格勾。

① 左脚后退一步，向左转身180°成半马步。同时，右拳变掌向左格挡，臂微屈，掌心向上；左拳收抱于腰间，拳心向上（图9-2-82之1）。

② 上动不停，右脚内扣，两腿屈膝成马步。右掌立速向右后甩按成勾手，勾手与胯平；同时，左拳变掌，由侧向上亮拳。眼看右勾手（图9-2-82之2）。

1　　　　　　　　　　　2

图9-2-82　马步右格勾

要点：上格、下勾动作要连贯、轻巧、准确。单练时，力求节奏分明；对练时，格、勾要远，幅度要小，动作要快（以防对方脚为主）。后退步要快、稳。

易犯错误：格、勾幅度太大，远度不够，用力过猛，动作不连贯；步法、手法、身法、眼神不协调。

（4）马步左格勾。

① 右脚后退一步，向右转身180°成半马步。同时，左掌向右格挡，掌与肩平，掌心向上；右拳收抱腰间，拳心向上（图9-2-83之1）。

② 上动不停，左脚内扣，两腿半蹲成马步。左掌立即向左下勾按，右拳变掌，由侧向上亮掌。眼看左勾手（图9-2-83之2）。

要点、易犯错误同马步右格勾，唯左右相反。

（5）弓步右冲拳。向左转身90°，右腿蹬直成左弓步。同时，左勾手握拳收抱于腰间，右掌握拳经腰侧向前冲出，拳与肩平，拳心向下。眼看右拳（图9-2-84）。

要点、易犯错误：同前述类似动作。

图9-2-83 马步左格勾　　　　　图9-2-84 弓步右冲拳

（6）勾手退步砍掌。

① 右拳变勾屈臂向内勾按（图9-2-85之1）。

② 上动不停，左脚后撤一步成右弓步。同时，左拳变掌由后划弧向前砍掌，掌与肩平，掌心向上；右勾手握拳收抱于腰间。眼看左掌（图9-2-85之2）。

要点：勾手、退步和砍掌要有节奏，砍掌要运用拧腰力量。

易犯错误：退步、砍掌动作脱节，幅度大而无力。

图9-2-85 勾手退步砍掌

（7）勾手提膝亮掌。

① 左手屈臂向内勾搂，同时右脚后退一步（图9-2-86之1）。

② 上动不停，左手以肩为轴向内绕环一周，向左后拉开成勾手。同时左腿提膝，右腿直立；右拳变掌同侧向上，于右额上方抖腕亮掌。眼向左看（图9-2-86之2）。

要点：退步与屈臂勾搂、绕环与提膝亮掌要连贯协调，上下配合。

易犯错误：屈臂勾搂与绕环动作脱节，肩臂紧张；手和腿动作不协调，站立不稳。

（8）弓步冲拳虚步挑掌。

① 左脚向左侧落步成左弓步，同时右手握拳经腰间向前冲出，拳与肩平，拳心向下，左勾手握拳收抱于腰间（图9-2-87之1）。

② 重心后移，右腿屈膝半蹲，左脚趁势后移半步，脚尖点地成左虚步。同时，右拳收抱腰间，左拳变掌经右臂下向前格挑，立掌与肩平。眼向前看（图9-2-87之2）。

图9-2-86 勾手提膝亮掌　　　　　　图9-2-87 弓步冲拳虚步挑掌

要点：冲拳、挑掌节奏分明。

易犯错误：右冲拳未经腰侧，未拧腰顺肩，左脚落地位置不对；挑掌未经右臂下向前格挑。

5. 第四段

（1）托掌震脚双推掌。

① 重心前移，右拳变掌前伸与左掌并齐，向上托掌；掌与下颌相平，掌心向上（图9-2-88之1）。

② 上动稍顿，右脚前抬至左脚旁，立即全脚掌猛力震脚下踏，同时左脚跟离地，贴于右脚内侧成丁步；两掌下压至两腿侧，掌心向上（图9-2-88之2）。

③ 左腿上一步成弓步，两掌由腰间向前推出，立掌与肩平。眼看两掌（图9-2-88之3）。

要点：托掌要自然，震脚时膝微屈，托掌、下压、震脚、上步和推掌节奏要分明。

易犯错误：双手托掌时肩臂紧张，震脚时做成跳步。

图9-2-88 托掌震脚双推掌

（2）双勾弹踢。两臂向下，向后摆成双勾手；左腿微屈站稳，同时右脚向前弹踢，脚与胯平。眼向前看（图 9-2-89）。

要点：弹踢时要力达脚尖，上体正直，双勾臂伸直，尽量后挑。

易犯错误：弹踢无力，勾手未屈腕，五指未捏拢，上体前俯、后仰，重心不稳，支撑脚移动。

（3）跃步箭弹。

① 右脚向前落地，同时左脚随即向前摆起，右脚继续猛力蹬地向前上方跳起腾空，同时两勾手变掌，由后向前、向上至两侧时变勾手，勾尖向下（图 9-2-90 之 1）。

② 上动不停，身体腾空刹那间，右脚用力向前箭弹，脚略高于胯（图 9-2-90 之 2）。

要点：右脚猛蹬向高跃，身体腾空迅速箭弹，箭弹与勾手协调一致。

易犯错误：手臂动作与箭弹动作明显脱节；箭弹无力，高度不够，上体后仰；跳不起来，落地后再做箭弹。

 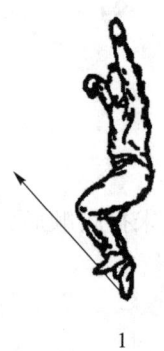 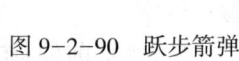

图 9-2-89　双勾弹踢　　　　　　　　　图 9-2-90　跃步箭弹

（4）歇步亮掌。

① 左脚、右脚先后落地，向左转身 90° 成右弓步；同时，右勾手变掌，向前上挥摆，掌心向上，左勾手变掌收抱于腰间，掌心向上（图 9-2-91 之 1）。

② 上动不停，左脚向右脚后插步，下蹲成歇步；同时，右掌由右向左、向上绕环至身后成平勾手，左掌由身侧划弧至左额上方抖腕亮掌。眼向右看（图 9-2-91 之 2）。

要点：歇步要挺胸，塌腰，两腿靠拢，贴紧之后插成歇步，与手臂动作要协调一致。

易犯错误：歇步时，左膝未抵紧右小腿外侧，两腿没有完全蹲，两臂不够舒展，转身角度不够或过多。

（5）转身正踢腿。

① 两臂不动，随身体逐渐旋转 270° 成左脚在前的前后站立姿势（图 9-2-92 之 1）。

② 随即以肩为轴，两臂依次向前绕环一周；右勾手在臂前绕中先变掌，绕至下方再变勾手，左手绕至头上方亮掌。同时，右腿伸直，勾脚尖，向前额摆踢。眼看前方（图 9-2-92 之 2）。

要点：以右脚跟、左脚掌为轴碾地转身，两臂绕环成立圆，绕环、正踢要连贯协调；正踢时头正、顶平、挺胸、塌腰、直腿，勾脚快速有力。

易犯错误：肩臂紧张，两臂变屈，绕环不成立圆；正踢时拱背、弯腰、屈腰。

图 9-2-91　歇步亮掌　　　　　　　　　图 9-2-92　转身正踢腿

（6）左右斜拍脚。

① 右脚向前落地，重心前移，左掌握拳收抱腰间，右勾手变掌，由后向前摆至右肩上方，臂微屈（图 9-2-93 之 1）。

② 左腿伸直向上摆踢，脚面绷平；同时，右掌击拍左脚面，眼看右手（图 9-2-93 之 2）。

③ 左脚向前落地，重心前移，右掌变拳收抱腰间，左拳变掌，由腰间向后、向上摆至左肩上方，臂微屈（图 9-2-93 之 3）。

④ 右腿伸直向上摆踢，脚面绷平；同时，左掌击拍右脚面，眼看左手（图 9-2-93 之 4）。

要点：横掌击拍，声音要响，两腿伸直，不得拔跟、勾脚。

易犯错误：击拍不准、不响，两腿屈曲，弯腰拱背，站立不稳。

图 9-2-93　左右斜拍脚

（7）腾空飞脚。

① 上动不停，右脚向前落步（图 9-2-94 之 1）。

② 上动不停，左腿向前、向上屈膝摆动，右脚踏地向上跃起，使身体腾空；同时，右拳变掌，由腰间向上摆起，以手背迎击左手掌（图 9-2-94 之 2）。

③ 上动不停，在空中右腿向前上方弹踢，脚尖绷直，右手迅速向下击拍右腿而作响，同时左腿屈膝脚尖朝下，同时左手摆至左侧方，掌与头平，掌心朝下。眼看前方（图 9-2-94 之 3）。

要点：蹬地要尽力向上，身体不要太向前冲，左膝用力上摆，两次击拍快速连贯，并在腾空的最高点完成击响，击拍要准确、连贯。

（8）弓步击掌。左脚、右脚依次落地成右弓步，左掌握拳收抱腰间，右掌经腰间向前击掌，眼看右掌（图9-2-95）。

要点：右掌要经腰以小指一侧为力点平直推动，落地要轻稳，弓步与击掌要协调。

易犯错误：右掌击拍后未经腰间推出，弓步与击掌脱节，落地沉重，重心不稳。

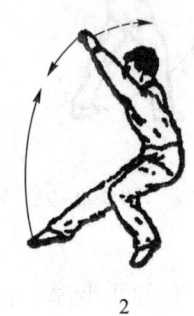

图9-2-94　腾空飞脚　　　　　　　　　　　　图9-2-95　弓步击掌

6. 收势

（1）前点步格拳。右腿直立支撑，向左转身90°，左腿向右腿前移半步，腿伸直，脚尖点地成前点步姿势；同时，右掌握拳，屈臂向胸前内格，拳心向内，拳与眉齐；同时，转头眼看左前方（图9-2-96）。

要点：前点步与内格拳、转头与眼神要协调一致，体态自然，精神饱满。

易犯错误：姿势不舒展挺拔，点步、格拳眼神不协调。

图9-2-96　收势

（2）并步对掌。

① 左腿后退一步，两拳变掌并齐向前穿掌，掌心向上与肩平，眼看两掌（图9-2-97之1）。

② 右腿后退一步，两掌向下、向后绕环至斜上举（图9-2-97之2）。

③ 左腿收回与右腿并拢，两掌由上向下按掌于体侧；同时，转头眼向左看（图9-2-97之3）。

④ 还原成并步直立（图9-2-97之4）。

要点：退步、手臂绕环动作与眼神应协调一致。

易犯错误：臂绕环幅度太小，手与脚的动作不协调。

图9-2-97　并步对掌

三、二十四式太极拳

"二十四式太极拳"是按照由简到繁、由易到难的原则，对已在群众中流行的太极拳进行改编、整理而成的。它改变了过去那种先难后易的锻炼顺序，去掉了原有套路中过多的重复姿势动作，集中了原套路的主要结构和技术内容，便于掌握，易学易懂。这套拳共二十四式动作。

（一）动作名称

1. 起势
2. 左右野马分鬃
3. 白鹤亮翅
4. 左右搂膝拗步
5. 手挥琵琶
6. 左右倒卷肱
7. 左揽雀尾
8. 右揽雀尾
9. 单鞭
10. 云手
11. 单鞭
12. 高探马
13. 右蹬脚
14. 双峰贯耳
15. 转身左蹬脚
16. 左下势独立
17. 右下势独立
18. 左右穿梭
19. 海底针
20. 闪通背
21. 转身搬拦捶
22. 如封似闭
23. 十字手
24. 收势

二十四式太极拳

和合文化

太极拳体现了"阴阳平衡、天人合一"的中国传统哲学思想和养生观，展现了"和合文化"的精髓，体现了宇宙、自然、人的和谐统一。太极拳动作松柔圆活，顺势而为，不顶不丢，顺应自然，知行统一，潜移默化地涵养着人们平和、包容、友善的心性。太极拳在促进人的身心健康、推动人与人和谐共处、增强社会凝聚力、构建社会主义和谐社会等方面发挥着重要的作用。

（二）动作说明

预备动作：身体自然直立，两脚尖向前成并立步，双掌心向内，轻贴两腿外侧，眼向前平视。

动作要领：头颈正直，下颌微收，手指微屈，立身中正，精神集中。

易犯错误：上体不正，双肩纵起，挺胸突臀，双腋紧夹。

第一式　起势（图9-2-98）

动作1：身体重心移至右腿，左脚向左迈步开立，与肩同宽，脚尖向前，两臂自然下垂，两手放在大腿外侧，眼向前平视。

动作要领：左脚迈出时前脚掌先着地，随着重心移动至两腿中间，过渡到全脚掌着地踏实，轻起缓落。

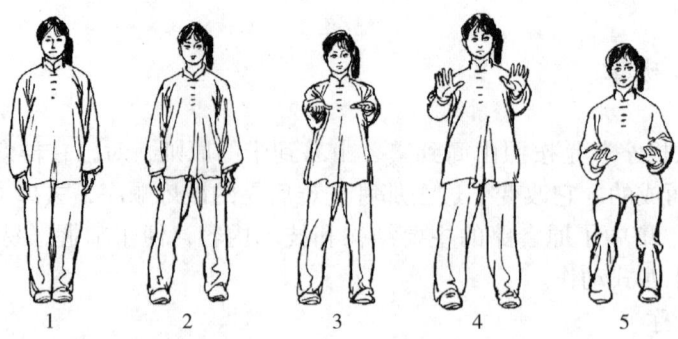

图 9-2-98　第一式　起势

易犯错误：重心不稳，左脚尖向左全脚掌快速跌落。

动作2：两臂由体侧向前慢慢平举至两手与肩同高，两臂与肩同宽，掌指向前，掌心向下。

动作要领：身体中正，两肩松沉，双肘微下垂，掌指自然舒展。

易犯错误：耸肩，挺肘，上体前俯。

动作3：上体保持正直，两腿缓慢屈膝下蹲，同时两掌轻轻下按至腹前，两肘下垂与两膝相对，目平视前方。

动作要领：双腿屈蹲幅度适当，屈膝蹲腰，臀部不可突出，掌指微上翘，重心落于两腿之间，按掌落臀和身体下蹲的动作要协调一致。

易犯错误：耸肩夹肘，突臀弓背，屈蹲幅度过大，双掌下按超过腰腹，动作不协调。

第二式　左右野马分鬃（图 9-2-99）

动作1（抱球）：身体微右转，重心移至右腿，同时，右臂内旋划弧于胸前，手心向下，左手外旋划弧于腹前，手心向上，两手心斜相对呈抱球状，左腿随即收到右脚内侧，脚尖点地，眼看右手方向。

图 9-2-99　第二式　左右野马分鬃

动作要领：身体保持正直，沉肩坠肘，双肩撑圆。

易犯错误：上体前俯，突臀；双肩耸起，左肩夹腋。

动作 2（左野马分鬃）：上体微左转，左脚向左前方迈出，脚跟着地；上体继续左转，左脚踏实成左弓步；同时左右手慢慢分别向左上、右下分开，左手高与眼平，手心斜向上，肘微屈；右手落在右胯旁，肘微屈，手心向下，指尖向前。眼看左手方向。

动作要领：左脚上步，两脚跟不可在同一直线上，两脚横向距离为 10~30 厘米。成弓时左膝与左脚尖在同一方向，膝盖不超过脚尖，左脚尖朝前，沉肩垂肘，双手保持弧形。转体、重心移动、分手等动作应协调一致。

易犯错误：上体前俯，歪髋。

动作 3：（抱球）重心移至右腿，后坐，身体左转，左脚尖翘起后微向外撇（45°~60°），随后脚掌慢慢踏实，身体重心移至左腿，右脚收至左足弓处；同时左手内旋，右手外旋，两手心斜相对呈抱球状。眼看左手方向。

动作要领：左脚尖外撇角度应小于 60°，身体保持中正，沉肩坠肘，双臂撑圆。

易犯错误：身体重心上下起伏，上体前俯或后仰，突臀耸肩。

动作 4：（右野马分鬃）右腿向右前方迈出，脚跟着地，上体右转，右脚踏实成右弓步；同时左右手分别慢慢向左下、右上分开，右手高与眼平，手心斜向上，肘微屈；左手落在左胯旁，肘微屈，手心向下，指尖向前。眼看右手方向。

动作要领：同左野马分鬃。

易犯错误：同左野马分鬃。

动作 5（抱球）：同动作 3，唯方向相反。

动作 6（左野马分鬃）：同本式动作 2。

易犯错误：同本式动作 2。

第三式　白鹤亮翅（图 9-2-100）

动作 1：重心移至左腿，右脚跟进半步，上体微向左转，左手内旋划弧，右手外旋划弧，手心向上，与左手呈抱球状；眼看左手方向。

动作要领：跟步时，身体重心保持平稳；上体保持中正，跟步与左右手呈抱球姿势应协调进行。

易犯错误：上体前俯或歪斜，跟步距离过大。

动作 2：重心移至右腿，身体右转，右手划弧摆右肩前上方，左手随之附于右臂内侧，身体向左转正，左手划弧下按于左胯前，手心向下，指尖向前，沉右肩，坠右肘，左脚活

图 9-2-100　第三式　白鹤亮翅

步，脚尖虚点地。眼平视前方。

　　动作要领：身体慢慢后坐，不可俯身。不可挺胸部，两臂要保持半圆形，左膝微屈。重心移动、右手上提、左手下按和虚步点地要协调一致。

　　易犯错误：重心移动速度过快，上体前俯或后仰。

　　第四式　左右搂膝拗步（图 9-2-101）

图 9-2-101　第四式　左右搂膝拗步

动作1（划弧摆臂）：上体先微左转，右手从体前下落，上体再向右转，右手经体中线向下、向后上方划弧至右肩外侧，肘微屈，手与耳同高，手心斜向上，左手由左下向上、向右方划弧至右胸前，手心斜向下；左脚收至右脚内侧，脚尖点地，眼看右手。

动作要领：右掌向左下落不超过身体中线，保持上体中正，双肩松沉。

易犯错误：体前俯，侧倒或转体幅度过大。

动作2（左搂膝拗步）：上体左转，左脚向左前方迈出，脚跟着地；右手屈前臂于耳旁，左手下划；左脚踏实，重心前移至左腿，右手由耳侧向前推出，高与鼻尖平，左手向下由左膝前搂过按于左胯旁，指尖向前，眼看右手指方向。

动作要领：右手屈收于左耳侧时，虎口对耳；向前推出时，身体不可前俯，要松腰松胯。推掌时沉肩坠肘，坐腕舒掌，同时与松腰、弓腿协调一致。上步时，两脚跟的横向距离保持约30厘米。

易犯错误：上体前俯，突臀，身体重心起伏或动作不连贯。

动作3（划弧摆臂）：身体重心移至右腿，后坐，左脚尖翘起后微向外撇，随后脚掌慢慢踏实，身体左转，身体重心移至左腿，右脚收到左脚内侧，脚尖点地；同时左手外旋，由左向上划弧至左肩外侧，肘微屈，手与耳同高，手心斜向上，右手内旋向上、向左下划弧落于左臂内侧，手心斜向下，眼看左手方向。

动作要领：重心移至右腿时，上体保持中正，收腹敛臀。身体左转、重心移动，收右脚和两臂划弧摆动需连贯协调。

易犯错误：同本式动作1。

动作4（右搂膝拗步）：同本式动作2，但方向相反。

动作5（划弧摆臂）：同本式动作3，但方向相反。

动作6（左搂膝拗步）：同动作2。

第五式　手挥琵琶（图9-2-102）

图9-2-102　第五式　手挥琵琶

重心移至左腿，右脚跟进半步，上体后坐，重心移至右腿，上体稍向右转，左脚略提起稍向前移，脚跟着地，膝部微屈；同时左手由左下向上挑起，高与鼻尖平，掌心向右，臂微屈，右手合于左肘内侧，掌心向左；眼看左手食指方向。

动作要领：身体重心平稳，沉肩坠肘，胸部放松。左手上挑时不得直线上挑，要由左向上向前弧形上挑。右脚跟进时，前脚掌先落地，再全脚踏实。身体重心后移和左手上挑、右手合手要协调一致。

易犯错误：跟步距离过大，上体前俯或后仰，突臀，双臂加紧身体。

第六式　左右倒卷肱（图 9-2-103）

图 9-2-103　第六式　左右倒卷肱

动作 1（转体摆臂）：上体右转，右手经腹前由下向右后上方划弧，臂微屈，左手随即反掌向上，眼先随视右手，再转向前方看左手方向。

动作要领：身体保持中正，右手后撤时不可直接向后抽，应转体走弧线，身体转动与双掌动作同时完成。

易犯错误：两臂平展，肘挺直，歪胯，耸肩。

动作 2（右倒卷肱）：左腿轻轻提起向后（偏左）退一步，前脚掌先着地，然后全脚慢慢踏实，身体重心移至左腿成右虚步；同时右臂屈肘向前，右手由耳侧向前推出，手心向前，左臂屈肘后撤，左手翻转手心向上，撤至左肋外侧；右脚随转体以脚掌为轴碾正；眼看右手。

动作要领：左腿提起时要缓慢轻柔，重心稳固；右手向前推时要转腰松胯。左腿后撤与左手后撤速度一致，避免僵硬，两脚不可落在一条直线上。

易犯错误：左脚上提过高，重心不稳，脚后撤落地时身体前俯。

动作 3（转体摆臂）：上体微向左转，左手随转体向后上方划弧，手心向上，右手随即翻至掌心向上，眼先随视左手，再转向前方看右手方向。

动作要领：同本式动作 1，但方向相反。

易犯错误：同本式动作 2。

动作 4（左倒卷肱）：同本式动作 2，但方向相反。

动作 5（转体摆臂）：同本式动作 3，但方向相反。

动作 6（右倒卷肱）：同本式动作 2。

动作 7（转体摆臂）：同本式动作 3。

动作 8（左倒卷肱）：同本式动作 2。

注：动作 8 退右脚时，脚尖外撇角度略大，便于接做"左揽雀尾"。

第七式　左揽雀尾（图 9-2-104）

图 9-2-104　第七式　左揽雀尾

动作 1（抱球）：上体右转，右手随转体向右后上方划弧收于右胸前，手心转向下，左手自然下落，逐渐翻掌经俯前划弧至右肋前，两手呈抱球状，同时身体重心移至右腿，左脚收至右脚内侧，脚尖点地；眼看右手。

动作要领：上体正直，双臂相抱成弧形与左脚内收同时完成。

易犯错误：双肘伸直，身体前俯，歪胯。

动作 2（掤）：上体微左转，左脚向左前方迈出，上体继续左转，右腿自然蹬直，左腿屈膝成左弓步，同时左臂向左前方掤出（即左臂平屈，用前臂外侧和手背向前上方推出），高与胸平，手心向内，右手按于右胯前，手心向下，指尖向前，眼看掤的方向。

动作要领：左脚迈出时，左膝微屈，转体、弓步、掤臂、分手动作应协调，一气呵成。成弓步时，两脚跟横向距离不超过 10 厘米。

易犯错误：上体前俯，突臀；右手下按时过于向后伸直，且未落于右胯前。

动作 3（将）：身体微左转，左手随即前伸翻，掌向下，腕略高于肩；右手翻掌向上，经腹前向上、向前伸至左前臂下方内侧；然后上体右转，重心慢慢移至右腿，两手经腹前向右后上方划弧将，直至右手心向上，高与耳平，左臂附于右臂，掌心向内；眼看右手。

动作要领：上体保持正直，两臂下将须随身体旋转，仍走弧线。移右腿后坐时要敛臀。左脚全掌着地。

易犯错误：身体后仰，转体角度过大，重心不稳，后坐突臀。

动作 4（挤）：上体微向左转，右臂屈肘折回，右手附于左手腕内侧，上体继续左转，身体重心前移逐渐变成左弓步，双手同时向前慢慢挤出，左手心向内，右手心斜向前，左前臂撑圆；眼看挤的方向。

动作要领：向前挤时，上体正直，双手与肩同高。转体、搭手、弓步、前挤动作自然连贯、协调。

易犯错误：上体前俯，两臂挺直。

动作 5（下按）：左手翻掌，手心向下，右手经左腕上方向前、向右伸出，手心向下，两手左右分开，与肩同宽；然后右腿屈膝，上体后坐，重心移至右腿，左脚尖翘起；同时两手屈肘回收下按至腹前，手心均向前下方；目平视前方。

动作要领：上体后坐，重心移至右腿的动作要缓慢。

易犯错误：重心后移不到位，两臂屈肘回收时两肘外扬或双腋夹紧。

动作 6（上按）：上动不停，身体重心慢慢前移成左弓步，同时两手向前、向上按出，掌心向前，指尖向上；目视前方。

动作要领：两手前按时应向前上方弧形按出，按至与肩同高，肘微屈。

易犯错误：两臂挺直，上体前俯。

第八式　右揽雀尾（图 9-2-105）

动作 1（抱球）：上体后坐并向右转，重心移至右腿，左脚尖内扣；右手向右划弧至右侧，然后向右下经腹前向左上划弧至腹前，手心向上，左臂划弧摆至胸前，左手与右手呈抱球状；同时右脚收至左脚内侧，脚尖点地；眼看左手方向。

动作要领：左脚尖内扣幅度尽量大，上体保持正直。

易犯错误：左脚尖随身体右转时内扣幅度过小。

动作 2（掤）：同左揽雀尾动作 2（掤），唯方向相反。

动作 3（将）：同左揽雀尾动作 3（将），唯方向相反。

动作 4（挤）：同左揽雀尾动作 4（挤），唯方向相反。

动作 5（下按）：同左揽雀尾动作 5（下按），唯方向相反。

图 9-2-105　第八式　右揽雀尾

动作 6（上按）：同左揽雀尾动作 6（上按），唯方向相反。

第九式　单鞭（图 9-2-106）

动作 1：上体后坐左转，重心逐渐移至左腿，右脚尖内扣；同时两手（左高右低）向左弧形运转，右手云至身体左侧，手心朝前，右手经腹前运至肋前，手心向斜向内，眼看左手。

动作要领：上体正直，松肩垂肘，两臂撑圆。

易犯错误：上体前俯，两臂划弧运转时肘挺直。

动作 2：身体重心再逐渐移至右腿，身体微右转，同时右手向右上方划弧，手心由里向外翻，至身体右侧时变勾手，臂与肩平，微屈，左手向下经腹前向右上划弧至右肩前，手心向里，同时左脚向右脚靠拢，脚尖点地；眼看右手方向。

动作要领：右勾手方向不超过右前方 45°，勾尖朝下。

易犯错误：耸肩，突臀，转体幅度过大。

动作 3：上体微左转，左脚向左前方迈出，脚跟先着地，右腿后蹬，身体重心移向左腿成左弓步，同时左掌随上体左转慢慢翻转向前推出。手心向前，手指与眼齐平，指尖向

图 9-2-106　第九式　单鞭

上，臂微屈；眼看左手方向。

动作要领：动作完成时，右肘稍下垂，左肘与左膝上下相对，两肩下沉。左手向外翻掌前推时，要随转体边翻边推出。弓步、推掌、重心左移要协调一致。

易犯错误：弓步时双腿落在同一直线上，重心不稳。推掌时翻掌太快或动作到位时突然翻掌。弓步时上体前俯，突臀。

第十式　云手（图 9-2-107）

动作 1：身体右转，左脚尖内扣，身体重心移至右腿；左手向下经腹前向右上划弧至右肩前，手心斜向后，同时右手变掌，手心向右前；眼看右手方向。

动作要领：上体保持中正，松肩垂肘；两臂呈弧形，肘微屈。

易犯错误：身体右转超过 45°。

动作 2：身体慢慢左转，重心逐渐移至左腿；左手经面前向左侧运转，手心渐向左方，右手下落经腹前向左上划弧至左肩前，手心斜向后，同时右脚抬起靠近左脚下落成小开立步，两脚尖向前（两脚间距 10～20 厘米）；眼看左手方向。

动作要领：右脚靠左脚时应先提脚跟，脚尖后离地，下落时全脚掌落地。

易犯错误：身体前俯，突臀；成开立步时两脚尖未向前，间距过大或过小。

动作 3：上体向右转，同时左手经腹前向右上划弧至右肩前，手心斜向内；右手向右侧运转，手心翻转向右；重心移至右脚，左脚向左横跨一步；眼看右手方向。

动作 4：同本式动作 2。

动作 5：同本式动作 3。

动作 6：同本式动作 2。

注：云手时要注意身体转动要以腰脊为轴，松腰松胯，不可忽高忽低，重心保持平稳。两臂随腰的转动向左右划立圆，速度应缓慢均匀。下肢移动时，两脚交替支撑重心。

图 9-2-107　第十式　云手

双臂保持弧形，松肩，两腋不可夹紧身体。眼的视线随左右手移动。第三个"云手"右脚最后跟步时，脚尖微内扣，便于接"单鞭"动作。

第十一式　单鞭（图 9-2-108）

动作1：上体右转，右手向上经面前向右划弧至右侧方时，掌变勾手；左手向下经腹前向右上划弧至右肩前，手心向内；身体重心落于右腿，左脚尖点地；眼看右手方向。

图 9-2-108　第十一式　单鞭

动作要领：上体正直，松腰胯；右勾手在右体前约 45°，勾尖朝下。

易犯错误：耸肩，右臂挺直。

动作 2：上体微左转，左脚向左前方迈出，右腿后蹬成左弓步；在身体重心移向左腿时，上体继续左转，左掌逐渐慢慢翻掌转向前推出成"单鞭"式。

动作要领和易犯错误：同第九式"单鞭"动作 3。

第十二式　高探马（图 9-2-109）

动作 1：重心前移至左腿，右脚跟进半步，重心逐渐后移至右腿；右勾手变成掌，两手掌心翻转向上，两肘微屈，同时身体微向右转，左脚跟渐渐离地；眼看左前方。

动作要领：右脚跟进后应全脚掌落地踏实，双肩松沉。

易犯错误：右脚跟步距离过大，重心移动速度过快。

图 9-2-109　第十二式　高探马

动作 2：身体向左转，面向前方；右掌经右耳侧向前推出，手心向前，手指与眼同高；左手收至侧腰前，手心向上；同时左脚微向前移，脚尖点地成左虚步；眼看右手方向。

动作要领：上体保持自然正直，双肩松沉，肘微内收。

易犯错误：上体前俯，耸肩，扬肘，姿势有起伏。

第十三式　右蹬脚（图 9-2-110）

图 9-2-110　第十三式　右蹬脚

动作 1：左手前伸至右腕背面，手心向上，两手交叉，随即向两侧分开并向下划弧，手心斜向下；同时左脚提起向左前方进步，脚尖略外撇；身体重心前移，右腿自然蹬直成左弓步；目视前方。

动作要领：左手前伸时双肩松沉，双肘下垂，双臂撑圆；左脚迈出角度约在左前方 45°。

易犯错误：上体歪斜，耸肩抬肘；分手时两臂挺直；迈步时仰身或成弓步时上体前俯、突臀。

动作 2：两手由外向里划弧，两手交叉抱于胸前，右手在外；同时右脚向左脚靠拢点地；眼平视右前方。

动作要领：身体保持正直，松腰松胯；两手抱于胸前时，肩放松，两臂呈弧形，肘关节微屈。

易犯错误：重心不稳，上体歪斜，两手合抱时上体前俯。

动作3：两臂左右划弧分开，肘微屈，两掌逐渐外翻至掌心向外；同时右腿屈膝提起，右脚向右前方慢慢蹬出，眼看右手。

动作要领：身体保持稳定，两手分开时，腕部与肩平。右脚蹬出时，左腿微屈，右脚尖回勾，力达脚跟。右臂和右腿上下相对，方向一致。如面向南起势，蹬脚方向应为正东偏南约30°。

易犯错误：右腿提膝时，勾脚尖；成蹬脚时，两臂与右腿呈"十字形"，上体后仰、歪斜。

第十四式　双峰贯耳（图9-2-111）

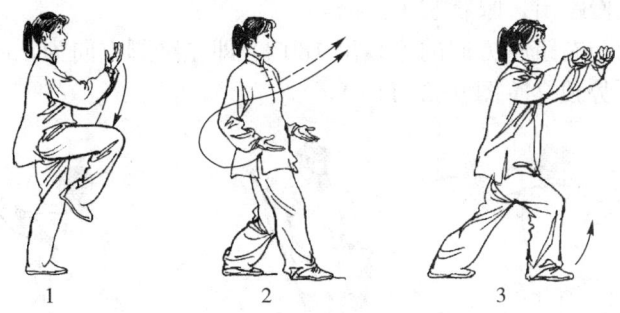

图9-2-111　第十四式　双峰贯耳

动作1：身体微右转，右腿屈膝回收，脚尖自然下垂；左手随体转由后向上、向前下落至体前，两手心同时翻转向上，随后两手同时向下划弧分落于右膝两侧；目视前方。

动作要领：左腿保持重心稳固，上体保持正直，上体右转应以髋为轴。

易犯错误：转体幅度过小。

动作2：左腿微屈下蹲，右脚向右前方落下，脚跟先着地，重心逐渐前移成右弓步，面向右前方；同时两手下落，两掌渐渐变拳，分别从两侧向上、向前划弧至面部前方成钳形状，两拳相对，高与耳齐，拳眼斜向内下方，两拳间距10~20厘米。

动作要领：右脚前落、左腿屈膝下蹲时速度要均缓；落步和双手下落要协调完成；完成式时，头颈正直，松腰松胯，两拳松握，沉肩坠肘，两臂保持弧形。弓步和身体方向与右蹬脚方向相同。

易犯错误：右脚前落速度太快；成双峰贯耳时两臂伸直，高举过头，上体前俯。

第十五式　转身左蹬脚（图9-2-112）

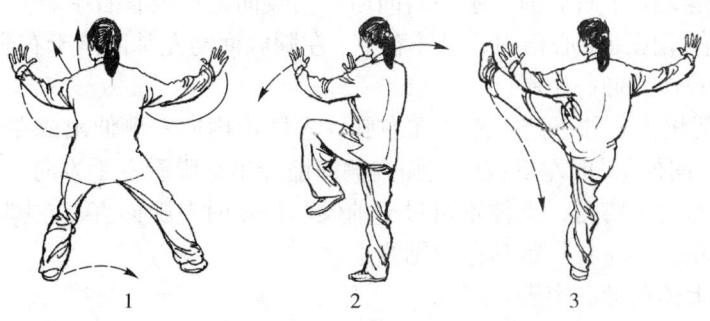

图9-2-112　第十五式　转身左蹬脚

动作1：左腿屈膝，后坐，身体重心移至左腿，上体左转，右脚尖里扣；同时两拳变掌，由上向两侧划弧分开平举，手心向前；眼看左手。

动作要领：右脚尖里扣幅度要大，上体正直，双肩放松，肘下垂，双臂成弧形。

易犯错误：上体前俯、后仰，突臀。

动作2：身体重心移至右腿，左脚收至右脚内侧，脚尖点地；同时两手由外向下、向内、向上划弧合抱于胸前，左手在外，两手心向内；两眼平视前方。

动作要领：重心右移时保持身体正直，姿势平稳。

易犯错误：双手向内上合抱经腹前时，上体前俯。

动作3：两臂向两侧划弧分开平举，肘微屈，两手心逐渐翻转向外；同时左腿屈膝提起，左脚向左前方慢慢蹬出，眼看左手方向。

注：左蹬脚方向与右蹬脚方向的连线呈180°，即左蹬脚方向为正西偏北约30°。

第十六式　左下势独立（图9-2-113）

图9-2-113　第十六式　左下势独立

动作1：左腿收回，脚尖自然下垂，上体右转；同时右掌变勾手，勾尖朝下，左掌向上、向右划弧下落，立于右肩前，掌心斜向后，指尖向上；眼看右手。

动作要领：右腿保持重心稳固，身体正直；左腿收回与左掌回落于右肩前应协调一致。

易犯错误：身体后仰、歪斜。

动作2：右腿慢慢屈膝下蹲，重心在右腿；左腿由内向左侧伸出成左仆步；左手下落（掌指向前，掌心向外），向左下按顺左腿内侧向前穿出；眼看左手方向。

动作要领：右腿全蹲时，上体不可过于前倾。仆步时左腿伸直，左脚尖须向里扣，两脚全脚掌着地。左脚尖与右脚跟踏在中轴线上。

易犯错误：上体前倾，突臀。

动作3：身体重心前移，左脚以脚跟为轴，脚尖外撇，左腿前弓，右腿后蹬，右脚尖内扣，上体微左转并向前起身；同时左臂继续向前伸出，立掌，掌心向右，腕与肩平；右勾手下落于体后，勾尖逐渐翻转向上；眼看左手方向。

动作要领：成仆步后，左脚尖先随重心前移外撇，而后右脚尖内扣；上体向前起身时应保持正直。

易犯错误：起身时突臀、歪胯。

动作4：右腿慢慢提起，脚尖自然下垂成左独立式；同时左手翻转掌心向下，采按于左胯旁，指尖向前，右勾手变掌，由后下方顺右腿外侧向前弧形摆出，屈臂挑掌立于右腿上方，手与眼平，肘与膝相对，手心向左；眼看右手方向。

动作要领：上体正直，支撑腿微屈；松肩，双肘微屈。

易犯错误：上体前俯或后仰。

第十七式　右下势独立（图9-2-114）

图9-2-114　第十七式　右下势独立

动作1：右脚落于左脚前，脚掌着地，然后左脚以前脚掌为轴，脚跟内旋，右脚以前脚掌为轴，脚跟外旋；身体随之左转，同时左手向后上平举变勾手，右掌随着转体向左侧划弧，立于左肩前，掌心斜向后；眼看左手方向。

动作要领：右脚下落于距左脚一脚远处，上体正直，重心稳固；双臂保持弧形；转体与双手动作要协调一致。

易犯错误：右脚落地时左支撑腿伸直。

动作2：同"左下势独立"动作2，唯方向相反。

动作3：同"左下势独立"动作3，唯方向相反。

动作4：同"左下势独立，动作4，唯方向相反。

动作要领：右脚尖触地后必须稍微提起，然后再向下仆步。其他要领与"左下势独立"相同，唯方向相反。

易犯错误：同"左下势独立"，唯方向相反。

第十八式　左右穿梭（图9-2-115）

动作1：身体微向左转，左脚向前落地，脚尖外撇，重心前移，右脚跟离地抬起，两腿屈膝成半坐盘式；同时两手在左胸前抱球（左手上、右手下），然后右脚收至左脚内侧，脚尖点地；眼看左前臂方向。

动作要领：向左转体约为45°；左脚前落时，重心应先在右腿，屈膝下蹲后逐渐前移，左掌与肩平，左肘微低于左掌，右臂虚腋。

图 9-2-115　第十八式　左右穿梭

易犯错误：左脚迈出时重心前移过快。

动作 2：身体右转，右脚向右前方迈出，屈膝弓腿成右弓步；同时右手由脸前向上举并反掌于右额前，手心斜向上，左手先向左下回收至左肋前，再经体前向前上方推出，高与鼻尖平，手心向前，指尖向上；眼看左手方向。

动作要领：左脚迈出方向应在右前方 30° 左右，手推出后，上体不可前俯；收向上举时，防止引肩上耸；上举右手前推要与弓步动作上下协调一致；弓步时两脚跟间横向距离应保持在 30 厘米左右。

易犯错误：右脚向右前迈出角度过大。

动作 3：身体略右转，右脚尖稍向外撇，随即身体重心在移至右腿，左脚跟进，停于右腿内侧，脚尖点地；同时两手在右胸前呈抱球状（右上左下）；眼看右臂。

动作要领：上体正直，沉肩垂肘；右掌与肩平，右肘低于右掌；左臂虚腋。

易犯错误：身体重心不稳。

动作 4：同动作 2，唯方向相反。

第十九式　海底针（图 9-2-116）

身体重心前移至左腿，右脚提起向前跟半步，重心后移至右腿，左脚稍向前移，脚尖点地成左虚步；同时身体稍向右转，右手下落经体前向后、向上提抽至右肩上耳旁，再随身体左转，由右耳旁斜向前下方插出，掌心向左，指尖斜向前下，右手向前、向下划弧落于左胯旁，掌心向下，指尖向前，眼看前下方。

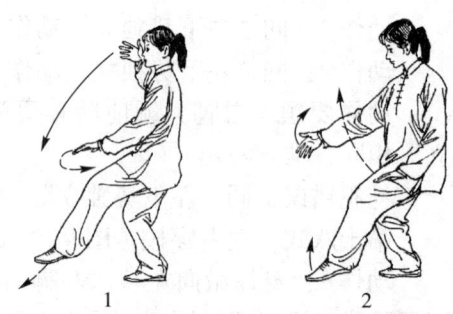

图 9-2-116　第十九式　海底针

动作要领：重心移动时上体保持正直，身体要先向右转，再向左转。右脚跟步应稍偏左，脚跟向内，脚尖外撇 45° 成虚步时，两脚不可在同一直线上；身体正面向前，上体不可太向前倾，避免低头和臀部外突。左腿微屈。

易犯错误：右掌上提过高，上体过于前倾，重心不稳。

第二十式 闪通臂（图9-2-117）

动作：重心移至右腿，同时上体稍向右转，左脚提起向前迈出，重心前移，屈膝弓腿成左弓步；同时右手由体前上提，屈臂上摆至右额前上方，掌心翻转斜向上，拇指朝前下，

图9-2-117 第二十式 闪通臂

左手抬起经胸前向前推出，高与鼻尖平，掌心向前，指尖向上；眼看左手方向。

动作要领：左脚提起时身体保持平稳，双腿不可挺直；完成姿势上体自然正直，松腰松胯，左臂前推不可挺直，右手向上屈臂撑举，不可挺肘。推掌、举掌和弓腿动作要协调一致。弓步时两脚跟横向距离约10厘米。

易犯错误：身体重心上升，起伏明显；完成姿势双臂伸直，上体前倾。

第二十一式 转身搬拦捶（图9-2-118）

图9-2-118 第二十一式 转身搬拦捶

动作1：上体后坐，重心移至右腿，左脚尖内扣，身体向右转，然后身体重心再移至左腿上；同时，右手随转体向右、向下（变拳）经腹前划弧至左胸旁，拳心向下；左掌摆于额前方，掌心朝外斜向上，掌指向右；眼看前方。

动作要领：上体保持正直，敛臀正胯，左脚尖内扣幅度要大；肩放松，两臂撑圆。

易犯错误：扣脚幅度过小，转体时突臀。

动作2：身体向右转，重心移至左腿；右拳经胸前向前翻转向前撇出，拳心向上，左手落于左胯旁，掌心向下，指尖向前；同时右脚收回后立即向前迈出，脚尖外撇；眼看

右拳。

动作要领：右脚回收不要停顿或脚尖点地即可向前迈出，迈出时脚跟先着地；双臂弯曲，沉肩松肘。

易犯错误：右拳撇出后肘部挺直，右脚未经收回直接向前迈出。

动作 3：身体继续右转，重心移至右腿，左脚向前迈一步；左手上起经左侧向前划弧拦至身体中线，掌与肩平，掌心侧向前下方；右拳向右划弧收于右腰旁，拳心向上；眼看左手方向。

动作要领：左腿迈出时，左膝微屈；身体中正，不可突臀；双臂弧形运动，松肩坠肘；右拳回收时，前臂应先慢内旋划弧再外旋停于右腰旁，拳不可握太紧；拦掌、收拳应同时协调完成。

易犯错误：右拳回收时右臂划弧过大，抬肘耸肩。

动作 4：身体微左转，重心前移，左脚踏实，左腿前弓成左弓步；右拳向前打出，拳眼向上，高与胸平，左臂屈收于右前臂内侧，掌心向右，掌指向上；眼向前平视。

动作要领：左拳边内旋边打出，右肩随拳略向前引伸，沉肩坠肘，右臂微屈。

易犯错误：右拳打出时挺肘，右肩过于前送，上体前俯，突臀。

第二十二式　如封似闭（图 9-2-119）

图 9-2-119　第二十二式　如封似闭

动作 1：左手由右腕下向前伸出，右拳变掌，两手心逐渐翻转向上向外平分，两手与肩同宽；随后两手慢慢屈肘回收，同时身体后坐，左脚尖翘起，身体重心移至右腿；眼看前方。

动作要领：左手前伸时应边翻掌边伸出；身体后坐时，敛臀直背，避免后仰；肩放松，两肘下垂。

易犯错误：左手前伸翻时，两臂挺直；两掌回收时掌间距超过身体宽，上体前俯，突臀。

动作 2：两手继续回收至胸前翻转掌心向下，经腹前向上、向前推出，腕与肩平，掌心向前；同时左腿前弓成左弓步；眼看前方。

动作要领：两臂随身体后坐回收，肩、肘部略向外松开，不要直线回收；两手推出宽度不超过两肩。

易犯错误：两掌推出时上体前俯，双臂挺直。

第二十三式 十字手（图 9-2-120）

图 9-2-120 第二十三式 十字手

动作 1：屈膝后坐，身体重心移向右腿，左脚尖内扣，向右转体；右手随转体向右摆，掌心向前，肘部微屈；同时右脚尖随转体稍向外撇成右横弓部；眼看右手方向。

动作要领：左脚尖扣 90° 为宜，右脚外撇 45°~60°，上体正直，两臂微屈，松肩垂肘。

易犯错误：上体歪斜或前俯，双臂挺直。

动作 2：身体重心慢慢移至左腿，上体左转，右脚尖内扣，随即向左收回落地，两脚间距离与肩同宽，两脚尖向前，两腿逐渐蹬直成开立步；同时两手向下经腹前上划弧交叉合抱于胸前成十字手，两臂撑圆，腕高与肩平，右手在外，手心向后；目视前方。

动作要领：右脚回收下落时应前脚掌先落后全脚踏实，两臂环抱时须圆满舒适，沉肩垂肘。

易犯错误：重心移动太快，造成上下动作脱节；右脚内收成开立步时脚间距太小或太大；两手合抱时上体前俯。

第二十四式 收势（图 9-2-121）

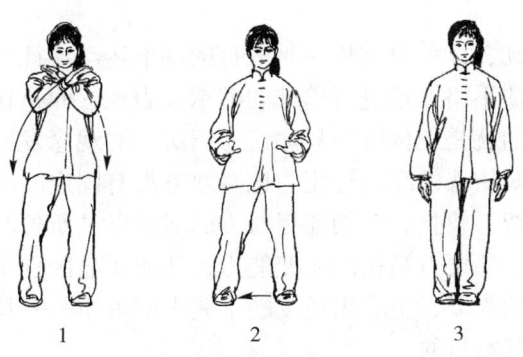

图 9-2-121 第二十四式 收势

动作：两手向外翻掌，手心向下，与肩同宽，两臂慢慢下落，两掌心向内轻贴于身体两侧。然后重心移至右腿，左脚提收于右脚内侧下落，两脚尖向前成并立步；目视前方。

动作要领：两手分开下落时，注意全身放松，同时气也徐徐下沉，呼吸平稳后，把左脚收于右脚旁。

易犯错误：挺胸突臀，双腋紧夹身体。

第三节　武术散打

一、武术散打的起源与发展

散打作为中华武术的重要组成部分，源远流长，博大精深。武术散打是两人按照一定的规则，运用武术中的踢、打、摔和相应的防守技法进行徒手对抗的现代竞技体育项目，是具有中国民族特色的体育运动。

春秋战国时代，攻防搏斗技术就被运用在军事训练中，故当时军事著作中有"搏刺强士体"之说。《汉书·艺文志》中的《兵技巧》就有十三家一百多篇，论述练习拳脚、器械和攻防战术、策略。宋代著作中记载有摔跤的民间组织"角（角氏）社"。明朝战将戚继光所著《纪效新书》，为我国有关兵器、阵法论述较为完整的一部名著。书中"拳经捷要篇"论述拳术时提道："……山东李半天之腿，鹰爪王之拿，千跌张之跌，张伯敬之打……，皆为今之明者。"可见当时的踢、打、摔、拿技术颇具水平，而且名手辈出。自清末至民国初期，我国武术门派丛生，镖局林立，涌现出很多擅长搏击的武术大师，如霍元甲、王子平。

新中国成立后，党和政府十分重视民族体育项目的继承和发展，散打运动获得了进一步的普及与提高。

二、武术散打的特点

武术散打在发展过程中形成了"远踢、近打、贴身摔"等独特的技术风格，具有鲜明的特点。

1. 对抗性

相对于武术套路运动，徒手对抗格斗是散打的基本运动特征。现代散打运动并不局限于对中国武术中传统的徒手格斗术进行单纯的继承和表现，而是在继承的基础上有了发展和提高。其中最为突出的就是把传统中只注意"招法"的观念发展成为将体能、智能和技能结合起来，进而突出对招法的综合运用。比赛双方没有固定的动作顺序，而是互以对方技击动作随机转移，斗智、较技，互相捕捉对方的弱点以己所长制敌之短。它不仅要求运动员熟练掌握散打技术，还要有敏捷的应变能力，从而明显区别于武术套路运动。散打由于自身的特性以及社会的需要，更突出地反映了武术的本质——技击性，打击对方、保护自己是武术散打运动的基本目的。

2. 体育性

武术散打作为竞技体育项目，必须体现体育的本质属性，即把人体安全和健康作为自身生存和发展的前提。散打是一种激烈、残酷的运动，虽然技术总是在不断追求最大的攻击效果中发展，但出现对运动员健康有害的行为是绝对不容许的。因此，散打技术的攻防招法明显区别于使人致残、致伤的技术方法，即所谓置人于死地的绝招。武术散打竞赛规则严格规定了后脑、颈部、裆部为禁击部位。另外，从技法上，不管哪种技术流派的击打方法，均不许使用反关节的擒拿动作以及用肘、膝等技法进攻对方。

3. 民族性

武术散打的民族性体现在武术散打运动的比赛形式和技术运用上。武术散打在 8 米 × 8 米的擂台上进行比赛，及采取三局两胜制就沿袭了我国古代民间打擂比武的风俗习惯。在散打技术的应用上，"远踢、近打、贴身摔"技击方法的多样化和打击部位的多层次，充分体现了中国武术的技术整体性运动特点。

三、武术散打的作用

武术散打比赛不仅刺激、激烈，而且斗智、斗勇，是双方运动员智能、技能、体能和心理等多项能力的综合较量，因此，散打运动员需要精湛的技术、多变的战术、充沛的体力、强健的体魄以及良好的意志品质。武术散打运动对提高人体的速度、力量、灵巧、耐力等身体素质，提高内脏器官的机能，特别是对提高神经系统的灵活性有显著效果和作用，具体来说，武术散打运动具有如下作用。

1. 培养竞争意识

武术散打是激烈的搏击运动，直面拳脚的攻击，成功与失败、痛苦与高兴、失落与得意，两者必居其一。竞争意识是现代社会各种人才必须具备的基本素质，可以说武术散打是能培养胜不骄败不馁的竞争精神。青少年经过一段时间的武术散打练习，对其成人及适应竞争激烈的社会起到非常大的帮助。

2. 健体防身

武术散打运动是斗智斗勇、较技较力的运动。通过学练武术散打，能掌握自卫防身的技能，能够提高耐力、速度、力量、灵敏等身体素质，增强人体内脏器官的功能，尤其是对提高神经系统的灵活性具有很好的作用。

3. 锤炼意志

武术散打运动对意志品质的锤炼作用是多方面的：首先，在基本功训练上比较单调，训练过程还要克服肌肉的疼痛，从不适应到适应是一个艰难的过程。其次，两人交手比试时，要克服心理上的胆怯，逐渐增强敢拼的意识。比试中如果遇到强手，可能会遍体鳞伤，不论训练还是比赛，要克服困难，不畏惧，敢打敢拼，有助于锤炼出坚韧不拔、吃苦耐劳、拼搏奋斗等意志品质。

4. 发展心智

武术散打绝不是凭蛮力来拼的，而是要讲究方法技巧，灵活机动地运用战略战术。它是一项以巧取胜的格斗技术。我国传统武术中"以小胜大""四两拨千斤"等技击法则，是武术散打技术追求的最高境界。因此，通过习练武术散打，能有效提高人的反应能力和应变能力，发展思维的敏捷性与灵活性，尤其是可以培养人在危难之中保持一种冷静而又从容应对的心理智能。

四、武术散打的基本技术

武术的传统练功程序是：首练基本功、基本动作，次练拳、刀、剑、枪、棍等单练套路，再练对练，最后练武术散打、短兵器、长兵器等对抗性项目。由此可见，武术散打是武术训练及技术发展的高级阶段，它的学练必须建立在前三步，特别是基本功基础之上，这样才能保证训练效果更佳，有效提高技术。

（一）实战姿势

实战姿势的传统名称叫"开门架子"，它是武术散打的预备姿势。这一姿势根据自己进攻或防守的意图，以及对手的动机而变化。常见的实战姿势有便于诱敌进攻、后发制人的开门势（图9-3-1），有缩小目标便于防守的闭门势（图9-3-2），有最常见的、广为人们应用的格斗势（图9-3-3）。

格斗势按姿势可以分为左右两势，主攻手为右手的人多采用左格斗势。左格斗势是左脚在前，右脚在后，两脚前后开立一大步，两腿屈膝半蹲，左脚尖略内扣，右脚前脚掌着地，重心略偏前腿。两手握拳，拳眼朝上，两肘略屈，左拳与鼻同高，右拳置于左肘内侧。上体略含胸前倾，左肩正对前方。下颌内收，目视前方（图9-3-4）。

图9-3-1 开门势　　图9-3-2 闭门势　　图9-3-3 格斗势　　图9-3-4 左格斗势

格斗势在实战时因战术需要又可分为高、中、低三种姿势。两腿微屈为高势（图9-3-3）。高势在实战时用于观察对方，分析判断，待机发招。它的优点是自然、放松，节省体力，起动迅速。两腿屈膝半蹲的姿势为低势。战术上是为了顶住对手的冲击或以守为攻，缩小被击打面积时常采用低势。而图9-3-4的中势介于两种姿势之间，此势步法灵活，既便于进攻，又便于防守，为武术散打实战中最常用的姿势。

要点：两脚跟提起，脚掌着地，两膝和髋关节微屈，含胸、收腹，两臂屈肘收于胸前。低头、收下颌，目视对手。

练法：按上述动作要点站桩，以形成正确的动作定型。初学者每次站10～20秒，每次训练左右两势各站5次以上。之后时间和次数逐步增加。通过站桩，增强腿部力量使下盘稳固。格斗势是武术散打攻防招式的基础动作，初学者一定要重视。

（二）基本步法

拳谚说："步不快则拳慢"，说明步法的重要性。要求武术散打运动员的步法要机动快速、灵活多变。进则能靠近对方实施攻击而得分，退则能摆脱对手而不失分。同时，还能左右迂回，闪躲走转。

1. 步法分类

（1）上步：以左格斗势站位为例（下同），右脚越过左脚向前上步（图9-3-5）。

（2）撤步：左脚越过右脚向后撤步（图9-3-6）。

（3）进步：左脚先向前上一步，右脚跟上一步（图9-3-7）。

（4）退步：右脚先向后退一步，左脚跟退一步（图9-3-8）。

（5）前滑步：右脚后蹬，左脚贴近地面向前滑上一步，右脚跟上一步（图9-3-7）。

（6）后滑步：左脚前蹬，右脚贴地面向后滑退一步，左脚跟着退一步（图9-3-8）。

（7）侧滑步：两脚左右开立，左侧对着对方，右脚向右蹬地使左脚贴近地面向左侧滑一步，右脚移向原左脚处（图9-3-9）。

（8）纵步：两脚同时向前或向后、向左、向右纵跳跃步。

（9）侧闪步：右脚向右蹬地使左脚贴近地面向左滑移一步，右脚向左跟步（图9-3-10）。

（10）变换步：两脚跃起，身体左转，右脚落到原来左脚位置的右侧；左脚落到原来右脚位置的左侧（图9-3-11）。

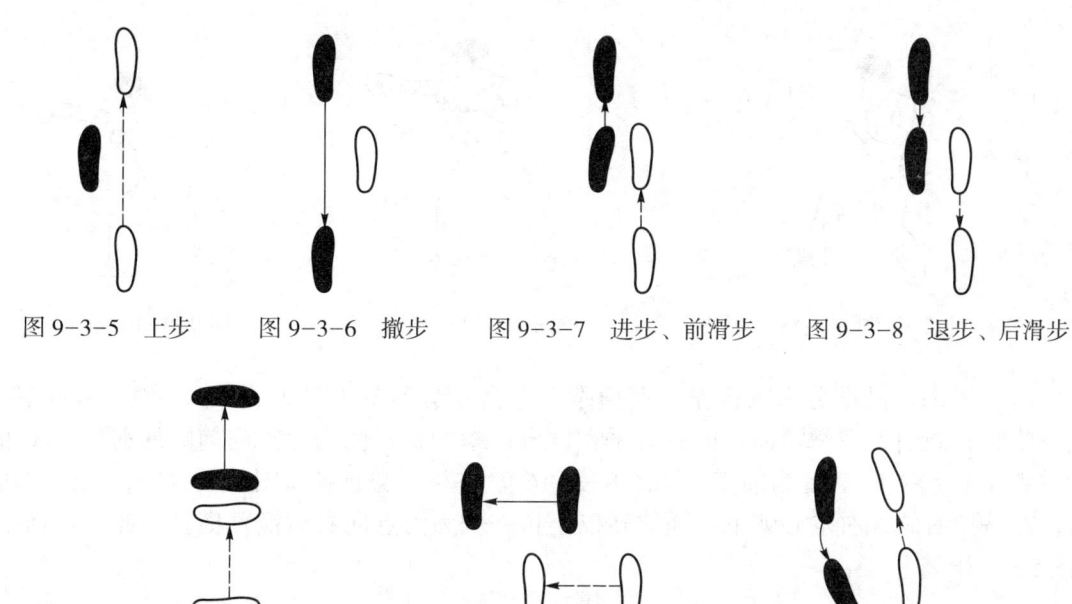

图9-3-5　上步　　　图9-3-6　撤步　　　图9-3-7　进步、前滑步　　图9-3-8　退步、后滑步

图9-3-9　侧滑步　　　　图9-3-10　侧闪步　　　　图9-3-11　变换步

2. 步法练法

在掌握上述步法后，应根据实战需要，"活练"步法，方能练以致用。下面介绍两种主要的步法训练方法。

（1）两人相距4~5米，面对面站立。己方站好格斗势，根据对方不规律地向前、后、左、右的手势而做相应的步法移动。随着训练水平的提高，变化的速度要越来越快，这就需要精神高度集中，步法的变化跟上手势的变化。

（2）两人相距1.5~2米，并都以格斗势面对面站立。对方向前两步，己方后退两步；对方向后一步，己方向前一步；对方向左移动，己方向右移动；对方向右移动，己方向左移动。总之，对方到哪里，己方就到哪里，而且始终保持一定的距离，己方好像是同伴的影子一样，故这个方法也叫"影子"训练法。两人可相互调换，双方都可以得到锻炼。还可加上假动、晃动，变化倏忽。因而这种方法训练出来的步法更能适应实战的需要。

（三）进攻拳法和腿法

1. 进攻拳法和腿法分类

（1）前冲拳。左格斗势预备（图9-3-12）。左脚向前一小步，以左拳面为力点向前冲打，此为短拳（图9-3-13）。仍以左格斗势预备，左脚向前上一小步，腰向左扭转，以右拳面为力点向前冲打，此为长拳（图9-3-14）。

要点：短拳的发力是臂前伸和上步体前冲的全力。而长拳的发力是靠上步、转腰、右肩向前催动三力合一。短拳速度快，长拳力量大。两种拳法都要求出拳迅速，冲打后快速屈肘还原成左格斗势。

用法：两种拳法都是攻击对方面部或胸部，但因左拳距离对方近，速度快，所以它可以突袭或连击对方，又可以虚晃佯攻，掩护右拳冲打。右拳出手距离长，力量大，往往可以伺机给对方以重击。

图9-3-12　前冲拳左格斗势预备　　　　　图9-3-13　短拳　　　　　图9-3-14　长拳

（2）横拳。横拳分为前横拳、后横拳。左格斗势预备（图9-3-15）。腰向左扭转，左拳收到右颌前，右拳随体转向右外平摆，再以拳的食指侧为力点向前略屈肘横打（可上右步或不上右步），此为前横拳（图9-3-16）。左格斗势预备（图9-3-17），腰向右扭转，左拳护右颌，右拳心朝下，随体转以小指一侧为力点向右后摆臂横打，此为后横拳（图9-3-18）。

图9-3-15　横拳左格　　　图9-3-16　前横拳　　　图9-3-17　横拳左格　　　图9-3-18　后横拳
　　斗势预备1　　　　　　　　　　　　　　　　　　斗势预备2

要点：向前或向后横打都要用腰力，肘略屈。

用法：对方正面防守严密不便进攻时，则用前横拳击打对方脸侧。如果背向对方，对方从背后袭来，则以后横拳击打对方脸侧。

（3）下冲拳。左格斗势预备（图9-3-19）。右脚向前上一步，同时转体90°，两脚自然开立，两腿屈膝半蹲成马步。左拳屈肘收到右颌前，右拳以拳面为力点随上步臂内旋向右下方冲打（图9-3-20）。

要点：此拳的发力是用上步转体的催右肩、旋右臂的合力。

用法：此拳法是攻击对方的腹部。在实战时与左拳配合使用，左短拳先上晃封面，将对方注意力引至上方，乘势迅速上步用右拳冲打对方腹部。

图9-3-19　下冲拳左格斗势预备　　　　　　图9-3-20　下冲拳

（4）上掏拳。左格斗势预备（图9-3-21）。左脚前进半步，右脚向前跟进半步。上体略向左转。左拳收至右颌前，右臂屈肘以拳面为力点向前上掏打（图9-3-22）。

要点：借上步转体之势发力。

用法：此拳法是在靠近对方的情况下，击打对方小腹或下颌。

图9-3-21　上掏拳左格斗势预备　　　　　　图9-3-22　上掏拳

（5）劈拳。左格斗势预备（图9-3-23）。右脚步向前上一步。右拳至头右上方，身体向上伸展，随上步，上体略含胸收腹，右拳以小指侧为力点向前下抡臂劈打（图9-3-24）。

要点：向下劈打一定要用躯干的含胸收腹力。

图9-3-23　劈拳左格斗势预备　　　　　　图9-3-24　劈拳

用法：此拳法用来劈打对方头部、面部。在实战中有时也用来虚晃，吸引对方注意力，而后乘势以腿法攻击对方下盘。

（6）前蹬腿。左格斗势预备（图9-3-25）。重心前移，左腿略屈膝支撑，右腿屈膝上提，当大腿抬平时，挺膝勾起脚尖前蹬，力点在脚跟（图9-3-26）。

要点：蹬腿的发力一定要借助上步向前右腿迅速猛挺膝的爆发力。

用法：上面用拳虚晃对方，下面以腿法踢对方小腹或胸部。蹬腿后要迅速屈膝使小腿回收，以防对方抄抱己方腿部。

图9-3-25　前蹬腿左格斗势预备　　　　　　　　图9-3-26　前蹬腿

（7）后蹬腿。左格斗势预备（图9-3-27）。体向右后转90°，上体向前倾倒，右脚尖外展，右腿支撑；左腿先屈膝，再以脚跟为力点向后挺膝蹬踢，脚尖朝下（图9-3-28）。

要点：身体向右后转体倾倒和向后蹬踢要协调一致，右腿支撑要稳。

用法：当对方猛烈的拳法向己方上盘进攻时，己方上体突然转体后倒，将对方进攻拳法引进落空，同时起腿后蹬对方腹部。

图9-3-27　后蹬腿左格斗势预备　　　　　　　　图9-3-28　后蹬腿

（8）横扫腿。左格斗势预备（图9-3-29）。重心移至左腿，上体略向左扭转，同时右腿内旋并屈膝向右上提，以脚背为力点向左前直腿横扫（图9-3-30）。

要点：上体向左扭转和横扫腿要协调一致，踢腿的发力是要靠上提大腿和踢小腿的力。

用法：① 对方正面防守严密，己方则用横扫腿从侧面攻击对方。② 当对方用前蹬腿从下面向己方踢来，己方则左脚向右移半步避开对方来腿，同时起腿横扫对方左胯、左腰部。这种侧闪还击的腿法只要抓好时机，命中率是很高的。

图 9-3-29　横扫腿左格斗势预备　　　　　　　　　　图 9-3-30　横扫腿

（9）侧截踢。左高格斗势预备（图 9-3-31）。右腿略屈膝支撑，上体略向后倒；左腿内旋并迅速略屈膝上提，以左脚掌外侧为力点向前下挺膝截踢（图 9-3-32）。

要点：上体向后闪倒和截踢要协调一致，左腿截踢的动作要迅速敏捷。用法：当己方与对方在有效距离之内时，己方以左短拳向对方面前虚晃，引对方注意力向上，而后迅速起前腿向对方小腿迎面骨部分截踢。

图 9-3-31　侧截踢左格斗势预备　　　　　　　　　　图 9-3-32　侧截踢

（10）侧踹腿。左格斗势预备（图 9-3-33）。右腿支撑，上体向后倾倒；同时左腿内旋并屈膝侧抬勾脚尖，以脚跟为力点向上挺膝踹出（图 9-3-34）。

要点：上体向后倾倒与踹腿一致，发力迅猛。用法：己方侧向站立，或从正面转体成侧向站立时，用侧踹进攻对方最为方便。

图 9-3-33　侧踹腿左格斗势预备　　　　　　　　　　图 9-3-34　侧踹腿

2. 进攻拳法和腿法练法

（1）按照上述每一个拳法、腿法的动作、要点以及用法学练动作，左右侧并举。每次训练要进行数次甚至上百次的反复练习，使动作纯熟，劲力顺达，实战中即可左右开弓，得心应手。

（2）靶子训练法。此训练法分为死靶、活靶两种。死靶即按上述拳法、腿法打、踢布人或木人。活靶即是同伴拿着手靶按动作要点"喂"动作，练习者结合各种步法，在活动中打、踢变化不定的活靶，或者同伴穿戴一定的护具，练习者戴上柔软的训练手套，在双方步法都随意移动的情况下，打、踢同伴，但出拳、踢腿的力度要控制，以免受伤。

（3）打沙包、踢沙包，提高拳法和腿法的功力。

 **思考与练习**

1. 武术运动的特点、作用与分类有哪些？

2. 初级剑术具体包括哪些动作？

3. 青年长拳具体包括哪些动作？

4. 二十四式太极拳具体包括哪些动作？动作要领分别是什么？

5. 散打的基本技术有哪些？

第十章

国际格斗运动

 学习导言

> 格斗的意思即"打斗、战斗",从古到今,人类发明了各种各样的格斗技,如今世界上有许多的格斗技法。本章主要集合国际格斗发展的趋势以及大学生学习和女大学生自卫防身的需求,主要就介绍了目前国际上较为普遍的几种格斗技法,如拳击、跆拳道、女子防身术。

第一节　拳击运动

一、拳击运动的起源与发展

拳击是戴拳击手套进行格斗的运动项目,拳击比赛分为业余拳击比赛和职业拳击比赛。拳击也被称为"勇敢者的运动"。

拳击和射箭都是人类古时的生存技巧。弓箭面世前,人类要以拳头来自卫,这便是拳击的雏形。拳击最早见于公元前40世纪的埃及。而在古代奥运会中,拳击运动就已经是比赛项目之一。现代拳击运动起源于18世纪的英国,当时比赛不戴拳套,亦无规则和时间限制,直至一方丧失继续比赛的能力为止。英国著名拳击家布劳顿于1743年针对拳击比赛的混乱局面,制定出最早的一份拳击规则,又在1747年设计了拳击手套,对近代拳击运动的开展作出贡献。1839年,英国颁布了新的《伦敦拳击锦标赛规则》,并于1853年,修改规则,禁止用足踢、头撞、牙咬等动作,并规定拳击台四周用绳围起。1867年,英国记者钱伯斯编写了新的拳击规则,强调拳击中的战术和技巧。1880年,伦敦成立了英国业余拳击协会,并于1881年举行了第一次锦标赛。1924年,第8届奥运会前夕成立了国际业余拳击联合会。当今世界上同时存在着两种拳击运动,即职业拳击和业余拳击,这两种拳击在比赛规则和方法上都有很大的差别。奥运会和亚运会的拳击比赛都属于业余拳击。在圣路易举行的第3届奥运会上,拳击第一次被列为正式比赛项目,参加拳击比赛的只有美国1个国家的44名运动员;到了1964年在日本东京第18届奥运会上,参加拳击比赛的有 56 个国家的 269 名运动员。1896 年，在第一届夏季奥运会中，由于希腊君王认为拳击太暴力、危险且不人道，因此不批准拳击列入该届奥运会比赛项目。1881 年，英国业余拳击协会成立，拳击开始传到世界各地。1904 年，拳击正式列入比赛项目，在 1912 年斯德哥尔摩奥运会中，由于瑞典法律不准许开展拳击运动，因此拳击比赛被取消。1920 年，拳击运动再次列入奥运会比赛项目，并沿袭至今。2009 年国际奥委会宣布女子拳击项目列为 2012 年伦敦奥运会正式比赛项目。职业拳击赛事以四大拳击组织主办的赛事为主，即世界拳击协会、世界拳击理事会、国际拳击联合会和世界拳击组织。拳击作为职业体育和奥运赛场的双料宠儿，在世界搏击运动中大放光彩。

二、拳击运动的特点

拳击运动是运动员双方通过拳头对抗，进行体能、技术、战术和心理等的较量。拳击竞技的具体表现形式是两人在正方形的绳围比赛场地中，戴着特制的柔软手套，按一定的规则和技术要求进行攻防对抗。攻防的武器只能是戴上特制手套的两只拳头，攻防的目标只限于对方腰髋以上的身体部位。拳击被人们称作为"艺术化的搏斗"。

拳击比赛规则有自己的独特之处。在国际业余拳联自 1997 年开始实行新规则，规定业余拳击比赛实行 5 个回合制，每个回合打 2 分钟，回合间休息 1 分钟。职业拳击比赛一般实行 10～12 回合制，回合间休息 1 分钟。世界拳击联盟比赛主要靠技术得分来判定胜负，所用拳击手套大且厚，比赛时运动员要穿背心、短裤、软底拳鞋、戴护头盔。职业拳击比赛主要靠强烈攻击或将对方击倒判定胜负，被击倒一方如果在 10 秒钟内不能站立起来恢复比赛，就判对方获胜；比赛时职业拳手的手套小且薄，赤裸上身、头部不戴头盔进行比赛。世界拳击联盟比赛设有 11 个级别，职业拳击比赛设有 17 个级别。

拳击需要肌肉具有强大的爆发力，需要完善的技术和战术。比赛时面对瞬息万变的赛场情况，要求运动员能在极短的时间内准确地了解对方的基本状况，同时还要迅速作出相应的判断并采取相应的行动，利用强有力的身体和娴熟的技术、多变的战术进行攻击和防守。习练拳击，不仅能提高拳击爱好者和拳击运动员的身体素质和心理素质，而且还具有极大的锻炼价值。

三、拳击运动的作用

1. 增强身体素质

拳击比赛时要靠人体的爆发力来完成攻防动作，只有在最短时间内将最大的力量发挥出来，才能够达到攻防的目的，有效地完成攻防动作，这就要求拳手具有强劲的爆发力。训练有素的拳手肌肉工作时的弹力和出拳时的爆发力要比一般人高出几倍，同时出拳速度也会相应增快。经常习练拳击，可以锻炼爆发力和速度力量，提高肌肉的工作能力。

进行拳击训练和比赛时，需要人体肌肉在高度紧张状态下，持续较长时间的工作，这对人体肌肉和其他功能系统的持续工作能力有较高的要求，特别是在拳击比赛时，肌肉活动强度大，动作持续时间长。经常习练拳击、参加拳击比赛，可以提高肌肉长时间工作能力，提高人体各系统的活动机能，从而增强和提高机体的耐久力，使人体能够适应长时间高度紧张状态下的工作、训练和比赛。

拳击运动还可以增强绝对力量。在拳击练习，特别在拳击比赛时，拳手必须具有较大的绝对力量，才能达到攻防的目的。也就是说，必须具有重创对方的力量，才能在拳击比赛中占据优势和主动。所以，大部分拳手都十分重视绝对力量的练习，经常做大量的上肢力量以增加进攻时的威力。具有较大力量的拳手在比赛中会使对手心理上产生畏惧，丧失比赛的信心。但要注意，绝对力量要和速度结合在一起才能发挥作用。只有强大的绝对力量，而速度较慢，就很难打到对方，使力量失去意义。因此在习练拳击过程中，一定要注意绝对力量和速度的结合，通过最快的速度发挥最大的力量，是拳击比赛取得胜利的关键条件之一。

在拳击比赛和训练时，运动员要熟练地掌握运用各种技术方法，灵活地变化运用各种战术，并且要随场上情况及时调整自己的技战术，同时要完成各种技术组合等。所以需要拳手具有高度的灵敏性，具有快速的反应能力。经常习练拳击和参加拳击比赛的人，他们灵敏性和反应能力会得到充分的锻炼和提高，这种灵敏性和反应能力运用于日常工作和生活中。

2. 促进身心健康发展

拳击运动是手脑并重、全身活动的运动项目，练习拳击或参加拳击比赛时，人一直都是在不停地移动和运动之中，而且拳手所采取的每一个行动经过缜密、快速地考虑，所以，拳击运动对运动器官和大脑的分析反应能力都有极高的要求。又由于拳击训练和比赛是在高度紧张状态下进行高强度对抗，对拳手的呼吸系统、循环系统、神经系统、运动系统都有非常高的要求。据实验测试，拳击比赛时运动员的氧吸收量每分钟达 3 000 毫升，心率为 200 次 / 分左右。生理测试表明，训练有素的拳击运动员的心脏体积有增大现象，心肌搏动强而有力。拳击运动员的竞技年龄较长，一般可保持到 40 岁左右。比如美国拳王阿里 38 岁时，仍在参加职业拳击比赛；美国拳王福尔曼 45 岁时还在参加职业拳击比赛。

拳击既是人体能力的较量，也是心理智慧的较量。长期从事拳击运动，会培养人们顽强拼搏、敢打敢拼、百折不挠的意志品质，也培养人们对事业的专注和执着追求的精神。拳击运动具有极其强烈竞争的特点，可以锻炼拳手临危时的应急能力，培养拳手在危险状况和高度紧张状况下沉着冷静的心理素质，这不仅对拳击运动有利，而且对于拳手在日常工作、学习和生活中遇到困难时冷静处理，也有极大的帮助作用。

3. 防身自卫的有效手段

拳击作为一种空手格斗技能，学习掌握好拳击技术，可以把它运用于实战之中。拳击的攻防技术比较简单，容易掌握，经过反复训练实践后，可以作为防身自卫的一种手段。通过拳击的击打和抗击打能力训练，可以提高防身意识和自卫方法，在打和被打的练习中掌握防身自卫的本领，提高遇到侵犯时的自我保护能力。

四、拳击基本技术

（一）基本姿势

正确的姿势能帮助拳手更好地发力，也能使拳手更好地保持身体平衡，将力量从拳头里释放出来。一个好的基本姿势不仅使拳手出拳的速度加快，而且还能够使拳手承受对方强有力的击打，因此不论是出拳时站得稳的力量型拳手，还是出拳时善于移动的节奏型拳手，基本姿势对于他们而言都非常重要。

拳击界有这样一句话："让高的拳手更高，让矮的拳手更矮。"对于高个子拳手来说，应该将重心放在脚上，保持高一些的姿势，这样不但可以为自己的出拳提供合适的距离，还可以远离对手的击打。当对手进攻时，个子高的拳手可快速地移动开，在对手疲劳后，可以轻松地击倒对手。所以，对高个子拳手来讲，尽量利用能够让自己移动得很灵活、速度很快的基本姿势。对于矮个拳手来说，应该经常利用蹲伏姿势，以减少被击打的目标。

1. 常见传统姿势

（1）右势。

动作方法：两脚分开与肩同宽，左脚向前迈进一步，右脚跟微抬起，膝关节微弯曲，重心保持在两腿之间；肘关节弯曲并贴近两肋，拳头与面颊平行，拳心向内。左手应当略微向前伸出，准备出拳；同时，右手放在靠近面颊处，准备防御对手的击打；收紧下颌，眼睛看着对手，肩部放松略微向前收缩，以略微侧身的姿势对着对手（图 10-1-1）。

正面　　　　　　　　侧面

图 10-1-1　右势拳手姿势

（2）左势。

动作方法：同右势拳手，唯方向相反。

如果你是右势拳手，左脚总是在前面。如果你是左势拳手，右脚总是在前面。无论你是在练习击打沙包、对打，还是在空击，永远保持同样的姿势，移位步法时除外。

每个拳手都有自己习惯的姿势，不能盲目模仿他人，要通过教练员指导，找到适合自己并使自己觉得舒服的姿势。

不要双脚平行站立，正面对着对手，也不要双脚向一侧站立。用全部的侧面对着对手，这样很容易因失去平衡而被对手击倒。

在任何时候都要保持重心在两腿之间，后面的脚跟要略微抬起，这样身体才不会失去平衡。

2. 躲藏姿势

动作方法：含胸收腹，身体内缩，双臂平行抬起以便于更好地保护头部；在不出拳的时候，拳头不要握紧，这样就能利用拳向内成向外拍击或阻挡对手的拳头。在对手出拳时，可以利用身体左右晃动或下滞躲过对手的击打（图 10-1-2）。

图 10-1-2　躲藏姿势

3. 半蹲姿势

动作方法：与躲藏姿势一样，只是将身体重心稍加降低（图 10-1-3）。

4. 肩部遮挡姿势

动作方法：转动左肩面向对手，右手保护下颌，左手保护胸部以下的位置，左肩抬高，对下颌进行保护；这个姿势要求拳手的肩部蜷缩，以便能更好地保护自己的身体（图 10-1-4）。

5. 双臂交叉姿势

动作方法：左手保护右侧的下颌，右前臂在外侧（图 10-1-5）。

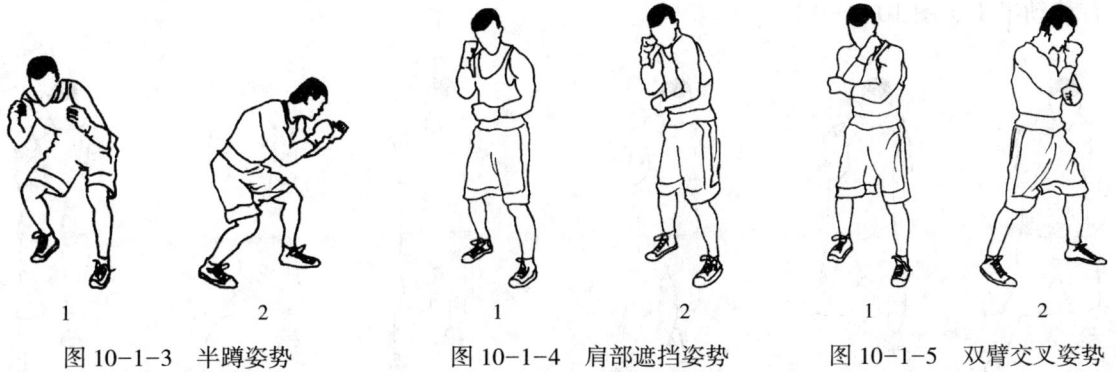

图 10-1-3　半蹲姿势　　　　图 10-1-4　肩部遮挡姿势　　　　图 10-1-5　双臂交叉姿势

（二）基本步法

拳手无论进攻还是防守，都需要有灵活的步法，在实战时，既要快速地躲开对手的攻击，又能快速地接近对手。无论向哪个方向移动，身体重心都应该在两腿之间，以保持身体平衡。想要向哪个方向移动，最接近那个方向的脚先移动。例如，要向前移动，左脚先移动，右脚迅速跟上，这样双脚之间的距离就不会离得很近，双脚也不会相互交叉了。

1. 纵向移动

（1）向前移动。

动作方法：从基本姿势开始，右脚蹬地，左脚向前迈进半步，右脚迅速向前跟进半步恢复成基本姿势（图 10-1-6）。

（2）向后移动。

动作方法：从基本姿势开始，左脚蹬地，右脚向后撤退半步，左脚随即向后撤半步恢复成基本姿势（图10-1-7）。

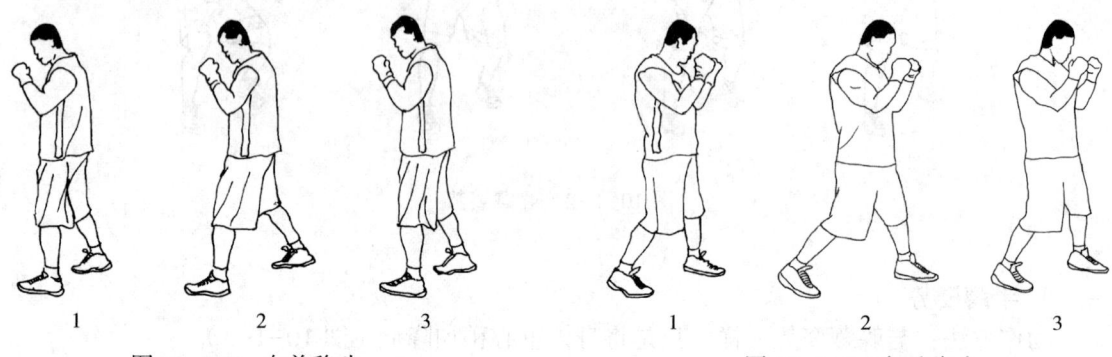

| 1 | 2 | 3 | | 1 | 2 | 3 |

图10-1-6　向前移动　　　　　　　　　　　　图10-1-7　向后移动

2. 横向移动

（1）向左移动。

动作方法：从基本姿势开始，右脚前部蹬地发力，左脚向左移动半步，右脚也随即向左移动半步（图10-1-8）。

（2）向右移动。

动作方法：从基本姿势开始，左脚前部蹬地发力，右脚向右移动半步，左脚也随即向右移动半步（图10-1-9）。

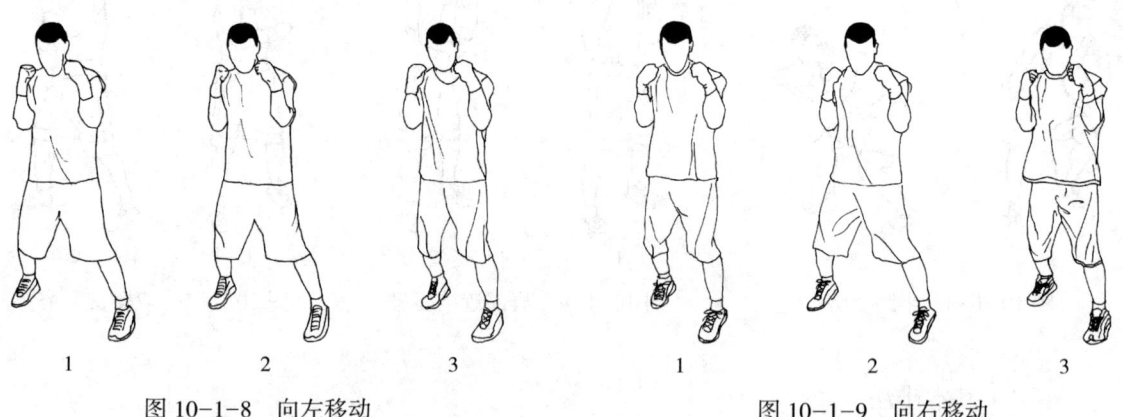

| 1 | 2 | 3 | | 1 | 2 | 3 |

图10-1-8　向左移动　　　　　　　　　　　　图10-1-9　向右移动

3. 滑步

（1）向左和向右滑步。

动作方法：双脚分开与肩同宽，平行站立，面对对手。向左滑步时，右脚蹬地，左脚向左移动一步，右脚随即跟上一步，两腿之间保持一定的距离。向右滑步，反之。

（2）侧后滑步。

动作方法：从基本姿势开始，左脚蹬地，右脚向右后方移动，左脚迅速跟上，然后再向左练习环形移动。注意保持距离，身体也要保持平衡，重心在两腿之间（图10-1-10）。

图 10-1-10 侧后滑步

4. 轴心移动

（1）向内轴心移动。

动作方法：从基本姿势开始，用右脚蹬地，左脚向右前方移动小半步，向右后方转体90°；同时，右脚向右后方撤一大步恢复成基本姿势（图 10-1-11）。

图 10-1-11 向内轴心移动

（2）向外轴心移动。

动作方法：从基本姿势开始，左脚蹬地，右脚向后方撤一大步，身体右转90°；同时，左脚向右前方跟进一小步恢复成基本姿势（图 10-1-12）。

图 10-1-12 向外轴心移动

5. 移位步法

移位步法是指通过左脚或右脚向前上步或向后撤步的方法来变换左右姿势。在步法换位速度快的时候，击打也会更加有力（特别是摆拳、铲勾拳）。以下技巧可以帮助更好地利用移位步法。

（1）向后移位。

动作方法：从基本姿势开始，左脚向后撤步变成左势，然后出右摆拳击打对手身体（图10-1-13）。

（2）向前移位。

动作方法：从基本姿势开始，右脚向前上步变成左势，然后出右摆拳击打对手身体（图10-1-14）。

1　　　　　2　　　　　3　　　　　　1　　　　　2　　　　　3

图10-1-13　向后移位　　　　　　　图10-1-14　向前移位

（3）还原移位。

动作方法：先向后移位，形成左势姿势，右摆拳击打对手头部，然后左脚向前迈步还原成右势并出刺拳击打对手头部（图10-1-15）。

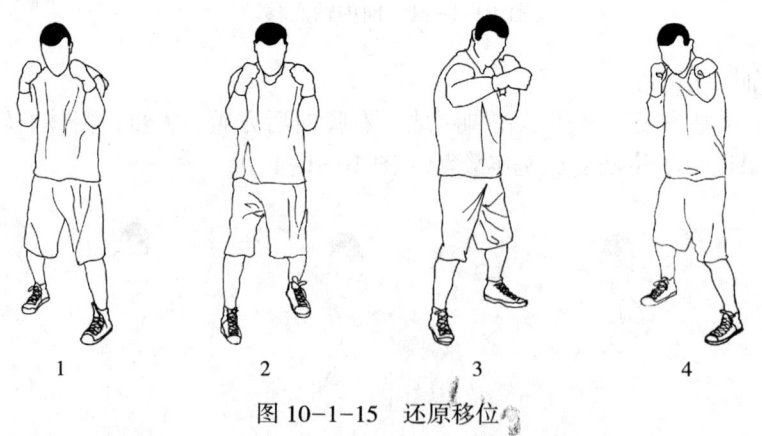

1　　　　　　2　　　　　　3　　　　　　4

图10-1-15　还原移位

6. 跳步

动作方法：从基本姿势开始，身体重心向左脚略微倾斜，双脚同时蹬地发力，双脚向前跳跃并向内转体45°～90°，脚尖在地面拖着跳跃，跳跃时要保持身体平衡，姿势不变（图10-1-16）。

图 10-1-16　跳步

7. 锯齿步

动作方法：从基本姿势开始，先向左前方移动几步后突然向右转体 90°；同时，双脚做一个交叉步，保持左脚在前，接着再向前移动几步后突然向左转体 90°；同时，双脚前后交叉，仍保持左脚在前。反复练习。

向后练习锯齿步与向前练习的方法基本相同，只是向后移动而已。注意身体要保持平衡，双脚一定要保持距离（图 10-1-17）。

图 10-1-17　锯齿步

8. 蝴蝶步

动作方法：从基本姿势开始，左右脚交替向后移动。当左脚向后移动一大步时，右脚向后滑动一小步；当右脚向后移动一大步时，左脚向后滑动一小步，然后侧后滑动一两次。如此反复几次后，做几个快速的纵向交叉步。如此反复练习。身体要充分放松，要有鲜明的节奏感（图 10-1-18）。

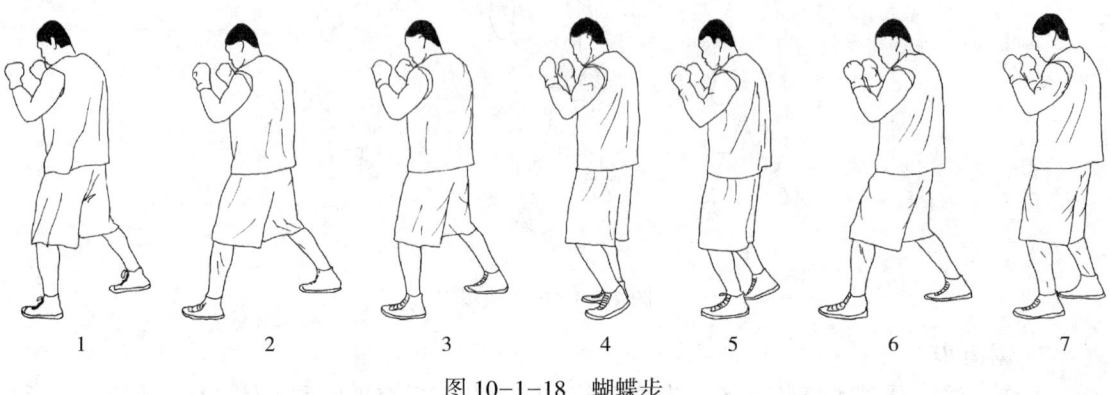

图 10-1-18　蝴蝶步

第二节　跆拳道运动

跆拳道运动是一项利用拳和脚进行搏击的对抗性运动，它是一项风靡世界的格斗技击运动。

一、跆拳道运动简述

跆拳道运动起源于朝鲜的民间站武技。1961 年 9 月，韩国成立了唐手道协会，后更名为跆拳道协会。跆（TAE）意思为脚踢脚踹，拳（KWON）意为用拳击打，道（DO）意为练习的方法，也为一种精神。

跆拳道运动由基本动作、品势、实战三部分组成，它是以腿部为主的功夫，腿法占的比例达 70%。跆拳道有品势（拳套）24 套，有级者的套路 8 套，称之太极八章。修炼完一章，相当于达到有级者水平，如完成太极 8 章，就相当于一级水平。跆拳道比赛分为规定、自由和竞技三种形势，在比赛中手法只用于防守格挡，进攻主要依靠腿法的跳踹。

跆拳道蕴含的课程思政元素

礼仪、廉耻、忍耐、克己、百折不屈是对跆拳道运动精神的概括。礼仪：待人有礼，相互尊重；廉耻：是非分明，有羞耻之心；忍耐：有毅力，厚积薄发；克己：能够控制住自己的想法和行为，有自制力；百折不屈：不屈不挠，遇事不气馁，坚韧不拔。练习跆拳道，对习练者来说不仅仅是肉体的锻炼，更是一种精神的修炼。

跆拳道对于培养人的规则意识有着重要作用。跆拳道运动有着完备的规则体系。例如，在竞技比赛中严格按照体重来划分比赛级别，强调公平，不能以大欺小；采用电子护具计分系统，使得运动员养成公平竞赛的平常心；为了保护运动员安全、保证比赛公平有序进行，制定了 12 种犯规行为及判罚规则；在技能评价方面，跆拳道有着规范的段位制度，习练者须通过逐级考段获得段位的晋升。

通过跆拳道竞赛、品势和功力检测等形式，人们在学习掌握运动技能的同时，培养永不言弃、坚韧不拔、谦虚有礼等良好的意志品质和道德素养，还可以培养"学拳先读书，书理明白，学拳自然容易"的思维方式。

二、跆拳道基本姿势

跆拳道基本姿势有立正势、并步势、准备势、平行站立、骑马立势、前屈与后屈立势、进步势、虎步势、后掩步、前盖步和扣腿独立势。

三、跆拳道基本技术

拳法：冲拳、抄拳、弹拳、鞭拳、截拳、劈拳。

掌法：砍掌、插掌、弧形手揸击、掌根推击。

肘法：击肘、挑肘、顶肘。

膝法：撞膝。

腿法：前踢腿、外摆腿、里合腿、前弹腿、侧弹腿、侧踹腿、鞭腿、转身后摆腿、后蹬腿。

阻挡技法：单臂抵阻、向外双臂抵阻、向下叉臂阻、向内臂中阻、按掌中阻、双臂外格中阻、单臂向上高阻、向上叉臂阻。

四、跆拳道品势（拳套）练习

（一）太极一章

（1）准备姿势。右脚向侧方向横跨一步，两脚与肩同宽，两腿自然站立；两手握拳屈臂置于身前，拳心向内；平视前方（图 10-2-1）。

（2）右转身下截。身体向左转 90°，前行步站立；同时，左手握拳向左下截，右拳收于腰间，拳心向上（图 10-2-2）。

太极一章

（3）右顺步冲拳。右脚向前一步成前行步站立，同时右拳向前内旋平冲，左拳收于腰间（图 10-2-3）。

图 10-2-1　准备姿势　　　图 10-2-2　右转身下截　　　图 10-2-3　右顺步冲拳

（4）后转身下截。右脚向后撤步，身体以左脚为轴，向右转体180°成前行步站立；同时，右臂屈肘向下截拳（图10-2-4）。

（5）左顺步冲拳。左脚向前进一步仍是前行步站立，同时，左拳向前内旋平冲，右拳收于腰间（图10-2-5）。

（6）左弓步下截。身体左转90°，左脚向侧方向移步；同时，左臂向下截击，左手握拳，拳心向内，右拳收于腰间（图10-2-6）。

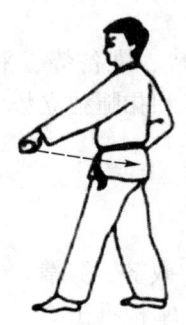

图10-2-4　后转身下截　　　图10-2-5　左顺步冲拳　　　图10-2-6　左弓步下截

（7）左弓步冲拳。两脚原地不动，右拳向前内旋平冲，左拳收于腰间（图10-2-7）。

（8）右转身外格。右脚向右移步，左脚以脚掌为轴原地内旋，脚尖转向右前方，身体随之右转；同时左拳前伸外格，拳心向上，右拳收于腰间（图10-2-8）。

（9）前进步冲拳。左脚向前进一步成前进步站立，右拳向前内旋平冲，左拳收于腰间（图10-2-9）。

图10-2-7　左弓步冲拳　　　图10-2-8　右转身外格　　　图10-2-9　前进步冲拳

（10）后转身内格。以右脚掌为轴，身体向左后转180°，随即左脚向前进步；同时，右臂向内格挡（图10-2-10）。

（11）右弓步冲拳。右脚向前进一步成右弓步；同时，左拳向前内旋平冲，右拳收于腰间（图10-2-11）。

（12）右弓步下截。以左脚为轴，身体右转90°，右脚向前移步；右手握拳向右下截击，左拳收于腰间（图10-2-12）。

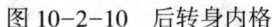

图 10-2-10　后转身内格　　　图 10-2-11　右弓步冲拳　　　图 10-2-12　右弓步下截

（13）右弓步冲拳。两脚原地不动，左拳向前内旋平冲，右拳收于腰间（图 10-2-13）。

（14）左转身上架。右脚不动，身体左转，左脚向前移步；同时，左臂屈肘上架于额前，拳心向外（图 10-2-14）。

（15）右前踢冲拳。右脚蹬地，屈膝上提，以膝关节为轴，右腿伸膝前踢，左脚掌支撑，两臂屈肘置于体侧，右脚放松前落成前行步站立；同时，右拳向前内旋平冲，左拳收于腰间（图 10-2-15）。

图 10-2-13　右弓步冲拳　　　图 10-2-14　左转身上架　　　图 10-2-15　右前踢冲拳

（16）后转身。以左脚为轴，身体向右转 180°，右脚向前方移步成前行步；同时，右臂屈肘上架，横置于额前，拳心朝前（图 10-2-16）。

（17）左前踢冲拳。右脚支撑，左腿屈膝上提，以膝关节为轴，左腿伸膝向前上踢击，同时，两臂屈肘置于体侧；左脚前落成前行步站立，左拳向前内旋平冲，右拳收于腰间（图 10-2-17）。

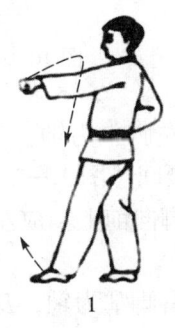

图 10-2-16　后转身　　　　　　图 10-2-17　左前踢冲拳

（18）左弓步下截。以右脚为轴，身体右转约 90°，左脚向前方上一步成左弓步；同时，左臂向左下方截击，右拳收于腰间（图 10-2-18）。

（19）右弓步冲拳。左脚不动，右脚向前上一步成右弓步；同时，右拳向前内旋平冲并发声，左拳收于腰间（图 10-2-19）。

（20）收势。以右脚为轴，身体向左后转 180°，左脚后撤与右脚平行成准备势（图 10-2-20）。

图 10-2-18　左弓步下截

图 10-2-19　右弓步冲拳

1　　　　　2

图 10-2-20　收势

（二）太极二章

（1）准备姿势（图 10-2-21）。

（2）左转身下截。身体左转成前行步站立，面向前进方向；同时，左臂向左下方截击，右拳收于腰间（图 10-2-22）。

（3）右顺步冲拳。右脚向前进一步成右弓步，同时，右拳向前内旋平冲，左拳收于腰间（图 10-2-23）。

太极二章

图 10-2-21　准备姿势

图 10-2-22　左转身下截

图 10-2-23　右顺步冲拳

（4）后转身下截。以左脚掌为轴，身体右后转 180°，右脚向前上一步成前行步；右臂向右下截击，左拳收于腰间（图 10-2-24）。

（5）左顺步冲拳。左脚向前上步成左弓步；同时，左拳向前内旋平冲，右拳收于腰间（图 10-2-25）。

（6）左转身内格。以右脚掌为轴，身体左转 90°，左脚向前移步；随即，右臂屈肘内旋内格，拳与胸高，拳心向内，左拳收于腰间（图 10-2-26）。

图 10-2-24　后转身下截

图 10-2-25　左顺步冲拳

图 10-2-26　左转身内格

（7）上右步内格。右脚向前进一步；同时，左臂屈肘向内横格，拳与胸高，右拳收于腰间（图 10-2-27）。

（8）左转身下截。以右脚掌为轴，身体左转 90°，左脚向前移步；左臂左下截击，右拳收于腰间（图 10-2-28）。

（9）右前踢冲拳。左脚支撑，右腿屈膝上提，以膝关节为轴，右腿由屈到伸向前上方踢击，两臂屈肘自然置于体侧，右脚放松前落成右弓步，右拳向前内旋平冲，左拳收于腰间（图 10-2-29）。

图 10-2-27　上右步内格

图 10-2-28　左转身下截

图 10-2-29　右前踢冲拳

（10）右转身下截。以左脚掌为轴，身体向右后转 180°，右脚向前移步成前行步站立；同时，右拳下截，左拳收于腰间（图 10-2-30）。

（11）左前蹬冲拳。右脚支撑，左腿屈膝上提，以膝为轴由屈到伸向前上方踢击，两臂屈肘自然置于体侧，左脚放松前落成左弓步，同时左拳向前内旋平冲，右拳收于腰间（图 10-2-31）。

（12）左转身上架。以右脚掌为轴，身体左转 90°，左脚向前移步成前行步站立；随即左臂屈肘上架，横置于额前，右拳收于腰间（图 10-2-32）。

（13）进右步上架。右脚向前进一步；同时，右臂自下而上屈肘上架，横置于额前，左拳收于腰间（图 10-2-33）。

图 10-2-30　右转身下截

图 10-2-31　左前蹬冲拳

图 10-2-32　左转身上架

图 10-2-33　进右步上架

（14）左后转身内格。以右脚掌为轴，身体左后转270°，左脚向前移步；随即，右臂屈肘向内格挡（图10-2-34）。

（15）右后转身内格。以左脚掌为轴，身体向右后转180°，右脚向前移步；左臂屈肘向内格挡，右拳收于腰间（图10-2-35）。

（16）右转身下截。以右脚掌为轴，身体左转，左脚向前移步；左臂向左下截击，右拳收于腰间（图10-2-36）。

图 10-2-34　左后转身内格

图 10-2-35　右后转身内格

图 10-2-36　右转身下截

（17）右前踢冲拳。左脚支撑，右腿屈膝上提，以膝关节为轴，右腿由屈到伸向前上方踢击，两臂屈肘自然置于体侧；右脚放松前落成前行步，右拳向前内旋平冲，左拳收于腰间（图10-2-37）。

1

2

3

4

图 10-2-37　右前踢冲拳

（18）左前踢冲拳。右脚支撑，左腿屈膝上提，以膝关节为轴，左腿由屈到伸向前上方踢击，两臂屈肘自然置于体侧；左脚放松前落成前行步，同时，左拳向前内旋平冲，右拳收于腰间。

（19）右前踢冲拳。左脚支撑，右腿屈膝上提，以膝关节为，右腿轴由屈到伸向前上方踢击，两臂屈肘自然置于体侧；右脚放松前落成前行步站立，右拳同时向前内旋平冲，随即冲拳大喊。

第三节　女子防身术

一、女子防身术概述

女子防身术是集拳击、散打、自由搏击、泰拳、擒拿等防身武技动作于一体，是女性在受到各种非法暴力侵害时，运用手、脚、膝、肘等，或就地取材进行防卫和攻击的一种搏击技法。

女子防身术是将本能被动的反应变为自觉主动地反抗。人，特别是女子遭受侵害时，都会本能地做出条件反射性动作。女子防身术就是把这些本能、机械性的反抗动作，按照格斗擒拿的理论规律，科学地进行归纳、提炼与总结，通过实践训练，形成有意识、有目的、有章法、有实效的自卫招法，将被动反抗变为主动进攻。

女子防身术简捷易练，各种防身技法适用性很强，能够有效快速制服歹徒，且动作简捷、易操作。大学女生掌握女子防身技法对保护自身安全大有裨益。

女子防身术以巧取胜。由于女子和男子在力量、速度、耐力等身体素质方面相差悬殊，女子在突然遭受歹徒侵害时，不可硬斗，硬斗必然无法脱险；只能取巧，对准歹徒的要害部位狠狠击打，将其彻底制服。

女子防身术以"敢为"为前提。犯罪心理学相关研究表明，受害女性被害时反抗不力是强奸犯得逞的外部条件之一。反抗不力是有明显心理弱点的女性受害时普遍存在的现象。当女性突遭侵害时，软弱退缩会助长不法歹徒的嚣张气焰，只有积极反抗，灵活应对，大胆出手，才能规避危险，保护自己。

防身自卫受法律保护。女子防身自卫既是法律赋予的权力，也是保护自身的义务。女大学生要充分利用权力，对不法侵害行为，尤其是强奸、行凶、抢劫、绑架以及其他侵犯人身安全的暴力犯罪，采取自卫还击。

二、女子防身术重点击打的要害部位

要害部位是指人体遭受外力打击或挤压和强力振动，最容易造成昏迷、伤残、休克、致死，以及使某些组织器官、神经或肌肉发生功能性障碍的部位。人体有若干个要害部位，但在紧急状态下女性最易击中和打击效果显著的部位是：男性的裆部、喉部、鼻部、眼睛、颈部（图10-3-1）。

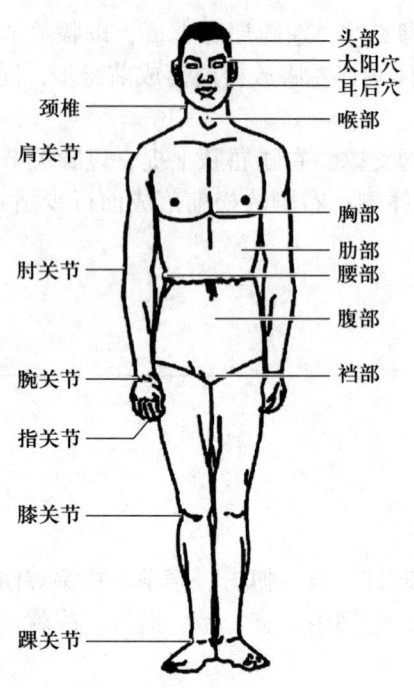

图 10-3-1　女子防身术重点击打的要害部位

（1）裆部。用膝盖顶、掌击、手捏、脚踢，轻则使人疼痛难忍，重则可使睾丸和阴囊破裂，导致神经性休克或死亡。

（2）喉部。用手掐、掌插、掌砍，轻则使人呼吸受阻，疼痛难忍，重则可导致窒息或昏迷。

（3）鼻部。用掌击、拳打、头撞，轻则使人鼻窦酸痛，泪流不止，重则可使鼻内出血。

（4）眼睛。用指戳、掌击，轻则使人疼痛难忍，重则可使眼内出血甚至失明。

（5）颈部。掌击、掌砍，轻则使人疼痛难忍，重则会造成大脑暂时性供血减少，导致休克或死亡。

（6）胸部。胸腔内有心、肺等重要器官。此处遭受打击，可使心肺部收缩，产生剧痛，引起窒息、休克。

（7）腹部。腹腔内有肝、脾等主要器官。此处遭受打击，会造成内脏器官损伤，甚至失去正常功能。

（8）腰部。腰部遭受打击，会造成腰椎和肾脏损伤，重则可导致瘫痪。

三、女子防身术自身可用的攻击部位或器官

（1）额头。可由上向下经眼睛、鼻子、嘴滑动撞击歹徒。

（2）嘴。大声呼救。

（3）牙齿。咬伤歹徒。

（4）手。握拳可冲、砸、撩，成掌可砍、插、搓。

（5）手指。戳击歹徒的眼睛、喉咙、腋下或裆部。

（6）指甲。掐、抠、抓歹徒的面部、耳朵或咽喉。

（7）肘。可用顶、砸、撞等方式攻击歹徒的头、颈、肋、腹等部位。

（8）膝。前顶歹徒的裆部。

（9）脚。可用脚尖、脚后跟、脚外沿前踢、后撩歹徒的裆部及小腿胫骨。

四、女子防身术基本动作

（一）掌法

掌法是以掌尖、掌根或掌外沿为着力点，在中、近距离进攻的技法。以打击颈、肋、裆为主。常用掌法有插掌、砍掌、撩掌和推掌等。掌法是女性防身自卫的有效招法。

1. 插掌

五指并拢，手腕伸直，向前插击，力达指尖（图10-3-2），如插击喉部（图10-3-3）。

图10-3-2　插掌　　　　　　　　　　　图10-3-3　插击喉部

2. 砍掌

五指并拢，手腕伸直，向下斜砍，力达掌侧（图10-3-4），如砍击颈部（图10-3-5）。

图10-3-4　砍掌　　　　　　　　　　　图10-3-5　砍击颈部

3. 撩掌

五指并拢，手腕伸直，直臂前后撩，力达掌心或掌侧，如向前、向后撩击裆部（图10-3-6、图10-3-7）。

4. 推掌

五指分开，掌心微凹，向前推击，力达掌根（图10-3-8），如推击下颌（图10-3-9）。

图 10-3-6　向前撩击裆部　　　　　　图 10-3-7　向后撩击裆部

图 10-3-8　推掌　　　　　　　　　图 10-3-9　推击下颌

（二）头法

含胸收颌，梗脖竖颈，咬牙叩齿，向前撞击，力达前额，如撞击鼻面（图 10-3-10）。

（三）肘法

"狠不过肘，凶不过膝。"肘法是女性近距离防身自卫的有效招法，以顶击头、颈、肋为主。

图 10-3-10　撞击鼻面

1. 侧顶肘

握拳屈肘，手心向下，向侧顶击，力达肘尖（图 10-3-11），如顶击肋、胸、腹（图 10-3-12）。

图 10-3-11　侧顶肘　　　　　　图 10-3-12　侧顶腹部

2. 横击肘

屈肘握拳，掌心向下弧形向前，屈臂横击，力达肘尖（图 10-3-13），如横击面部、颈部（图 10-3-14）。

图 10-3-13　横击肘

图 10-3-14　横击颈部

3. 后顶肘

握拳顶肘，手心向内，转腰后顶，力达肘尖（图 10-3-15），如顶击肋、腹部（图 10-3-16）。

图 10-3-15　后顶肘

图 10-3-16　后顶肋部

（四）膝法

屈膝踢腿，前摆上顶，力达膝盖骨（图 10-3-17），如顶击裆部（图 10-3-18）。

图 10-3-17　膝法

图 10-3-18　顶击裆部

（五）腿法

1. 前弹踢

一腿支撑，另腿起踢，脚面绷直，向前弹击，力达脚尖（图 10-3-19），如弹踢裆部（图 10-3-20）。

2. 前蹬腿

一腿支撑，另一腿提起，勾脚尖向前蹬击，力达脚跟（图 10-3-21），如踢裆、腹部（图 10-3-22）。

图 10-3-19　前弹踢

图 10-3-20　弹踢裆部

图 10-3-21　前蹬腿

图 10-3-22　蹬踢腹部

 **思考与练习**

1. 拳击运动的基本步法有哪些?
2. 跆拳道运动的基本动作有哪些?
3. 女子防身术重点击打的要害部位有哪些?
4. 练习女子防身术的基本动作。

第十一章

时尚健身运动

 学习导言

　　随着社会的发展和人们闲暇时间的增多，丰富多彩的时尚健身运动如形体训练、健美操、啦啦操、体育舞蹈、瑜伽、街舞等，已成为体育运动的重要组成部分。人们可以根据自己的兴趣、能力和身体健康情况，选择适合自己的时尚健身项目。

第一节　形体训练

　　形体训练是以身体练习为基本手段，匀称和谐地发展身体，塑造体型，培养正确优美的姿态和动作，增强体质，促进人体形态更加健美的一种体育运动。它起源于芭蕾、舞蹈、体操的基本功训练。

一、基本脚位和手位

（一）基本脚位

一位：两脚跟靠拢，脚尖向两侧，两脚呈"一"字形（图11-1-1之1）。

二位：在一位的基础上，两脚跟分开，相距约一脚（图11-1-1之2）。

三位：一脚跟相叠在另一脚跟处，并与其平行（图11-1-1之3）。

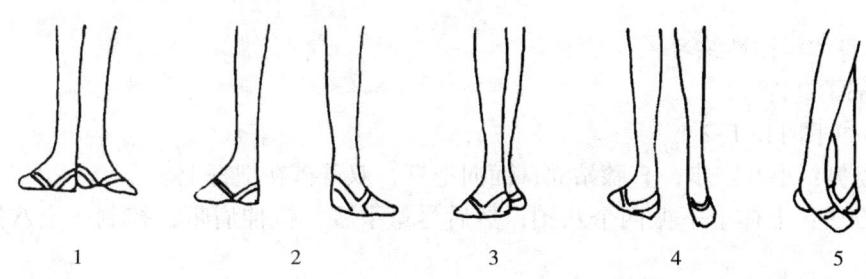

| 1 | 2 | 3 | 4 | 5 |

图11-1-1　基本脚位

四位：两脚前后平行，脚尖向两侧，两脚相距约一脚（图11-1-1之4）。

五位：两脚前后平行相靠，脚尖向外侧（图11-1-1之5）。

（二）芭蕾舞基本手位

一位：两臂呈弧形置于体前，指尖相对，掌心向内，手臂稍离开身体（图11-1-2之1）。

二位：两臂前举（稍低于肩部），手臂呈弧形，掌心向内，指尖相对（图11-1-2之2）。

三位：两臂呈弧形上举，掌心相对，稍偏前（图11-1-2之3）。

四位：一手臂保留在三位，另一手臂回落到二位（图11-1-2之4）。

五位：一手臂保留在三位，另一手臂向侧打开，眼睛跟着手看过去后返回并平视前方（图11-1-2之5）。

六位：三位手臂下落到二位，另一手臂仍侧举（图11-1-2之6）。

七位：二位的手臂由前向侧打开，另一手臂仍侧举（图11-1-2之7）。

图11-1-2　基本手位

二、基本形体素质练习

（一）身体柔韧性练习

1. 肩部柔韧性

方法一（图11-1-3）

预备姿势：小八字步，直膝站立，面向把杆，双臂搭在把杆上。

动作方法：上体上下振两个八拍，然后尽量下腰，拉伸肩带，控制一个八拍，反复练习。

要点：直臂挺胸，肩关节松弛。

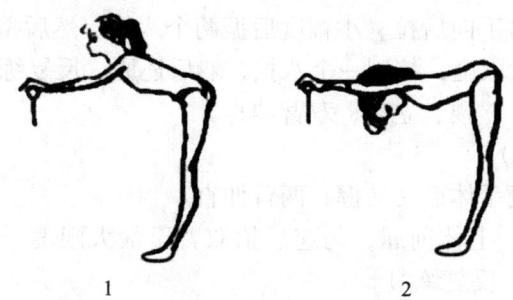

1　　　　　　　　　　2

图 11-1-3　提高肩部柔韧性的方法一

方法二（图 11-1-4）

预备姿势：两人面对面站立，两脚开立，比肩稍宽，两人双手相互搭肩，上体前屈。

动作方法：上体上下振，两个八拍，然后尽量下压，拉伸肩带，控制一个八拍，反复练习。

要点：直臂挺胸，肩关节放松。

1　　　　　　　　　　2

图 11-1-4　提高肩部柔韧性的方法二

方法三（图 11-1-5）

预备姿势：练习者俯卧在地毯上，直膝绷脚双臂上举夹头，手掌贴地，辅助者坐其腿上。

动作方法：练习者双臂夹头起上身，辅助者抓住其上臂向后拉伸，然后还原，反复练习。

要点：抬头、挺胸、收臂、双臂伸直、肩关节松弛。

1　　　　　　　　　　2

图 11-1-5　提高肩部柔韧性的方法三

方法四（图 11-1-6）

预备姿势：两人同向站立，练习者左腿在前、右脚在后站立，辅助者两腿前后开立。练习者五指交叉握，上举伸直，辅助者右手抓住练习者双手，左手以掌推顶练习者背部。

动作方法：辅助者右手向后拉。小幅度后振两个八拍，然后稍放松。此练习后，辅助者将练习者双臂拉至最大限度，控制一个八拍，然后还原。反复练习。

要点：抬头、挺胸、立腰、立背、双臂伸直。

方法五（图 11-1-7）

预备姿势：开立，两手体后交叉握，两臂伸直。

动作方法：1—4 拍，上体前屈，匀速后抬双臂至最大限度。振动一个八拍，控制一个八拍。5—8 拍，还原，反复练习。

要点：双手臂伸直，后夹臂、抬头、挺胸。

 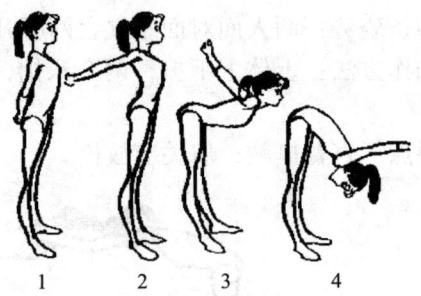

图 11-1-6　提高肩部柔韧性的方法四　　　　图 11-1-7　提高肩部柔韧性的方法五

方法六（图 11-1-8）

预备姿势：小八字步，直膝站立，背向把杆，两臂经下后抬，双手正握把杆。

动作方法：身体挺直向前倾斜，最大幅度前拉，反复拉伸肩部，双臂在后伸直尽量并拢，控制一个八拍，然后放松。反复练习。

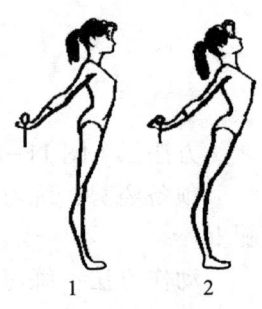

图 11-1-8　提高肩部
柔韧性的方法六

要点：挺胸、抬头、肩关节放松。

2. 胸部柔韧性

方法一（图 11-1-9）

预备姿势：直角并腿坐，低头含胸，两臂前平举。

动作方法：1—2 拍，两臂屈肘做扩胸，同时抬头挺胸。3—4 拍，还原成预备姿势。反复练习。

要点：双臂扩胸至最大限度。

方法二（图 11-1-10）

预备姿势：面对墙站立，身体离墙一步远，两臂上举，掌心前贴于墙上。

动作方法：双手撑于墙上，上体尽量下压至极限，控制不动，然后还原。反复练习。

要点：上体前屈时，胸尽量贴近墙面，两腿伸直，脚跟不要抬起。

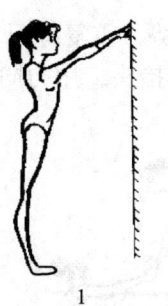

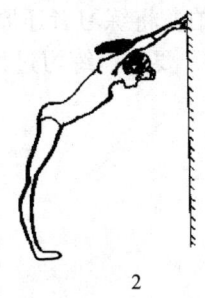

图 11-1-9　提高胸部柔韧性的方法一　　　　　图 11-1-10　提高胸部柔韧性的方法二

方法三（图 11-1-11）

预备姿势：练习者直角并腿坐，两手交叉抱肩，低头含胸。

动作方法：两手于体侧后撑地，挺胸、仰头，控制不动，然后还原。反复练习。

要点：后仰到胸腰至最大限度。

图 11-1-11　提高胸部柔韧性的方法三

3. 腰部柔韧性

方法一（图 11-1-12）

预备姿势：练习者直膝绷脚，俯卧在地毯上，双臂屈肘，双手手指交叉，掌心贴在头后，辅助者蹲在练习者的身后，用双手压住其小腿。

动作方法：1—2 拍，上体后屈，梗头手扶于头后。3—4 拍，还原。反复练习。

要点：上体向后上抬起的幅度应尽可能大。

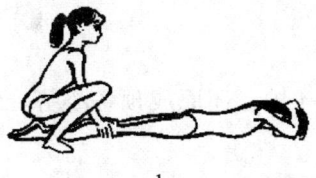

图 11-1-12　提高腰部柔韧性的方法一

方法二（图 11-1-13）

预备姿势：练习者俯卧在地上，双手臂向后伸。辅助者两脚开立于练习者膝关节两侧，双手与练习者相互拉紧。

动作方法：1—4 拍，辅助者拉起练习者，使练习者上体离开地面成最大反背弓。5—

8拍，将练习者还原成预备姿势。重复练习。

要点：练习过程中挺胸、抬头，用力向后弯腰，双腿伸直，夹臀，绷脚面。

1   2

图 11-1-13   提高腰部柔韧性的方法二

方法三（图 11-1-14）

预备姿势：两人面对面，练习者跪立，两臂上举。辅助者成弓步或开立半蹲，双手扶住练习者腰部。

动作方法：练习者后弯腰小振一个八拍，再做后弯腰至最大幅度，控制两个八拍，然后还原。两人互换练习。

要点：练习时，要求抬头、挺胸。向后弯腰时，要求保持重心幅度逐渐加大。辅助者随练习者弯腰的程度和颤动的幅度协调用力。

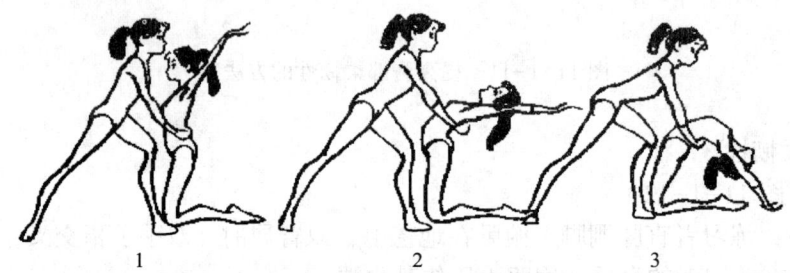

1   2   3

图 11-1-14   提高腰部柔韧性的方法三

方法四（图 11-1-15）

预备姿势：分腿坐，上体正直，双手于头后交叉抱头。

动作方法：

第一个八拍

1—2拍，上体侧屈，肘关节触地。3—4拍，还原成预备姿势。5—8拍，同1—4拍，换另外一侧。

共做4个八拍。

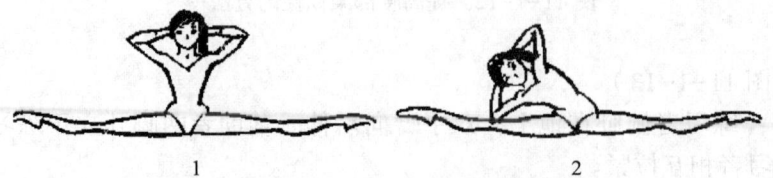

1   2

图 11-1-15   提高腰部柔韧性的方法四

第五个八拍

1拍，侧屈。2—7拍，控制。8拍，还原。然后换另外一侧。

共做4个八拍。

要求：做动作时，挺胸、立腰，最大限度地侧屈，两肘关节打开成一平面。

方法五（图11-1-16）

预备姿势：两腿跪立，两臂上举，掌心向前。

动作方法：一个八拍，由左向右绕环一周。然后反方向练习。

要点：练习时以腰为轴最大幅度做绕环。

图11-1-16 提高腰部柔韧性的方法五

方法六（图11-1-17）

预备姿势：两腿跪立，两臂前平举。

动作方法：

第一个八拍

1—2拍，上体左转拧腰。3—4拍，上体右转拧腰。5—6拍，控制。7—8拍，还原。

第二个八拍

动作同第一个八拍，唯方向相反。

要点：做转体拧腰时以最大转体幅度为限，保持抬头、挺胸、立腰、立背。

方法七（图11-1-18）

预备姿势：两脚开立，比肩稍宽，两臂侧平举，抬头、挺胸、收腹。

动作方法：1—2拍，上体左侧屈左手扶膝，右手向左侧伸，两腿伸直。3—4拍，还原。5—8拍，反方向练习。共做两个八拍。

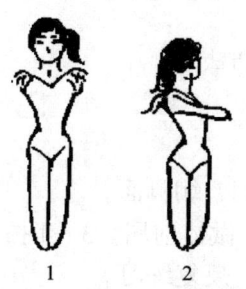

图11-1-17 提高腰部柔韧性的方法六

图11-1-18 提高腰部柔韧性的方法七

要点：体侧屈时要抬头、挺胸、方腰、立背、平面。

4. 腿部柔韧性

方法一（图 11-1-19）

预备姿势：练习者平躺于地毯上，两臂于体侧伸直，手心向下，辅助者跪立在练习者侧面。

动作方法：练习者将左腿向正前方抬起，辅助者用手推压练习者左腿并还原。共做 4 个八拍。第五个八拍：1 拍，将腿推至最大限度，控制 4 拍，然后换腿做。重复练习。

要点：练习者两腿都要伸直，辅助者一手压按膝关节，一手推踝关节，保证按压的腿充分伸直。

图 11-1-19　提高腿部柔韧性的方法一

方法二（图 11-1-20）

预备姿势：练习者分腿坐，双手体前扶地，辅助者双手扶住练习者的肩胛骨处。

动作方法：1—2 拍，辅助者向前推压练习者上体，练习者双手沿地面远伸，腹、胸贴地面。3—4 拍，还原，肩离地面。反复练习后，再将练习者推至最大限度，控制 4 个八拍。

要点：练习者保持立腰、立背、挺胸、抬头的姿态，双腿伸直，绷脚面。

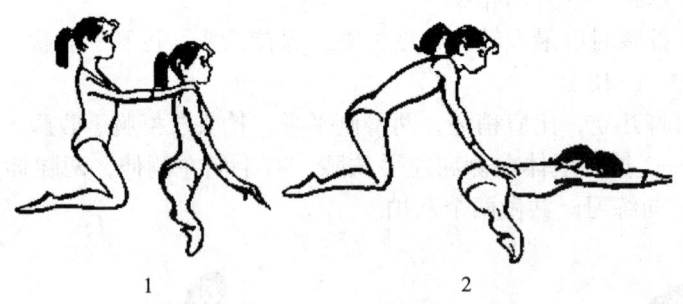

图 11-1-20　提高腿部柔韧性的方法二

方法三（图 11-1-21）

预备姿势：分腿坐，上体正直，两手扶于体前两腿间，绷脚面。

动作方法：1—2 拍，上体前屈，双手沿地面向前，做体前屈。3—4 拍，还原。如此练习两个八拍，然后做最大限度体前屈，控制两个八拍。反复练习。

要点：上体前屈时，胸腹部尽量贴地面，两腿伸直。

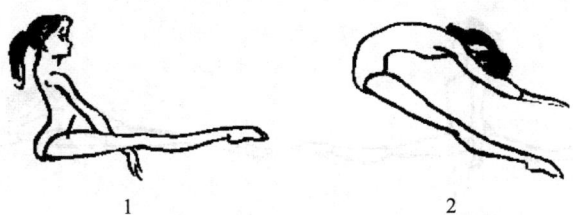

图 11-1-21　提高腿部柔韧性的方法三

方法四（图 11-1-22）

预备姿势：直角坐，两腿并拢伸直，两手上举，掌心向前。

动作方法：1—2 拍，上体前屈，双手触脚。3—4 拍，注视脚踝，控制两个八拍。反复练习。

要点：上体前屈时，胸腹贴近大腿，两腿伸直。

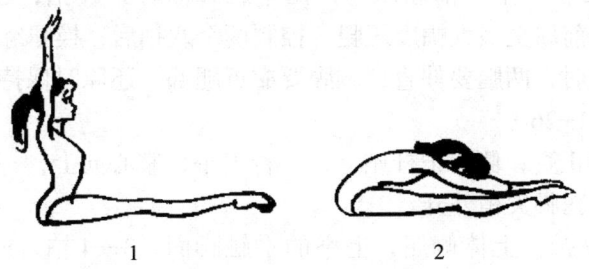

图 11-1-22　提高腿部柔韧性的方法四

方法五（图 11-1-23）

预备姿势：上体正直，一腿体前伸直，另一腿大小腿折叠，两腿夹角大于 90°，两手扶于体前伸直腿的两侧。

动作方法：1—2 拍，上体前屈，胸腹贴近大腿。3—4 拍，还原，如此练习两个八拍，然后最大限度地做体前屈，控制两个八拍，还原后换腿练习。

要点：上体前屈时，前腿伸直，胸腹尽量贴大腿，稍抬头。

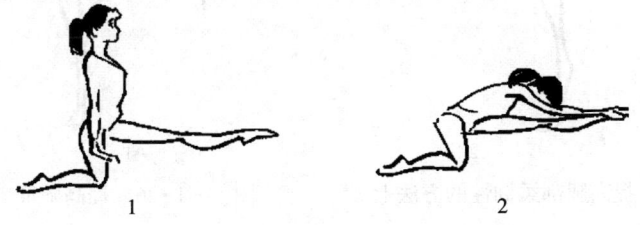

图 11-1-23　提高腿部柔韧性的方法五

方法六（图 11-1-24）

预备姿势：前后分腿，两手体侧扶地。

动作方法：

第一个八拍

上体前屈，胸腹贴近大腿，下压腿 8 次。

第二个八拍

上体最大限度地向下压，两臂前伸抱住脚踝控制不动。

练习 4 个八拍后，两腿交换练习。

图 11-1-24 提高腿部柔韧性的方法六

要点：上体下压时，要挺胸、立腰、立背，两腿要伸直。

方法七（图 11-1-25）

预备姿势：上体正直，面对把杆站立，两臂上举，掌心相对。一腿放在把杆上，支撑腿脚尖向前，收腹。

动作方法：1—2 拍，上体前屈压腿，两手触脚面。3—4 拍，还原。练习 4 个八拍。第五个八拍时，上体前屈至最大幅度压腿，控制两个八拍后，换腿练习。

要点：上体前屈时，两腿要伸直，胸腹要靠近腿部，还原时保持预备姿势。

方法八（图 11-1-26）

预备姿势：上体正直，侧对把杆站立，一臂上举，掌心向上，一臂体前按掌。一腿侧抬放在把杆上，支撑腿脚尖稍外开。

动作方法：1—2 拍，上体侧屈，上举的手触脚面。3—4 拍，还原。练习 4 个八拍。第五个八拍时，1—2 拍，上体最大限度侧屈压腿，控制 4 个八拍，最后两拍还原。换腿练习。

图 11-1-25 提高腿部柔韧性的方法七

图 11-1-26 提高腿部柔韧性的方法八

方法九（图 11-1-27）

预备姿势：练习者背对把杆站立，上体正直，一腿后伸放在把杆上，双手叉腰。

动作方法：1—2 拍，支撑腿屈膝，同时抬头、挺胸。3—4 拍，还原。练习 4 个八拍。第五个八拍时，1—2 拍，支撑腿屈，上体后屈至最大幅度压腿，梗头，两臂上举控制 4 个八拍，最后两拍还原。换腿练习。

要点：保持抬头、挺胸、立腰、立背的姿态。上体后屈时要有弹性，髋要正。

方法十（图 11-1-28）

预备姿势：侧对把杆站立，内侧手扶把，外侧手上举，内侧腿站立，腿尖稍外开，外侧腿后举放于把杆上。

动作方法：1—2拍，上体后屈压后腿；3—4拍，还原。练习4个八拍。

要点：两腿要直，上体最大幅度后屈。

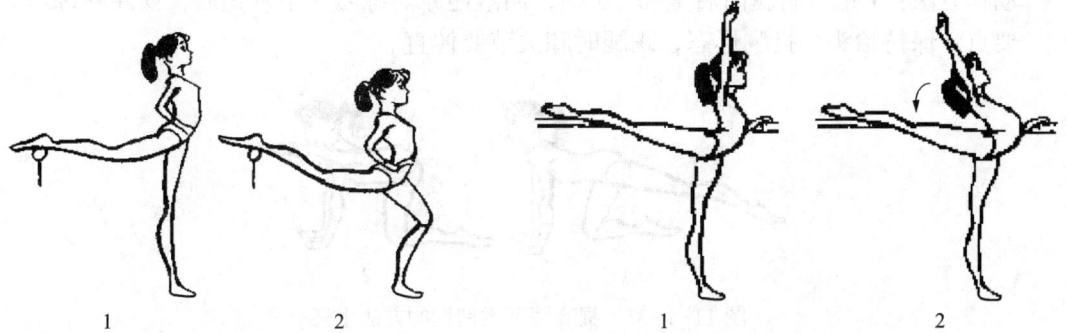

1　　　　　2　　　　　　　　　　1　　　　　2

图 11-1-27　提高腿部柔韧性的方法九　　　　图 11-1-28　提高腿部柔韧性的方法十

方法十一（图 11-1-29）

预备姿势：平躺于地毯上，两背上举伸直，手心向上，紧绷脚面。

动作方法：1拍，右腿向前上方踢起。2拍，回落还原。练习4个八拍。第五个八拍时，1拍左腿向前上方踢起，同时双手抱于踝关节处，用力下拉至最大幅度，控制4个八拍后，换右腿练习。

要点：动作过程中，两腿要伸直，踢腿要迅速，回落要有控制。此练习也可采用由屈到直的弹踢腿形式进行。

1　　　　　　　　　　2

图 11-1-29　提高腿部柔韧性的方法十一

方法十二（图 11-1-30）

预备姿势：身体侧卧呈一条线，右肘撑地，手指向前，手心向下，大臂垂直地面，左手体前扶地，绷脚面。

动作方法：1拍，左腿向侧上方踢起。2拍，回落还原。练习4个八拍。第五个八拍时，1拍，左腿向侧上方踢起最大限度，控制4个八拍后，换右腿练习。

要点：上体保持挺直、抬头、立腰、立背的姿态，双腿伸直，绷脚面。踢腿要迅速有力，先将脚面外转再用力踢，回落要有控制。

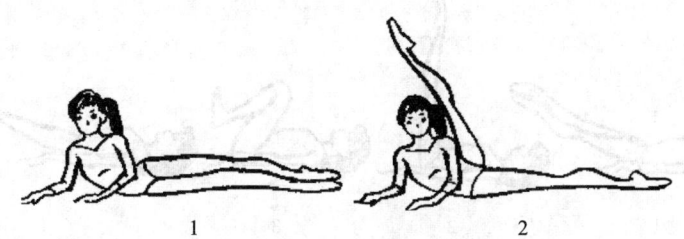

1　　　　　　　　　　2

图 11-1-30　提高腿部柔韧性的方法十二

方法十三（图 11-1-31）

预备姿势：左腿跪撑，双手直臂撑地，右腿伸直绷脚面后点地，抬头。

动作方法：1拍，右腿向后上踢。2拍，回落还原。练习4个八拍后，换左腿练习。

要点：保持抬头、挺胸形态，踢腿时膝关节要伸直。

图 11-1-31　提高腿部柔韧性的方法十三

（二）肌肉力量练习

1. 腰腹部力量

方法一（图 11-1-32）

预备姿势：仰卧，双手置于体侧，双腿并拢伸直，绷脚面。

动作方法：左右两腿交替上举或两腿同时举起，放下。

要点：保持梗头、挺胸、立背姿态，直膝上举，有控制地放下，单腿举时，未上举的腿保持伸直，不要离地。

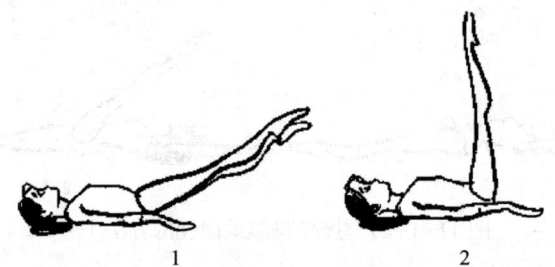

图 11-1-32　提高腰腹部力量的方法一

方法二（图 11-1-33）

预备姿势：同腰腹部力量方法二。

动作方法：1—4拍，直腿绷脚，两腿交替向内交叉剪腿逐渐高抬至90°。5—6拍，勾脚。7—8拍，以脚跟用力蹬伸腿，腿伸直后，脚不落地，绷脚继续做。

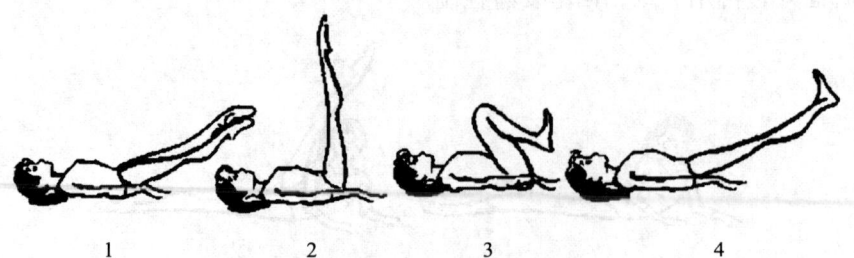

图 11-1-33　提高腰腹部力量的方法二

要点：向上剪腿时，腹肌用力收缩，在整个动作过程中腰部始终着地。

方法三（图 11-1-34）

预备姿势：仰卧，双手扶于头后，屈膝分腿同肩宽。

动作方法：用力收腹，上体抬起 45°，然后还原。

要点：腹肌收缩，挺胸梗头，下肢固定，腰部始终着地。

图 11-1-34　提高腰腹部力量的方法三

方法四（图 11-1-35）

预备姿势：仰卧，两手放于体侧。

动作方法：用力收腹，使上体和双腿同时抬起成直角坐，两手触足尖，还原。

要点：用收腹力量做两头起动作。

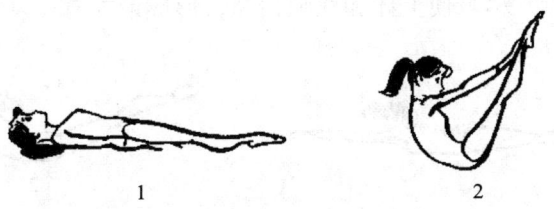

图 11-1-35　提高腰腹部力量的方法四

2. 腰、背部力量

方法一（图 11-1-36）

预备姿势：俯卧，两臂后伸两手互握，两腿并拢伸直，辅助者两脚分立站在练习者膝关节两侧。

动作方法：练习者尽量梗头、挺胸，背肌用力，辅助者紧握练习者双手，有弹性地逐渐向上拉振。

要点：练习时，练习者髋部以下身体不要抬起，背肌应主动向后用力。

图 11-1-36　提高腰、背部力量的方法一

方法二（图 11-1-37）

预备姿势：俯卧，双手扶于头后，双腿并拢伸直，辅助者面对练习者跪坐地上，双手压练习者双脚。

动作方法：练习者抬头、挺胸，上体用力后屈，控制两拍。

要点：练习时，保持抬头、挺胸，背肌用力后屈。辅助者用力按住练习者双脚以协助完成动作。

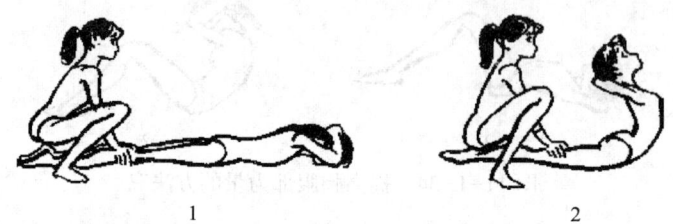

图 11-1-37　提高腰、背部力量的方法二

方法三（图 11-1-38）

预备姿势：俯卧，两臂上举，两腿伸直略分开。

动作方法：上体和双腿同时后抬，还原。

要点：抬头、挺胸，尽量使上体和双腿抬高，形成最大背弓。

图 11-1-38　提高腰、背部力量的方法三

方法四（图 11-1-39）

预备姿势：屈腿仰卧，两臂侧平举。

动作做法：胸、腰部向上挺起，同时腿部伸直，肩部向外展开，两手撑地，接着腹部挺成仰撑。

要点：肩外展，要尽量做到抬头、挺胸，背部肌肉收紧，两脚尖有力支撑，直膝。

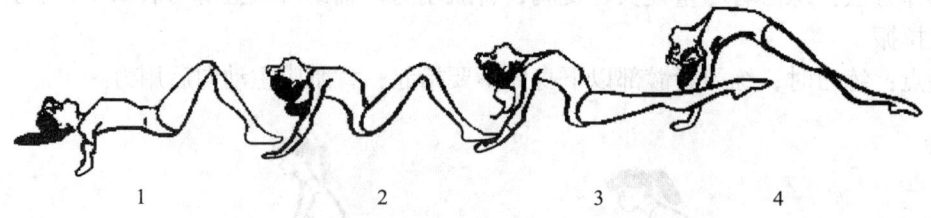

图 11-1-39　提高腰、背部力量的方法四

方法五（图 11-1-40）

预备姿势：分腿坐，两臂置于体侧撑地。

动作方法：身体重心先移至右臂，右臂用力支撑全身，挺髋挺胸，使脊柱成反弓形，左臂上举，慢慢还原，身体重心移至左臂。

要点：当单臂支撑时，臀肌要收紧，上挺髋部，绷脚面。

1　　　　　　　　　　　　　2

图 11-1-40　提高腰、背部力量的方法五

方法六（图 11-1-41）

预备姿势：站立，两腿开立稍宽于肩，两手抱头。

动作方法：两手抱头体前屈，起立还原。

要点：两腿伸直，上体快速前屈。立起时挺胸，要有
向前、向远方的伸展感。

3. 臀部力量

方法一（图 11-1-42）

预备姿势：仰卧屈膝，小腿垂直地面，两脚略比肩宽，
两臂伸直，掌心向下置于体侧。

动作方法：两腿分开，重心移动到肩部，以肩支撑，
将臀部向上抬起，控制一个八拍，还原。

要点：臀部抬离地面，整个脊柱应挺直，臀肌夹紧。

1　　　　　　　　2

图 11-1-41　提高腰、
背部力量的方法六

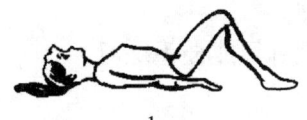 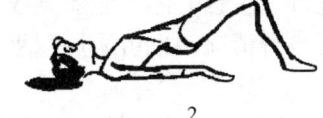

1　　　　　　　　　　　　2

图 11-1-42　提高臀部力量的方法一

方法二（图 11-1-43）

预备姿势：俯卧，双腿并拢，两臂屈肘置于肩前。

动作方法：背肌和臀肌用力，把两腿向后上抬起，控制一个八拍，还原。

要点：练习时抬头、挺肋，背肌、臀肌收紧，腿伸直不松懈。

1　　　　　　　　　　　　2

图 11-1-43　提高臀部力量的方法二

方法三（图 11-1-44）

预备姿势：左腿跪起，右腿后伸，两肘撑地同肩宽。

动作方法：右腿勾脚，屈膝后抬，有控制地还原，重复练习。

要点：臀部肌肉用力收缩，以脚跟带动后举腿。

图 11-1-44　提高臀部力量的方法三

方法四（图 11-1-45）

预备姿势：直立，两臂自然下垂。

动作方法：下颌夹住锁骨，提踵，膝部略弯，髋部向前向上顶，臀肌夹紧，肩部放松，两手臂自然下垂，慢慢下振，尽量用手找脚后跟，控制一个八拍，还原。重复练习。

要点：动作中始终用下颌夹住锁骨，切勿抬头，臀肌夹紧，髋部尽量上顶。

图 11-1-45　提高臀部力量的方法四

4. 腿部力量

方法一

预备姿势：上体直立，左手扶把杆，右手自然下垂，脚跟并拢，脚尖向前。

动作方法：双足提踵，匀速下蹲至全蹲，之后双腿匀速伸直至提踵立，反复练习。

要点：保持抬头、挺胸、立腰、立背姿态。下蹲、起立时重心垂直升降，在一种内在对抗性力量中进行。注意上体不能前倾或后仰。

根据练习者自身情况，也可采用双手扶把练习或徒手练习。

方法二

预备姿势：两脚开立与肩同宽，两臂自然下垂。

动作方法：屈膝下蹲至大腿与地面平行，控制数秒，直到腿部肌肉酸胀到不能坚持时，站起充分放松，重复练习。

要点：同腿部力量方法一。

方法三

预备姿势：面对把杆，上体直立，两脚平行开立与肩同宽，双手以食指轻扶把杆。

动作方法：用力提踵，踮起脚尖，然后脚跟有控制地慢慢下落，如此再提再落，反复进行，直到小腿肌肉酸胀到再也不能坚持，马上放松，重复练习。

要点：身体重心位于两腿之间，提踵时小腿肌、臀肌夹紧，上体切勿前倾，手指轻扶把杆几乎不用力。

单腿跳、台阶跳、前后分腿跳等练习，也可以根据不同情况选用。

（三）协调性练习

1. 组合（一）

方法一：踏步移重心（2×4拍，图 11-1-46）

预备姿势：并立。

第一个八拍

1—3拍，开始踏步3次。4拍，右脚侧出，经两脚提踵后成开立姿势。5拍，双脚起踵，重心右移，两臂自然下垂置于身体两侧。6拍，双脚提踵，重心左移，两臂同5拍。7拍，同5拍。8拍，同6拍。

要点：踏步时要收腹、挺胸、移重心时不出髋。

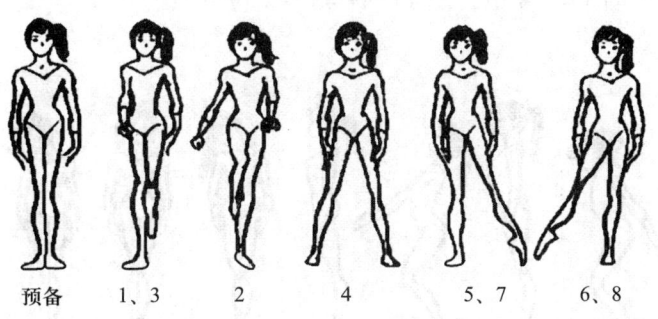

图11-1-46 踏步移重心

第二个八拍
同第一个八拍，方向相反。
方法二：上肢运动（2×8拍，图11-1-47）
预备姿势：开立。

图11-1-47 上肢运动

第一个八拍
1拍，右臂不动，左臂侧平举。2拍，左臂不动，右臂侧平举。3拍，右臂不动，左臂上举。4拍，左臂不动，右臂上举。5拍，左臂侧举，右臂不动。6拍，右臂侧举，左臂不动。7 哒拍，左臂下落。8 拍，右臂下落。

第二个八拍

动作同第一个八拍，方向相反，第 8 拍收腿还原成并立。

要点：身体协调，每拍手臂要到位。

方法三：头颈运动（4×8 拍，图 11-1-48）

预备姿势：并立。

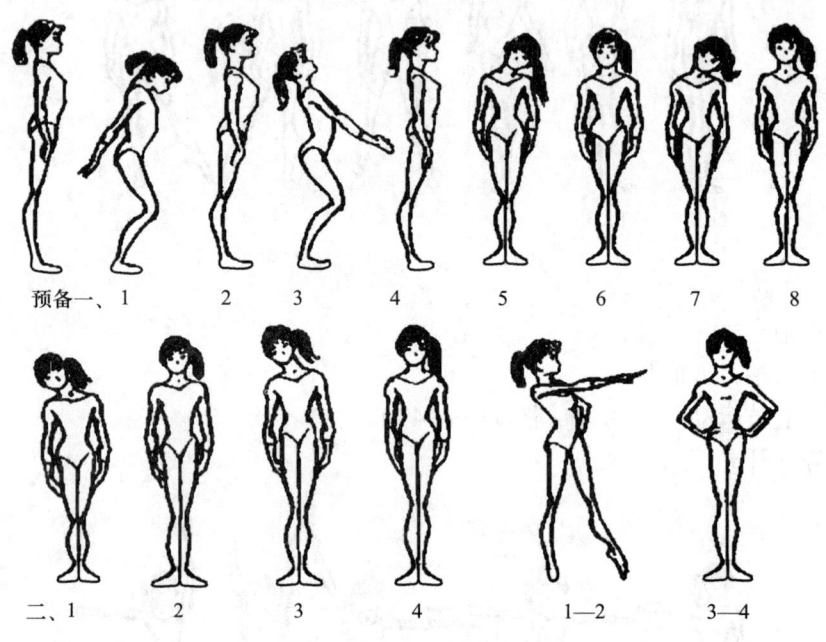

图 11-1-48　头颈运动

第一个八拍

1 拍，屈膝低头，两臂体后击掌。2 拍，起立，两臂侧下举。3 拍，屈膝抬头，两臂体前击掌。4 拍，还原。5 拍，屈膝向左倒头一次，两臂自然下垂置于身体两侧。6 拍，还原成直立。7 拍，直立向左倒头一次，两臂同 5 拍。8 拍还原。

第二个八拍

1 拍，屈膝右倒头一次，两臂不动。2 拍，还原。3 拍，直立一次。4 拍，还原。5 拍，同第一个八拍第 3 拍。6 拍，同第一个八拍第 2 拍。7 拍，同第一个八拍第 1 拍。8 拍，还原。

第三个八拍

1—2 拍，左脚侧上点地，左于叉腰右手左侧举，头左转。3—4 拍，左脚收回，两脚并立还原，双手叉腰。5—8 拍，同 1—4 拍，方向相反。

第四个八拍

动作同第三个八拍。

要点：充分低头、抬头，头部侧倒时耳朵尽量找肩，转头时颈部叠梗直。

方法四：踢腿运动（2×8 拍，图 11-1-49）

预备姿势：并立。

图 11-1-49　踢腿运动

第一个八拍

1 拍，前踢左腿，右臂前平举，左臂侧平举。2 拍，腿还原，两臂肩上屈，手触肩。3 拍，前踢左腿，两臂侧平举。4 拍，还原。5—8 拍，同 1—4 拍，方向相反。

第二个八拍

动作同第一个人拍。

要点：上体保持正直，踢腿时直膝、绷脚。

方法五：跳跃运动（2×8 拍，图 11-1-50）

预备姿势：并立。

图 11-1-50　跳跃运动

第一个八拍

1—2 拍，双手叉腰，轻跳一次。3 拍，左臂肩侧上屈，五指并拢，掌心向前，右臂肩侧下屈，五指并拢，掌心向后，跳一次。4 拍，同第 3 拍，方向相反。5—8 拍，同 1—4 拍。

第二个八拍

动作同第一个八拍。

要点：挺胸、立腰，动作轻快，落地时前脚掌着地缓冲，富有弹性。

方法六：弹踢跳（2×8 拍，图 11-1-51）

预备姿势：并立。

第一个八拍

1 拍，左腿经后向前下弹踢，同时右腿蹬跳，双手叉腰。2 拍，左腿落地，右腿屈膝后抬。3—4 拍，同 1—2 拍，方向相反，换腿做。5—8 拍，同 1—4 拍。

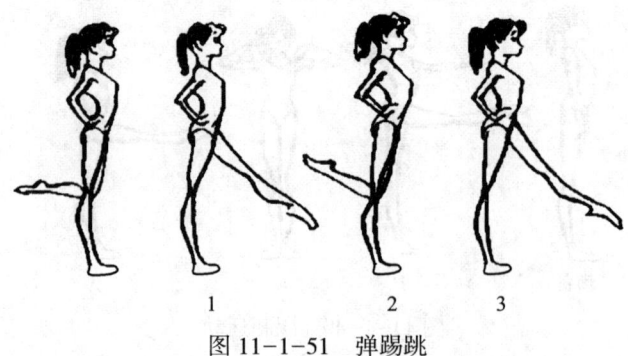

图 11-1-51　弹踢跳

第二个八拍

动作同第一个八拍。

要点：放松自然地跳动，运动负荷由小到大，注意呼吸配合。

2. 组合（二）

方法一：提踵立腰（4×8 拍，图 11-1-52）

预备姿势：并步立，手臂下垂。

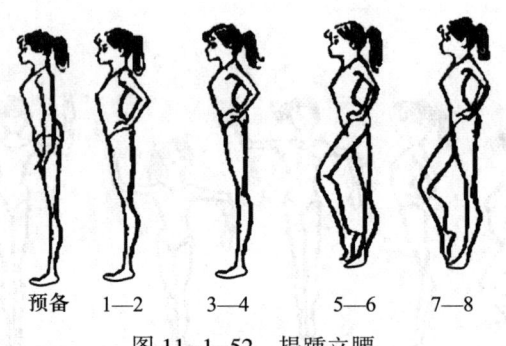

图 11-1-52　提踵立腰

第一个八拍

1—2 拍，双手叉腰，双脚提踵立，梗头立腰。3—4 拍，落脚跟。5—6 拍，左脚尖点地屈膝。7—8 拍，同 5—6 拍，换腿做，两腿交换经直膝立踵。

第二个八拍

动作同第一个八拍。

第三、四个八拍

动作同第一、二个八拍。

方法二：头颈活动（4×8 拍，图 11-1-53）

预备姿势：立正。

第一个八拍

1 拍，并立半蹲，双手叉腰，低头。2 拍，直立。3 拍，并立半蹲，双臂后摆，抬头；4 拍，同第 2 拍。5—6 拍，左臂侧举，头左转。7—8 拍，同第 2 拍。

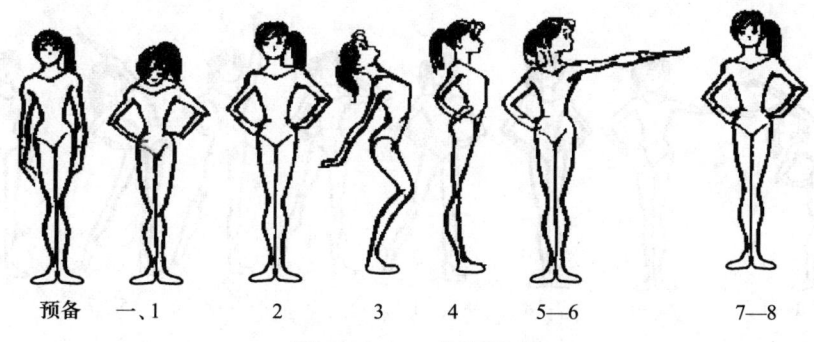

预备 一、1 2 3 4 5—6 7—8

图 11-1-53 头颈活动

第二个八拍

动作同第一个八拍，转头方向相反。

第三、四个八拍

同第一、二个八拍。

方法三：肩部活动（4×8 拍，图 11-1-54）

预备姿势：立正。

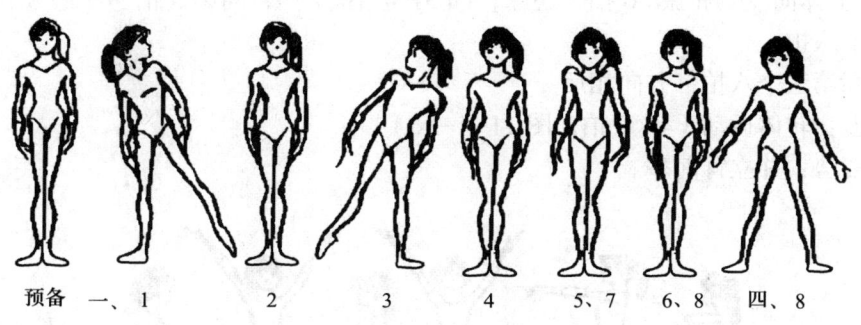

预备 一、1 2 3 4 5、7 6、8 四、8

图 11-1-54 肩部活动

第一个八拍

1 拍，左脚侧出点地，左肩上挺，头左转。2 拍，左脚收回，左肩下沉，头还原。3—4 拍，同 1—2 拍，方向相反。5 拍，并立，同时双肩上提。6 拍，还原成直立。7—8 拍，同 5—6 拍。

第二个八拍

动作同第一个八拍，方向相反。

第三、四个八拍

动作同第一、二个八拍。最后 1 拍，双肩下沉，左脚侧出成开立，两臂侧下举，掌心向前。

方法四：腰侧屈（4×8 拍，图 11-1-55）

预备姿势：立正。

图 11-1-55　腰侧屈

第一个八拍

1—4 拍，并立半蹲，上体向左侧屈，左手叉腰，右臂上举，掌心向下。5—6 拍，直立，右臂至侧举，掌心向上。7—8 拍，双手叉腰。

第二个八拍

动作同第一个八拍，方向相反。最后 1 拍两臂下垂。

第三个八拍

1 拍，左脚侧出，足尖点地，双手叉腰。2 拍，右臂肩侧屈手触肩。3—4 拍，右臂上举。5 拍，上体向左侧屈振。6 拍，还原，同 3—4 拍。7 拍，同第 5 拍。8 拍，还原成立正。

第四个八拍

动作同第三个八拍，方向相反。

方法五：转体运动（4×8 拍，图 11-1-56）

预备姿势：并立臂前举。

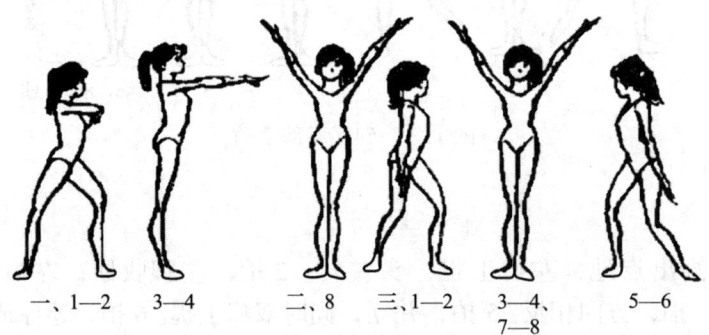

图 11-1-56　转体运动

第一个八拍

1—2 拍，左脚侧出开立半蹲，上体左转，左臂侧举右臂胸前平屈掌心向下。3—4 拍，收右脚成并立，臂前举。5—8 拍，同 1—4 拍。

第二个八拍

动作同第一个八拍，方向相反。第 8 拍两臂侧上举，掌心向内。

第三个八拍

1—2 个拍，左脚侧出一步半蹲，两臂下穿至侧下举，掌心向后，上体左转 90°。3—4

拍，上体转回，收左脚成并立，两臂侧上举。5—8拍，同1—4拍，方向相反。

方法六：腹背运动（4×8拍，图11-1-57）

预备姿势：立正。

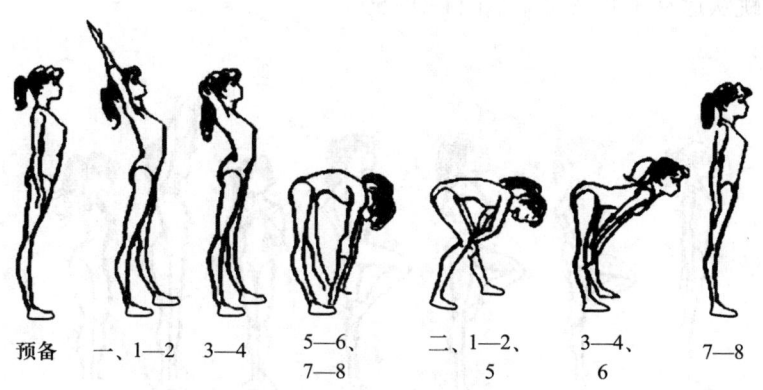

图11-1-57　腹背运动

第一个八拍

1—2拍，左脚侧出成大开立，两臂经体前交叉至侧上举。3—4拍，两臂头后屈，手指触头。5—8拍，上体前屈下振两次，指尖触脚。

第二个八拍

1—2拍，开立半蹲，两膝内收，含胸低头，两手扶膝。3—4拍，直立，两膝外展，抬头挺胸，两手扶膝。5拍，同1—2拍。6拍，同3—4拍。7—8拍，还原成立正。

第三、四个八拍

动作同第一、二个八拍，方向相反。

练习七：踢腿运动（4×8拍，图11-1-58）

预备姿势：立正。

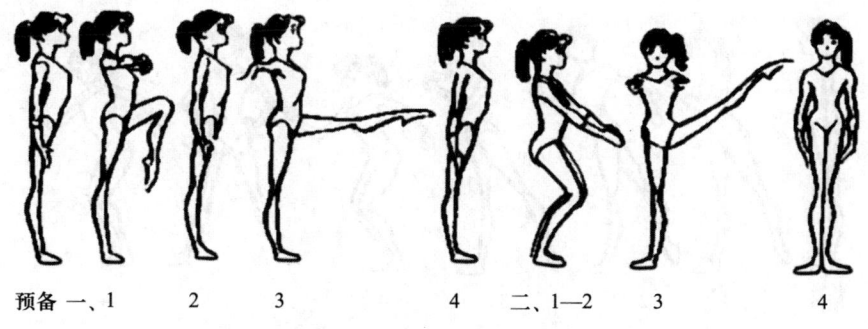

图11-1-58　踢腿运动

第一个八拍

1拍，左腿屈膝前抬，两臂胸前平屈，握拳，拳心向下。2拍，还原成立正。3拍，左腿前踢，两臂侧平举，掌心向下。4拍，同第2拍。5—8拍，换腿做。

第二个八拍

1—2拍，并立半蹲，两臂体前击掌两次。3拍，两臂前举，掌心向下，左腿侧踢。4

拍，还原成立正。5—8拍，同1—4拍，换腿做。

第三、四个八拍

动作同第一、二个八拍。

方法八：跳跃运动（4×8拍，图11-1-59）

预备姿势：立正。

预备　　1　　2—4　　3　　5—6　　7—8

图 11-1-59　跳跃运动

第一个八拍

1—4拍，左腿开始跑跳步4次，双手叉腰。5—6拍，双脚跳，胸前击掌。7—8拍，双脚跳，双手向上穿至侧举，上体左转90°。

第二个八拍

同第一个八拍，换腿做。

第三、四个八拍

动作同第一、二个八拍。

方法九：侧走转圈（4×8拍，图11-1-60）

预备姿势：立正。

预备　　一、1　　2　　3　　4　　二、1—3　　4

图 11-1-60　侧走转圈

第一个八拍

1—3拍，左脚开始向左走3步。4拍，左腿弯曲，右脚点于左脚旁。5—8拍，同1—4拍，方向相反。

第二个八拍

1—3拍，左脚开始向左转体360°。4拍，腿弯曲，右脚点于左脚旁。5—8拍，同1—

4拍，方向相反。

第三、四个八拍

动作同第一、二个八拍。

3. 组合（三）

方法一：伸展运动（4×8拍，图11-1-61）

预备姿势：两脚并立。

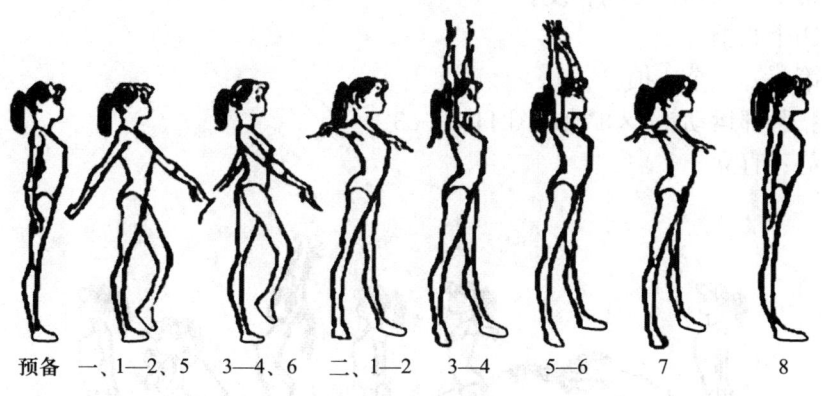

预备　一、1—2、5　3—4、6　二、1—2　3—4　5—6　7　8

图11-1-61　伸展运动

第一个八拍

1—2拍，左腿屈膝，足尖点地，右腿支撑，右臂前摆45°，左臂后摆45°。3—4拍，两腿与手臂动作交换。5拍，同1—2拍。6拍，同3—4拍。7—8拍，同1—2拍。

第二个八拍

1—2拍，左脚侧出成开立提落脚跟一次，两臂侧举。3—4拍，提落脚跟一次，两臂上举掌心向前。5拍，脚跟提落一次，两臂伸直五指张开，掌心向前，向内交叉一次还原。6拍，同5拍。7拍两臂侧举，掌心向下。8拍，还原成并开立。

第三、四个八拍

动作同第一、二个八拍，方向相反。

方法二：头部运动（4×8拍，图11-1-62）

预备姿势：直立。

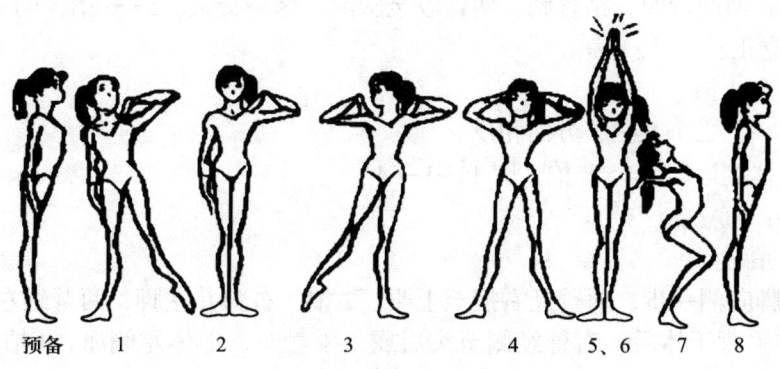

预备　1　2　3　4　5、6　7　8

图11-1-62　头部运动

第一个八拍

1拍，左脚侧出点地，左臂经侧至肩侧屈，手触肩头左转。2拍，左脚收回头转向，左臂不动。3拍，左臂不动，右脚侧出点地，右背经侧至肩侧屈，手指触肩，头右转。4拍，重心移至两腿间开立，两手头后屈，手触头。5—6拍，右脚收回并立，两臂上举击掌两次。7拍，并立半蹲，两臂侧举，掌心向下，抬头。8拍，还原成立正。

第二个八拍

动作同第一个八拍，方向相反。

第三、四个八拍

动作同第一、二个八拍。

方法三：胸部运动（4×8拍，图11-1-63）

预备姿势：直立。

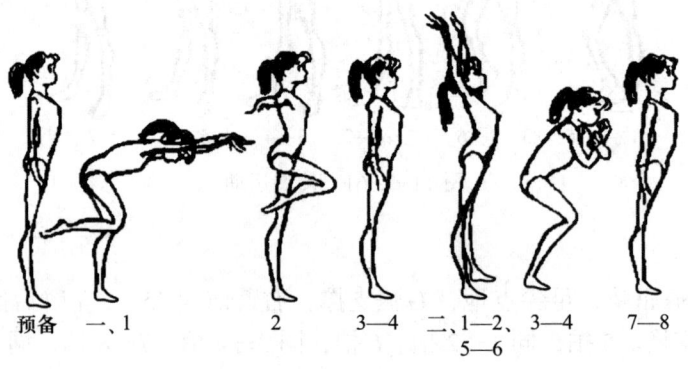

预备　　一、1　　　　2　　　3—4　　二、1—2、3—4　　7—8
　　　　　　　　　　　　　　　　　　　5—6

图11-1-63　胸部运动

第一个八拍

1拍，左脚向前一步小跳，右腿后抬，两臂前举交叉，含胸。2拍，重心后移，右腿站立，左腿前抬，两臂侧举后振，展胸。3—4拍，还原成立正。5—8拍，同1—4拍，换右脚做动作。

第二个八拍

1拍，左腿侧出成开立，两臂向内交叉至侧上举，手心向外。3—4拍，重心移至左腿，右腿收回点地，两腿弯曲，稍含胸，两臂收至胸前，握拳交叉。5—6拍，同1—2拍。7—8拍，还原成立正。

第三、四个八拍

动作同第一、二个八拍，方向相反。

方法四：体侧运动（4×8拍，图11-1-64）

预备姿势：直立。

第一个八拍

1拍，左脚向侧一步，两臂经右摆至上举。2拍，右脚并左脚，两臂经左下落。3拍，右腿弯曲，左手背于体后，右臂经侧至头后屈，手触头，上体左侧屈。4拍，上体直立。5—6拍，上体左侧屈，左臂侧伸。7—8拍，还原成立正。

图 11-1-64　体侧运动

第二个八拍

动作同第一个八拍，方向相反。

第三、四个八拍

动作同第一、二个八拍。

方法五：体转运动（4×8 拍，图 11-1-65）

预备姿势：立正。

图 11-1-65　体转运动

第一个八拍

1—2 拍，左脚侧出开立，两臂侧举。3 拍，右脚踏于左脚后，身体右转，两手立腕。4 拍，左脚向右脚并拢，身体转回，两臂上举，掌心相对。5—6 拍，并立半蹲，两臂侧举，掌心向下，上体左转 90°。7—8 拍，还原成立正。

第二个八拍

动作同第一个八拍，方向相反。

第三、四个八拍

动作同第一、二个八拍。

方法六：腹背运动（4×8 拍，图 11-1-66）

预备姿势：立正。

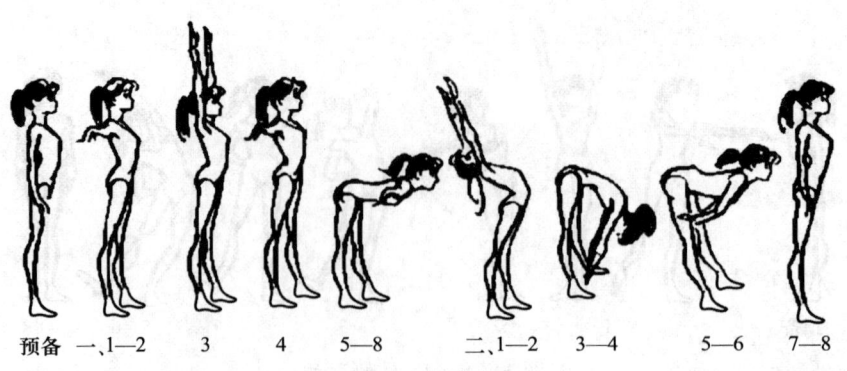

图 11-1-66　腹背运动

第一个八拍

1—2 拍，左脚侧出成开立，两臂侧举，掌心向前。3 拍，两臂上举掌心向前。4 拍，两臂侧平举，掌心向下。5—8 拍，上体前屈，抬头挺胸，下振两次两臂侧举。

第二个八拍

1—2 拍，两臂经侧上举，上体后屈，掌心向前。3—4 拍，上体前屈两后触地。5—6 拍，上体前屈，抬前挺胸，两手扶膝。7—8 拍，左腿收回成立正。

第三、四个八拍

动作同第一、二个八拍，方向相反，最后 1 拍右臂肩侧屈握拳。

方法七：踢腿运动（4×8 拍，图 11-1-67）

预备姿势：直立右臂肩侧握拳。

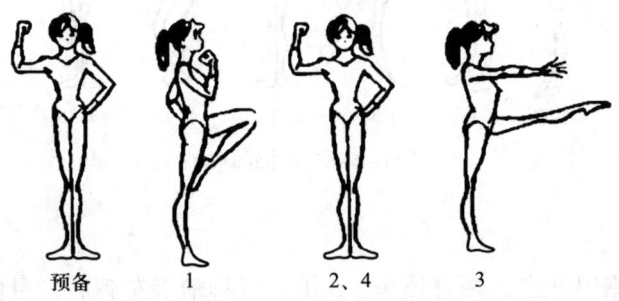

图 11-1-67　踢腿运动

第一个八拍

1 拍，左腿屈膝前抬，左手叉腰，右臂屈肘胸前摆。2 拍，左膝落下，右手同预备姿势，左手叉腰。3 拍，左脚前踢，右臂前摆。4 拍，并立，右手叉腰，左手肩侧屈，握拳。5—8 拍，同 1—4 拍，换腿做。

第二、三、四个八拍

动作同第一个八拍。

方法八：跳跃运动（4×8 拍，图 11-1-68）

预备姿势：直立。

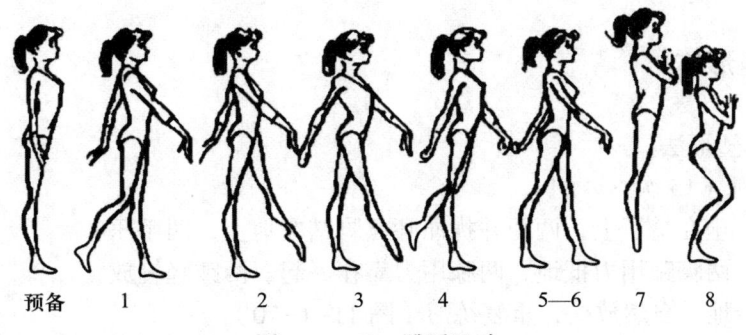

图 11-1-68　跳跃运动

第一个八拍

1 拍，左脚前踏，重心稍前移右腿稍后抬，右臂前摆，左臂后摆。2 拍，右脚后踏，重心稍后移，手臂不动。3 拍，左腿后踏，右腿稍前抬，左臂前摆，右臂后摆。4 拍，右脚前踏，手臂不动。5—6 拍，左脚前踏，成前后开立，手臂同 1—2 拍。7 拍，双脚起跳，空中并腿，两手体前击掌。8 拍，落地缓冲。

第二个八拍

动作同第一个八拍，换腿做。

第三、四个八拍

动作同第一、二个八拍。

方法九：整理运动（4×8 拍，图 11-1-69）

预备姿势：立正。

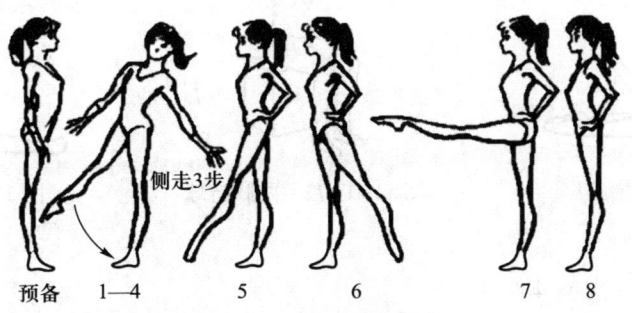

图 11-1-69　整理运动

第一个八拍

1 拍，左脚向侧后方踏一步，右腿稍前举，两臂侧后摆，重心后移，头左转。2—4 拍，向侧走三步，两手叉腰。5 拍，左脚前点地。6 拍，左脚后点地；7 拍，左腿直腿前踢。8 拍，还原并立，身体转回。

第二个八拍

动作同第一个八拍，方向相反。

第三、四个八拍

动作同第一、二个八拍。

三、塑造健美形体

（一）腿部塑形法

1. 并膝提踵（15 次 × 4 组）

动作方法：坐在凳子上，两腿并拢屈膝，脚踏在地上，两手压住膝盖。提踵，两脚趾用力抵地，两膝用力靠在一起。两踵轻轻放下，但不完全着地，自然放松，重复练习（图 11-1-70）。

2. 俯卧抬腿（8 次 × 4 组）

动作方法：俯卧在垫子上，头枕双臂。两腿抬起离地 15 厘米左右，稍停。屈膝大小腿成 90°，停 3～5 秒。腿伸直，然后慢慢放下，重复练习（图 11-1-71）。

图 11-1-70　并膝提踵

3. 两膝挤球（15 次 × 4 组）

动作方法：坐正，两脚踏实，两膝夹住一个柔软的橡皮球。两膝挤压橡皮球，匀速地松开，挤压，再松开，再挤压，重复练习（图 11-1-72）。

4. 屈膝触胸（15 次 × 4 组）

动作方法：侧卧平躺在垫子上，两腿伸直。屈右膝触胸。左大腿外展。向上伸小腿，绷脚面，然后轻轻放下，不着地（图 11-1-73）。重复练习 15 次后，换左腿练习。

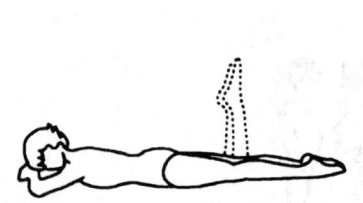

图 11-1-71　俯卧抬腿

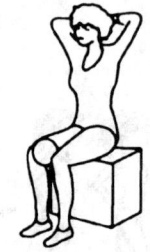

图 11-1-72　两膝挤球

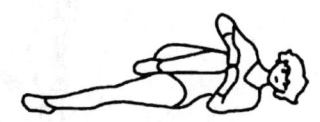

图 11-1-73　屈膝触胸

5. 脚背屈伸（15 次 × 4 组）

动作方法：直背坐在凳子上，两臂伸直撑凳边。直腿抬平勾腿尖。直腿绷脚面向上抬 10 厘米左右，放下成开始姿势，大腿与躯干呈直角（图 11-1-74）。左右脚分别练习。

6. 站立提踵（15 次 × 4 组）

动作方法：直立，双腿并拢，两手在背后握住椅背或其他物体。双腿提踵，脚趾用力抵地稍停。两踵轻轻放下，离地 3～5 厘米，重复练习（图 11-1-75）。

7. 屈膝伸腿（8 次 × 4 组）

动作方法：半躺在垫子上，两臂屈肘放于体侧支撑上体，屈膝，两脚置地平放。两膝分开，比肩稍宽，两脚尖指向身体外侧，一腿屈膝靠向胸部中间，然后外展，弧形伸直还原成开始姿势，另一脚重复练习（图 11-1-76）。

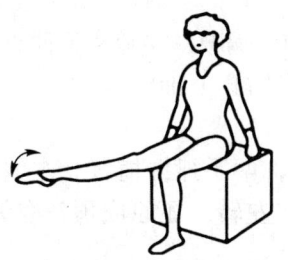

图 11-1-74　脚背屈伸

图 11-1-75　站立提踵

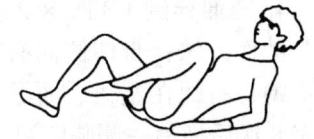

图 11-1-76　屈膝伸腿

8. 大腿侧抬（4 次 × 4 组）

动作方法：直立，两臂侧平举，两肩放松，两脚跟并拢，两脚尖向外。左膝抬至左肘，体不前倾。还原成开始姿势。左腿直腿侧抬，脚尽力向上抬起触手。右腿重复练习，动作先慢后快（图 11-1-77）。

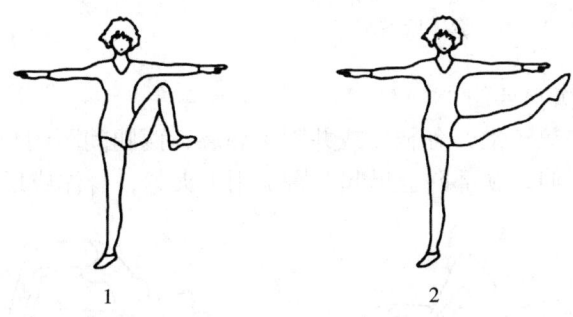

1　　　　　　　　　　　2

图 11-1-77　大腿侧抬

（二）臀部塑造法

1. 弓步送髋（8 次 × 4 组）

动作方法：左膝跪地，右腿屈膝成 90°，两手置于膝盖上，左腿和左臂向前下方移，髋部尽量前送。还原成预备姿势，左右腿交替练习（图 11-1-78）。

2. 仰卧抱膝（8 次 × 4 组）

动作方法：仰卧在垫子上，两臂平放于身体两侧，两腿并拢伸直。右腿屈膝上举，两手抱膝（尽量靠近胸部），还原成仰卧状。左右腿交替练习（图 11-1-79）。

图 11-1-78　弓步送髋

图 11-1-79　仰卧抱膝

3. 跪撑后摆腿（8次×4组）

动作方法：跪撑在垫子上，低头、弓腰、含胸。抬头、挺胸、蹋腰，左腿尽量伸直后上踢。还原成预备姿势，腿尽量不要触垫。8次后换右腿练习（图11-1-80）。

4. 腿伸异侧（8次×2组）

动作方法：身体侧向有靠背的椅子站立，距离30~50厘米，两手抓握椅背。左腿屈膝下蹲，右腿在左腿后面尽力向左侧外伸展，上体正直，头部向左转。还原成预备姿势。做完8次后换另一侧腿练习（图11-1-81）。

  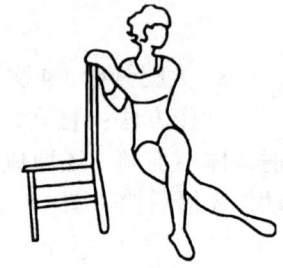

图 11-1-80　跪撑后摆腿　　　　　　　　图 11-1-81　腿伸异侧

5. 仰卧挺髋（15次×4组）

动作方法：仰卧在垫子上，分腿（或并腿）屈膝，两腿间距约与肩同宽，两臂伸直平放于身体两侧。两腿蹬伸，髋部向上挺起，臀部用力夹紧，身体成反弓形（图11-1-82）。

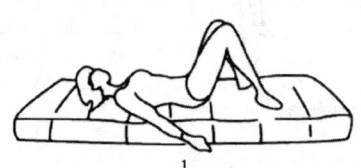 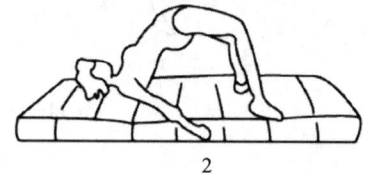

图 11-1-82　仰卧挺髋

6. 体前屈（8次×3组）

动作方法：两脚左右开立，略宽于肩，两臂放松垂于体侧。上体前屈，两手撑地，两脚尖内转，脚趾相对，两脚尖向侧外转，反复进行（图11-1-83）。

7. 俯卧绕腿（8次×4组）

动作方法：俯卧在垫子上，手抓垫边，两腿并拢伸直。上体不动，两腿尽量向上抬起，划弧形向左边放下（图11-1-84）。

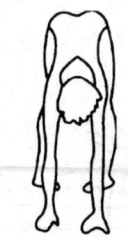 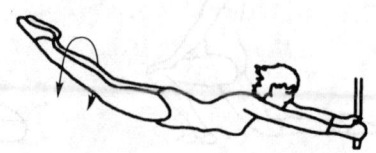

图 11-1-83　体前屈　　　　　　图 11-1-84　俯卧绕腿

8. 坐姿前振（8 次 × 4 组）

动作方法：分腿坐在垫子上，两腿伸直，两臂屈肘撑地，手指相对。上体前振，同时两臂屈肘触地。上体微抬起，再向前振 2 次。手臂伸直向前压 1 次，手掌触地，停 2~3 秒，还原成预备姿势，重复练习（图 11-1-85）。

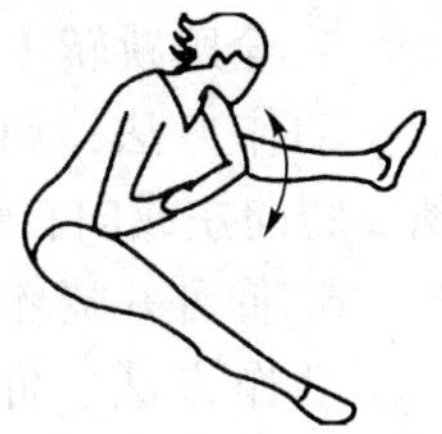

图 11-1-85　坐姿前振

（三）腹部塑形法

1. 仰卧起坐（20 次 × 4 组）

动作方法：屈膝仰卧在垫子上，屈臂交叉抱肩（也可双手抱头或两臂在头上方伸直）。慢慢抬起上体成坐姿，如此重复练习。坐起时两脚不离地，也可由同伴用双手压住脚背（图 11-1-86）。

2. 仰卧腿屈伸（15 次 × 4 组）

动作方法：仰卧在垫子上，两臂在头上方伸直，双手抓住床架或其他固定物体。收腹举腿与躯干成直角。屈膝大腿贴胸。双腿下伸还原成开始姿势，反复练习（图 11-1-87）。

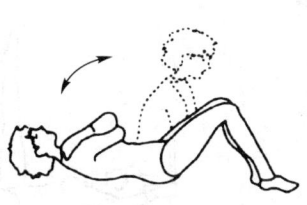

图 11-1-86　仰卧起坐

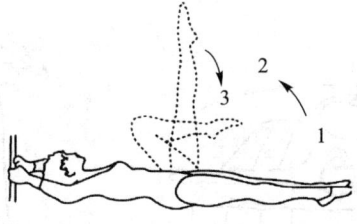

图 11-1-87　仰卧腿屈伸

3. 收腹提膝（8 次 × 3 组）

动作方法：直立，两臂侧平举。左脚起跳，收腹，右膝触左肘。右腿放下，同时右脚起跳，收腹，左膝触右肘（图 11-1-88）。左右两腿交替练习。

4. 屈膝两头起（8 次 × 3 组）

动作方法：仰卧在垫子上，两臂在头上方伸直。收腹起坐，同时屈膝，两臂前摆至膝部两侧。还原成开始姿势（图 11-1-89）。

图 11-1-88　收腹提膝

图 11-1-89　屈膝两头起

5. 全蹲跳转（15 次 × 3 组）

动作方法：屈膝全蹲，脚跟抬起，两臂侧上举。上体不动，膝、腿向左或向右转动或跳起向左或向右转动（图 11-1-90）。

6. 仰卧并腿环绕（15 次 × 2 组）

动作方法：仰卧在垫子上，两腿并拢伸直，两臂平放于体侧，掌心朝下。两腿微抬起，由左侧经头部绕向右侧至原位（图 11-1-91）。

图 11-1-90 全蹲跳转

7. 直立转体（20 次 × 4 组）

动作方法：两腿微开立，左右间距 10 厘米，两臂侧平举。下肢站稳不动，以腰部为轴左右转动，脚跟不得离地（图 11-1-92）。

8. 仰卧交替举腿（15 次 × 2 组）

动作方法：仰卧在垫子上，两手抓住固定物体，两腿并拢伸直。一腿上举，与躯干成直角，放下时脚跟不触垫（图 11-1-93）。左右腿交替练习。

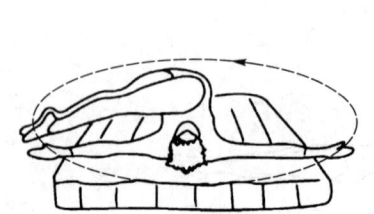

图 11-1-91 仰卧并腿环跳

图 11-1-92 直立转体

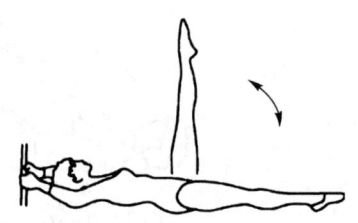

图 11-1-93 仰卧交替举腿

（四）腰部塑形法

1. 俯卧两头起（15 次 × 2 组）

动作方法：俯卧在垫子上，两臂在头前伸直。抬头挺胸，两臂后振。同时两腿向上方摆动，使胸部、下腹同时离垫。还原成开始姿势，重复练习（图 11-1-94）。

2. 胸腰波浪（15 次 × 3 组）

动作方法：跪撑在垫子上、低头、弓背、肩后缩。屈肘、蹋腰、胸轻微触垫向前滑动，然后伸直手臂，抬头、挺胸。弓身向后滑动成开始姿势，重复练习（图 11-1-95）。

图 11-1-94 俯卧两头起

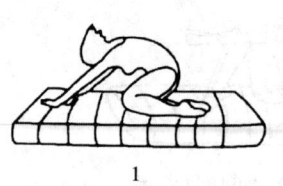

1

2

3

图 11-1-95 胸腰波浪

3. 仰卧转体（15 次 × 4 组）

动作方法：仰卧在垫子上，两臂屈肘于胸前，两腿屈膝，大小腿折叠，脚尖稍抬起。两脚并拢向左转，尽量让两脚跟触地，同时上体带动两臂向右扭转。上下肢换一个方向扭转一次（图 11-1-96）。

4. 左右侧屈（20 次 × 3 组）

两脚左右开立，与肩同宽，上体正直，两臂下垂放于体侧。上体右侧屈，保持身体不前倾，右手尽量下伸摸右膝外侧下方。换一个方向，上体左侧屈，左手尽量下伸摸左膝外侧下方（图 11-1-97）。左右方向交替练习。

5. 上体绕环（15 次 × 4 组）

动作方法：坐在垫子上，匀速做绕环运动。两脚并拢伸直固定，两臂伸直上举。上体前倾由右向后、向左、向前顺时针绕环，换一个方向再做一次（图 11-1-98）。顺、逆时针方向交替练习。

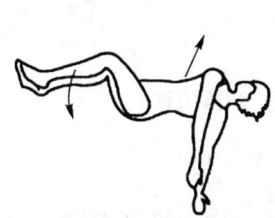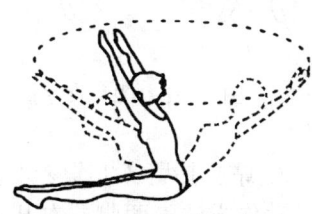

图 11-1-96　仰卧转体　　　　图 11-1-97　左右侧屈　　　　图 11-1-98　上体绕环

6. 俯身侧起（15 次 × 4 组）

动作方法：俯卧在垫子上，腹部贴紧长凳或跳箱盖上，两脚用绳带固定或由同伴按住固定，躯干和头下垂。上体边抬边转，眼向上看（图 11-1-99）。还原后，换一个方向再做一次。左右方向交替练习。

7. 侧卧抬腿（15 次 × 2 组）

动作方法：侧卧在垫子上，两臂向前平伸，两腿重叠伸直。用力抬起双腿向上举，稍停。还原成开始姿势，再重复练习（图 11-1-100）。练完一侧规定次数后，换另一侧练习。

8. 左右体前屈（20 次 × 4 组）

动作方法：两脚左右开立，与肩同宽，两臂侧平举。先向左侧腿做一次体前屈，尽量使双手触地或触脚趾。还原成开始姿势，再向右侧腿做一次体前屈（图 11-1-101）。左右腿交替练习。

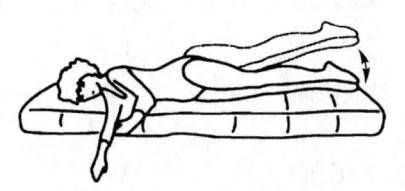

图 11-1-99　俯身侧起　　　　图 11-1-100　侧卧抬腿　　　　图 11-1-101　左右体前屈

（五）胸部塑形法

1. 直立扩胸（8次×3组）

动作方法：两脚左右开立，与肩同宽。两臂胸前屈肘抬平，手心向下，指尖相对。扩胸后振，还原。两臂经前平举扩胸，还原成开始姿势，反复练习（图11-1-102）。

2. 跪撑压胸（8次×3组）

动作方法：跪姿，两膝稍分开，两手手指相对撑地。用力下压胸部随之缓慢屈肘，使胸部尽可能接近垫子。两臂撑起还原，反复练习（图11-1-103）。

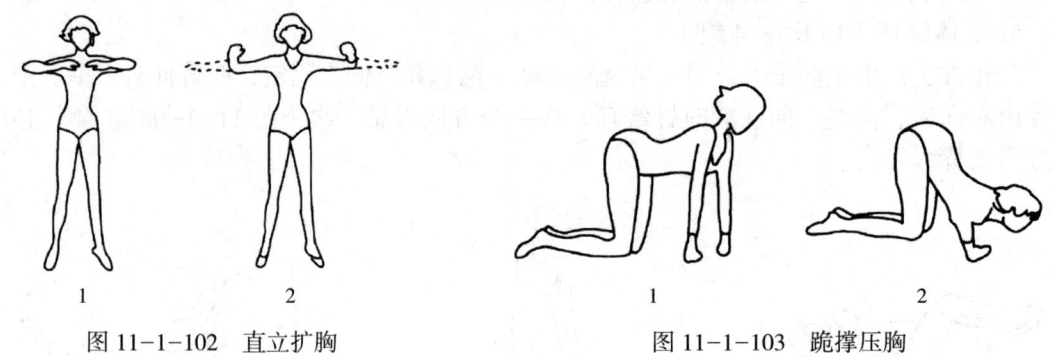

图11-1-102　直立扩胸　　　　图11-1-103　跪撑压胸

3. 站立抬臂（8次×4组）

动作方法：两脚左右开立，左手背贴近左脸颊，肘部尽量上提。向上伸展左臂，再将左臂由后向下画弧放至体侧。重复8次后换右臂练习，动作相同。最后两臂同时进行，重复做8次（图11-1-104）。

4. 直立夹胸（8次×4组）

动作方法：两脚左右开立，上体正直，两肩放松，两臂下垂。臀部后移，同时收胸，两肩前移尽量靠拢夹紧，挺胸，两肩后移尽量向后靠拢（图11-1-105）。还原成开始姿势，重复练习。收胸时胸肌尽量夹紧，挺胸时两肩用力向后收。

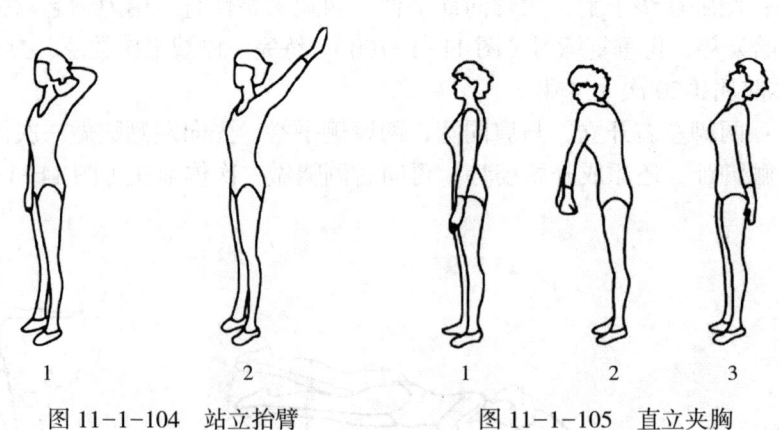

图11-1-104　站立抬臂　　　　图11-1-105　直立夹胸

5. 俯卧抬头挺胸（8次×2组）

动作方法：俯卧在垫子上，双手交叉置于脑后，头和胸尽量向后上方抬起。还原成俯卧姿势，重复练习（图11-1-106）。

6. 反撑挺胸（8次×4组）

动作方法：背对椅子（或其他稳定物体），两脚分开站立。双手在背后握住椅背，慢慢下蹲，然后站起，胸部尽量前挺。还原成开始姿势，重复练习（图11-1-107）。

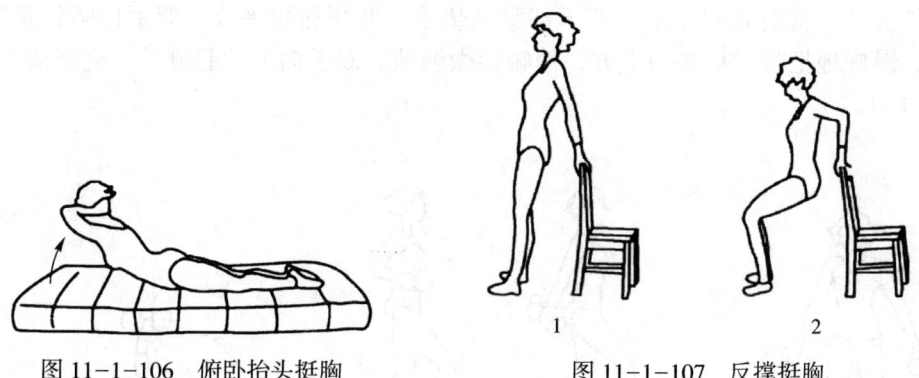

图11-1-106 俯卧抬头挺胸　　　　　　　　图11-1-107 反撑挺胸

7. 跪撑转肩（8次×4组）

动作方法：直体跪在垫子上，上体前屈，左手撑垫。右臂先伸至左侧腰部，再回到右侧并尽量向右侧后上方伸。重复做8次后换左臂练习，动作相同（图11-1-108）。

8. 俯卧抬臂（8次×4组）

动作方法：俯卧在垫子上，右臂前伸，左臂放在体侧伸直。两臂同时向后抬起，还原成开始姿势，重复做8次后，将左臂前伸，右臂放在体侧，做同样动作（图11-1-109）。

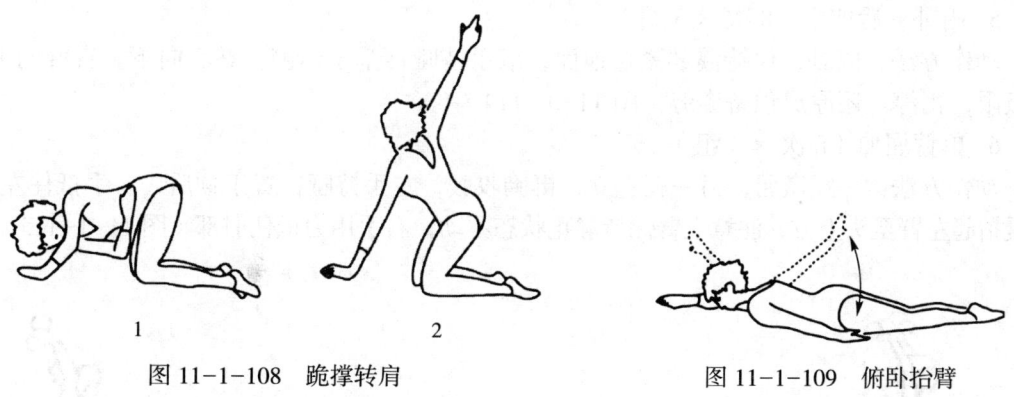

图11-1-108 跪撑转肩　　　　　　　　图11-1-109 俯卧抬臂

（六）臂部塑形法

1. 直臂内旋外转（8次×4组）

动作方法：两脚左右开立，与肩同宽，直立，双手持哑铃垂于体侧，拳心向内，离身体超过20厘米。两臂同时外转超过90°。接着两臂同时内旋超过90°，反复练习（图11-1-110）。

2. 直臂后举（8次×2组）

动作方法：右腿直立，左腿微屈，两脚跟抬起，双手持哑铃垂于体侧。两臂向斜后拉至极限，拳心相对。大臂不动，小臂前屈，提铃至胸前两侧。大臂仍固定不动，小臂后伸，还原成斜后拉姿势。慢慢还原成预备姿势（图11-1-111）。

3. 仰卧头上拉（8次×4组）

动作方法：仰卧在垫子上，背下部紧贴垫子，两腿屈膝平放，双手持哑铃直臂上举。微屈肘，慢慢地把哑铃放在头上方，使哑铃微触地。双手向上拉起哑铃，还原成预备姿势（图11-1-112）。

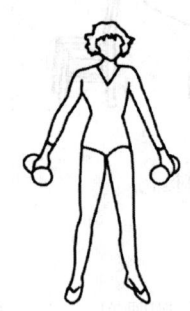  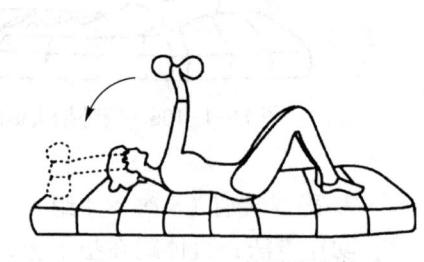

图11-1-110　直臂内旋外旋　　　图11-1-111　直臂后举　　　图11-1-112　仰卧头上拉

4. 颈后臂屈伸（8次×4组）

动作方法：一腿微屈，另一腿直立，挺胸收腹，双手各持一哑铃，举至头上方。两臂屈肘向头后弯曲，使哑铃一端触背部。两臂用力向头下方拉起还原成预备姿势（图11-1-113）。

5. 俯卧臂后伸举（8次×3组）

动作方法：俯卧，保持髋部紧贴地面，双手持哑铃垂于体侧，拳心向下。直臂向上举到极限，稍停。还原成预备姿势（图11-1-114）。

6. 单臂屈伸（8次×4组）

动作方法：一腿微屈，另一腿直立，挺胸收腹，左手持哑铃置于颈后，右手抵住左肘。慢慢抬起左臂至头上方，注意上臂保持静止状态不动，右手用力抵住肘部（图11-1-115）。

 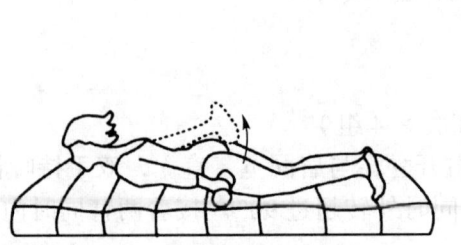 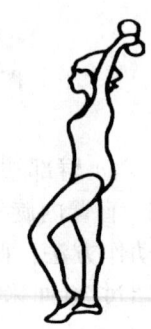

图11-1-113　颈后臂屈伸　　　图11-1-114　俯卧臂后伸举　　　图11-1-115　单臂屈伸

7. 屈体臂屈伸（8次×3组）

动作方法：上体前屈与地面平行，双膝微屈，两臂屈肘持哑铃垂于胸前，拳心相对。前臂用力。向后上方拉至最高点，拳心向上。还原成预备姿势（图11-1-116）。

8. 仰卧臂屈伸（8次×2组）

动作方法：屈膝仰卧在垫子上，两臂伸直上举哑铃，拳心相对。慢慢屈臂，直到哑铃轻触前额为止。肘部保持不动，慢慢将哑铃举起成预备姿势（图11-1-117）。

 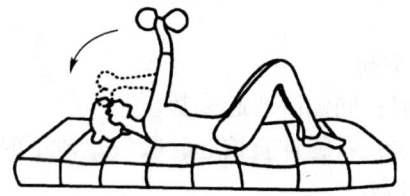

图11-1-116　屈体臂屈伸　　　　　图11-1-117　仰卧臂屈伸

四、常见畸形的形体康复法

因受到先天遗传和后天营养不良以及不正确的身体姿势等的影响，人体会发生某些骨骼变形或肌肉发育不平衡等情况，产生诸如驼背、脊柱侧弯等畸形。这些身体畸形，不仅会影响人的外观和身体姿态的美感，甚至会影响人的身体健康、工作和生活。采用科学的训练方法，对矫正或缓解身体畸形，改善身体形态，塑造正常健美的身姿具有良好的效果。

（一）脊柱侧弯康复法

1. 仰卧挺胸

准备姿势：仰卧在垫子上，左手用力向上伸展，右手用力向下伸直。

动作方法：挺胸，同时抬起肩部，吸气；放下时呼气（图11-1-118）。

2. 仰卧举腿

准备姿势：同仰卧挺胸姿势。

动作方法：右腿伸直抬高60°左右，吸气；放下时呼气（图11-1-119）。

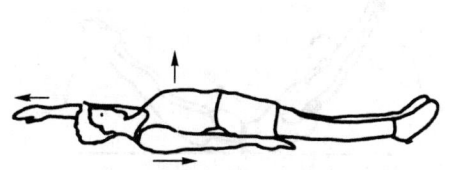 

图11-1-118　仰卧挺胸屈　　　　　图11-1-119　仰卧举腿

3. 仰卧弓身

准备姿势：同仰卧挺胸姿势，只是右腿屈曲，脚踩床（垫）面。

动作方法：抬起腰部和臀部，吸气；放下时呼气（图11-1-120）。

4. 侧卧弯起

准备姿势：向左侧卧在垫子上，左手用力向上伸展，右手用力向下伸直。

动作方法：抬起头部、肩部和胸部，吸气；放下时呼气（图 11-1-121）。

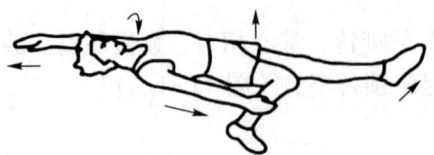 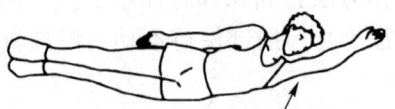

图 11-1-120　仰卧弓身　　　　　　　　图 11-1-121　侧卧弯起

5. 侧卧举腿

准备姿势：同侧卧弯起姿势。

动作方法：右腿伸直抬起，吸气；放下时呼气（图 11-1-122）。

6. 仰卧挺身

准备姿势：仰卧在垫子上，左手用力向上伸展，右手用力向下伸直。

动作方法：抬起头部、肩部、上胸部和左手，吸气；放下时呼气（图 11-1-123）。

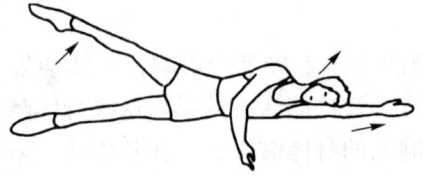 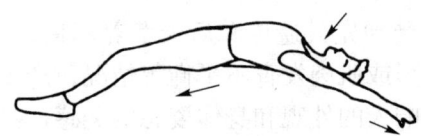

图 11-1-122　侧卧举腿　　　　　　　　图 11-1-123　仰卧挺身

7. 俯卧举腿

准备姿势：同仰卧挺身。

动作方法：右腿伸直抬起，吸气；放下时呼气（图 11-1-124）。

8. 俯卧两头起

准备姿势：同仰卧挺身。

动作方法：抬起头部、肩部、上胸部和双手，同时双腿伸直抬起，吸气；放下时呼气
（图 11-1-125）。

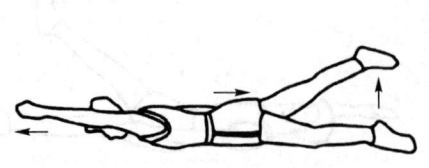 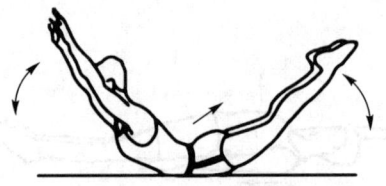

图 11-1-124　俯卧举腿　　　　　　　　图 11-1-125　俯卧两头起

（二）驼背康复法

1. 挺胸运动

仰卧在垫子上，用枕头或两肘支撑，挺起胸部，吸气；放下时呼气（图 11-1-126）。

2. 抬头运动

俯卧在垫子上，两手置于体侧，抬起头部及肩部，吸气，停10秒；放下时呼气（图11-1-127）。

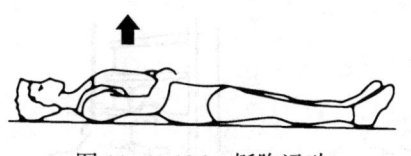
图11-1-126　挺胸运动

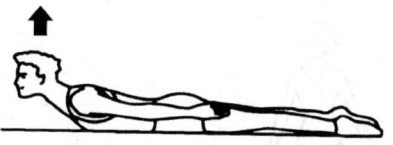
图11-1-127　抬头运动

3. 后举运动

俯卧在垫子上，抬起头部和上胸部，两臂伸直向后举，两腿尽量上抬，吸气；放下时呼气（图11-1-128）。

4. 扩胸运动

站立，两臂前平举，然后分别向左右挥摆，做扩胸动作，要求抬头、挺胸、收腹、踮脚（图11-1-129）。

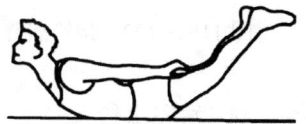
图11-1-128　后举运动

5. 挺背运动

站立，双手轻靠在臀后，两肩及两上臂向后上方提拔，头同时向后仰，做挺背动作（图11-1-130）。

6. 拱背运动

仰卧在垫子上，以两脚、两肘和头五点支撑，做上挺动作，吸气；放下时呼气（图11-1-131）。

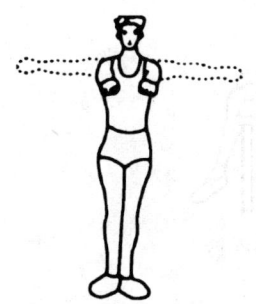
图11-1-129　扩胸运动

图11-1-130　挺背运动

图11-1-131　拱背运动

（二）胸部畸形康复法

不对称胸和其他胸部畸形的矫正，可以采用如下康复方法：

1. 持铃摆臂

两脚左右开立，与肩同宽，手持哑铃连续做前后摆臂（图11-1-132）。

2. 持铃绕环

两脚左右开立，与肩同宽，手持哑铃连续做前后绕环（图11-1-133）。

3. 肋木斜撑

斜撑于肋木上，两腿伸直，脚趾撑地，抬头、紧腰、收腹。呼气伴随臂弯曲，身体下降，然后吸气伴随撑起（图11-1-134）。重复练习数次。

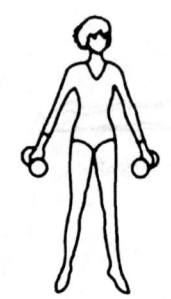 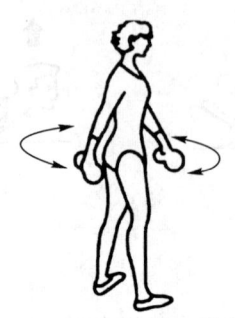 

图 11-1-132　持铃摆臂　　　　图 11-1-133　持铃绕环　　　　图 11-1-134　肋木斜撑

4. 站姿举铃

屈肘，双手持哑铃或壶铃于肩上，上举器械至肘关节充分伸直，然后缓慢还原（图11-1-135）。重复练习数次。

5. 仰卧举铃

仰卧于长凳或木板上，也可斜卧于木板上，手持哑铃，屈肘。深吸气，两臂向上伸直，然后屏气；两臂向同侧下方放下，呼气还原（图11-1-136）。重复练习数次。

 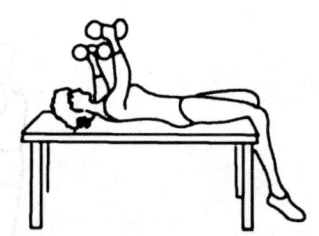

图 11-1-135　站姿举铃　　　　图 11-1-136　仰卧举铃

6. 仰卧挺胸

仰卧在垫子上，两臂放于体侧，挺胸，停一会儿，再下落（图11-1-137）。要求尽量抬头，收腹，重复练习数次。

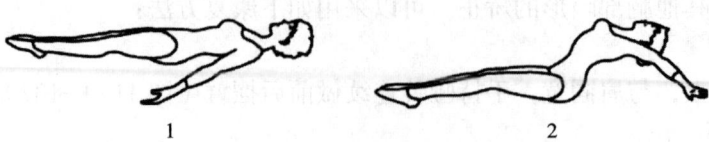

1　　　　　　　　　　2

图 11-1-137　仰卧挺胸

（四）腿部畸形康复法

1."O"形腿矫治

（1）膝部回转运动。

直立，两脚并拢，双手扶膝，做蹲下起立的屈伸运动；然后半蹲，左右方向交替做膝部回转运动（图11-1-138）。

（2）膝部靠拢运动。

两脚左右开立，距离50厘米左右（高个子可以宽一些），双手扶膝半蹲，做两膝靠拢运动（图11-1-139）。

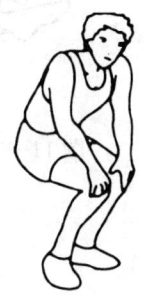 

图11-1-138　膝部回转运动　　　图11-1-139　膝部靠拢运动

（3）脚跟外展内收运动。

直立，两脚平行，做提踵运动（提起放下），然后以两脚跟为轴，做两脚尖外展内收；再以两脚尖为轴，做两脚跟外展内收（图11-1-140）。

（4）跪坐两腿前移运动。

动作方法：跪坐腿上，塌腰，两脚慢慢向外向前移动，腰部随之渐渐直起（图11-1-141）。

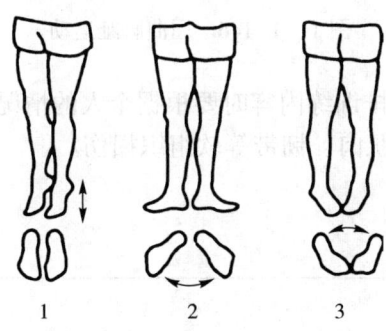 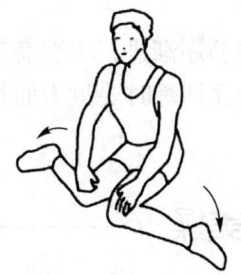

　　1　　　　2　　　　3

图11-1-140　脚跟外展内收练习　　　图11-1-141　跪坐两腿前移练习

（5）两脚夹书运动。

坐在椅子上，用两脚夹住书本，不使脱落，坚持片刻（图11-1-142）。这是增强两腿内侧韧带弹力的有效方法，若腿夹书时用橡皮带把两膝捆住，效果更好。

2."X"形腿矫治体操

（1）坐姿压膝运动。

坐正，脚掌相合，双手扶膝，轻轻下压（图11-1-143）。注意脚掌不要分开，膝盖尽力下压，坚持片刻。

（2）坐姿两腿对抗运动。

正坐，两臂于身后支撑，用橡皮带或布带系成圈套在脚踝上。两腿伸直抬起，两脚用力向左右方向分开（图11-1-144）。

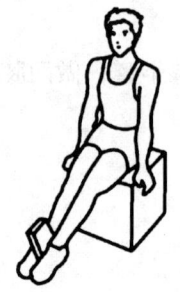
图11-1-142　两脚夹书运动

图11-1-143　坐姿压膝练习

图11-1-144　坐姿两腿对抗运动

（3）勾脚和绷脚尖运动。

以踝关节为轴，脚做向前后屈伸运动（图11-1-145）。

（4）屈曲脚趾运动。

脚趾以第一趾关节为轴做屈伸运动（图11-1-146）。

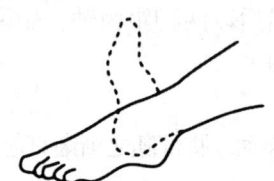
图11-1-145　勾脚和绷脚尖运动

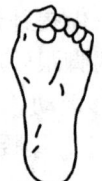
图11-1-146　屈曲脚趾运动

形体训练要循序渐进，不要急于求成，在安排训练内容时要根据个人的情况而定，尤其是在进行柔韧性训练时要量力而行，以免引起肌肉、韧带等软组织损伤。

第二节　健美操

健美操是以有氧运动为基础，以健、力、美为特征，融体操、音乐、舞蹈为一体的体育项目。通过徒手、手持器械和在专门器械上进行的健美操练习，可达到健身、健美和健心的目的，具有竞技性、娱乐性和观赏性。

一、健美操的起源与发展

现代健美操起源于20世纪60年代末的美国，最早是由著名的医学博士库珀设计了一些动作，配上音乐作为训练宇航员体能的内容之一，后来逐渐发展成为一项独立的运动。20世纪70年代末，涌现出一批健美操代表人物，如电影明星简·方达，她著有《简·方达健美术》。

健美操于20世纪80年代传入我国，一开始便受到了青年学生的喜爱，并且在高校和社会普及推广，在不断发展的过程中，健美操已逐渐形成了一套科学的健身、训练和竞赛体系。

每个体育人都有一个冠军梦

敖金平被誉为"中国健美操第一人"，她斩获世界健美操锦标赛第一枚金牌。敖金平曾说过，每个体育人都有一个冠军梦。这一朴素的情怀，不仅表达了中华民族伟大的奋斗精神，也体现了习近平总书记提出的"奋斗本身就是一种幸福"。世界健美操冠军心中的冠军梦蕴含着顽强拼搏、勇攀高峰的奋斗精神，其主要内涵是强调个人刻苦的投入、团队精诚的合作、永不停歇的勇气。当代大学生要学习健美操优秀运动员身上的这种奋斗精神，主动担负起中华民族伟大复兴的重任，踏实勤勉，善于合作，甘于奉献，在奋斗路上努力实现自己的人生理想。

二、健美操的分类

按照健美操运动的目的任务，健美操分为健身健美操和竞技健美操两类（表11-2-1）。

表 11-2-1　健美操分类

健身健美操			竞技健美操
徒手健美操	器械健美操	特殊场地健美操	
传统有氧健美操	踏板操	水中健美操	男子单人操
跆搏类健美操	哑铃操	……	女子单人操
街舞	杠铃操		混合双人操
瑜伽健身术	橡皮筋操		三人操
拉丁健美操	健身球操		六人操（性别不限）
……	……		

健身健美操是集健身、娱乐、防病于一体的群众性普及性健身运动，其主要目的在于锻炼身体，保持健康。健身健美操按练习形式可分为徒手健美操、器械健美操和特殊场地健美操三大类。

竞技健美操是在健身健美操的基础上发展而产生的。目前世界上较为公认的竞技健美操的定义是"竞技健美操是在音乐伴奏下，能够表现连续、复杂、高强度动作的一项运动项目"。竞技健美操是用成套的连续动作，是用成套的连续动作组合，结合各种难度动作展现运动员的柔韧性、力量等竞技能力的一项运动。竞技健美操比赛项目有男子单人操、女子单人操、混合双人操、三人操和集体六人操（性别不限）。竞技健美操在参赛人数、比赛场地和成套动作的时间等方面都有严格的规定，规则对成套的编排、动作的完成、难度动作的数量等也都有严格的规定。

三、健美操的基本步伐

健美操基本步伐是体现健美操练习者下肢动作基本姿态的主要内容，根据动作的特点及运动强度的差异，健美操的基本步伐分为以下 12 类。

健美操基本步伐要求保持弹动，弹动的种类有膝弹动、膝踝弹动（踝弹动），形式有并腿的弹动，分腿弹动，方向有向前的弹动，向左前方、右前方 45°的弹动，左绕、右绕的弹动。其技术要点为两膝与踝关节自然屈伸。

（一）踏步类

踏步类动作运动强度较低，需要在运动过程中至少有一只脚与地面保持接触，常见的步伐有以下 4 种：

1. 踏步（march）

种类：脚尖不离地的踏步、脚离地的踏步、高抬腿的大幅踏步。

形式：原位踏步、移动踏步、转体踏步。

方向：向前、向后、向左、向右的踏步。

技术要点：落地时，脚尖过渡到脚跟着地；屈膝时，胯微收。两臂自然前后摆动。

2. 走步

种类：一种。

形式：一种。

方向：向前（forward）走、向后（back）走、斜向走、弧形走。

技术要点：基本上同踏步。

3. "V"字步（V-step）

种类：正"V"字步、倒"V"字步。

形式：平移的、转体的和小幅度跳的正"V"字步和倒"V"字步。

方向：左腿、右腿的正"V"字步和倒"V"字步。

技术要点：一脚迈出，另一脚随之迈出成一条平线，两脚距离略比肩宽，两膝自然弯曲，然后依次收回。

4. 恰恰步

种类：一种。

形式：平移的、转体的恰恰步。

方向：向前、向后、向侧的恰恰步。

技术要点：在 2 拍节奏中，迅速踏步 3 次。

（二）并步类（touch）

1. 点地

种类：脚尖点地、脚跟点地。

形式：原位点地、移动点地、转体点地。

方向：脚尖向前、向侧、向后、向斜方向的地点，脚跟向前、向侧、向斜方向的点地。

技术要点：有弹性地点地，腿自然伸直。

2. 移重心（经半蹲左右移动）

种类：双腿、单腿的移重心。

形式：原位的移重心、移动的移重心、转体的移重心、跳的移重心。

方向：向前、向后、向左、向右的移重心。

技术要点：身体重心必须经两腿之间从一端移向另一端。

3. 并步（step touch）

种类：两腿同时屈的并步、一直一屈的并步。

形式：原位的并步、移动的并步（"之"字步）、转体的并步。

方向：向前、向后、向左、向右的并步。

技术要点：一脚并于另一脚，重心要随之移动，两膝自然屈伸。

4. 交叉步（grapevine）

种类：一种。

形式：平移的交叉步、转方向的交叉步、小幅度跳的交叉步。

方向：向前、向后、向侧的交叉步。

技术要点：一脚迈出，另一脚在前或在后交叉，重心随着移动。

（三）弓步类（lunge）

种类：静力性的弓步、动力性的弓步。

形式：左右弓步移重心的弓步、移动的弓步、转体的弓步、跳的弓步。

方向：上步弓步、后撤弓步、向侧伸弓步。

技术要点：一腿屈膝，脚尖与膝垂直，另一腿伸直，重心落于两腿之间。

由于弓步的形式很多，因此在做法上有所不同。

（四）半蹲类（skirt）

种类：小分腿半蹲（skirt down up）、大分腿半蹲（skirt side）。

形式：向侧一次、向侧两次（two skirt）、转体。

方向：向侧（左右）。

技术要点：半蹲时，立腰。

（五）吸腿类（knee lift）

种类：一种。

形式：原位的吸腿及跳、移动的吸腿及跳、转体的吸腿及跳。

方向：向侧、向前的吸腿及跳。

技术要点：大腿用力上提，小腿自然下垂。

（六）弹踢腿跳类（skip）

种类：一种。

形式：原位的弹踢腿跳、移动的弹踢腿跳、转体的弹踢腿跳。

方向：向前的弹踢腿跳（forward skip）、向侧的弹踢腿跳（side skip）、向后的弹踢腿跳（back skip）。

技术要点：大腿抬起至一定角度后，小腿自然弹直。

（七）开合跳（jumping jack）

种类：双起双落的开合跳（两次开开合合、连续开合）、单起双落的开合跳。

形式：原位的开合跳、移动的开合跳、转体的开合跳。

方向：向前的开合跳。

技术要点：分腿时，两脚自然外开，膝关节沿脚尖方向弯曲。跳起落地时，注意屈膝缓冲。

（八）踢腿类（kick）

种类：弹动踢腿（spring）、一般的直踢腿。

形式：原位的踢腿跳、移动的踢腿跳、转体的踢腿跳。

方向：向前的、向侧的、向斜前的踢腿跳。

技术要点：腿上踢时，须加速用力，立腰，上体尽量保持不动。

（九）后踢腿跳（jog）

种类：一种。

形式：原位的后踢腿跳、移动的后踢腿跳、转体的后踢腿跳。

方向：向后的后踢腿跳。

技术要点：髋和膝在一条线上或后担，小腿尽量叠于大腿。

（十）点跳

种类：一种。

形式：原位的点跳、移动的点跳、转体的点跳。

方向：向侧、向前、向后的点跳。

技术要点：点地时身体重心在一条腿上。

（十一）摆腿跳

种类：一种。

形式：原位的摆腿跳、移动的摆腿跳、转体的摆腿跳。

方向：向侧、向前、向后的摆腿跳。

技术要点：摆腿时上体顺势前倾后倒或侧倾。

（十二）并跳

种类：一种。

形式：移动的并跳、转体的并跳。

方向：向前、向后的并跳。

技术要点：一腿迈出蹬地，另一腿并上，身体重心随着跟上。

步伐种类是根据动作的特点划分的，形式是根据做动作时身体位置发生变化来划分的，方向是根据身体轴面来划分的。

四、健美操基本徒手动作

健美操基本徒手动作是根据人体结构的活动特点而确定的。常见的基本徒手动作分为以下两类：

（一）头颈动作

形式：头颈的屈、头颈的转、头颈的绕与绕环。

方向：向前、向后、向左、向右的屈和平移，向左、向右的转和绕、绕环。

要求：做各种形式的头颈动作时，节奏一定要慢，上体保持正直。

（二）肩部动作

形式：单肩、双肩的担肩和沉肩，收肩和展肩，单肩、双肩的绕和绕环，振肩。

方向：向前、向后的绕及绕环。

要求：担肩、沉肩时两肩在同一额状面尽量上下运动。收肩、展肩幅度要大，肩部要平。振肩动作要有速度、力度和弹性。

五、健美操基本步伐组合

健美操步伐组合是以健美操基本步伐为基础，与上肢、髋部、躯干等部位动作组合而成，对于学生掌握健美操的基本动作，形成良好的身体姿态，发展有氧代谢能力及协调、灵敏素质均有较好的作用。基本步伐组合由 7 节组成，每节 4 个八拍。

（一）踏步、走步组合

第一个八拍（图 11-2-1）

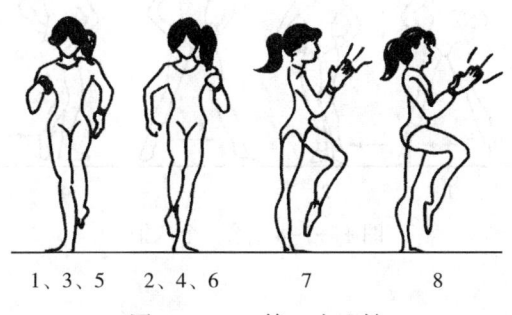

1、3、5　　2、4、6　　7　　8

图 11-2-1　第一个八拍

第二个八拍（图 11-2-2）

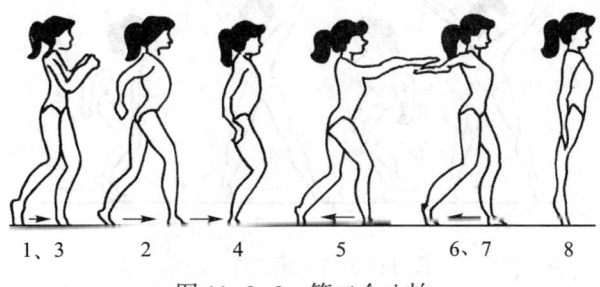

1、3　　2　　4　　5　　6、7　　8

图 11-2-2　第二个八拍

第三个八拍（图 11-2-3）

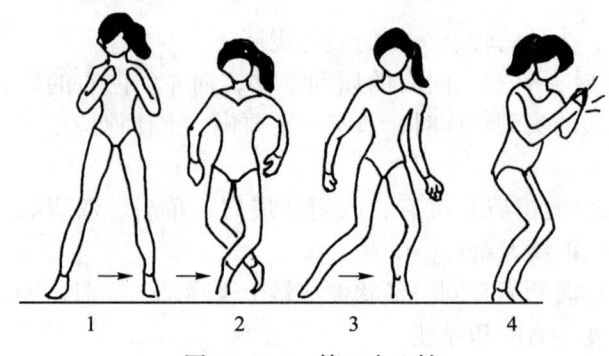

图 11-2-3　第三个八拍

第四个八拍

动作同第三个八拍，方向相反。

（二）并步组合

第一个八拍

1—4 拍：如图 11-2-4 所示。5—8 拍，同 1—4 拍。

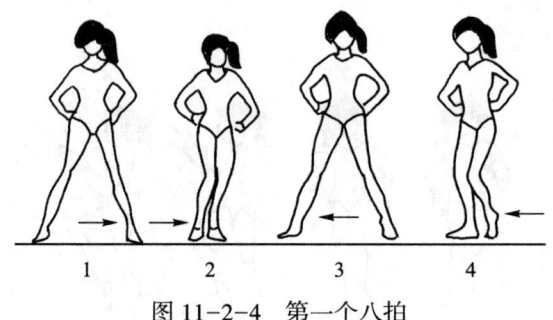

图 11-2-4　第一个八拍

第二个八拍

1—4 拍：如图 11-2-5 所示。5—8 拍，同 1—4 拍。

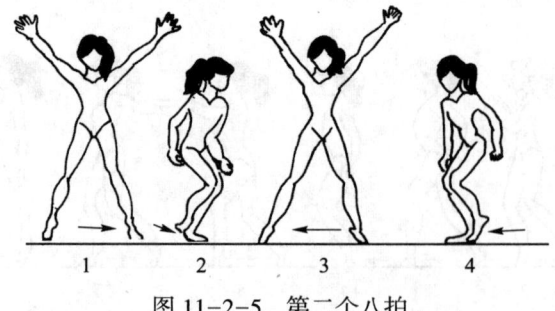

图 11-2-5　第二个八拍

第三个八拍

1—4 拍：如图 11-2-6 所示。5—8 拍，同 1—4 拍，方向相反。

第四个八拍：同第三个八拍。

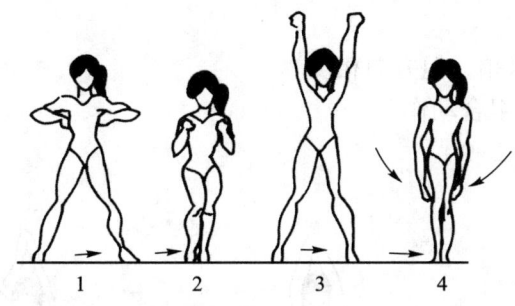

图 11-2-6　第三个八拍

（三）"V"字步组合

第一个八拍（图 11-2-7）

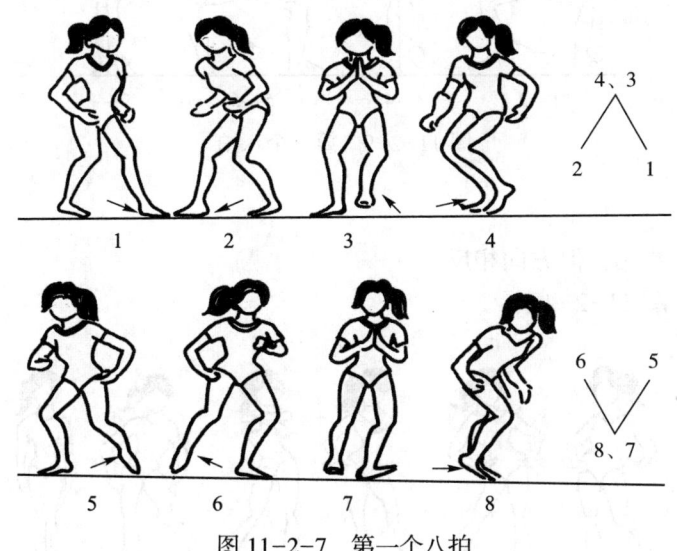

图 11-2-7　第一个八拍

第二个八拍（图 11-2-8）

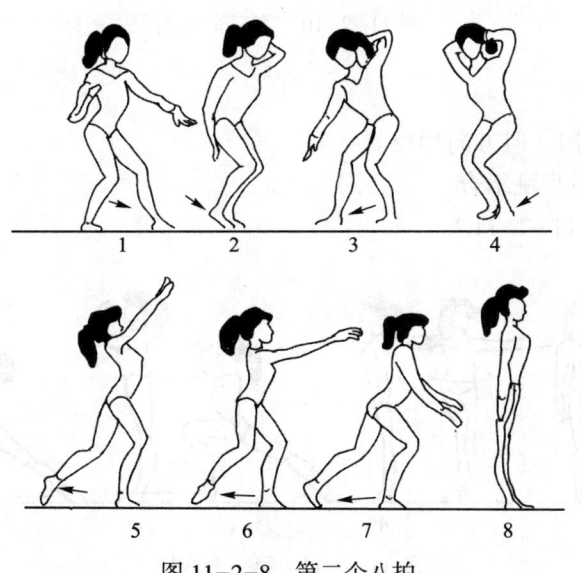

图 11-2-8　第二个八拍

第三、四个八拍

动作同第一、二个八拍，但方向相反。

（四）半蹲步、髋步组合动作

第一个八拍（图11-2-9）

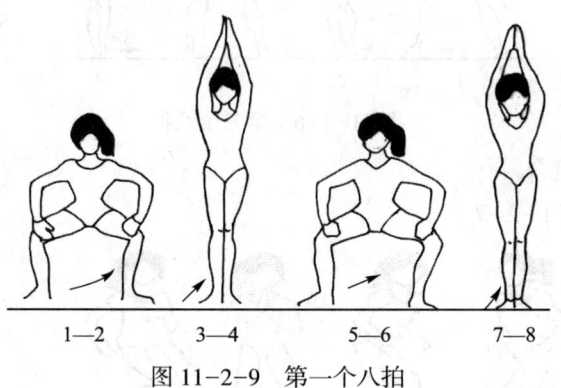

图11-2-9　第一个八拍

第二个八拍

动作同第一个八拍，但方向相反。

第三个八拍（图11-2-10）

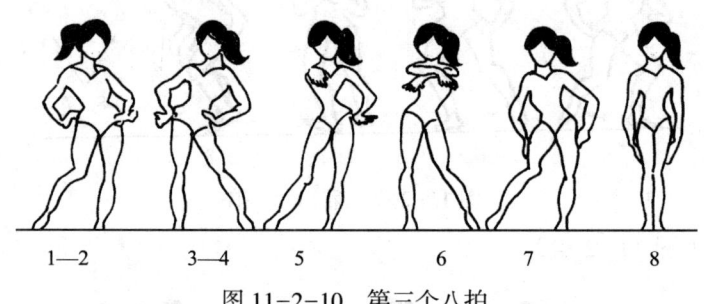

图11-2-10　第三个八拍

第四个八拍

动作同第三个八拍，但方向相反。

（五）吸腿跳、弓步跳组合

第一个八拍（图11-2-11）

图11-2-11　第一个八拍

第二个八拍

动作同第一个八拍，但方向相反。

第三、四个八拍

动作同第一、二个八拍。

（六）分腿跳、开并腿跳、踢腿跳、弹踢跳、摆腿跳组合

第一个八拍（图 11-2-12）

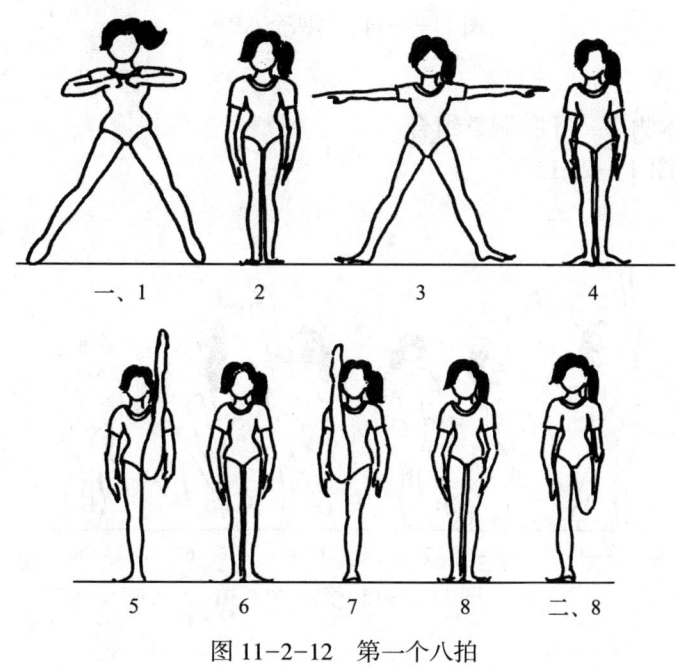

图 11-2-12　第一个八拍

第二个八拍

动作同第一个八拍，但最后 1 拍左腿后屈。

第三个八拍

1—4 拍：如图 11-2-13 所示。5—8，同 1—4 拍。

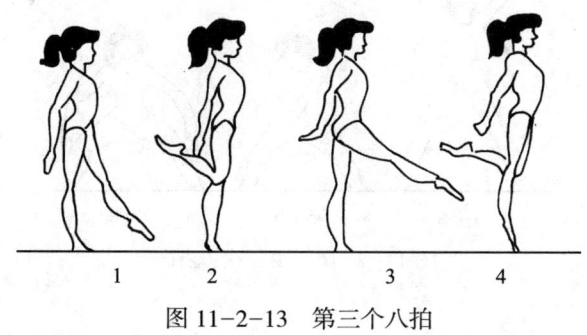

图 11-2-13　第三个八拍

第四个八拍（图 11-2-14）

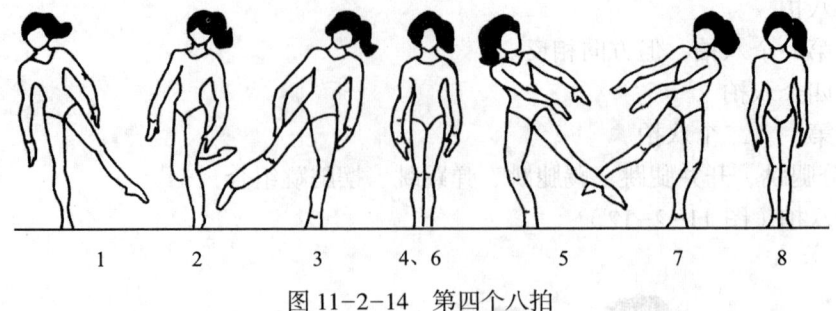

图 11-2-14　第四个八拍

（七）伸展、体侧举、呼吸调整组合
第一个八拍（图 11-2-15）

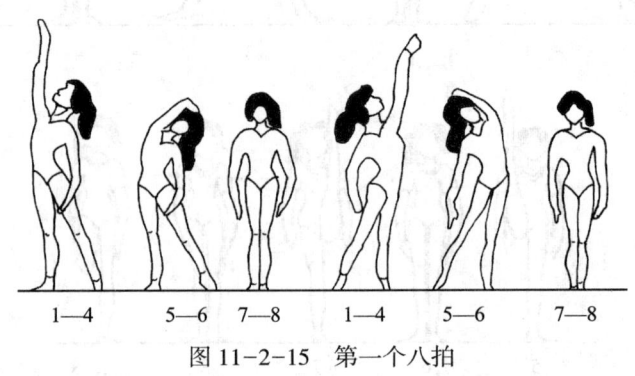

图 11-2-15　第一个八拍

第二个八拍
动作同第一个八拍，但方向相反。
第三个八拍（图 11-2-16）

图 11-2-16　第三个八拍

第四个八拍（图 11-2-17）

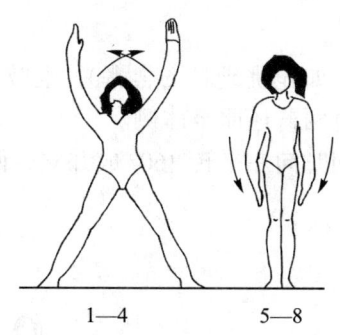

1—4　　　　5—8

图 11-2-17　第四个八拍

六、健美操的套路练习

通过学习健美操套路，学生可以初步了解健美操的基本步伐、风格、要求等，通过反复练习，能够促进力量、柔韧、协调等身体素质的全面发展，提高动作节奏感和审美意识。本套健美操共 30 个八拍，由健美操的六类难度动作（动力性力量、静力性力量、跳跃、踢腿、平衡、柔韧）、健美操几种主要的步伐与上肢动作组合而成。此外还留有部分节拍可以让学生自己创编，这样有助于培养学生的创造意识和创编能力及自主学习的精神。

预备姿势：两脚左右开立，右臂上举（五指分开，掌心向前），左臂上屈，肘外开，手扶头后（五指并拢），稍抬头。

第一个八拍（图 11-2-18）

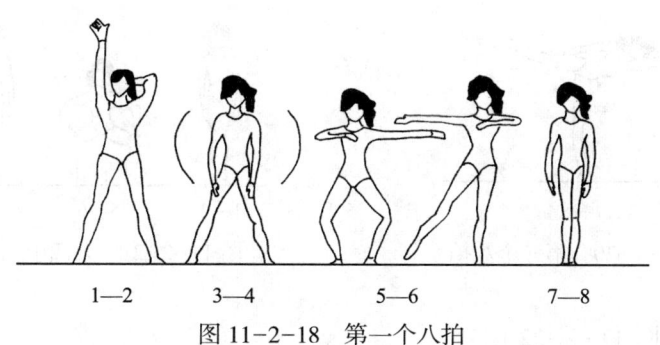

1—2　　　　3—4　　　　5—6　　　　7—8

图 11-2-18　第一个八拍

1—2 拍：不动。

3—4 拍：两臂还原至体侧（两手五指并拢，掌心向内）。

5 拍：前半拍两腿稍屈，同时左臂侧举（拳心向下），右臂胸前平屈（拳心向下）；后半拍，左腿直立（重心移至左腿），同时右腿侧下举，右臂侧举，左臂胸前平屈。

6 拍：不动。

7—8 拍：右腿并向左腿成直立，同时两臂还原至体侧（五指并拢，掌心向内）。

第二个八拍（图 11-2-19）

1—2 拍：高姿态跳（自选，如鹿跳或双飞燕跳），上肢动作自编。

3—4 拍：落地成并立，同时两臂还原至体侧。

5—7 拍：左脚侧出一步，同时向左平转 360°成并立，两臂经体侧至上举（五指并拢，掌心由向上至向内）。

8 拍：两臂还原至体侧。

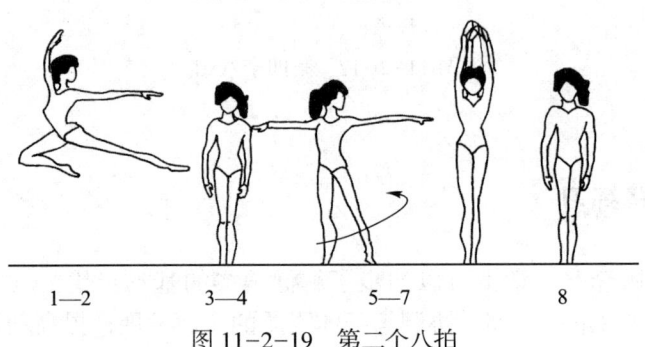

图 11-2-19　第二个八拍

第三个八拍（图 11-2-20）

1—8 拍：左腿侧举成侧平衡，同时身体向右侧倾，右臂侧上举（掌心向下）。

第四个八拍（图 11-2-21）

1—4 拍：还原成并立。

5—6 拍：右脚侧出一步成两腿屈膝开立，同时两手扶膝，上体稍前屈，抬头。

7—8 拍：还原成并立。

图 11-2-20　第三个八拍

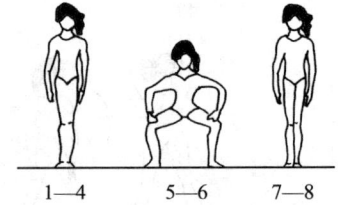

图 11-2-21　第四个八拍

第五个八拍（图 11-2-22）

1 拍：跳成开立，同时左臂侧举（拳心向下），头向左转。

2 拍：跳成并立，同时左臂肩侧上屈（拳心向内），头还原。

3 拍：右脚向后跳成左前弓步，同时右臂侧举（拳心向下）。

4 拍：跳成并立，同时两臂肩侧上屈（拳心向内）。

5 拍：跳成开立，同时两臂胸前屈（拳心向后）。

6 拍：跳成并立，同时两臂胸前平屈（拳心向下）。

7 拍：跳成右前弓步，同时两臂上举（五指并拢，掌心向外）。

8 拍：跳成并立，同时两臂还原至体侧（掌心向内）。

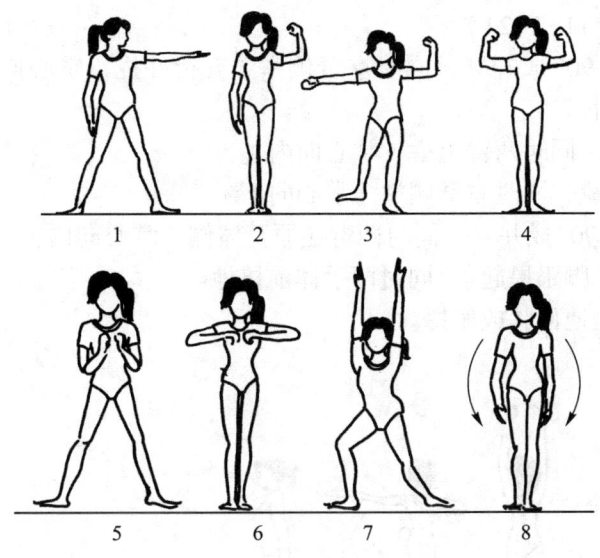

图 11-2-22　第五个八拍

第六个八拍

由学生自编一个八拍的跳跃动作。

第七个八拍（图 11-2-23）

1拍：左脚向侧一步，同时左臂上举（五指并拢，掌心向内），右臂前举（五指并拢，掌心向内）。

2拍：提右膝同时向右转体 90°，左臂胸前上屈（拳心向后），右臂胸前平屈（指尖搭在左上臂）。

3拍：右腿后伸成左前弓步，同时左臂侧举（掌心向下），右臂肩侧上屈（拳心向内），头向左转。

4拍：右腿还原跳成并立，同时两臂还原至体侧（掌心向内），头还原。

5拍：左腿提膝跳，同时两臂胸前平屈（拳心向下）。

6拍：还原成并立，同时两臂还原至体侧（拳心向后）。

7拍：右腿高踢跳。

8拍：右腿落下成并立。

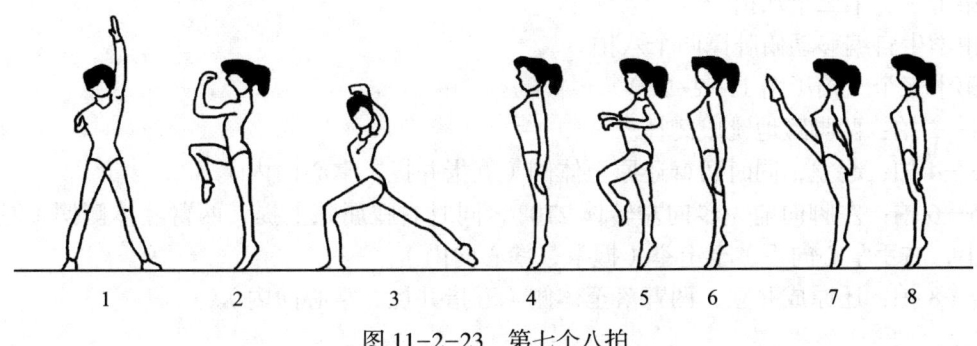

图 11-2-23　第七个八拍

第八个八拍（图11-2-24）

1拍：向右跳转90°成开立，同时左臂侧举（五指并拢，掌心向下），右臂胸前平屈（五指并拢，掌心向下）。

2拍：跳成并立，同时两臂上举（掌心向内）。

3拍：右腿提膝跳，同时右臂侧举（掌心向下）。

4拍：向右跳转90°成并立，同时两臂还原至体侧（掌心向内）。

5—6拍：全蹲（脚跟提起），同时两手体前撑地。

7—8拍：两脚蹬地伸膝成俯撑。

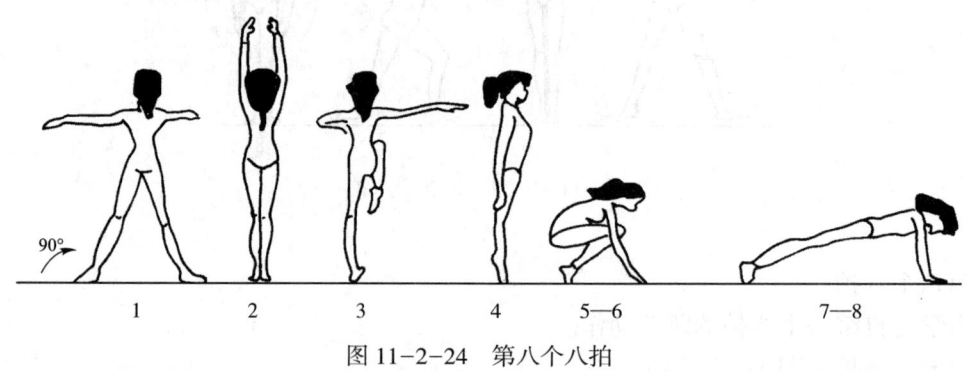

图11-2-24　第八个八拍

第九个八拍（图11-2-25）

1—8拍：做一次俯卧撑，第4拍落下，第4拍撑起。

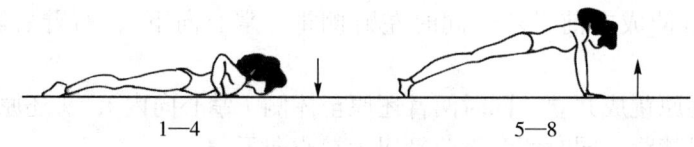

图11-2-25　第九个八拍

第十个八拍

动作同第九个八拍。

第十一、十二个八拍

由学生自编移动俯卧撑两个八拍。

第十三个八拍（图11-2-26）

1—2拍：两脚蹬地跳成蹲撑。

3—4拍：起立，同时两臂还原至体侧（五指并拢，掌心向内）。

5—6拍：左脚向前一步向左转体270°，同时右腿屈膝上提，两臂经体侧摆（左手掌心向上，右手掌心向下）至上举（握拳，拳心向内）。

7—8拍：还原成并立，两臂落至体侧（五指并拢，掌心向内）。

图 11-2-26　第十三个八拍

第十四个八拍（图 11-2-27）

1 拍：跳成开立，同时两臂侧平举（拳心向下）。

2 拍：左腿屈膝后踢，同时右脚提踵，向左转体 45°，两臂体侧屈，手半握拳置于腰部（拳心向上）。

3 拍：左腿后伸（左脚前脚掌着地），同时两臂前伸（由拳变掌）。

4 拍：左脚还原成并立，同时两臂落至体前（掌心向内）。

5 拍：左脚向前迈步跳起，同时右腿屈膝后踢，两臂胸前屈（拳心向后）。

6 拍：右腿向前迈步跳，同时左腿屈膝后踢，两臂胸前屈交叉（五指分开，掌心向后）。

7 拍：左脚向前迈步跳，同时右腿屈膝后踢，两臂肩侧上屈（拳心向内）。

8 拍：右脚上步成并立，同时向右转体 45°（还原成面对正前方），两臂还原至体侧（掌心向内）。

图 11-2-27　第十四个八拍

第十五个八拍

由学生自编一个八拍的跑、跳动作。

第十六个八拍（图11-2-28）

1—3拍：左腿微屈向左小跳三步，同时右腿侧下举（绷脚尖），左臂慢举至侧上方（五指并拢，掌心向前），上体左倾，头向左转。

4拍：右腿并向左腿成并立，同时上体立起，头还原，面对正前方，左臂肩侧上屈，左手扶头后。

5拍：跳成开立，同时左臂侧上举（掌心向前）。

6拍：跳成并立，同时左臂还原至体侧（掌心向内）。

7拍：分腿跳，同时两臂侧平举（五指分开，掌心向前）。

8拍：落地成并立，同时两臂还原至体侧（五指并拢，掌心向内）。

图11-2-28 第十六个八拍

第十七个八拍

由学生自编一个八拍的跑、跳动作。

第十八个八拍（图11-2-29）

1—8拍：向右转体90°，同时两腿前后伸逐渐下滑成右腿在前的纵劈叉，两臂经上举（掌心向内）至侧平举（五指分开，掌心向前），头向左转。

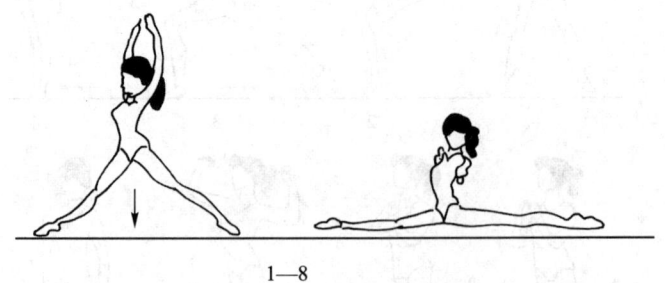

1—8

图11-2-29 第十八个八拍

第十九个八拍（图11-2-30）

1—4拍：左腿伸膝经侧向前并至右腿（两脚绷脚尖），同时以臀部为轴向右转体180°，两手体后扶地。

5—6 拍：两腿屈膝（大小腿夹角为 90°）。

7—8 拍：仰卧，同时两臂置于体侧（五指并拢，掌心向下）。

图 11-2-30　第十九个八拍

第二十个八拍（图 11-2-31）

1—4 拍：两手撑地，臀部抬起，同时左腿前上举。

5—8 拍：臀部落地成屈膝坐。

图 11-2-31　第二十个八拍

第二十一个八拍（图 11-2-32）

1—4 拍：两手撑地，臀部抬起，同时右腿前上举。

5—6 拍：臀部落地成屈膝坐。

7—8 拍：上体后倒成仰卧，同时两臂上举。

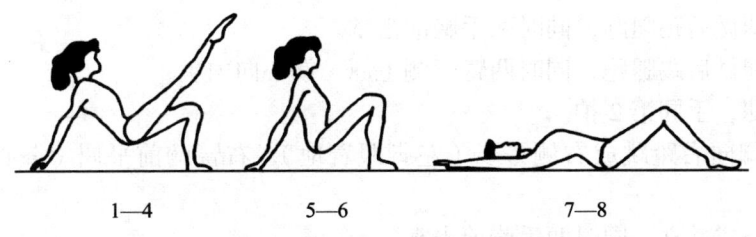

图 11-2-32　第二十一个八拍

第二十二个八拍（图 11-2-33）

1—4 拍：上体抬起（背与地面夹角为 40°），自编手臂动作。

5—8 拍：还原成仰卧，手臂动作自编。

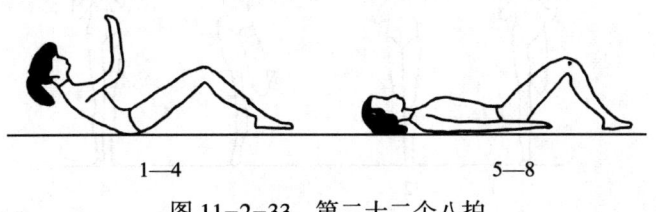

图 11-2-33　第二十二个八拍

第二十三个八拍

动作同第二十二个八拍。

第二十四个八拍（图11-2-34）

1—4拍：上体起，同时两腿伸直（绷足尖）成直角坐，两手体侧撑地。

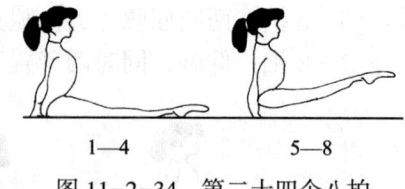

1—4 5—8

图11-2-34 第二十四个八拍

5—8拍：支撑成直角支撑。

第二十五个八拍（图11-2-35）

1—2拍：两腿落地。

3—4拍：左腿屈，左脚跨至右腿外侧，同时向右转体，屈左臂抬肘，左手扶左膝，右手撑地。

5—8拍：起立成并立，同时两臂置于体侧（五指并拢，掌心向内）。

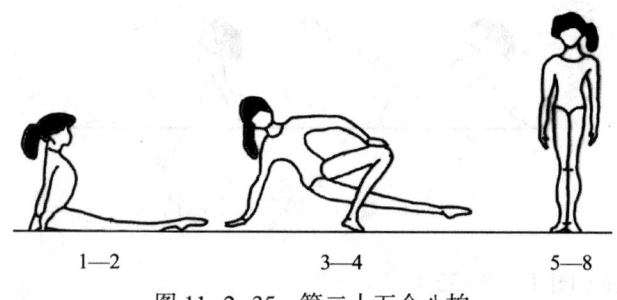

1—2 3—4 5—8

图11-2-35 第二十五个八拍

第二十六个八拍（图11-2-36）

1拍：右腿做后踢腿跑，同时两臂胸前屈（拳心向后）。

2拍：左腿做后踢腿跑，同时两手胸前击掌。

3拍：右腿做后踢腿跑，同时两臂肩侧上屈（拳心向内）。

4拍：并腿，手同第2拍。

5拍：双脚向右蹬跳成右侧弓步（左脚跟着地），右臂胸前平屈（拳心向下），头稍左转。

6拍：还原成并立，同时两手胸前击掌。

7—8拍：同5—6拍，方向相反，但第8拍两臂还原至体侧。

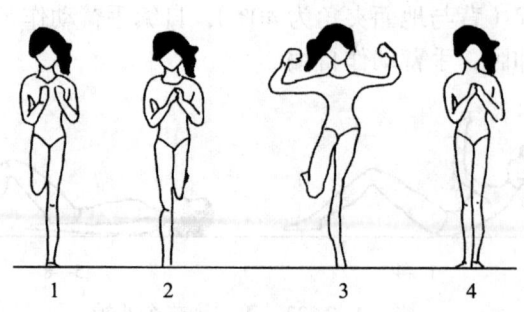

1 2 3 4

图 11-2-36　第二十六个八拍

第二十七、二十八个八拍

要求学生自编两个八拍的跳跃动作，最后要求侧对主席台。

第二十九个八拍（图 11-2-37）

1—4 拍：两腿交替连续做两次直膝高踢腿跳（先踢左腿），两臂置于体侧（拳心向后）。

5 拍：提左膝向右跳转 90°，同时两臂胸前屈（拳心向后）。

6 拍：还原成并立，同时两臂体侧下垂。

7 拍：右腿侧踢，同时两臂侧举（掌心向下）。

8 拍：同第 6 拍。

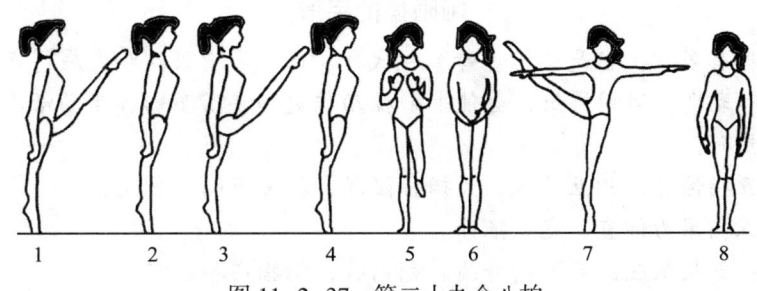

图 11-2-37　第二十九个八拍

第三十个八拍

要求学生自编一个八拍的动作，最后 4 拍为结束造型。

音乐：选择节奏感强的音乐。

要求：跳跃轻快、有弹性；上肢动作到位、有力度；高质量地完成每一个动作；整套动作连贯、节奏准确，富有表现力；创造性地完成几段自编任务，以培养创编能力和自主学习精神。

>>> **知识窗** -

健美操练习的安全提示

进行健美操锻炼前要做充分的准备活动；合理安排锻炼计划，以保证锻炼效果；不宜空腹锻炼，应在进食两小时后进行锻炼；在锻炼过程中及时补充水分；最好选择有弹性、纯棉、柔软、舒适的服装，切忌穿高跟鞋和厚底鞋。

- <<<

第三节 啦啦操

啦啦操是一项深受广大群众喜爱的、普及性极强，集体操、舞蹈、音乐、健身、娱乐于一体的体育项目。

一、啦啦操概述

啦啦操原名 cheer leading，其中 cheer 的部分，有振奋精神、提振士气的意思。啦啦操来源于早期部落社会的仪式，为激励外出打仗或打猎的战士们，他们通常会举行一种仪式，仪式中有族人欢呼、手舞足蹈的表演来鼓励战士，希望他们能凯旋。啦啦操是体育运动中的一个新兴项目，起源于美国，出现在篮球、橄榄球、棒球、游泳、田径、摔跤等比赛现场，至今已有 100 多年的历史。最初为美式足球呐喊助威的活动，发展到现在成为世界范围内的一项体育运动。

>>> **知识窗** -

啦啦操的手形

啦啦操手形有多种，它是从芭蕾舞、现代舞、武术等中吸收和发展得来的。手型是手臂动作的延伸和表现，运用得好，会使啦啦操动作更加丰富多彩、生动活泼，更具有感染力。其手型主要有：

并拢式：五指伸直，相互并拢，大拇指微屈，指关节贴于食指旁。

分开式：五指用力伸直，充分张开。

芭蕾手势：五指微屈，后三指并拢、稍内收，拇指内扣。

拳式：握拳，拇指在外，指关节弯曲，紧贴于食指和中指。

立掌式：五指伸直，手掌用力上翘。

西班牙舞手势：五指用力，小指、无名指、中指自掌指关节处依次屈，拇指稍内扣。

- <<<

现代啦啦操是以团队的形式出现，并结合舞蹈、口号、舞伴特技（是指托举的难度动作）、技巧、轿子抛、叠罗汉、跳跃等动作技术，配合音乐、服装、队形变化及标示物品（如彩球、口号板、喇叭与旗帜）等要素，遵守比赛规则中对性别、人数、时间限制、安全规则等规定进行比赛的运动，称为竞技啦啦操，亦可称为啦啦操。竞技啦啦操分为技巧啦啦操和舞蹈啦啦操。其中技巧啦啦操包括男女混合组、全女子组和舞伴特技；舞蹈啦啦操又包括花球、高踢腿、爵士和道具 4 个组别。

中国大学生啦啦操运动开始于 2001 年，经过二十年的发展，中国学生啦啦操运动水平得到了迅速提高，并在越来越多的学校中得以开展。

二、啦啦操的套路组合

下面介绍的这套啦啦操，使用了啦啦队最典型的道具花球，它是以舞蹈操化动作为主要表演语汇的啦啦操。全套动作总长度为 16 个八拍，其动作强度适中、中等难度。

第一个八拍（图 11-3-1）

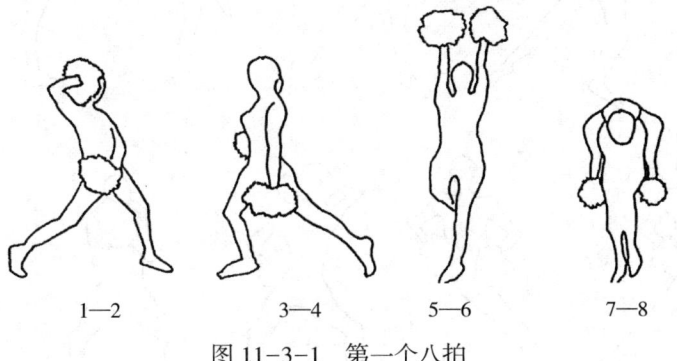

图 11-3-1　第一个八拍

第二个八拍（图 11-3-2）
说明：1—4 拍后退。

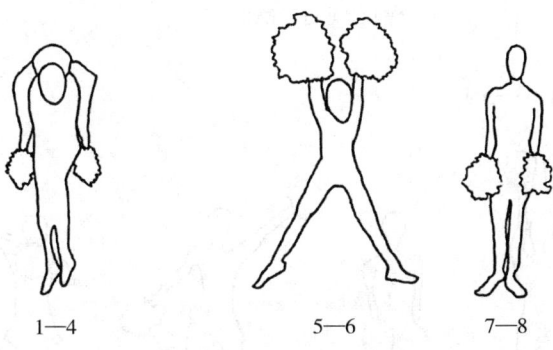

图 11-3-2　第二个八拍

第三个八拍（图 11-3-3）
说明：1 拍，右腿向右一步。2 拍，右腿还原。5 拍，左腿向左迈一步。8 拍，跳成直立。

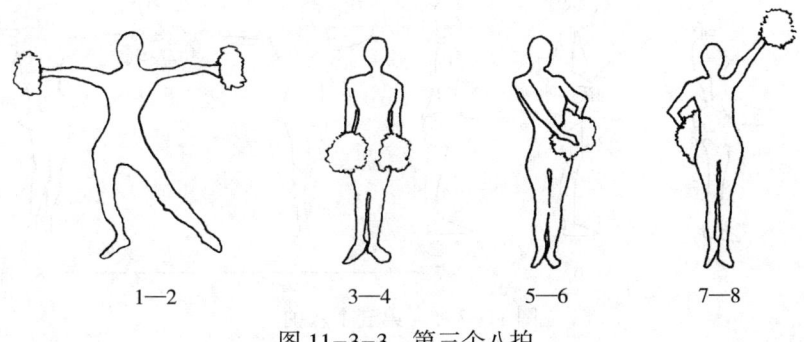

图 11-3-3　第三个八拍

第四个八拍（图 11-3-4）

说明：1 拍，右腿向右迈一步。

图 11-3-4　第四个八拍

第五个八拍（图 11-3-5）

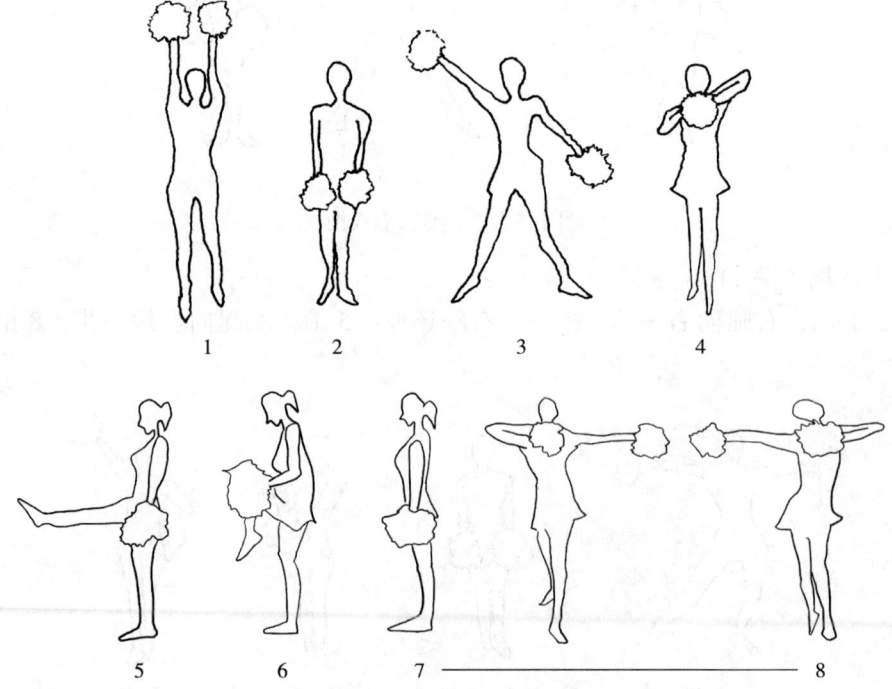

图 11-3-5　第五个八拍

第六个八拍（图 11-3-6）

1—2　　3—4　　5　　6　　7—8

图 11-3-6　第六个八拍

第七个八拍（图 11-3-7）

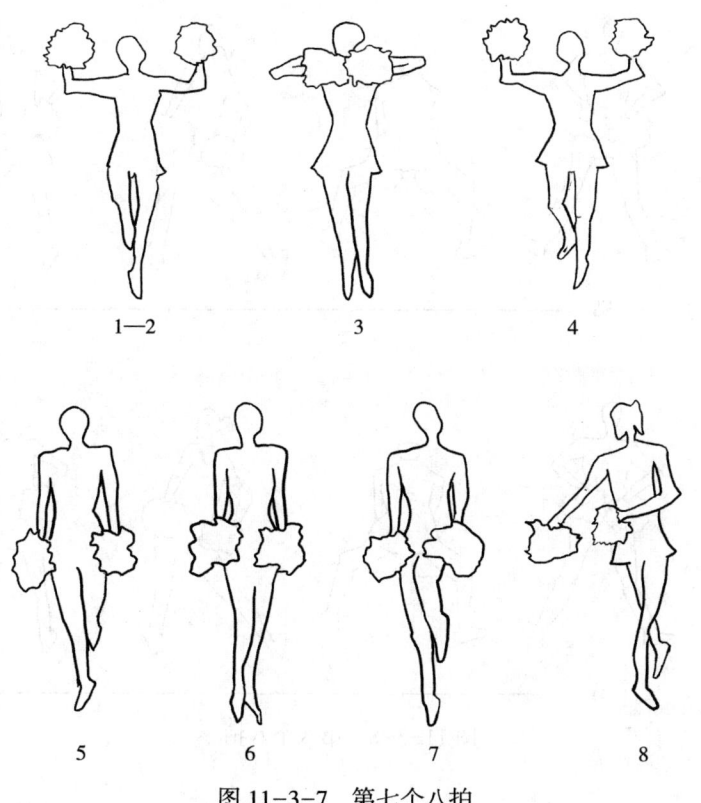

1—2　　3　　4

5　　6　　7　　8

图 11-3-7　第七个八拍

第八个八拍（图 11-3-8）

说明：半拍挺胸，5 拍，右转体。

第九个八拍（图 11-3-9）

第十个八拍（图 11-3-10）

图 11-3-8　第八个八拍

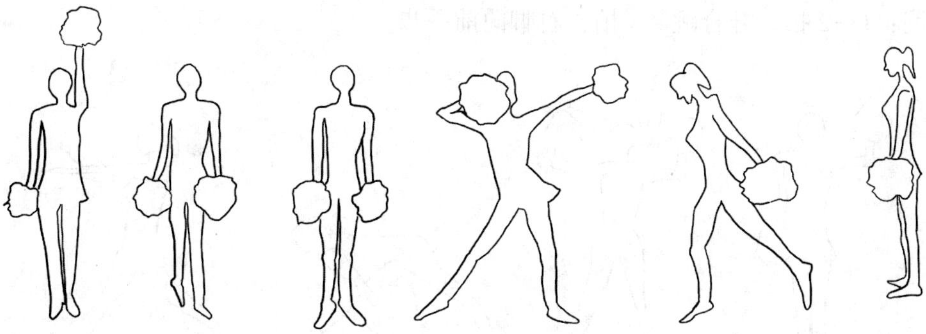

1　　　　2　　　　3　　　　4　　　　5——7　　　　8

图 11-3-9　第九个八拍

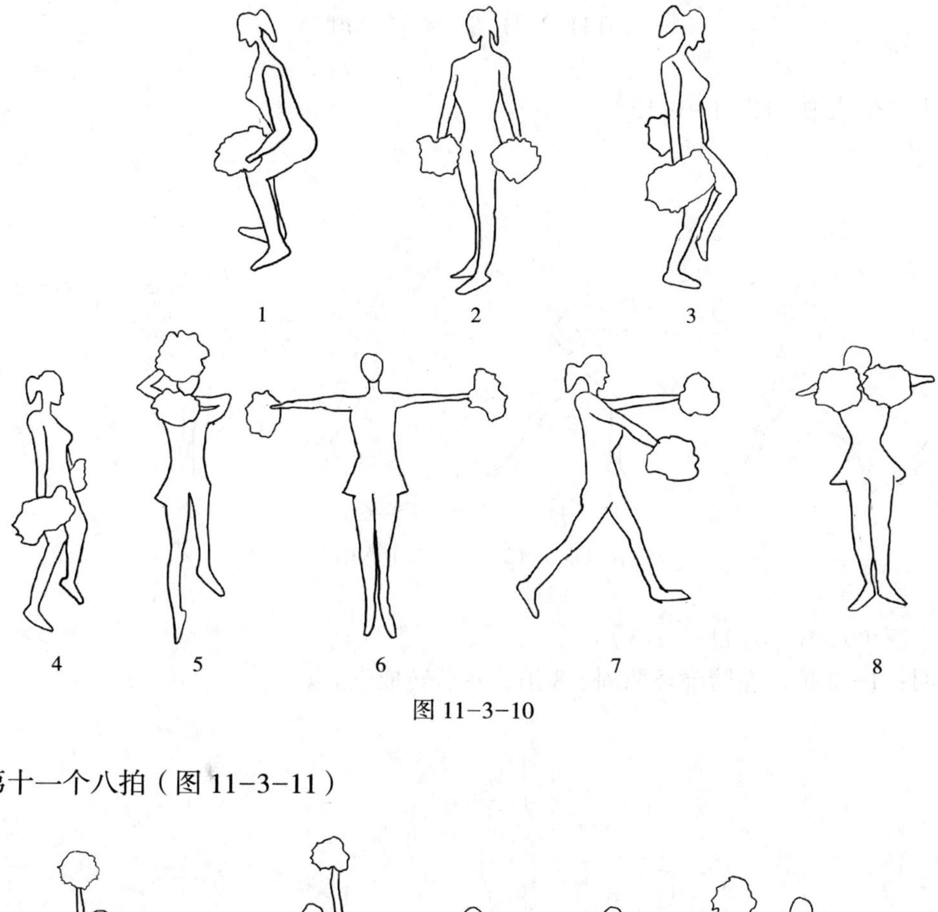

1　　　　　　2　　　　　　3

4　　　　5　　　　6　　　　7　　　　8

图 11-3-10

第十一个八拍（图 11-3-11）

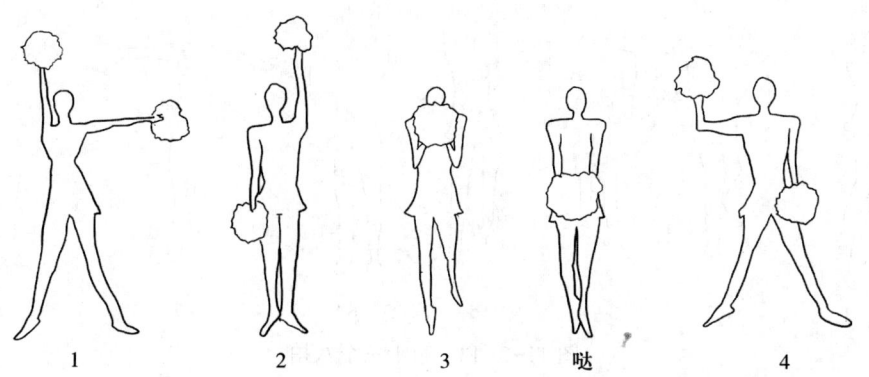

1　　　　2　　　　3　　　哒　　　　4

说明：1—2拍，开合跳。3拍，右脚向前一步。

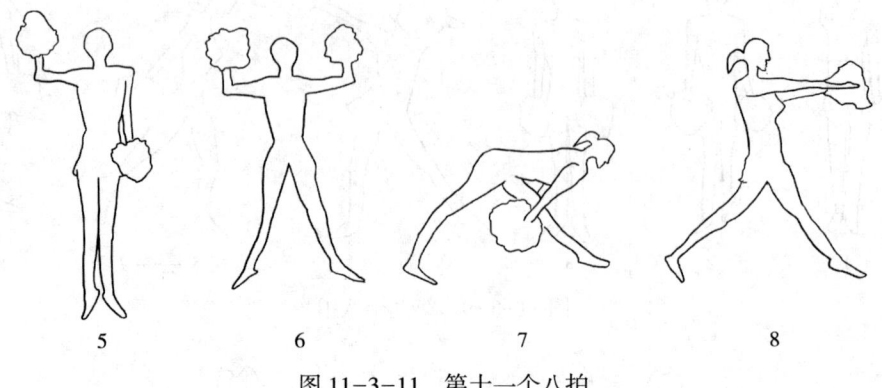

5　　　　　　6　　　　　　7　　　　　　　8

图 11-3-11　第十一个八拍

第十二个八拍（图 11-3-12）

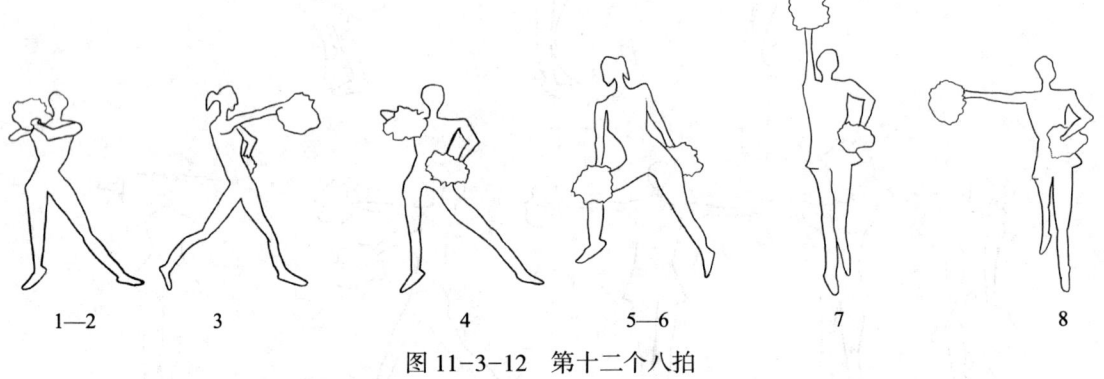

1—2　　　3　　　　　4　　　　5—6　　　　7　　　　　8

图 11-3-12　第十二个八拍

第十三个八拍（图 11-3-13）
说明：1—2拍，左膀绕环两周。8拍，右后转成直立。

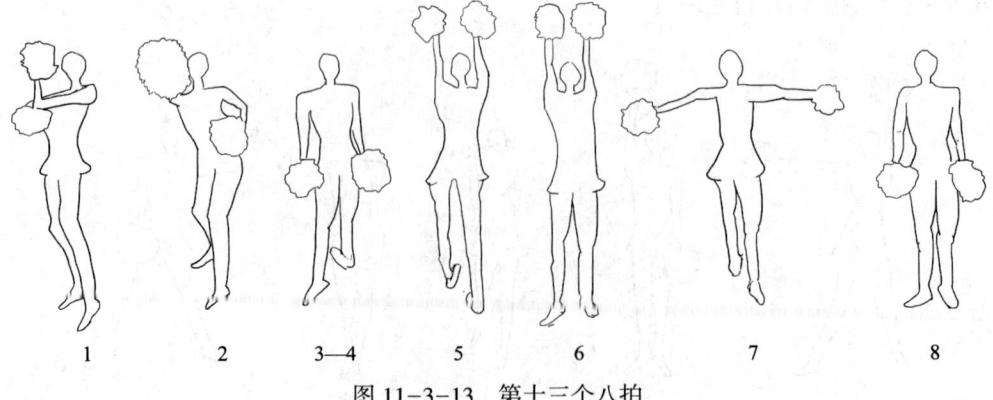

1　　　　2　　　3—4　　　5　　　　6　　　　　7　　　　　8

图 11-3-13　第十三个八拍

第十四个八拍（图 11-3-14）

说明：1拍，原地踏步击掌。8拍，右后转成直立。

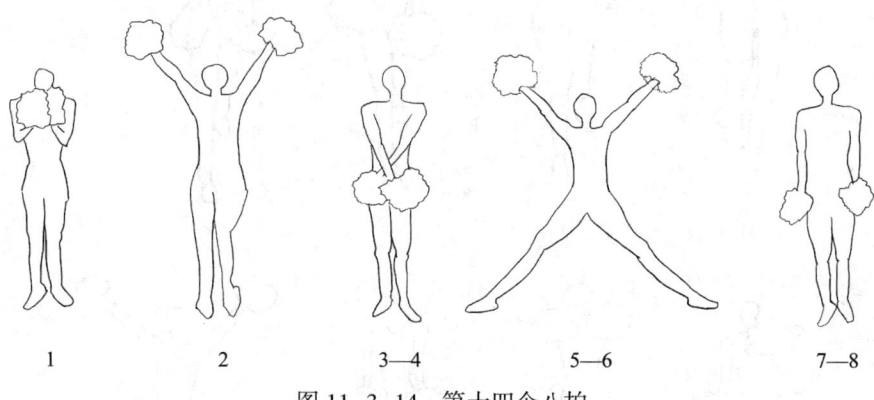

图 11-3-14 第十四个八拍

第十五个八拍（图 11-3-15）

说明：5拍，右顶胯一次。6拍，同5拍。

图 11-3-15 第十五个八拍

第十六个八拍（图 11-3-16）

说明：4—5拍，左、右肩依次向后绕。6拍，右脚向右一步。

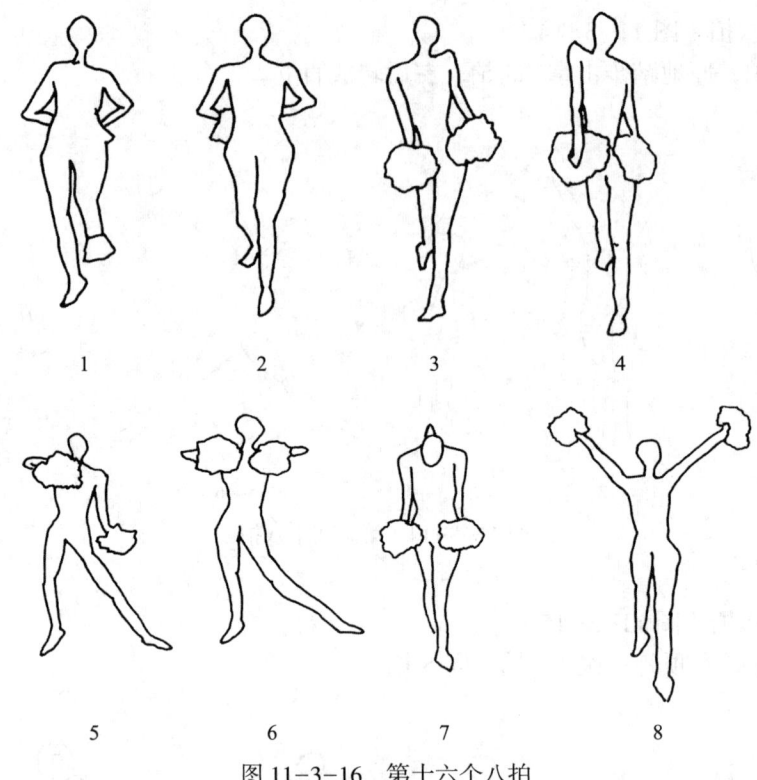

图 11-3-16　第十六个八拍

三、啦啦操竞赛规则

啦啦操比赛主要分为舞蹈啦啦操和技巧啦啦操。目前比赛基本采用《2021—2024 啦啦操评分细则》。

（一）竞赛项目

主要分为舞蹈规定套路、舞蹈自编套路、技巧规定套路、技巧自编套路。其中规定套路是指国家体育总局体操运动管理中心推广的等级规定套路或者示范套路。舞蹈自编套路是以舞蹈为主，通过展示各种舞蹈技巧和元素并可结合道具为基本内容的团体竞赛项目。而技巧自编套路则是指以翻腾、托举、抛接、金字塔组合、舞蹈动作、过渡连接及口号等形式为基本内容的竞赛项目。

（二）成套音乐时间

1. 规定套路：按《全国啦啦操等级要求套路》各单项各等级要求时间实施。

2. 自编套路：

（1）技巧啦啦操：30 秒口号组合时间为 30~35 秒；集体技巧啦啦操成套路时间为 2 分 15 秒至 2 分 30 秒；双人、五人配合技巧成套动作时间为 60~65 秒。

（2）舞蹈啦啦操：成套时间为 2 分 15 秒至 2 分 30 秒。

（三）比赛中断

1. 在发生运动损伤或任何其他意外的情况下，高级裁判组有权停止比赛。

2. 由于音响设备或比赛设施等原因导致比赛不能继续，受影响的队伍将被允许重新开始。

3. 由于队伍自身动作的失败或道具等原因导致比赛不能继续，该参赛队将不允许继续比赛。

4. 由于队员受伤导致比赛中止，该参赛队可以继续完成成套或退出比赛，同时高级裁判组也有权根据受伤程度决定是否停止比赛。

（四）上场时间

运动队被叫到后 20 秒内必须上场，超过 20 秒将予减分，超过 60 秒取消比赛资格。

（五）竞赛场地

1. 赛台

舞蹈啦啦操比赛可使用赛台，赛台高 80~100 厘米，后面有背景遮挡，赛台不得小于 16 米 ×16 米；技巧啦啦操比赛禁止使用赛台。

2. 比赛场地

比赛场地选用专业比赛板，也可用体操板或地毯代替，并清楚地标示出 14 米 ×14 米的比赛区域。标志带为 5 厘米宽的红色或白色带，标志带是场地的一部分。

（六）比赛着装与化妆

比赛服装整体上以紧身弹性面料为主，运动员应着合适内衣，服装上禁止出现描绘战争、暴力、宗教信仰和性爱主题的元素。领奖时必须穿比赛服装。技巧啦啦操服装上不得出现水钻、亮片。在技巧啦啦操比赛中，女生着连体装短裙或分体装背心与短裙（长袖、短袖、单袖、无袖）。男生着分体短袖及长裤或分体长袖及长裤（上衣长度合体，设计上不得漏脐）。舞蹈啦啦操比赛中除允许穿技巧啦啦操同样服装外，还可穿短裤与长裤。技巧啦啦操比赛必须穿白色轻便运动鞋及白色运动袜，技巧啦啦操比赛禁止穿丝袜，舞蹈啦啦操比赛可穿舞蹈鞋或爵士舞鞋，颜色不限，但不可赤脚。不得佩戴任何首饰，包括耳环、手链、脚链、戒指、项链等。

（七）道具

规定套路中可以使用彩丝花球，彩丝花球应醒目而吸引观众，道具的大小应适度。自编套路可以根据需要使用道具。

（八）啦啦操套路评分

1. 规定套路评分

规定套路满分为 100 分，艺术编排和完成情况各占 50 分。艺术编排 50 分由尊重原创（15 分）、创编内容（15 分）、综合评价（20 分）三部分组成；完成情况 50 分由技术技巧（30 分）、一致性（10 分）、合拍（10 分）三部分组成。

2. 自编套路评分

自编套路满分为 100 分，动作编排和动作完成情况各占 50 分。动作编排 50 分由成套动作设计（15 分）、舞蹈动作内容（15 分）、音乐的运用（10 分）、音乐与包装（10 分）四部分构成；完成情况 50 分由技术技巧（30 分）、一致性（10 分）、合拍（5 分）、团队默契（5 分）四部分构成。

>>> **知识窗** -

啦啦操练习安全提示

进行啦啦操锻炼时，应穿合身、透气而有弹性的服装；练习时根据自身情况选择适宜的难度；不宜空腹锻炼，应在进食后两小时后再进行锻炼；夏天锻炼时应及时补充水和适量的无机盐。

- <<<

第四节　拉丁健身操

拉丁健身操来源于国标中的拉丁舞，具有拉丁舞和健美操的共同特点，其风格奔放热情，在充满激情的音乐伴奏下，以优美舒展的舞姿、多变的舞步展现人体的姿态美。

一、拉丁健身操的基本步伐

1. merengue 步

merengue 步类似于健美操中的踏步，可以并腿、分腿或移动，注意膝关节要微内旋，同时带动同侧的身体向异侧转动；可以加上肩部的摆动及手臂动作。

2. 恰恰步（cha cha）

恰恰步节奏为 2 拍 3 动，即 one and two。

以右侧 cha cha 步为例：右腿向右侧迈出 1 拍"大"，左腿并步，右腿再向右侧迈出。

cha cha 步的变化很多，可以向侧、向前、向后；可以并步或交叉步，也可以单独做或结合别的步伐一起完成。

3. 漫波步（mambo）

漫波步节奏形成均匀的节奏，没有切分节拍，可以前后、向侧或结合转体动作。在传统健美操中也常用这个步伐。

4. 桑巴步（samba）

samba 步节奏为 2 拍 2 动，但与恰恰步不同的是它的"大"拍时间很短，并且完成动作时节拍要有短暂的停顿。以向右的桑巴步为例：蹬左腿向右一步，重心右移。同时身体左转。"大"左腿向右腿后点一步，同时右腿微微屈膝抬起，重心在左腿。当重心移至右腿，右脚原地点地一次。桑巴步也可用来作移动或连续多次使用，整个动作主要注意髋部随着重心移动而左右摆动。

5. salsa 步

salsa 步节奏形式为 2 拍 4 动，即 one and two and。以原地 salsa 步为例：快速完成 3 次原地踏步或摆动，第 4 次将一侧腿弹踢出去，并稍作停顿。4 个动作只有 2 拍的时间，力量一定要来自腿步，否则身体摆的速度就会跟不上节奏。

二、拉丁健身操组合动作

（一）组合动作一（8×8拍）

1. 前后走步屈伸臂（第一个八拍，图11-4-1）

1—4拍：左脚、右脚依次向前走4次，同时左右摆髋；双臂自然向体前斜下方左右屈伸，双手握拳。

5—8拍：同1—4拍，唯双臂侧平举，肩依次向前向后抖动，五指分开。掌心向上。

图11-4-1　前后走步屈伸臂

2. 左右脚点地跳击掌（第二个八拍，图11-4-2）

1拍：左脚向前迈一步，同时左髋前顶；双臂体前交叉向侧打开至侧平举，五指分开，掌心向下，右脚稍屈膝下蹲。身体稍后倾，头向前看。

2拍：左脚收回的同时身体右后转180°，双臂收回屈肘于腰间握拳，拳心向上。

3—4拍：同1—2拍，方向相反。

5—6拍：右脚、左脚依次在原地点跳两次左右，同时摆髋。双臂经斜上举至头顶击掌一次。

7—8拍：同5—6拍，唯双臂经斜下举至腹前击掌一次，身体稍向下倾。

图11-4-2　左右脚点地跳击掌

3. 左右脚并步跳加漫波步转体（第三个八拍，图 11-4-3）

1—2 拍：左脚向左侧并步跳一次，同时身体左传 90°，右臂屈肘于肩侧，左臂斜下举。双手握拳。

3—4 拍：右脚向前做一次漫波步，同时双臂屈肘于腰间自然带动身体向左后转体180°。

5—8 拍：同 1—4 拍，方向相反。

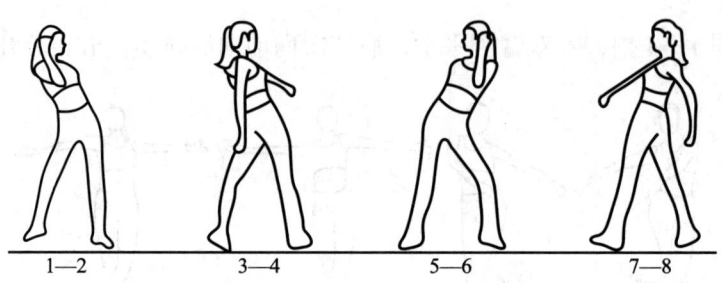

图 11-4-3　左右脚并步跳加漫波步转体

4. 左右脚点转 360°（第四个八拍，图 11-4-4）

1—4 拍：以右脚为轴，左脚完成 4 次点转，同时髋向左侧顶；身体向右后转 360°。双臂自然屈肘于腰间，五指分开，掌心向下。左右肩依次向前抖动 4 次。

5—6 拍：右脚向右侧迈出一步，顶右髋，身体转向右前 45°，头看右侧；同时双臂斜上举，五指分开，掌心向外。

7—8 拍：右脚收回屈膝内扣脚掌，点地在左脚旁，向左顶髋。身体向左前 45° 转，头看左侧；同时左手五指分开扶右髋，肘自然弯曲，右臂屈肘，右手背贴后腰间。

第五至第八个八拍动作同第一至第四个八拍，唯方向相反。

图 11-4-4　左右脚点转 360°

（二）组合动作二（8×8 拍）

1. 前漫波步后并步转身走步（第一个八拍，图 11-4-5）

1—2 拍：左脚向前曼渡步一次，双臂屈肘于腰间前后自然摆动，双手握拳。

3—4 拍：右脚向后并步跳，同时身体左右转 180°。

5—8 拍：右脚、左脚依次向左后走 4 次，同时身体左后转 180°。双臂屈肘于腰间自然摆动双手握拳。

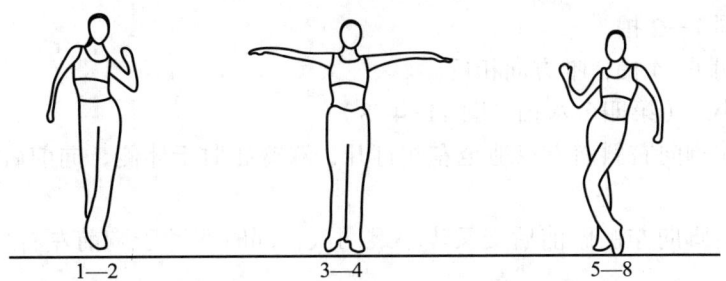

图 11-4-5　前漫波步后并步转身走步

2. 弹踢腿前点地顶髋（第二个八拍，图 11-4-6）

1—2 拍：右脚依次向前侧弹踢腿两次，同时双臂屈肘于腰间自然向前侧屈伸。

3—4 拍：右脚向后做一次恰恰步，双臂屈肘于腰间，并向前后自然摆动。

5—8 拍：左脚、右脚依次向前点地两次，同时髋前顶，双臂体侧打开，五指分开，掌心向下。

图 11-4-6　弹踢腿前点地顶髋

3. 弓步侧点（第三个八拍，图 11-4-7）

1—2 拍：左脚向前一步，右脚紧跟向侧点地，同时双臂屈肘于腰间前后自然摆动。双肩依次向前抠、后展。

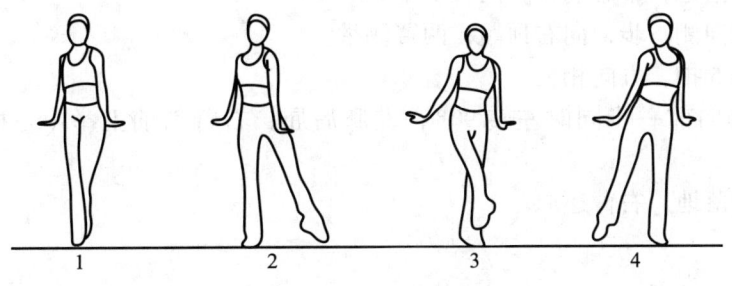

图 11-4-7　弓步侧点

3—4 拍：同 1—2 拍。

5—8 拍：同 1—4 拍，唯方向相反。

4. 交叉步小跳（第四个八拍，图 11-4-8）

1—2 拍：左脚向右斜前方点地至左侧打开，双臂屈肘于体侧，向前后自然屈伸两次，双手握拳。

3—4 拍：右脚向左侧做前后交叉步小跳两次，同时双臂于胸前左右自然摆动，双手握拳。

5—8 拍：左脚向右后点转跳 4 次，身体转 360°。双臂屈肘于体侧打开，五指分开，掌心向下。

第五至第八个八拍动作同第一至第四个八拍，唯方向相反。

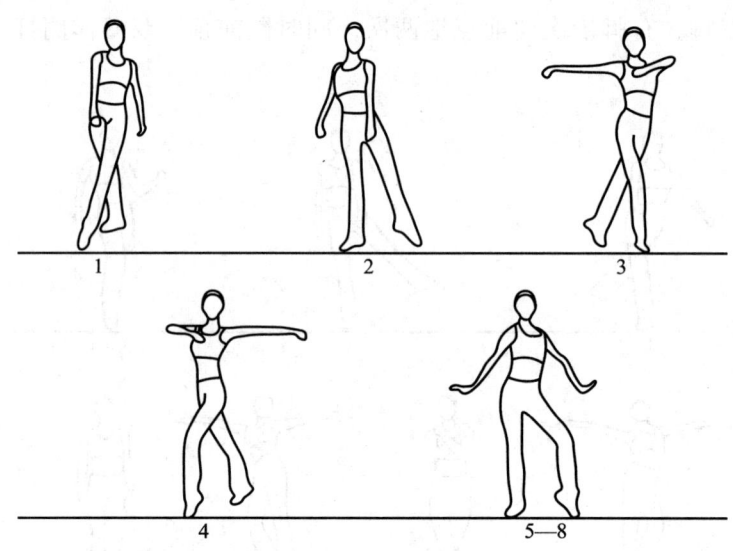

图 11-4-8　交叉步小跳

（三）组合动作三（8×8 拍）

1. 侧并步亮相（第一个八拍，图 11-4-9）

1—2 拍：左脚向左侧并步跳一次，同时双臂侧平举，五指并拢，掌心向下。

3 拍：右脚向左后一步，同时右转 45°，左腿前吸，双臂胸前屈肘交叉，掌心向内。

4 拍：左脚落地，重心前移，两臂下举。

5 拍：右脚向侧一步，向右顶髋，两臂侧举。

6 拍：同第 5 拍，方向相反。

7 拍：右脚向前一步同时左转 90°，左膝后屈，右臂斜前上举（亮相），眼看手指方向。

8 拍：左脚落地，右臂还原。

图 11-4-9　侧并步亮相

2. "V"字步左右摆髋（第二个八拍，图 11-4-10）

1—2 拍：右脚向前走"V"字步一次，同时双臂屈肘前后摆臂两次，双手握拳。

3—4 拍：右脚后退还原，同时双臂屈肘，胸前击掌一次。

5 拍：右脚向侧一步，同时左臂胸前平屈，右臂侧举向右摆动，并向右摆髋。

6 拍：同第 5 拍，方向相反。

7—8 拍：同 5—6 拍。

图 11-4-10　"V"字步左右摆髋

3. 前漫波步点跳摆髋（第三个八拍，图 11-4-11）

1—2 拍：左脚向前漫波步，同时双臂经体前至左臂前举，五指分开，掌心向下；右臂上举，五指分开，掌心向外，身体右转 90°。

3—4 拍：同 1—2 拍，唯转身 180°，动作相反。

5—6 拍：左脚、右脚依次向右后走两步，同时身体右后转 180°，双臂屈肘于腰间前后自然摆动。

7—8 拍：左脚、右脚原地点跳两次，稍屈膝内扣，同时髋向左右摆动，双臂屈肘在体侧依次上下摆动，身体前倾。

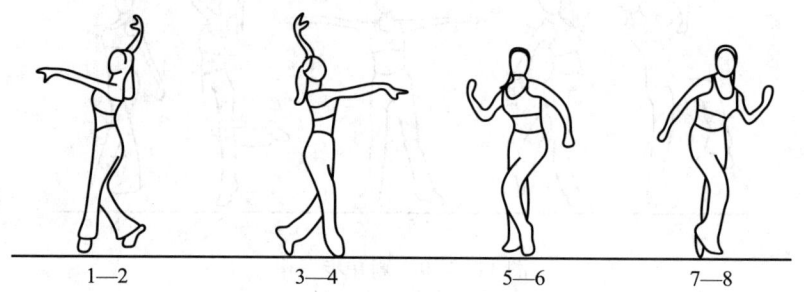

图 11-4-11　前漫波步点跳摆髋

4. 滚动步摆髋侧走垫步（第四个八拍，图 11-4-12）

1—2 拍：右脚、左脚依次做滚动步两次，同时髋左右摆动，膝关节内扣，右臂依次经肩侧摆至斜上举，五指分开，手心向前。

3—4 拍：同 1—2 拍，唯右臂、左臂自然屈肘，双手依次在腹前交叉扶髋。

5—8 拍：左脚向左侧做 4 次垫步，双手握拳，双臂经体侧平举至头上交叉后打开。

第五至第八个八拍动作同第一至第四个八拍，唯方向相反。

图 11-4-12　滚动步摆髋侧走垫步

（四）组合动作四（8×8 拍）

1. 侧踢、恰恰步（第一个八拍，图 11-4-13）

1 拍：右腿侧踢 45°，同时双臂上举，双手握拳。

2 拍：右脚后落，双臂下举，同时右后转 45°。

3—4 拍：左脚向右前恰恰步，同时左臂屈肘由上经胸前向下绕。

5 拍：左脚向右斜前方走，双臂斜后举，双手握拳，身体右后转 45°。

6 拍：右脚向左斜前方走，双臂斜后举，双手握拳，身体左后转 45°。

7 拍：左脚后退，同时左臂斜上举，右臂前平举，五指分开，手心向下，身体左转 45°，头看前方。

8 拍：右脚并左脚还原。

图 11-4-13 侧踢、恰恰步

2. 恰恰转身 360° 加摆髋绕臂（第二个八拍，图 11-4-14）

1—4 拍：左脚开始向前做恰恰步两次，同时右后转 360°，双臂屈肘于腰间自然摆动。

5—7 拍：左脚向左侧打开，双臂胸前绕"๑"形，同时左右摆髋。

8 拍，左脚并右脚成直立。

3. 漫波步加分腿蹲（第三个八拍，图 11-4-15）

1—4 拍：右脚向前走漫波步一次，同时双臂屈肘上举，经腹前交叉向体侧打开再至腹前交叉。

5—8 拍：分腿半蹲，从左向右绕髋两周，同时双臂屈时头上合掌。

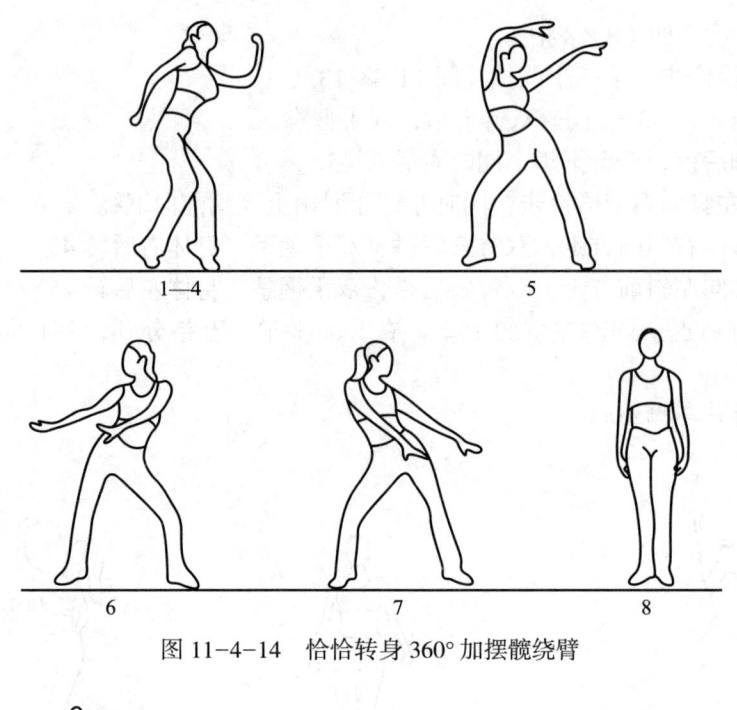

图 11-4-14　恰恰转身 360° 加摆髋绕臂

图 11-4-15　漫波步加分腿蹲

4. 绕臂漫波步（第四个八拍，图 11-4-16）

1—2 拍：左脚向右脚前做一次漫波步，身体右转 45°，同时左臂由上经体侧绕环至上举，右臂上举不动，五指分开，手心相对。

3—4 拍：左脚原地恰恰步一次。

5—8 拍：同 1—4 拍，方向相反。唯结束动作如图 11-4-16 所示。

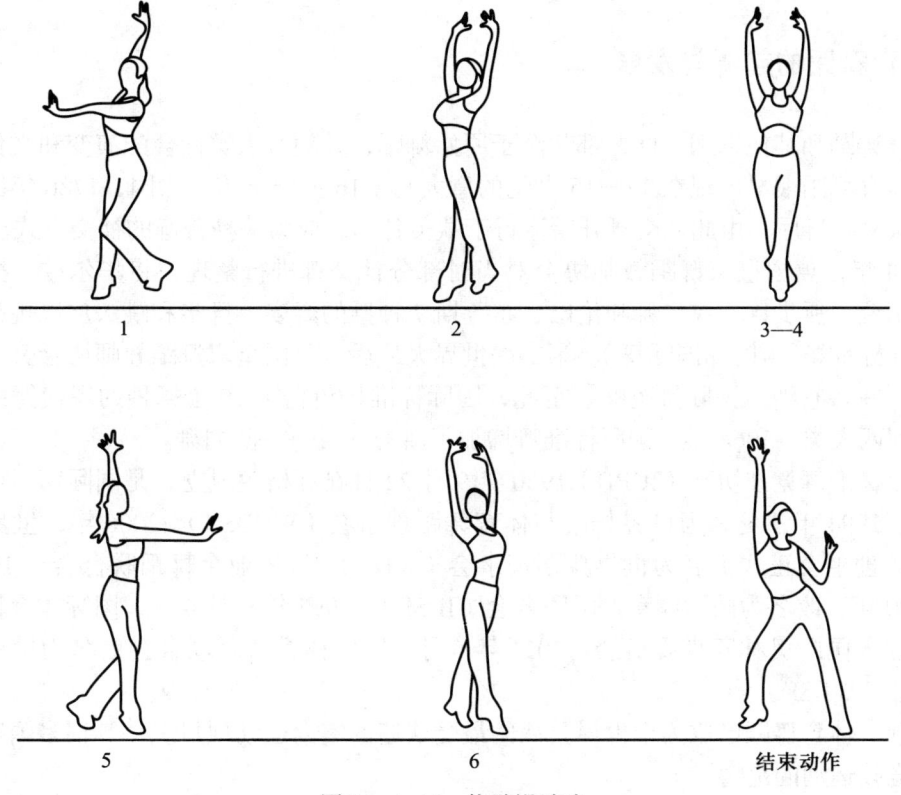

图 11-4-16　绕臂漫波步

第五至第八个八拍：动作同第一至第四个八拍，唯方向相反。

练习拉丁健身操健身时，要重视基本动作的练习和准备活动的练习。练习动作由易到难，由原位到移动，由单一到组合，逐步增加方向的变化。另外，运动强度应逐步增加，不宜突然过大。练习结束后，应重视整理放松运动。

>>> **知识窗** -

拉丁健身操安全提示

在进行拉丁健身操锻炼时选择鞋底柔软的运动鞋；要保持动作、音乐和呼吸的节奏性；正确把握运动负荷，以免过度疲劳；避免扭腰过猛，应以感觉适当为准。

- <<<

第五节　体育舞蹈

体育舞蹈是在有特定节奏的舞曲引导下运用交际舞舞技，展示舞蹈风格、魅力的竞技性国际标准交际舞。体育舞蹈是以竞赛为目的，具有自娱和表演观赏性的竞技舞蹈，它包括现代舞、拉丁舞、团体舞三个竞赛项目的 10 个竞赛舞种。

一、体育舞蹈的起源与发展

体育舞蹈和其他舞蹈一样，都起源于原始舞蹈，并随着人类社会的演变和文化进程而发展。体育舞蹈最早出现在 14—15 世纪的意大利，16 世纪末传入法国，1786 年巴黎开办了第一家交际舞厅，由此社交舞开始流行于欧美各国，成为一种普遍的社交方式。

1924 年，英国皇家舞蹈教师协会对当时部分社交舞进行整理，将华尔兹、探戈、维也纳华尔兹、狐步舞、快步舞和伦巴、布鲁斯 7 种舞的舞姿、舞步和跳法加以规范化，称作"国际标准舞"（简称国际舞）。第二次世界大战后，英国皇家舞蹈教师协会又整理了拉丁舞蹈，并将它纳入国际舞范畴。至此，国际标准舞包括了 10 个舞种的现代舞系列和拉丁舞系列两大类。1964 年，国际标准舞增加了新的项目——队列舞。

国际标准舞竞技协会（ICBD）1950 年 9 月 22 日在苏格兰成立，是国际第一个职业舞蹈组织。1994 年，更名为世界舞蹈与体育舞蹈理事会（WDDSC）。2006 年，世界舞蹈与体育舞蹈理事会正式更名为世界舞蹈理事会（WDC）。世界业余舞蹈联合会于 1957 年成立，1990 年，改名为国际体育舞蹈联合会（IDSF）；1997 年 9 月 4 日，国际体育舞蹈联合会正式加入国际奥林匹克委员会。2011 年 6 月，国际体育舞蹈联合会更名为世界体育舞蹈联合会（WDSF）。

目前，体育舞蹈已成为全世界公认的最受欢迎的室内运动项目之一。很多国家将其纳入体育竞技运动的范畴。

20 世纪 30 年代，交谊舞率先进入上海，后在天津、广州等城市广泛流行。新中国成立后，国内盛行内部舞会，通常由各地的工会、共青团、妇联组织舞会，大家一起跳交谊舞。1956 年以后，交谊舞发展陷入困境。20 世纪 80 年代初，随着改革开放的深入，体育舞蹈在我国进入了一个新的发展时期。外国专家及优秀选手纷纷来华讲学、表演、交流、培训，体育舞蹈迅速从北京、广州向全国推广。1989 年，中国舞蹈家协会正式成立了"中国国际标准舞总会"，20 世纪 90 年代后改名为"中国国际标准舞协会"，并于 1987 年举办了"第一届全国国际准舞锦标赛"，以后每年举行一次。2003 年 10 月 20 日，中国国际标准舞学会和中国国际标准舞协会合并，称为中国国际标准舞总会（CBDF）。进入 20 世纪 90 年代，中国的国际标准舞进入了一个飞速腾跃的发展阶段，为了顺应国际形势，中国的国际标准舞改称为体育舞蹈。与此同时，我国也成立了相应的组织机构。1991 年 5 月 3 日，"中国体育舞蹈运动协会"成立；2002 年，中国体育舞蹈运动协会与中国业余竞技舞蹈协会组成中国体育舞蹈联合会（CDSF）。

与此同时，中国的体育舞蹈采取了"走出去"发展策略，大量选手赴国外参赛，并在比赛中取得了优异成绩。

▶▶▶ 知识窗 ------------------------------

国际标准舞和体育舞蹈比赛

世界舞蹈理事会的主要赛事有世界国际标准舞锦标赛、世界国际拉丁舞锦标赛、世界国际十项舞蹈锦标赛、欧洲竞技舞蹈锦标赛、亚洲竞技舞蹈锦标赛、世界杯国际标准舞邀请赛、世界杯国际拉丁舞邀请赛 7 项。世界体育舞蹈联合会的常规赛事有世界各洲体育舞蹈锦标赛、体育舞蹈世界杯赛、国际体育舞蹈大奖赛等。黑地舞蹈节、世界体育舞蹈大奖赛是非常受欢迎的大赛。我国的国际标准舞和体育舞蹈大赛有全国国际标准舞锦标赛、全国体育舞蹈锦标赛等。

二、体育舞蹈的特点与分类

体育舞蹈是一种由男、女双人（或多对男、女组成的团队）在界定的音乐节奏范围内，运用身体技术与技巧并结合艺术表现力来完成的具有一定规范性的体育运动项目。

（一）体育舞蹈的特点

体育舞蹈是一项集动作美、服装美、音乐美、形体美于一身，具有健身、竞技表演、培养气质及文化修养的运动，它的风格随着 10 个舞种的不同而各异，但就整体而言，体育舞蹈包括以下三个特点：

1. 动作连贯，舞步变化多样

跳体育舞蹈时，要求利用脚掌、掌跟过渡，身体重心移动要连贯，摩登舞中有时是单人移动，有时是双人移动，这样的要求构成了舞步变化多样。

2. 规范性强，动作优美

体育舞蹈是一项高雅文明的运动，它正是由于其规范、完整的舞蹈体系才得以在全球推广。它的规范性还表现在对技术规范的要求上，标准舞的每个动作都从步序、步位、步法、方位、转度、升降、反身动作、倾斜、节奏 9 个方面去规范；拉丁舞则从步序、节奏、节拍、步位、步法、使用动作、身体转量 7 个方面加以规范。同时，体育舞蹈是一项融技术与艺术于一体的表现唯美的运动项目。其各种舞蹈秀和舞台剧彰显了其艺术性。

3. 竞技性与健身性

体育舞蹈一方面体现出体育的竞技性，另一方面习练体育舞蹈也有健身价值。

4. 娱乐性

体育舞蹈是人们交流思想、抒发情感、相互沟通的非常好的一种形式。舞蹈中的融洽、和谐和高雅能增进人们的友谊，丰富社会文化生活。

（二）体育舞蹈的分类

体育舞蹈按舞蹈的风格和技术结构，分为现代舞（标准舞或摩登舞）和拉丁舞两大类。按竞赛项目体育舞蹈可分成 3 类，即现代舞、拉丁舞和团体舞。现代舞包括华尔兹舞、探戈舞、狐步舞、快步舞和维也纳华尔兹舞 5 种；拉丁舞包括桑巴舞、恰恰舞、伦巴舞、斗牛舞和牛仔舞 5 种。

三、体育舞蹈基本知识

（一）舞蹈方向

在同一舞池，为避免舞者相撞而规定必须按照逆时针方向行进。

（二）舞程线

舞程线是指沿舞程方向行进的路线（图 11-5-1）。

（三）角度、方位、赛场

1. 旋转角度的认定

旋转时以每转 360° 为一周，旋转 45° 角为 1/8 周；旋转 90° 角为 1/4 周，旋转 135° 角为 3/8 周，旋转 225° 角为 5/8 周，旋转 315° 角为 7/8 周。在记录旋转动作时，应先标明旋转的方向，即左转或右转，再标明角度。如左转 1/8 周（图 11-5-2）。

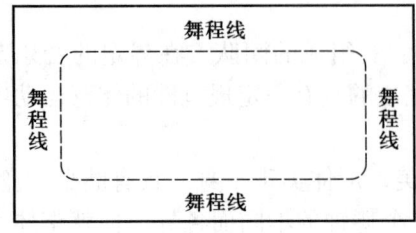

图 11-5-1　舞程线

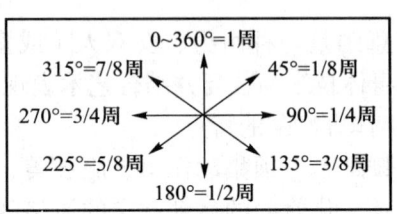

图 11-5-2　旋转角度的认定

2. 方位

为了便于舞蹈进行中正确地辨别方位和检查旋转的角度，根据国际上记录各种舞蹈的惯例，在舞场上要规定一定的方位。一般情况下，多以乐队演奏台的一面为规定方位的基点，定为"1 点"（也可在场地中任选一个面定为"1 点"）。每向顺一时针方向转动 45° 角则变动一个方位。以此类推 2，3，4，…，一共有 8 个点。因此一个场地中的四个面为 1、3、5、7 点，四个角为 2、4、6、8 点（图 11-5-3）。

以上所谈方位，是在一个固定的位置时用的。如果舞蹈者按舞程线不断变换方位，向前移动，则又要和舞程线发生联系。因此，规定了几条线来指示舞蹈者每个舞步的行进方向。

在国际体育舞蹈中规定了 8 条线，即面对舞程线、面斜壁线、面对壁线、背斜中央线、背对舞程线、背斜壁线、面对中央线、面斜中央线（图 11-5-4）。

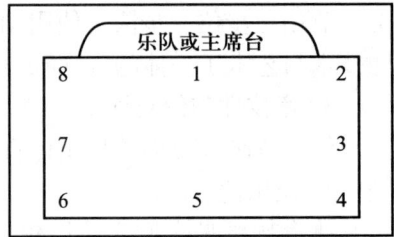

图 11-5-3　体育舞蹈的方位

（四）赛场

进行国际体育舞蹈比赛的场地地面应平整光滑，场地面积为 15 米 × 23 米。赛场长的两条边线叫 A 线，短的两条边线叫 B 线（图 11-5-5）。

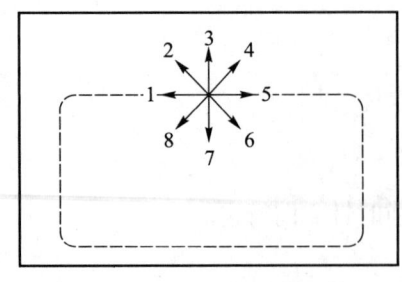

图 11-5-4　八条线

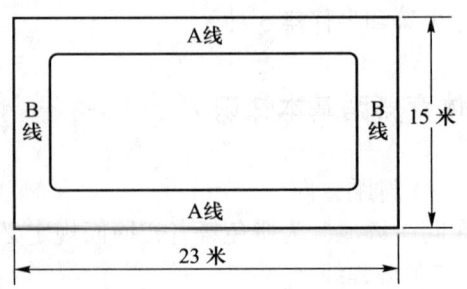

图 11-5-5　体育舞蹈的赛场

比赛选手所编的套路，应按两条线的长短不同，安排适当的动作，不断沿两条线按舞程线方向循序而进。

四、摩登舞的基本步法与组合练习（精选）

（一）摩登舞握抱舞姿

摩登舞又称现代舞、标准舞，它包括华尔兹舞、探戈舞、狐步舞、快步舞和维也纳华尔兹舞。摩登舞以其特有的准确、飘逸、自然的舞姿，表现出一种庄重典雅、细腻严谨的风格。

1. 华尔兹舞、狐步舞、快步舞、维也纳华尔兹舞的握抱舞姿

（1）闭式舞姿。

① 男、女舞伴面对面直立，两脚并拢，挺胸立腰，收腹提臀，两膝自然放松（图11-5-6）。

② 女士右手轻挂在虎口向上的男士左手虎口上，掌心相对而握。前臂与大臂夹角为135°左右，高与女士右耳峰水平相平（图11-5-7）。

③ 男士右手五指并拢，轻置于女士左肩胛骨下端；女士左手轻重于男士右肩袖处，前臂附于男士大臂。男女舞伴右腹部1/2微贴；男士头部自然挺直，女士头部略向左倾，都从对方右肩方向看出（图11-5-8）。

（2）散式舞姿。在闭式舞姿基础上，男士向左略打开上身和头，女士向右略打开上身和头，并向同一方向看出（图11-5-9）。

图11-5-6 华尔兹舞等的闭式舞姿1

图11-5-7 华尔兹舞等的闭式舞姿2

图11-5-8 华尔兹舞等的闭式舞姿3

图11-5-9 华尔兹舞等的散式舞姿

2. 探戈舞的握抱舞姿

由于探戈舞风格独特，握抱姿势与上述4种摩登舞有所不同。

（1）闭式舞姿。

① 男士左脚在前，右脚在后，两脚前后错开半个脚，重心下沉，膝关节弯曲并松弛。左前臂内收，与大臂夹角接近90°，右手略斜下插，不超过脊柱。

② 女士左手虎口抵卡住男士的上臂外侧腋下。男士与女士右身1/3微贴，接触位是膝胯部到腹部（图11-5-10）。

（2）散式舞姿。在原闭式舞姿的基础上，男士头部及上身向左拧转，胸部向外何并带动女士右拧。男女舞伴向同一方向，从相握的手臂看出。男士重心在右脚，左脚拇趾内缘点地，膝关节内合，包住女士右膝；女士重心在左脚，右脚屈膝内扣，右脚拇趾内缘点地（图11-5-11）。

图 11-5-10　探戈舞的闭式舞姿

图 11-5-11　探戈舞的散式舞姿

（二）华尔兹舞基本步法及组合练习

华尔兹舞亦称圆舞，是交际舞中历史最悠久的舞蹈。3/4拍圆舞早在12世纪就在德国和奥地利的农民中流行，16世纪传入法国，作为宫廷舞。17世纪进入维也纳宫廷，18世纪被誉为"欧洲宫廷舞之王"，19世纪末传入美国波士顿，20世纪重返欧洲，并以新的"慢华尔兹"形式流行于英国和其他欧洲国家。后来人们称其为"英国华尔兹"，即当代标准华尔兹。

1. 华尔兹舞基本步法

（1）前进并换步。动作做法见表11-5-1和表11-5-2。前进并换步1~6步动作图见图11-5-12至图11-5-17。男士、女士脚迹图见图11-5-18、图11-5-19。

表 11-5-1　前进并换步男士动作做法

步骤	节拍	步法	方位	升降	倾斜
1	1	左脚前进	面向舞程线	结尾开始上升	
2	2	右脚经左脚横步	面向舞程线	继续上升	左
3	3	左脚并于右脚	面向舞程线	继续升结尾降	左
4	1	右脚前进	面向舞程线	结尾开始上升	
5	2	左脚经右脚横步	面向舞程线	继续上升	右
6	3	右脚并于左脚	面向舞程线	继续升结尾降	右

注：表格中的方位是指在一个舞步结束时，双脚（并非身体）在舞池中指示的方向。身体的位置有时也概括在方位中，因为在侧行位中身体和脚的转度不同，所以应分别叙述。

表 11-5-2 前进并换步女士动作做法

步骤	节拍	步法	方位	升降	倾斜
1	1	右脚后退	背向舞程线	结尾开始上升	
2	2	左脚经右脚横步	背向舞程线	继续上升	右
3	3	右脚并于左脚	背向舞程线	继续升结尾降	右
4	1	左脚后退	背向舞程线	结尾开始上升	
5	2	右脚经左脚横步	背向舞程线	继续上升	左
6	3	左脚并于右脚	背向舞程线	继续升结尾降	左

图 11-5-12 前进
并换步 1

图 11-5-13 前进
并换步 2

图 11-5-14 前进
并换步 3

图 11-5-15 前进
并换步 4

图 11-5-16 前进
并换步 5

图 11-5-17 前进
并换步 6

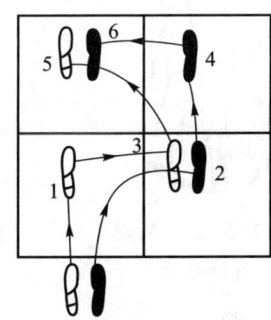

图 11-5-18 前进并换步
男士脚迹图

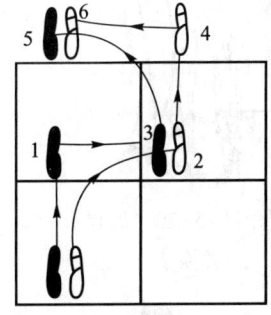

图 11-5-19 前进并换步
女士脚迹图

动作要点：在这个动作的配合中，处于后退的一方一定要给前进的一方让开位置，第一步中身体没有任何变化；在跳第二步时，男女伴的身体要侧向做倾斜，升到最高点时，重心落下后才能走下一个步法。

（2）后退并换步。动作做法见表 11-5-3、表 11-5-4。后退并换步 1~6 步动作图见图 11-5-20 至图 11-5-25。男士、女士脚迹图见图 11-5-26、图 11-5-27。

表 11-5-3 后退并换步男士动作做法

步骤	节拍	步法	方位	升降	倾斜
1	1	右脚后退	背向舞程线	结尾开始上升	
2	2	左脚经右脚横步	背向舞程线	继续上升	右
3	3	右脚并于左脚	背向舞程线	继续升结尾降	右
4	1	左脚后退	背向舞程线	结尾开始上升	
5	2	右脚经左脚横步	背向舞程线	继续上升	左
6	3	左脚并于右脚	背向舞程线	继续升结尾降	左

表 11-5-4 后退并换步女士动作做法

步骤	节拍	步法	方位	升降	倾斜
1	1	左脚前进	面向舞程线	结尾开始上升	
2	2	右脚经左脚横步	面向舞程线	继续上升	左
3	3	左脚并于右脚	面向舞程线	继续升结尾降	左
4	1	右脚前进	面向舞程线	结尾开始上升	
5	2	左脚经右脚横步	面向舞程线	继续上升	右
6	3	右脚并于左脚	面向舞程线	继续升结尾降	右

图 11-5-20 后退
并换步 1

图 11-5-21 后退
并换步 2

图 11-5-22 后退
并换步 3

图 11-5-23 后退
并换步 4

图 11-5-24 后退
并换步 5

图 11-5-25 后退
并换步 6

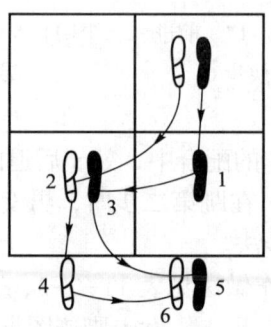

图 11-5-26 后退并换步
男士脚迹图

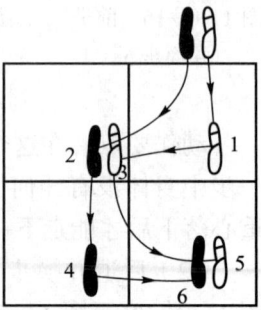

图 11-5-27 后退并换步
女士脚迹图

动作提示：在这个动作的配合中，要求同前进并换步。为了更好地完成比较复杂的动作，要认真练习此动作，从而打好基本功。

（3）左脚并换步。动作做法同前进并换步的前三步，只是方位要面向斜墙壁起步。

（4）右转。动作做法见表11-5-5、表11-5-6。右转步1~6步动作图见图11-5-28至图11-5-33。男士、女士脚迹图见图11-5-34、图11-5-35。

表 11-5-5　右转男士动作做法

步骤	节拍	步法	方位	升降	转度	倾斜
1	1	右脚前进	面向斜墙壁	结尾开始上升	开始右转	
2	2	左脚经右脚横步	背向斜中央	继续上升	1—2 拍转 1/4 周	右
3	3	右脚并于左脚	背向舞程线	继续升结尾降	2—3 拍转 1/8 周	右
4	1	左脚后退	背向舞程线	结尾开始上升	4—5 拍转 3/8 周	
5	2	右脚经左脚横步	背向舞中央	继续上升	身体稍转	左
6	3	左脚并于右脚	面向舞中央	继续升结尾降		左

表 11-5-6　右转女士动作做法

步骤	节拍	步法	方位	升降	转度	倾斜
1	1	左脚后退	背向斜墙壁	结尾开始上升	开始右转	
2	2	右脚经左脚横步	背向舞程线	继续上升	1—2 拍转 1/8 周	左
3	3	左脚并于右脚	面向舞程线	继续升结尾降	身体完成转动	左
4	1	右脚前进	面向舞程线	结尾开始上升	继续右转	
5	2	左脚经右脚横步稍前	背向舞中央	继续上升	4—5 拍转 1/4 周	右
6	3	右脚并于左脚	背向斜中央	继续升结尾降	5—6 拍转 1/8 周	右

图 11-5-28　右转 1　　　　图 11-5-29　右转 2　　　　图 11-5-30　右转 3　　　　图 11-5-31　右转 4

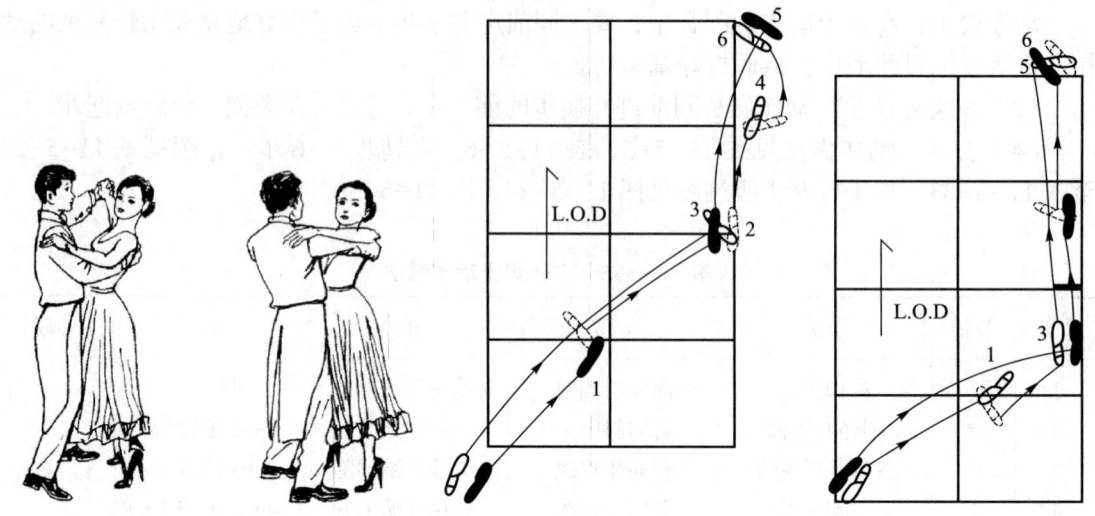

图 11-5-32　右转 5　　图 11-5-33　右转 6　　图 11-5-34　右转男士脚迹图　图 11-5-35　右转女士脚迹图

　　（5）右脚并换步。右脚并换步做法同后退并换步的前三步，只是方位要面向斜中央起步。

　　（6）左转步。动作做法见表 11-5-7、表 11-5-8。左转步 1~6 步动作图见图 11-5-36 至图 11-5-41。男士、女士脚迹图见图 11-5-42、图 11-5-43。

表 11-5-7　左转步男士动作做法

步骤	节拍	步法	方位	升降	转度	倾斜
1	1	左脚前进	背向斜中央	结尾开始上升	开始右转	
2	2	右脚经左脚横步	背向斜墙壁	继续上升	1—2 拍转 1/4 周	左
3	3	左脚并于右脚	背向舞程线	继续升结尾降	2—3 拍转 1/8 周	左
4	1	右脚后退	背向舞程线	结尾开始上升	4—5 拍转 3/8 周	
5	2	左脚经右脚横步稍前	面向斜墙壁	继续上升	身体稍转	右
6	3	右脚并于左脚	面向斜墙壁	继续升结尾降	身体完成转动	右

表 11-5-8　左转步女士动作做法

步骤	节拍	步法	方位	升降	转度	倾斜
1	1	右脚后退	面向斜中央	结尾升足不升	开始左转	
2	2	左脚经右脚横步	背向舞程线	继续上升	1—2 拍转 3/8 周	右
3	3	右脚并于左脚	背向舞程线	继续升结尾降	身体完成转动	右
4	1	左脚前进	背向舞程线	结尾开始上升	继续左转	
5	2	右脚经左脚横步	面向中央	继续上升	4—5 拍转 1/4 周	左
6	3	左脚并于右脚	背向斜墙壁	继续升结尾降	5—6 拍转 1/8 周	左

图 11-5-36　左转步 1　　　　图 11-5-37　左转步 2　　　　图 11-5-38　左转步 3

图 11-5-39　左转步 4　　　　图 11-5-40　左转步 5　　　　图 11-5-41　左转步 6

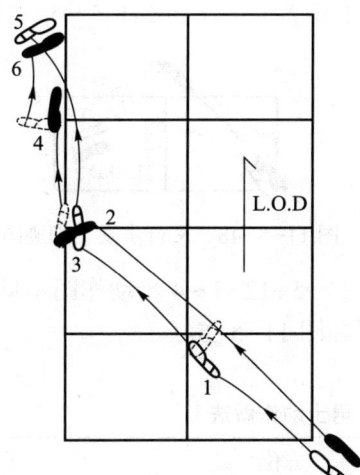
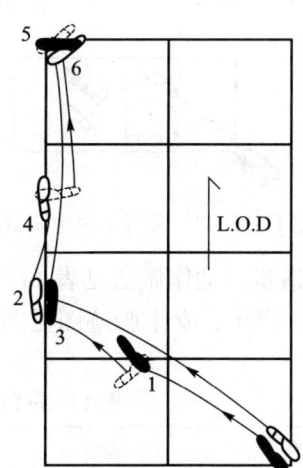

图 11-5-42　左转步男士脚迹图　　　图 11-5-43　左转步女士脚迹图

动作提示：左转步是华尔兹的基础舞步，因此要多练习这个步法。

（7）叉行步。动作做法见表 11-5-9、表 11-5-10。叉行步 1~3 步动作图见图 11-5-44 至图 11-5-46。男士、女士脚迹图见图 11-5-47、图 11-5-48。

表 11-5-9　叉行步男士动作做法

步骤	节拍	步法	方位	升降	倾斜
1	1	左脚前进	面向斜墙壁	结尾开始上升	
2	2	右脚横步稍前	面向斜墙壁	继续上升	左
3	3	左脚在右脚后交叉	面向斜墙壁	保持升结尾降	左

表 11-5-10　叉行步女士动作做法

步骤	节拍	步法	方位	升降	转度	倾斜
1	1	右脚后退	背向斜墙壁	结尾升足不升	1—2拍右转1/4周	
2	2	左脚斜后退	背向斜中央	继续上升		右
3	3	右脚左脚后交叉	面向斜中央	保持升结尾降	身体完成转动	右

图 11-5-44　叉行步1　　　图 11-5-45　叉行步2　　　图 11-5-46　叉行步3

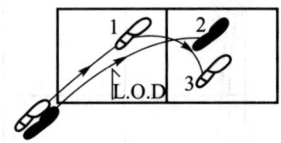 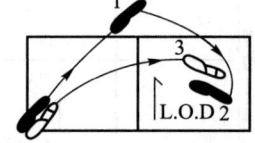

图 11-5-47　叉行步男士脚迹图　　　图 11-5-48　叉行步女士脚迹图

（8）侧行追步。动作做法见表 11-5-11、表 11-5-12。1~4 步动作图示见图 11-5-49 至图 11-5-52。男士、女士脚迹图见图 11-5-53 和图 11-5-54。

表 11-5-11　侧行追步男士动作做法

步骤	节拍	步法	方位	升降
1	1	右进交叉于反身位	面向斜墙壁 沿着舞程线	结尾开始上升
2	2	左脚步横步稍前	面向斜墙壁	继续升
	1/2			
	&			
3	1/2	右脚步并于左脚	面向斜墙壁	继续升
4	3	左脚步横步稍前	面向斜墙壁	保持升结尾降

表 11-5-12　侧行追步女士动作做法

步骤	节拍	步法	方位	升降	转度
1	1	左进交叉于反身位	面向斜中央 沿着舞程线	结尾开始上升	开始左转 1—2 拍转 1/4 周
2	2	右脚横步稍后	面向墙壁	继续升	
	1/2				
	&				
3	1/2	左脚并于右脚	背向斜墙壁	继续升	2—3 拍转 1/8 周
4	3	右脚横步稍后	背向斜墙壁	保持升结尾降	

图 11-5-49　侧行追步 1

图 11-5-50　侧行追步 2

图 11-5-51　侧行追步 3

图 11-5-52　侧行追步 4

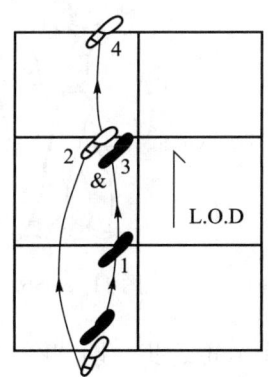
图 11-5-53　侧行追步男士脚迹图

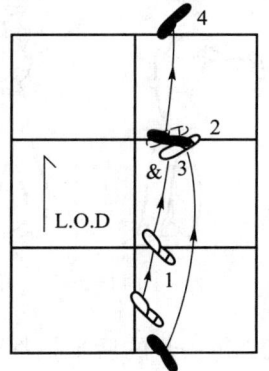
图 11-5-54　侧行追步女士脚迹图

2. 华尔兹舞的组合练习

（1）左脚并换步—右转步—右脚并换步—左转步。

（2）叉形步—侧行追步。

（3）将（1）（2）连接起来。

五、拉丁舞的基本步法与组合练习（精选）

（一）伦巴舞基本步法及单元步法组合练习

伦巴舞历史悠久，舞型成熟，原始的舞蹈风格融进了现代的情调，是拉丁舞中有独特魅力的舞蹈，它的音乐缠绵，舞蹈风格柔媚而抒情，以表达情侣之间的爱情为主题，被称为拉丁舞之魂。伦巴的音乐是 4/4 拍，音乐速度为每分钟 25~27 小节。第 2 拍和第 3 拍各走一步，第 4 拍和第 1 拍共走一步。音乐重拍是第 1 拍，动作上表现为髋部的运动。

伦巴舞握持姿势为闭式位舞姿，即男女相对站立，相距约 20 厘米，身体正直，男士的右手放在女士的左肩胛骨上，女士的左臂轻靠在男士的右臂上，男士的左臂稍弯抬起与眼睛平齐，女士的右手手指放在男士拇指和食指之间，双方的手轻握。

1. 伦巴舞基本步法

（1）单步。动作做法见表 11-5-13，单步 1~3 步动作图见图 11-5-55、图 11-5-56。

表 11-5-13　单步动作做法

步骤	节拍	动作要领
1	2	一脚迈出，迈步时膝部关拢，脚尖经另一脚内侧轻轻擦地前进，脚掌先落成外八字，脚跟落地后膝部立即伸直
2	3	换另一脚，动作同上
3	4、1	每换另一脚，动作同上

图 11-5-55　单步 1　　　　　　图 11-5-56　单步 2

动作要点：每一步的后半拍都要出胯。按节奏每小节走三步，即"停、左、右、左，停、右、左、右"。

（2）开式扭胯步。动作做法见表 11-5-14。

表 11-5-14　开式扭胯动作做法

步骤	节拍	男士	女士
1	2	左脚前进	右脚后退
2	3	右脚后退	左脚前进
3	4、1	左脚并右脚	右脚前进，右转 90°

动作要点：胯部扭动时，上身不要跟着转，使上身和胯部形成竖着"S"形。"开式"和"闭式"扭胯步区别是通常"开式"只做1次扭胯动作，而"闭式"可连续做3次扭胯动作。

（3）十字步。动作做法见表11-5-15，脚迹图见图11-5-57。

表 11-5-15　十字步动作做法

小节	步骤	节拍	男士	女士
1	1	2	左脚前进一步	右脚后退一步
	2	3	右脚后回一步	左脚前回一步
	3	4、1	左脚左横一步	右脚右横一步
2	1	2	右脚后退一步	左脚前进一步
	2	3	左脚前回一步	右脚后回一步
	3	4、1	右脚右横一步	左脚左横一步

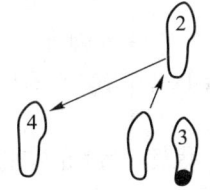
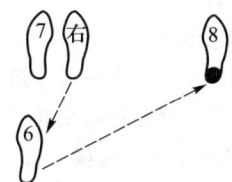

图 11-5-57　十字步男士脚迹图

以上前4拍男士为"前进十字步"，女士为"后退十字步"；后4拍男士为"后退十字步"，女士为"前进十字步"。准备姿势为闭式舞姿。

开始时，男士左脚立地，右脚做"旁点步"，女士右脚立地，左脚做"旁点步"。第2拍男士上步时，左脚须经过右脚的内侧，再跨到右脚的正前方，两脚在一条直线上。女士后退时右脚须经过左脚的内侧，再退到左脚的正后方，两脚在一条直线上。"十字步"是伦巴的一个主要舞步，在舞蹈开始时及连接处都用这个步子。

（4）分展步。动作做法见表11-5-16，步法见图11-5-58、图11-5-59。

表 11-5-16　分展步动作做法

步骤	节拍	男士	女士
1	2	左脚向左横一步，出左胯，左手在腰前反掌朝外，右手扶女伴腰，引导女士反身成"P.P 舞姿"	右脚后退一步，右反身270°出右胯，右手在腰前成"P.P 舞姿"
2	3	右脚右回一步，同时出右胯	左脚左回一步，同时出左胯
3	4、1	左脚并步，左手反掌朝里，右手把女士引向左转身，回到"C.P 舞姿"	左后转身，脚绕地稍转，右脚收到左脚旁

图 11-5-58　分展步 1　　　　　　图 11-5-59　分展步 2

（5）扇形步。动作做法见表 11-5-17，步法见图 11-5-60、图 11-5-61，脚迹图见图 11-5-62。

表 11-5-17　扇形步动作做法

小节	步骤	节拍	男士	女士
1		1—4	做"后退十字步"	做"后退十字步"
2	1	2	右脚后退一步	左脚前进一步
	2	3	左脚向左斜方进一步，脚尖外撇 45°，左手将女伴轻轻向左推出	右脚向右后方退一步，脚跟外撇 45°
	3	4、1	右脚向 2 位方向横一步，左转 45°，重心慢慢地移到右脚，左脚跟离地，右手外展，手心向前	左脚向后撇一步，重心慢慢地移动到左脚，右脚跟离地，左手向左侧伸展，手心向后

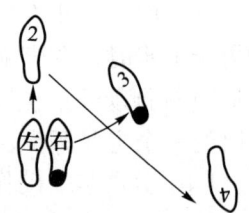

图 11-5-60　扇形步 1　　　　　图 11-5-61　扇形步 2　　　　　图 11-5-62　扇形步脚迹图

最后一拍男女舞伴分别朝 8 位以及 2 位方向站立，里侧的手相拉，外侧的手伸展，好像一把打开的扇子，故名"扇形步"。当扇形步连接下一舞步时，一般需经过"开式扭胯步"。

（6）曲棍步。动作做法见表 11-5-18，步法见图 11-5-63、图 11-5-64，脚迹图见图 11-5-65。

表 11-5-18　曲棍步动作做法

小节	步骤	节拍	男士	女士
1		1—4	做"前进十字步"，引导女士到自己的身前，右转45°	从扇行前位置做"开式扭胯步"，走到男士身前
2	1	2	右脚后退一步，左手拉手举到头旁，肘部抬起，与女士对视	左脚进一步，右手拉手到头前。肘部下压，头右转与男士对视
	2	3	左脚前回一步，左手作"手拉手反绕圈"，引导女士左转身后左手落到腰间，与女士相对	右脚跨到左脚前，脚跟离地，脚掌转，左转360°与男士相对
	3	4、1	右脚向前进一步	左脚向后退一步

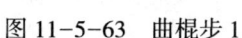

图 11-5-63　曲棍步 1　　　图 11-5-64　曲棍步 2　　　图 11-5-65　曲棍步脚迹图

前8拍时，男士把女士从左侧引导到身前，再向右侧送出，走了一个"Λ"形，犹如倒卧的曲棍球棒，因而得名。

（7）阿依达摇摆步。动作做法见表 11-5-19，步法见图 11-5-66。

表 11-5-19　伦巴舞阿依达摇摆步动作做法

小节	步骤	节拍	男士	女士
1	1~3	1—4	右手外展，左手拉手平伸，右脚起后退三步	左手外展，右手拉手平伸，左脚步起后退三步
2	1~3	1—4	拉手动作不变，左脚在前，右脚在后，向前、向后、向前扭胯三次	拉手动作不变，右脚在前，左脚在后，向前、向后、向前扭胯三次
3	1	2	右脚上步，左转发90°	左脚上步，右转90°
	2	3、4、1	与女士相对拉手，右脚上步，做"左点转步"左转360°，与女士相对拉手	与男士相对拉手，左脚上步，做"右点转步"右转360°，仍与男士相对拉手

动作要点：准备姿势为对式舞姿。"阿依达"，简单说来就是"退三步""摇三摇""转一圈"。

图 11-5-66　阿依达摇摆步

（8）阿里曼娜。动作做法见表 11-5-20，步法见图 11-5-67、图 11-5-68，脚迹图见图 11-5-69。

表 11-5-20　阿里曼娜动作做法

小节	步骤	节拍	男士	女士
1	1	2	做"前进十字步"，把女士引导到自己的身前，手拉手举到头左上方	右脚后退
	2	3		左脚向前进一步
	3	4、1		右脚前进一步到男士身前成前交叉步，面向 5 位方向
2	1	2	做"后退十字步"，左手做"拉手顺绕圈"，引导女士向右后转身共完成 360°，仍与自己相对成 C.P 舞姿	左脚跨到右脚前，脚尖朝右；右脚脚尖沿地面，顺时针方向划一小圈后踏，脚尖朝右，成 C.P 舞姿，再右转 180°，仍与男士相对；左脚旁点步
	2	3		
	3	4、1		

图 11-5-67　阿里曼娜 1

图 11-5-68　阿里曼娜 2

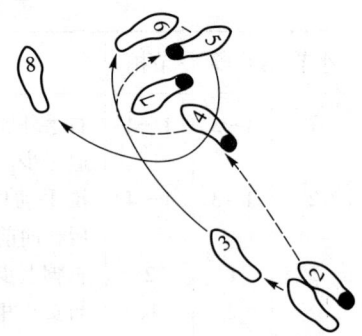

图 11-5-69　阿里曼娜脚迹图

准备姿势为闭式舞姿。"阿里曼娜"是女士的右转身 360° 动作，"右脚在地上顺时针方向划小圈"是这个动作的"特点动作"，转体必须是 180°＋180°，并分两次完成，不能省略，否则与其他转身步无区别。这个动作要做得柔韧、细腻，转身时用些旁腰，可为舞姿增添魅力。

（9）扶肩转（环抱接分离）。动作做法见表 11-5-21，步法见图 11-5-70 至图 11-5-72，女士脚迹图见图 11-5-73。

表 11-5-21　扶肩转动作做法

小节	步骤	节拍	男士	女士
1	1	2	右脚向横一步，右手将女士向左推出后外展，左手相搭	左脚步退一步，左后转身，左手外展，右手搭在男士左肩上成"P.P 舞姿"
	2	3	左脚左回一步	右脚右回一步
2	3	4、1	右脚并步，引导女士回去到自己身前，两手扶女士腰	右转身，左脚上步，回到男士身前，两手搭于男士肩上成"C.P 舞姿"
	1	2	左脚向前进一步，右手放开外展，引导女士右转身，右手搭于女伴肩上	右脚步向后退一步，右后转身右手外展，左手搭于男士右肩上成"P.P 舞姿"
	2	3	右脚步后回一步	左脚步左回一步
		4、1	左脚并步，引导女士回到自己身前，双手扶女士腰	右脚上步，向左转身面朝男士，左手搭在男士左手，轻轻相握

图 11-5-70　扶肩转 1

图 11-5-71　扶肩转 2

图 11-5-72　扶肩转 3

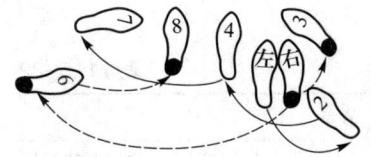

图 11-5-73　女士脚迹图

准备姿势为闭式舞姿。做"扶肩转"时，动作不要太缓太柔，要有力度并且必须带上胯部的动作。

2. 伦巴舞的组合练习

（1）组合一（准备姿势：O.P 舞姿）。

音乐小节	组合内容
1	做"开式扭胯步"
2	做"阿里曼娜"

3—4	做"十字步"
5—6	做"扇形步"
7—8	做"开式扭胯步"及"曲棍步"。

（2）组合二（准备姿势：O.P 舞姿）。

音乐小节	组合内容
1—3	做"十字步"
4	做"扇形步"
5—6	做"开式扭胯步"及"阿里曼娜"
7—8	做"分展步"及"扇形步"

（3）组合三（准备姿势：O.P 舞姿）。

音乐小节	组合内容
1—2	做"十字步"
3—5	做"开式扭胯步"
6	做"阿依达"
7	做"摇摆步"
8	做"十字步"
9—10	做"扶肩步"

（二）恰恰舞基本步形及组合练习

恰恰舞的发源地是墨西哥。由于与古巴隔海相望，因此恰恰舞与伦巴舞在胯部的扭动、变化舞步及组合等方面有许多相似之处，恰恰舞活泼、诙谐、热情奔放、节奏较快。恰恰舞曲为4/4拍，速度为30~32小节/分钟，其节奏为2、3、4&1，第1、2、3拍各走1步，第4拍是两步，因此恰恰舞曲由5步构成。

1. 恰恰舞的基本步法

（1）恰恰步（Q.Q.S）。

① 左、右退恰恰步。

动作做法见表11-5-22、表11-5-23，步法见图11-5-74、图11-5-75，脚迹图见图11-5-76。

表11-5-22　左退恰恰步动作做法

步骤	节奏	动作做法
1	Q	左脚后退一步，脚跟往下压，脚尖向外撇，出左胯
2	Q	右脚后靠一步，脚跟靠在左脚的脚尖旁，脚尖向外撇
3	S	左脚再后靠一步，脚尖向外撇

表11-5-23　右进恰恰步动作做法

步骤	节奏	动作做法
1	Q	右脚前进一步，脚跟往下压，脚尖向外撇，出左胯
2	Q	左脚前靠一步，脚跟靠在右脚的脚尖旁，脚尖向外撇
3	S	右脚再前靠一步，脚尖向外撇

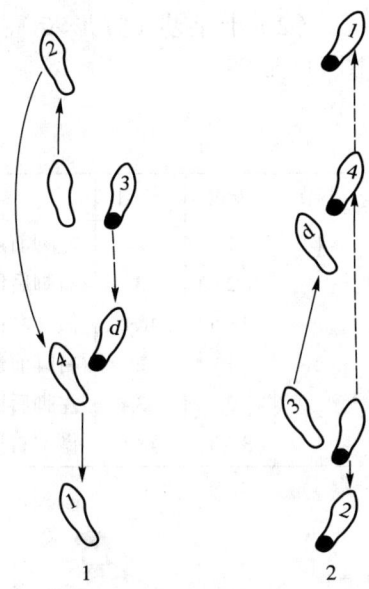

图 11-5-74　恰恰步 1　　　　图 11-5-75　恰恰步 2　　　　图 11-5-76　恰恰步脚迹图

② 左、右横恰恰。步动作做法见表 11-5-24、表 11-5-25。

表 11-5-24　左横恰恰步动作做法

步骤	节奏	动作做法
1	Q	左脚左横一步，直步，出左胯
2	Q	右脚并步，直步
3	S	左脚再左横一步，直步

表 11-5-25　右横恰恰步动作做法

步骤	节奏	动作做法
1	Q	右脚右横一步，直步，出左胯
2	Q	左脚并步，直步
3	S	右脚再右横一步，直步

　　动作要点：恰恰舞每小节的后两拍跳"恰恰步"，方向包括"前、后、左、右"。若第一步是"左退步"，则是"左退恰恰步"；第一步是"右进步"，则是"右进恰恰步"。做"左退恰恰步"时，左肩朝后，右肩在前，上身向左偏 45°，头向正前方，两臂屈肘在两侧，女士与男士相拉。如果男士、女士做分身跳时，右手在前，左手在后，手心向上，右手、左手、右手上、下轻摆三次。做"右进恰恰步"时，右肩朝后、左肩在前，上身向右偏 45°，头向正前方，两臂屈肘在两侧与舞伴相拉。如果男士、女士做分身跳时，左手在前，右手在后，手心向上，左手、右手、左手上、下轻摆三次。

（2）十字步（方形步）。动作做法见表 11-5-26，步法见图 11-5-77，脚迹图见图 11-5-78。

表 11-5-26　十字步动作做法

小节	步骤	节拍	男士	女士
1	1	2	左脚前进一步，出左胯，左手前推	右脚后退一步，出右胯，右手后缩
	2	3	右脚后回一步，出右胯，两手拉平	左脚前回一步，出左胯，两手拉平
	3~5	4&1	做"左横恰恰步"	做"右横恰恰步"
2	1	2	右脚前进一步，出右胯，左手前推	左脚后退一步，出左胯，右手后缩
	2	3	左脚后回一步，出左胯，两手拉平	右脚前回一步，出右胯，两手拉平
	3~5	4&1	做"右横恰恰步"	做"左横恰恰步"

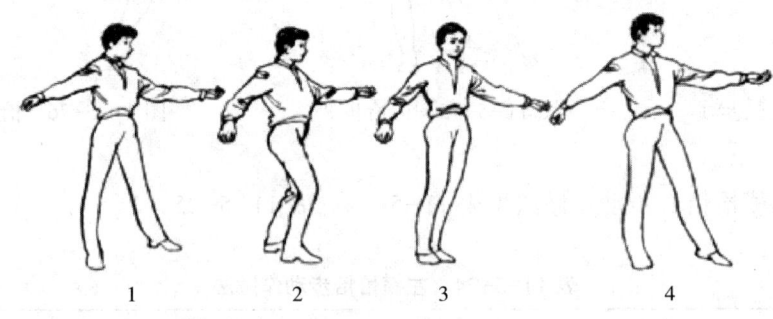

图 11-5-77　十字步

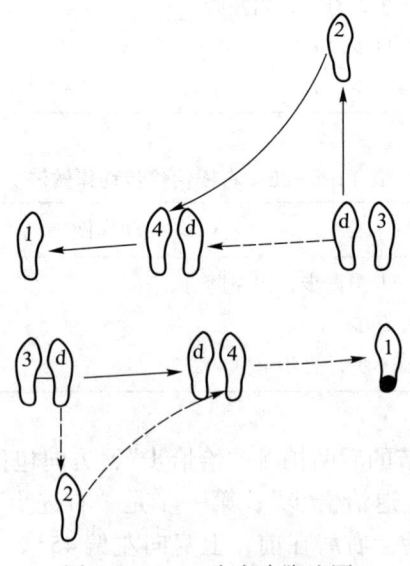

图 11-5-78　十字步脚迹图

准备姿势为闭式舞姿。进退步注意脚尖须外撤，横步时是直步。追步（并步）时要屈膝，脚跟离地。

（3）后拖步及拧胯步。动作做法见表11-5-27。

表11-5-27　后拖步及拧胯步的动作做法

小节	步骤	节拍	男士
1	1	2	左脚前进一步，出左胯
	2	3	右脚后回一步，出右胯
	3	4	左脚后退一步，出左胯
	4	&	右脚后拖半步
	5	1	左脚向右脚并步
2	1	2	右脚后退一步
	2	3	左脚前回一步，脚尖外撇
	3	4	右脚向左脚并步指向左斜方
	4	&	两脚脚跟离地，脚掌转成正步
	5	1	右脚右横一步

这是"十字步"的变化舞步，可以和"十字步"交替使用，是男士专用的舞步。第一小节是"后拖步"，第二小节是"拧胯步"。男士必须牢记这两个步子，有时在"组合"也可将它们拆开使用。

（4）交叉拧胯步。动作做法见表11-5-28，动作路线见图11-5-79，脚迹图见图11-5-80。

表11-5-28　交叉拧胯步的动作做法

小节	步骤	节拍	男士
1	1	2	左脚前进一步，出左胯
	2	3	右脚后回一步，出右胯
	3	4	左脚退到右后方成"后交叉步"
	4	&	右脚后撤到左脚旁边并步，两脚脚尖都朝左斜前方，脚跟离地，脚掌辗转，拧胯成正步
	5	1	左脚左横一步
2	1	2	右脚前进一步，出右胯
	2	3	左脚后回一步，出左胯
	3	4	右脚跨到左脚的左前方，脚尖朝左
	4	&	左脚向右脚靠步，右脚脚跟离地，脚掌辗转，向右拧胯成正步
	5	1	右脚向右横一步

交叉拧胯步是男伴专用动作。脚步变化较多，一定要以胯部来带动脚步，身体的重心要稍靠前。第一小节为"退交叉拧胯步"，第二小节为"进交叉拧胯步"。

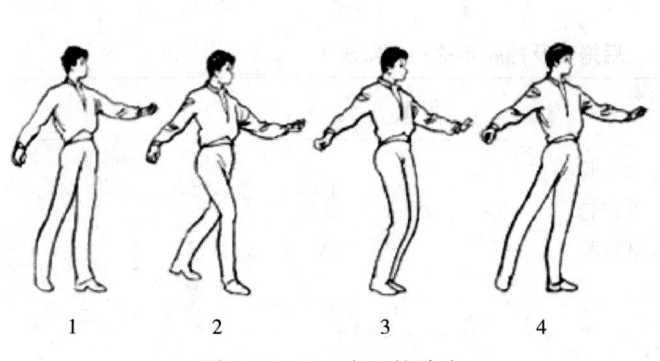 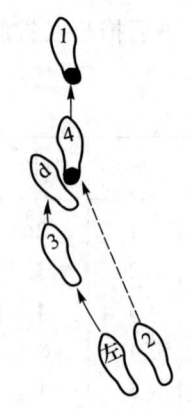

图 11-5-79　交叉拧胯步　　　　　　　　　图 11-5-80　交叉拧胯步脚迹图

（5）三步式前进步。动作做法见表 11-5-29。

表 11-5-29　三步式前进步动作做法

步骤	节拍	男士
1	2	左脚前进一步，出左胯
2	&	右脚前靠一步
3	3	左脚再前进一步
4	4	右脚前进一步，出右胯
5	&	左脚前靠一步
6	1	右脚再前进一步

这个动作实际上是 2 个"恰恰步"。第一个是"左进恰恰步"，第 2 个是"右进恰恰步"。如果做"三步式后退步"，只要将前进改成后退就可以了。

（6）开式扭胯步。动作做法见表 11-5-30。

表 11-5-30　开式扭胯步动作做法

步骤	节拍	女士
1	2	右脚尖擦地，慢慢靠向左脚，膝向左脚，膝盖并拢，上身转向左侧，脚掌向外辗转动 45°，脚跟落地，同时左脚跟离地，膝盖向右侧并，左胯向前拧出
2	3	左脚再前进一步，右脚跟离地，右胯向前拧
3	4	右脚前进一步，出右胯
4	&	左脚前靠步
5	1	右脚再前进一步

准备姿势为左脚立地，右脚旁步。开式扭胯步动作是非常有特点的女士专用舞步，在进行这个舞步时要尽量做得细腻、柔韧。开式扭胯步也是一个过渡动作，一般来说在扇形步舞姿后接其他动作时，都用这个动作过渡。

（7）曲棍步和扇形步。动作做法见表 11-5-31。

表 11-5-31　曲棍步和扇形步动作做法

小节	步骤	节拍	男士	女士
1			做"前进十字步"，把女士引导到自己的身前，左手拉手举起	做"五步式前进步"到男士身前，右手拉手举起
2	1	2	右脚后退一步，左手肘部抬起	左脚前进一步，与男士对视
	2	3	左脚前回一步，左手"拉手反绕圈"引导女士转身后仍与自己相对	右脚前进一步，左后速转身180°与男士相对
	3	4	右脚前进一步	左脚后退一步
	4	&	左脚前靠一步	右脚后靠一步
	5	1	右脚前进一步	左脚后退一步
3	1	2	左脚前进一步	右脚后退一步
	2	3	右脚后回一步	左脚前回一步
	3～5	4&1	做"左退恰恰步"	做"开式扭胯步"，到男士左侧
4	1	2	右脚后退一步，左手在腰间向左侧轻摆	左脚上一步，左手向前伸直，向右转身45°
	2	3	左脚前回一步，左手向右侧轻摆，引导女士左转身	右脚退一步，左手展开，向左转身
	3	4	右脚向右横一步	左脚向左横一小步
	4	&	左脚并步	右脚并步
	5	1	右脚右横一步，右手右侧伸展	左脚左横一步，左手左侧伸展

准备姿势为闭式舞姿。其行进路线与"伦巴"中的相同，男士前进时左手要对女士右手"加压"，女士则要有"抵制"。带上胯的动作要有韧劲。

2. 恰恰舞的组合练习

（1）组合一（准备姿势：C.P 舞姿）。

小节	男士	女士
1—2	十字步	十字步
3	前进十字步	后退十字步
4	拧胯步	扇形步
5	后交叉拧胯步	开式扭胯步
6	后退十字步	阿里曼娜

（2）组合二（准备姿势：C.P 舞姿）。

小节	男士	女士
1	前进十字步	后退十字步
2	后退十字步	前进十字步
3	十字步引导女伴	后退十字步
4	扇形步	扇形步
5	后拖步	开式扭胯步
6	后退十字步	前进十字步

第六节 瑜伽

瑜伽起源于 5 000 多年前的古印度，是东方最古老的强身术之一。通过瑜伽练习可以保持身体的和谐，消除精神上的疲劳，调整身心达到防病治病的目的。尤其是它的音乐及语音冥想可以唤起对大自然的憧憬、净化心灵、美化灵魂。

一、瑜伽的练习准备

（一）练习前的准备

（1）环境应安静幽雅，温度应适宜怡人。如果是在室内练习，灯光应偏向自然柔和；通风换气，保证空气清新，以便静心和集中注意力。

（2）练习前，排尽体内废物，换上宽松、柔软的衣服，严禁穿紧身内衣练习；在环境允许下，赤脚练习较好；不戴任何饰物，保持脸部洁净。

（3）可以点上香熏炉，让紧张的大脑和神经系统更快地放松，让空气中弥漫着沁人心脾的芬芳香味。

（4）配上宁静、舒缓、悠扬的瑜伽音乐，使人联想到纯净、美好的大自然，易于消除杂念。

（5）对于初学者和柔韧性不好的人来说，准备一条毛巾做辅助。为防止做地面动作时受伤，应准备一块薄地毯或健身垫。

（二）练习的心理提示

（1）将瑜伽当作娱乐、令人快乐的事来做。放松心情，愉快地练习，不要一味地追求高难度的动作，不要强迫自己在短时间内达到演示者的水平。

（2）练习瑜伽时，需要保持平和的心态，循序渐进，追求身心健康。对于较高难度的动作，在还没完全领悟前，不要擅自进行。务必在教练指导下逐步完成，以确保身体不受损伤。

（3）瑜伽至少需要几个月持续地练习，方能有效果，持续时间越长，效果越显著。

（三）饮食提示

瑜伽练习要达到健身、美体、养颜的效果，饮食是不可忽视的要素。

（1）练习前 3 小时不进正餐，半小时前不大量饮水（除特殊要求外）；练习结束 15～30 分钟后，饮用富含维生素的果汁或纯净水一杯，帮助补充水分，排除毒素。

（2）平常饮食适时、适量，以绿色食物为主。摄入果蔬类植物性食物与肉类动物性食物的比例应为 3∶1。

（3）少食或不食用刺激性强的食物，如过冷、过热、辛辣、油炸、腌制、含防腐剂或甜食类食品。

（4）饮食过程情绪平和，速度适中。

身心和谐

瑜伽倡导"身心合一"的生命哲理，即身、心、灵的结合，练习者通过体位法、调息法与冥想法来维持与发展身心和精神品德上的健康。瑜伽特别注重心灵层面的净化，可以培养高尚的情操，端正人生态度，培养积极的世界观、人生观、价值观。瑜伽也是一种健康的生活方式，它引导人们自然地摒弃不良习惯，不断地超越自我，增强自信心。

二、瑜伽的呼吸方法

瑜伽呼吸是自然而完全的呼吸。正确的呼吸可以加强全身的系统功能，增进健康，增强生命力。在瑜伽练习中，正确的呼气可以清洁肺部及加速消除体内的毒素。

（一）腹式呼吸

仰卧平躺，把双手放在腹部上，吸气时把空气直接吸向腹部，吸气时腹部就会鼓起来。呼气时腹部下沉，要慢慢、深深地呼吸。吸气时肋骨是向外和向上扩张的，呼气时肋骨是向下并向内收的。腹式呼吸可以把空气带入肺部最宽最底部，增加呼吸量。

（二）胸式呼吸

仰卧或坐姿，深深吸气，不让腹部扩张，把空气直接吸入胸部。

（三）完全呼吸

完全呼吸是一种自然的日常的呼吸方法，是把腹式呼吸和胸式呼吸结合起来完成的。吸气尽量将胸部吸满空气而扩张到最大程度，双肩可能略微提起，胸部将扩大，腹部会向内紧收。呼气先放松胸部，然后放松腹部。完全呼吸，可以有效地交换体内所需的氧气，加强排泄体内的废气物，滋养身体的每一个部分，减慢心率，增强肺活量和耐力，按摩内脏。

（四）口吸式呼吸

向内吸一口气，两手拇指按向鼻子两侧，口充满气，仰头，屏住气，低头，停住。抬头，松开拇指，通过鼻孔呼气。口吸式呼吸能增强肺活量，集中能量，刺激精神系统，它分为站立、坐式、地面（仰卧）站立和前弯、后仰、侧弯、斜面等多种方式。

三、瑜伽基本动作

练习一：伸臂式（图11-6-1）

方法：基本站姿站立，两手于胸前合十。吸气，两手慢慢举至头顶上方，挺胸，收腹，伸展脊柱，头尽量后仰。呼气，慢慢伸直上体，双手合十放于胸前，低头放松。重复上述动作3次。

效果：扩展胸部，伸展颈部、两手臂及整个身体前侧；减除腹部多余脂肪，并使腹肌平滑有力；增强胸椎、脊柱的弹性；增大肺活量。

练习二：扩胸式（图11-6-2）

方法：基本站姿站立。吸气，两手从旁分开，慢慢上举至头顶上方，双手合十，尽量伸直肘部。呼气，屈膝，臀部往下坐，身体重心下移，保持自然呼吸30~60秒。吸气，慢慢抬高身体。呼气，两手从旁分开，慢慢放于体侧。重复上述动作 3 次后，闭眼，放松全身。

效果：扩展胸部，增强胸大肌力量；增加肺活量，提高血液中氧的含量，延缓全身器官的衰老，促进血液循环。女性常做此练习，有丰乳之功效。

图 11-6-1　伸臂式　　　　　　　图 11-6-2　扩胸式

练习三：顶天式（图 11-6-3）

方法：基本站姿站立。吸气，两手臂前举。呼气，两手臂侧分，在体后十指相交。伸直肘部，手心朝内（如肘部不能伸直，切勿勉强），双肩后收，夹紧背部。抬头，伸展颈部，眼望上方，保持自然呼吸。呼气，放松双肩，双手臂在胸前相抱，微微低头，全身放松。吸气，慢慢回复到正中位置。重复上述动作 2~3 次。

效果：扩展胸部，紧收腹部，缓解肩部疼痛及肩周炎；颈部前侧得到伸展，消除下颌多余脂肪，增强脊柱的弹性。

练习四：腰躯摇摆式（图 11-6-4）

方法：基本姿势站立，双腿分开，屈肘，十指在背后相交。以腰部为支点，身体按顺时针方向转动 3~5 次，然后按逆时针方向转动 3~5 次。

效果：活动两手臂，减少上臂、腰、腹部多余脂肪，按摩腹部内脏器官，增强肠胃功能，改善消化不良。

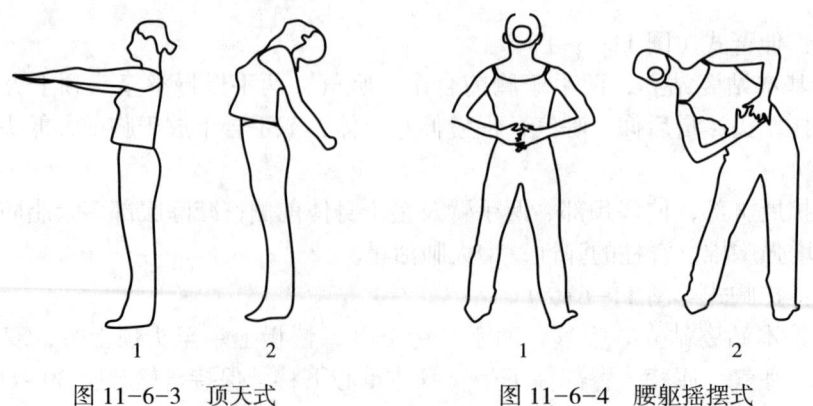

图 11-6-3　顶天式　　　　　　图 11-6-4　腰躯摇摆式

练习五：侧身伸展式（图11-6-5）

方法：基本三角式站立。屈右膝，双手侧平举。呼气，以腰为轴，上体右转，右手尽量触及右脚以外的地面，左手指向天空，再继续指向右前方，保持自然呼吸，体会从左脚外侧沿左腰腋窝、手臂到指尖伸展的感觉。吸气，右手离开地面，上体缓缓回到中间。呼气，以腰为轴上体左转，再在左侧做同样的练习。

效果：加强两腿的力量，消除腰腹部多余脂肪；加强脊柱的柔韧性与弹性，锻炼身体的平衡感。

练习六：束角式（图11-6-6）

方法：基本坐姿坐好。屈膝，脚心相对。双手十指交叉，手心抱住脚尖，脚跟向后挪，尽量靠近会阴，伸直脊柱伸直颈椎，眼望前方。呼气，以腰部为支点，身体前倾，慢慢使整个身体及前额贴近地面，同时肘部贴近膝盖窝，将两膝压向地面，保持自然呼吸20～30秒。吸气，继续以腰部为支点，慢慢抬起整个背部，抬起两肘，伸直脊柱，放松。重复上述动作3～5次。

效果：按摩腹部内脏器官，预防和缓解坐骨神经痛，预防腿部静脉曲张。

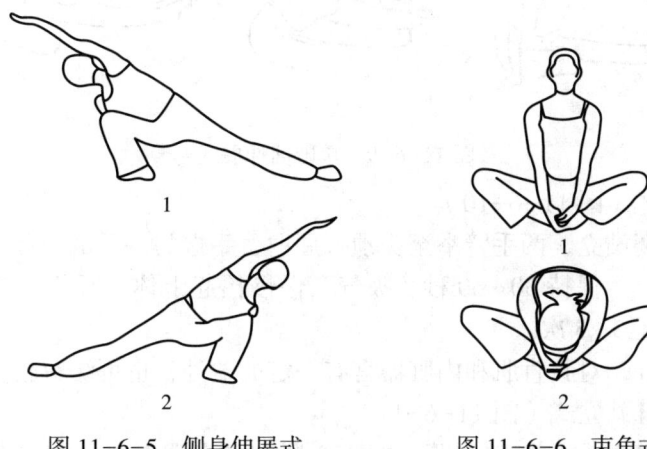

图11-6-5　侧身伸展式　　　　图11-6-6　束角式

练习七：小桥式（图11-6-7）

方法：仰卧双手放于体侧，手心朝下，向上稍屈膝。吸气，慢慢抬起臀部，伸直双膝，收紧臀部保持此姿势数秒。呼气，慢慢放下所有抬起的部位，自然呼吸。重复上述动作2～3次。

效果：强壮双腿，强壮腰骶椎和背部，使腹部变得平滑有力；使臀部变窄并上翘；身体前侧全部得以伸展。

练习八：后伸展式（图11-6-8）

方法：俯卧，两手放于体侧，手心向下。双手在臀后十指交叉，伸直肘部。吸气，两肩后收，夹紧背部，手用力向腿的方向伸展，头颈、胸离开地面，大腿前侧紧紧贴近地面，并自然呼气数秒。呼气，分开十指，将头、颈、胸及双臂轻轻地放落到地面。重复上述动作3～5次。

效果：增强脊柱的弹性，加强下背部力量，缓解腰背的疼痛；扩张胸部，增强胸肌的弹性，锻炼胸大肌，伸展颈部，延缓衰老。

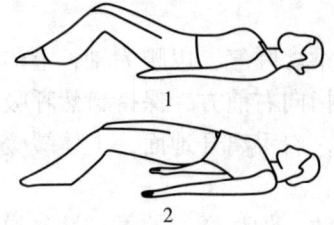

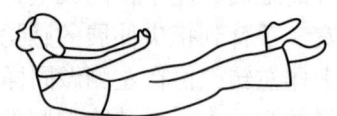

图 11-6-7　小桥式　　　　　　图 11-6-8　后伸展式

练习九：单腿前伸展式（图 11-6-9）

方法：基本坐姿坐好，屈左膝，左脚心紧贴左腹股沟处。呼气，上体前移，尽量贴近右腿前侧，双手前抓住右脚尖。吸气，抬头，伸展整个背部。换左腿练习。

效果：减少腹部多余脂肪，伸展两腿；预防膝关节疼痛及轻度关节炎，放松两髋及脚踝，矫正扁平足。

图 11-6-9　单腿前伸展式

练习十：鞠躬式（图 11-6-10）

方法：基本站姿站立，两手臂举至头顶，屈肘，手握另一手的肘部。呼气，以腰部为支点，上体前屈 90°，保持 30~60 秒。吸气，慢慢抬起上体。呼气，两手臂侧分，放于体侧。上述动作重复 3~5 次。

效果：延伸脊柱，对腹直肌和内脏器官有一定的益处，也可缓解腰、背部的疼痛。

练习十一：屈膝站立式（图 11-6-11）

方法：基本站姿站立，左腿屈膝，左脚心紧靠右大腿内侧，左手抓住左脚背，将脚跟移向会阴处，脚尖指向下方左膝向外侧展，双手合十于胸前。用右腿平衡身体，慢慢将双手举至头顶上方，做几次深呼吸。呼气，慢慢放下双手臂及右脚。换左脚练习。每侧做 2~3 次，回到基本站立式，放松。

图 11-6-10　鞠躬式　　　　　　图 11-6-11　屈膝站立式

效果：扩张胸部，提高平衡感，增强集中注意力的能力；使脊柱更稳固，体态更好。

练习十二：臀部平衡式（图11-6-12）

方法：基本坐姿坐好。吸气，屈膝，两手抓住两脚尖。呼气，两脚慢慢上举，伸直膝盖，身体以臀部着地保持平衡，自然呼吸30~60秒。吸气，屈膝收回腿。呼气，松开两手放于体侧，两腿向前伸直放松。重复上述动作2~3次。

效果：改善人体的平衡，减少腹部的多余脂肪，强壮腰、背部，拉长双腿韧带。

练习十三：腰躯转动式（图11-6-13）

方法：基本三角式站立。呼气，以腰为轴，上身躯干朝左方转动，左手触摸到右侧腰，右手触摸左肩，右肘部与两肩平齐，保持自然呼吸30~60秒，体会右侧腰部的拉伸。吸气，回到中间。呼气，转右侧做同样练习。吸气，回复到基本三角式后，重复上述动作2次。

效果：增强脊椎的弹性，减轻长时间坐姿给脊椎、腰椎造成的压力，减轻腰部疼痛，放松肩关节。

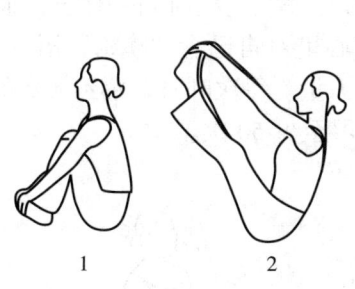

图11-6-12 臀部平衡式

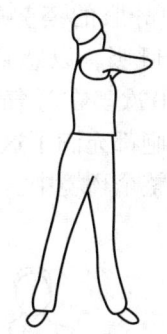

图11-6-13 腰躯转动式

练习十四：铲斗式（图11-6-14）

方法：基本站姿站立，两脚分开。两臂上举，手腕放松，手指自然垂落。深吸一口气，然后呼气，以腰为轴，上体快速垂下，两手臂在两腿中间自然摇摆。吸气，以腰为轴，从下背到中背、上背、颈椎、头，逐渐抬高上体。重复上述动作3次。

效果：滋养脊柱神经，安神补气，消除紧张的神经，清新头脑。

练习十五：瑜伽调息（图11-6-15）

方法：以一种舒适的瑜伽坐姿打坐，闭合双眼。使劲做呼的动作，让吸气慢慢自发地进行。每次呼气之后，只做一刹那的悬息，然后慢慢吸气。在呼气50次之后，再做一次呼气时（即第51次呼气），尽量呼出肺部的气体。悬息，同时一起做收颌收束法、收腹收束法和会阴收束法。在做这种练习时，集中精力，意守两眉之间的眉心。尽量长久地悬息，但以感到舒适为限，然后解除三种收束法，慢慢吸气。上述为一个回合，共需重复做25个回合。

效果：调息法可使腹部肌肉、脾脏、肝脏和胰脏活动旺盛，并洁净和加强肺脏功能。

注意：不可在空气污浊的地方练习。

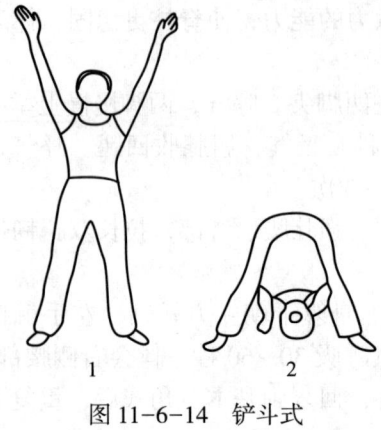

图 11-6-14　铲斗式

图 11-6-15　瑜伽调息

练习十六：瑜伽冥想（图 11-6-16、图 11-6-17）

瑜伽冥想的目的在于获得内心的平和与安宁，可以与呼吸法同步进行练习。

方法：按一种舒服的姿势静坐。可以闭起双眼或部分睁开双眼。做完 5 次完全的呼吸。继续做完全呼吸，以感到舒适为限，然后与呼气过程时间一样长，诵念瑜伽语音"噢—姆—"，约 10 次。在呼气和吸气时，都在心里对自己念"噢姆"语音，每次吸气，感到身体每一个细胞都充满了这种平和、宁静和力量。每次呼气，感到无数的"噢姆"音节把这平和传播到整个环境中。重复上述动作练习至少 50 次。

图 11-6-16　瑜伽冥想 1

图 11-6-17　瑜伽冥想 2

练习十七：身体放松（图 11-6-18）

身体放松法主要是通过瑜伽的调整姿态（调身），呼吸（调息）、意念（调心）而达到松、静、自然的放松状态。

练习者静卧，微闭双眼，深沉吸气，慢慢呼气，精神安宁，注意呼吸节律；使全身放松，体验全身肌肉放松后的舒适感。同时暗示："全身肌肉放松后，精神得到充分放松，四肢不能动了，眼睛睁不开了，脑子也不想了，睡吧！睡吧！睡着了，精神彻底放松解脱了……"

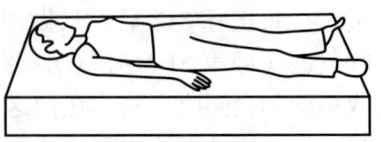

图 11-6-18　身体放松

第七节　健身街舞

街舞是融多种舞蹈风格于一体、崇尚舞蹈个性特点的一种健身运动，是不同动作技巧的组合。习练街舞，可以提高身体的协调性，增强练习者的自信心，培养健康审美观，张扬个性，释放自我，充分展示生命的活力和激情。

一、街舞简述

街舞是 20 世纪 70 年代的"hip-hop dance"，它起源于美国纽约布鲁克林街头舞者的即兴舞蹈动作。街舞独特的风格在于简化原有的如机械舞、霹雳舞的动作，注重身体的协调性、韵律性，增加了身体的律动及手部的动作和花样的步伐。在我国，hip-hop 作为一种街头文化得到广泛的开展，特别是近年健身 hip-hop 作为一种时代的标志正在蓬勃发展。习练街舞可以提高身体的协调能力，有效地增进表现能力，可以提高心肺功能还具有减肥降脂的功效。健身街舞以 hip-hop 的舞蹈和音乐为基底，改变并排除舞蹈动作中比较消极、颓废的动作，融入健美操的元素，使健身街舞更具健身性和充满力度的美感。

二、健身街舞基本技术

（一）缓冲技术

健身街舞的缓冲技术主要表现在膝关节的弹动、踝关节的缓冲以及髋关节的屈伸三方面。这些技术不仅表现出街舞的动作特色，而且与动作的安全性息息相关。在健身街舞的练习当中，膝关节几乎很少伸得很直，多数是在微屈或弹动的状态下完成动作的。例如，在点地和提膝的动作中，踝关节的缓冲与髋关节的屈伸动作往往协调配合进行，这使动作律动感很强且松弛自然，对关节也起到了保护作用。

（二）控制技术

健身街舞的控制技术主要表现在肌肉的用力方式和用力顺序两方面。健身街舞的多数动作有很强的动感和力度美，为了表现这一特色，就需要频繁地使用肌肉的爆发力，有时某些动作会出现在音乐的弱拍上，这就要求动作速度很快。因此，肌肉的松弛与紧张收缩必须协调控制，才可以达到应有的动作效果。

（三）重心的移动和转换技术

健身街舞的重心移动技术方面主要表现在动作方向的变化上，通过前、后、左、右的移动，身体运动的路线发生丰富的变化。健身街舞的重心转换技术主要靠左右脚支撑的变化来实现。可以说除了上肢和躯干的动作，这一技术动作占据了很大的比例，它使健身街舞动作具有律动感和技巧性，从而展现街舞的基本特色。

街舞动作强调随意性，要求动作松弛，所以练习时要尽可能放松自己的肌肉和关节，熟练掌握弹动、控制、移动和转换技术，以及音乐节奏控制的技巧。

三、健身街舞基本动作

（一）膝关节弹动

两腿并立，膝关节自然屈伸，两臂于体侧自然下垂。

（二）踏步

两腿并立，两腿依次踏地，膝关节自然屈伸，两臂屈肘于腰间，两臂自然前后摆动，两手半握拳。

（三）含展胸

预备姿势：两腿并立。

1拍：右腿向右一步，重心在两腿之间，同时做展胸动作。

2拍：左脚并右腿，同时做含胸动作。

3拍：前半拍，做展胸动作，同时右腿向右走一步；后半拍，做含胸动作，同时左腿并右腿。

4拍：前半拍，右腿向右一步，做展胸动作；后半拍，左腿并右腿还原。右臂屈肘90°，随含展胸动作做前后摆动，右手五指分开，掌心向前；左手五指分开，扶左髋。

（四）顶肩

预备姿势：两腿开立，比肩略宽。

1拍：向上顶右肩，同时右手半握拳，右臂屈肘，随右肩自然摆动，左臂自然下垂，五指自然分开。

2拍：向上顶左肩，同时左臂屈肘随左肩自然摆动，左手半握拳，右臂自然下垂，五指自然分开。

3—4拍：向上顶右肩两次。

（五）绕肘

预备姿势：两腿并立。

手形：食指剑指。

1拍：右脚踏步，右臂肘关节由内向外绕360°至右臂侧平举。

2拍：左脚踏步，左臂肘关节由内向外绕360°至左臂侧平举。

3拍：右腿向后一步，同时右臂由内向下绕180°，自然下垂。

4拍：左腿向后一步并右腿，同时左臂由内向下绕180°，自然下垂。

四、健身街舞组合动作

（一）组合动作一

1. 前侧点地步（1×8拍，图11-7-1）

1拍：右脚跟侧前点地，同时两手胸前交叉，打响指。

2拍：右腿侧后弓步，同时两臂屈肘侧平举。

3拍：右腿侧前上步，同时两手胸前交叉，打响指。

4拍：提左腿侧踹，同时两臂屈肘侧平举。

图 11-7-1 前侧点地步

5 拍：落左腿交叉于右腿前，同时两手胸前交叉，打响指。

6 拍：右腿侧迈一步，两腿成开立状，同时两臂自然摆动。

7 拍：左腿侧迈一大步，右腿慢慢收，同时两臂屈肘侧平举。

8 拍：右腿并左腿还原，同时两手在右耳侧击掌。

2. 左右提肩（2×8 拍，图 11-7-2）

1 拍：右腿向侧一步，屈膝，同时右肩向上提，重心落右腿上。

2 拍：左肩向上提，重心落左腿上。

3—4 拍：右肩向上提两次，重心落右腿上。

5—8 拍：同 1—4 拍，唯方向相反。

图 11-7-2 左右提肩

3. 侧并步振胸（3×8拍，图11-7-3）

1拍：右腿向侧一步，同时右臂侧平举。

2拍：左脚后点地，交叉于右腿后，同时左手放于耳侧，头向右侧看。

3—4拍：同1—2拍，唯方向相反。

5—6拍：同1—2拍。

7—8拍：右腿进一步，同时两臂屈肘侧举，振胸2次，面向前。

图11-7-3　侧并步振胸

4. 顶髋加转身（4×8拍，图11-7-4）

图11-7-4　顶髋加转身

1—2 拍：左右脚交换腿踏点地，同时两臂胸前上屈，身体右侧向前，面向前。

3—4 拍：向前顶髋 2 次。

5—7 拍：转身向后绕半圈回，同时右手肩上打响指，左手背于体后。

8 拍：还原。

第五个八拍至第八个八拍：动作同第一个八拍至第四个八拍，唯方向相反。

（二）组合动作二

1. 交换腿侧弹踢（1×8 拍，图 11-7-5）

1 拍：提右腿前踹，同时两手腹前交叉，打响指。

2 拍：右腿前落，左腿弹踢成侧点，同时两臂侧下举。

3—4 拍：同 1—2 拍，唯方向相反。

5—8 拍：同 1—4 拍。

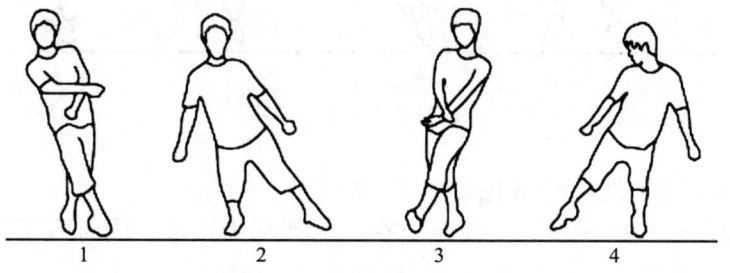

图 11-7-5　交换腿侧弹踢

2. 撤步加吸腿（2×8 拍，图 11-7-6）

1—2 拍：快速分并腿 2 次，同时两臂上举，两手相握。

3—4 拍：右腿向后撤步，收腹，同时右臂由上经前绕回，压右腕。

5 拍：吸右腿，屈膝收腹，同时两手胸前交叉。

图 11-7-6　撤步加吸腿

6拍：吸左腿，屈膝收腹，同时两臂屈肘侧平举。

7—8拍：同5—6拍，重复做2次。

3. 左右并步（1×8拍，图11-7-7）

1—2拍：右腿向侧一步，并左腿，同时两臂屈，小臂向内绕两周。

3—4拍：同1—2拍，唯方向相反。

5—8拍：同1—4拍。

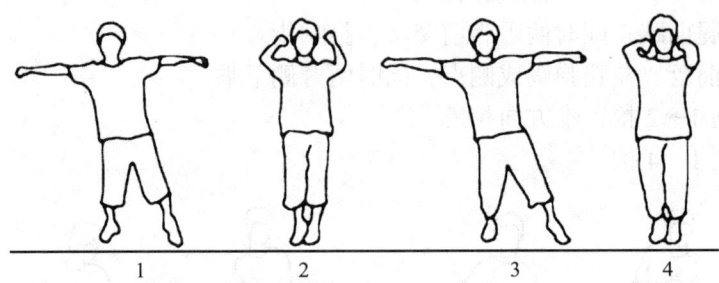

图11-7-7　左右并步

4. 弹腿侧步移重心跳（4×8拍，图11-7-8）

1拍：右腿向前小跳一步，左腿跟上在右腿侧腿尖点地，同时右手摸左肩，左手摸右腰。

2拍：步法同第1拍，换左腿，同时右手摸右肩，左手摸左肩。

3拍：步法同第1拍，同时两臂屈肘侧举，手心向上，再向下。

4拍：步伐同第2拍，同时两臂下举，手心向下。

5—6拍：提右腿向前踹2次，同时两手握拳，两臂胸前伸2次。

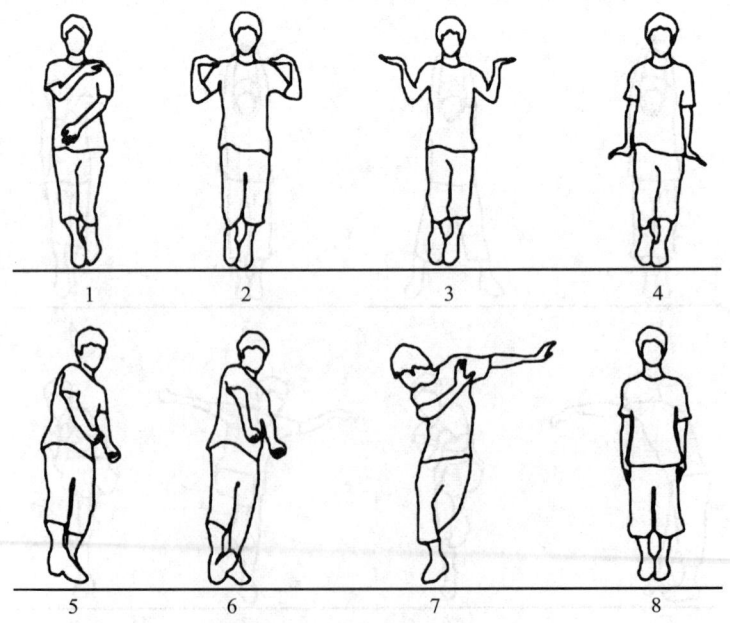

图11-7-8　弹腿侧步移重心跳

7拍：右腿向侧跳一步，同时提左腿，在右脚旁点地，同时两臂自然向侧摆，头向下看。

8拍：收左腿，还原。

第五个八拍至第八个八拍：动作同第一个八拍至第四个八拍，唯方向相反。

（三）组合动作三

1. 侧弹踢（1×8拍，图11-7-9）

1拍：右腿前迈一步，同时右臂屈肘前平举，重心前移。

2拍：还原，自然站立。

3—4拍：同1—2拍，唯方向相反。

5拍：右腿提膝侧踹1次，同时小臂屈伸1次，握拳。

6拍：同第5拍。

7拍：右腿向前小跳，同时两臂自然摆动。

8拍：同第2拍。

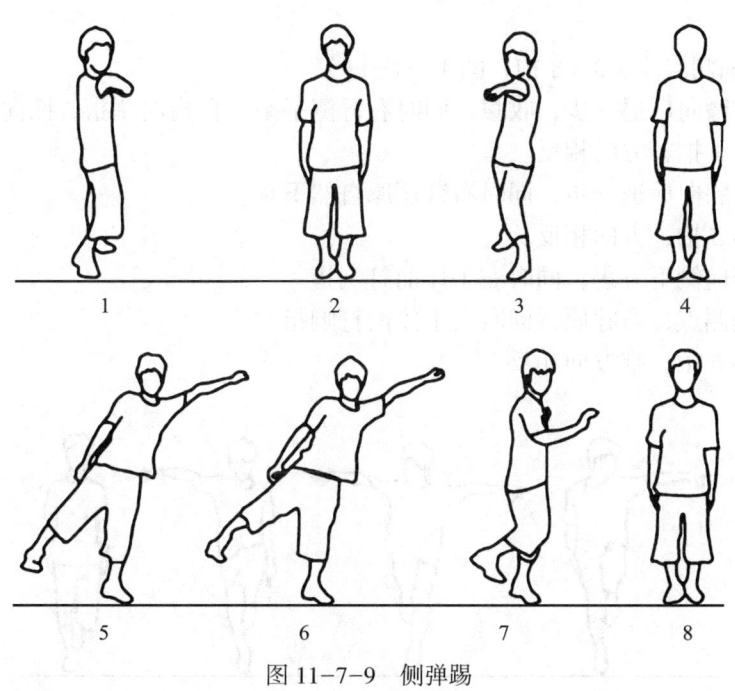

图11-7-9 侧弹踢

2. 滑步加交叉步（2×8拍，图11-7-10）

1拍：后吸右腿，向右侧滑步，同时两臂自然摆动，面转向侧。

2拍：同第1拍，方向相反。

3—4拍：同1—2拍。

5—6拍：向右侧交叉步，同时重心快速向侧倒，面向侧下。

7—8拍：分腿向上跳，屈膝落再起，起时右脚跟和左脚尖着地，同时右臂屈肘向上，左臂侧举。

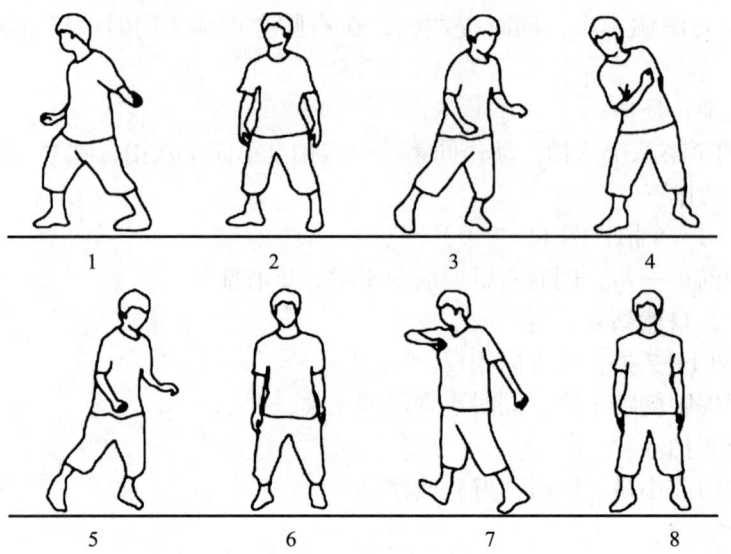

图 11-7-10 滑步加交叉步

3. 屈伸步加侧点步（3×8拍，图 11-7-11）

1拍：提右膝向后退一步，收腹，同时右臂侧平举，食指向侧指，面向侧。

2拍：同第1拍，方向相反。

3拍：提右膝向后退一步，同时右臂还原自然下垂。

4拍：同第3拍，方向相反。

5拍：右腿向侧下方踢，同时右手体前打响指。

6拍：左腿侧点，右膝屈，同时右手体前打响指。

7拍：同第6拍，唯方向相反。

图 11-7-11 屈伸步加侧点步

8 拍：并腿蹲，同时两臂自然下垂放于体侧。

4. 地面仰撑加侧弓步（4×8 拍，图 11-7-12）

1 拍：左腿伸向右前侧，右腿屈，同时右手扶脑后，左手侧后撑地成仰撑。

2 拍：收左腿，两腿并拢，同时两臂放于体侧。

3—4 拍：动作同 1—2 拍，唯方向相反。

5 拍：起身，右腿向侧一步，两膝屈；同时，左臂由左侧向右侧绕一大圈。

6 拍：同第 5 拍，唯方向相反。

7 拍：左腿屈膝，脚尖着地，同时左手扶于左耳后，向右侧收腹。

8 拍：同第 7 拍，重心下压，左膝可着地。

第五个八拍至第八个八拍：动作同第一个八拍至第四个八拍，唯方向相反。

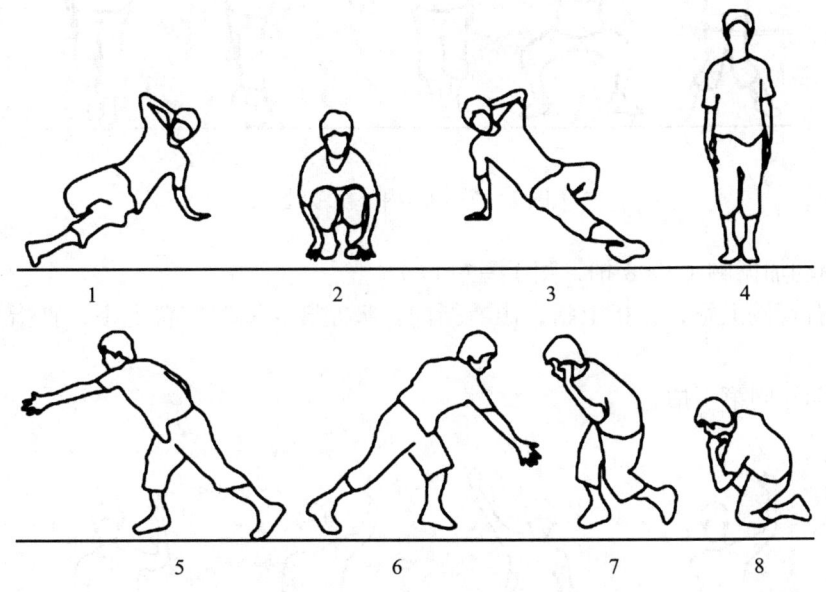

图 11-7-12　地面仰撑加侧弓步

（四）组合动作四

1. 内外摆膝跳（1×8 拍，图 11-7-13）

1 拍：右腿上一步，同时收腹团身，右手打响指，手腕向外翻。提左膝向胸贴，同时右手腕向内翻。

2 拍：左腿落成站立，同时右臂胸前平屈，握拳。

3 拍：右腿侧迈一步，同时右、左臂依次向右绕环。

4 拍：分腿站，同时两臂胸前平屈。

5 拍：两膝内扣外展各 1 次。

6 拍：并腿站立，同时两臂自然下垂。

7 拍：右腿向前跳，左腿后吸，同时两臂侧平举。

8 拍：收右腿，落左腿还原。

图 11-7-13　内外摆膝跳

2. 膝弹动加振胸（2×8 拍，图 11-7-14）

1 拍：右臂侧上举，食指上指，眼看指向。吸左腿，同时左臂上举，食指上指，眼看指向。

2 拍：动作同第 1 拍。

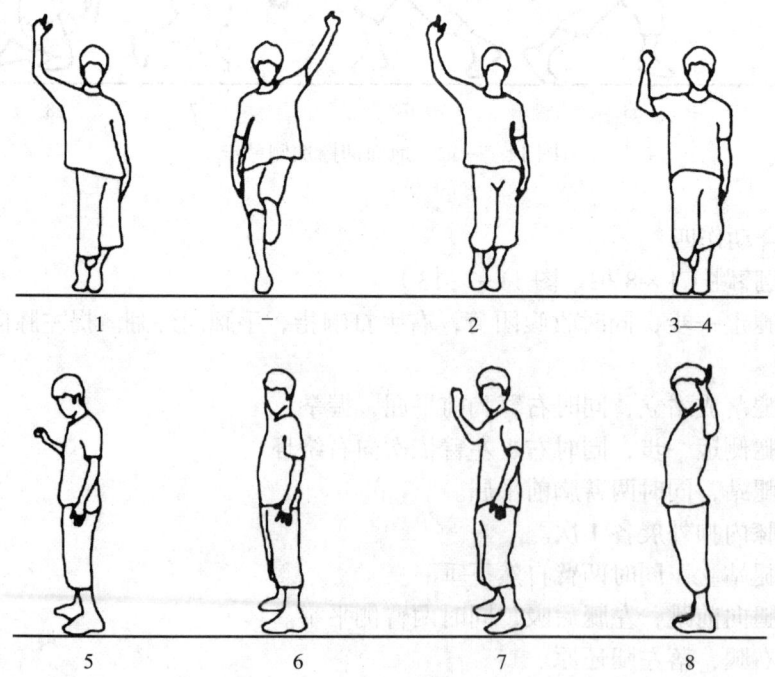

图 11-7-14　膝弹动加振胸

3—4拍：右臂屈肘侧举，同时全身屈膝弹动2次。

5—6拍：右腿向后迈一步，右转身90°，面向前，振胸2次。

7—8拍：左腿并右腿，同时右臂落，左臂屈肘侧举，面向前，振胸2次。

3. 弓步弹动接转体后切重心跳（3×8拍，图11-7-15）

1拍：右腿侧点成左弓步，同时两臂屈肘于胸前向上提摆1次。

2拍：动作同第1拍，唯方向相反。

3—4拍：动作同第1拍，重复振动2次。

5—6拍：立左腿，转右肩，原地转一圈，跳4次。

7拍：向后落右腿，抬左腿，同时两臂向前伸，手掌向前推。

8拍：还原站立。

图11-7-15　弓步弹动接转体后切重心跳

4. 两臂大车轮加吸腿（4×8拍，图11-7-16）

1拍：右腿侧一大步，两膝屈，同时右臂经前向后做大车轮绕，面转向后。

2拍：落右臂，左臂经前向后做大车轮绕，面转向后。

3拍：伸直腿，同时两臂体前交叉，打响指。

4拍：向左侧跳一步，左右腿依次落，两臂向侧外展，打响指。

5拍：吸右腿，上身后仰，同时两臂屈肘。

6拍：同第5拍，方向相反。

7拍：屈肘握拳，上臂在右腰前绕2周。

8拍：左腿并右腿，同时左手打响指，两臂外展，面向侧下。

第五个八拍至第八个八拍：动作同第一个八拍至第四个八拍，唯方向相反。

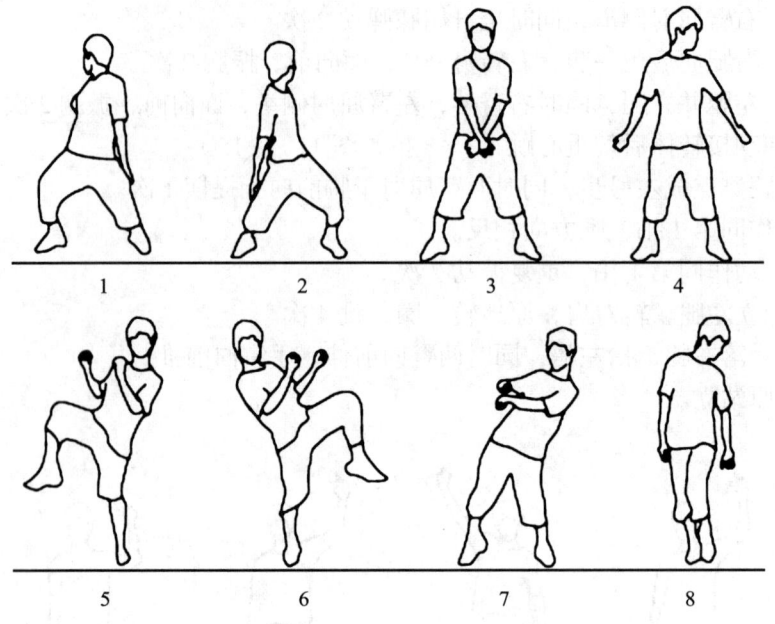

图 11-7-16 两臂大车轮加吸腿

 思考与练习

1. 你了解形体训练吗？你认为形体训练有哪些作用？
2. 简述形体训练的特点、内容和要求。
3. 健美操与形体训练有何区别？
4. 你认为音乐在健美操锻炼中重要吗？为什么？
5. 啦啦操比赛分为几种形式？
6. 进行啦啦操锻炼时应注意哪些事项？
7. 拉丁健身操锻炼时应注意哪些事项？

8. 如何评价拉丁健身操的锻炼效果?

9. 体育舞蹈主要包括哪些舞种?

10. 体育舞蹈的健身价值有哪些?

11. 练习瑜伽时应注意哪些?

第十二章

休闲体育运动

 学习导言

> 休闲娱乐体育正逐渐进入人们的闲暇生活，它所涉及的项目非常广泛，体育运动与休闲互有区别又互相渗透。人类的许多体育运动项目产生于劳动、军事和生活，也有相当一部分是从休闲活动中演化出来的。休闲体育主要目的是健心，强调活动的娱乐性，而运动休闲的时尚特点，往往易成为青年人从众追求的一种生活取向。本章介绍的高尔夫球、台球、保龄球、壁球、滑板、轮滑就是深受大学生喜爱的时尚休闲运动。

第一节　高尔夫球运动

高尔夫球运动是一项具有特殊魅力的运动，它是人们在优美的绿色环境中，锻炼身体，陶冶情操，提高技巧的一项休闲体育活动。

一、高尔夫球运动简述

率先涉及打高尔夫球的是苏格兰北海岸的士兵，后来逐渐引起宫廷贵族和民间青年的浓厚兴趣，最终成为苏格兰的一项传统项目，而后传入英格兰。19 世纪末传到美洲、澳洲及南非，20 世纪传到亚洲。

高尔夫球运动在中国的发展起步虽晚，但发展势头却相当迅速。1916 年，现代高尔夫球首次传入中国，在 1917 年时上海虹桥高尔夫球总会就开始投入运营，到了 20 世纪 80 年代中期，高尔夫球再次在中国兴起，并以惊人的速度发展。1985 年 5 月 24 日，中国高尔夫球协会正式在北京成立。目前，高尔夫球在中国的发展与在世界好的国家还相距稍远，但近年来，高尔夫球在中国的发展呈现出加速的趋势。

世界高尔夫球场之最

世界上最大的高尔夫球场是设在美国马诸塞州的博尔顿球场，长7 609米，它规定的标准击球杆数为77杆。而世界上最高的高尔夫球场是秘鲁的塔克图球场，该球场位于海拔4 369米处。世界上最低的球场是美国加利福尼亚州死亡峡谷的克里克球场，球场低于海平面82.9米。

二、高尔夫球场地

高尔夫球场一般由18个洞组成，标准高尔夫球场的长度约为6 000米，宽度没有限定，占地约66万平方米。洞间相距100~500米。高尔夫球场大多利用天然地形设计修建，主要有草坪、树木、小溪、沙坑、小桥等。高尔夫不但场地各不相同，而且每一球场的18个洞都各有特色。每个洞的场地上都设有发球区、球道、长草区、沙坑、水障碍、球洞区和界外等部分（图12-1-1）。

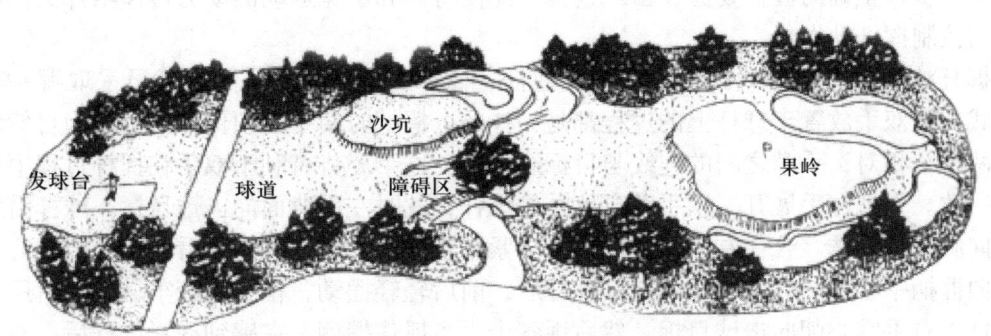

图12-1-1 高尔夫标准场地示意图

（1）发球区。发球区是指开球（第一次击球）时所在的地区，这里草坪平整光滑，发球区上常常标有三组发球线，分别供女选手、男选手、职业选手使用。

（2）球道。球道是指发球区和球洞之间的区域，是通往果岭的地段，两侧有深草区、树林区等不平坦地区，被称为粗糙地带。

（3）果岭。果岭是高尔夫球场上的球洞区，球洞就设在果岭上。

（4）障碍区。障碍区是设在球场上的沙坑、水塘、小溪和崎岖山区，给击球造成困难的区域。

三、高尔夫球基本技术

（一）基本姿势

首先保持身体直立，双手握杆自然向前伸平，高度与胸部持平（图12-1-2）。慢慢弯腰直至将球杆杆头放在地面上（图 12-1-3）。在此过程中要注意处理好手臂与上体的关系。球杆杆头触地后，膝关节做屈膝的动作，直至大腿稍感紧张为止，收腹提臀（图 12-1-4）。

图 12-1-2　基本姿势 1　　　图 12-1-3　基本姿势 2　　　图 12-1-4　基本姿势 3

（二）握杆

握杆指的是球员握持高尔夫球杆，握杆技术就是握持球杆的方法，它是学习高尔夫技术的第一步。正确的握杆姿势在击球过程中能使身体和手臂运动的动力传递给杆头，可以调节与控制挥杆动作。

握杆法通常有重叠式握杆、互锁式握杆、棒球式握杆三种。不管球员采取哪一种握杆方式，把双手放置于球杆上的过程都是一样的。握杆时两手必须保持一个较为自然的姿势，两手掌相对，手掌之间的连线与目标线平行。这个姿势有利于双手在挥杆过程中保持协调一致。先把左手展开，用手掌自然贴住球杆，此时左手背面向击球目标。球杆沿对角线方向斜穿过手掌。合住左手，使握柄末端紧贴掌根。此时双眼向下看，左手拇指应该稍微偏向握柄中心线的右侧。左手握好球杆后，前后轻轻摆动，检查是否牢靠。然后用右手来握杆。右手掌心朝向击球目标，然后用各个手指抓住握柄。在感到握紧球杆后，右手的拇指和食指呈 "V" 字形，类似于扣手枪扳机的姿势。

常见的错误是先将杆头着地，再调整握杆的位置，这往往造成左手掌持杆过多。应该先将左手臂抬高，放于胸前，定目标方位，手轻握杆，臂带动球杆。

采用指握法，左臂紧贴前胸，可以保证一次击球成功。击出的球带旋转，这样可使出球更直、更有力。动作方法如下：

（1）右手握住球杆下方的金属柄，球杆保持在正前方。

（2）将左手移至杆柄，做出握手动作，指抓住杆柄时，前臂保持正对前胸。

（3）确定右手握杆位置，在左手五指端底部握住杆柄。

（4）最后，球杆头部对准球。

（三）站姿（图 12-1-5）

正确的站姿，不仅能在撑杆过程中提供良好的平

1　　　　　　　　2

图 12-1-5　站姿

衡，稳定支撑上半身平稳旋转，而且能使全身各部位协调用力，使每一部分的力量顺其自然地释放出来，进而影响球的飞行方向。

站姿要求：

（1）在站姿之前，应先从球的后方向目标方向眺望，在目标线上寻找一个标记，并确定球与该标志物之间的连线，即为球的飞行方向和目标方向。

（2）确定球与脚的位置关系。

（3）两足平行分立与肩同宽，左足尖稍向外撇开，左足跟靠近所引的垂线。

（四）校准状态调整

站在球后，向下注视目标线，选择一个合理的位置（图12-1-6）。

1　　　　　　　　　　　2

图 12-1-6　校准状态调整

四、远距离击球技术

（一）瞄球

用正确的姿势瞄球是挥杆动作中最重要的一环，这决定球手会打出什么样的球。瞄球时身体要与目标线平行，具体而言就是打球前先确定目标，让球杆面正对目标，然后调整站姿。站姿一定要做到双脚连线、两膝盖连线和双肩连线与目标线平行。

准备姿势在挥杆过程中是一个非常重要的环节。技术要点如下：

1. 根据采用的球杆杆身的长度来决定身体姿势（图12-1-7）

图 12-1-7　身体姿势

2. 球的摆放位置（图12-1-8）

使用短铁杆时，球的位置在站位中间，球杆稍稍靠后。球杆越长，球应越向前方。

3. 准确的瞄球姿势（图12-1-9）

铁杆瞄球姿势程序如下：

（1）首先面向目标站在球的后，然后选择一个瞄准点。

（2）用右手抓握住杆握柄末端，把球杆放在球后，肘部放在髋关节的高度。

图 12-1-8　球的摆放位置

（3）用正常握杆法握住球杆，弯腰、身体前倾，把球杆置于球后。

（4）自然屈膝，使双腿处于一个较有弹性且比较舒适的状态。

图 12-1-9　准确的瞄准姿势

（二）引杆

1. 引杆前的起动动作（图 12-1-10）

注意力集中于目标上，不考虑周围的其他事物；球杆在球的上空轻轻摆动，以防止双手和双臂在挥杆前过于紧张。

图 12-1-10　引杆前的起动动作

2. 引杆动作（图 12-1-11）

引杆动作呈明显的一体性，这种"一体式"引杆有利于挥杆面的扩大，并创造良好的挥杆节奏。

图 12-1-11　引杆动作

（三）挥杆（图 12-1-12）

在高尔夫球技术中，所有技术动作的最终目的就是用球杆打球使球向预定方向飞行，到达意想的目标。而这一目的就是通过挥杆来完成的。挥杆动作的全部内容包括后摆杆、上挥杆、挥杆顶点、下挥杆、冲击球、顺势动作和结束动作。

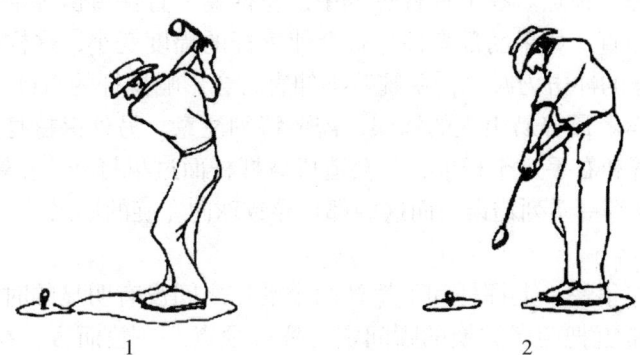

图 12-1-12　挥杆

1. 后摆杆

后摆杆是指将杆头从击球准备时的状态开始向球的后上方摆动的动作，从开始启动到进入屈腕动作为止。后摆杆是上挥杆的起始部分。它使左肩、左臂与球杆形成一体，以左肩依次带动臂、手、球杆，将球杆杆头慢慢向球的飞行方向正后方引摆 30 厘米左右。在此过程中一定要保持杆面始终正对球的飞行方向，也就是说，从杆头启动到杆头向球的后方摆动至右足尖前方，两臂与球杆仍然保持击球准备时的关系状态，杆头的底面几乎贴着地面水平向右运动。后摆杆的关键是慢而直。慢就是指杆头的向后运动要慢，这样有利于整个上挥杆的节奏；直是指球杆的杆头要直线向后摆动，而且杆面要保持正对球。在两手到达右膝前上方之前，因为球杆的两臂、身体一起同步运动，所以球杆的握柄尾端要始终指向脐部，这也是检查后摆杆动作是否正确的简便方法之一。

2. 上挥杆

从挥杆动作的整体来看，后摆杆和上挥杆之间并没有区间间隙，也没有任何停顿，后摆杆是上挥杆的起始，上挥杆是后摆杆的延续，甚至可以说后摆杆是上挥杆的一部分。继后摆杆之后，继续保持肩与两臂构成的三角形，以杆头带动两臂及左肩向右转动，在两手到达右腰部高度时，左臂如同向右上方伸出一样继续上挥。左腋夹住，右上臂基本保持固定，右腋夹住。左臂上挥徐徐弯曲。左臂继续向右转动，带动左腰和左髋也向右扭转。在上体和髋的转动作用下，左腿向右旋扭，左膝内扣，大腿内侧肌肉被拉紧。右腿在扭转力的作用下，仍然保持内扣，维持两膝之间的距离，以阻抗右腿也被迫向右扭转的趋势，所以右腿如同弹簧般被充分扭转压紧。右足内侧承担大部分体重，其余部分由右足前脚掌内侧承担。在上挥杆过程中，头颈部与脊柱保持一体，可以假定身体扭转运动的中心轴是从头顶部穿过颈、背、腰，最后到达骶尾部的。两眼注视球，头颈部固定，保持正直，不要有任何左右摇摆或扭转，左肩最终回旋至下颌的下方。后摆杆以后，两臂仍然与球杆保持同步运动，左臂伸直，尽量保持较大的上挥杆幅度。在手臂的运动过程中，左手背逐渐由朝向球的飞行方向转为朝向身体前方，球杆面也逐渐打开，在两手到达腰部时，左手背基本正对前方，此时杆头继续领先。左臂带动左肩充分转动，左手拇指指腹支住球杆握柄，左手向拇指方向弯曲，完成屈腕动作。保持手腕的正直，左手手背与左前臂位于同一平面上。右肩也有意识地参与上体回旋运动，以使身体转动得更加充分，肩部转动90°以上，腰部转动45°以上，两臂充分上挥，两手到达右耳的位置，左脚后跟稍提起，左膝在扭转作用下靠向右膝，左肩指向球的右侧，进入挥杆顶点。在上挥杆过程中，左臂要一直保持击球准备时的状态，肋部不要弯曲，手腕要伸直。如果肋部弯曲，就会使挥杆的幅度变小，这样就很有可能导致左肩转动不足，使击球的冲击力减少；手腕若不伸直，会影响挥杆的轨迹，从而造成失误球。屈肋屈腕是一般初学者最容易出现的错误，需要特别注意。另外保持身体左侧的主导作用也很重要，如果手臂和右手过于积极，就会造成球杆杆面过早打开、左臂转动不足并下沉、右腋张开、左腕弯曲等一系列错误，而这些都是导致球向左旋的原因。

3. 挥杆顶点

实际上挥杆动作很快，上挥杆和下挥杆两个动作之间没有明显的时间间隔，其转换是在瞬间完成的，通常就把两者转换的瞬间定为挥杆顶点。一般而言，在上挥杆要完成时，左手的手腕保持正直并向拇指方向弯曲，拇指根部处形成褶皱，拇指指腹顶住球杆握柄，中指、无名指、小指紧握球杆。左手手背朝向前上方，手背与前臂在同一平面上，手腕不向掌侧或背侧屈曲。左肘内侧稍朝上，右肘微向内扭，左右两腕均轻轻夹住。左肩内转90°，位于下颌处，指向球的右侧。腰部向右转动，右膝保持稍向内扣，左膝向右膝靠近，左脚后跟略提起，体重主要由右足内侧支撑，完成挥杆顶点。

4. 下挥杆（图 12-1-13）

下挥杆是因上挥杆而向右回旋的身体扭紧向左还原的动作环节。上挥杆的启动顺序为杆头、臂、肩、腰、膝，而下挥杆时则刚好相反，其发动顺序是从下半身启动，使腰、肩、臂超越杆，最后才使杆进入下挥运动。

1   2

图 12-1-13　下挥杆

下挥杆技术要点如下：

（1）下杆必须从臀部开始，臀部首先向左移动。头部保持原位。此时左臂、左肩保持绷紧。

（2）臀部主动回转，手臂和手保持被动，手腕角度与上杆顶点时相同。右肘角度不变。

（3）臀部左移使右肩下降。右肘向卜、向内拉，双臂向下降，以使下杆平面降低，便于将球杆自目标线内侧下杆击球。

（4）继续降低挥杆平面，此时球杆面应在初始球杆面上方并与之平行。握把末端指向目标线在球后方的延长线。

在高尔夫比赛中，击球方向的准确性比击球距离更为重要，挥杆动作的稳定性越好，就越能准确预测击球的结果。练习者要注意以下几方面：

（1）一体性引杆至关重要。

（2）引杆后的屈腕。

（3）引杆到达顶点。

（4）有目的地把身体重心平稳地向左侧转移。

（四）杆触球（图12-1-14）

杆触球动作不仅仅是杆头触球一刹那间的动作，它实际上还包括球杆触球之前和之后的一小段时间。在球杆触球后，由于惯性作用，球杆会带动身体和双臂继续向前运动。

杆触球指的是球杆与球相撞的一段时间，杆触球是整个挥杆过程的一部分，具体技术要点如下：

（1）杆头在通过球所在位置时把球"带走"，而不只是一个简单的"击打"动作。

（2）为了在杆触球阶段使杆面正对球，髋关节、身体和肩关节都稍呈一点开放状态。

（五）结束姿势（图12-1-15）

击球后维持技术姿势的平衡对保证击球准确性具有重要意义，其技术要点如下：

（1）杆触球时，尽量延长杆面触球的时间，触球后右肩通过下颌并朝目标方向运行。

（2）结束挥杆动作时，脊柱保持正直，右肩位置在左脚的正前方。

1	2		1	2

图12-1-14　杆触球　　　　　　　　图12-1-15　维持结束姿势的平衡

第二节　台球运动

台球运动既是一项文明、高雅、轻松、愉快的休闲体育运动，又是智力和体力相结合的全身运动，有"绅士体育"之称，它具有静中有动、动中有静、动静结合的特性，既可观赏，又可锻炼人的耐性，更是人们以球会友、结识更多朋友、缓解工作压力的一种良好途径。

一、台球运动简述

早在 18 世纪，法国就曾经举行过第一次公共台球竞赛。1750 年，法国著名台球运动员敏果特设计了一种红色的圆形台球，并第一次创造出一端镶着橡皮头的台球杆，此外敏果特还制定出一套新的规则和打法。18 世纪后半叶，欧洲一些国家按照敏果特的规则举行过几次大型的台球比赛。

1835 年，英国台球界采用弹性优良的橡胶台沿取代了弹性较差的木制台沿。同期，法国台球手发明了皮革杆头。1868 年，从事印刷业的美国人海亚特制成了热可塑胶台球。1885 年，英国的球桌制造商及职业选手组成了第一个台球协会，并制定了受到普遍承认的规则，统一台球桌尺码、球的尺寸、袋口的尺寸及形状。20 世纪初，英国的戴维斯开始致力于推广落袋式台球，世界职业台球锦标赛也在戴维斯的提议下于 1927 年正式举行。

>>> **知识窗** -

台球运动的基本礼仪

（1）不得和他人高声说话，以免影响打球氛围。
（2）击球者的双脚不能同时离地，更不得坐在台桌边上击球。
（3）不能整个身体趴在台桌上。
（4）不能敞胸露背，也不能赤脚或穿拖鞋上场。

- <<<

台球运动最早传入中国是在 19 世纪末。新中国成立前，只有北京、上海、广州、哈尔滨、沈阳的使领馆和租界中有私人开办的小规模的台球厅室。伴随着经济建设的迅速发展，台球运动在中国得到了极大的普及与发展。在大中城市中，许多体育场馆、俱乐部、娱乐中心、宾馆、饭店都设有台球厅，同时台球作为一项竞技体育运动已经列入每年的全国体育竞赛计划中。

世界上流行的台球种类主要分为英式台球、美式台球、法式台球和开伦式球。

丁俊晖身上的中国精神

丁俊晖曾被外国媒体誉为台球界的"东方之星"，2002 年，丁俊晖为中国夺得首个亚洲台球锦标赛冠军，成为最年轻的亚洲冠军。同年，他又获得世界青年斯诺克锦标赛冠军，成为中国第一个台球世界冠军。2019 年斯诺克世界锦标赛期间，丁俊晖发现右胸上的国旗放在了赞助商商标的下面。按照惯例，胸前广告一般都是国旗在上，其他广告 LOGO 位于国旗下方。丁俊晖在击球前突然停下来将自己右胸胸前广告 LOGO 撕下来，贴到了自己的左胸，在与女裁判微笑着交流了几句后，才重新投入比赛。当丁俊晖转身开始比赛时，他的右胸只剩下五星红旗。运动无国界，但运动员有祖国！丁俊晖用实际行动诠释了这句话。

二、台球场地、器材设备与服饰

1. 球桌

球桌形似长方形会议桌，台球桌内框尺寸长宽比为 2∶1，一般都是用坚硬的木材制成，木质边框上还镶有一条三角形橡胶边，以增加边框的弹性。台面由 3～4 块石板铺成，石板表面光滑，铺粘一层绿色的台呢，以增加台面的摩擦力。

球桌分为底台边、顶台边、左台边、右台边（图 12-2-1）。

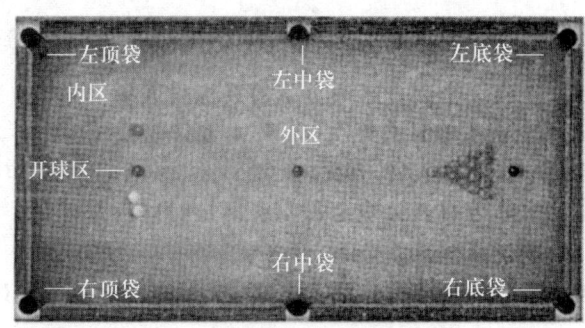

图 12-2-1 台球球桌

（1）置球点。置球点是从顶台边到底台边的四分之一处，与纵向中线相交的那一点，在此处摆放目标球。

（2）内区。在台面上距底台边的五分之一处划有一条横线（分界线）把台面分为两部分，靠底台边的五分之一的区域称为内区。

（3）外区。从分界线到球顶台边的五分之四的区域称为外区。

（4）底袋。位于底台边的球袋称为底袋，左边称为左底袋，右边称为右底袋。

（5）中袋。位于左台边二分之一处的球袋称为左中袋，位于右边的称为右中袋。

（6）顶袋。位于顶台边的两个球袋分别为左顶袋和右顶袋。

（7）开球区。以球台宽的六分之一为半径，在分界线的中点向内区画半圆，所形成的半圆区即为开球区。

2. 球

早期的台球是用上好的象牙制成的，现在使用的台球大多是用优质塑料制成。塑料球的弹性、韧性都比较好，表面光滑，质地均匀，重心位置准确，圆度精确，不易变形。

3. 球杆

球杆用优质木材制成。杆体呈圆形，前细后粗，长度在 1.3～1.5 米之间，重心正确，在球杆尾部的 1/4 或 1/3 处，杆头直径为 9～12 毫米。球杆前端是金属或塑料制成的杆头，杆头前粘有皮头（又称枪头），皮头用优质皮革制成，其质量直接影响击球质量。皮头富有弹性可以控制击球时的撞击力，同时可以防止打滑。击三四次球之后为了防止打滑，应在皮头上擦涂壳粉。皮头要不时修整打磨，使之处于最佳状态。

4. 球杆架、壳粉、三角框

球杆架、壳粉、三角框是必不可少的台球设备和器具。

5. 照明设备

照明灯要装在灯罩中，有利于聚光，也可以避免刺眼。灯罩距球台上方 75 厘米，亮度需在 300 瓦左右。

6. 服饰

衣服穿着要整洁得体，以防肥衣大袖导致触碰球体等违纪犯规现象。

三、台球运动基本术语

1. 主球

主球是指运动员自始至终用球杆直接击打的球，并利用该球运动去撞击其他球而得分。

2. 目标球

目标球是指主球所撞击的球，主球先撞击的叫第一目标，后撞击的叫第二目标，以此类推。

3. 失机

当运动员正常击球，但没有得分时，即为"失机"，此时应换由对方运动员击球。

4. 空杆

运动员将主球击出后，主球没有撞击到任何球，即为空杆，属犯规的一种。

5. 偏球、厚球、薄球

主球撞击被打球的侧部叫偏球，其中多于半个球者为厚球，少于半个球体者为薄球。

6. 侧旋球

把球杆对准主球的侧面，撞击后使主球产生旋转的一种球，为侧旋球。

7. 侥幸球

与原来击球计划相违背而侥幸得分的球，为侥幸球。

8. 偏杆

偏杆是指球杆对准主球中部以外的其他击打点。根据球杆击打主球的不同击点可分为上偏杆、下偏杆、左偏杆、右偏杆。

9. 障碍球

击球时，主球所要击打的目标球路线被另一个球所阻挡，成为主球的障碍的球，为障碍球。

10. 自落

主球击出后无论是否击中目标球，主球自己落入球袋。

11. 一击球

一击球是指击球者用球杆击打主球一次，无论是否得分、犯规或失机都称为"一击球"。

12. 一杆球

一杆球是指击球连续得分直到失机、犯规违例为止的一个轮次。

13. 出台

当一次击球完成后，无论主球还是被击打球跳出球台落到地上即为出台。

14. 手中球

每盘比赛开球前，或主球落入球袋，或主球出台，裁判员裁定没有在开球区击球，均称为手中球。

15. 局中球

从每盘比赛开始到结束，这中间除手中球外，均称为局中球。

16. 活球

根据规则规定，能够被主球直接撞击的球，称为活球。

17. 指定球

指定球是指击球者事先向裁判员声明他所要击打的目标球。

18. 死球

当主球撞击目标球的所有线路均被阻挡时，称为死球，被称为死球的球是指主球。在各种打法中，有不同的死球。

19. 入袋

入袋是指在不犯规的情况下，目标球受主球的撞击后入袋。

20. 开球区

落袋球盘上专为开球之用的半圆形区域，为开球区。

四、台球运动基本技术

台球运动基本技术包括握杆、架杆、击球姿势等部分。

1. 握杆

后手握杆（以右手握杆为例）：右手握杆时，手腕要能自由活动。拇指和食指应轻轻握住球杆，其余三个手指虚握，决不可紧握。握杆的右手务必接近右腰部，并与腰部保持一定的间隔，以便保证球杆做前后水平运动，通常击球时，握杆手握在球杆尾部10厘米处（图12-2-2）。

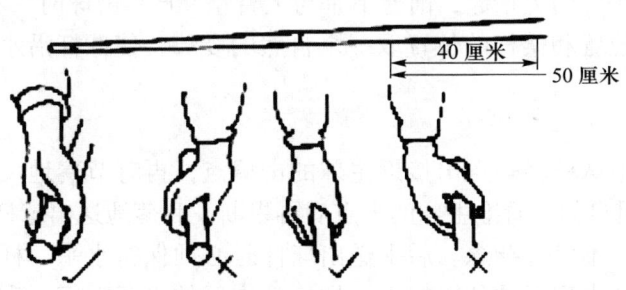

图 12-2-2　握杆的方法

2. 前手架杆（以左手架杆为例）

前手架杆有两种基本手法：第一种是凤眼式。首先将左手五指轻轻分开平放于球台上，手心向下；然后小指、无名指和中指齐向内侧转动拱起，手掌左边压在台面上，三个手指形成支撑手势；当左手与球杆方向接近90°时，左手拇指和食指指尖捏在一起形成一个指圈，把球杆放进圈里用中指和拇指在球台上支撑球杆，就形成凤眼式的手架杆。第二种是平背式。先将左手掌伸直，手心向下按在台面上，然后把拇指以外的其他四指分开，手背稍微拱起，拇指翘起和食指的背峰成一个夹角，球杆就架在这个夹角里（图 12-2-3）。

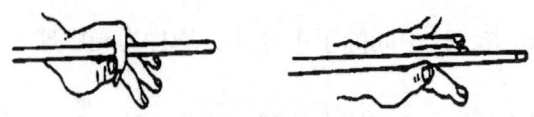

图 12-2-3　前手架杆

3. 击球姿势

（1）站位后用眼睛准确测定主球的路线。

（2）左脚向前移一小步，距离主球正下方 40~60 厘米，向左侧 10~15 厘米的地方，使左脚与球杆平行，左脚膝关节稍弯曲，轻轻踏在地上；右腿向右撇，与左脚呈 70°~80° 分开站立，以支撑住身体的后半部体重（图 12-2-4）。

图 12-2-4　击球姿势

（3）架杆的左臂稍弯，左手置于主球后方约 15 厘米处固定，上体尽量压低，球杆的中轴线在两眼中间。

（4）握杆的右手臂向上抬起，前臂下垂与上臂呈 90°。击球时，右手不可高于胸部，身体应根据两脚的位置和架杆的位置取一个自然的姿势，使球杆沿水平方向做前后抽打动作。

4. 击球动作

击球前，要先把球杆轻轻送出接近主球的击球点，再有节奏地反复多次前后抽动球杆，抽送动作要连贯自如，看准主球的击点后再果断、利落地送出球杆。在出杆击球的瞬间，注意力要集中，不可有杂念。后手送出球杆时必须保持水平，杆头不可上下左右摇摆，否则就会将主球击到意外的路线上。抽打动作后的击球瞬间，利用手腕的爆发力出杆，才能将球击出较远的距离。因此，手腕灵活且富有弹性是抽打瞬间的要诀。

5. 击球方法

（1）推进球。击球时，主要靠小臂前后运动并带动腕部，将杆推出，击球的中部。主球和目标球相撞后，只是缓缓跟进，前进距离不大。

（2）跟进球。击球的上部，运用小臂的力量，同时抖动腕部，使两球相撞瞬间，目标球向前运动，而主球在原地停顿一下后靠自身旋转的力量，迅速向前跟进，并且距离较远。

（3）定位球。击球的中部，靠腕部抖动力量。主球和目标球相撞之后，主球停在原地不动。打出定位球的关键是注意运用腕部抖动的力量，否则只会打出推进球。当目标球在袋口附近，且主球、目标球、袋口呈一直线时，用这种击球方法，可避免主球入袋犯规。

（4）拉杆球。击球的下部，用小臂向前运动，当球杆杆头快要接触主球时，猛然向前抖动腕部，杆头与主球接触瞬间腕部迅速向后抖动，球杆也微微向后收。主球撞击目标球，自身稍停顿后，靠自身旋转力量向后运动。

五、斯诺克赛法（22 彩球）介绍

1. 摆球

摆球是国际上比较流行的一种落袋式打法。比赛开始前，台面上有一个规定的布局，15 个红球用三角框框成三角形摆在红球区，其他六种颜色的球，各有一个固定的位置，主球为白球，可在开球区内任选一点放置（图 12-2-5）。

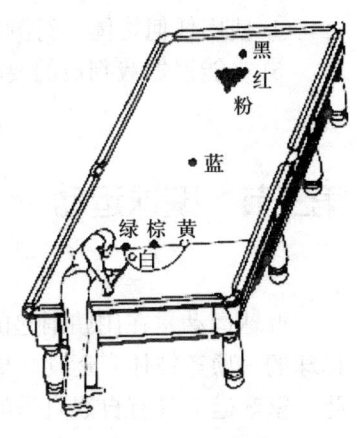

图 12-2-5　摆球位置

2. 得分的计算方法

球的颜色不同，队员合法击球送入球袋的得分也不同。红球得 1 分，黄色球得 2 分，绿色球得 3 分，棕色球得 4 分，蓝色球得 5 分，粉色球得 6 分，黑色球得 7 分。若选手中局认输，对方得分是已得分数加上台面上剩球的分值（每个红球按 8 分计算）。斯诺克一杆最高得分为 147 分。

3. 比赛基本规则

（1）开球时主球首先必须直接或间接击中红球，即比赛开始时，第一杆开球者必须把主球放在开球区击球，并且必须先击红球。开球以后，主球停在哪里，就从哪里发球。

（2）主球要先撞击目标球，且主球不许落袋。

（3）所有红球全部被合法落袋之前，每一轮的第一击球，均应以红球为目标球。一击球之内，每个入袋的红球的分值均记入得分记录，红球入袋不取出。

（4）每次击红球入袋后，击球队员可任选一彩球为目标球。击落的该彩球，在下一击前应由裁判员从袋内取出，放回置球点。

（5）所有红球全部被合法落袋前，交替地击红球、彩球入袋，才能使一杆球继续下去。

（6）所有红球全部被合法落袋后，台面上的彩色球，按分值从小到大的顺序，依次成为活球，合法落袋的彩色球，不再取出放回置球点。

（7）遇到下列犯规行为，应判罚目标球的分值，目标球分值小于 4 分的按 4 分罚，大于 4 分的按自身分值罚。

① 台面上有球未停稳，就开杆击球。

② 击球杆头触及主球一次以上。

③ 击球时，双脚离地。

④ 击球时，击成空杆、跳球、主球自落、主球或任何球被击出界外。

⑤ 开球时，主球未放在开球区。

⑥ 使非目标球落袋或先撞击非目标球。

⑦ 击球时击球员的球杆、架杆、身体、衣服和佩戴物等，碰到台面上任何球。

⑧ 主球同时撞击两个球（同时撞击两个红色球或一个自由球和一个活球除外）。

⑨ 利用自由球做障碍物。

⑩ 未等裁判员放置好彩球就击球、推杆。

（8）遇到下列犯规行为一律判罚 7 分：

① 击球员没有使用白色球，而使用其他任何一个球作主球，即误击主球。

② 击球员第一击将红球击落入袋，接着应该击彩色球，而击球员却又一次击红色球。

③ 使用界外球以达到任何目的。

④ 使用任何物体进行测量间距或距离。

⑤ 未能根据裁判员的要求指出目标球。

第三节　壁球运动

　　壁球运动是在用墙围起的场地内，按照一定规则，用拍子互相击打对手在墙壁上的反弹球的一项竞技体育运动。壁球也可以一个人对着墙壁，利用墙壁反弹自己接自己打。因此，壁球运动具有自娱自乐的特性。

一、壁球运动简述

　　壁球早在 19 世纪初就产生了，是由无事可做的监狱犯人发明了一种在室内对着墙壁击球的游戏，这就是壁球的雏形。

　　真正意义上的壁球是约在 1830 年，英国贵族学校哈罗中学的学生发明的。他们虽为贵族，却过着比较枯燥的生活，于是，一种对墙击球的室内运动被发明而流行开来。1864年，第一块专用打壁球的场地在哈罗修建，这也成为该运动正式创立的标志。

二、壁球击球基本技术

（一）球拍握法

　　壁球正确的握拍方法是：手握在拍柄的中部，虎口呈"V"字形，虎口对着正手位时球拍触球面的上沿，食指高于拇指，拍型稍微后仰。图 12-3-1 是握拍手的正面演示，图12-3-2 是握拍手的反面演示。在击球过程中这个握法应始终不变。握拍时应注意避免用满把抓，像"握锤子"的方法握拍。

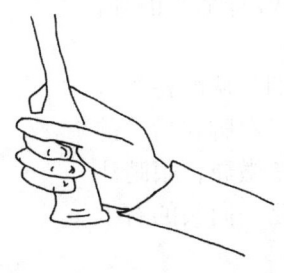

图 12-3-1 握拍正面演示   图 12-3-2 握拍反面演示

（二）挥拍方法

挥拍动作由引拍、击球和跟进三个步骤组成。

1. 引拍

引拍是击球前的预摆动作。由于两个球员同处一个场地，规则规定引拍的动作幅度不能太大。手臂动作主要是以挥动前臂为主。引拍时注意握拍的手腕应固定并竖起，使拍头高于手腕（图 12-3-3）。

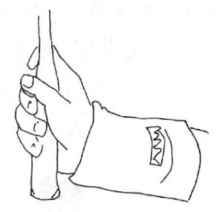

要点：向上引拍时手的位置应在击球者耳的一侧，拍头位置应在击球者头的上部。

检查引拍动作是否过大的方法：站在离墙 45 厘米处背对墙，向后引拍，如果球拍没有碰到墙就是正确的引拍姿势。

图 12-3-3 引拍动作

2. 击球

"击球"是球拍接触到球时的击打动作。击球时球拍迎向来球划一弧线。球拍触球时手腕固定，握紧球拍，拍面稍向后仰即"开"一些，用拍面的中部撞击球，小臂和腰部随身体的转动向前方协调配合用力，身体重心从后脚移至前脚。

要点：击球时要选择好击球点和击球部位。不同的击球方法，其击球点和击球部位不同。

3. 跟进

跟进是球拍击球完成后球拍的顺势动作。击球后球拍运行不能立即停止，还应随击球动作的惯性继续向上挥动，与引拍的动作一样。

要点：跟进的动作幅度不能太大，球拍向上挥动的位置应是在头的上方。跟进在击球动作结构中是必不可少的，因为它可以控制击球的方向。

（三）击球方式

壁球击球的方式主要有两种，一种是正手击球，另一种是反手击球。在这两种击球方式中，因击球位置的不同而又演变出上手击球和下手击球。

1. 正手击球

正手击球是初学者最先学习的击球动作，是击中球的基础。它既是壁球初学者的入门技术，也是壁球运动员用于得分的手段。正手击球速度快、力量大、准确性强。完成正手击球通常需要以下 4 个步骤：

（1）准备姿势。球员站在"T"区，面向前墙，两脚开立，双膝微屈，上体稍前倾，一手握拍放于体前，手可扶于拍上，身体重心落在两脚掌的前部，集中精力，保持随时可以起动的准备状态（图12-3-4）。

（2）上步引拍。右手持拍球员（以右手持拍为例）从准备姿势开始，移动到来球位置，最后一步要保持左脚在前，右脚在后，前后脚的距离为一脚半，身体左侧朝向来球方向，双膝微屈，眼睛注视来球，这样能使身体平衡并使击球动作顺畅。然后，向头的右上方向引拍，注意动作不要过大（图12-3-5）。

（3）挥臂击球。挥臂击球时球拍的拍面要"开"一些。最佳击球位置是球从地面弹起后与左膝同高的区域，注意球离身体不能太近或太远，眼睛盯球，击球动作要靠挥臂与转体的配合来完成（图12-3-6）。

图 12-3-4　准备姿势

（4）进移重心。球触拍后，使拍面平行于网的时间尽量长些，挥拍沿着球飞行的方向前送，重心前移落在左脚，身体也随着转向球网，挥拍动作在左肩上方结束，拍头指向上方且高出头部。随挥跟进动作要比后摆动作大而充分，以保证击球的稳定性，随挥跟进结束，立即恢复准备姿势，准备下一次击球（图12-3-7）。

图 12-3-5　上步引拍

图 12-3-6　挥臂击球

图 12-3-7　进移重心

2. 反手击球

由于受场地的限制，有些球必须用反手才能击打。对于很多球员来说，反手击球比正手击球更自然、更流畅，但要特别注意击球点，因为反手击球的击球点不容易掌握，初学者往往击球时太接近球，这样接球时球拍头竖直向下，不利于发力。

反手击球的方法与正手击球的方法大体相同。图12-3-8是球员反手击球的引拍姿势，球员面对左侧墙，右肩朝着来球方向，右脚在前，向头的左侧上方挥拍，眼睛注视来球，以保持身体平衡。

图12-3-9是反手击球时的击球动作，击球点正好是在膝关节同高的位置上。

图12-3-10是反手击球后的跟进动作，球拍拍头停留在一个较高的位置上。

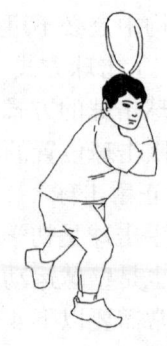

图 12-3-8　反手击球引拍姿势

图 12-3-9　反手击球动作　　　　　图 12-3-10　反手击球跟进动作

（四）击球类型

根据球的飞行线路不同，壁球击球类型包括直击球、侧墙球、前场球、截击球和高吊球五种。

1. 直击球

直击球是指被直接击向前墙的长球。直击球是初学者最先要掌握的击球方法（图 12-3-11），可以采用正手击球，也可以采用反手直击球。直击球一般有击直线长球和击斜线长球两种。

（1）直线长球，即球击向前墙后返回到自己一侧场区的后场（图 12-3-12）。

（2）斜线长球，即球击向前墙后返回到另一场区的后场（图 12-3-13）。

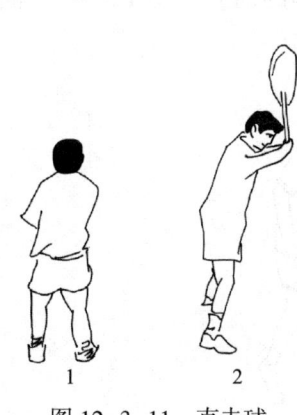
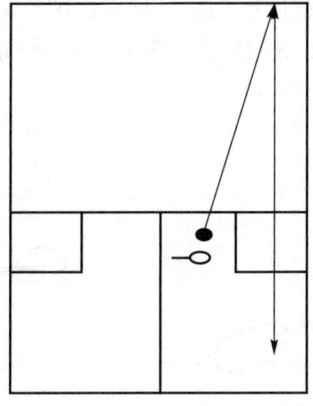
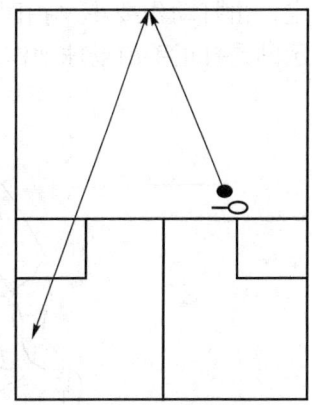

图 12-3-11　直击球　　　　　图 12-3-12　击直线长球　　　　　图 12-3-13　击斜线长球

2. 侧墙球

侧墙球是利用墙的反弹，将球击向侧墙后撞击前墙或再撞击另一面侧墙最后落到地面的球。

面向侧墙而背部侧向前墙，肩部转向侧墙对着球将要打在墙上的位置。图 12-3-14 演示的是打正手侧墙球时的引拍动作，图 12-3-15 演示的是反手打侧墙球时的引拍动作。

击侧墙球时，要想象将球通过侧墙击向隔壁球对的角。侧墙球的最佳线路是球击到侧墙后，反弹墙，然后落在对面侧墙接近前墙的角落（图12-3-16）。使用侧墙球打法可以调动对手，迫使对手靠近前墙墙角位置等待接墙角的短侧墙球，一般多用于后场的防守。但如果运用得好，也是一种有威胁的攻击。

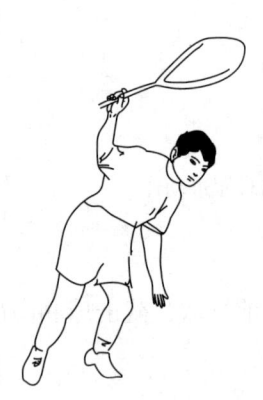

图12-3-14　正手侧墙球
引拍动作

图12-3-15　反手侧墙球
引拍动作

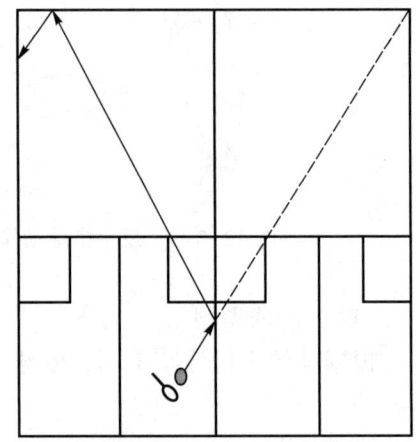

图12-3-16　侧墙球球路

3. 前场球

前场球就是球接触到前墙后，在离前墙很近的地方下落。

要点：身体侧向前墙，转肩并朝向将击打球的位置，膝关节弯曲，重心下降，手腕固定，击打动作要小，拍面要稍微打开一点，击球点位于球员前脚的前方。图12-3-17演示的是打正手前场球动作，图12-3-18演示的是打反手前场球动作。

图12-3-17　正手前场球

图12-3-18　反手前场球

4. 截击球

截击球就是在球落地之前的直击球或侧墙球。截击球是壁球击打中很常见的一种攻击性击法。大多数的截击球是在短线附近发生的。打截击球时，球的位置最好是与肩同高的区域，可以采用正手击球或反手击球。好的截击球能提高球的速度，加快比赛节奏，赢得控制权。练习连续截击球，特别是反手截击球需要较高的技术，但能培养球员的自信心。图12-3-19演示的是正手截击球动作，图12-3-20演示的是反手截击球动作。

图 12-3-19 正手截击球　　　　图 12-3-20 反手截击球

5. 高吊球

高吊球就是球触前壁后，高高弹起，穿过前场飞向后场或触到侧墙。在壁球比赛中高吊球使用的比率比较低，也是不常见的一种击球法。

击球时，身体重心降低，击球点在前脚的前方，拍面要打"开"，击球的底部。

高吊球多采用下手击球的方式。图 12-3-21 演示的是打正手高吊球动作，图 12-3-22 演示的是打反手高吊球动作。

打高吊球的最佳落点是后墙与侧墙的角落（图 12-3-23）。使用高吊球可以使比赛的节奏富有变化。

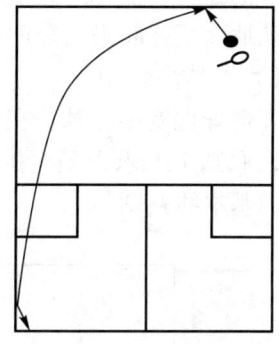

图 12-3-21 正手高吊球　　　图 12-3-22 反手高吊球　　　图 12-3-23 高吊球球路

（五）发球与接发球

1. 发球

发球时运动员至少要有一只脚踩在发球区线内，击球时必须使击球中前墙的发球线与上界线之间的区域，然后再反弹到相对的后 1/4 半场。发球时可以采用各种挥拍方式，如正手、反手、上手、下手。

（1）在右发球区的发球。

① 发球者右脚站在罚球区内的左前角，左脚站在"T"区接近前墙的位置。

② 左肩对着前墙。

③ 挥拍时手腕固定，拍头向上，拍面呈"开"位。

④ 把球抛离身体。

⑤ 球被击触后的目标是前墙中部上界线以下 1 米的范围内。

图 12-3-24 演示的是球员在右发球区时的位置，以及三种发球均为有效球。

（2）在左发球区的发球。在左发球区发球的方法与在右发球区的发球相同，图 12-3-25 演示在左发球区发球时的位置。

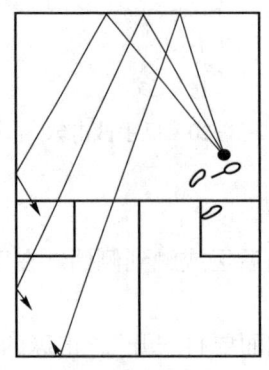

图 12-3-24　右发球区位置及有效发球

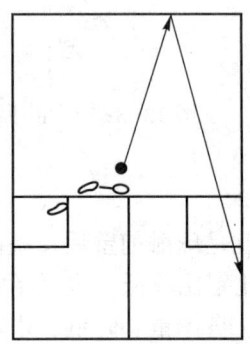

图 12-3-25　球员在左发球区位置

2. 接发球

接发球的站位是肩部斜对着前墙，站在发球区对角线的延长线上，距离发球区的角有一大步的位置（图 12-3-26），眼睛看着发球员，注视来球方向。接发球有两种选择：一是接从地面反弹起来的合理发球，二是用截击的方法接发球。

（六）步法

在壁球比赛中，球员在场上是不停移动的，移动速度是比赛胜负的关键。球员的移动步法，原则上要求以最少的步数和最快的速度达到击球点。图 12-3-27 是球员在场地中移动的基本线路图。

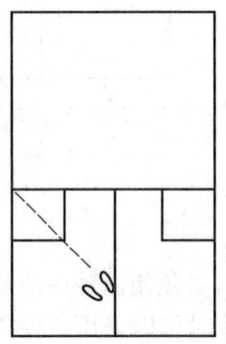

图 12-3-26　接发球位置

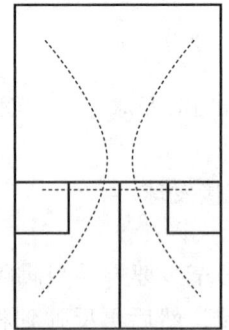

图 12-3-27　球员移动的基本线路

图 12-3-28 是球员向场地的左前方用三步移动的步法示意图。

图 12-3-29 是球员向场地的右前方用两步移动的步法示意图。

图 12-3-30 是球员向场地的左侧方用两步移动的步法示意图。

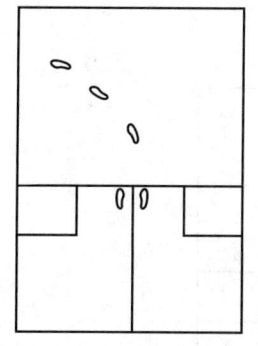

图 12-3-28 向场地左前方用
三步移动步法

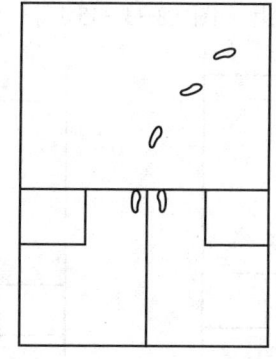

图 12-3-29 向场地右前方用
两步移动步法

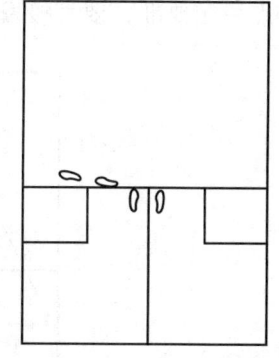

图 12-3-30 向场地左侧方用
两步移动步法

图 12-3-31 是球员向场地的右侧方用两步移动的步法示意图。
图 12-3-32 是球员向场地的左后方用三步移动的步法示意图。
图 12-3-33 是球员向场地的右后方用三步移动的步法示意图。

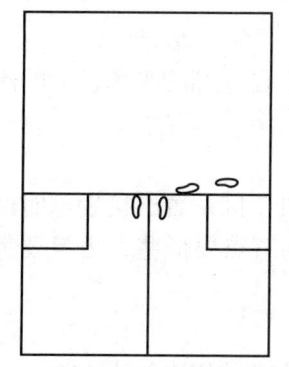

图 12-3-31 向场地右侧方用
两步移动步法

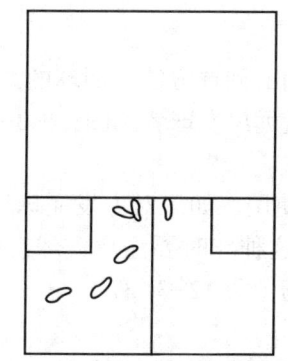

图 12-3-32 向场地左后方用
三步移动步法

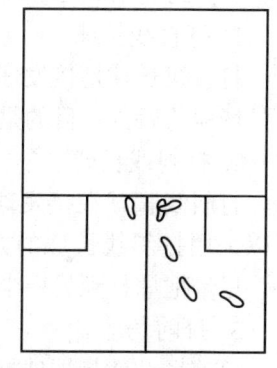

图 12-3-33 向场地右后方用
三步移动步法

三、壁球基本战术

（一）发球战术

在不受对方干扰的情况下进行的，只要在壁球规则允许的范围内，发球者可以以任何方式将球发到对方法 1/4 区的任意一点。所以，发球是唯一可以让球员自己有最大自由度来判断击球时机的击球技术。

1. 发后场高吊球

发球后撞击前壁墙后高高弹起，首先触到接球方一侧墙上部，然后碰到后墙，最后落到地板上（图 12-3-34）。

2. 发追身球

用打斜线球的方法将球直接发向接发球员的身体。发追身球时要注意力量一定要大，落点一定要准，要直接发到对方身上（图 12-3-35）。

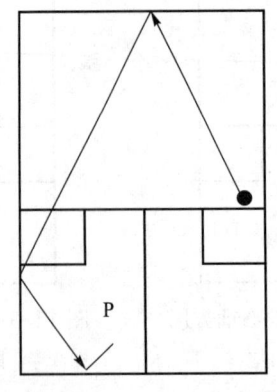
图 12-3-34　发后场高吊球

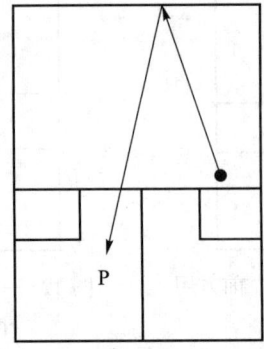
图 12-3-35　发追身球

（二）接发球战术

接发球虽然处于被动状态，但是由于发球时受到规则限制，发球者的发球只能发到接球者一侧的后 1/4 区域内。

1. 打直线长球

打直线长球是接发球时常采用的回球方法，回球的方向应在自己一侧的半场，球的落点是场地的后方，目的是使球尽量远离发球者（图 12-3-36）。

2. 打斜线长球

打斜线长球在接发球中常被使用。如果对方发完球后站在"T"区位置，接发球时便可以采用打斜线长球的方法。打这种球时要注意，球击向前墙的落点要低些，力量要大些。尽量把球打到另一半场的后场（图 12-3-37）。

3. 打前场球

打前场球就是把球打到接近前壁位置的回球方法，在接发球中的使用率约为 15%，打前场球的位置最好在自己一侧半场的前场（图 12-3-38）。

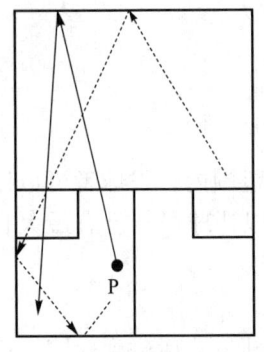
图 12-3-36　打直线长球

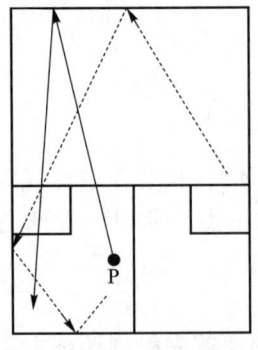
图 12-3-37　打斜线长球

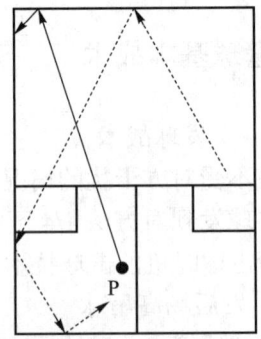
图 12-3-38　打前场球

四、壁球练习方法

球员的练习需要在教师的指导和配合下进行，教师"喂"球，球员练习击球。

（一）球感练习

球感练习是通过各种运用球的练习，初学者对球的速度、力量、弹性、软硬等性质有所了解，为学习击球技术打好基础。

1. 拍球练习

向下拍球，让球在地面与拍子之间来回反弹。每次连续拍球不少于20个。

2. 正手颠球练习

右手持拍，手心向上，将球放在拍面上，让球弹离拍面，弹向空中，体会球的弹性。每次连续颠球不少于50个。

3. 反手颠球练习

同正手颠球练习，但右手持拍手心向下，用球拍的反面颠球。每次连续颠球不少于50个。

4. 正反手颠球交替练习

用正反手交替颠球，动作熟练后可以降低弹起的高度，加快颠球的速度，增加颠球的次数。

（二）正反手击球练习

1. 正手击球练习

球员从准备姿势开始，左脚向右上方迈一步，身体右转，左肩对着前壁，引拍准备击球。教师对着左膝用手"喂"球，当球弹起与膝关节同高时，球员使用正手击球（图12-3-39）。

2. 反手击球练习

方法同正手击球，但方向相反（图12-3-40）。

图 12-3-39　正手击球练习

图 12-3-40　反手击球练习

（三）不同类型击球练习方法

1. 直击球练习

（1）直线击球练习。教师在后场"喂"平的直线球，练习者从"T"区移动到击球点练习打直线球（图 12-3-41），练习者尽可能地使球回到教师所在的位置。

C 表示指导教师，P 表示练习者，实线表示练习者击球球路，虚线表示指导教师击球球路，点线表示指导教师或练习者的位移。

（2）斜线长球练习。教师在后场"喂"侧壁球，练习者从"T"区移动到击球点练习打斜线长球（图 12-3-42），使球回到教师所在的位置。

（3）限制性直线击球练习。两名练习者站在后场进行比赛，以 9 分为一局，必须采用直线长球或斜线长球的打法，将球回到后场的区域内（图 12-3-43），球落在前场即为输。

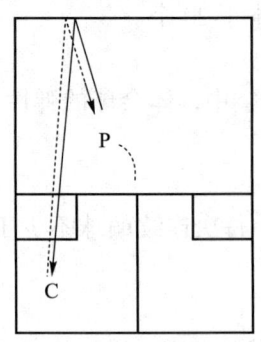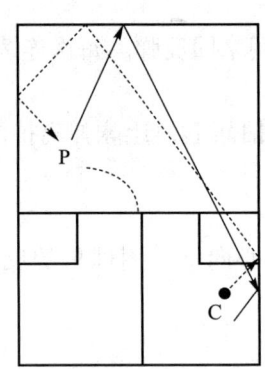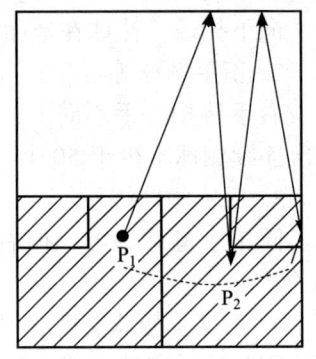

图 12-3-41　直击球练习　　　　图 12-3-42　斜线长球练习　　　　图 12-3-43　限制性直线击球练习

2. 截击球练习

（1）半场截击球练习。教师在后场"喂"直线平飞球，练习者在前场练习打直线的截击球（图 12-3-44）。

（2）全场截击球练习。教师在后场"喂"慢的斜线平飞球，练习者在前场移动练习正反手的直线截击球（图 12-3-45）。

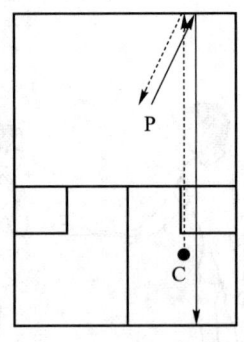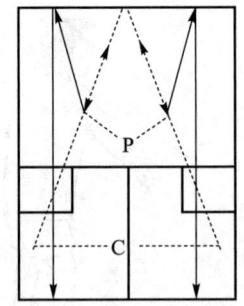

图 12-3-44　半场截击球练习　　　　图 12-3-45　全场截击球练习

3. 侧壁球练习

（1）半场侧壁球练习。教师在前场"喂"慢的斜线高吊球，练习者从"T"区跑向后场练习打侧壁球（图 12-3-46）。

（2）全场侧壁球练习。教师在前场"喂"直线球，练习者在后场打正反手的侧壁球（图 12-3-47）。

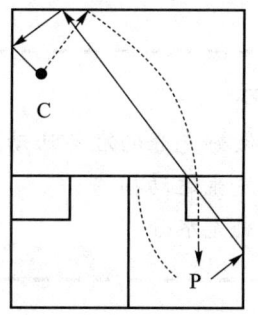
图 12-3-46 半场侧壁球练习

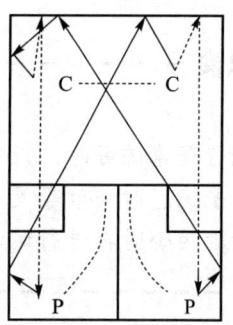
图 12-3-47 全场侧壁球练习

4. 前场球练习

（1）教师"喂球"的前场球练习。教师在前场"喂"前场球，练习者打前场球（图 12-3-48）。

（2）限制性前场球游戏。限制性前场球游戏采用 9 分制比赛，练习者必须将球控制在前场的 1/4 区内（图 12-3-49）。

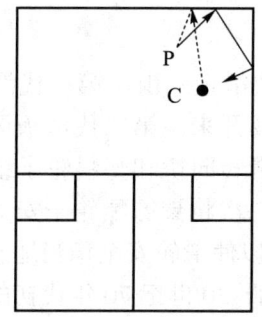
图 12-3-48 指导教师"喂球"的前场球练习

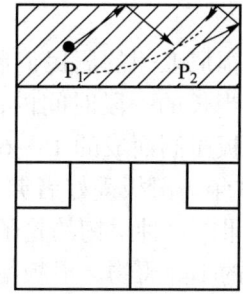
图 12-3-49 限制性前场球游戏

5. 高吊球练习

（1）半场高吊球练习。教师在后场打侧壁球，练习者移动打过场高吊球（图 12-3-50）。

（2）全场高吊球练习。教师在后场打直线前场球，练习者移动正反手的斜线高吊球（图 12-3-51）。

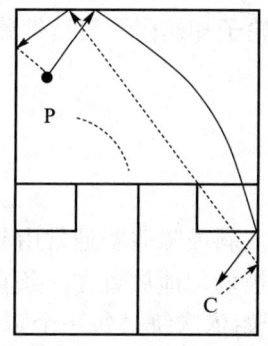
图 12-3-50 半场高吊球练习

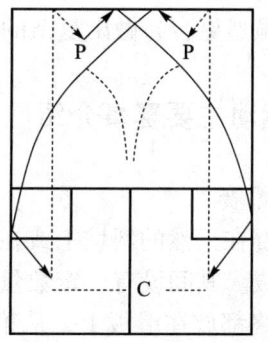
图 12-3-51 全场高吊球练习

>>> **知识窗**

习练壁球的安全提示

（1）在进行壁球练习时，应穿专用服装，运动前做好充分的准备活动。

（2）避免手腕、肘关节等处局部负荷过大，以免发生运动损伤。

（3）饮食后两小时再进行运动，运动过程中适量补充水分。

<<<

第四节　滑板运动

滑板运动是一项颇受青少年青睐的时尚休闲运动，通过练习不仅能提高人的平衡协调能力，还能培养人的冒险和创新精神。

一、滑板运动简述

美国加利福尼亚州的居民们制造了世界上第一块滑板。由于第一代滑板本身的落后性，所以在相当长的一段时间内，滑板运动并未普及开来。第二代滑板诞生于 1962 年，是由橡木多层板压制而成的 15~60 厘米的板面、轮滑转向桥和塑料轮子组成的。第三代滑板是在 1973 年，滑板爱好者弗兰克·纳斯沃西第一次将聚氨酯轮子安上滑板，取得了意想不到的效果。这种柔韧的轮子不仅耐磨，而且可以使滑轮安全稳当地急转弯，轻而易举地碾过地上的小障碍物。滑板衍生于冲浪运动，因此 20 世纪 70 年代初的滑板文化基本上是带有冲浪印记的文化。

20 世纪 80 年代末，一种与前三代滑板形状完全不同的两头翘起、形状对称的滑板出现了，这就是第四代滑板。第四代滑板的材料改用硬岩枫，重量更轻、弹性更好。滑板轮硬度高、弹性好，更适合高速滑行。由于平衡性好，第四代滑板更适合各种翻转动作。

20 世纪 90 年代初，滑手们发明了很多新的动作。为了使滑板更容易翻转，滑板板面变得很窄，轮子变得很小。这个时期滑板宽度只有 18 厘米，轮子直径只有 39 毫米左右，这样的滑板虽然更容易做出复杂的动作，但是较小的轮子却妨碍了滑行性能。

二、滑板运动主要赛事介绍

1. 障碍滑赛

障碍滑赛在天然的斜坡上或在人造的斜坡上进行。斜坡障碍赛通常由起点、斜坡、平路、终点组成。其间设有一定数量的锥形障碍物，并被均匀地放置在一条直线上。选手的双脚必须始终都放在滑板上，从第一个锥形障碍物开始依次绕过每一个障碍物直至终点，按所用时间长短决定胜负。每个选手有两次比赛的机会，取两次比赛中成绩最好的一次作为比赛的最后成绩。

2. 花样滑赛

花样滑赛是滑板比赛中最高级别的赛事，又称自由滑板，也是高级滑板选手展示自己特技的方式。比赛通常进行 3~5 分钟，每个选手都伴随着音乐的旋律完成旋转、翻板、悬空腾跳、倒立、叠板等技巧，尽量在规定的时间内完成普通、花样和特技等一系列动作。花样滑板的评判以敏捷、灵活、稳定为标准。通常分为平地自由滑比赛与 U 形池自由滑比赛。

3. 速度滑赛

速度滑赛一般是在一段公路上进行，路面平坦，毫无阻碍，选手在规定的路线内全力冲刺，以最短时间冲过终点。比赛中，选手须降低重心，用力蹬地前行。

4. U 形池高度赛

U 形池高度赛以选手从 U 形池冲出边缘后跳起的高度来决定胜负。记录高度是从选手离开 U 形池边缘开始计算的。

三、滑板基本技术

1. 上滑板

滑板平放于脚前的地上，先把一只脚放在滑板的前端，另一只脚仍踩在地上，身体重心移到已上板的脚上，上体微微前倾，膝弯曲，手臂伸展，保持平衡，踩地脚轻轻蹬地，然后收到滑板上，放在滑板的后部，这时整个身体和滑板就开始向前滑动，可以试着有节奏地压滑板以获得向前的速度。

2. 惯性滑行

后脚蹬地，同时重心移到前脚上，然后将蹬地脚收上来踩在滑板尾部，保持平衡，滑行一段后，重复上述动作。

3. 转弯

把平时撑滑地面的惯用脚放在板尾翘起处，并且施加压力，另一只脚微微抬起，此时板子会翘起，再用身体（特别是腰）做适当的旋转，以身体转动的力量来控制转弯时的角度。熟练后还可以练习反转，即板尾翘起的转动方式。

4. 翘板

在滑行中，横跨在板上，将重心移到后支撑脚上，身体前倾，后脚压板，使板端翘起，板尾间或轻轻刮地，以保持平衡（图 12-4-1）。开始时，板端高度可能过高或过低，随着熟练程度的提高，平衡逐渐控制好，就能很好地掌握动作。

5. 停止

常用的方法就是直接下来，并且拿起板子，或用习惯脚的脚跟摩擦地面使速度慢下，也可用后面那只脚将翘起处用力压下，使板子呈45°，这样就会很快停下来。

图 12-4-1　翘板

四、滑板基本技巧

1. 板上屈身

滑手蹲在滑板上滑行是一种很常见的动作，由此动作可演变出很多其他动作，如向前滑板、沿斜坡滑下。两脚并列，置于滑板前轮后部，慢慢蹲下，同时上体前倾，两手抓住滑板前端，双臂夹住膝盖，臀部接近脚后跟。身体可以左右倾斜和双手调整板端以控制滑板的方向。

2. 转圈

在滑行中，两脚跨板，将重心压于板尾，使板前端略微抬起，此时身体向要转圈的方向扭转，前轮马上着地，滑板就会转动。重复此动作，控制好转动角度，就可实现转圈。初学者可在一个画好的圆圈上进行练习。

3. 180°翘转

两脚横跨板滑行，将板端翘起，直到板尾刮地，同时，整个身体向一侧扭转180°，此时支撑脚要稳住。此动作熟练后可慢慢增加翘停角度，甚至可翘转达到360°。

4. 下坎

滑行靠近坎边时，将重心移到后脚，将前轮抬起（板前端翘起），身体微蹲，一旦板前端过坎沿，迅速压平滑板过坎，最好使整个板水平落地。

5. 上坎

使滑板有一定的速度滑行，将重心移到后脚，抬起板前端靠近坎沿，在板前端过坎沿瞬间，迅速将重心移到板前端，前脚下压使板前端着地，板尾抬起，前滑上坎。

6. 翻转滑板

在滑行中，滑手腾空时用力蹬板，滑板经常会在空中翻转。滑手一脚贴近后轮，平放于滑板上，用另一脚尖推或抬起板尾，上跳身体腾空，滑板在脚下方翻滚，眼睛看准滑板，重心放在两脚之间，落下时踩住滑板的两端。

7. 小跳台

侧向蹲立板上向上滑行，在板头接近小跳台的上沿时，两脚用力蹬地向上跳起，双腿向胸部上提，身体向上团身腾起，前侧手向上提板，到最高点时，逐渐展膝，着地瞬间顺势屈膝缓冲，手离开板（图12-4-2）。

8. 骑肋（以右脚在前为例）

借助侧对滑行方向向前滑行的速度，背对器材下蹲。起跳时，重心稍后移，身体带板向右转体90°，板的肋部横搭在器材上，膝关节前屈，身体保持正直向前滑行姿势，滑到器材的另一端时，屈膝，降低重心，两脚蹬地向上跳起，使板再左转90°，使板头对着滑行方向，下降时逐渐展膝，落地时屈膝缓冲（图12-4-3）。

9. U形池腾起转体180°（以右脚在前为例）

采用半蹲滑行和深蹲滑行，在上滑时重心向后移动，上滑接近U形池上沿时，右手在体后握板，身体向足尖方向倾斜，利用上滑的速度，两脚用力蹬地向上跳起，身体腾起后带动板向左转体180°。转体时两腿尽量收于胸下完成转体，同时逐渐向下展膝，重心稍后，落至坡面时顺势屈膝缓冲，下滑时重心逐渐升高。

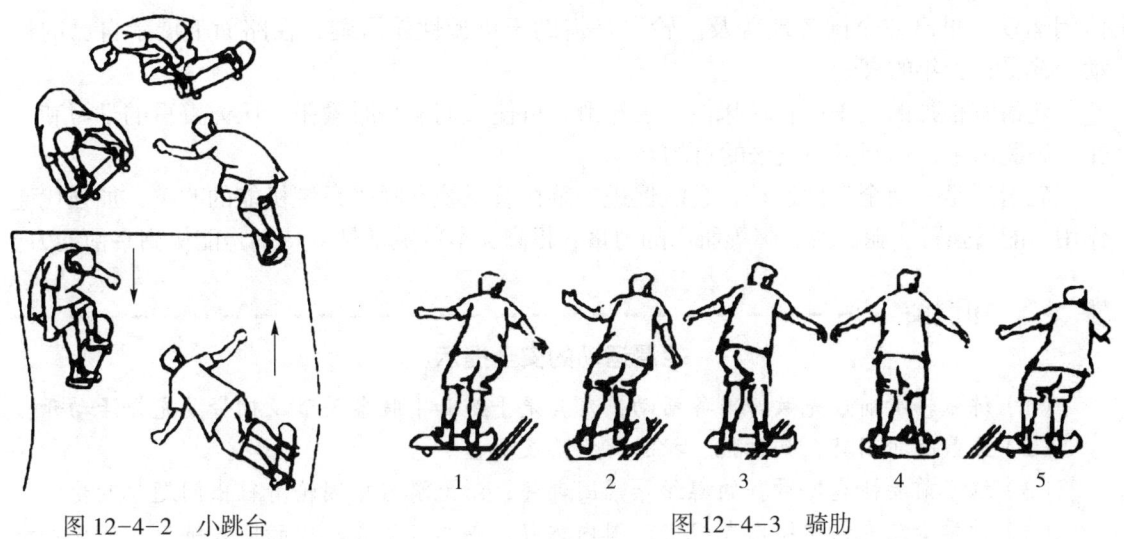

图 12-4-2　小跳台　　　　　　　　　　　　　　　图 12-4-3　骑肋

第五节　轮滑运动

　　轮滑运动是一项集健身、竞技、趣味、娱乐、技巧、惊险于一体，富于变化，展现魅力和个性的一项休闲体育运动。轮滑运动中要求练习者灵活变换重心，维持动态平衡。练习轮滑，不仅能提高协调性和灵敏性，还能培养勇敢果断的意志品质。

一、轮滑运动简述

　　迄今为止，人类发现最早溜冰鞋是 1100 年由北欧人发明的，其构造非常简单，就是把骨头装在长皮靴的靴底上，该溜冰鞋可能是猎人在冬天打猎时穿的。1700 年，苏格兰人德茨曼希望能在夏天模拟冰上溜冰，于是创造了第一对溜冰鞋；同年在爱丁堡出现了第一个溜冰俱乐部。1760 年，伦敦乐器制造商约瑟夫·亚瑟制造了有金属轮子的长靴式溜冰鞋。

　　1819 年，费逊·布兰德在法国发明专利中记载了第一双单排滑轮鞋，那双鞋的滑行部分是由 2~3 个轮子按直线构成，但这种构想的溜冰鞋却未达到预期的"流行"目的。1823 年，伦敦的罗伯特设计了一双溜冰鞋，5 个轮子排成一排置于鞋的底部。1863 年，美国的詹姆士·普利顿设计了一种 4 轮溜冰鞋，轮子是并排的，溜冰轮可以转弯、前进、向后运动，这就是现在广为使用的旱冰鞋，成为轮滑鞋等项的运动器材。1884 年，滚珠轴承轮子的出现，大大改进了旱地冰鞋的转动部分，使旱地冰鞋结构日益完善，从而促进了溜冰运动的发展。1980 年，明尼苏达州两位热爱冰球的兄弟，为了在球技之余能够继续练习，便将轮子装在刀底座之内，产生了第一双单排轮滑鞋。

　　1924 年，成立国际轮滑联合会。1980 年，我国加入国际轮滑联合会。

　　轮滑作为一种娱乐项目早在 19 世纪末就传入我国，而作为一种体育项目在我国开展，则始于 20 世纪 80 年代初。作为竞技体育项目，轮滑在我国还处于发展阶段，但作为一种休闲运动，早已在全国各地普及。轮滑是借助于机械性轮滑鞋，在路面上展示自己的运动，深受青少年的喜爱。

轮滑有很强的娱乐性和趣味性。滑轮滑，可使人们从平时紧张、压力繁重的学习和工作中解脱出来，达到身心放松的目的。

轮滑还是一项全身性运动，它能促进心脑血管系统和呼吸系统机能的改善，加强代谢作用，能增强臂、腿、腰、腹等肌肉的力量，提高关节的灵活性，特别是能提高平衡能力。

>>> **知识窗** ------------------------------

轮滑运动的安全提示

（1）练习轮滑前应先做好准备活动，尤其是手腕和下肢各关节及韧带要充分活动开。

（2）应戴防护用具，如护腕、护肘、护膝及头盔。

（3）练习前要检查轮滑鞋的螺丝等紧固部件，以免滑行中因轮滑鞋出问题导致受伤。

（4）初学者应在初学场内或规定范围内练习，或尽可能在人少的地方练习，不要任意滑行。初次学习轮滑时，最好有滑行熟练的同伴或辅导员进行辅导。

（5）禁止做危险或妨碍他人的动作，特别是在人多的公共轮滑场内。如几人拉手滑行，在速滑跑道上逆行或与大家滑行方向相逆，乱蹦乱跳，在场内横插乱窜、追逐打闹、突然停止等，这既妨碍他人，又容易发生危险。

（6）学习轮滑时摔跤是不可避免的，所以要学会在摔跤时做好自我保护。

------------------------------ <<<

二、轮滑基本技术

轮滑运动是一项极易掌握的运动项目，练习轮滑，关键在于控制身体平衡。

（一）站立、平衡和移动

1. 站立姿势

（1）丁字形站立。将左脚跟紧靠在右脚内侧或将右脚跟紧靠在左脚内侧，使双脚呈丁字形。双膝微屈，重心稍偏于位置居后的脚上，上体略前倾，抬头，眼睛平视前方，两臂在体侧自然打开以控制身体平衡（图12-5-1）。

（2）八字形站立。双脚呈八字形自然分开，两脚跟靠近，双膝微屈。上体微屈，身体重心放在两脚之间，保持身体平衡（图12-5-2）。

图 12-5-1　丁字形站立　　　　图 12-5-2　八字形站立

（3）平行站立。双脚分开，与肩同宽。两脚尖稍内扣，上体微前倾，双膝微屈。身体重心放在两腿之间，保持身体平衡（图12-5-3）。

图 12-5-3　平行站立

2. 原地移动重心

（1）动作方法。在双脚平行站立的基础上，上体向一侧移动，并逐步将身体重心完全移至一支撑腿上，待平稳后，上体再向另一侧腿上移动，并将身体重心完全移到该腿上。反复练习。

（2）易犯错误。在练习时，易使两脚变成八字站立，这样在重心移动时，会造成重心不能完全移到支撑腿上。

（3）纠正方法。保持两脚平行站立。

3. 原地踏步

（1）动作方法。在八字站立的基础上，重心移到一脚。另一腿微屈上抬，脚离地面5~10厘米后再落下，重心移至另一脚，交替练习。

（2）易犯错误。步幅过大，重心不稳。

（3）纠正方法。抬腿要低，速度要慢。当重心完全移到一条腿上时再进行交换。

4. 原地蹲起（图 12-5-4）

（1）动作方法。在双脚平行站立或八字站立的基础上，做下蹲、起立动作，身体重心在两腿之间，两臂自然打开。

（2）易犯错误。在起立时身体向前屈，再直立，只做腿的蹲伸动作。

（3）纠正方法。在开始时可以先做半蹲，速度稍微慢些，然后再逐渐过渡到深蹲，快速完成，保持身体的垂直升降，注意动作的协调性。

5. 两脚原地前后滑动

（1）动作方法。在平行站立的基础上，做一脚向前、一脚向后的来回滑动练习，两臂前后摆动，像走路一样配合双腿运动。

（2）易犯错误。在滑动过程中，重心落在一条腿上，双脚不能保持平衡。

（3）纠正方法。保持双脚平衡，两腿伸直，大腿发力做前后滑动练习，或手扶栏杆、结伴进行练习。

6. 向前八字走（图 12-5-5）

动作方法：在丁字步或八字步的基础上，一脚向前迈出一小步，脚尖向外展成尺字形落地。同时身体重心迅速跟上，当重心完全落到前脚上时，后脚再抬起向前迈，两脚交替进行，移动身体重心。

图 12-5-4　原地蹲起

图 12-5-5　向前八字走

（二）滑行

1. 双滑行练习

在学会八字走的基础上，连续走几步，然后双脚迅速并拢，两脚由八字形变为平行，借助惯性向前滑行。动作的关键是重心保持在两脚之间。

2. 低姿交替蹬地滑行（图12-5-6）

（1）动作方法。两脚呈八字形站立，膝、踝微屈，两脚同时向外侧蹬，使双脚同时开始向前滑行，重心随之偏向左脚，左腿成支撑腿。在稍加蹬地后迅速回收，向左脚靠拢，脚尖向外侧，落地自然成八字步，同时重心向右腿上移，左脚开始蹬地，如此交替进行。

（2）易犯错误。重心处于两腿之间，滑行的步子较小，收腿较快。

（3）纠正方法。做横向迈步移动练习，逐渐提高单腿支撑能力。

3. 高姿交替蹬地滑行（图12-5-7）

（1）动作方法。在低姿交替蹬地的基础上，右脚侧蹬地，重心移向左脚成左脚支撑滑行。右脚蹬地结束后放松收腿，当右脚靠近左脚时，重心开始回移，左脚开始蹬地。右脚落地后成右腿支撑滑行，然后收左腿，两脚交替蹬，交替滑行。

（2）易犯错误。蹬地后收腿困难。

（3）纠正方法。尽量在短促的蹬地动作结束后，马上回收，膝、踝全屈，重心落在前脚掌上。

图12-5-6　低姿交替蹬地滑行　　　　图12-5-7　高姿交替蹬地滑行

4. 向前直线滑行

（1）动作方法。原地两脚成丁字形站立，左脚在前，右脚在后，两腿稍弯曲，用右脚蹬地，重心慢慢移至左脚；右脚蹬直后，右腿蹬离地面成左脚向前滑行，然后右脚在左脚前落地后，左脚蹬直后左腿蹬离地面成右脚向前滑行。两脚交替向前直线滑行，整个滑行中两手自然向侧分开，帮助维持身体平衡。

（2）易犯错误。重心在两脚之间，不能形成单脚支撑。

（3）纠正方法。在双脚曲线滑行的基础上，身体重心逐渐移至单脚上成单脚滑行。

5. 蛇形向后滑行

（1）动作方法。平行站立开始，两脚分开（约一脚距离），两腿弯曲。用右脚内侧蹬地，身体重心移向左侧成左脚向后滑行；右腿在体前伸直，随即右脚放在左脚侧面，恢复成开始姿势，然后用左脚蹬地，重复上面动作，唯左右脚互换。做蛇形向后滑行时，要注意在滑行中上体保持前倾姿势，两膝保持弯曲，两手在体侧分开侧举。

（2）易犯错误。在滑行的过程中身体直立或后仰。

（3）纠正方法。在完成后向前葫芦滑行获得一定速度后，进行蛇形后滑行。左右脚各蹬一次，依靠滑行的惯性两脚平行站立滑行一次，身体保持正确的滑行姿势，反复练习。

（三）滑行停止法

1. 八字停止法

（1）动作方法。在获得一定的向前滑行速度后，两脚平行分开站立，随后脚尖内转，两脚以内侧轮柔和地压紧地面。两腿弯曲，上体稍前倾，臀部下蹲，两臂前伸维持身体平衡。

（2）练习方法。

① 在向前滑行时，两脚平行分开站立，先使右脚尖内转，以内侧轮柔和地压紧地面。身体重心稍向左移，反复练习。

② 在能够完成前面动作的基础上，再按照内八字停止方法进行练习。速度可由慢到快循序渐进。

2. T形停止法

（1）动作方法。左脚向前滑行开始后，右脚在左脚后跟处成T形放好后，将右脚慢慢放在地面上，以内侧轮柔和地压紧地面，减缓向前滑行速度，直到停下。

（2）练习方法。

① 原地左脚在前，右脚在后成T形站立，右脚以内侧轮蹬地，左脚向前滑行，随后右脚在左脚后做T形停止动作，速度可由慢开始，以便体会动作。

② 在完成①的动作基础上，加快向前滑行速度，按照T形停止动作进行练习。

3. 双脚急停法

（1）动作方法。在向前滑行时，两脚同时做顺时针（或逆时针）方向急转，左脚以内侧轮、右脚以外侧轮与滑行方向呈90°角压紧地面，同时身体向右急转，重心移到右腿上，两膝弯曲，两臂前侧伸，滑行即可停止。

（2）练习方法。

① 原地两脚平行分开，按上述动作要领，随后在低速向前滑行中完成动作。

② 保持一定的向前滑行速度，两脚平行向前滑行，做双脚急停练习；熟练掌握后，可以随意使用双脚急停动作。

4. 倒滑停止方法

（1）动作方法。在向后滑的过程中，将两脚变为前后开立，身体重心移到前脚的前方，同时脚跟和后轮离地，制动脚着地与地面摩擦而停止下来。停止时，身体稍前倾，两臂侧举以维持平衡。

（2）练习方法。

① 手扶栏杆或在同伴扶持下，原地抬起脚跟，身体稍前倾，以制动器支撑站立。

② 向后慢速滑行，两脚平行站立滑行，随后抬起脚跟，以制动器压紧地面至停止。

（四）弯道滑行

弯道滑行技术跟直道滑行技术有很大的区别，弯道滑行技术的特点在于练习者用交叉步滑行，由于向心力的作用，上体不仅前倾，而且还要向后侧倾。

1. 走步转弯

在向前做八字走或半走半滑时，如向左转弯，在每一次脚落地时脚尖都向左转动一点，身体也随之向左转动一点，逐渐呈弧形走滑路线。向右转弯，则动作相反。

2. 惯性转弯

在滑行获得了一定的速度后，两脚平行稍靠近些，如向左转弯，则左脚略靠前，右脚靠后，重心落在两脚之间 1/3 处，前腿略弓，后腿伸直，身体重心压在左脚，利用惯性向左侧滑一较大的弧线。向右转弯，则动作相反。

3. 短步转弯

在学会慢的转弯技术的基础上，身体姿势放低，重心完全落在左脚上，甚至超出左腿的支点，右脚向右侧蹬地后迅速收回，靠近左脚落地做非常短暂的支撑，此时左脚迅速向左稍转脚尖，右脚再迅速向侧蹬出。连续做此动作就可以加速转弯。向右转弯，则动作相反。

4. 左脚支撑，右脚连续蹬地滑行

从站立姿势开始，左脚用外侧蹬地后迅速与右脚并拢，接着右脚再做一次蹬地动作，左脚继续做前外曲线滑行。

5. 在圆弧上不连贯的交叉步滑行

在圆弧上用直线滑行方法，中间插入弯道交叉步，当左脚有稳定的平衡时，右脚向左脚左侧前方迈一小步。只要右脚有短暂的滑行之后，左脚就迅速从右脚后方收回，同时右脚蹬地，左脚直线滑行，反复练习（图 12-5-8）。

在滑轮滑时，思想要集中，溜滑的速度应先慢后快，循序渐进。若觉得身体平衡失调，赶紧下蹲，以降低重心，恢复身体平衡。

图 12-5-8　在圆弧上不连贯的交叉步滑行

 **思考与练习**

1. 高尔夫球运动的握杆方法有几种？
2. 练习高尔夫球的挥杆技术。
3. 简述台球运动的类型。
4. 练习台球基本击球技术。
5. 简述壁球运动的健身价值。
6. 练习壁球的不同击球方法。
7. 练习滑板运动的基本技术。
8. 如何练习轮滑弯道滑行？

第十三章

户外拓展运动

学习导言

> 户外拓展运动源于西方国家。该运动利用崇山峻岭、大河大川等自然环境，通过一系列精心设计的项目，在解决问题、应对挑战的过程中，达到锤炼意志、完善人格、挑战自我、熔炼团队的培训目的。通过本章的学习，了解开展户外拓展运动的意义，基本掌握各户外拓展运动项目的知识及技术技能。

第一节 户外远足与野外生存

户外远足与野外生存都属于户外野游型活动，是以步行的方式到野外去游览，它是一个既古老又年轻的运动。户外远足特指在野外进行的、与自然界紧密结合的休闲活动。野外生存是指在食宿无着落的山野丛林中求生的一种户外运动方式。它们可以具有提高挑战自我及野外生存能力，培养坚定的毅力和团队合作精神。

>>> **知识窗** -
野外篝火方式

从事野外活动的人，无论登山、探险、旅游、狩猎或科学考察都能够体会到篝火在野外生存的重要性。常用的野外篝火方式有以下几种：

（1）框架式。将木柴交互成90°搭成"#"形框架，层层上叠从底点燃。

（2）放射式。将木柴或树枝以某点为圆心呈放射状排放，从中心点燃，此种方式的篝火可用于做饭。

（3）排列式。取3~5根较粗的木柴平行排列，两端用树枝或石块垫起，木柴下放置引火的干柴树枝，用于做饭与露营极佳。

- <<<

一、户外远足与野外生存的准备工作及必要装备

随着人类社会文明程度的不断提高，人类在享受现代文明带来的巨大利益时，也体验到文明带给人类的种种"负"效应，久居都市的人们有一种远离城市喧嚣、回归大自然的渴望，而户外远足与野外生存正是在人们的这种渴望中应运而生的。

进行户外远足野外探险前需要做好各项准备工作，准备好必要装备。

（一）准备工作

1. 制订计划

要详细研究地图并阅读相关资料，对所要到达的地方有一个感性认识。尽可能了解当地的天气和地理。应估计大致行程，不要制订力所不能及的计划，以免给自己心理和生理带来压力。预算所要带的食物、衣物及必备的药品。

2. 行前准备

带好常用的一些装备，在实际情况中根据路线、天气的不同自由取舍。到野外活动不要穿新鞋，以免增加脚的额外负担。如果攀登 1 001 米以上的山，要穿专门的或厚底的旅游鞋。多带衣服，以应对天气变化。在山上，一般情况下温差较大，只有经常增减衣服才能保持清爽和保暖。在山间行走，为了不使膝盖碰伤或被树枝刺伤、割伤，应选择有弹性、宽大的裤子。

（二）必要装备

户外远足与野外探险所必需的装备主要有帐篷、背包、睡袋、防潮垫或气垫、登山绳、岩石钉、安全带、上升器、下降器、大小铁锁、绳套、冰镐、岩石锥、小冰镐、冰爪、雪杖、头盔、踏雪板、高山眼镜、羽绒衣裤、防风衣裤、毛衣裤、手套、高山靴、袜子、防寒帽、冰锥、雪锥、炊具、炉具、多功能水壶、吸管或净水杯、指北针、望远镜、高线地图或其他资料、防水灯具、各种刀具等。

（1）登山绳。主绳直径 9~11 毫米，长度 45 米以上，常用长度有 45 米、50 米、60 米。承受力在 1 500 千克以上。辅助绳直径 6~8 毫米，承受力在 800 千克左右。登山绳一般为尼龙制，外有尼龙衣，有一定的弹性。攀冰、登雪山时最好使用不吸水的干绳。

（2）岩石钉。先用手钻在岩石上打洞，再将岩石钉放入，拧紧，用于悬挂绳索，起保护作用。

（3）岩石锥。打入岩石缝中，用于悬挂绳索，起保护作用。

（4）上升器。陡峭地形上升或保护时和安全带、主绳配合使用。绳套、吊带常在设保护点时使用。

（5）缝衣针。在野外活动，免不了被刺扎，不及时拔出来还可能发炎、化脓。如果带上缝衣针，就可剔除外侵物。切记，在挑刺时缝衣针的针尖要在火上烧一下，确保消毒卫生。另外，要挤压"刺眼"使其出血，这样才不会感染，再涂上一点红霉素眼膏将会更加保险。

（6）伤湿祛痛膏。行走在野外，荆棘、酸枣树枝等难免把外裤刮破，如不及时补上，就会越破越大。这时可用伤湿祛痛膏在口子的里外面贴好，既方便又快捷还不影响活动。

（7）行李绳。去野外活动备上一根 10 米长、5 毫米粗的尼龙行李绳，当有人不慎坠坡、跌倒摔伤而骨折，可用行李绳和树枝固定手臂和腿脚；还可绑扎成框架，用两件外衣做成简易担架来救护伤员。无论是下陡坡，还是走峭壁，用它可安全通过险区。

（8）塑料袋。冬天雪后上山观景，别有一番情趣。可是，保暖的鞋子不久就会湿透，极易冻伤双脚。如果踏雪前在袜子外套上塑料袋再穿鞋，一则使脚保暖；二则隔热，降低鞋面温度，使积雪沾上后不易化成冰水。

二、宿营常识

野营选择营地非常重要，应注意以下几点：

（1）应尽量在坚硬、平坦的地上搭帐篷，不要在干涸的河床上扎营。

（2）帐篷的入口要背风，帐篷要远离有滚石的山坡。

（3）为避免下雨时帐篷被淹，应在篷顶边线正下方挖一条排水沟。

（4）帐篷四角要用大石头压住。

（5）帐篷内应保持空气流通，在帐篷内做饭要注意防火。

（6）晚间临睡前要检查是否熄灭了所有火苗，帐篷是否固定结实。

（7）为防止虫子进入，可在帐篷周围撒一圈煤。

（8）帐篷最好面朝南或东南面以能够看到清晨的阳光，营地尽量不要在棱脊或山顶上。

（9）营地周围至少要有凹槽地，不要搭于溪水旁，这样晚上会太冷。

（10）营地应选在排水条件好的地方。

三、野外生存技巧

（一）寻找水源

只要不是身处沙漠，如果对植物有些了解的话，找到水源应不是一件非常困难的事。

（1）地下水，包括渗入地下的雨水、山泉水。饮用前应注意消毒。

（2）地表水，包括溪水、雨水、露水、冰雪化水等。

（3）如果未能找到地下水、地表水时，应在地上通过植物找代用水，如枯萎的竹子切断竹节，收集节内积存的水分；早起收集朝露；水藤、水树、仙人掌、椰子、野丝瓜内都贮有大量的液体。

（二）判定方向

（1）利用北极星判定。北极星是正北天空的一颗较亮的恒星，位于小熊星的尾端。因小熊星座比较黯淡，所以通常根据大熊星座和仙后星座来寻找。

大熊星座由 7 颗明亮的星组成，形状像一把勺子，将勺底端甲、乙两星的连线向勺子口方向延长，约在两星间隔的 5 倍处，那颗比较大且较明亮的星就是北极星。

仙后星座由几颗明亮的星组成，形状像"w"字。从中央的星算起，在"w"缺口方向约为缺口宽度的 2 倍处就是北极星。

大熊星座和仙后星座分别位于北极星的两侧。在北纬 40° 以北地区，两个星座都能看到。在北纬40°以南地区，有时只能看到其中一个星座（图13-1-1）。

（2）利用地物特征判定。有些地物的特征与方向有关，可用来概略判定方位。独立大树，通常是朝南方向枝叶茂密、树皮光滑，朝北则相反。独立树砍伐后，树桩上的年轮通常朝北方间隔小，朝南方间隔大。

朝南方干燥、青草茂密，冬雪融化比较快；朝北方渐湿，易生青苔，冬雪融化比较慢。

北方平原地区，较大庙宇、宝塔的正门和农村住屋的门窗多数朝南开。

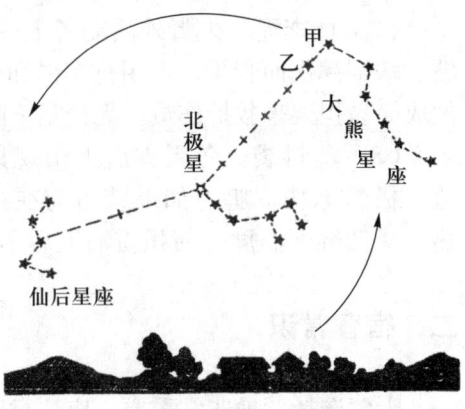

图13-1-1　利用星座判定方向

（3）利用手表和太阳判定。在上午9时至下午4时之间，用时针对准太阳，此时手表上的时针与12时刻度夹角平分线所指的方向为南方，相反为北方（图13-1-2）。但利用手表判别方向时，一是要注意将手表平置，二是在南纬、北纬20°30′之间地区的中午前后不宜使用，三是要把标准时间换算为当地时间。

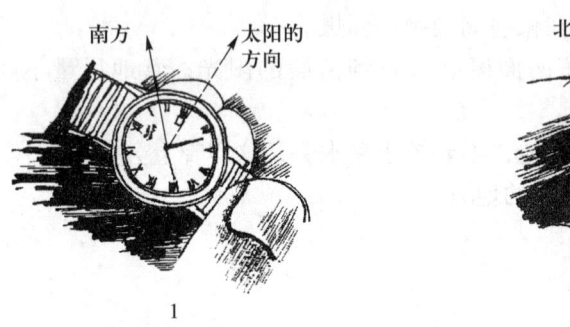

图13-1-2　利用手表和太阳判定

由于经度不同，在同一北京标准时间内，各地所见太阳的位置也不同。因此，在远离东经120°的地区判定方位时，应将北京时间换为当地时间。根据地球每小时由西向东转动经度15°，其当地时间是将北京标准时间加上1小时；每向西15°，就减去1小时。如在西藏拉萨（东经91°），那里比东经120°少29°，以北京标准时间12时判定方位时，应减去1时56分，所以当地时间是10时04分。

（4）利用太阳阴影判定。选择一平整的地面，在地面上立一根细直的长杆，在太阳的照射下就会出现一个影子，并将影子标示在地面上；等待片刻（10~20分钟），再标出影子的新位置，然后过两个影子的端点连一直线，此直线就是东西方向线。如何判定东、西方向呢？由于太阳东出西落，其影子则沿相反方向移动，所以第一个影子就是西，第二个影子必是东。根据已知的东西方向线，在其上任选一点作垂线，这条垂线大体就是南北方向线。

（5）利用月亮和时间判定。当夜间看不到北极星而能看到月亮时，可以用月亮和时间判定方位。判定方法如下：

① 月亮趋盈时（光辉部分在右）。将月亮整个圆盘分为 12 等份。目测月亮光辉部分占十二分之几，所占的份数即月亮当天通过正南的时间（时间从中午 12 时起算）。根据月亮当天通过正南的时间，即可用太阳和时间判定方位的方法去找出正南方。

② 月亮趋亏时（暗影部分在右）。将月亮整个圆盘分成 12 等份。目测月亮暗影部分占十二分之几，所占份数即月亮当天通过正南的时间（时间从午夜 0 时起算）。根据月亮当天通过正南的时间，按太阳和时间判定的方法找出正南方。

③ 按月亮趋盈（趋亏）的等分数判定。月亮的形状（从地球上看去）每天都不相同。阴历初一看不到月亮，初一到十五月亮逐渐增大，光辉部分在右。十五是满月，十五到三十月亮逐渐减小，月亮通过正南方的时间，每天也不相同。阴历初一约 12 时通过正南。初一以光辉部分在左。以后，月亮通过正南的时间一天比一天晚，阴历十五日约 24 时通过正南。

根据以上所述，看不到月亮的那天（初一），月亮通过正南的时间是当天中午 12 时，以后月亮的光辉部分逐渐增大，通过正南的时间也逐渐推迟。到满月那天（阴历十五），是 24 时经过正南。这两次月亮通过正南的时间刚好相差 12 小时。

如果把整个月亮圆盘分为 12 等份，则月亮趋盈时，光辉部分占十二分之几，它通过正南的时间就比中午 12 时晚几个小时，也即是光辉部分占十二分之几，就是几点通过正南方。

从满月到看不到月亮，月亮的变化是光辉部分逐渐减小，右边的暗影部分逐渐增加，通过正南的时间是从 24 时逐渐推迟到中午 12 时，中间相差也是 12 小时，故把整个月亮圆盘分为 12 等份，月亮的暗影部分占十二分之几，就是几点通过正南方（图 13-1-3）。

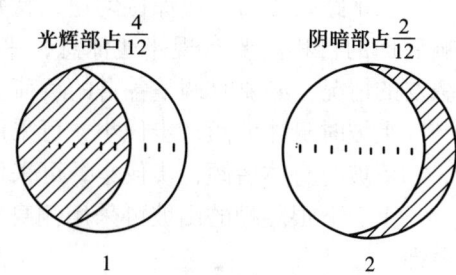

图 13-1-3　利用月亮和时间判定方向

四、野外行走

（一）野外行走简易测距的方法

野外行走首先要解决的是方位判断和简易测距，这里主要介绍几种简易测距的方法。

（1）目测法。标准身材的人，一复步为 1.5 米（两步为一复步）。

方法：从站立点至目标，量出复步数后乘以 1.5 米，其结果为两点间的距离。

（2）跳眼法。

方法：两脚打开与肩同宽，右臂水平抬起自然伸直，竖起右手拇指，闭左眼、睁右眼，通过拇指瞄向目标点 A，而后保持姿势不变，再闭右眼睁左眼，通过拇指瞄向一个新的目标 B，估计出 A、B 两点的间隔再乘以 10，即为站立点至目标点的概略距离。

（二）团体行进

团队行进需要一个领队和一个副领队。无论发生了什么事，团员都必须团结一心。如果是一个大的团体，领队应指派一个人在前面探路，领队走在中间指挥整个队伍，副领队走在队伍后面以保证走得慢的人不掉队，并控制行进速度（图 13-1-4）。

图 13-1-4　团体行进

（三）行走技巧

出发前最好准备一根手杖，不仅能减少旅途的艰辛，还可以作为防卫武器，用来打草惊蛇，驱赶小型野兽。

在平路行走时，应保持匀速，特别是刚开始出发时，应避免走得太快而造成疲劳，影响后面的行程。要有规律地休息，平均每走 30~45 分钟应休息 5~10 分钟，坐下来观察队友的情况，必要时调整各自的负荷。

上坡时身体前倾，步伐小，可采用外八字形步法，保持匀速前进。

下坡时身体后倾，步伐小，可采用内八字形步法，适当加快速度。

上、下很陡峭的山坡可采用侧身走，或采用"之"字形路线横向行走，必要时使用安伞绳。

（四）特殊条件下野外行进的注意事项

（1）热带丛林行进。在热带丛林中行进，为防止蚊虫、蚂蟥、毒蛇等叮咬，应穿靴子，并要扎紧裤腿和袖口、领口，最好把裤腿塞进靴子里面，有条件的应戴手套。在鞋面上涂驱避剂或肥皂，可防止蚂蟥上爬。为了防止毒蛇的袭击，行进中可用木棍"打草惊蛇"。同时，休息时应注意树下有无毒蛇，仔细观察后再坐下。

在野外常常会遇到大小不等的林区和疏密不等的高灌木丛。因此，必须了解林中行走的知识。在穿过丛林时应注意以下几点：

① 应选择林间主干道或小道行走，做好定向，以防迷路。

② 在浓密的灌木丛中行进，带路者应准备一把砍刀开路前进。

③ 穿林时最好穿长袖衣裤，避免和减少草木的树枝刺伤或划破皮肤，同时还可以避免蚊虫叮咬；系好鞋带，可将鞋带围绕踝关节一圈系紧，避免过长的鞋带被树枝挂松而影响行进。

④ 在茂密的灌木丛中行走，推开挡路的树枝时，要注意后续队员的安全，当放开手中树枝时，应该回头看看，以免树枝打到后面的队友，或喊一声"小心树枝！"以提醒队友注意。

⑤ 行进中注意勿被地面的树桩或藤蔓绊倒。

（2）夜行。一般来讲，夜间易偏离方向，这时指北针会发挥作用。

在树林中比开阔的地方会更暗一些，因此应尽可能沿开阔的地方行进。夜间观察物体时观察其轮廓和边缘。

黑暗中听觉会更加有用，如河中流水的声音，可以判断河水的流速。黑夜里应缓慢前进，步幅要放小，重心前移之前应试探一下。如果是下坡，可以使身体重心后移拖住脚走。

另外，眼睛对黑暗需要一个适应过程，一旦适应了以后，其能见度会有好转。注意不要再让眼睛受光亮的刺激，否则恢复这种视觉又需要相当长的时间。如果一定要用光，可以捂上一只眼睛，以保证另一只眼睛的视觉不下降。

（3）山地行进。在山地行进时为避免迷失方向，节省体力，提高行进速度，应力求遵循有道路不穿林翻山、有大路不走小路、走高不走低的原则。可沿山脊线行走，亦可沿山体斜面行走，这样便于夜间观察目标和方向。

行进中要密切注视，及时观察是否有断崖滑坡，防止跌伤。上坡时身体重心前移下塌，必要时手脚并用；沿山体斜面行进时，身体尽量向山体一侧倾斜，两脚侧面用力。

五、渡河

俗语讲"宁欺山，莫欺水"。河流、湖泊是在行进中的危险因素。水面看起来平静，水底却可能危机四伏。除非万不得已，不要轻易选择渡河。渡河前，应对背包及所带用品进行防水、防潮处理，保证渡河后能继续使用。

（一）河流的涉渡

蹚水过河时，一定要用撑竿试一试水的深浅。河流三角湾处通常波涛汹涌，河面也很宽，不应在该处穿越。在宽阔河面，尤其是靠近入海口处，不要轻易涉水。如果水温过低，不要轻易渡河。

（二）个人渡河

单独涉水时，用手杖探测水中的岩石或洞穴，然后把手杖作第三"支撑腿"放在身前，抬脚时身体靠在手杖上，侧身走（图13-1-5）。

（三）集体渡河

（1）B把绳子（救生索）的一端绑住三人中最强壮的A。C把另一根绳（过河绳）的中央用岩钉钢环固定在河岸上，紧紧地抓住过河绳的一端并把另一端给A，A捆着两根绳过河，并用手杖在前探路（图13-1-6）。

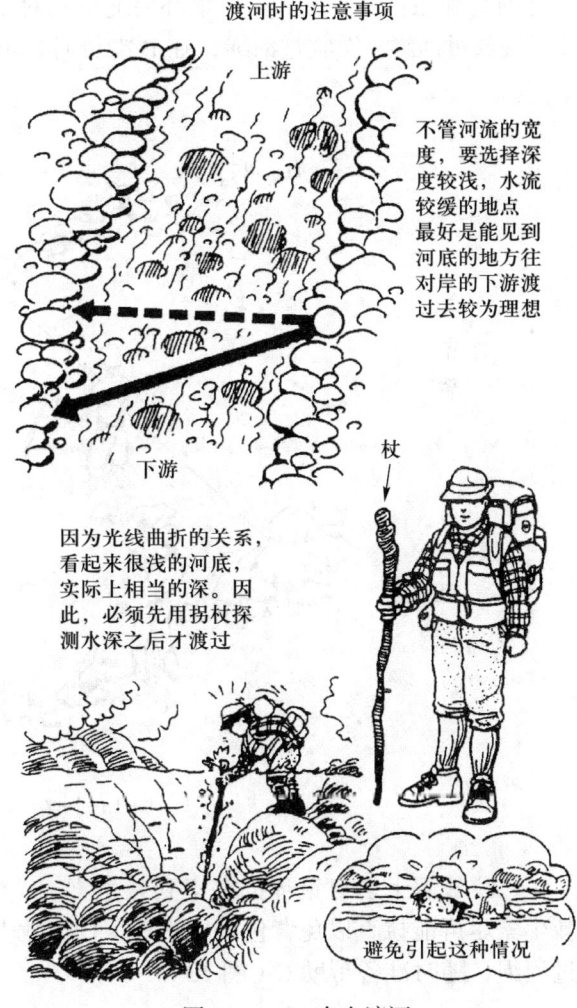

渡河时的注意事项

上游

不管河流的宽度，要选择深度较浅，水流较缓的地点最好是能见到河底的地方往对岸的下游渡过去较为理想

下游

杖

因为光线曲折的关系，看起来很浅的河底，实际上相当的深。因此，必须先用拐杖探测水深之后才渡过

避免引起这种情况

图13-1-5　个人渡河

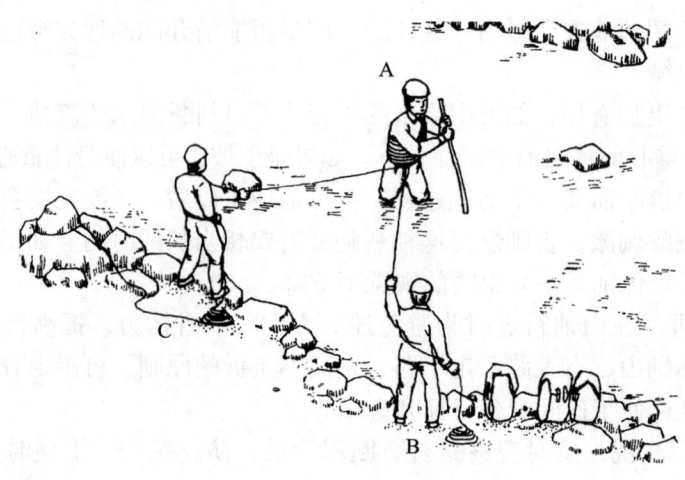

图 13-1-6　集体渡河 1

（2）A 到达对岸后，把救生索固定在一块岩石上，把一个岩钉钢环穿到过河绳上，然后把河绳缠在自己身上。岩钉钢环沿绳滑到对岸，B 把它串在腰带上。B 沿着救生索过河，C 慢慢放过河绳，A 收过河绳，在 B 滑倒时，可以救助 B（图 13-1-7）。

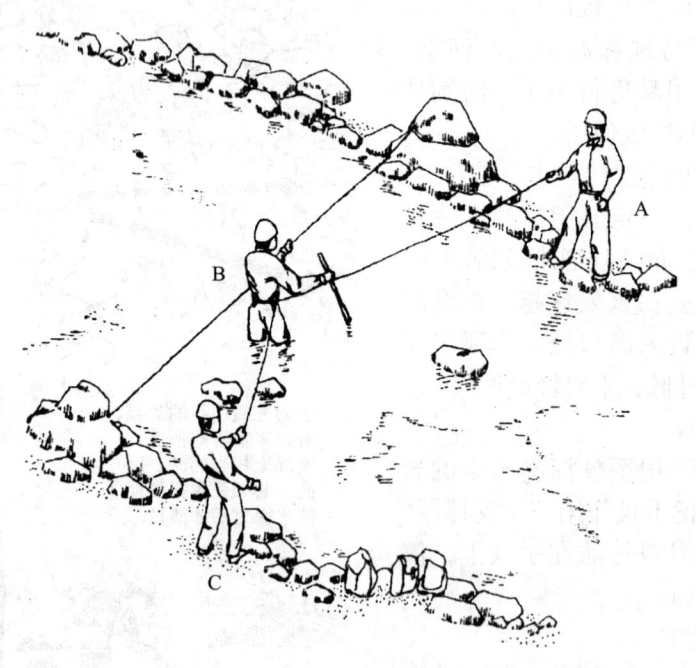

图 13-1-7　集体渡河 2

（3）B 解下岩钉钢环把它串到救生索上，C 用岩钉钢环绑好背包，把背包扯过河去。救生索尽可能拉直以免背包浸入水中。C 把救生索解下来绑在自己身上过河。A 和 B 拉住过河绳，随时准备帮助 C（图 13-1-8）。

1   2

图 13-1-8   集体渡河 3

六、野外意外情况处理

（一）水泡

户外运动最好穿与脚"磨合"惯了的鞋、吸汗的棉袜子或线袜子。在容易磨出水泡的地方事先贴一块创可贴。如有条件，可以到商店里买一瓶防止起泡的喷雾剂（主要减轻摩擦作用）。一旦磨出了水泡，首先用消毒过的缝衣针在水泡表面刺个洞，从上方挤出水泡内的液体，然后用碘酒、酒精等消毒药水涂抹创口及周围，最后用干净的纱布包好。

（二）中暑

在夏季登山前，一定要准备好预防和治疗中暑的药物，如十滴水、清凉油、人丹。另外，还应该准备一些清凉饮料和太阳镜、遮阳帽等防暑装备。一旦有人中暑，应尽快将其移至阴凉通风处，将其衣服用冷水浸湿，裹住身体，并保持潮湿；或不停扇风散热并用冷毛巾擦拭患者，直到其体温降到38℃以下。中暑者意识清醒，应让其以半坐姿休息，头与肩部给予支撑。若中暑者已失去意识，则应让其平躺。通过以上救治措施，中暑者的体温如已下降，则改用衣物覆盖，并充分休息；否则，重复以上措施，并尽快送医院救治。

（三）抽筋

抽筋是由于登山时过度运动或姿势不佳，而引起肌肉协调不良，或因登山时或登山后出汗，体内的盐分大量流失，因而致使肌肉突然产生非自主性的收缩。抽筋的症状有患处疼痛，肌肉有紧张或抽搐的感觉，患者无法使收缩的肌肉放松。急救的方式为拉引患处肌肉，使患处打直，轻轻按摩患处肌肉，补充水分及盐分，休息直到患处感觉舒适为止。

（四）蛇咬

首先应判断是否被毒蛇咬伤。通常观察伤口上有两个较大、较深的牙痕，可判断为毒蛇咬伤。若无牙痕，并在20分钟内没有局部疼痛、肿胀、麻木等症状，则为无毒蛇咬伤，只需要对伤口清洗、包扎。若有条件应送医院注射破伤风针。一般而言，被毒蛇咬伤10~20分钟后，其症状才会逐渐呈现。

被咬伤后，争取时间是最重要的。首先要找一根布带或长鞋带在伤口靠近心脏上端5~10厘米处扎紧，缓解毒素扩散。但为防止肢体坏死，每隔10分钟左右，放松2~3分钟。应用冷水反复冲洗伤口表面的蛇毒。然后以牙痕为中心，用消过毒的小刀将伤口的皮肤切成十字形。再用两手用力挤压，拔火罐，或在伤口上覆盖4~5层纱布，用嘴隔纱布用力吸吮（口内不能有伤口），尽量将伤口内的毒液吸出。

（五）蜂蜇

首先要尽量离草丛和灌木丛远些，发现蜂巢应绕行，最好穿戴浅色光滑的衣物，因为蜂类对深色物体在浅色背景下的移动非常敏感。如果有人误惹了蜂群，而招致攻击，唯一的办法是用衣物保护好自己的头颈，反向逃跑或原地趴下。千万不要试图反击，否则只会招致更多蜂的攻击。如果不幸被蜂蜇中，可用针或镊子挑出蜂刺，但不要挤压，以免剩余的毒素进入体内。然后用氨水、苏打水甚至尿液涂抹被蜇伤处，中和毒性。可用冷水浸透毛巾敷在伤处，减轻肿痛。若条件允许，尽快送医。

第二节　登山运动

登山运动是一项具有挑战自我、超越极限、独特魅力的运动，可以使人在体验大自然的过程中，达到修身养性、健美身心的目的。它是一种既传统又现代的锻炼方法。

一、登山运动的必备装备

（1）水瓶。高海拔山区相当干冷，须补充足够的水分，以防脱水，维持体能。一般说来，携带一个1公升容量的水瓶就足够了，但如果天气太热或出汗很多则需携带两个水瓶，水瓶最好是可重复使用并可以装雪的广口聚乙烯制品。保温瓶是相当重要的物品，尤其是在雪期。

（2）防晒油与护唇膏。高海拔山区的阳光强度较海边高出数倍，必须运用衣服或防晒油覆盖皮肤降低紫外线的曝晒程度。购置防晒系数为15倍以上的防晒油较为合适，人体的鼻子、耳朵、嘴唇是敏感部位。将防晒油涂在太阳反射光能照射到的地方，尤其是暴露在外面的皮肤、下巴内侧、鼻子和耳朵内侧。嘴巴由于长期曝晒容易长水泡，攀登者最好使用护唇膏保护嘴唇。

（3）驱虫剂。在野外通常用含有避蚊胺的药物驱虫效果较好，尤其是对蚊子，使用有些高剂量的避蚊胺可以使蚊子持续数小时不敢靠近。

（4）水袋。使用塑胶制品的水袋，水龙头的瓶盖口必须拴紧，以免使用过程发生瓶盖口脱落。满水的水袋最好倒平放或吊起来，避免被树枝戳破，雪期最好置于营帐内，或改用瓶装水。因为水袋很容易结冰而破裂，行前一定要检查水袋是否有破洞。

二、登山运动的注意事项

（一）热身

热身运动往往被登山者忽略，人们常常是到达山下后就开始上山，不做任何准备活动，这样做对关节和肌肉不利，尤其是乘车到山下的人，没有充分活动开，如果立即上山，很容易对关节、肌肉、韧带造成损伤，所以在上山之前一定要做好充分的准备活动。一般夏天做 5 分钟左右的准备活动，冬天要做 10 分钟的准备活动。活动的内容包括全身各主要关节、韧带、肌肉，大范围活动、伸拉、放松，使心脏、关节、肌肉等进入运动状态。

（二）依目的选择攀登方式

通常人们爬山，多数是根据个人的体力、感觉，以比较单一的方式向山上行进，其实上山的方法有多种。想增加耐力，可采用小步幅、中频率上行，配合深呼吸；想增长腿部力量，可采取中大步幅、中等速度、间歇性上行，走一段，稍做休整，再走一段；想发展速度，可采用中步幅、高频率、间歇跑，即跑一段，走一段，调整，再跑一段，再走一段。在一些平缓地段或有台阶扶手的地段，可做倒向下山，这样可以发展平衡能力、协调性等素质。但这个动作较危险，最好有旁人扶助，尤其不要在地势较陡的地段做此项练习。

（三）整理活动

下山后要在平缓的地方做一些整理放松运动，使快速跳动的心脏逐渐恢复正常，使身上的汗渐渐退掉，将紧张的关节、肌肉、韧带适当伸拉和放松，使其恢复到平常状态。同时要注意保暖，以防着凉。

三、登山基本技术

（一）结绳技术

结绳技术是登山运动员必须掌握的基本技术之一。在登山途中，运动员互相保护、越过障碍、攀登岩石或冰雪峭壁、渡过山间急流等都离不开绳索，因此绳索是登山中最重要的装备之一。绳索只有通过与运动员身体或其他物体的相互连接固定，才能起到辅助行进和保证安全的作用。绳结运用得当，直接影响绳索使用的效果。

（二）绳结类型及用途

依据用途不同，绳结分为固定绳结、接绳绳结、保护绳结和操作绳结 4 种，以下重点介绍固定绳结（图 13-2-1）。

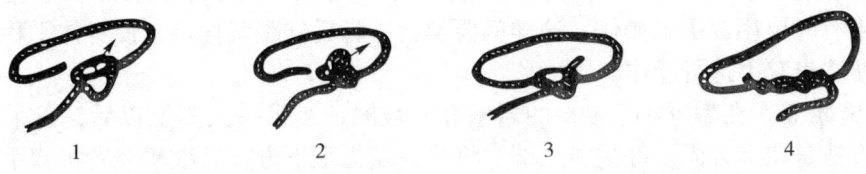

1　　　　2　　　　3　　　　4

图 13-2-1　固定绳结

固定绳结是将绳索一端直接固定于自然物体上的绳结，又分为以下5种：

（1）织布结（布林结）。这种绳结可将绳索一端与自然物体固定在一起，有时也用于结组中的胸绳连接。

（2）牵引结。这种绳结将绳索一端固定拉紧在树干或其他物体上。

（3）通过结。用于绳索通过铁锁时作中间环节的各种连结和固定。这种结有简单的通过结和"8"字形通过结。

（4）双套结。特定攀登技术中使用的一种结，也可作固定用。

（5）帐篷固定结。

（三）攀登技术

根据不同的地貌特点，可将攀登技术分为攀登岩石峭壁技术、攀登冰雪陡坡技术、下降技术。

（1）攀登岩石峭壁技术。

① 徒手攀登。攀登岩石峭壁首先采用徒手攀登方法。其技术难度主要体现在第一人的攀登过程中。第一人攀登峭壁的基本方法是利用自然支点和人为支点（打入岩石的钢锥）进行徒手攀登。基本要领是"三点固定"，即在双手握、双脚蹬牢3个支点的条件下才能移动到第4点。

攀登者要设置专门的保护装置，要携带足够的岩石钢锥，沿路打入钢锥作为人为支点。各支点间距不宜过密，以0.5米为宜。

三点固定法是攀岩的基本方法，它对身体各部位的姿势和动作有一定的要求。

● 身体姿势：攀登岩石峭壁时身体要自然放松，以3个支点稳定身体重心，而重心要随攀登动作的转换移动，这是攀岩稳定、平衡、省力的关键。在攀登自然岩壁时，上、下脚要协调舒展，攀岩要有节奏，上拉、下蹬要同时用力，身体重心一定要落在脚上，保持面向岩壁、三点固定支撑、直立于岩壁上的攀登姿势。

● 手臂动作：在攀登人工岩壁时，要求第一指关节用力抠紧支点的同时，手腕要紧张，手掌要贴在岩壁上，小臂也要随手掌紧贴岩壁而下垂，在引体时，手指（握点）有下压抬臂动作，其动作规律是重心活动轨迹变化不大，节奏更为明显。在攀登自然岩壁时，其动作变化要根据支点的不同而采用不同的用力方法，如抓、握、挂、抠、扒、捏、拉、推压、撑（图13-2-2）。

● 脚的动作：攀登技术能否发挥，关键在于两腿的力量是否能充分利用。因为只靠手臂力量攀登不可能持久。脚的动作要领是两腿外旋，大脚趾内侧贴近岩面，两腿微屈，以脚踩支点维持身体重心。此外，应当充分重视手脚合理配合的重要性。

② 挂梯攀登。徒手攀登者还可利用人工支点挂梯作支点向上攀登（图13-2-3）。首先要学会使用挂梯。挂梯挂于空中，要想用脚踩稳挂梯，是比较困难的，用力不当，就会造成身体在空中转动，这样会消耗体力，延误攀登时间。徒手攀登者还要学会打岩石钢锥，打钢锥有时要用双手来操作，这样就要学会一脚后伸蹬紧挂梯，使身体平稳地坐在腿跟上，以便腾出双手进行操作。

③ 缘绳攀登。在攀登小于90°的岩壁和陡坡时，当第一人攀上以后，可采用缘绳攀登法。其方法是在上方固定好主绳一端，将另一端扔至下方，后继攀登者可双手抓绳、脚蹬岩壁而上。为了安全，攀登者还可在主绳上打抓结与身体连接，手握抓结向上攀登。动

图 13-2-2　攀登岩石峭壁时手臂的动作　　图 13-2-3　利用人工支点，挂梯向上攀登

作要领是拉紧主绳后，屈臂引体，一手迅速上移，另一手紧握主绳。向上引体时，身体后仰角度不宜过大，两脚随着屈臂引体，及时有力地向上蹬踏。蹬踏时以前脚掌为主，手脚要协调配合。为了防止滑脱，攀登者可打抓结或另增加一条主绳与自己身体连接。缘绳攀登法采取在上方保护的方式。遇到攀登路段太长，一次登上有困难时，可采用两人结组交替保护的双人结组攀登法。应当注意的是，第一个攀登者一定要带足所需器材，然后再进行攀登。这也是将前述各种攀登技术综合运用的好机会。

（2）攀登冰雪陡坡技术。攀登 45° 以上的冰雪陡坡和 60° 以上的冰壁的技术很难掌握。在这种路段上攀登时，脚下容易滑脱，平衡较难掌握，一旦滚坠，就会迅速下滑。因此，攀登者要在脚下佩戴冰爪，而且在一般情况下，要用绳索结组，相互固定保护，攀登冰雪陡坡的方法是双手在胸前横握冰镐，手握镐头三通处，镐尖朝下（图 13-2-4），另一手握冰镐下方 1/3 处，双手之间距离约等于肩宽。攀登时，双臂用力将冰镐尖牢扎于冰面，然后依次移动双脚，反复进行。但应注意，将镐尖扎入冰面时不要用力过猛，冰镐不要晃动，以免冰面破裂，影响其稳定性（图 13-2-5）。踏脚时也要用力使冰爪尖牢牢扎入冰面（图 13-2-6）。

图 13-2-4　冰镐的使用

能否使冰爪牢牢扎入冰面，关系到身体的稳定和攀登的质量。正确动作是提腿的同时以膝关节为轴，利用登山靴的重量，使脚平稳地前踢，从而使冰爪前面的两个齿都能扎入冰面。脚不要上下晃动，因为这样容易使冰壁破碎而不牢固。如果冰爪呈外八字形扎入冰面，就不能充分发挥冰爪前齿的作用。

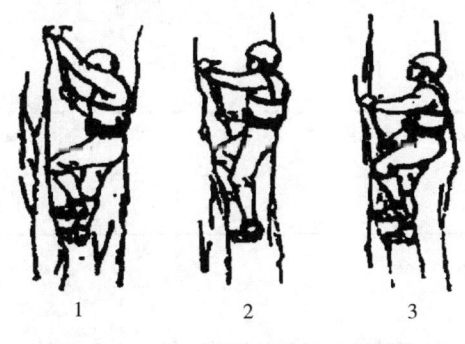

图 13-2-5　利用冰镐攀登冰雪陡坡

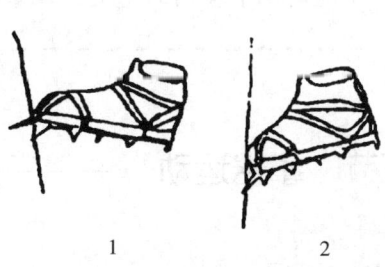

图 13-2-6　利用冰爪攀登冰雪陡坡

当冰坡超过 60° 时，攀登者可双手各握一只小冰镐攀登，并在下方固定保护装置。攀登者将冰镐和冰爪轮流扎入冰面，像攀登岩石峭壁一样，在"三点固定"后，再移动另一点向上攀登。

冰坡若在 45° 左右，人在冰面上已不能站稳，攀登者常采用挖台阶和"之"字形攀登技术。挖台阶时，攀登者要面向冰坡，双手握镐，在冰坡上同时挖两个台阶，先挖上面的，后挖下面的，台阶大小以能放下一只脚为限。在"之"字形转弯处，要挖大些，使其能容下两只脚，以便转身。在转弯处要打上冰锥，挂上铁锁，通过绳索实施下方固定保护。

打冰锥的方法不同于打岩石钢锥，冰锥要垂直于冰面，敲打时要快速均匀，用力不宜太猛。

冰坡在 45° 以上也可采取挖台阶直线攀登的方法。攀登者面向冰坡，右手执镐，左手抓支点，直线向上攀登。在这种情况下也要采用下方固定保护技术。当冰坡在 60° 以上时，可采取小挂梯攀登法，即通过打冰锥、挂挂梯的方法向上攀登。

（3）下降技术。在 45° 以下的坡面下降，危险较小，一般不需要特殊的装备和技术手段，可在冰镐辅助下自然进行；在 45° 以上的陡坡峭壁上下降，则必须有一定的装备和技术手段。下降方法有以下两种：

① 三点固定下降法。三点固定下降法是岩石作业下降技术的基本方法，所用工具简单。其方法是利用手握、脚蹬牢 3 个支点，然后移动至第 4 个支点。这种下降法比三点固定攀登更加困难，因此一定要设置上方固定保护装置。

② 利用器械下降法。利用器械下降法是最常用的一种方法，原理是利用主绳同连接在身体上的一定器械之间的摩擦，减缓并控制下滑速度，从而达到下降的目的。

一般以陡壁的高度和坡度、自然支点的多少、所需装备的数量、自然环境来衡量对攀岩的影响程度。

>>> **知识窗** -
登山运动的安全提示

（1）除非事先安排好充分的支援，否则登山成员不得少于 3 人。

（2）必须具备团队意识，遵从领队的指示。

（3）不能做能力所不及或知识不及的事。

（4）选择登山路线或决定是否下撤时，必须冷静判断，不可冲动。

（5）随身携带必要衣物、食品和装备。

（6）将登山行程交给留守人员或其他人员。

（7）随时反省登山的意义，注意环保。

- <<<

第三节　攀岩运动

攀岩运动是从登山运动中派生来的新项目，集探险、竞技、健身、娱乐于一体，融力量、勇气、智慧、时尚、美感于一体，惊险、刺激而又具有挑战性。它既要求习练者具有勇敢顽强、坚韧不拔的精神，又需要具有良好的柔韧性、节奏感及攀岩技巧，这样才能在不同高度、不同角度的陡峭岩壁上，轻松、准确地完成身体的腾挪、转体、跳跃、引体等惊险动作，给人以优美、流畅、刺激的感受。

一、攀岩运动简述

攀岩作为一种人类探索自然、挑战极限的运动形式，最早可追溯到 19 世纪的欧洲。早在 1865 年，英国登山家、攀岩运动的创始人埃德瓦特，首次使用钢锥、铁链和登山绳索等简易装备，成功地攀上险峰。1890 年，英国登山家又改进了攀岩工具，发明了打气用的钢锥和钢丝挂梯，以及各种登山绳结，使攀岩技术发展到了更加成熟的阶段。

20 世纪 60 年代初，苏联开始倡导这项运动，当时的评判标准是在同样的条件下，攀登峭壁的速度最快者为优胜。20 世纪 70 年代初，苏联形成了一年一度定期举行的全国联赛。1974 年 9 月，苏联和捷克斯洛伐克的登山组织率先发起并举办了首届"国际攀岩锦标赛"。后由苏联提议，经国际登山联合会决定，每两年举行一次国际攀岩锦标赛。20 世纪 80 年代，人工岩壁攀登逐步兴起。1991 年，国际登山攀登联合会在德国举办了首届世界攀岩锦标赛，此后，每两年举办一届。2016 年 8 月，国际奥委会执委会正式宣布，包括竞技攀岩在内的 5 项运动正式纳入 2020 年东京奥运会正式比赛项目。20 世纪 80 年代，中国登山协会与日本山岳协会在双边学习交流的过程中将攀岩运动引入我国，攀岩运动引入我国后，得到了大众化和商业化发展，竞技水平大幅度提升，赛事组织能力全面提高。而且，该项目备受青少年的关注和喜爱。

二、攀岩运动的分类

（一）按比赛项目分类

（1）难度攀岩。难度攀岩是以攀岩路线的难度来区分选手成绩优劣的攀岩比赛。难度攀岩的比赛结果是以在规定时间里选手到达的岩壁高度来判定的。在比赛中，队员下方系绳保护，带绳向上攀登并按照比赛规定，有次序地挂上中间保护挂索。比赛岩壁高度一般为 15 米，线路由定线员根据参赛选手水平设定，通常屋檐类型的线路难度较大。

（2）速度攀岩。速度攀岩是指上方系绳保护，按指定路线进行攀岩，根据完成比赛路线所用的时间来决定名次的攀岩。

（3）攀石。攀石也被称作抱石，指在没有绳索保护状态下攀登不超过 5 米高的岩壁，一般采用海绵垫或充气垫做保护设备。

>>> 知识窗 -

岩壁的种类

岩壁分为人工岩壁和天然岩壁。人工岩壁是人为设置岩点和路线的模拟墙壁，可在室内和室外进行攀岩技术的训练，难易程度可随意控制，训练时间比较机动，但高度和真实感有限。天然岩壁是大自然在地壳运动时自然形成的悬崖峭壁，给人的真实感和挑战性较强，可自行选择攀岩的岩壁和攀岩路线及攀登地点，而且天然岩壁的路线变化丰富，如凸台、凹窝、裂缝、仰角，能体会"山到绝处我为峰"的感受。

（二）按器械使用分类

（1）器械攀登。器械攀登是指直接拉或站在人工支点上。人工支点包括梯子、软梯、岩塞、钩子等。器械攀登的好处是可以让人登上很难的路线，不会消耗太多攀登者的体力。

（2）自由式攀登。器械完全是起保护作用，目的是尽量减少攀登者在失误后的伤害后果。自由式攀登的目标是靠攀登者手脚的能力，使用自然支点来完成一条路线。

自由式攀登按攀登的风格又分为两种：① onsight，就是只在下边看，然后一次没掉下来就上去了，没有尝试或演习，也没从顶上滑绳下来仔细研究路线，这是攀登者能力的最好说明。② red point，就是允许练习这条路线，允许在练习时多次坠落，但至少有一次做到从底爬到顶的机会。

三、攀岩技术

攀岩运动对脚尖与指尖的力量要求比较高，对身体的协调性能要求也很高。攀登岩壁的方法分为徒手攀登、利用器械攀登、缘绳攀登、双人组合攀登、攀登岩石裂缝 5 种。

（一）徒手攀登

徒手攀登是利用自然支点和人工支点向上攀登，包括身体姿势、手臂动作、脚的动作、手脚配合 4 个方面。

（1）身体姿势。在攀登过程中身体要放松，以三个支点稳重重心，而重心要随攀登动作的转换移动，这是攀登稳定、平衡、省力的关键。

（2）手臂动作。手在攀登中是抓住支点、维持身体平衡的关键，手臂力量直接影响攀登的质量和效果。它要求第一指关节用力扣紧支点的同时，手腕要紧张，手掌要贴在岩壁上，小臂也要随手掌紧贴岩壁而下垂。在引体时，手指有下压抬臂动作。

（3）脚的动作。要领是两腿外旋，大脚趾内侧贴近岩面，两腿微屈，以脚踩支点维持身体重心。在自然岩壁支点大小不一和方向不同的情况下，要灵活运用。

（4）手脚配合。它是达到熟练运用攀登技术的基础。它首先要练好上肢力量，再配合以脚踝、脚趾以及腿部的力量，使身体重心随着用力方向的不同而移动，这样手脚动作的配合就可协调自如。

（二）利用器械攀登

利用器械攀登分为上升器攀登、抓结攀登、挂梯攀登三种。

（1）上升器攀登是攀登者双手各握一只与双脚连接的上升器，并将它们卡于主绳上与双脚配合，不断沿主绳上升的方法。

（2）抓结攀登是在没有上升器的情况下，利用两根辅助绳相继向上攀登的方法。它要求动作协调，要有节奏，要维持好身体平衡。

（3）挂梯攀登是一种在天然岩石壁上攀登使用的方法，就是将准备好的挂梯交替向上挂于相应的人工支点上，攀登者利用挂梯作支点向上攀登。

（三）缘绳攀登

缘绳攀登是在攀小于90°的岩壁与陡坡时使用的方法。动作方法是在上方固定好主绳的一端，将另一端扔到下方，后继攀登者双手抓绳，脚蹬岩壁而上。拉紧主绳后屈臂而上，一手迅速上移，另一只手紧握主绳，两脚随着屈臂引体，及时有力地向上蹬踏。

（四）双人结组攀登

双人结组攀登是遇到路线较长，一次攀登有困难的时候，可以采取两人结组交替保护的攀登方法，但要注意两人的配合一定要默契（图13-3-1）。

图13-3-1　双人结组攀登

（五）攀登岩石裂缝

攀登岩石裂缝可以根据岩石裂缝的宽度分别采用不同的攀登方法，按攀登的姿势可以分为立式攀登、剪式攀登、坐式攀登与跪式攀登4种，其动作要领都是利用三点固定攀登法。

四、岩降技术

借助一条绳索，就可以安全而迅速地滑下陡峭的山坡。下山者应当面对绳索的固定点，跨骑在绳索上面，把它拉出来绕在臀部的　侧，以对角方式绕过前胸，然后再折向另一个肩膀。岩降时须注意，始终应该首选迈出与制动手处于同一方向的那一只脚（图13-3-2）。

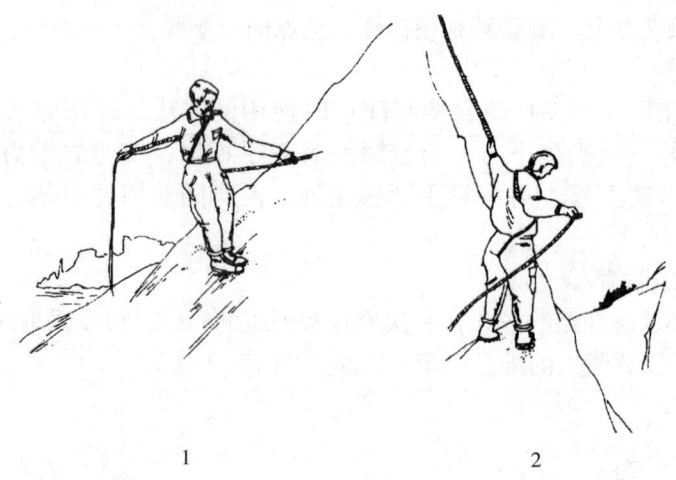

图 13-3-2　岩降技术

五、绳索和绳结使用技术

绳索和绳结的基本知识可运用于搭建帐篷、捆扎物品、改进工具、抢救伤员、安全保护等。绳索主要由植物纤维或尼龙等人造材料制成，使用时应注意：防止受潮和暴晒。如受潮，应洗净风干且不要在火上烤干；保存绳索时不得打结，不允许拉扯得过长；避免触及尖锐的物体，防止断裂；在不同条件下用不同类型的绳子，尽量不要混用，特别是用于攀登的绳子；不要踩踏绳索。

（一）联结绳索

（1）平结。平结适用于两条粗细一样的绳子的联结（图 13-3-3）。

（2）单编结。单编结适用于两条粗细不同的绳子的联结（图 13-3-4）。

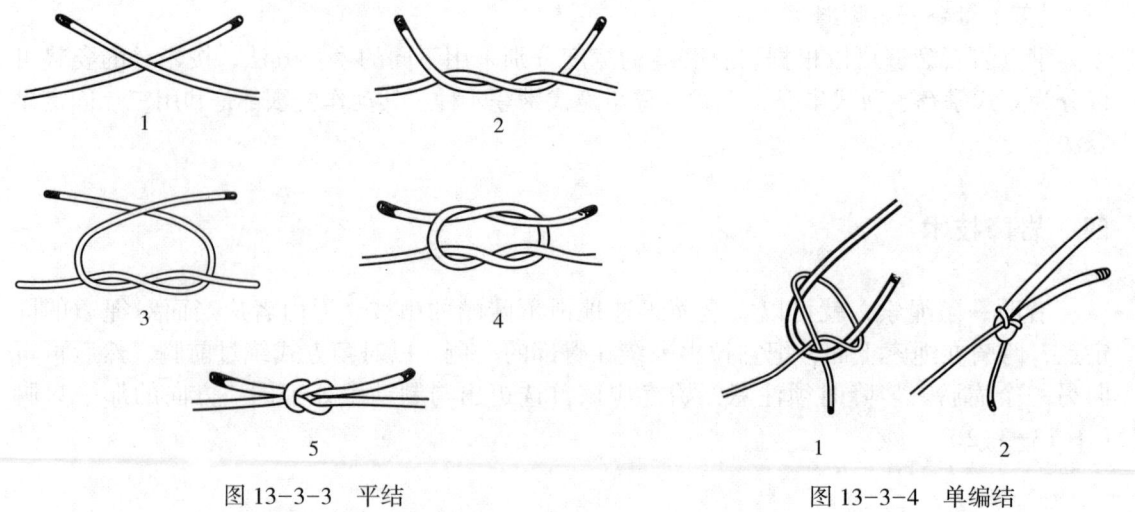

图 13-3-3　平结　　　　　　　　　　　　　图 13-3-4　单编结

（3）双编结。双编结适用于两根潮湿、粗细悬殊较大绳子的联结（图 13-3-5）。

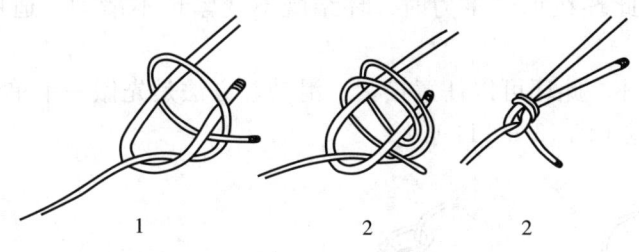

图 13-3-5　双编结

（4）渔人结。此结适用于两条潮湿、易滑绳子的联结（图 13-3-6）。

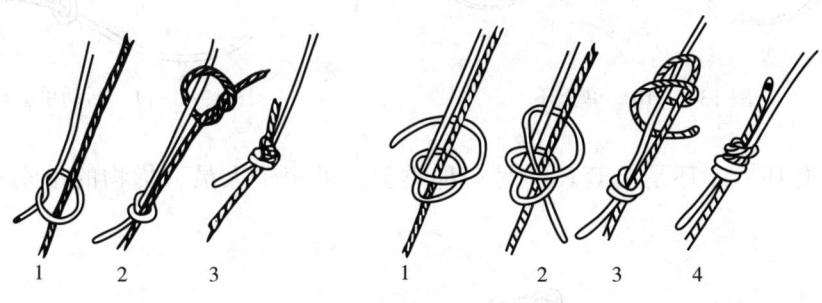

图 13-3-6　渔人结

（5）带结。此结适用于两根表面平滑如面带、皮带等材料的联结（图 13-3-7）。

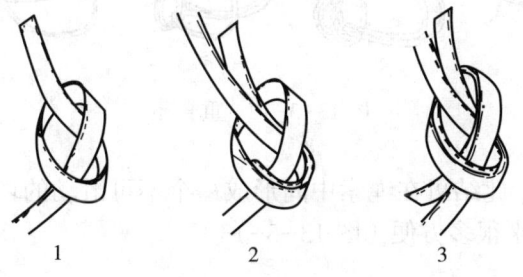

图 13-3-7　带结

（6）"8"字结。此结适用于将绳子结在树上、木桩上（图 13-3-8）。

（7）杠杆结。做梯子、秋千一般用杠杆结，木棍可抽开，绳子即可解开（图 13-3-9）。

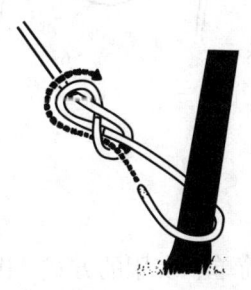

图 13-3-8　"8"字结

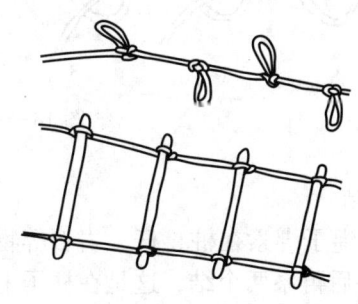

图 13-3-9　杠杆结

（二）制作绳环

（1）单套环。此环在承受重力时，环结既不变紧也不滑动，适用于绳环固定（图13-3-10）。

（2）活动单套环。此环可以任意松紧、滑动。方法是先做一个单套环，再将一根绳子的长端从此环穿过（图13-3-11）。

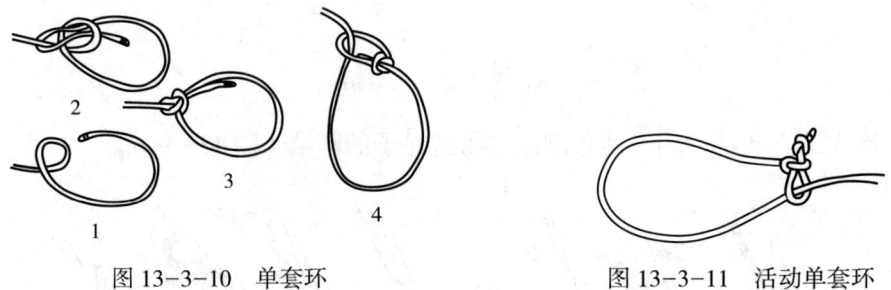

图 13-3-10　单套环　　　　　　　　图 13-3-11　活动单套环

（3）重套环。此环是单套环的另一种类型，可用于人员、货物的吊索和运送（图13-3-12）。

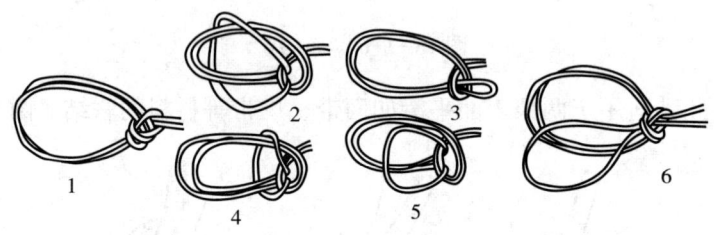

图 13-3-12　重套环

（4）攀踏结（环）。此结可在绳索中间形成一个不可滑动的环。在登山、攀岩时带上打有此结的绳索，会带来很多方便（图13-3-13）。

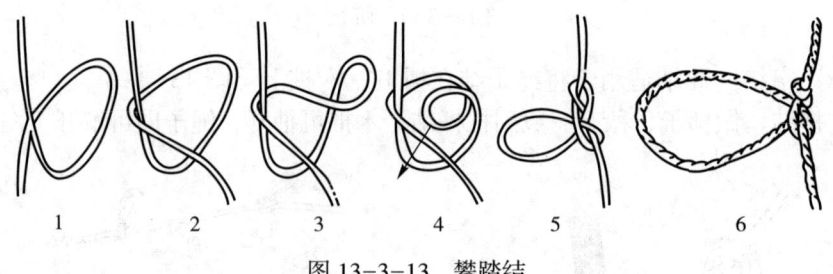

图 13-3-13　攀踏结

（三）索结

索结可将绳子绑索在桩、杆、岩石等物体上。

（1）绕环后再系两个结，这是在柱子上固定绳索最简单、实用的方式（图13-3-14）。

（2）丁香结。当受到的拉力与地面垂直时，采用此结效果较好（图13-3-15）。

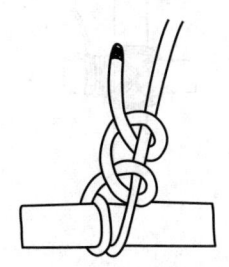

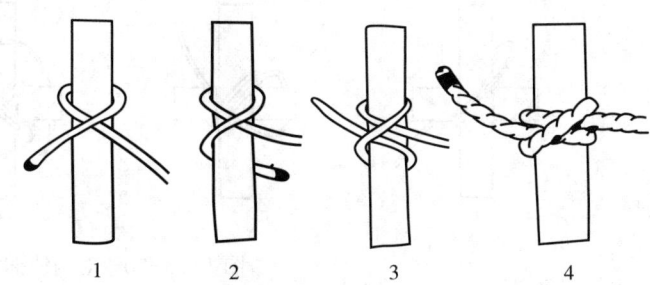

图13-3-14 绕环后再系两个结   图13-3-15 丁香结

（3）圆材结。此结主要用于捆绑物体，也可用来牵拉圆木（图13-3-16）。

（4）小锚结。此结可用来将绳索固定在作锚的物体如岩石、重物上（图13-3-17）。

（5）索针结。可将绳索固定在柱子或任何一根直立的木桩上（图13-3-18）。

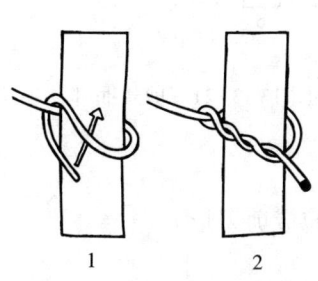

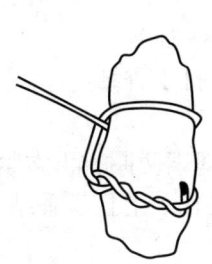

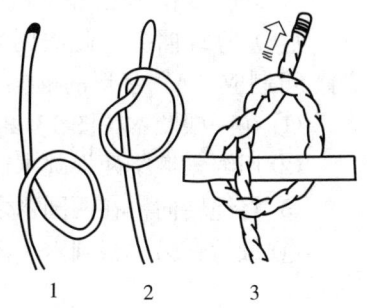

图13-3-16 圆材结   图13-3-17 小锚结   图13-3-18 索针结

（四）捆绑

捆绑方法在搭建帐篷、制作橡皮筏时非常有用，具体方法随两个物体（圆木、木杆、横梁等）位置的不同而不同，这一技术在野外也非常重要。

（1）方形捆绑。捆绑物体成直角时，此方法较为有效（图13-3-19）。

① 先打一个圆材结，然后将绳索在两根横木上下轮流绕横木一周，再沿逆时针方向将绳索上下围绕横木。

② 缠绕三四圈后，转变方向到另一根横木上，按相反方向缠绕。

③ 在一根横木上打个半结，完成缠绕，然后在另一根横木上用一个丁香结将绳索固定。

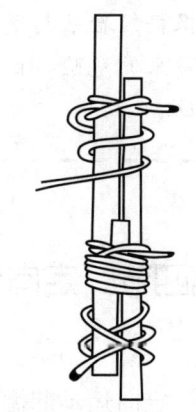

图13-3-19 方形捆绑

（2）圆形捆绑。增加横木的长度或将横木叠放在一起可使用此方法。

① 用绳索在两根横木上打丁香结，然后绕着横木将结系紧。

② 在横木的另一端再用一个丁香结，捆绑好后，在绳下加一楔子，使其绷紧。

（3）对角线捆绑。在两个物体不是垂直相交时，使用此法效果较好（图13-3-20）。

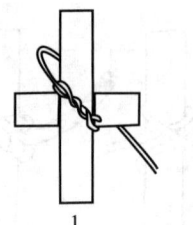 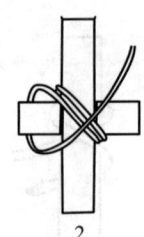  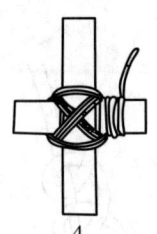

图13-3-20　对角线捆绑

① 绕着两根横木，首先打一倾斜状的圆材结。

② 将圆材结遮住，束紧；在靠下面的横木后面将绳索转个方向。

③ 按另一个倾斜方向缠绕束紧，再将绳索转个方向，按正方形缠绕四周。

④ 在一根横木上用一个丁香结结束捆绑。

（4）剪式捆绑。此法用来捆绑平行的两根圆木的末端，可制成"A"字形的框架（图13-3-21）。

① 在一根圆木（图13-3-21a）上打丁香结。

② 用绳索缠绕两根圆木。

③ 将绳转向，在两圆木之间缠绕绳索两圈，再索紧。

④ 最后在另一根圆木（图13-3-21b）上打丁香结，将圆木拉成剪刀形。

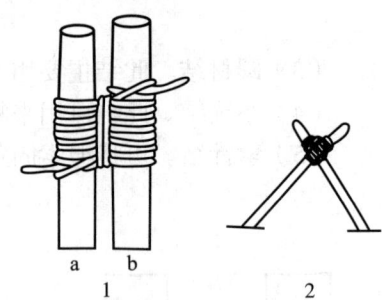

图13-3-21　剪式捆绑

>>> 知识窗 -

攀岩运动的安全提示

攀岩时主要有两种危险，一是来自自然环境，如雪崩、暴风雨、滚石，这些需要登山者根据经验来判断避免；另一种是来自登山者自身的过分超越极限（包括个人和全队的）所带来的危险。因此，攀岩者一定要正确评估自身的能力是否与环境条件、技术条件相适应。

- <<<

第四节　定向运动

定向运动起源于瑞典。最初只是一项军事体育活动，就像其他体育项目一样只有男人可以参加。"定向"一词在1886年首次使用，意思是在地图和指北针的帮助下，穿越不为人所知的地带。第一届正式的定向比赛于1895年在瑞典和挪威联合王国的军营中举行，标志着定向运动作为一个体育项目的诞生。

我运动，我健康，我快乐

　　定向运动是一项参加者持地图和指北针在陌生的地域独立按照规定的顺序完成寻找标绘在地图上的检查点的运动项目。定向运动也是一项健康的智慧型体育项目，智力与体力并重。经常参与定向运动，不仅有利于强健体魄，发展速度、耐力、灵敏等身体素质，而且可以丰富参加者的地图知识、地形知识和军事知识，培养人独立思考、分析问题、解决问题的能力以及良好的逻辑思维能力、运筹能力、计划性、空间感和方向感。定向运动还是一项回归山野、找寻真实自己的一项运动。在草地、森林、沙漠、戈壁、碎石等野外复杂环境中活动，还有助于培养参与者的自我生存能力，激发人体潜能，培养沉着、勇敢、果断、坚韧、顽强的意志品质。

一、定向运动的工具：地图和指北针

　　参加定向运动需要一张详细精确的地图和一个指北针。地图是地球表面鸟瞰的简缩景。地图上所标明的比例尺说明地图被缩小了多少倍。指北针可以帮助辨别地图上的方向并指导朝着正确的方向前进。

　　（一）地图

　　1. 地图上的语言

　　为了使地图容易阅读和理解，地图中使用各种不同的颜色和符号。地图中所使用的标记符号尽量接近地面物体的实际特征。通过学习可以在地图中识别水域、公路、田野和建筑物。

　　定向地图的优点之一就是它的符号、颜色、比例尺和线的粗细等全部为国际标准，由国际定向联合会统一规定。另一个优点是定向地图的比例尺通常为 1∶5 000 或 1∶10 000，这就意味着对于徒步行进的人来说从地图上可以得到更多有用的信息。通常由国家测绘系统所绘的地图比例尺大多为 1∶25 000。

　　2. 地图上的颜色

　　定向地图采用 6 色体系，其中棕、黑、蓝、黄、绿 5 种颜色表示地理要素和技术符号，紫色表示路线符号。

　　棕色：表示地貌和人造特征中的铺筑地面、包括部分道路。在《国际短距离定向运动地图规范》中，30% 的棕色表示交通和行人稀疏的铺筑区，50% 表示交通繁忙和行人密集的铺筑区。50% 的棕色还表示塑胶跑道。

　　黑色：表示岩石和石块、人造地物以及技术符号磁北线。其中灰色表示露岩地、房屋。不同深浅的灰色还可表示建筑物的通过性。

　　蓝色：表示水系和沼泽、技术符号磁北线。不同深浅的蓝色还可表示水体的通过性。

　　黄色和绿色：表示植被。另外，定向地图中白色也用来表示植被——可跑树林。黄色与绿色的混合色——果绿色表示禁止进入的区域，如私宅、铁路周边区域等。

　　紫色：表示路线及其相关要素，包括危险区。

　　3. 地图上的符号

　　为了理解地图标明的实物，我们采用国际语言符号，所有符号全球通用。

4. 地图上的等高线

从等高线上可看出不同地形高度的差异，它们表示哪里有山，哪里有坑谷、山脊以及地形的陡缓。如果公园地形平坦，所以这些公园图中等高线较少。如果公园图和森林图由于地形起伏不平，则会有很多等高线，用以表示高度的差异。所以，读懂等高线尤为重要，因为高度的不同在很大程度上会影响路线的选择。同一地图上，等高线越多，山越高；等高线越密集，地形越陡；当地图上的等高线稀疏时，山坡较为平缓。每一等高线之间的距离在地图上用等高线表示，通常为 2~5 米。

>>> **知识窗** -

判断天气变化的谚语

- 早霞不出门，晚霞行千里
- 人黄有病，天黄有风
- 雷轰天边，大雨连天；雷轰天顶，有雨不狠
- 东方日出，西边雨
- 天上鱼鳞斑，晒谷不用翻
- 有雨山戴帽，无雨云拦腰
- 日出日落胭脂红，不雨就生风
- 直雷雨小，横雷雨大
- 星星眨眼会下雨

- <<<

（二）指北针

指北针在野外的主要作用有辨别方向、标定地图、确定站立点与目标点的方向、简易测绘。

下面简要介绍指北针的基本构造、性能、使用方法及其他有关问题。

1. 定向越野专用指北针

在定向越野比赛中，选手们通常使用专业的定向越野指北针。这是一种主体为透明有机玻璃的基板式的指北针，由于它的磁针盒内充满一种起稳定磁针作用的特殊液体，因此很适合奔跑时使用（图13-4-1）。

2. 磁方位角的概念

磁方位角是指从某点的磁北方向线起，依顺时针方向到目标方向线间的水平夹角。

在指北针的分度盘上，刻有 360° 制的角度数值，每小格为 2°，当 0°（N）刻

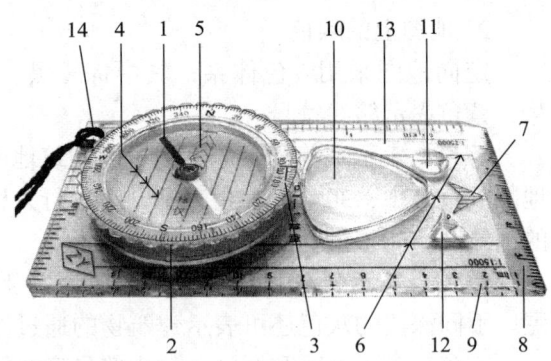

1. 磁针（红端指北）；2. 分度盘（360°制）；3. 指标（读数线）；4. 充液磁针盒与磁北标定线；5. 磁北方向箭头；6. 照准线；7. 前进方向箭头；8. 直尺：厘米尺；9. 直尺1：1.5000 直线比例尺；10. 放大镜；11. 标图工具：检查点；12. 标图工具：起点；13. 透明基板；14. 系绳孔

图 13-4-1　定向越野专用指北针

度与磁针北端（即磁北方向）对正之后，相应的，90°处为东，180°处为南，270°处为西……。基于这个构造特点，就可以根据磁方位角的原理在图上或现地量测站立点至任意一个目标的准确方向（图13-4-2）。

3. 磁方位角的量测

磁方位角测量的方法主要用于测绘地图、解决迷失等情况，在定向越野比赛中较少使用。

（1）在图上量读磁方位角（图13-4-3）。

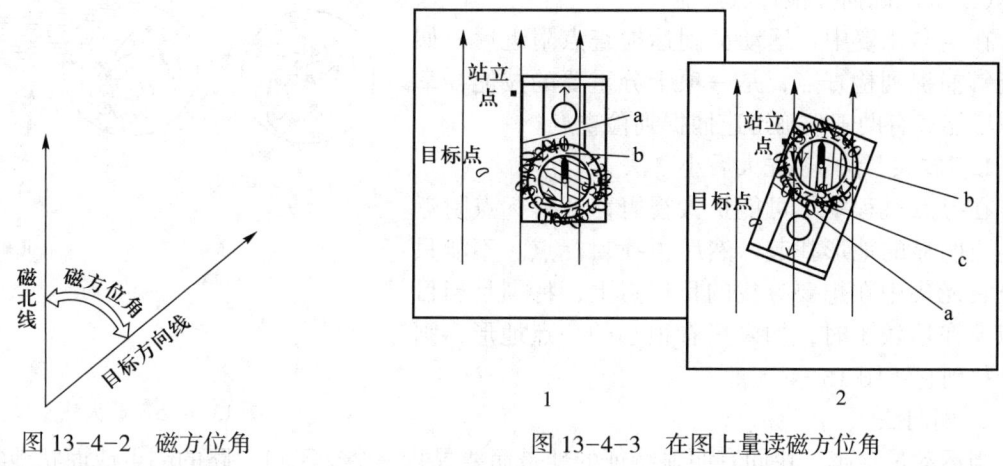

图13-4-2　磁方位角　　　　　　　　图13-4-3　在图上量读磁方位角

① 标定地图。将前进万向箭头朝向地图上方，直尺切于磁北线；转动地图，使磁针北端对正指标。

② 测定磁方位角（地图不动）。将直尺边切于站立点至目标点的连线，前进方向箭头朝向目标方向；转动分度盘，使定向箭头与磁针重合；读数。

（2）现地测定磁方位角（图13-4-4）。

① 在脑前适当位置（要便于读数）平持指北针。

② 通过中间的照准线对正目标。

③ 转动分度盘，使定向箭头与磁针重合。

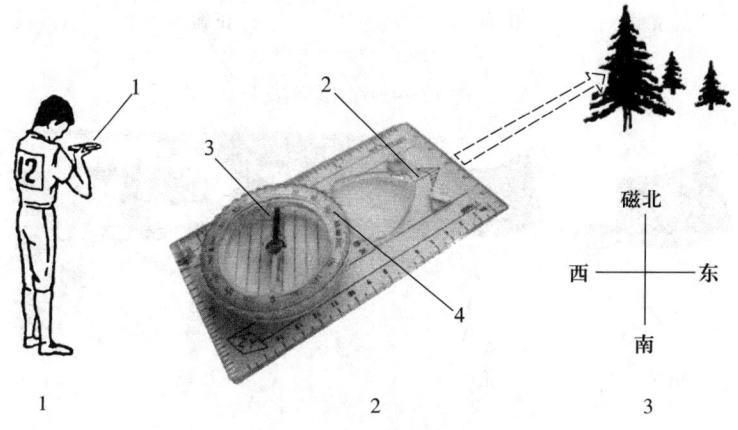

图13-4-4　现地测定磁方位角

④ 读数。

4. 使用定向越野指北针需注意的问题

（1）使用前要检查磁针是否灵敏。用钢铁物体（如小刀）多次扰动磁针的平静，若磁针每次都能迅速摆动并停止于同一处，则表明磁针灵敏；反之则说明该指北针已不能使用。

（2）使用时应避开各种电器、钢铁类物体。

（3）定向越野指北针不能在磁力异常的地区使用。

（4）在靠近南北极地区的国家，必须使用针对南北极磁力不同而专门制造的指北针。

（三）准确捕捉检查点技能

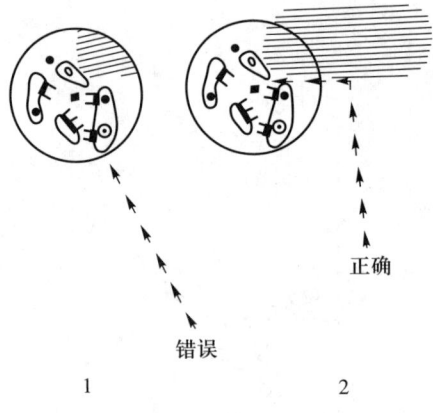

在定向比赛中，运动员到达检查点附近后，如何能够捕捉到检查点，是一项十分重要的技能，掌握方法能够有助于准确迅速捕捉到检查点。

1."放大"法（"先大后小"法）

在寻点过程中尽可能扩大视野，从目标点附近大的、明显的地形找起，然后再找目标点。不能只是把目光集中在想要寻找的目标点上，特别是当目标点所在地较小时，如果只看很小的一点地形，则很难找到它（图 13-4-5）。

图 13-4-5　放大法

2. 偏向法

当运动员穿越一块同有明显特征的地带而要寻找一个交叉口、路的端点或面状地物的侧顶点时，不能正对着这一点去寻找，而要稍偏离目标方向瞄准，然后再顺着找到目标点（图 13-4-6、图 13-4-7）。

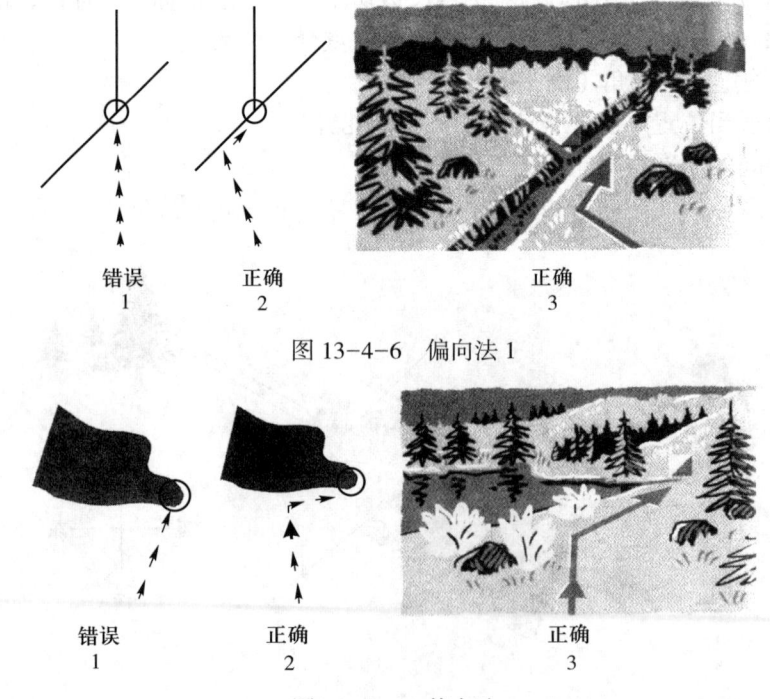

图 13-4-6　偏向法 1

图 13-4-7　偏向法 2

3. 借点法

当检查点附近有高大、明显的地形点时，可用此法。行进前，要先将目标辨认清楚（亦可用其他物体佐证），行进中先找到这些物体，再利用其判断检查点的位置（表 13-4-1）。

表 13-4-1　寻找检查点定向技巧

序号	检查点设立情况	采取相应技巧
1	当检查点设在明显地物、地貌上或一侧时	先找到这些目标点的实地位置，再寻找检查点
2	当检查点设在线状地物或一侧时	先找到该线状地物，再沿线状地物寻找检查点
3	当检查点设在低小地物附近时	应根据检查点与地貌的关系位置，寻找检查点
4	当检查点设在地势平坦，无道路，植被多，观察不便的区域时	采用定点的方法寻找检查点

二、识图与用图技能

在定向运动中，必须首先标定地图，即保持地图方位与实地方位一致。标定地图方位（给地图正确定向）是最重要的定向技能。

（一）标定地图的方法

定向地图上的方位是上北、下南、左西、右东。当我们正确地辨别了方向之后，只要将定向地图的上方对向现地的北方，地图即已标定。

（二）确定站立点

1. 直接确定

当自己所处位置是在明显地形点上时，只要从图上找出该地形点，站立点即可确定。但是，采用直接确定法的困难是在紧张的比赛中，在正确地区别不同的地物时容易发生"张冠李戴"的现象。

可以称得上是明显地形点的地物主要有：① 单个的地物（如房屋、水塔、凉亭、小桥）。② 现状地物的拐弯点、交叉点（呈"十"字形）、交汇点（呈"丁"字形）和端点。③ 现状地物的中心或者有特征的边缘。

可以称得上是明显地形点的地貌主要有：① 山地、鞍部、洼地。② 特殊的地貌形态，如陡崖、冲沟。③ 谷地的拐弯、交叉和交汇点。④ 山脊、山背线上的转折点、坡度变换点。

2. 利用综合分析确定

利用位置关系法确定站立点主要依据两个要素，　是站立点至明显点的方向，　是站立点至明显点的距离。在地形起伏明显的地方，还可以结合高度差情况进行判定。

3. 利用"交会法"确定

当站立点附近无明显地形点时，可以利用 90° 法、截线法、后方交会法。这些方法的优点是不需要判断或测量距离也能确定出较为准确的站立点位置，这对于初学者学习、巩固使用越野图的训练是很有意义的。

（1）90°法。当待测点位于线状地形（包括道路、沟渠、山背线、谷底线、坡度变换线等）上时，如果在与运动方向相垂直的方向上能够找出一个明显的地形点，线状地形符号与垂直方向线的交点即为站立点。

（2）截线法。测点位于线状地形上，但在其与运动方向相垂直的方向上没有明显地形点，可以采用此法。其步骤是：① 在线状地形的侧方选择一个图上与现地都有的明显地形点。② 利用指北针的直长边缘切于图上明显地形点的定位点上。③ 然后转动指北针，使其直长边照准该地形点。④ 沿指北针的直长边向后画方向线，该方向线与线状地形符号的交点，就是站立点在图上的位置（图 13-4-8）。

图 13-4-8　截线法确定位置

（3）后方交会法。测点上无线状地形可利用，而且地图与现地相应地都有两个以上的明显地形点时可采用此法。通常要求地形较开阔，通视良好。其步骤如下：① 在图上找到选定的方位物之后，标定地图。② 按照截线法的步骤分别向各个方位物瞄准并画方向线，图上方向线的交点就是站立点（图 13-4-9）。

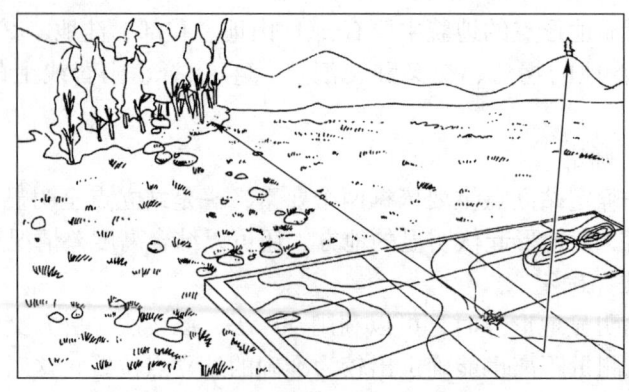

图 13-4-9　后方交会法确定位置

（三）确定前进方向

定向运动每次出发时（包括途中每一段落出发），首先必须辨明出发点的图上位置，明确前进方向和目标点，然后标定地图选准前进方向，向目标点进发（图 13-4-10）。操作方法如下：将指北针长边切线与站立点和目标点连线，连接你现在所在图上的点位和你将要去图上点位转动身体，使指北针磁针红端与地图北端一致，即"北对北"。这时指北针面板上的箭头（蓝色箭头）所指方向为目标前进方向。

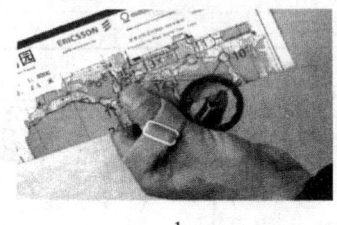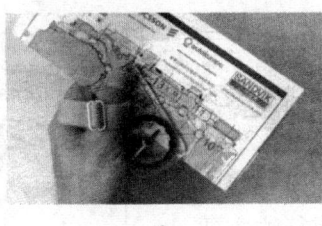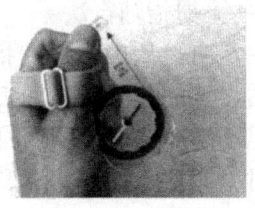

图 13-4-10　确定前进方向

三、选择最佳路线的原则

什么是最佳行进路线？简单地说应该是省体力、省时间、最安全，便于发挥自己的技能和（或）体能优势的路线。

选择路线应遵循的原则有：

（1）有路不越野。应尽量选择沿道路进行，这是因为在道路上容易确定站立点，使运动员更具有信心。地面相对光滑、平坦，有利于提高奔跑速度。

不同地形对运动速度的影响如表 13-4-2 所示。

表 13-4-2　不同地形对运动速度的影响（概略值）

运动方式	速度 /（千米·时 $^{-1}$）			
	公路	空旷地	疏林	山地或树林
跑	9	16	19	25
走	6	8	10	14

（2）"走高不走低"。定向比赛中如果不得不越野，当目标点在半山腰，周围又没有明显地貌地物时，应选择从山顶向下寻找的方法。这就是人们常说的"从上到下法"。应尽量选择在高处（如山脊、背）行进，避免在低处（如山谷、凹地）行进。这是因为：① 地势高，展望好，便于确定站立点和保持行进方向。② 高处通风、干燥，荆棘、杂草、虫害及其他危险少。③ 人们都习惯在高处行走。因此，在山脊这样的地方，常常会有放牧、砍柴的人踏出的小路，利用它，便于提高运动速度。

（3）"提前绕行"。定向比赛中，运动员应超前读图，提前思考，明确自己下一步将要到达的地点，阅读地图尤其要注意通观全局，特别是检查点之间大的障碍。不能等抵近障碍再做折线绕行，而应该全面分析地貌地形，提前选择好最佳迂回运动路线。

四、保持正确行进方向的方法

在选择了最佳路线后，在前进过程中，还要采取相应的方法，才能确保正确行进方向，安全准确到达目的地。

（一）拇指辅行法

在定向运动中常用拇指压住图上本人目前站立点的位置，把拿图手的拇指想象为自己（缩小到了图中的自己），当向前运动时，拇指也在图上作出相应移动。此种方法叫拇指辅行法。拇指辅行法主要是帮助运动员随时明确自己在图上的位置（图13-4-11）。

图中所示的过程如下：

（1）明确站立点、路线、到达地。

（2）转动地图，使地图标定，并将拇指贴近站立点一侧（先上大路）。

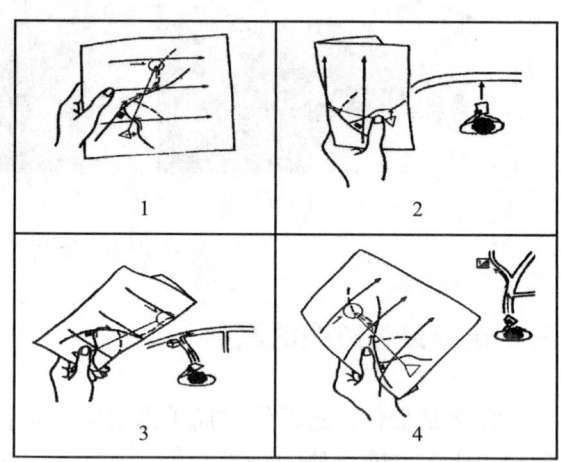

图 13-4-11　拇指辅行法

（3）到大路后转动地图，移动拇指（沿大路跑，看到路旁小屋后向右转）。

（4）再转动地图，移动拇指（沿大路跑，经过右侧路口后在下一路口左拐，可直达检查点）。

（二）"扶手"法

"扶手"是把实物地中的线形地形，如各种道路、输电线、地类界、溪流、面状底物的边界等地物地貌，比喻为上下楼梯时的扶手，作为行进的"引导"，利用"扶手"引领较为容易和安全地到达目的地。在定向运动中要尽可能地利用"扶手"，使自己运动时更有信心。

（三）记忆法

一般要按进行的顺序，分段记住路线的方向、距离、经过的地形点、两侧的辅助（参照）物。通过记忆训练使自己具备这种能力：现地的情景能够不断地与记忆的内容"迭影"、印证，即"人在地上跑，心在图中移"。这样可以减少途中跑时读图的时间，提高运动成绩。

（四）导线法

当站立点距离检查点较远，途中地形又很复杂时，可以采用此法。行进过程中，要多次利用各个明显的地形点，心中将这些点"串连"起来。奔跑过程中做到心中有数，才能确保前进方向与路线的正确性。用此法须注意，切勿将相似的地形点用错。

（五）简化法

在读图过程中要学会概括地形和简化地图，特别是在读零碎杂乱区域地图时，要注意概括该地域地形结构，突出主要地形特征，把复杂的地图在脑中描绘成一幅新的简单化的地图（图 13-4-12）。

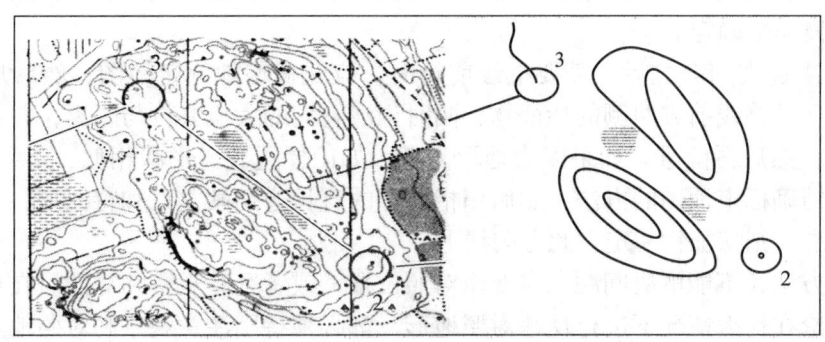

图 13-4-12　简化法

五、与现地图相关的野外知识

（一）野外迷失的解决方法

即使掌握了现地使用地图的各种方法，但是在野外遇上天气不良，或由于心理、身体出现问题时，可能会出现迷路甚至迷向、找不出站立点位置的情况。下面介绍几种解决此种情况的方法。

1. 沿道路行进时

首先标定地图，对照地形，判明是从哪里开始发生的错误以及偏差有多大；然后根据情况另选迂回的道路前进。如果错得不多，可返回原路再行进。

2. 越野行进时

首先应尽早停止行进，标定地图后选择最适用的方法确定站立点，然后尽量取捷径插到原来的正确路线上去，不得已时再返回原路。

3. 在树林中行进时

根据行走过来的大致方向和概略距离，找出最近的那个开始发生偏差的地点，并以此为基础，确定出站立点的概略位置。如果错得太远，确定不了站立点，又不能返回原路，就要在图上看一看，迷失地区附近是否有较大型或较突出的明显地形（最好是线状的）。如果有，就要果断地放弃原行进方向向它靠拢，并利用它重新确定站立点。如果没有，就继续按原定方向前进，待途中遇到机会，搞清楚站立点的位置后，再迅速取捷径奔向目的地。在山林中行进，最忌讳神经紧张、意识混乱，在没有查明差错程度和连正确的行进方向都搞不清楚的情况下，匆忙而轻率地左冲右突找"捷径"，这样只会使错误加剧，甚至原地兜圈。

（二）现地对照地形的方法

对照地形属于野外使用地图的一种基本技术。在野外迷失或无法确定站立点的情况下，对照地形的方法就是解决该问题的有力武器。

对照地形，就是通过仔细地观察，使图上与现地的各种地物、地貌一一"对号入座"、相互对应。对照地形一般应先标定地图，然后根据不同的需要采用不同的对照方法。

（1）在野外迷失或无法确定站立点时，概略地标定地图，观察四周是否有较大或很有特点的地物、地貌，然后根据它们的大概方位与距离，在图上找到它们。此时站立点的位置应该能概略地确定。

（2）解决迷失问题之后，需要继续前行时，应先概略地标定地图，然后从图上查明自己选定的运动路线前方两侧的特征物，同时记清它们的大概方位与距离，并将它们在现地辨别出来，然后再前进。如果因为地形复杂，如山体重叠、形状相似，不易进行对照，则需要采用精确标定地图的方法，然后用指北针的直长边切站立点和特征物，并沿这条直长边向前瞄准，则特征物一定在此方向线上。

如以上方法还不能解决问题，应变换对照位置，或者登高观察和对照。在这里需要强调的是，无论在什么情况下进行现地对照地形，都必须特别注意观察和对照地形的顺序与步骤问题。现地对照地形的顺序一般是：先对照大而明显的地形，后对照一般地形；由近及远，由左至右；由点及线，由线及面；逐段分片，有规律地进行对照。在步骤方面，首要的也是必不可少的是要保持地图方位与现地方位的一致——标定地图，然后根据不同需要进行余下的步骤。

（三）野外辨别方向的简易方法

在自然界，有某些动物是具有辨别方向的本能的，如鸽子。有关专家经过测验证明，人类的某些成员也具备这种能力，但是绝大多数都不具备，或者仅仅是潜在地具备。因此，人们要在野外确定方向，主要还是依靠经验和工具。几种简易地辨别方向的方法，如下：

1. 利用地物特征

下述地物可以帮助辨别方向：

（1）房屋。房屋一般门朝南开，在我国北方尤其如此。

（2）庙宇。庙宇通常也南向设门，尤其是庙宇群中的主要殿堂。

（3）树木。树木通常朝南的一侧枝叶茂盛，色泽鲜艳，树皮光滑；向北的一侧则相反。同时，朝北一侧的树干上可能生有青苔。

（4）凸出地物。如墙、地埂、石块，其向北一侧的基部较潮湿，并可能生长苔类植物。

（5）凹入地物。如河流、水塘、水坑，其向北一侧的边缘（岸、边）的情况与凸出地物相同。

2. 利用太阳与时表（图13-4-13）

在昼间按以下方法，能较快地辨别出概略的方向：

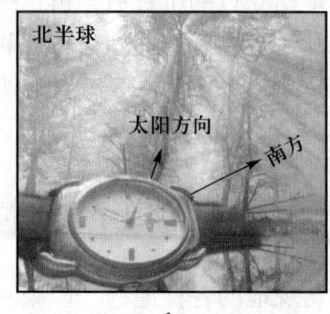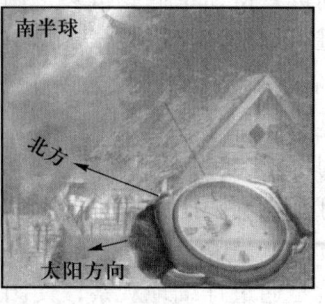

1   2

图13-4-13 昼间利用太阳与时表辨别方向

（1）在北半球。将时表的时针指向太阳，时针与12时形成的角平分线方向，即为南方。

（2）在南半球。将时表的12时指向太阳，12时与时针形成的角平分线方向，即为北方。

在判定方向时，表盘应平置（表面向上）。此方法在南、北纬度20°30'（即南、北回归线）之间地区的中午前后不宜使用。如果没有指针式的时表，可以在纸上模拟绘出表盘后使用。

3. 夜间利用星体

（1）北极星。北极星位于正北天空，观察时，其距离地平面的高度（仰角）约相当于当地的纬度。寻找时，通常要根据北斗七星（即大熊星座）或w星（即仙后星座）确定。北斗七星是7个比较亮的星，形状像一把勺子，将勺头甲、乙两星连一直线向勺口方向延长，约为甲、乙两星间隔距离的5倍处，有一颗比较亮的星，即北极星。

当地球自转，看不到北斗七星时，可利用w星寻找。w星由5颗较亮的星组成，形状像"w"，向w缺口方向延伸约为A、B两星间隔距离的2倍处就是北极星（图13-4-14）。

（2）南十字星。在北纬23°30′以南的地区，夜间有时可以看到南十字星，它也可以用于辨别方向。南十字星由4颗较亮的星组成，形同"十"字。在南十字星的右下方，沿甲、乙两星的连线向下延长约该两星间隔距离的4.5倍处（无可见的星），就是正南方（图13-4-15）。

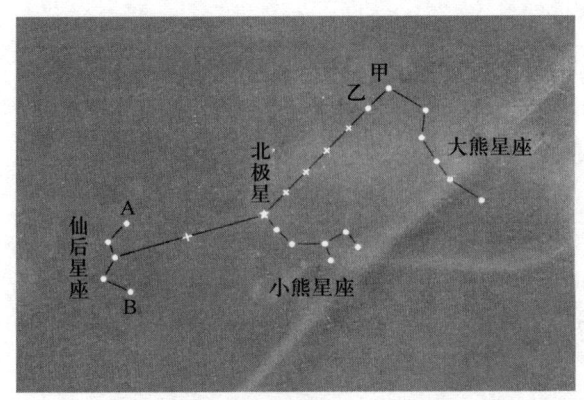

图13-4-14 利用北极星辨别方向

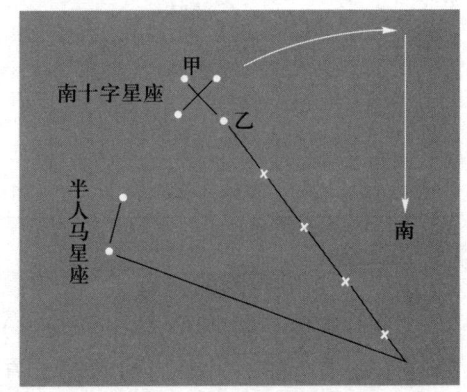

图13-4-15 利用南十字星辨别方向

六、定向越野跑的技能

（一）定向越野跑的基本要求

定向越野跑实际上是一种长距离的间歇式赛跑（在途中常常需要停下来看图或定向）。定向越野跑同其他长跑项目一样，要求一方面能够尽可能地减少人体能量的消耗，维持一定的跑速；另一方面又能根据比赛的情况，具有加速度的能力。

（1）姿势。主要采用身体微向前倾或正直的姿势。要尽量使身体的各部分运动协调配合，并且善于利用跑中产生的支撑反作用力与惯性不断前进，使身体保持平稳，提高跑的效果。

（2）呼吸。最好利用鼻子与半张开的嘴共同呼吸。呼吸应自然、有适当的深度并有节奏。在跑中出现生理"极点"现象时可以变化呼吸的频率与深度。

（3）体力分配。根据选择的路段状况、比赛的阶段（起点、途中、终点）和自身体能状况的不同，确定体力的分配，做到放松与紧张合理交替，达到既跑得快，又跑得省力的目的。

（4）速度。一般来讲速度不宜过快。过快或在途中加速太猛不仅会影响体能的正常发挥，而且会严重地影响判断力。通常，接近检察点时、确定前进方向时应慢速跑；当地形有利（如参照物多、道路平坦）时，则应尽可能快跑。

（5）距离感。在野外，由于地形的变化，用同样的步速节奏奔跑，步长（距离）的区别却较大。了解自己的步长十分重要，可参考表13-4-3按常规慢跑测出的数据来估算自己的步长。

表 13-4-3 不同地形情况下常规慢跑步数

地形类别	每100米的步数（复步）/ 步
平坦道路	50
草地	56
疏林	66
密林	83
上坡（视坡度）	100（以上）
下坡（视坡度）	35（以下）

（二）越障碍跑的技巧

（1）从稍高的地方（1.5米以下）往下跳时，可用跨步跳的动作。踏在高处的腿（支撑腿）必须弯曲，另一腿则向前下方伸出，跳下，两脚着地并以深屈膝来缓和冲击的力量。同时，在落地时，两脚应稍微前后分开，以便继续前跑（图13-4-16）。

（2）从很高的地方往下跳时，应设法降低下跳的高差，根据情况采用坐地双手撑跳下或侧身单手撑跳下的方法。落地时要注意两腿深屈（图13-4-17）。

（3）在树林中奔跑时，注意不要被树枝、树叶、藤蔓等划伤，特别要防止被树枝戳伤眼睛。此时一般都用一手或两手随时护住脸部（图13-4-18）。

（4）遇到小的沟渠、壕坑、矮的灌木丛或倒伏树木时，要增加跑速，大步跨跳而过；在落地的同时，上体稍向前倾，以便保护腰部与便于继续前跑。

（5）在通过较宽（2.5~4米）的沟渠时，需用15~25米的加速跑，采用大跨步跳和跳远的方法越过。应注意做好落地动作，防止后倒（图13-4-19）。

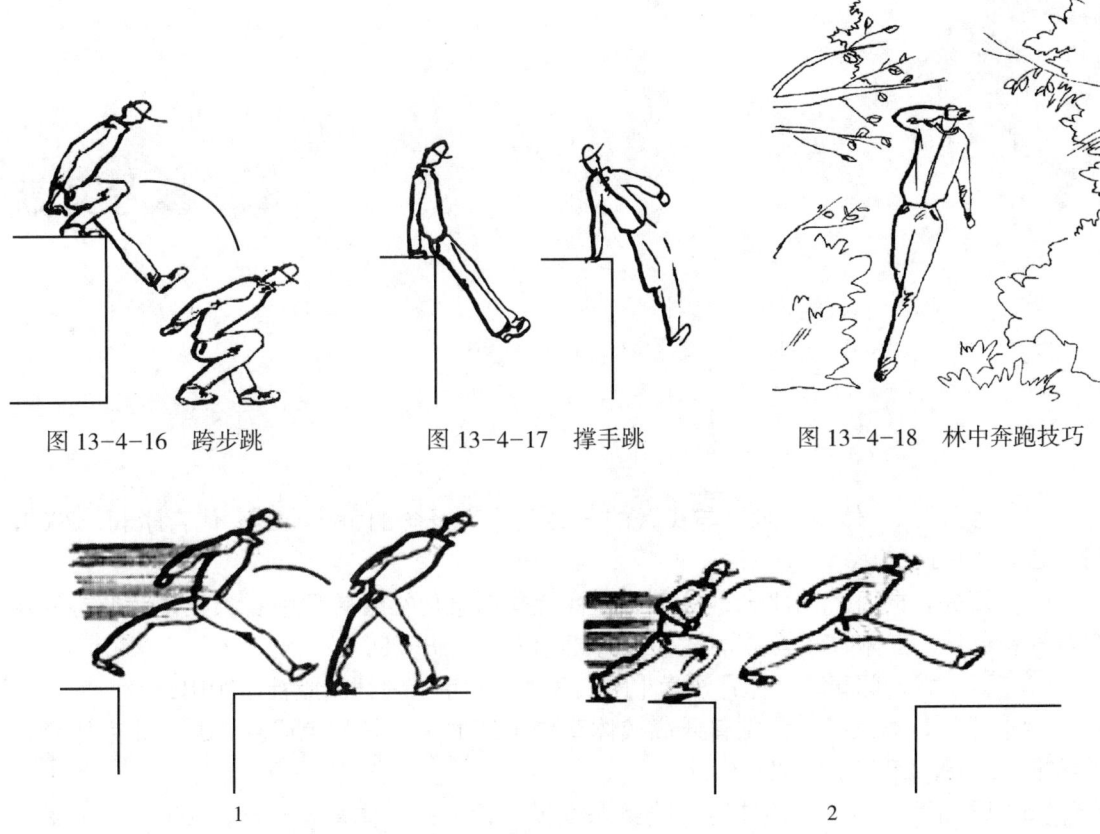

图 13-4-16 跨步跳　　　　图 13-4-17 撑手跳　　　　图 13-4-18 林中奔跑技巧

1　　　　　　　　　　　　2

图 13-4-19 大跨步跳

（6）遇到大的倒伏树木或其他矮障碍物，可以用踏过它们的方法越过。

（7）遇到较高的障碍物（不超过 2 米），如矮围栏、土垣，可用正面助跑蹲跳和一手或双手支撑的方法翻越。

（8）通过独木桥等狭窄悬空的障碍物时，应采取使脚面外转成八字的跑法。如果这类障碍物很长，就不应跑，而应平衡地走过。

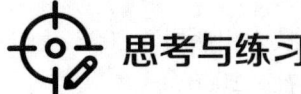 **思考与练习**

1. 野外生存的锻炼内容有哪些？

2. 如何进行野外自卫与自救？

3. 攀岩有哪些可预测的危险？

4. 攀岩运动的种类有哪些？

5. 登山前要做好哪些准备？

6. 攀登冰雪陡坡时使用冰镐与冰爪的技巧有哪些？

7. 标定地图的方法有哪些？确定站立点的方法有哪些？

8. 在定向运动过程中，如何处理野外迷失方向的问题？

参考文献

[1] 孟凡强."体育"术语与实践的矛盾及体育概念的争论 [J].体育学刊，2009，16（01）：10-14.

[2] 江亮，向丹，胡建忠.从工业化社会向信息化社会转型中看人类体育形态的演变与发展 [J].吉林体育学院学报，2010，26（02）：18-20.

[3] 董小龙，郭春玲.体育法学 [M].3版.北京：法律出版社，2018.

[4] 邹师，冯火红.我国普通高校体育俱乐部的类型与特色研究 [J].北京体育大学学报，2003，26（01）：70-73.

[5] 顾渊彦.高校公共体育实践类课程模式论 [J].体育与科学，2001，22（02）：71-74.

[6] 乌兰，包铁全.我国高校体育俱乐部发展思路的研究 [J].中国学校体育，2001，（02）：63-64.

[7] 毛振明.素质教育背景下大学体育发展问题探析 [J].中国高等教育，2007，（11）：16-18.

[8] 马卫平，张传燧.文化视野中的大学体育——课程设计的价值取向审思 [J].西安体育学院学报，2005，（01）：114-117，121.

[9] 丛立新.课程论问题 [M].北京：教育科学出版社，2000.

[10] 王步标，黄超文.体适能与健康 [M].长沙：湖南科学技术出版社，2003.

[11] 王步标，华明.运动生理学 [M].北京：高等教育出版社，2006.

[12] 王健，何玉秀.健康体适能 [M].北京：高等教育出版社，2010.

[13] 周希林.大学生心理健康教育 [M].长沙：国防科技大学出版社，2010.

[14] 陈桂香.大学生心理健康教育 [M].北京：高等教育出版社，2013.

[15] 刘亚云，雷艳云，王国军.现代大学体育与健康 [M].2版.北京：高等教育出版社，2021.

[16] 李艳翎，汤长发.大学体育 [M].北京：高等教育出版社，2009.

[17] 朱国权.篮球 [M].北京：北京师范大学出版社，2008.

[18] 黄汉升.球类运动——排球 [M].3版.北京：高等教育出版社，2015.

[19] 陶志翔.排球技巧 [M].北京：中国社会文献出版社，2005.

［20］许景朝，叶燎昆．足球运动［M］．2版．北京：高等教育出版社，2010．

［21］雷鸣枝．乒乓球专项课运动损伤的调查与分析［J］．吉林体育学院学报，2009，25（02）：78-79．

［22］刘建和．乒乓球［M］．北京：人民体育出版社，2006．

［23］毛秋明，黎加林．羽毛球［M］．长沙：湖南大学出版社，2004．

［24］编写组．球类运动——乒乓球　手球　垒球　羽毛球［M］．3版．北京：高等教育出版社，2017．

［25］周文胜，闫美怡．网球基础与实战技巧［M］．成都：成都时代出版社，2007．

［26］白波．跟我学网球基础与实战全阶课程［M］．成都：成都时代出版社，2009．

［27］王洪．健美操教程［M］．北京：人民体育出版社，2008．

［28］黄宽柔，姜桂萍．健美操　体育舞蹈［M］．北京：高等教育出版社，2006．

［29］黄艳红．有氧舞蹈［M］．长沙：湖南师范大学出版社，2007．

［30］安红，郑欣，王淼，等．体育［M］．2版．北京：北京体育大学出版社，2017．

［31］刘亚云，黄晓丽．形体训练与健美［M］．长沙：湖南师范大学出版社，2007．

［32］唐亮．水上运动技巧：大众体育技巧丛书［M］．北京：中国社会出版社，2008．

［33］全国体育院校教材委员会．游泳运动［M］．北京：人民体育出版社，2001．

［34］孙麒麟．体育与健康教程［M］．5版．北京：高等教育出版社，2013．

［35］王志强，徐国富．大学体育与健康教程［M］．2版．西安：西安电子科技大学出版社，2014．

［36］尚武，窦丽娟，王辉．武术［M］．东营：中国石油大学出版社，2009．

［37］李素玲．女子防身术［M］．郑州：海燕出版社，2008．

［38］刘震宇，张风雷，赵庆建．女子实用防身术训练［M］．北京：人民体育出版社，2008．

［39］史运通．新女子防身术［M］．北京：解放军出版社，2008．

［40］［美］丹尼斯·圣·皮埃尔．高尔夫球［M］．吴嵘，崔志强，译．北京：人民体育出版社，2007．

［41］林志超．大学体育与健康教程［M］．3版．北京：北京体育大学出版社，2011．

［42］张宝荣．台球速成（新编）［M］．2版．北京：人民体育出版社，2004．

［43］唐建军．台球［M］．北京：北京体育大学出版社，2009．

［44］梁勇，王霖．壁球［M］．北京：北京体育大学出版社，2000．

［45］刘卫军．跆拳道［M］．北京：北京体育大学出版社，2012．

［46］胡世君，王智慧．跆拳道［M］．北京：北京体育大学出版社，2009．

［47］朱寒笑．登山和攀岩技巧［M］．北京：中国社会出版社，2008．

［48］陈维霖．登山［M］．北京：人民体育出版社，2005．

［49］何晓知．定向运动教学与训练［M］．长沙：湖南大学出版社，2009．

郑重声明

高等教育出版社依法对本书享有专有出版权。任何未经许可的复制、销售行为均违反《中华人民共和国著作权法》，其行为人将承担相应的民事责任和行政责任；构成犯罪的，将被依法追究刑事责任。为了维护市场秩序，保护读者的合法权益，避免读者误用盗版书造成不良后果，我社将配合行政执法部门和司法机关对违法犯罪的单位和个人进行严厉打击。社会各界人士如发现上述侵权行为，希望及时举报，我社将奖励举报有功人员。

反盗版举报电话 （010）58581999　58582371

反盗版举报邮箱　dd@hep.com.cn

通信地址　北京市西城区德外大街4号
　　　　　　高等教育出版社知识产权与法律事务部

邮政编码　100120

读者意见反馈

为收集对教材的意见建议，进一步完善教材编写并做好服务工作，读者可将对本教材的意见建议通过如下渠道反馈至我社。

咨询电话　400-810-0598

反馈邮箱　gjdzfwb@pub.hep.cn

通信地址　北京市朝阳区惠新东街4号富盛大厦1座
　　　　　　高等教育出版社总编辑办公室

邮政编码　100029

防伪查询说明

用户购书后刮开封底防伪涂层，使用手机微信等软件扫描二维码，会跳转至防伪查询网页，获得所购图书详细信息。

防伪客服电话 （010）58582300